村上 真瑞 著

『釋淨土群疑論』巻第一 和訳・辞典

山喜房佛書林

故藤堂恭俊先生の十七回忌にあたって霊前にこの書をささげる

刊行をよろこぶ

福原　隆善

何と難しい書をとりあげられたことか、というのが率直な気持で、いつも送ってこられる寺報『建中寺だより』を読ませていただいておりました。

『釈浄土群疑論』は、法然上人が「偏えに善導一師に依る」といわれた中国唐代の善導大師（六一三―六八一）のお弟子の懐感禅師という方によって著わされた書物です。懐感禅師（？―七〇〇・？―六九九）は、法相唯識という仏教の学問を学ばれました。のち善導大師の本願念仏の教えに帰依され、『釈浄土群疑論』は、法相唯識学や当時の仏教と本願念仏とに関する諸問題についてとりあげた書であります。

仏の教えは八万四千の法門といわれるほど数多くあります。それはお釈迦さまが対機説法といって、相手の修行能力や性格に合わせて導かれたためであります。さとりを開くということは誠に困難なことですが、能力と教えが合えば早くさとることができます。たとえば、お釈迦さまに周利般特というお弟子がおられました。周利般特の兄の摩訶槃特とともに弟子となったといわれています。摩訶槃特は智慧聰明でありましたが、周利般特は周囲から愚路と呼ばれるほどでありました。お釈迦さまは周利般特をお見捨てにならず、一本のほうきを渡され、「塵を払い垢を除く」という短かいことばを記憶するよう教えられました。周利般特は毎日毎日来る日も来る日も精舎の掃除をしながら心の塵を取り除くことばを唱えていましたが、なかなか覚えられませんでした。ましてことばの意味を理解することは誠に困難でした。それでも周利般特はくりかえしくりかえし覚えるよう努力した結果、見事に阿羅漢果というさとりの世界に到達したと伝えられています。周利般特は多くの能力あるお釈迦さまのお弟子たちがなかなか到達できなかった世界を見事に開いたのでした。愚か者といわれた周利般特がほうき一本でさとりを得たのであれば、仏の教えはすべての人にほうきを渡しておけばよいということになりますが、周利般特だからこそこの方法で開けたのであって、すべての人が周利般特と同じようにはなりません。このようにお釈迦さまの教えは、人の能力や性格に合わせて説かれました。

お釈迦さまの教えが展開するなかで、法相唯識学という仏教の学問体系が形成されました。仏教では、自身がおこす煩悩、すなわち正しく外界のものを受けとめないで、自身の勝手なものの見かた考えかたで受けとめることによって迷い苦しみをもつことになると説きます。したがってお釈迦さまは、身も口も意（心）も正しくすることを説かれました。そこで外界のものや現象と身口意による行為との関係を明らかにし、正しく受けとめることを示されました。これが仏教を学ぶ基礎学として後世の世親菩薩という人によって『倶舎論』という書物にまとめられ、さらに発展して唯識学という学問体系が確立しました。詳細は略しますが、この倶舎学と唯識学は仏教を学ぶ基礎学として「唯識三年倶舎八年」といわれ、はじめに倶舎学を八年、ついで唯識学を三年学ばないと仏教の教えは理解できないとまでいわれています。

今回の『釈浄土群疑論』は、その基礎学を学んだ懐感禅師によって書かれたもので、誠に専門的で、理解の困難な書物であります。このたび『釈浄土群疑論』を和訳されるに当って相当困難を伴い、ご苦労があったことと拝察しております。筆者は佛教大学に学ばれ。唯識学を体系づけたインドの世親菩薩の『無量寿経論』を研究され、さらに大学院に進まれて懐感禅師の「『釈浄土群疑論』の研究」によって佛教大学より博士の学位を取得されました。

　また筆者は、ご自坊の建中寺様の副住職、さらには住職や同寺内の幼稚園の園長をされながら、佛教大学や一宗の各種養成講座等へご出講され、また地域や宗内外の教育関係はじめ種々の委員や理事、会長を勤められるなど、日々忙殺されるなかで寺報『建中寺だより』を発行され、毎回『釈浄土群疑論』の和訳を掲載してこられました。しかも並の困難書でなく、困難中の困難書に果敢に取りまれ、平成二十一年に最初の和訳を掲載され、平成二十六年遂に最終稿をまとめられ、今回のご上梓となりました。

　理解の困難な書であったため、今までにこのような形で解り易く和訳された出版物はありませんでした。それでも著者の一人でも多くの人びとに知ってほしいという熱い心がこのたびの出版となりました。このことは日ごろ著者は幼稚園の園児たちを相手にしておられるので、常に易しく話すことを心がけておられるからでもありましょう。本書は斯学を志すものにとって誠にありがたい出版であり、本書が世に出ることによって新たに研究を志す人も輩出するであろうし、たいへん意義ある出版をしていただいたと喜んでおります。

『釋淨土群疑論』巻第一和訳・辞典　目次

『釋淨土群疑論』巻第一和訳

釋淨土群疑論

【本文】 序一

釋淨土群疑論序

屯田員外郎平昌　孟銑　撰

虚空無際、天地生其中。墟宇既形、品庶滋其内。於是。羣生競起。衆識齊奔。

【書き下し】

釋淨土群疑論序

屯田員外郎《とんでんいんがいろう》平昌　孟銑　撰

虚空無際にして、天地其の中に生ず。*墟*宇既に形ありて*品庶其の内に*滋《し》げん。*ここに於て、*羣生競ひ起り、衆識 齊《ひとし》く*奔《はし》る。

【現代語訳】

釋淨土群疑論序

徴税官補佐役　平昌　孟銑　撰

虚空は際限なくして、天地は其の中に生ずる。町や家はすでに形づくられ、人々はその内にあってどんどんと発展を重ねている。そこで、多くの生きとし生けるものは競って起り、様々な心がそろって駆けめぐっている。

【本文】　序一

沈浮愛欲之河、駈馳生死之躅。因報紛糺、非累墨之能分。

【書き下し】

*愛欲の河に*沈浮《ちんぷ》し、生死の*躅《あと》に*駈《く》*馳《ち》す。*因*報*紛糺《ふんきゅう》、*累墨《るいぼく》の能く分つに非ず。

【現代語訳】

貪り・怒り・愚かさの煩悩に流され、その河の中に浮いたり沈んだりして、生き死にを繰り返す輪廻の足跡を求めて駆け回っている。煩悩の原因と報いとが複雑にみだれもつれて、塗り重ねられた墨のような状況は、とても分けて整理することができない。

【本文】　序一

縁對循環、豈積塵之可計。前佛後佛、報身化身、各返行迷。咸祛溺罣。

【書き下し】

*縁對*循環、豈に*積塵《しゃくじん》の計る可くならんや。*前佛*後佛、報身化身、各々行迷を返し。咸く溺《にゃく》*罣《そう》を*祛《はら》ふ。

【現代語訳】

過去に為した報いが繰り返し戻って来て、どうして積もり重ねられた煩悩の量を計ることができようか。いやできない。すでに入滅された釈迦牟尼佛、後の世をたのむ阿弥陀佛、過去の修行により功徳を積んだ報いの結果、衆生を救済せんがために現れられた佛身、衆生を教化救済しようとして佛自身が変現して衆生のすがたとなって現れられた佛身、それぞれの佛が、悪行を原因として道を見失っている迷いを押し戻し。すべての中道の理を見失っている人の苦しみを払い取るのである。

【本文】　序一

敞三明以濟俗。臨八苦已宣慈。皇矣弥陀聿釆淨國發弘誓願現大光明。

【書き下し】

*三明を*敞《ほがらか》にして以て*俗を濟《すく》ひ、*八苦に臨んで已に慈を宣ぶ。*皇《をほい》なるかな、弥陀*聿《つい》に*淨國を*采《と》ること*弘誓願を發し、大*光明を現ず。

【註】　釆は采の誤り。

【現代語訳】

特別な修行者の持つ三種の超人的能力（宿命・天眼・漏尽）を広々と開いて、それによって在俗の人々を済度し、生・老・病・死・愛別離苦・怨憎会苦・求不得苦・五陰盛苦の八苦に向かって、もうすでに慈しみを明らかに顕している。偉大なるかな、阿弥陀仏はここに極楽浄土を選びとって四十八の大いなる誓いをおこして、偉大な光をその身体から出現させた。

【本文】　序一

既疏方便之門。又闡感通之路。

【書き下し】

既に*方便の門を*疏《とほ》し。又*感通の路を*闡《ひら》く。

【現代語訳】
もうすでに衆生を救済し、さとりへ導くための一時のてだてとして説かれた教えの門を開いて通し、又、念仏する衆生と、それを救おうとする阿弥陀仏の慈悲心が一つに合する路をはっきりと開く。

【本文】　序一
十念云就、俄引伏於金地、九輩往生、遽偕遊於銀國。

【書き下し】
十念ここになって、*にわかに*金地に引伏し、*九輩往生して、*にわかに*銀國に*偕遊す。

【現代語訳】
十遍の念仏が成就したとたん、突然に極楽浄土に引きよせられ平れ伏し、生前に積んだ功徳に応じて九種類の差別ある浄土に往生して、たちまちにして極楽浄土においてともに遊ぶ。

【本文】　序一
理浮敻劫《けいこう》、事驗無邊。道安幽賛於秦中。慧遠始通於晉末。

【書き下し】
*理*敻劫《けいこう》を浮かべ、*事*無邊を驗《あきら》む。*道安秦中に*幽*賛し。*慧遠始めて晉末に通ず。

【現代語訳】
（その念仏往生の）現象の背後にあって現象を現象たらしめている理法は、遥か曠遠な時間をただよい、個別的現象は、限りなきものをはっきりさせる。道安は秦の中期にかすかに称賛し、慧遠が始めて晉の末期に明らかにした。

【本文】　序一

爰茲已降、同贊前聲、其有克任紹隆、遙膺付囑、思成就於往法、將究竟於來今、疏奧旨於貫華、讃微言於貝葉者、其唯懷感法師乎。

【書き下し】

*爰茲《これより》*已降《このかた》、同贊の前聲、其の*克《よ》く*紹隆《じょうりゅう》に任《た》へ、遙に*付囑に*膺《あた》り、成就を往法に思ひ、*究竟を來今に將《ひき》い、*奧旨を*貫華に疏し、*微言を*貝葉に讃ずること有る者は、其れ唯だ懷感法師か。

【現代語訳】

これより以後、道安の称賛する文の前におかれた評判に示される、耐え抜いて法を受け継ぎ盛んにするを引き受け、遙か遠くに教えを伝えることを託されたことを受けとめ、願の達成され（極楽往生でき）ることを先にある教法に思いを馳せ、究極の境地を来るべき今に引き連れて、奥深い道理を詩文の中に解説し、深遠な仏法の旨を書物にほめ讃えることができる者は、唯だ一人懐感法師のみであろう。

【本文】　序一

法師以本無今有、既生則逝。信力堅正、戒品清嚴。

【書き下し】

法師*本無*今有を以て、既に生じて則ち逝く。*信力*堅正にして、*戒品*清嚴なり。

【現代語訳】
懐感法師は本来空無であるが、（因縁仮和合によって）今生じて存在するという道理によって、既に生涯を過ごされ、後に逝去された。信仰の力は非常に堅固であり、種々なる種類の戒は清らかにして、厳しく守られている。

【本文】　序一～二
妒路之文、既弘宣而走譽。毘尼之旨、乃演暢以馳聲。

【書き下し】
*妒《と》路《ろ》の文、既に*弘宣して譽れを走《は》せ。*毘《び》尼《に》の旨、乃ち*演暢して以て*聲を馳す。

【現代語訳】
すべての文は、既に広く述べて高く評価を得。律の主旨は、そこで説き述べられ、それによって名声を走らせている。

【本文】　序二
雖善說而不窮。恐有言之為累。

【書き下し】
*善說窮らずと雖も。恐くは*有言の*累ひを為すことを。

【現代語訳】

よく説かれた仏の教えはたとえどこまでいっても窮め尽くせないとしても、心配することとしては言語をもって答えるようなわずらわしい関わりをすることである。

【本文】　序二

思練神以息際。佇依定而保光。

【書き下し】

*神を*思練して以て*際《まじわ》りを*息《や》め、*定に*佇《ちょ》依《え》して光を保つ。

【現代語訳】

こころを統一し錬磨してそれによって他との交わりを断ち、瞑想にたたずみ従い輝きを保つ。

【本文】　序二

捨義學共遺蹤。遂誠求而取證。

【書き下し】

*義學を捨て共に*蹤《あと》を遺《わす》れ。遂に*誠《じょう》求《ぐ》して*證を取る。

【現代語訳】

倶舎唯識を捨ててそれといっしょに行跡をも忘れ去り。ついに誠心誠意求めて無上の真理を得ることができた。

【本文】　序二

霜懷特發。氷踐孤超。

【書き下し】

霜懷特《ただ》に發し。氷*踐孤り超ゆ。

【現代語訳】

冷たい霜をふところに懐いて唯一人（菩提心を）おこし。冷たい氷を踏みしめて唯一人（煩悩を）超克した。

【本文】　序二

功由理諧。機與神會。

【書き下し】

*功理に由て*諧ひ。*機*神と會ふ。

【現代語訳】

修行の効果は道理にもとづいて完成し、修行者の力量により、霊妙なはたらきをもつものと出会うことができる。

【本文】　序二

斂容赴寂。乃覲安養。

【書き下し】

*容を*斂《おさ》めて寂に赴き、乃ち*安養《あんにょう》に*覲《まみ》ゆ。

【現代語訳】
態度を引きしめて、いずまいを正し、（煩悩を滅し去った）究極の静けさに向かい、そこで極楽浄土を観見する。

【本文】　序二
法師則意歸真。即是阿鞞聖侶。

【書き下し】
法師則ち意真に歸す。即ち是れ*阿鞞の*聖*侶ならん。

【現代語訳】
懐感法師はとりもなおさず心は真実（の極楽に）に帰依している。とりもなおさず退くことのない位にまで上った、汚れなき伴侶である。

【本文】　序二
雖念存有相。而情體無著。

【書き下し】
念《おも》ひ*有相を存すと雖も。而も*情《こころ》*無著を體《さと》る。

【現代語訳】
たとえ心中に形あるものを認めている（極楽浄土を見たこと）としても。しかしながら、心の働きによる思いの中には、（極楽の美しい物に対する）無執着を体得する。

【本文】　序二

衆所知識。俗共帰仰。

【書き下し】

衆に*知識せられ。*俗と共に*帰仰す。

【現代語訳】

多くの人々に仏教によって親しく縁を結ばれ、在俗の者と共に帰依し信仰する。

【本文】　序二

勝幢雖建。魔壘尚高。

【書き下し】

*勝幢建つと雖も。魔*壘尚ほ高し。

【現代語訳】

たとえ魔（心の煩悩）を降した勝利の幢を立てたとしても、悪魔（心の煩悩）のとりで（の守り）はまだ高い。

【本文】　序二

未悟聖力所牽。多以常途致惑。

【書き下し】

未だ*聖力の牽く所を悟らず。多く常途を以て惑を致す。

【現代語訳】

いまだに、徳のすぐれた者の力によって引き上げられていることを理解していない。多くの者は常の方法を用いて、迷いに向かいそこに到着している。

【本文】　序二

青眼以之鶚視。赤髭由其蝟張。

【書き下し】

*青眼之を以て*鶚《ワシノ如ニ》視。*赤髭其れに由て*蝟《イノ如ニ》張る。

【現代語訳】

（魔王・煩悩の）黒い目は、これを用いてみさごのように鋭く睨み付け、赤いひげは、その髭によってはりねずみのように張って（威嚇）する。

【本文】　序二

始則干非。後遂淩讟。

【書き下し】

始めは則ち*干《をかし》し非《あらざ》り。後は遂に*淩《をかし》し*讟《そしる》る。

【現代語訳】

始めは力づくで相手の上に出ることはなかったが、後にはとうとう力づくで相手をおかしそしった。

【本文】　序二
請戰之曹踵武。設伏之黨肩隨。

【書き下し】
請戰の*曹《やから》武《あと》を踵《つ》ぎ、*設伏《せつぶく》の*黨《ともがら》*肩隨《けんずい》す。

【現代語訳】
（魔王・煩悩に対して）戦いを求める者たちは、前と同じ方法で（本願力によらず自力で）行いを継続し、伏兵を備える者たちは追随する。

【本文】　序二
法師先據不竭之貲。

【書き下し】
法師先きに*不竭《ふけつ》の*貲《し》に據り。

【現代語訳】
懐感法師は初めに尽きることのないもとで（本願力）を拠り所として、

【本文】　序二
次命無前之語。

【書き下し】
次に*無前の語を命ず。

【現代語訳】
続いて無敵の言葉（称名念仏）を命令した。

【本文】　序二

洪鐘纔振。短兵已北。

【書き下し】

*洪鐘《こうしょう》*纔《わず》かに*振へば。*短兵已に*北ぐ。

【現代語訳】

巨大な鐘がはじめて振動すれば、刀剣など手に持つ兵隊（煩悩達）はすでに背を向けて逃げて行く。

【本文】　序二

燒須之渠折角。鍱腹之侶流腸。

【書き下し】

燒*須の*渠《ともがら》角を折り。*鍱腹《てつふく》の侶《ともがら》腸を流す。

【現代語訳】

（ハリネズミのように髭を張って威嚇していた）ひげを焼かれた彼等（煩悩）は角を折り。板金の輪を腹に巻い（て武装し）た者たちは（斬られて）腸を流す。

【本文】　序二

領屈者。拔旗以祈生。

【書き下し】

*領《りょう》*屈《くつ》の者は。旗を拔て以て生を祈《もと》め。

【現代語訳】

服従を了承した者たちは、（白）旗を揚げてそれによって生きることを願い（命乞いをして）、

【本文】 序二

*呑《どん》負《ふ》之者。與櫬《ひつぎ》而歸西。

【書き下し】

呑負の者は。*櫬とともに西に歸す。

【現代語訳】

負けることをおそれない者たちは、棺に入って西に帰る。

【本文】 序二

安養之師告捷。般舟之旅載寧。

【書き下し】

*安養の*師*捷つことを告げ、般舟の*旅載ち寧し。

【現代語訳】

極楽浄土の軍が（煩悩の軍を打ち破り）勝つことを告げられると、念仏（三昧）の旅団はそれによってやすらかである。

【本文】 序二

式詮訓問之機。遂有釋疑之論。

【書き下し】

*もって*訓問の機を*詮じて、遂に釋疑の論有り。

【現代語訳】

それによって問答の機縁を選んで、とうとう疑いを解釈する論を作った。

【本文】　序二

當其詰朝相見任氣争前。

【書き下し】

其の*詰朝相ひ見へ*任氣前に争ふに當ては。

【現代語訳】

その（疑いを解釈するに付き）早朝から互いに会い、（疑いを晴らそうとする）勇気に任せ、目の前に於いて論争するについては、

【本文】　序二

問既直錐以起心。訓亦推（摧）鋒而陷腦。

【書き下し】

問は既に*直錐以て心《むね》に起《た》て。訓《こたえ》も亦た*鋒《ほこ》さきを推《おし》（摧《くだき》）て腦《なつき》を陷《をと》す。

【現代語訳】

問いはすでに真っ直ぐなきりを用いて（こちらの）胸に突き立て。答えもまた鋭い才先を（相手に）押しあてて脳を攻め落とす。

【本文】　序二

故有疑必問。客無問而不深。有問必訓。主無訓不當。

【書き下し】

故に疑ひ有れば必ず問ふ。客問ひとして深からずということなし。問ひ有れば必ず訓ふ。主訓として

當らざるということなし。

【現代語訳】

よって疑いが有れば必ず問う。論客の問いは一つとして深くないものはない。問いがあれば必ず答える。主人の答えは一つとして間違っているということはない。

【本文】　序二～三

因權告實。語為四部所宗。即生宣常。理為五眾*攸報。

【書き下し】

*權に因て實を告ぐ。語は*四部の為めに*宗《たつと》ばる。生に*即して常を宣ぶ。理は*五衆の為に報せらる。

【現代語訳】

物事の基本にもとづいて、真実を伝える。その言葉は比丘、比丘尼・在俗信者の男女のために重んじられる。（極楽）往生に即応して、尋常（念仏）を宣べる。その道理は比丘・比丘尼・式叉摩那・沙弥・沙弥尼（出家の五衆）のために報いられる。

【本文】　序三

信往生之逸路。乃淨域之亭衢。

【書き下し】

信《まこ》とに往生の*逸路。*乃ち*淨域の*亭*衢なり。

【現代語訳】
ほんとうに極楽往生のひときわすぐれた道、それは西方極楽浄土の高い建物へと続く大通りである。

【本文】　序三
撰次未修。門成乃化。遺編累復。

【書き下し】
*撰次未だ修せず。*門成って乃ち*化し。遺編累*復せり。

【現代語訳】
書物の部わけの順序がまだ整わないのに、最初の手引きが出来上がってそこで（懐感法師が）遷化され、残された原稿がもとのように積み重ねられた。

【本文】　序三
有懐惲法師惲與感師。并為導公神足。

【書き下し】
懐惲法師と云ふ人有り。惲と感師とは并に導公の*神足爲り。

【現代語訳】
懐惲法師という人がいる。懐惲と懐感師とはどちらも善導大師のすぐれた弟子である。

【本文】　序三

四禪倶寂。十勝齊高。契悟之深。詎止同遊七淨。

【書き下し】

*四禪倶に寂に、*十勝齊く高し。*契悟の深きこと、なんぞただ同く*七淨に遊ぶのみならんや。

【現代語訳】

四段階からなる瞑想を二人とも心静かに（行じ）、十波羅蜜の行は二人とも等しく高い位までのぼっている。道を悟ることの深いこと、どうしてただ同くさとりの智慧を助ける七種の修行に遊ぶだけであろうか。いやそれだけではない。

【本文】　序三

縁習之重。寧唯共趣一乘。

【書き下し】

*縁習の重きこと寧んぞ唯だ共に*一乘に趣くのみならんや。

【現代語訳】

因縁の法を学ぶことの重いことは、どうしてただ一緒に一乘（法華経）に趣くだけであろうか。いやそれだけではない。

【本文】　序三

⿵門外歳易掩。長年先逝。三門徒然。七衆同悲。

【書き下し】

*⿵門外歳*掩《おう》ひ易く、長年先づ逝く。*三門*徒然として、*七衆同く悲む。

【現代語訳】

一年をおいて続いて隠れられた、まず先に歳の大きい懐感が往生された。寺の中では何もすることができないで、出家している修行僧尼も在家の男女信者も共に悲んだ。

【本文】　序三

惲以。昌言之書。既成之於舊友。釋疑之論。敢行之故人。

【書き下し】

惲以らく*昌言の書、既に之を舊友に成れり釋疑之論、敢て之を故人に行ふ。

【現代語訳】

懐惲は以下のことを思った、りっぱな文によって書かれている書物・すでに亡き友となってしまった（懐感の）『釋疑之論』（『釋淨土群疑論』）、すべてをかけてこれ（『釋淨土群疑論』）を故人のために完成させようと。

【本文】　序三

以平昌孟銑早修淨業。憑為序引。資以播揚。

【書き下し】

平昌の孟銑、早《つと》に*淨業を修するを以て。*憑《よ》って序*引を為《なさ》しめ。*資《たす》けて以て*播揚せしめん。

【現代語訳】

平昌（地名）の孟銑は、早くから浄土へ往生する業因を修めていたことにより、その力をたのんで序文を作らしめ、それをもとでとして用いて広く知れわたるようにさせた。

【本文】　序三

輒課蕪旨。式旌寶昌。言之為七巻。宣之為一部。云爾。

【書き下し】

*すぐ*蕪旨を*課して。もって*寶昌を*旌す。之を言て七巻と為し。之を宣て一部と為す。*云爾《しかいう》。

【現代語訳】

すぐに乱雑な趣旨のよしあしを調べて、それを用いて明らかな宝を顕彰した。これを言葉で表せば七巻であり。これをあまねく意向を述べるとするならば一部である。以上。

【本文】　一巻一帖

釋淨土群疑論　巻第一

【書き下し】

釋淨土群疑論　巻第一

西都千福寺大徳　懷感　撰
問曰佛有幾身淨土有幾種釋曰佛有三身土有三土三身者一法性身二受用身三變化身土有三種者一法性土二受用土三變化土法性身居法性土受用身居受用土變化身居變化土

西都千福寺大徳　懷感　撰
問うて曰く佛に幾の身か有り、浄土に幾の種か有る。釋して曰く佛に*三身有り、土に三土有り。三身とは、一つには法性身、二つには受用身、三つには變化身なり。土に三種有りとは、一つには法性土、二つには受用土、三つには變化土なり。法性身は、法性の土に居し、受用身は受用の土に居し、變化身は變化の土に居す。

【現代語訳】

釋淨土群疑論　巻第一
長安千福寺の大徳（僧尼を統領する職名）　懷感の撰述
問うて言う。佛にはいくつの身体があり、淨土にはいくつの種類があるかと。解釈して言う。佛に三つの身体があり、淨土には三つの国土がある。三つの身体とは、一つは永遠普遍の真理のそのものであり、二つには、佛となるための因としての行を積み、その報いとしての完全な功徳を備えた佛身であり、三つのは、さまざまな衆生の救済のために、それらに応じて現われる身体である。それぞれ三つの身体すなわち法性身は、法性の土に住し、受用身は受用の土に住し、變化身は變化の土に住するのである。

【本文】一巻一帖

法性身土倶以眞如清淨法界以爲體性如般若説彼如來妙體即法身諸佛法體不可見如法界體性　經文殊師利禮云无色无形相无根无住處不生不滅故敬禮无所觀等維摩經云如自觀身實相觀佛亦然法性土者如般若云莊嚴佛土者即非莊嚴又維摩經云雖知諸佛國及與衆生空又云諸佛國土亦復皆空

【書き下し】

法性の身土は、倶に*眞如清淨法界を以て以て體性と為す。般若に説くが如き、彼の如来の妙体は、即ち法身なり。諸佛の*法體は不可見なり。法界體性經の文殊師利の禮に云が如き*色無く、*形相無く、*根無く、住処無く、*不生不滅なるが故に*無所觀を*敬禮す等。維摩經に云く、自ら身*實相と觀ずるが如く、佛を觀ずることもまた然なりと。*法性の土とは般若に云うが如き。*莊嚴佛土とは、即ち非莊嚴なりと。又維摩經に云く諸佛の国及び衆生と*空なりと知るといえどもと、又云く、諸佛の国土も亦復皆空なりと。

【現代語訳】

真理（法）の身体と国土とは、どちらも釈尊が事物をあるがままに観察（如實知見）して発見した煩悩の汚れなく、清らかな真理すなわち事物の根源であることを不変なる本体とする。般若経に説くように、彼（法性身土）の真実からやって来た覚者の勝れた実体はとりもなおさず真理そのものである。さまざまな覚者の実体は見ることさえできない。法界體性經の中の文殊師利菩薩の禮に説かれているように、（覚者の実体は）

視覚によって捉えられる事無く、姿形も無く、感覚器官無く、住む処無く、生と死との両方を超越して常住であるという理由から万有一切が空であるという道理を観ずることを敬いおがむのであるなど。維摩經に云く、自ら自分自身は真実の本性であると観ずるように、佛を観ずることもまったく同じである。真理（法）の国土とは般若経に説かれるように、佛の国土を美しく飾るということは、とりもなおさず佛の立場から見るならば何も飾らないことである。又維摩經に説かれるようにさまざまな覚者の国及びそこにいるすべての生きる者たちには固定的実体がないと知っているけれどもと、又説かれる。さまざまな覚者の国土もまたすべてが皆固定的実体がないのであると。

【参考文献】

『大寶積經』巻第二十六『法界體性無分別會』『大正蔵経』一一巻一四四頁a

汝心、非色而不可見。無有形照、無有觸對。無處、無教。非内外中。是正成就不。

『維摩詰所説經』見阿男佛品『大正蔵経』一四巻五五四頁c～五五五頁a

汝欲見如來。爲以何等觀如來乎。維摩詰言。如自觀身實相。觀佛亦。

『金剛般若波羅蜜經』『大正蔵経』八巻七四九頁c

莊嚴佛土者、則非莊嚴。是名莊嚴。

『金剛般若波羅蜜經』

莊嚴佛土者、如來説非莊嚴。由此説、爲國土莊嚴。『大正蔵経』八巻七七二頁a

『維摩詰所説經』佛道品『大正蔵経』一四巻五五〇頁a

知諸佛國及與衆生空。

『維摩詰所説經』文殊師利問疾品『大正蔵経』一四巻五四四頁b～c

維摩詰言。諸佛國土亦復皆空。

『維摩詰所説經』香積佛品『大正蔵経』一四巻五五二頁b

十方國土皆如癪空。

【本文】一巻一帖～二帖

又云十方佛國皆如虚空雖知身土並一眞如夫如者不二不異而言法性身居法性土者此以覺照性義名身法眞理體名土是施設安立諦門説

【書き下し】

又云く十方の佛国は、皆*虚空の如しと、身土並びに一眞如なりと知るといえどもと。それ*如は*不二不異なり。しかるに法性身法性の土に居すと言うは、*覺性の*性なる*義を以て身と名づけ、法の真理の體を土と名づく。これ*施設*安立諦門の説なり。

【現代語訳】

又言う。あらゆる佛の国はすべて何も無い空間のようであり、佛身も國土もともに一つの永遠普遍の真理の理法であると理解しているけれども云々と。さて、眞如とは、二つの事象・概念の関係が二つではないし異なっていいない。しかしながらここに於いて、法性身が法性土に住するというのは、覺りの本性の本質の道理を用いて身体と仮に名づけ、（存在は縁起しているという）法の真理そのもの自体を仮に国土と名づけたものである。これらは言語を絶している眞如を仮に言葉で差別して表わした教説である。

【参考文献】

「施設安立諦門」『瑜伽師地論』巻第八十三『大正蔵経』三〇巻七六三頁b

施設者。謂由語及欲。次第編列名句文身。安立者。謂次第編列已略爲他説。

【本文】一巻二帖

二受用身土者此有二種一自受用身土二他受用身土

自受用身土以菩薩行八萬四千波羅蜜行修習圓滿恒沙果徳自利利他四智周圓淨五蘊等爲自受用身體即以智上所現微細周遍廣大清淨四塵唯佛與佛乃能知見自受用身所依止處爲自受用土體

【書き下し】

二に*受用の身土とは、これに二種有り。一つには自受用の身土。二つには他受用の身土なり。自受用の身土は、菩薩八万四千*波羅蜜の行を行じて修習円満せる*恒沙の果徳、自利利他*四智周圓の浄の*五蘊等を以て自受用身の體と為す。即ち智の上の所現の微細の周遍広大清淨の*四塵の唯佛と佛とのみ即ちよく知見したまふ自受用身の所*依止の處を以て自受用土の體と為す。

【現代語訳】

二に、悟りの結果法を亨受しまた他の人々をして亨受せしめる佛の身体と国土とは、これに二種類がある。一つには自ら法楽をひとり楽しむ佛（自受用）の身体と国土。二つには他人にもこの楽しみを受けさせようとする佛（他受用）の身体と国土とである。（まず）自ら法楽をひとり楽しむ佛（自受用）の身体と国土とは、悟りをそなえた人々・菩薩が八万四千にも及ぶ（非常に数多くの）彼岸に至る徳目を修行して身につくまで極めて成就した、ガンジス河の砂の数のように数えきれない修行の結果えられた悟りの徳、また、自分だけに止まらず他人をも利益する、四つの智慧（大円鏡智・平等性智・妙観察智・成所作智）があまねく円満した汚れがなく浄らかな肉体と精神を五つの集まり（色、受、想、行、識）を自ら法楽をひとり楽しむ佛（自受用）の身体とする。そして、（四つの）智慧の上にきめ細かに現わし出された、あまねく広く大きく煩悩の汚れ無き浄らかな四つの元素（地・水・火・風）によって構成された、ただ覚りを得た者どうしだけがとりもなおさず見ぬくことができる、自ら法楽をひとり楽しむ佛が依り所として留められる場所を自ら法楽をひとり楽しむ佛（自受用）の国土の本体とする。

【本文】 一巻二帖

他受用身土者爲初地已上諸大菩薩用平等性智撃發鏡智利他功徳随其所應現一分細相爲他受用身土體性

【書き下し】

他受用の身土とは初地已上の諸大菩薩の爲に平等性智を用いて鏡智の利他の功徳を*撃發して其の所應に随て一分の*細相を現ずるを他受用身土の*體性と爲す。

【現代語訳】

他人にも悟りの結果得られた法を亭受する楽しみを受けさせようとする佛（他受用）の身体と国土とは、大乗の覚りを求める修行者（菩薩）の五十二段階の位の内四十一番目の初地の位已上の偉大な大乗の覚りを求める修行者（菩薩）たちのために、自他全てのものが平等であることを証する智（平等性智）を用いて（すべてのものがその心の従って差別なく救われる意味）、鏡のようにあらゆるものを差別無く表わし出す智（大円鏡智・清らかな心のままに鏡のように映し出される）の積極的に他を利益する徳目の作用を撃ちおこしてその（大菩薩たちの）願うところにしたがってすべての淨土の（その菩薩が願う）一部分の繊細な浄土の姿を現わし出すのを他人にも悟りの結果得られた法を亭受する楽しみを受けさせようとする佛（他受用）の身体と国土の本質とする。

【本文】一巻二帖

變化身土者爲於地前菩薩及二乘凡夫以成所作智撃發鏡智利他功徳随其所應現一分麤相爲變化身土體性

【書き下し】

*變化の身土とは*地前の菩薩及び*二乘凡夫の爲に成所作智を以て鏡智の利他の功徳を撃發して其の所應に随て一分の麤相を現ずるを變化の身土の體性と爲す。

【現代語訳】

様々な衆生の救済のためにそれらに応じて現われる身体及び国土とは、十地に入る前の初地以前の菩薩及び聲聞、縁覚、凡夫のためにあらゆるものをその完成に導く成所作智を用いて大円鏡智の積み重ねられた善根の徳性を撃ちおこし、彼等の求めるところに従って、すべての淨土のある部分の粗略な形を顕現することを変化の身体及び国土の本体の特質とするのである。

【本文】一巻二帖〜三帖

此受用變化二土體性者有三一攝事歸眞體二攝相歸心體三本末別明體攝事歸眞體者一切衆法皆以眞如爲體此報化二土即以眞如爲體二攝相歸心體者此報化二土皆如來等淨心所現故維摩經云随其淨心即佛土淨即唯識論及攝大乘論等明一切萬法皆不離自心三本末別明體者此二淨土倶以衆寶莊嚴爲體

【書き下し】

此の受用變化の二土の體性をいはば三有り。一には攝*事*歸眞體。二には攝*相歸心體。三には*本末別明體なり。攝事歸眞體とは一切の衆*法皆眞如を以て體と爲すれば、此の*報化の二土も即眞如を以て體と爲す。二には攝相歸心體とは此の報化の二土皆如來等の*淨心の所現なり、故に維摩經に云、其の淨心に随て即ち*佛土淨と、即ち唯識論及び攝大乘論等に明さく、一切の萬法皆自心を離れずと、三には本末別明體とは此の二の淨土は倶に衆寶莊嚴を以て體と爲すなりと。

【現代語訳】

この、悟りの結果法を亨受し、また他の人々をして亨受せしめる者・受用身と様々な衆生の救済のためにそれらに応じて現われる者・変化身の二つの国土の不変の本性をいうならば三つあげることができる。一つには、具体的な現象を納めてすべて真理に帰着するという本性。二つには外に現われるすがたを納めて、すべて心に帰着するという本性。三つには根本にあって変化しないもの・本と、周辺にあって変化するもの・末。すなわち佛の覚り眞如・本と具体的に現われる勝れた飾り・末とが別々に現われるという本性である。具体的な現象を納めてすべて真理に帰着するという本性とはあらゆるすべての存在は、みな縁起の理法真理をもちいて本体となしているから、この受用、変化の二つの国土もまた真理をその本体としている。二つに、外に現われるすがたを納めて、すべて心に帰着するという本性とはこの受用、変化の二つの国土は、どちらも真理の世界からもどってきた覚者の浄らかな心の現わし出されたものである。この故に『維摩經』には、その浄らかな心にしたがって、佛の国土もまた浄らかなのであると説かれている。これはとりもなおさず、『成唯識論』、『攝大乘論』などにあらゆるすべての存在は、皆自分の心を離れて存在するのでは無いと明らかにされていることである。三つに根本にあって変化しないもの・本と、周辺にあって変化するもの・末とが別々に現われるとは、この受用、変化の二つの国土はどちらも（真理に基づいているとはいっても佛の個別の心の現われとして）さまざまの宝によって具体的に飾られたみごとな配置をその本体としている。

【参考文献】

『維摩詰所説經』『大正蔵経』一四巻五三八頁c

若菩薩欲得淨土當淨其心。隨其心淨則佛土淨。

『成唯識論』、『攝大乘論』『釋淨土群疑論』に引かれるような文を直接見出すことはできなかったが、『成唯識論』にも『攝大乘論』にも、あらゆる存在が心の顕現、又は転変であろとする主張は数多く存在する。

【本文】一巻三帖

問曰今此西方極樂世界三種土中是何土攝釋曰此有三釋一是他受用土以佛身高六十萬億那由他恒河沙由旬其中多有一生補處无有衆苦但受諸樂等故唯是於他受用土

【書き下し】

問て曰く今此の*西方極樂世界は三種の土の中には是れ何の土の攝ぞ。釋して曰く此に三釋有り。一には是れ他受用の土なり。佛身の高さ六十萬億*那由他*恒河沙*由旬なりといひ其の中多く*一生補處有り衆苦有ること無く、但だ諸樂を受く等というを以の故に、唯だ是れ他受用の土なり。

【現代語訳】

問うて言う。今ここに言う西方極楽世界は、三種の国土の中に於いては、何の国土に収められるのであろうか。解釈して答える。ここに三つの解釈がある。第一には、他人に法楽を亨受させる報身の国土である。なぜなら佛のからだの高さが、六十万億かける千億かけるガンジス河の砂の数ヨージャナあるといい、その国土の中にはこの一生を過ぎれば次は仏の位所を補う菩薩の最高位の者がいて、様々な苦しみは無く、ただ様々な法楽を亨受することができる等と説かれている理由によって、唯一他受用身というより他は無い。

【本文】一巻三帖

二言唯是變化土有何聖教言佛高六十萬億那由他恒河沙由旬等即證是於他受用身土何妨淨土變化之身高六十萬億那由他恒河沙由旬以觀經等皆説爲凡夫衆生往生淨土故知是變化土

【書き下し】

二には言く。唯是れ*變化の土なり。何れの*聖教にか佛の高さ六十萬億那由他恒河沙由旬等といふを即ち證して是れ他受用身の土なりと言ふること有りや。何ぞ淨土の變化之身の高さ六十萬億那由他恒河沙由旬なることを妨げん。觀經等に皆説て*凡夫の衆生の往生する淨土なりと爲るを以て故に知ぬ是れ變化の土なり。

【現代語訳】

二つにはただ唯一変化土であると言うことができる。どこの経典に佛の身長が六十万億かける千億かけるガンジス河の砂の数ヨージャナあると言うことがとりもなおさず、他受用身の国土であると証明しているものがあると言うのか。いや有りはしない。それならば、どうして変化身の身長が六十万億かける千億かけるガンジス河の砂の数ヨージャナあることを否定することができようか。いやできない。『觀無量壽經』等に於いて、凡夫の往生する淨土であると説いている理由から考えるならば、変化身の国土であると理解することができるのである。

【解説】

二つには、凡夫が往生する国土ならば、変化身の国土であるという論を展開する。

【参考文献】

『觀無量壽經』『大正蔵経』一二巻三四一頁c

我今為汝廣說眾譬。亦令未來世一切凡夫欲修淨業者得生西方極樂國土。

『觀無量壽經』『大正蔵経』一二巻三四一頁c

佛告韋提希。汝是凡夫心想羸劣。未得天眼。不能遠觀。諸佛如來有異方便。令汝得見。

【本文】一巻三帖

三通二土地前見變化土地上見他受用土同其一處各随自心所見各異故通二土由此經言是阿彌陀佛非凡夫境當作丈六觀也

【書き下し】

三には二土に通ず。*地前は變化の土を見、*地上は他受用の土を見る。同く其れ一處なれども、各自心に随て所見各異なり。故に二土に通す。此に由て經に言く是の阿彌陀佛は凡夫の*境に非ず。當に*丈六の觀を作す也。

【現代語訳】

三つには二土の両方ともに共通するのである。なぜならば、十地に入る前の位の者は変化身の国土を見、十地にのぼった位の者は他受用身の国土を見るのである。この二つの国土は元々同じ所であるが、見るもの各自の心にしたがって、その所見は全て別々である。このような訳で、変化土、他受用土の二土のどちらにも当てはめられると言うのである。この故に経典には、この（六十萬億那由他恒河沙由旬の）阿弥陀佛は凡夫の感官と心によって知覚できる対象にはならない。従って一丈六尺の阿弥陀佛を便宜的に観ずる他無いのである。と説かれているのである。

【解説】

三つめには、変化土、他受用土の両方に共通している国土であるとする。十地以上の大菩薩は他受用土に生まれ、十地以下の凡夫などは変化土に生まれるとする。

【参考文献】

『観無量壽經』『大正蔵経』一二巻三四三頁b

無量壽佛身。如百千萬億夜摩天閻浮檀金色。佛身高六十萬億那由他恒河沙由旬。眉間白毫右旋宛轉如五須彌山。佛眼清淨如四大海水清白分明。

【本文】一巻三帖～四帖

問曰前第一釋若是他受用土者云何地前凡夫生若變化土者云何地上聖人生

【書き下し】

問て曰く。前の第一の釋に若し是れ他受用の土なりといはば、云何ぞ地前凡夫生し、若し變化の土なりといはば云何ぞ地上の*聖人生するや。

【現代語訳】

問うて言う。前の第一の解釈に於いて、もし他受用身の国土であると言うのであれば、どうして十地に入る前の位の凡夫が生ずることができ、もし変化身の国土であるというのであれば、十地にのぼった位の聖者が生ずるということができるのか。

【解説】

第一と第二の解釈の矛盾点をついている。他受用土といえば唯識説では凡夫は生まれることができないことになっている。また、変化土であれば、逆に十地以上の大菩薩はどうするのか、とする。

【本文】 一巻四帖

釋曰計彼地前菩薩聲聞凡夫未證遍滿眞如未斷人法二執識心麤劣所變淨土不可同於地上諸大菩薩微細智心所變微妙受用淨土

【書き下し】

釋して曰く。計るに彼の地前の*菩薩・*聲聞・凡夫は未だ*遍滿眞如を*證せず。未だ*人法二執を斷ぜず。*識心*麤劣なるをもて*所變の淨土、地上の諸大菩薩の*微細の*智心所變の*微妙受用の淨土に同ず可からず。

【現代語訳】

解釈して言う。考えてみるに、先の十地に入る前の位の覚りを具えた人々・自己の覚りのみを求める修行者・愚かで凡庸な士夫達は、いまだに最高の覚りを身を持って実現していない、また常一主宰のアートマンが存在すると執着する我執（人執）と、もろもろのダルマに実態があると執着する法執とを断じていない。従って、心が粗末で劣っているという理由によって顕現される淨土は十地にのぼった偉大な覚りを具えた人々のきめ細やかな智慧の顕現である優れて見事な受用身の淨土と同じであることはできない。


【解説】

十地以前の凡夫や小乗仏教の聲聞縁覚などは、すべてにわたって十地以上の大菩薩よりも劣っていることを説明している。

【本文】一巻四帖
然以阿弥陀佛殊勝本願増上縁力令彼地前諸小行菩薩等識心雖劣依託如來本願勝力還能同彼地上菩薩所變淨土微妙廣大清淨莊嚴亦得見故名生他受用土

【書き下し】

然るに、阿弥陀佛の*殊勝の*本願*増上縁の力を以て、彼の地前の諸の小行の菩薩等をして識心劣なりと雖も、如來の本願の勝力に*依託すれば、還て能く彼の地上の菩薩の所變の淨土に同く、*微妙*廣大の*清淨の*莊嚴亦た見ることを得せ令めたまふか故に、他受用土に生ずと名く。

【現代語訳】

しかしながら、阿弥陀佛のこの上なく優れた誓いの力の力強い縁によって先の十地に入る前の様々な行の足りない菩薩たちをして心が粗末で劣っているけれども、阿弥陀如來の修行時代からの誓いの優れた力に全てを任せてしまえば、還って十地にのぼった修行の十分なされた菩薩の顕現する浄土と同じように、優れて見事で豊かで汚れの無い淨土の美しい飾りを見ることを可能にさせるのである。そのような訳で、他に法楽を受用せしむる国土であると名づけるのである。

【解説】

しかし、そこに阿弥陀仏の本願力の増上縁が加わることにより、劣っているはずの凡夫が、大菩薩と同じすぐれた他受用身の浄土に生まれることができることを説く。

【本文】 一巻四帖

佛地論等説初地已上生他受用土地前菩薩生變化土此據自力分判地前地上居二土別不據他力別願勝縁而説只如肉眼論言唯見障内色唯見欲界不見色界唯是離中知不是合中知然法華經説父母所生清淨肉眼見於内外弥樓山等乃至阿迦尼吒天色豈不是肉眼能見障外等色及見色界諸天色耶

【書き下し】

佛地論等に初地已上は他受用の土に生じ地前の菩薩は變化土に生ずと説けるは、此れ*自力に據て地前地上の二土に居する別を分判す。*他力*別願の*勝縁に據て説くにはあらず。只だ肉眼の如き論には唯だ*障内の色を見、唯だ*欲界を見て*色界を見ずと言ふ。唯だ是れ*離中知にして是れ*合中知にあらず。然るに法華經には父母所生の清淨の肉眼をもて内外*弥樓山等乃至*阿迦尼吒天の色を見ると説けり。豈に是れ肉眼の能く*障外等の色を見、及び色界諸*天の色を見るにあらず耶。

【現代語訳】

佛地論等に菩薩の十地の内、初地以上は他人に法楽を亨受させる国土に往生し、初地に至らない菩薩達はそのものの機根に応じて適宜に変現する国土に往生すると説くこと、これは自分の能力によってそれぞれの国土に往生する別を判別しただけである。阿弥陀佛の衆生救済の本願における優れた増上縁について説いているのではない。（ただ凡夫の）肉眼についての論議に関して言うならば、ただ、さえぎる物の中だけの物質を見、ただ欲望にとらわれた生物が住む境界だけを見ることができて、欲望は超越したが、物質的条件（色）にとらわれた生物が住む境界は見ることはできない。また、（肉眼は）直接対象と接触しないで遠くにある対象に対してはたらく感覚器官であって、直接対象と接触してはたらく感覚器官ではない。しかしながら法華經には父母から生まれた汚れのない清らかな肉眼を用いて内や外の須弥山等や天の中でも最高の天界をの様子を見ることができると説いている。どうして肉眼がさえぎる物の外の物質を見たり、及び物質的条件にとらわれた生物が住む境界は見ることはできないということができようか、いや言うことができる。

【解説】

『佛地經論』において、十地以上が他受用土に生まれると説くのは、阿弥陀仏の本願力が加わらない時のことを説くのである。本願力が加われば、さえぎられた壁の先も見ることができるという。『法華經』によってその譬喩を説く。

【参考文献】

『佛地經論』『大正蔵経』二六巻二九四頁a～b

果相トハ云何。最極自在ノ淨識ヲ為スレ相ト。謂フハ二大宮殿ト一最極自在ナル佛ノ無漏心ヲ以テ為ス二體相ト一。唯ダ有ルガレ識ノミ故ニ。非ズ三離レテレ識ヲ外ニ別ノ有ルニ二寶等一。即チ佛ノ淨心ハ如クレ是ノ變現シテ似ル二衆寶等ニ一。如シ二前ニ已ニ説クガ一。境界ノ相ナルガ故ニ。如キハ下入リテ二青等ニ一遍ズレ處ヲ定ノ上者。識所現ノ相ナリ此レ即チ如來ノ大圓鏡智相應ノ淨識ナリ。由ルガ二昔所修ノ自利無漏ノ淨土ノ種子ノ因縁力ニ一故ニ。於テ二一切時ニ一遍ズ二一切處ニ一。不レ待タ二作意ヲ一任運シ變現ス。衆寶ノ莊嚴ハ受三用シ佛土ト與ヲ二自受用身一作ス二所依止ト一處ナリ。利他無漏ノ淨土ノ種子ノ因縁力ノ故ニ。隨テ二他ノ地上ノ菩薩ノ所ニレ宜キ變二現スルハ淨土ヲ一。或ハ少或ハ大或ハ劣或ハ勝ナリ。與フルヲ二他受用身ニ一作ス二所依止ト一處ナリ。謂ハレ隨ト二初地ノ菩薩ノ所ニレ宜キ。現ジレ少ヲ現ズレ劣ヲ。如クレ是ノ展轉シテ乃チ至ル二十地ニ一。最三大ニシテ最四勝タリ。於テ二地地ノ中ニ一。初中後等亦タ復如シレ是ノ。如クレ是ノ淨土ノ果相ハ圓滿ス。

【本文】 一巻五帖

又解深蜜經及攝大乘論等説如人照鏡自見本面以彼

【書き下し】

又解深蜜經及攝大乘論等に説かく。人鏡に照して

鏡中无有面像當見自面黑白之精此扶根塵與眼根合而見彼扶根色塵此豈不是合中知若言見障外色界及自扶根色塵者便與論文相違若不見者復與經文相違故知佛地論師據大分自因而説不據他殊勝力別縁而説而定自在所生色非是色塵不合爲眼所見若得大威德定所變定自在所生色即能令凡夫人眼所見今此亦爾以本願力令彼地前菩薩等生受用土不可一向判令不生也

自ら本面を見るが如き彼の鏡中に面像有ること无きを以て、當に自面の黒白之精を見るべし。此れ*扶根塵と眼根と合して彼の*扶根の*色塵を見ると。此れ豈に是れ合中知ならざるや。若し障外と色界と及び自の扶根の色塵とを見ると言はば便ち論文と相違す。若し見ざるといはば復た經文と相違す。故に知ぬ佛地論師は大分の自因に據て説けり。他の*殊勝力の*別縁に據て説くにはあらず。而るに*定*自在所生の色は是れ色塵に非ず。眼所見と*爲合（すべ）からざれども、若し大*威徳定を得れば*所變の定自在所生の色、即ち能く凡夫人の眼所見たら令む。今此も亦た爾なり。本願力を以て彼の地前の菩薩等をして受用の土に生ぜ令む。*一向に判して生ぜざら令む可からず。

【現代語訳】

また『解深蜜經』及び『攝大乘論』等に説かれる。人が鏡に照して自分の顔を見る時のように、その鏡の中には顔の姿形が存在しないにもかかわらず、当然自分の顔の黒白の詳しい姿を見ることができるであろう。

これは目に見える身体的な器官と眼という器官とが結合してその目に見える身体的な器官の色形をもった対象を見るのである。これはどうして直接対象と接触してはたらく感覚でないことがあろうか。いや（本来直接対象と接触してははたらくことのできない感覚であるがこの場合は眼で眼がくっついている自分の顔を見るのであるから）直接接触して働く感覚である。仮にさえぎるものの外の物と色界の天と及び自分の目に見える身体的な器官の色形をもった対象を見ると言うならば、とりもなおさず『佛地經論』の文と相違する。仮に見ることができないと言うのであれば、また『法華經』の文と相違する。このような訳で以下のことが理解できる。『佛地經論』を説いた師はほとんど自力にもとづいて説いている。他力の並び無く勝れた力の特別な因縁にもとづいて説いているのではない。しかしながら精神統一によって心に思いのままに作りあげられる物質は、現実に色形をもった対象ではない。眼に見られる対象とすることはできないけれども、仮に広大なる悪を伏し善を守る精神統一を得ることができれば、変現されて現し出された精神統一によって心に思いのままに作りあげられる物質は、とりもなおさず愚かで凡庸に者の眼にも見せしめられるのである。今のこのこともまたそのようである。本願力によって、あの十地已前の菩薩達をして受用身の国土に往生せしめるのである。一方的に判断して往生することができないとさせてはならない。

【解説】

本来自分の目がくっついている顔は見ることができないが、『解深蜜經』及び『攝大乘論』等に説かれるように鏡を用いることによって、顔のすみずみまで詳細に見ることができる。それと同じように阿弥陀仏の本願力が加われば、十地に至らない菩薩・凡夫達をして受用身の国土に往生させることができるのであると説く。

【参考文献】

『解深密經』『大正蔵経』一六巻六九七C

若彼所行影像即與此心無有異者。云何此心還見此心。善男子。此中無有少法能見少法。然即此心如是生時。即有如是影像顯現。善男子。如依善瑩清淨鏡面。以質為緣還見本質。而謂我今見於影像。及謂離質別有所行影像顯現。

『攝大乘論』世親釋　真諦訳　『大正蔵経』三一巻一九二B

釋曰。譬如鏡中無實影塵。於面相起影識。此影塵非不顯現。愛憎兩果亦爾。實非有而顯現似有。

『妙法蓮華經』『大正蔵経』九巻四七頁c

若於大眾中、以無所畏心、説是法華經、汝聽其功德。是人得八百、功德殊勝眼、以是莊嚴故、其目甚清淨。父母所生眼、悉見三千界、内外彌樓山、須彌及鐵圍、并諸餘山林、大海江河水、下至阿鼻獄、上至有頂處、其中諸眾生、一切皆悉見。雖未得天眼、肉眼力如是。

【本文】一巻五帖

又如観經第九観云阿弥陀佛眞金色身高六十萬億那由他恒河沙由旬八萬四千相好唯是他受用身佛非是地前所能観見下文言然彼如來宿願力故有憶想者必得成

【書き下し】

又観經の第九観に*阿弥陀佛*眞金色身は高さ六十萬億那由他恒河沙由旬なり。八萬四千の*相好ましますと云か如き、唯だ是れ他受用身の佛なり。是れ

就故知乘宿願力觀見受用之身亦乘宿願之力生受用土

地前の能く*觀見する所に非れども下の文に然れども彼の如來の*宿願力の故に*憶想すること有る者は必ず*成就することを得と言へり。故に知ぬ宿願力に乘じて受用之身を觀見し亦宿願之力に乘じて受用の土に生ずることを。

【現代語訳】

また、『觀無量壽經』の第九（真身）観に阿弥陀佛の本当の金色の身体は高さ六十万億かける千億かけるガンジス河の砂の数ヨージャナあるといい、八萬四千の佛の身体に具わっている微妙なすがたが存在するというような者である。唯だ他受用身の佛とするだけである。この佛身は十地以前の凡夫・菩薩達には見ることができないところであるけれども、『觀無量壽經』の以下の文に、しかしながら、彼の阿弥陀如来の過去の世からの願いの力に依ることによって、阿弥陀佛を常に思い出して忘れないことができる者は、必ず往生することができると説かれている。このような訳で以下のことを理解できる。阿弥陀如来の過去の世からの願いの力に乗ることによって、受用身を観見することができ、また重ねて阿弥陀如来の過去の世からの願いの力に乗ることによって、受用身の国土に往生することができるということを。

【解説】

『觀無量壽經』の第九佛身観に説かれる、宇宙に遍満している巨大な佛身は他受用身であるが、本願力によって凡夫もその他受用身の国土に往生することができると説く。

【参考文献】

『観無量壽經』『大正蔵経』一二巻三四三B

無量壽佛身。如百千萬億夜摩天閻浮檀金色。佛身高六十萬億那由他恒河沙由旬。眉間白毫右旋宛轉如五須彌山。佛眼清淨如四大海水清白分明。身諸毛孔演出光明如須彌山。彼佛圓光如百億三千大千世界。於圓光中。有百萬億那由他恒河沙化佛。一一化佛。亦有衆多無數化菩薩。以為侍者。無量壽佛有八萬四千相。一一相中。各有八萬四千隨形好。

【本文】一巻五帖～六帖

佛地論中亦作是問前説淨土最極自在淨識爲相云何會中有聲聞等而不相違有何相違諸聲聞等同菩薩見同菩薩見故聞説妙法

【書き下し】

佛地論の中に亦た是の問を作さく。前に淨土は*最極自在の*淨識を相と爲すと説けり。云何ぞ*會中に聲聞等有る。相違にあらずや。何の相違か有る。諸の聲聞等菩薩に同じく見る。菩薩に同じく見が故に*妙法を説くを聞く。

【現代語訳】

『佛地經論』の中に再び問をなしている。先に淨土は、思いのままになることが究極にまで至った穢れのない心をそのすがたとしていると説いている。どうしてその修行者の集団の中に自己の悟りのみを得ることに専念し利他の行を欠いた出家修行者等がいるのだろうか。間違っているのではないだろうか。何の間違いがあろうか、いやない。諸の自己の悟りのみを得ることに専念し利他の行を欠いた出家修行者等は菩薩と同じように見るのである。菩薩と同じように見ることによって、勝れた教えを説くことを聞くことができるのである。

【参考文献】

『佛地經論』**【本文】**『大正蔵経』二六巻二九八頁B

前説淨土最極自在淨識為相。云何會中有聲聞等而不相違。有何相違。諸聲聞等同菩薩見故成相違。若聲聞等亦如是見可作是説。諸聲聞等雖預此會。障見淨妙業所礙故。猶如生盲不見。如是淨妙境界不可難言。既不能見不應在衆。以雖不見如是淨妙而見穢土化身説故。雖同一會自業力故所見各異。如見真金謂為火等。如於一處四種衆生各別見等。

『佛地經論』**【書き下し】**

前に淨土は最極自在の淨識を相と為すと説けり。

云何ぞ會中に聲聞等有る。相違にあらずや。何の相違か有る。諸の聲聞等、菩薩に同じく見る。故に相違を成ず。若し聲聞等亦たかくの如く見れば、是の説を作すべし。諸の聲聞等、此の會を*預くと雖も。淨妙を見ることを*障ぐ。業*礙げらるが故に。猶ほ*生盲の見えざるが如し。かくの如く淨妙の*境界*難じて言ふべからず。既に見ることあたはず。應に衆在るべからず。かくの如く淨妙を見ざると雖も*穢土の*化身を見ると説くをもっての故に。同じく一會と雖も自の*業力の故に所見は各々異なり。真金を見て謂て火等と為が如し。一處において*四種の衆生各々別を見る等の如し。

『佛地經論』【現代語訳】

すでに浄土は究極にして思いのままになる清らかな根本識をその姿とすると説いている。どうしてその修行者の集団の中に自己の悟りのみを得ることに専念し利他の行を欠いた出家修行者（聲聞）等がいるのだろうか。間違っているのではないだろうか。何の間違いがあろうか、いやない。それらの自己の悟りのみを得ることに専念し利他の行を欠いた出家修行者（聲聞）等は、と同じように見るのである。そのゆえに（菩薩と）相違が生ずる。仮に聲聞等がまたこの（菩薩と同じ）ように見るのであるならば、この説明ができるであろう。たとえそれらの聲聞等は、この会座に関わっていたとしても、清浄微妙な国土を見ることをさえぎられる。行為をさえぎられるからである。ちょうど生まれながらの盲人が見えないのと同じである。そのように（聲聞は）清浄微妙なる心の領域をなじって言ってはならない。すでに見ることができないものであるからである。当然（聲聞の）人々は（清浄微妙な国土）に存在することはできない。このようにたとえ清浄微妙な国土を見ることができないとしても、苦悩に満ちた我々の世界において衆生を教化救済しようとして佛自身が変現して衆生のすがたとなったものを見ると説明されているからである。たとえ（菩薩と聲聞とが）同じ一つの会座にいたとしても、自らの過去の行為が因となって果報を引き起こす力に違いがあるゆえに見られるところは各々異なるのである。たとえば本物の金を見て火などという様なものである。また、同じ一つの場所にいたとしても一闡提・外道・聲聞・辟支佛の四種の衆生は各々別のものを見ているのと同じである。

【解説】『釋淨土群疑論』の説明と、『佛地經論』の説とに違いが認められる。『釋淨土群疑論』では、聲聞と菩薩とが同じように見、同じように見ることによって、勝れた教えを聞くことができると同じレベルに扱っているが、『佛地經論』では、聲聞等は、この会座に関わっていたとしても、清淨微妙な国土を見ることをさえぎられる。行為をさえぎられるからである。ちょうど生まれながらの盲人が見えないのと同じである。として、過去の業の違うものには同じ浄妙なる国土を見ることができないとしている。『釋淨土群疑論』は、次の論を証明するために敢えて『佛地經論』の説を曲げて説明したものと思われる。

【本文】一巻六帖

一論師言或復如來神力加被令蹔得見聞説妙法此是如來不思議力不可難以根地度等此師意明説佛地論時在他受用土諸聲聞等見彼淨土聞佛地經此由如來不思議力彼是一時化縁令蹔得見今此是不可思議本願力令亦得生斯有何過也

【書き下し】

ある論師言く或は復た如來の*神力*加被をもっては蹔く見ることを得、妙法を説くを聞か令む。此れは是れ如來の*不思議力なり。難するに*根地度等を以す可からずと。此の師の意の明さく佛地論を説きたまいし時は他受用の土に在しに諸の聲聞等彼の淨土を見、*佛地經を聞く。此れ如來の不思議力に由ると。彼れは是れ一時の化縁をもって蹔く見ることを得令む。今此れは是れ不可思議の本願力をもて亦た生ずることを得令むるに斯れ何の過か有らん。

【現代語訳】

ある論師が言うのには、あるいは又修行を完成した者の不思議な力が加えられるならばわずかな間だけは見ることができ、勝れた教えを説くことを聞かしむることができる。これは修行を完成した者の我々の思惟を超えた力である。この世における感覚機能によって非難否定することはできない。この論師の考えるところによると『佛地經論』を説かれた時は他人に法楽を亨受させる国土に住していて諸の自己の悟りのみを得ることに専念し利他の行を欠いた出家修行者達がその淨土を見て、『佛地經』を聞いたのである。これは修行を完成した者の不思議な力に依るのであると。かの『佛地經』に説かれる修行を完成した者は一時の人々を導く機縁を用いてしばらくの間（浄土を）見させることができる。今この『觀無量壽經』に説かれる阿彌陀如來は言葉で言い表わしたり、心でおしはかることができない、修行中の時に立てられた仏の誓願の力によってこそまた往生させることができる。その事に対して何の間違いがあろうか、いや間違いはない。

【参考文献】

『佛地經論』第一巻『大正蔵経』二十六巻二九二頁C

『佛地經論』【本文】

出三界淨識為相為説勝法。化此地前諸有情類。令其欣樂修行彼因故。暫化作清淨佛土。殊妙化身神力

『佛地經論』【書き下し】

出三界の淨識が相為り、為に勝法を説く。此の地前の諸の有情の類を化し。其の樂を欣い彼の因を修

加眾令暫得見。若不爾者聲聞等眾應倶不見。有義此土受用土攝。説此經佛是受用身。

行せしめんが故に。暫く清淨佛土を化作し。殊妙の化身の神力、衆に加はり暫く見ることを得せ令む。若し爾らざれば聲聞等の衆、應に倶に見ざるべし。義有り。此の土受用土の攝なり。此の經を説く佛是れ受用身なり。

『佛地經論』【現代語訳】

三界を超出した清浄なる心がその姿である。人々のためにすぐれた教説を説く。この十地に至らない諸人々を教化し、その十地に至らない人々が安楽をねがい安楽浄土へ往生するための因を修行させようとするために、わずかな間、清淨なる佛国土を超人的な力により、つくり出し、ことさらすぐれた神通で現し出した身体の不思議な力が、人々に加ってわずかな間（清淨なる佛国土を）見ることができるようなさせる。仮にそうでなければ聲聞等の者達は、きっと一緒にそろって（清淨なる佛国土を）見られないであろう。それには道理がある。この国土は受用土に含まれる。この經を説く佛は受用身である。

【本文】一巻六帖

問若然者此亦有過地前不合生他受用土以乘本願得生亦可地上不合生自受用土應乘本願得生

【書き下し】

問ふ。若し然ば此れも亦た*過か有り。地前は他受用の土に生ず合（べ）からざれども本願に乘ずるを以て生ずることを得といはば亦た*可（よ）し。地上は自受用の土に生ず合（べ）からざれども應に本願に乗じて生ずることを得べきや。

【現代語訳】

問う。仮に前のようであるならば、これにもまた誤りがある。十地以前は他人に法楽を亨受させる国土に生まれることはできないけれども、仏の誓願の力に乗ることによって、生まれることができるというのであれば、それは理解できることである。（それに対して）十地にのぼった菩薩は、自ら法楽をひとり楽しむ国土に生まれることはできないけれども当然仏の誓願の力に乗ることによって生まれることができるというのであろうか。

【本文】　一巻六帖～七帖

答自受用土名爲自不可乘願令他用他受用土既爲他乘彼勝縁亦得往生又自受用土極微妙不可乘願而得生他受用土爲他現縱有微妙令下見又他受用土有本願乘其本願凡夫得生自受用土无本願爲此不令菩薩見

【書き下し】

答ふ。自受用の土は名て自と爲す。願に乗じて他をして用せ令む可からず。他受用の土は既に他の爲にす。彼の*勝縁に乗じて亦*往生を得べし。又自受用の土は極*微妙なり。願に乗じて而生ずることを得可からず。他受用の土は他の爲に現す。縦ひ微妙なること有りとも下をして見せ令む。又他受用の土は本願有り。其の本願に乗じて凡夫生ずることを得。自受用の土は本願无し此に爲（よ）て菩薩をして見せ令めず。

【現代語訳】

答える。自ら法楽をひとり楽しむ国土は文字通り「自」としている。本願力に乗せて他人にたいして力を及ぼさせることはできない。他人にも楽しみを受けさせようとする国土は既に「他の爲」としている。阿弥陀仏の勝れた縁に乗ってまた、往生することができる。又自ら法楽をひとり楽しむ国土は極めて量り知れぬほど深くてみごとである。本願力に乗って生ずることはできない。他人にも楽しみを受けさせようとする国土は他人のために現わすのである。たとい量り知れぬほど深くてみごとであったとしても（修行の位が）下のものに対して（他受用の国土を）見させるのである。又他人にも楽しみを受けさせようとする国土には本願が有る。その本願力に乗って凡夫が生まれることができる。自ら法楽をひとり楽しむ国土には本願力は無い。この理由によって菩薩に対して（自受用の国土を）見させることができないのである。

【本文】一巻七帖

問若自受用土名爲自他亦若得生自義不成自受用土佛同見他佛得見无自義答佛是究竟解脱身圓證一如應他自菩薩或障未徐盡不可生佛自土中如是等衆多問答不可一一具説諸有智者随義應思也

【書き下し】

問ふ。若し自受用の土は名て自と爲す。他亦た若し生ずることを得ば自の*義成ぜずといはば自受用土の佛同く見るや。他佛見ることを得ば自の義无けん。答ふ。佛は是れ*究竟*解脱の身。圓に*一如を證して他自に應ず。菩薩は*惑障未だ徐き盡さざれば佛の自土の中に生ず可からず。是の如き等の衆多の問答一一に具に説く可からず。諸の*有智の者の義に随て應に思すべし。

【現代語訳】

問う。仮に自受用の土は文字通り「自」としている。他人が仮に生まれる事ができるのであれば「自」の意味が成立しないというのであれば、自受用土の佛は（他の仏もまた）同じように見るのであろうか。「他の仏」が見ることができるのであれば「自」の意味がなくなってしまう。答える。佛は究極の輪廻から解放された身である。欠けることなく円満に物事の真実の姿を悟って他と自とに応えている。菩薩は道徳的障害がまだ十分に徐き尽くしていないので佛の自受用身の国土の中に生まれることはできないのである。このような多くの問答に対して一一に具体的に説明することはできない。諸々の智慧がある者の道理にしたがって当然思慮すべきである。

【本文】 一巻七帖

又縦令地前菩薩等自識相分見麤相淨土不見微妙清淨國土同諸菩薩所見微妙清淨寶土然以諸大菩薩受用法樂无有一切身心憂苦唯有无量清淨喜樂无有恐怖或喜樂或生厭離或斷疑故亦得名爲生他受用土

【書き下し】

又縦令ひ地前の菩薩等は白識の*相分をもって麤相の淨土を見て微妙清淨の國土を見ること、諸の菩薩所見の微妙清淨の*寶土に同じからされども、然も諸の大菩薩のごとく*法樂を受用して一切身心の*

憂苦有ること无く、唯无量清淨の*喜樂のみ有て*恐怖有ること无く、或は喜樂し或*厭離を生じ或は*疑を斷ずるを以ての故に亦名て他受用の土に生ずと爲すことを得。

【現代語訳】

また、たとえ十地以前の菩薩達は自らの心の意識の客観的側面を用いて粗末な姿の淨土を見て、量り知れぬほど深くてみごとで清らかな國土を見るについては、諸々の（十地以上の）菩薩が見るところの量り知れぬほど深くてみごとで清らかな宝で造られた国土と同じということはできないけれども、しかしながら諸々の偉大な菩薩と同じように、法を受ける楽しみを享受してすべての身体や心にうれいの苦しみが有ることなく、ただはかりしれない清らかなよろこびのみが有って恐怖が有ることはない。あるものは歓喜し、あるものは、（穢れた場所から）厭い離れる心を生じ、あるものは疑いを断ち切ることによって、それらの理由により、また他受用の国土に生れることができるとする。と言うのである。

【本文】 一巻七帖

又起信論云従初發意乃至菩薩究竟地心所見者名爲報身此之論文已通地前得見他受用身若得見他受用身何妨得生他受用土此以一義通佛地論一師所解或起信

【書き下し】

又起信論に云く、*初發意従り乃至菩薩の*究竟地の心*所見の者を名て報身と爲す。此の論文已に地前に通して他受用身を見ることを得という。若し他

文據初地已上證發心説見佛言

受用身を見ることを得ば何ぞ他受用の土に生ずることを得ることを妨げん。此れ義を以て佛地論の一師の所解に通ず。或は起信の文は*初地已上の*證發心に據て佛を見ることを説けり。

【現代語訳】

また『大乘起信論』にいう。初めてさとりを求める心を起こす時から菩薩の第十地の心が考えるところのものまでを報身と言うのである。この『大乘起信論』の文はすでに十地に入る前のくらいの全部をつらぬいて他受用身を見ることができるという。仮に他受用身を見ることができれば、どうして他受用の国土に生れることができることを否定できようか。（いや他受用身の国に生まれることを否定することはできない。つまり他受用身の国に生まれることができる。）この説は、一つの道理をもちいるなら『佛地經論』の一師の説く理解するところに共通している。ある人は、『大乘起信論』の文は菩薩五十二位の内、十地の第一位以上の初地から第十地の位において法性を証する人のさとりを求める心を起こすことによって佛を見ることができると説いている。

【参考文献】

『大乘起信論』『大正蔵経』三二巻五七九頁b

謂諸菩薩從初發意。乃至菩薩究竟地心所見者。名為報身。身有無量色。色有無量相。相有無量好。所住依果亦有無量種種莊嚴隨所示現即無有邊不可窮盡離分齊相。隨其所應常能住持不毀不失。如是功德皆因諸波羅蜜等無漏行熏。及不思議熏之所成就。具足無量樂相故。説為報身。

【本文】一巻七帖～八帖

變化土地上菩薩生者此有現一身理通報化随宜見者凡聖各別何妨下不得生上受用土以下不能見勝妙之土又業劣弱不得往生上能見下爲欲接引地前凡夫生變化土有何妨廢又地上菩薩生變化土者皆是化身亦无有過

【書き下し】

變化の土に地上の菩薩生ずと言は此れ一身を現ずるに理報化に通ずること有り。宜に随て見る者の凡聖各別ならんに何ぞ妨ん。下は上の受用の土に生ずることを得ず。下は*勝妙の土を見ること能はざるを以てなり。又業*劣弱にして往生を得ず、上は能く下を見るをもって地前凡夫を接引せんと欲するによて變化の土に生ずるに何の妨廢か有ん。又地上の菩薩變化の土に生ずとは皆是れ*化身なり。亦た過が有ることなし。

【現代語訳】

凡夫などのため、そのものに応じて適宜に変現させる国土（変化土）に十地以上の菩薩が生ずると言うことは、これについて一つの身体を変現するのに、ことわりとして報・化二土に共通しているということができる。ちょうど適当であるところから見る者の凡夫・聖人それぞれ別であって何の妨げがあろうか、いやない。下の凡夫は上の十地の菩薩の見るべき、法を亨受し、また他の人々をして亨受せしめる国土（受用土）に生ずることはできない。下の凡夫はすぐれた国土を見ることができないという理由によってである。又（念佛等の）行為の残す潜在的な余力が劣り力が弱くて往生することができない。上の菩薩は下の凡夫の境をも見ることができるということによって十地以前の凡夫を浄土へ導こうと願うので、凡犬などのため、そのものに応じて適宜に変現させる国土（変化土）に生ずるのに何の妨げがあろうか、いやない。又、十地以上の菩薩が、凡夫などのため、そのものに応じて適宜に変現させる国土（変化土）に生ずるとは皆、衆生を教化救済しようと菩薩が仮のすがたとなって（現れるの）である。また間違いが有ることはない。

【本文】一巻八帖

問曰極樂世界既許凡夫得生未知爲是有漏土爲是无漏土

【書き下し】

問て曰く。*極樂世界既に*凡夫生ずることを得と許す。未だ知らず。是れ*有漏の土とや爲ん是れ*无漏の土とや爲ん。

【現代語訳】

問て言う。阿弥陀佛の西方極樂世界に既に愚かで凡庸な者が往生することができると説かれている。しかし、その愚かで凡庸な者が往生できる浄土とは煩悩を有した国土なのか、それとも煩悩を滅した清浄なる国土なのか、まだ知ることができない。

【本文】一巻八帖

釋曰如來所變土佛心无漏土還无漏凡夫之心未得无漏依彼如來无漏土上自心變現作有漏土而生其中若約如來本土而説則亦得名生无漏土若約自心所變之土而受用者亦得説言生有漏土雖有漏以託如來无漏之土而變現故極似佛无漏亦无衆惡過患

【書き下し】

釋して曰く。如來所變の土は佛心无漏なれば土も還た无漏なり。凡夫の心は未だ无漏を得ざれば彼の如來の无漏の土の上に依って自心*變現して、有漏の土を作して其の中に生ず。若し如來の本土に約して説かば、則ち亦た无漏の土に生ずると名くるを得ん。若し自心所變の土に約して受用するをいはば亦た説て有漏の土に生ずと言ふことを得ん。有漏なりと雖も如來の无漏の土に*託して變現するを以ての故に極て佛の无漏に似て亦た衆惡*過患无し。

【現代語訳】

解釈して言う。阿弥陀如来の智慧の変化して現し出された国土は、佛の心が煩悩を滅し去った清浄なものであるから国土もまた同じである。愚かで凡庸な者の心はまだ煩悩を滅し去っていないので、阿弥陀如來の煩悩を滅し去った国土に依拠して自分の心を変化して現しだして、煩悩を有する国土を作り出し、その中に往生するのである。仮に阿弥陀如來の本来の国土に的を絞って説明するならば、それは煩悩を滅し去った清浄な国土に往生すると言うことができる。仮に自分の心を変化して現しだされた国土に的を絞ってそれを受け入れることを言うならば煩悩を有する国土に往生すると言うことができる。仮に煩悩を有するとしても、阿弥陀如來の煩悩を滅し去った清浄な国土に全てを任せて心を変化させ現し出すという理由によって非常に阿弥陀佛の煩悩のない状態に近似していて、諸々の悪や煩悩が生ずることはない。

【本文】一巻八帖

問曰若是有漏土三界之中何界所攝

【書き下し】

問て曰く若し是れ有漏の土ならば*三界之中には何れの界の所攝ぞや

【現代語訳】

問て言う。仮に凡夫が心を変化させ現し出す浄土が煩悩を有した国土であるならば、欲・色・無色の三界のうちのどの界に納められるのであろうか。

【本文】一巻八帖~九帖

釋曰此有二釋一有漏淨土是欲色界攝以有漏心不離三界故三界即有漏有漏即三界既言有漏即三界攝

【書き下し】

釋して曰く此に二釋有り。一には有漏の淨土は是れ欲色界の攝なり。有漏の心は三界を離れざるを以ての故に、三界は即ち有漏なり。有漏は即ち三界なり。既に有漏と言ふ即ち三界の攝なり。

【現代語訳】

解釈して言う。ここに二つの解釈がある。一は煩悩を有した淨土は欲界・色界に納められるものである。煩悩を有した心は欲・色・無色の三界を離れることができないという理由によって、三界はとりもなおさず煩悩を有したものであり、煩悩を有したものはとりもなおさず三界に納められるものである。前に出た問答においてすでに凡夫の心を変化させ現し出した淨土は煩悩を有したものであると述べたことによると、それはとりもなおさず欲・色・無色の三界に納められることになる。

【本文】一巻九帖

若未離欲界欲以欲界生得善或方便善讀誦大乘方等經典修三福行又十六觀等以此善根生於淨土此心所變即欲界攝

【書き下し】

若し未だ欲界の欲を離れざるものは欲界*生得の善、或は*方便の善を以て、大乘*方等經典を*讀誦し*三福の行又*十六觀等を修して此の*善根を以て淨土に生ず。此の心の*所變は即ち欲界の攝なり。

【現代語訳】

仮にまだ欲界の欲を離れることができないものは欲界において生まれながらにして身につけている善、あるいは衆生を導くための暫定的な手段としての善を用いて、大乘經典を声を出して読んだり暗唱したり、世福（世間における道徳上の善行）、戒福（教団内において守るべき戒律の実行）、行福（大乘佛教徒の実践する菩薩行）の三福の行を修行したり、『觀無量壽經』に説かれる十六種の観察行を修行して、これらの善い果報をもたらす善い行いを用いて淨土に往生するのである。この心の変化させられて現れ出たものはとりもなおさず欲界に納められるものである。

【本文】 一巻九帖

若已離欲得色界心修十六觀生於淨土即色界攝故彼淨土通欲色二界无色界衆生无實色身可生淨土以淨土是衆寶莊嚴故實非无色界攝

【書き下し】

若し已に欲を離れて色界の心を得て十六觀を修して淨土に生ずるは即ち色界の攝なり。故に彼の淨土は欲色二界に通ず。无色界の衆生は實の*色身として淨土に生ず可き无し。淨十は是れ衆寶*莊嚴なるを以の故に。實に无色界の*攝にあらず。

【現代語訳】

仮にすでに欲望にとらわれた世界を離れることができて勝れた物質のみの存在する世界の心を成就できた者が、『觀無量壽經』に説かれる十六種の観察行を修行して、淨土に往生することはとりもなおさず色界に納められるものである。このような理由から阿弥陀如来の淨土は欲望にとらわれた世界・勝れた物質のみの存在する世界の二界にともに納めることができるものである。欲望も物質的条件も超越し、精神的条件のみを有する世界の者は実際に地・水・火・風・空などの物質的要素でできている淨土に生ずることはできない。淨土は様々な宝石などの視覚に知覚できる宝によって美しく飾り付けられた世界であるという理由によってである。したがって物質の存在しない欲望も物質的条件も超越し、精神的条件のみを有する世界・無色界に納めることは全くできない。

【本文】一巻九帖

定心示現其理可然彼淨土寶地上者是於欲界虛空中者是欲色天

【書き下し】

*定心の*示現は其の理然る可し。彼の淨土は*寶地の上は是れ欲界。*虛空の中は是れ欲色の天なり。

【現代語訳】

（欲色二界の者の）心を一つの対象にとどめることよって現し出されたものの道理は間違いないものである。欲色二界の者によって現し出された淨土は、大地の上は欲望にとらわれた世界・欲界に納められ、大地から上の空間の中は欲望にとらわれた世界と勝れた物質のみの存在する世界・欲界色界の天に納められるものである。

【本文】一巻九帖

故无量壽經阿難白佛言彼佛國土若无須弥山其四天王及忉利天依何而住

【書き下し】

故に无量壽經に阿難佛に白して言く、彼の佛の國土に若し*須弥山无くば其の*四天王及び*忉利天何に依て住するや。

【現代語訳】

そのような訳で『無量壽經』に阿難が釈迦牟尼佛に次のように質問されている。阿弥陀佛の国土に仮に諸天が住する須弥山が無いのであれば、須弥山の中腹に住する持国天（東）・増長天（南）・広目天（西）・多聞天（北）の四天王及び帝釈天を首長とする、須弥山上に住む三十三天は、何を拠り所として住するのであろうかと。

【参考文献】

『無量壽經』『大正蔵経』一二巻二七〇頁a

若彼國土無須彌山。其四天王及忉利天。依何而住。

【本文】一巻九帖

佛語阿難言此界第三炎天乃至色究竟天皆依何住阿難白佛言行業果報不可思議

【書き下し】

佛阿難に語て言く。此の界の*第三の炎天乃至*色究竟天は皆何に依て住するや。阿難佛に白て言く*行業*果報*不可思議なればなり。

【現代語訳】

佛は阿難に答えて次のように問いかけられた。この迷いの世界・色界において須彌山の上方に空居している夜摩天（第三炎天）から色界最上の天・色究竟天にいたるまでの諸天は皆何を拠り所として住するのであろうか。阿難は佛に答えて言った。過去の修行の積み重ねの行為により得られた報いが、思慮を超越しているから言葉で言い表わしたり、心でおしはかることができないと。

【参考文献】

『無量壽經』『大正蔵経』一二巻二七〇頁a
佛語阿難。第三炎天。乃至色究竟天。皆依何住。阿難白佛。行業果報不可思議。

【本文】一巻九帖

佛語阿難言行業果報不可思議諸佛世界亦不可思議其諸衆生功徳善力住行業之地故能爾耳

【書き下し】

佛阿難に語て言く。行業果報不可思議ならば諸佛世界もまた不可思議なり。其の諸の衆生の*功徳*善力をもて行業之地に住す。故に能く*爾るのみ。

【現代語訳】

佛は阿難に次のように言われた。色界の天でさえ過去の修行の積み重ねの行為により得られた報いが、思慮を超越しているから言葉で言い表わしたり、心でおしはかることができないならば、諸佛世界もまた思慮を超越しているから言葉で言い表わしたり、心でおしはかることができない。その諸の生きとし生ける者の善根を修することにより、その人に備わった徳性や善によって得られた力によってその行いにふさわしい国土に住するのである。したがって阿弥陀佛の国土も全くそれと同じであるのみであると。

【参考文献】

『無量壽經』『大正蔵経』一二巻二七〇頁a

佛語阿難。行業果報不可思議。諸佛世界亦不可思議。其諸衆生功徳善力。住行業之地。故能爾耳。

【本文】一巻九帖

下巻言爾時佛告阿難汝見彼國從地已上至淨居天其中有微妙嚴淨自然之物爲悉見不以此准知彼之淨土有漏心所變即欲色二界攝

【書き下し】

下巻に言く。爾の時佛阿難に告げたまわく、汝彼の國を見るに地より已上*淨居天に至るまで其の中に*微妙*嚴淨の*自然之物有り。*爲れ悉く見るやいなやと。此を以て*准知するに彼の淨土の有漏心の所變は即ち欲色二界の攝なり。

【現代語訳】

『無量壽經』下巻に次のように説かれる。その時佛は阿難に告げて次のように言われた。阿難よおまえは、阿弥陀佛の国土を見るについて、大地より以上、不還果を悟った聖者の生ずべき色界最上の淨居天に至るまでの間に、量り知れぬほど深くて見事な、そしておごそかで清浄なる、真実のすがたそのままの物がある。このものをすべて見たことがあるかどうかと。このような（佛の）説示（天についての多くの記述があるということ）によって、他のものと比較推測するならば、阿弥陀佛の淨土であっても（凡夫の）煩悩を有した心を変化させて現し出されたものは、とりもなおさず欲望にとらわれた世界と勝れた物質のみの存在する世界・欲色二界に納められるものである。

【参考文献】

『無量壽經』『大正蔵経』一二巻二七八頁a

爾時佛告阿難及慈氏菩薩。汝見彼國。從地已上至淨居天。其中所有微妙嚴淨。自然之物為悉見不。

【本文】一巻十帖

二釋雖是有漏所變淨土不得名爲是三界攝

【書き下し】

二に釋すらく。是れ有漏の所變の淨土なりと雖も名けて是れ三界の攝と爲すことを得ず。

【現代語訳】

第二番目の説を解釈するならば、たとえ煩悩を有した心を変化させて現しだした浄土であったとしても、欲望にとらわれた世界と勝れた物質のみの存在する世界と物質を超えた精神のみが存在する世界・三界に納められると言うことはできない。

【本文】一巻十帖

問既是有漏識心所變有漏之心即三界攝无有有漏心而出三界攝心既三界攝所現淨土寧非三界耶

【書き下し】

問ふ。既に是れ有漏識心の所變ならば有漏の心は即ち三界の攝なり。有漏の心三界の攝を出ること有ることなし。心既に三界の攝ならば所現の淨土*寧ろ三界に非ざらんや。

【現代語訳】

質問する。以前よりすでに煩悩を有した心を変化させて現しだされたものならば煩悩を有した心は、とりもなおさず欲望にとらわれた世界と勝れた物質のみの存在する世界と物質を超えた精神のみが存在する世界・三界に納められるものであるとされている。煩悩を有した心は三界の範疇から出ることはできない。心がもはや三界の範疇ならば変化して現し出された淨土がどうして三界に納められないと言うことができようか、いや三界に納められないと言うことはできないことではないか？（つまり三界に納めることしかできない。）

【本文】 一巻十帖

答雖知有漏體性不出三界然以別義但得名有漏不得名三界故三界名局有漏名寛

【書き下し】

答ふ。有漏の**體性は三界を出でずと知と雖も、然も*別義を以て但だ有漏とのみ名づくることを得。三界と名づくることを得ず。故に三界の名は*局り有漏の名は*寛し。

【現代語訳】

答える。たとえ煩悩を有したものの実体は、三界の範疇から出ることはできないと理解しているとは言っても、しかしながら別の教説によって（解釈するならば）ただ煩悩を有している・有漏とのみ言うことができるが、三界の範疇に納めると言うことはできない。その理由は、三界という名称の範疇は狭く有漏という名称の範疇は広いからである。


【解説】

煩悩を有している者はすべて三界に含まれるという唯識の説を別の道理によって否定する。有漏の範囲は三界の範囲より広いから、有漏であっても三界に含まれない部分があるとする。

【本文】一巻十帖
亦如凡夫得生西方非五趣攝故无量壽經言横截五惡趣惡趣自然閉

【書き下し】

亦た凡夫西方に生ずることを得れば*五趣の攝に非ざるが如し。故に无量壽經に言く、*横に五惡趣を截へ*惡趣*自然に閉ずと。


【現代語訳】

また凡夫が西方浄土に往生することができたならば地獄、餓鬼、畜生、人間、天・五悪趣（三界と等しい意味）に納めることができないのと同じである。したがって『無量壽經』に次のように説かれる。阿弥陀佛の浄土に生まれることによって、断惑証理の道理を超えて、五悪趣を一瞬の間に捨てて、解脱を得ると悪業の報いはひとりでに消滅すると。

【解説】

『無量壽經』の横截五悪趣の文を引いて、凡夫の往生する阿弥陀仏の淨土には五悪趣＝三界はないとする。

【参考文献】

『無量壽經』『大正蔵経』一二巻二七四頁b

横截五惡趣。惡趣自然閉。

【本文】一巻十帖

又阿弥陀經言彼佛國土无三惡趣等又无量壽經言彼國衆生非天非人因順餘方故有人天之號故知彼土无五趣既許生是凡夫而非五趣所攝何妨土名有漏而非三界所収

【書き下し】

又阿弥陀經に言く彼の佛の國土には*三惡趣无し等と。又无量壽經に言く彼の國の衆生は天に非ず人に非ず。*餘方に*因順するが故に人天之號有りと。故に知ぬ。彼の土には*五趣无し既に生ずるものは是れ*凡夫なりと許せども五趣の所攝に非ず。何ぞ土を有漏と名づくれども而も三界の所収に非ざることを妨げん。

【現代語訳】

また『阿彌陀經』に次のように説かれる。阿弥陀佛の極楽浄土には地獄、餓鬼、畜生・三悪趣がない等と。また『無量壽經』次のように説かれる。阿弥陀佛の極楽浄土に住する生きとし生ける者は天界に属するものでもなければ人界に属するものでもない。極楽浄土以外の場所に依り従ったという理由によって人天という名称が存在するだけであると。以上のような説明により以下のことが理解することができる。極楽浄土には、地獄、餓鬼、畜生、人間、天・五趣は存在しない。すでに極楽に往生できた者は、たとえ愚かで凡庸な者であると認めたとしても、しかしながら、地獄、餓鬼、畜生、人間、天・五趣に納められることはない。どうして凡夫が往生する国土は煩悩を有するものと認識することができるけれども、しかも、欲望にとらわれた生物が住む境域、欲望は超越したが、物質的条件（色）にとらわれた生物が住む境域、欲望も物質的条件も超越し、精神的条件のみを有する生物が住む境域・輪廻の対象である三界に納めることができないことを否定することができようか。いや煩悩を有したものであろうとも三界に納められないことを否定することはできない。（煩悩を有したものであろうとも三界に納めることはできない。）

【解説】

『阿彌陀經』に説かれる極楽浄土に三悪趣がないとの文も引き、『無量壽經』に人天という語句が出ているが、それは極楽浄土以外の場所に依り従って人天という名称を用いただけである。したがって極楽浄土は三界に含まれないとする。

【参考文献】

『阿彌陀經』『大正蔵経』一二巻三四七頁a

彼佛國土無三悪趣。舍利弗其佛國土尚無三悪道之名、

『無量壽經』『大正蔵経』一二巻二七一頁c

彼佛國土清淨安隱微妙快樂。次於無為泥洹之道。其諸聲聞菩薩人天。智慧高明神通洞達。咸同一類形無異狀。但因順餘方故有人天之名。顏貌端正超世希有。容色微妙非天非人。皆受自然虛無之身無極之體。

【本文】一巻十帖～十一帖

問彼土凡夫是人是天於義何廢經文但言无三悪趣何妨得有人天趣耶而經言非天非人者此説大菩薩等非天非人因順餘方故有人天之名非據凡夫得往生者凡夫生彼或是人趣或是天趣於理无妨

【書き下し】

問ふ。彼の土の凡夫は是れ人、是れ天なることを。*義に於て何ぞ廢せん。經の文には但だ三悪趣无きとのみ言へり。何ぞ人天趣有ることを得ることを妨んや。而るに經に天に非ず人に非ずと言は、此は大菩薩等の天に非ず人に非ざるを餘方に因順するが故に人天の名有りと説なり。凡夫の往生を得たる者に據には非ず。凡夫の彼に生ずるは或は是れ人趣、或は是れ天趣ならんこと*理に於て妨げ无し。

【現代語訳】

質問する。極楽浄土に往生した愚かで凡庸な者は人界、天界に属する者であることを道理に基づいてどうして否定することができようか、いやできない。經の文句にはただ地獄、餓鬼、畜生の三悪趣が存在しないとだけ説かれている。どうして人界、天界に属する者が存在することができるということを否定することができようか、いや否定できない。（人趣天趣は存在する）しかしながら、經に天界に属するものでもなければ人界に属するものでもないと説かれるのは、（凡夫ではなくて）とても優れた覚りを求める人たちが天界に属する者でもなく人界に属する者でもないことを極楽浄土以外の場所に依り従ったという理由によって人天という名称が存在するである。愚かで凡庸な者で極楽往生できた者について説明しているのではない。愚かで凡庸な者で極楽往生することができた者はあるものは人界に属し、あるものは天界に属することは道理に基づいて否定することはできない。


【解説】

反論である。『阿彌陀經』には三悪趣がないとのみ説かれていて、人天は存在し、極楽浄土にいる大菩薩は他の場所に依り従って人天という名称を用いただけであろうが、凡夫の往生した者は人や天であり、極楽浄土は三界に含まれるとする。

【本文】一巻十一帖
答若是凡夫得生淨土是人天趣者若是人趣人趣有四

【書き下し】

答ふ。若し是れ凡夫の淨土に生ずることを得るに

爲是南閻浮提人爲是東西二洲及北鬱單越人趣耶若是天趣爲是四天王天乃至色界阿迦尼吒天耶

是れ人天趣なりといはば、若し是れ人趣ならば人趣に四つ有り。是れ*南閻浮提の人と爲んや、是れ*東西二洲及び*北鬱單越の人趣と爲んや。若し是れ天趣ならば是れ*四天王天乃至色界の*阿迦尼吒天と爲んや。

【現代語訳】

答える。仮に愚かで凡庸な者で極楽往生する事ができた者は、人界或いは天界に属するというのであれば、仮に人界であるというのであれば人界に四種有るのである。すなわち須彌山の南に位する三角形の大陸・南閻浮提の人とすることができるというのであろうか、それとも須弥山の東西にある東勝身州・西牛貨洲の二洲及び北方にある北鬱單越の人とすることができるというのであろうか。仮に天界であるというのであれば、須彌山の中腹にある四天王・東方の持国天・南方の増長天・西方の広目天・北方の多聞天から色界（西方浄土は無色界には含まれない事はすでに証明済み）の最高の場所に住む有頂天に至るまでの天とすることができるというのであろうか。

【解説】

反論に対する懐感の反駁である。仮に極楽浄土へ往生した凡夫が人や天であるならば、人界に四種の住み家があり、天界も須弥山に周りに住み家があるがいったいどこをさしているのかと問う。

【本文】 一巻十一帖

若是四天下人趣者彼北鬱單越應是八難之中鬱單越難若是色界等應是長壽天難此是難處云何名淨土勸衆生生耶

【書き下し】

若し是れ四天下の人趣ならば彼の北鬱單越は應に是れ*八難の中の*鬱單越難なるべし。若し是れ色界等ならば應に是れ*長壽天難なるべし。此は是れ難處なり。云何ぞ淨土と名て衆生を勸て生ぜしめんや。

【現代語訳】

仮に須彌山の四方にある四つの大陸の人であるならば、その北鬱單越には当然佛法を聞くことができない八種の境界の中の辺地（楽しみが多過ぎる）の難が存在するのである。また仮に色界の天などであるならば当然、長寿天（長寿を楽しんで求道心が起こらない）難が存在するのである。これは苦難の（仏道修行の障害となる）場所である。どうして淨土であると命名して生きとし生ける者にすすめて往生させるのであろうか。いや往生させることはできない。

【解説】

仮に四種の人界として、北鬱單越には辺地の難があり、仏道修行を妨げ、また仮に天であるならば、長寿天難があり同じく仏道修行を妨げるので、とても仏道修行を励ますための淨土とはいえないとする。

【本文】 一巻十一帖

若言是人趣而不得名四天下人等亦得名天趣而非四天王天等若然者四天下外別有人趣耶四天王天等外別有天趣等耶

【書き下し】

若し是れ人趣なれども四天下の人等と名づくることを得ずまた天趣と名づくることを得れども而も四天王天等には非ずと言はば、若し然ば四天下の外に別に人趣有りや、四天王天等の外に別に天趣等有りや。

【現代語訳】

仮に人界であったとしても須彌山の四方にある四つの大陸の人であると言うことができないとされ、また天界であると言うことができたとしても、それにもかかわらず、須彌山の中腹にある四天王、東方の持国天・南方の増長天・西方の広目天・北方の多聞天等ではないと言うのであれば、仮にそうであるならば須彌山の四方にある四つの大陸のの外に別に人界があるのであろうか、須彌山の中腹にある四天王等の外に別に天界等があるのであろうか。

【解説】

四種の人界や須弥山の周辺の天界以外に人界天界があるのかと問う。

【本文】一巻十一帖

若言有者何即淨土衆生是人天非四天下等人天耶亦有淨土有漏非三界有漏其義何妨

【書き下し】

若し有りと言はば、何ぞ即ち淨土の衆生は是れ人天にして四天下等の人天に非ざらんや。亦た淨土の有漏にして三界の有漏に非ざる有らんに其の義何ぞ妨げあらん。

【現代語訳】

もし仮に須彌山の回り以外に天が居て、須彌山の四方にある四つの大陸以外に人が居るとしても、どうして浄土に往生した人々が人や天であってかつ須彌山や須彌山の四方にある四つの大陸以外に居る人天であるといえるのであろうか。いやそんなことはいえないはずである。また、浄土が煩悩を有したものであっても、それは三界に含まれない煩悩であるということがあることを、道理の上からどうして否定することができようか。いやできない。

【解説】

仮に四種の人界や須弥山の周辺の天界以外にあったとしても、それが極楽浄土の人界天界であるとは証明できない。また、人天が四種の人界や須弥山の周辺の天界以外にあることにより、浄土は有漏であっても三界に含まれないということを合理的に否定することはできないとする。

【本文】一巻十一帖〜十二帖

若言四天下人趣等外无別人趣四天王天等外无別天趣淨土凡夫亦得名凡夫不得名人趣天趣者何妨淨土亦得名有漏不得名三界也

【書き下し】

若し四天下の人趣等の外に別の人趣无く、四天王天等の外に別の天趣无し。淨土の*凡夫を亦凡夫と名づくることを得れども人趣天趣と名づくることを得ずと言はば、何ぞ淨土を亦有漏と名づくることを得れども三界と名づくることを得ざることを妨んや。

【現代語訳】

仮に須彌山の四方にある四つの大陸の人界の外に別の人界は存在せず、須彌山の中腹にある四天王等の外に別の天界は存在しないならば、西方極楽淨土に存在する愚かで凡庸な士夫をまた凡夫という名称を付けることはできるけれども人界天界に属する者であるとと言うことはできない。と証明することができるのであれば、どうして西方極楽淨土をまた煩悩を有したものと言うことはできるけれども、欲・色・無色の三界と言うことはできないということを否定することができようか、いや否定することはできない。（煩悩を有するものであっても三界に納めることはできない。）

【解説】

結局、四種の人界や須弥山の周辺の天界以外には人天はなく、極楽浄土の往生した凡夫は人天であると言うことができないならば、極楽浄土は煩悩は存在したとしても三界には含まれないとする。

【本文】一巻十二帖

以彼五趣例此三界其義顯然不可迷執也

【書き下し】

彼の*五趣を以て此の三界に例するに其の*義*顯然なり。*迷執すべからず。

【現代語訳】

あの地獄、餓鬼、畜生、人間、天・五趣によって、この欲・色・無色の三界を例えるならば、その（浄土には五悪趣が存在しないのであるから、浄土が三界に存在しないという）意味は明らかである。偏った見解に迷ってはならない。

【解説】

反論者は『阿彌陀經』の三悪趣無しの文だけを用いて論じているが、すでに『無量壽經』には五悪趣が存在しないとしているのであるから今更なにをか言わんやと締めくくる。

【本文】一巻十二帖

又諸法相中有寛有狹只如世間名寛有漏名局有漏名寛三界名局三界名寛四生名局四生名寛五趣名局

【書き下し】

又諸の*法相の中に寛有り狹有り。*只だ*世間の名は寛く有漏の名は*局れり。有漏の名は寬く三界の名は局れり。三界の名は寛く*四生の名は局れり。四生の名は寛く五趣の名は局れるが如し。

【現代語訳】

又様々な存在の姿の中に寛い意味を持つものもあれば狭い意味を持つものもある。世間（この世）の名称の範疇は寛く有漏（煩悩がある）の名称の範疇は限りがある。有漏の名称の範疇は寛く三界の名称の範疇は限りがある。三界の名称の範疇は寛く四生の名称の範疇は限りがある。四生の名称の範疇は寛く五趣の名称の範疇は限りがあるようなものである。


【解説】

極楽浄土は有漏ではあるが三界には含まれないことを他の存在の広狭をもって証明する。

【本文】一巻十二帖
何者只如如來所變穢惡國土雖似三界非如三界雖是无漏而名世間此則世間名寛有漏名局

【書き下し】

何んぞ只だ如來所變の*穢惡國土の如き、三界に似たりと雖も三界の如くに非ず。是れ*无漏なりと雖も*世間と名づく。此れ則ち世間の名は寛く有漏の名は局れり。


【現代語訳】

どうして、ひとり如来の（衆生教化の方便として）顕わし出した穢れた国土だけが、仮に欲・色・無色の三界に似ていると言っても三界と同じではない。これは煩悩を滅したものであるとしても、うつり流れてとどまらない現象世界の範囲に入れられるものである。このことはとりもなおさず、うつり流れてとどまらない現象世界すなわち・世間の名称の表す範囲は広く煩悩を有するもの・有漏の名称の表す範囲は狭いということである。

【解説】

世間は広く有漏は狭い。

【本文】　一巻十二帖

有漏名寛三界名局者即是凡夫等有漏識心所現淨土亦得名有漏不得名三界故大智度論言淨土非三界无欲故非欲界地居故非色界有形故非无色界

【書き下し】

有漏の名は寛く三界の名は局るとは即ち是れ凡夫等の有漏の識心所現の淨土をば亦有漏と名づくることを得れども三界と名づくることを得ず。故に大智度論に言く淨土は三界に非ず欲无きが故に*欲界に非ず。*地居なるが故に*色界に非ず。形有るが故に*无色界に非ず。

【現代語訳】

有漏の名称の範疇は寛く三界の名称の範疇は狭いというこはとりもなおさず、愚かで凡庸な者の煩悩を有した心の顕わし出した淨土を、有漏と言うことはできるが三界ということはできない。そのような訳で大智度論に次のように説かれる。淨土は三界には納めることはできない。なぜなら欲望が無いという理由で欲界には含まれない。地面に国土がある（空中に住する事はない）という理由で色界には含まれない。形があるという理由で无色界には含まれない。

【解説】

有漏は広く、三階は狭い。『大智度論』に説かれる淨土の定義をもちいる。欲無し（欲の否定）、地居（空居天の色界の否定）、形ある荘厳を有する（形無き無色界の否定）の理由で淨土が三界に含まれることを否定する。

【参考文献】

『大智度論』『大正蔵経』二五巻三四〇a

如是世界在地上故不名色界。無欲故不名欲界。有形色故不名無色界。諸大菩薩福徳清淨業因故。別得清淨世界出於三界。或有以大慈大悲心憐愍衆生故生此欲界。

【本文】一巻十二帖

此論義意非是淨土无漏識心所現淨土名出三界但有漏識心所變淨土器世間相布置法用安立有情利樂等事不同於此三界等相名非三界也

【書き下し】

此の論の*義意は是れ淨土は无漏の識心の所現なるをもって淨土は三界を出と名づくるには非ず。但だ有漏の識心所變の淨土の*器世間の相*布置法*用の*安立、有情*利樂等の*事、此の三界等の相に同じからざるを三界に非ずと名くるなり。

【現代語訳】

この論議が表している意味合いは、浄土は、煩悩を滅し去った心が顕わし出したものであるという理由で三界を超えたものであると言っているのではない。ただ、煩悩をまだ滅し去ることができない心が顕わし出した浄土であっても、その国土の有様、配置された存在、そのはたらきが秩序に従って成立している姿、生きとし生ける者を利益し安楽を与える様子などが、この三界の姿と異なっていることによって三界ではないと言っているのである。

【解説】

前説の論は、煩悩が無いから三界不摂を説くのでは無く、煩悩があるがままに三界では無いことを付け加えている。これは、懐感が凡夫の往生する浄土は凡夫にとっては煩悩を断つことのできない存在であることを認識しているからである。

【本文】 一巻十二帖

三界名寛四生名局者四生唯取異熟五蘊有情世間三界通三性及器世間故三界名寛四生名局也

【書き下し】

三界の名は寛く四生の名は局るとは*四生は唯*異熟の*五蘊の*有情世間を取る。三界は*三性及器世間に通ず。故に三界の名は寛く四生の名は局れり。

【現代語訳】

三界の名称の範疇は寛く四生の名称の範疇は狭いとは、四生（迷いの世界のあらゆる生き物をその生まれ方の相違によって四つに分類して胎生、卵生、湿生、化生とするもの）は唯だ善悪の行為によってひき起こされた結果による肉体と精神を持った生き物の世界であるだけである。欲・色・無色の三界は善悪及び善でも悪でもないものと及び山河・大地・草木などに通じている。このような訳で三界の名称の範疇は寛く四生の名称の範疇は狭い。

【解説】

三階は広く、四生は狭い。

【本文】一巻十二帖〜十三帖

四生名寛五趣名局者中有是化生而非是五趣及淨土衆生等是化生非趣

【書き下し】

四生の名は寛く五趣の名は局るとは*中有は是れ*化生にして而も是れ五趣に非ず。及び淨土の衆生等は是れ化生にして趣に非ず。

【現代語訳】

四生の名称の範疇は寛く五趣の名称の範疇は狭いとは死の瞬間から次の生をうけるまでの暫定的な身体は、他によらず自ら生まれ出た化生であり、しかも五趣の中に含まれない。それに加えて浄土の衆生もまた化生であって五趣の中に含まれない。

【解説】

四生は広く五種は狭い。

【本文】　一巻十三帖

如是等名字寛狭體性差別此經論等有此不同豈得有漏識心所變淨土之言則令是三界攝也

【書き下し】

是の如き等の名字の寛狭*體性の*差別此れ經論等に此の不同有り。豈に有漏の識心所變の淨土の言をもって則ち是れ三界の攝なら令むることを得んや。

【現代語訳】

以上述べてきたように名称が表す範疇の寛いこと狭いこと、本体の性質の違いなど、經や論等にこれらについての様々な論述がある。どうして煩悩が存在する心が変化して顕わし出された浄土であるという言葉によってすぐさま三界に納められるとさせることができようか、いや三界に納めることはできない。

【解説】

以上のように存在には広いもの狭いものがあり、極楽浄土も煩悩があるとしてすぐさま三界に含まれるとしている唯識の説を否定して、煩悩が存在しても三界には含まれないことが証明されるとしている。

【本文】　一巻十三帖

又如第八識有三名一名阿頼耶二名阿陀那三名異熟若得阿羅漢辟支佛果及入八地諸菩薩等所有第八識但名阿陀那及名異熟不得名阿頼耶

【書き下し】

又第八識の如き三名有り。一には*阿頼耶と名づけ二には*阿陀那と名づけ三には*異熟と名づく。若し*阿羅漢*辟支佛の果を得ると及び八地に入れる諸の菩薩等との所有の第八識をば但阿陀那と名づけ及び異熟と名づく阿頼耶と名づくることを得ず。

【現代語訳】

又第八識のように三つの名称を持つものもある。一つには阿頼耶識（この身を持し、万象を含蔵するもの、愛着作用を原動力とする）と名づけられ二つには阿陀那識（善悪の業の勢力と、我々有情の身体とを維持、執持して壊さない）と名づけられ三つには異熟（善と悪との行為の潜在余力が熟することによって、引かれるままに結果が生ずること）と名づけられるのである。たとえばテーラバーダ佛教における世の尊敬を受ける究極の聖者や師匠が無くて自分ひとりで修行し覚りを得た者と及び十地の中の第八不動地に入ることができる諸の菩薩達とが有している第八識を示して、ただ阿陀那識と、また異熟識とだけ名づけられるのであって、阿頼耶識（愛着作用を原動力とするもの）と名づけることはできない。

【解説】

ここにおいて相手の用いる論疏をもって自説を開顕する、まさに抑揚的証明がなされる。唯識の重要な論疏である、『成唯識論述記』には次のように説かれる、第八識には阿頼耶・阿陀那・異熟の三つの名称があるが、阿頼耶は、常一主宰の我ありと固執する誤った見解が無くなるまで続くと説かれている。しかし、（阿羅漢）世の尊敬を受ける究極の聖者・（辟支佛）師匠が無くて自分ひとりで修行し覚りを得た者・（第八不動地）十地の中の第八不動地に入ることができる諸の菩薩は、常一主宰の我ありと固執する誤った見解を断じているから、ただ阿陀那識と、異熟識だけがあり、阿頼耶識（愛着作用を原動力とするもの）と名づけられる識は無いとされる。

【参考文献】『成唯識論述記』『大正蔵経』四三巻二九八頁a

一我愛執藏現行位。即唯七地以前菩薩。二乘有學。一切異生。從無始來。謂名阿頼耶。至無人執位。此名執藏　二善惡業果位。謂從無始乃至菩薩金剛心。或解脱道時。乃至二乘無餘依位。謂名毘播迦。此云異熟識。毘者異也。播迦熟義。至無所知障位　三相續執持位。謂從無始乃至如來盡未來際。利樂有情位。謂名阿陀那。此云執持。或名心等。長短分限不過三位。

【本文】

多異熟者。謂此識體總有三位　一我愛執藏現行位。即唯七地以前菩薩。二乘有學。一切異生。従無始來。謂名阿頼耶。至無人執位。此名執藏　二善惡業果位。謂従無始乃至菩薩金剛心。或解脱道時。乃至二乘無餘依位。謂名毘播迦。此云異熟識。毘者異也。播迦熟義。至無所知障位　三相續執持位。謂従無始乃至如來盡未來際。利樂有情位。謂名阿陀那。此云執持。或名心等。長短分限不過三位。以異熟名亦通初位故。

【書き下し】

多異熟とは、謂はく此の識の*體に總じて三*位有り。一には*我愛執藏現行位。即ち唯七地以前の菩薩と二乘の*有學と一切の*異生との無始従り來なり。謂はく阿頼耶と名づく。*人執無き位に至る。此《ここ》には*執藏と名づく。二には*善惡業果位。謂はく無始従り乃し菩薩の*金剛心、或は*解脱道の時に至る。乃し二乘の*無餘依の位に至る。謂はく*毘播迦と名づく。此には異熟識と云ふ。毘とは異なり。播迦とは熟の義なり。*所知障無き位に至る。三には*相續執持位。謂はく無始従り乃し如來に至るまで*未來際を盡して、有情を*利樂する位なり。謂はく阿陀那と名づく。此には執持と云ふ。或は心等と名づくれども、長短分限は三位に過ぎず。異熟といふ名は亦た初位に通ずるを以ての故なり。

【現代語訳】

多異熟とは、この識の本体に全部で三つの種類がある。一には、第八識が第七識に自らの自我であると執される位。とりもなおさずただ菩薩五十二位の中第七地（不動地）以前の菩薩と二乗（聲聞、縁覚・小乗仏教）の阿羅漢果まで至っていない聖者とすべての愚かで凡庸な者達とが無限の過去より来るものである。それは阿頼耶といわれる。そして、常一主宰の我ありと固執する誤った見解が無くなる位まで続く。ここにおいてはアーラヤ識は、第七の末那識のために実我と誤って考えられ、執せられるから、執藏といわれる。二には以前に行った善悪の行為によってまねいた報いの位。それは無限の過去よりようやく菩薩の第十地の最後の心、あるいはアビダルマ教学において、煩悩を滅ぼす修行の四つの階程（加行道・無間道・解脱道・勝進道）のうち無間道において、煩悩を断じ終わって後に生ずる無漏道の時まで続く。また、二乗（聲聞、縁覚・小乗仏教）の煩悩（依）をのこりなく滅する位に続く。それは毘播迦（vipāka）といわれる。ここでは異熟識という。毘とは異なり。播迦とは熟の意味である。知られるべきものに対するさまたげが滅する位にまで続いている。三には．心や心所が何者かを対象とみなしてはたらくことが連続して続く位。それは無限の過去よりようやく修行を完成した者に至るまで遠い未来の果てまでを尽くして、人々を利益し安楽を与える位である。それは阿陀那といわれる。ここでは執持という。または心等とよばれるが、長短地位は三つの種類にすぎない。異熟という名称はたた最初の種類に通ずるという理由によってである。

【本文】一巻十三帖

豈依无阿頼耶名即遣阿羅漢无第八識執持諸法種子耶豈以无三界名而令凡夫衆生生於淨土有漏識心不變化淨佛國土受用種種大乘法樂也

【書き下し】

豈に阿頼耶の名なきに依て即ち阿羅漢をして第八識の諸法の*種子を*執持するなから遣めんや。豈に三界の名なきを以て凡夫の衆生の淨土に生ぜる有漏の識心をして淨佛國土を變化して種種の大乘の法樂を受用せざら令めんや。

【現代語訳】

どうして阿頼耶識の名称がないことによって、すぐさまテーラバーダ佛教における世の尊敬を受ける究極の聖者をして第八識のすべての存在を生起させる可能性をしっかり持たせていることが無いということができようか。いやできない（阿羅漢はすべての存在を生起させる可能性をしっかり持っている）。どうして欲色無色の三界の名称がないということによって、生きとし生ける愚かで凡庸な士夫であっても、淨土に生れることができる煩悩を有した心をして淨らかな佛の國土を変化させて顕わし出させて様々な大乘佛教の教えを信受する喜びを亨受させないことができようか。いやできない。（愚かで凡庸な士夫であっても、淨らかな佛の國土を顕わし出して様々な大乘佛教の教えを信受する喜びを亨受することができる。）

【解説】

前説を受けて、たとえ（阿羅漢）世の尊敬を受ける究極の聖者・（辟支佛）師匠が無くて自分ひとりで修行し覚りを得た者・（第八不動地）十地の中の第八不動地に入ることができる諸の菩薩に阿頼耶識の名称が無くとも、すべての存在を生起させる可能性をしっかり持っている。それと同じように、凡夫であっても、極楽浄土をを顕わし出して様々な大乘の教えを信受する喜びを亨受することができる〟としている。まさに、相手の論疏である『成唯識論述記』の説を喩えとして、凡夫の往生する淨土が有漏であっても三界不摂であることを証明している。

【本文】一巻十三帖

又託如來无漏淨土雖以有漏心現其淨土而此淨土從本性相土土亦非縁縛相應縛縛不增煩惱如有漏心縁滅道諦煩惱不增猶如觀日輪損減眼根也故非三界非三界繫煩惱增也

【書き下し】

又如來の无漏の淨土に託するをもって有漏心を以て其の淨土を現ずと雖も、而も此の淨土は*本性相の土に從て土亦た*縁縛*相應縛の縛するに非ざれば煩惱を增せざること有漏心の*滅道諦を縁ずれども煩惱增さざるが如く、猶ほ日輪を觀るに眼根を*損減するがごとし。故に三界に非ず。*三界繫の煩惱の增するに非ざればなり。

【現代語訳】

また、阿弥陀如來の煩悩を滅した淨土にすべてを任せることによって、たとえ煩悩を有する心を用いて、愚かで凡庸な士夫の淨土を変化させて顕わし出すとしても、しかしながらこの淨土は阿弥陀如来の浄土の本体とその形状にしたがって、その国土はまた、認識の対象に対して起こる煩悩に繫縛されたり、心が結びついて起こる煩悩に繫縛されたりすることがないので、心身を苦しめ、わずらわす精神作用を増加させないことが、ちょうど煩悩を有するこころであっても、煩悩の絶滅という真理と、正しい覚りを得るための道という真理を認識することによって心身を苦しめ、わずらわす精神作用を増加させないかのように、ちょうど太陽を凝視すると眩しくて（対象をとらえる感覚器官である）眼という機能を弱めて役立たなくしてしまうようなものである。このようなわけで（煩悩を有した心で変現した浄土であろうとも）欲界・色界・無色界の三界に納められることはない。三界に束縛されるべき心身を苦しめ、わずらわす精神作用を増加させないからである。

【解説】

最後に、別の道理の総括として、阿弥陀仏の本願力を強調して、煩悩を有する心を用いて、凡夫が浄土を変顕させたとしても、この浄土は阿弥陀如来の浄土の本体とその形状にしたがっていて、その国土は、（縁縛）認識の対象に対して起こる煩悩に繋縛されること、（相應縛）心が結びついて起こる煩悩に繋縛されることがないとして、ちょうど煩悩を有する心であっても、（滅諦）煩悩の絶滅という真理と、（道諦）正しい覚りを得るための道という真理を認識することによって、煩悩を増加させないことは、太陽を凝視すると眩しくて（対象をとらえる感覚器官である）眼という機能を弱めて役立たなくしてしまうようなものである。として太陽の光を阿弥陀仏の本願力にたとえている。最終的には、阿弥陀仏の本願力によって有漏心をもった凡夫であっても三界不摂の浄土に往生すると締めくくっているのである。

【本文】一巻十三帖～十四帖

問若不許是欲色界攝者何因无量壽經言乃至淨居天等

【書き下し】

問ふ。若し是れ欲色の界の攝なりと許さざれば、何に因ってか无量壽經に*乃至*淨居天等と言ふや。

【現代語訳】

問う。仮に（極楽浄土が）欲界及び色界に含まれると言うことができないならば、どのような理由で『無量壽經』の中に「乃至淨居天等」という文章が出ているのであろうか。

【参考文献】

『無量壽經』『大正蔵経』一二巻二七八頁a

爾時佛告阿難及慈氏菩薩。汝見彼國。從地已上至淨居天。其中所有微妙嚴淨。自然之物為悉見不。

【本文】一巻十四帖

答此是施設爲天不可即爲實天分欲色界也若實天者如來淨心所變豈是欲色界攝

【書き下し】

答ふ。此れは是れ*施設して天と爲す。即ち實の天と爲して欲色界を*分つ可からず。若し實の天ならば如來の*淨心の所變、豈に是れ欲色界の攝ならんや。

【現代語訳】

答える。これは仮に設ける手だてとして天としているのである。とりもなおさず本当の天であるとして欲界色界を割り当ててはならない。仮に本当の天ならば如來の清らかな心の変化されたものが、どうして欲界色界に含まれることがあろうか、いや含まれることはない。

【本文】一巻十四帖

又言若是色界者已下欲天爲勝爲劣若劣者如何色界反劣欲界若勝者如此娑婆世界欲色兩界勝劣不同

【書き下し】

又言く若し是れ色界ならば已下の欲天と勝とや爲ん、劣とや爲ん。若し劣ならば如何ぞ色界反て欲界よりも劣ならんや。若し勝ならば此の娑婆世界の如きは欲色の兩界勝劣不同なり。

【現代語訳】

又言う。仮に（本当に）色界ならば以下の欲界の天に対して勝れているのするのだろうかそれとも、劣っているとするのだろうか。仮に劣っているとするならば、どうして色界方が返って欲界よりも劣っているというのだろうか。仮に勝れているとするならば、この娑婆世界においては、欲界色界の二つの界の勝れる劣るは同じではない。

【本文】一巻十四帖

欲色有情優劣差別彼土亦爾生色界者勝生欲界何因四十八弘誓願説國中人天形色不同有好醜者不取正覺彼色界形既勝欲界形如何説同故知假安立説爲淨居天等非實即是欲色界也

【書き下し】

欲色の有情優劣差別せり。彼の土も亦爾るべし。色界に生ぜる者は欲界に生ぜるに勝れなん。何に因てか四十八の*弘誓願に國中の人天*形色不同にして*好醜有らば正覺を取らじと説ける。彼の色界の形、既に欲界の形に勝れば、如何ぞ同と説かん。故に知ぬ假に*安立して説て淨居天等と爲す。實に即ち是れ欲色界なるには非ざる也。

【現代語訳】

欲界色界に住する者の優れる劣るの区別がある。彼の極楽浄土もまた、そのようであるべきである。色界に生れる者は欲界に生れる者も勝れているであろう。どのような理由で、（法蔵比丘が建てられた）四十八の大いなる誓いの中に極楽浄土の中の人天は形や存在が同じでなく、好いもの醜いものがあったならば正いし悟りをを取らないと説いているのだろうか。極楽浄土の色界の形が、既に欲界の形より勝れているのであれば、どうして同じと説くのであろうか、いや説くことはできない。この様な訳で以下のことを知る。これは仮に設ける手だてとして説て淨居天等としているのである。本当にとりもなおさず欲界色界の天が存在するのではない。

【本文】　一巻十四帖

於前二解初解爲正異熟識體是實有情生彼衆生諸菩薩等未滅異熟何得説彼非實天人

【書き下し】

前の二解に於て初の解を正と爲す。*異熟識の體は是れ實の有情なり。彼に生ぜる衆生、諸の菩薩等は未だ異熟を滅せず。何ぞ彼れ實の天人に非ずと説くことを得ん。

【現代語訳】

（この文章は前に問題提起した二つの解釈の内第一の三界攝説を肯定しているが、これを懐感の解答ととるべきではない。この文章は後の問いの一部と理解すべきである。）

前に提起した二つの解答に於いて最初の解答をを正しいとする。阿頼耶識を持っている者の本体は実際の心を有する者である。彼の極楽浄土に生れる者、多くの菩薩達はまだ阿頼耶識を滅していない者達である。どうしてそのような者達が、本当の天人にではないと説くことができようか、いや説くことはできない。（従って極楽浄土にいる天は本当の天である。）

【本文】　一巻十四帖

問曰若凡夫所變淨土是有漏非三界所感之生彼者不同餘人天造惡受苦果説非人天如勝鬘經説變易生死非三界攝非彼生死實報

【書き下し】

問て曰く。若し凡夫所變の淨土は是れ有漏なれども三界の所に非ず、これを感じて彼に生ずる者は、餘の人天の造惡受苦の果に同じからず。人天に非ずと説くというは、勝鬘經の如き*變易生死は三界攝に非ずと説けり。彼の生死實報に非らんや。

【現代語訳】

「前の二つの解釈において初めの釈の方が正しいと思う。なぜなら異熟識の体は実の有情のものだから、浄土に往生した者に異熟識が残っているならば、どうしてその者が実の天人でないといえようか、いや浄土に往生した者は、実の天人である。（このような訳で浄土は三界摂であると考える。）という、前の説をうけて、問ていう。仮に凡夫が心を変化させて顕現した浄土は煩悩を有していたとしても三界に収めることはできないとして、これを感じて彼の極楽浄土に生れる者は、ほかの人界天界の悪を造って苦を受ける者の果報と同じではなく、人界天界ではないと説くというならば、勝鬘經に説かれるように、迷いの世界を離れ、輪廻を超えた聖者が受ける生死は三界の中に収めることはできないとされている。（そうであるならば）前述の浄土に往生した凡夫の生死も実際の果報によるものではなく変易生死であるというのか。

【参考文献】

『勝鬘師子吼一乘大方便方廣經』『大正蔵経』一二巻二一八c

善男子善女人捨身者。生死後際等離老病死。得不壞常住無有變易不可思議功徳如來法身。捨命者。生死後際等畢竟離死。得無邊常住不可思議功徳。通達一切甚深佛法。

【本文】一巻十四帖〜十五帖

是化生非人天趣者未知淨土化生凡夫非三界瓔珞經説三界之外有衆生者是洴沙王国安多偈師義非佛説故是三界身豈非三界身耶依此後解復爲斯問

【書き下し】

是れ*化生なるをもって人天趣に非ずとは未だ知らず、淨土の化生の凡夫三界に非ずということを。瓔珞經に説かく三界の外に衆生有りとは是れ*洴沙王国の*安多偈師の義なり。佛説に非ずと。故に是れ三界の身なるべし。豈に三界の身に非ずといわんや。此れに依て後の解に復た斯の問を爲す。

【現代語訳】

また、浄土に往生した者は有情がなにもなくて、忽然として生じたのであるから人趣、天趣ではないというが、どうして浄土に忽然として生じた凡夫が三界不摂なのか解らない。『瓔洛經』には三界の外に衆生があるとするのは、洴沙王国の安多偈師の説であって、仏説ではないとされている。したがって浄土に往生した凡夫であっても三界摂であって、三界不摂とは決して言えない、このようなわけで、私は、初と後との二つの解釈のうち、後の解釈に疑問があるので、重ねてこの質問をするものである。

【参考文献】

『菩薩瓔珞本業經』『大正蔵経』二四巻一〇一八頁c

佛子。復以近況遠。凡夫善心中尚無不善。何況無相心中而有無明。佛子。而言善惡一心者。是洴沙王國中外道安陀師偈。明闇一相善惡一心。

【本文】一巻十五帖

釋曰此何所惑更爲斯問淨土器世間雖有漏識心所變而不得名三界即有漏義寛三界義局

【書き下し】

釋して曰く。此れ何の惑ふ所あてか更に斯の問を爲す。淨土の*器世間は有漏の識心の所變なりと雖も而も三界と名づくることを得ず。即ち*有漏の義は寛く三界の義は局ればなり。

【現代語訳】

解釈して言う。何の惑があってか、何度もこんな問をするのか、凡夫が往生すべき器世間としての浄土は、たとい有漏の識心の変化して顕現したものであるとしても三界ということはできない、なぜなら有漏の意味は寛く三界の意味は狭いからである。

【本文】一巻十五帖

浄土凡夫但名化生有情不得言人天二趣此即四生義寛五趣義局今此亦爾雖是凡夫有漏之身不得名爲三界身也

【書き下し】

浄土の凡夫をば但だ化生の有情と名づけて人天二趣と言ふことを得ず。此れ即ち*四生の義は寛く*五趣の義は局ばなり。今此れも亦た爾なり。是れ凡夫有漏の身なりと雖も名て三界の身と爲すことを得ず。

【現代語訳】

浄土へ往生した凡夫は唯だなにもなくて、忽然として生じた生けるものと言うことはできても、人趣天趣と言ふことはできない。これはとりもなおさず、四生の意味は寛く五趣の義は意味は狭いからである。今これもまたそのようである。これは、たとえ凡夫は煩悩を有する身であるとしても、三界の身であるとすることはできない。

【本文】一巻十五帖

問曰此義更難若爾者即應身非三界之身業非三界之業若業非三界者當在娑婆孝養父母修行三福作十六觀念佛等業

【書き下し】

問て曰く。此の義更に難し。若し爾ば即ち應に身三界の身に非んば業も三界の業に非ざるべし。若し業三界に非ずといはば當に娑婆に在て父母に*孝養し*三福を修行し*十六観念佛等の業を作すべし。

【現代語訳】

問うていう。この道理は更に難しい。仮に前述のようにそうであるとしたならば、とりもなおさず、当然身体が（欲色無色の）三界の身体でないならば、行為も（欲色無色の）三界の行為でないはずである。仮に行為が（欲色無色の）三界に収められないというならば、当然この現実世界において父母に孝行を尽くし、師や長上の人につかえ慈悲心を持ち善い行ないを修し、佛法僧の三宝に帰依し、戒を実行して、定められた威儀を守り、道を求める心を起こして、大乗教を読誦して浄土往生を願う修行し、阿弥陀佛の浄土に生まれるための十六の観法・念佛等の修行をするであろう。

【本文】一巻十五帖

此等業當起之時未得色界心即是欲界生得善聞慧思慧心若得色界定即是色界修慧之心

【書き下し】

此れ等の業當に起すべきの時、未だ*色界の心を得ざるは即ち是れ欲界*生得の善、*聞慧*思慧の心なり。若し色界定を得れば即ち是れ色界*修慧の心なり。

【現代語訳】

（前述のように）これ等の修行が当然に起すべきの時に、まだ欲界の上にある天界で、欲界のよごれを離れ、物質的なものがすべて清浄である世界の心を得ることができないのであるから、とりもなおさず、これは本能的欲望が盛んで強力な世界で生まれながらにして身につけている善すなわち、教えを聞いて了解する智慧と思慮から生ずる智慧の心なのである。仮に欲界の上にある天界で、欲界のよごれを離れ、物質的なものがすべて清浄である世界の精神統一をすることができるならば、とりもなおさずこれは、欲界のよごれを離れ、物質的なものがすべて清浄である世界の、修習して得る正しい智慧の心である。（結局欲色二界を離れることはできない。）

【本文】一巻十五帖

生色界已願生西方即是色界生得善聞慧修慧心无漏之心不能感報業既是其界所攝

【書き下し】

色界に生じ已て西方に生ぜんと願ずれば即ち是れ色界生得の善、聞慧修慧の心なり。无漏の心は*報を感ずること能はず。*業既に是れ其の界の所攝なり。

【現代語訳】

欲界のよごれを離れ、物質的なものがすべて清浄である世界に生まれた後で、西方極楽世界に生れたいと願うならば、とりもなおさずこれは、欲界のよごれを離れ、物質的なものがすべて清浄である世界のおいて生まれながらにして身につけている善（つまり色界の善を離れることはできないの）であり、教えを聞いて了解する智慧と修習して得る正しい智慧の心である。煩悩のなくなった心はその結果を感ずることはできない。行為が既に（色界の攝ならば）身体も同じその世界に収められるのである。

【本文】一巻十五帖

以業招報還須三界所収因果決然豈得乖斯道理而言生浄土非是三界之身耶

【書き下し】

業を以て報を招く、還て須らく三界に収めらるべし。*因果*決然なり。豈に斯の道理に乖て浄土に生ずれば是れ三界の身に非ずと言ふことを得んや。

【現代語訳】

行為によって結果としての報いを招くのであるから、もとの道理に戻って、ぜひとも三界に収めらるべきである。原因があれば必ず結果があるという道理はきっぱり決まっている。どうしてその道理にそむいて浄土に生ずれば三界の身ではないと言うことができようか、いやできない。

【本文】一巻十五帖

釋曰前言是其有漏非是三界已廣成立此但失名而不失體斯有何過更復重徴

【書き下し】

釋して曰く。前に是れ其の有漏なれども是れ三界に非ずと言ふこと、已に廣く成立しぬ。此れ但だ名を失して體を失せず斯に何の過か有てか更に復た重ねて*徵する。

【現代語訳】

解釈していう。以前から言うように、凡夫の心が煩悩に穢れていたとしても、三界に収めることはできないということが、すでに廣く成立している。これは唯だ、名称を失っても本体を失うことはないということである。そこに何の間違いがあって、更に再び重ねて詰問するのか。いや、詰問することはない。

【本文】　一巻十六帖

雖知造業之時此業是於欲色二界有漏善心有漏善心所感之報即是淨土之形不名欲色界攝而此報業以果攝因不得名爲欲色界業但得名爲淨土之業

【書き下し】

*造業の時、此の業は是れ欲色二界の有漏の*善心なりと知と雖も、有漏の善心所*感の報は、即ち是れ淨土の形なれば、欲色界の攝と名づけず。此の報業、果を以て因を攝して名て欲色界の業と爲すことを得ず。但だ名て淨土の業と爲すことを得。

【現代語訳】

業を造る（浄土に対する宗教的な行為をする）時、たとえこの行為は欲界色界のけがれを有する善い心であると理解していたとしても、けがれを有する善い心が受けるところの果報は、とりもなおさず外にあらわれたものが浄土の姿であるのであるから、欲界色界に含まれるものであると言うことはできない。この果報を導いた行為は、果報を用いて結果を導く原因を包括して言うならば、欲界色界の行為であるとすることはできない。唯だ、浄土に生ずべき行為であるとする、とだけ言うことができる。

【本文】一巻十六帖

若言是欲色界身起欲色界心而造於業者寧容不是欲色業者欲界之業所感人天受報極長不過萬六千歳若感浄土遂得壽命无量无邊阿僧祇劫

【書き下し】

若し是れ欲色界の身にして欲色界の心を起して業を造る者は、寧ろ是れ欲色の業ならざる*べけんやと言はば、欲界の業は所感の人天の受報の極長なるも萬六千歳に過ぎず。若し浄土を感ずれば、遂に壽命无量无邊阿僧祇劫を得。

【現代語訳】

仮に（果報が）欲界色界に生まれる身体であって、欲界色界の（穢れを有する）心を起して（浄土に対する）行為をなす者は、どうして欲界色界の（果報を導く）行為でないことがあろうか。いや欲界色界の（果報を導く）行為である。と言うのであるならば、欲界の行為は果報を受けるべき人や天の受ける果報が極めて長いとはれるが、（たかが）一萬六千歳に過ぎない。仮に浄土の果報を受けたならば、最終的に壽命は数限りなく、大きさに果てがない不可数量の歳を得ることができる。

【本文】一巻十六帖

豈欲界業能感彼命无量阿僧祇劫耶斯亦乘阿弥陀佛不可思議弘誓願力令其業力感報極長非是凡夫所測度

【書き下し】

豈に欲界の業、能く彼の命の无量阿僧祇劫を感んや。斯れ亦た阿弥陀佛の*不可思議の*弘誓願力に乗じて、其の業力をして報を感ずること極長なら令む。是れ凡夫の*測度する所に非ず。

【現代語訳】

どうして欲界の行為が、その命の数限りない不可数量の歳を得る果報を得ることができようか。いやできない。そのことは、また阿弥陀佛の言葉で言い表わしたり、心でおしはかることができない、阿弥陀佛のすべての衆生を救い取る誓いの力に乗って、欲界の（浄土に対する）行為の力によって果報を受け取る規模を極めて長くさせる。このことは凡夫のはかり知ることのできないことである。

【本文】一巻十六帖

經文顯然不可不信大乘道理意趣難知諸佛境界非凡所測但知仰信専誠修學不可一一依諸法相楷定是非論是三界非三界也

【書き下し】

經文顯然なり。信ぜずんばあるべからず。大乘の道理、意趣知り難し。諸佛の境界凡の測る所に非ず。但だ知りて仰信し専誠に修學せよ。一一に諸の法相に依て是非を楷定して是れ三界、三界に非ずということを論ずべからず。

【現代語訳】

經の文章は明らかである。信じない訳にはいかない。大乘佛教の道理やその心向きは知りがたい。諸佛の覚りのあり様は凡夫の測り知ることのできないものである。唯だ（佛の本願力を）知って道理を考えず、教えをそのまま信じて専ら真心を持って佛道を修して学びなさい。一つ一つを諸の存在の差別のすがたに基づいて正否をただして三界であるとか、三界ではないとかいうことを論じてはならない。

【本文】一巻十六帖～十七帖

問曰凡夫衆生所生淨土凡夫未得无漏淨心随心所變土還有漏有漏之土即名穢國何得亦言生淨土

【書き下し】

問て曰く。凡夫の衆生の所生の淨土ならば、凡夫未だ无漏の淨心を得ず。心の所變に随て土も還た有漏なるべし。有漏之土を即ち穢國と名く。何ぞ亦た淨土に生ずと言ことを得ん。

【現代語訳】

問ていう。凡庸浅識の者達が生まれるところの淨土であるならば、凡庸浅識の者はまだ煩悩を消し去った淨らかな心を獲得していない。心の変化せしめられたものにしたがいて国土もまた煩悩の存在する汚れたものとすべきである。煩悩の存在する国土をとりもなおさず穢れた国と名づける。どうしてまた淨土に生まれるということができようか。いやできない。

【解説】

凡夫はまだ煩悩を消し去った淨らかな心を獲得していない。心の変化せしめられたものに従って国土もまた煩悩の存在する汚れたものとすべきである。煩悩の存在する国土をとりもなおさず穢れた国と名づける。凡夫が淨土に生まれるということができようか。と問いをなしている。

【本文】一巻十七帖

釋曰淨有多種有眞實淨有相似淨有究竟淨有非究竟淨眞實淨者謂无漏善心相似淨者謂有漏善心究竟淨者謂諸佛世尊非究竟淨者謂十地已下乃至凡夫

【書き下し】

釋して曰く。淨に多種有り。*眞實淨有り、*相似淨有り、*究竟淨有り、非究竟淨有り、眞實淨とは、謂く*无漏善心なり。相似淨とは謂く*有漏善心なり。究竟淨とは謂く諸佛世尊なり。非究竟淨とは謂く十地已下乃至凡夫なり。

【現代語訳】

解釈して言う。淨（きよらか）にも多種がある。まことにして偽りなき淨がある。（真実に）類似した淨がある。極め尽くした淨がある。窮め尽くしていない淨がある。まことにして偽りなき淨とは、煩悩のなくなった境地に現れる善い心である。類似した淨とは、煩悩によって心を散乱する中に現れる善い心である。極め尽くした淨とは、諸佛や世に尊敬される者の境地である。窮め尽くしていない淨とは菩薩が修行すべき五十二の段階のうち一番上から十二段階より以下凡庸浅識の者に至るまでの境地である。

【本文】一巻十七帖

有體淨相穢有體穢相淨有體相倶淨有體相倶穢

【書き下し】

*體淨*相穢有り、體穢相淨有り、體相倶淨有り、體相倶穢有り。

【現代語訳】

本質が浄く外見が穢れているものが有り、本質が穢れ外見が浄らかなものが有り、本質も外見もどちらも浄らかなものが有り、本質も外見もどちらも穢れているものが有る。

【解説】

本質が浄く外見が穢れているもの、本質が穢れ外見が浄らかなもの、本質も外見もどちらも浄らかなもの、本質も外見もどちらも穢れているものの四つの体系に分類している。

【本文】一巻十七帖

體淨相穢者謂佛心无漏清淨故所現之土亦復清淨然所現土現於穢相名體淨相穢故維摩經言爲欲度斯下劣人故示是衆惡不淨土耳

【書き下し】

體淨相穢とは、謂く*佛心は*无漏清淨なるが故に所現の土もまた清淨なり。然れども所現の土に穢相を現ずるをば、體淨相穢と名く。故に*維摩經に言く、これ斯の下劣の人を度せんと欲するが故に、是の衆惡不淨の土を示すのみと。

【現代語訳】

本質が浄く外見が穢れているものとは、仏の心は、けがれなく清らかであるので、その故に現れ出でたる国土もまた清らかである。しかしながら現れ出でたる国土に穢れた姿を現わすことを、本質が浄く外見が穢れているものと名ける。そのようなわけで、『維摩經』に次のように説く、これはこのあわれな劣った人を救おうと願うがために、この悪に満ちた汚れた国土を示すのみである。


【解説】

本質が浄く外見が穢れているものとは、仏の心は、けがれなく清らかであるので、現れ出でたる国土もまた清らかであるが、現れ出でたる国土に穢れた姿を現わすことを、本質が浄く外見が穢れているものという。『維摩經』に劣った人を救おうと願うがために、この悪に満ちた汚れた国土を示すである。

【参考文献】
『維摩詰所説經』『大正蔵経』一四巻五三八頁C
我佛國土常淨若此。為欲度斯下劣人故。示是眾惡不淨土耳

【本文】一巻十七帖
體穢相淨者如十地已還本識及有漏六七識并地前凡夫一切有漏心所現淨土是有漏故名爲體穢以依如來清

【書き下し】

體穢相淨とは、*十地*已還の*本識及び*有漏の六七識并に*地前の凡夫の一切有漏心の所現の淨土の

淨佛土自識變似淨土相現故名相淨也

如き、是れ有漏なるが故に名て體穢と爲す。如來の清淨の佛土に依て自識を淨土の相に*變似して現ずるを以ての故に。相淨と名く。

【現代語訳】

本質が穢れ外見が淨らかなものとは、菩薩が修行すべき五十二の段階のうち、特に第四十一位から第五十位以来のアーラヤ識及び、けがれを有する意識・末那識、ならびに第四十一位から第五十位に入る前・初地の位以前の凡庸浅識の者のすべてのけがれを有する心が現し出したる淨土のように、けがれを有するという理由で、本質が穢れたものと名づける。修行を完成した者・如來の清らかな佛土に依存して自らの心を如來の清らかな淨土の姿に似て現れるという理由によって、外見が淨らかなものと名づける。

【解説】

本質も外見もどちらも淨らかなものとは、佛及び菩薩五十二位のうち、特に第四十一位から第五十位までのけがれのない心に顕現する淨土のように本質も外見もどちらも淨らかなものという。

【本文】一巻十七帖

體相俱淨者如佛及十地已還无漏心中所現淨土名體相俱淨

【書き下し】

體相俱淨とは、佛及び十地已還の无漏心の中に現ずる所の淨土の如き體相俱淨と名く。

【現代語訳】

本質も外見もどちらも淨らかなものとは、佛及び菩薩が修行すべき五十二の段階のうち、特に第四十一位から第五十位以来のけがれのない心の中に顕現する所の淨土のようなものを本質も外見もどちらも淨らかなものと名づける。

【解説】

本質も外見もどちらも淨らかなものとは、佛及び菩薩五十二位のうち、特に第四十一位から第五十位までのけがれのない心に顕現する淨土のように本質も外見もどちらも淨らかなものという。

【本文】一巻十七帖

體相倶穢者如有漏心所現穢土等是也

【書き下し】

體相倶穢とは有漏心所現の穢土等の如き是れ也。

【現代語訳】

本質も外見もどちらも穢れているものとはけがれを有する心が顕現する穢れた国土等のようなものである。

【解説】

本質も外見も共に穢れているものとはけがれた心が顕現する穢れた国土等のようなものである。とされる。

【本文】一巻十七帖~十八帖

今此得生西方雖是凡夫然前第二句體穢相淨也

【書き下し】

今此の西方に生ずることを得るは是れ凡夫なりと雖も、然も前の第二の句の體穢相淨なり。

【現代語訳】

今此の西方極楽浄土に生ずることができるのは、たとい凡夫であるとしても、しかしながら前に説明したところの第二番目の区切りである本質が穢れ外見が淨らかなものである。

【本文】一巻十八帖

問曰如維摩經説若菩薩欲得生淨土當淨其心随其心淨即佛土淨此之心淨經文乃約十地菩薩方名淨心

【書き下し】

問て曰く。*維摩經に説が如き、若し菩薩淨土に生ずることを得んと欲せば、當に其の心を淨むべし。其の心淨きに随て、即ち佛土淨しと。此の心淨の經文は乃ち十地の菩薩に約して方に淨心と名く。

【現代語訳】

問ていう。『維摩經』に説くように、仮に菩薩が淨土に往生することができるようにと望むならば、當然その心を淨らかにすべきである。その心が淨らかな度合いに随って、とりもなおさず佛の国土が淨らかになると。此の心淨の經文は、菩薩が修行すべき五十二の段階のうち、特に第四十一位から第五十位の菩薩だけを対象として、まさに浄らかな心と名づける。

【参考文献】

『維摩詰所説經』 佛国品 『大正蔵経』十四巻五三八頁b

若菩薩欲得淨土當淨其心。隨其心淨則佛土淨。

【本文】 一巻十八帖

如何凡夫即欲生於淨土若言得生淨土應言已淨其心且具縛凡夫見修諸惑紛綸競起无蹔時停今既不淨其心如何得生淨土

【書き下し】

如何ぞ凡夫即ち淨土に生ぜんと欲する。若し淨土に生ずることを得と言はば、應に已に其の心を淨むと言ふべし。*且つ*具縛の凡夫は*見修の諸惑*紛綸として競ひ起きて蹔時も停まること无し。今既に其の心を淨めず。如何ぞ淨土に生ずることを得んや。

【現代語訳】

どうして凡庸浅識の者がとりもなおさず、浄土に生まれたいと願うのか。仮に浄土に生まれることができると言うならば、当然すでにその心を清浄にしたと言うべきである。一方では煩悩に悩まされている凡庸浅識の者は観念的な迷い・本能的な貪瞋癡などの迷いが入りみだれて競り合って生起してしばらくの間さえ停まることがない。今もうすでにその心を浄めることはできない。どうして浄土に生れることができるのだろうか、いやできない。

【本文】一巻十八帖

釋曰淨土有多種非是一途有究竟淨心有未究竟淨心有有漏淨心有无漏淨心有有相淨心有无相淨心有伏現行淨心有斷種子淨心有自力淨心有他力淨心其義非一不可爲難

【書き下し】

釋して曰く。淨土に多種有り。是れ一途に非ず。究竟の淨心有り。未究竟の淨心有り。有漏の淨心有り。无漏の淨心有り。有相の淨心有り。无相の淨心有り。*伏現行の淨心有り。斷種子の淨心有り。自力の淨心有り。他力の淨心有り。其の義一に非ず。難と爲すべからず。

【現代語訳】

解釈していう。浄土にはいろいろな種類がある。ただ一つだけではない。至極の清らかな心がある。未だ究極に至らない清らかな心がある。けがれを有する清らかな心がある。けがれのない清らかな心がある。形態を備えた清らかな心がある。特別の形相を持たない清らかな心がある。阿頼耶識の中の種子から現象世界の事物が現れ出るのを隠す清らかな心がある。存在を生ずる可能性を断ち切った清らかな心がある。自力にて実現する清らかな心がある。他力を頼んで実現する清らかな心がある。その意味は一つではない。（浄土に生れることを）難しいこととしてはならない。

【本文】 一巻十八帖

諸佛如來逗機説法或就究竟作語或就未究竟爲語如是等説其義不定不可唯依維摩經説究竟淨心十地之位心淨土淨之文不信觀經伏現行惑依藉他力得生西方云心不淨不生淨土

【書き下し】

諸佛如來は機に*逗めて説法したまふ。或は*究竟に就て語を作し、或は未究竟に就て語を爲す。是の如き等の説、其の義不定なり。唯だ維摩經の究竟の淨心を説ける、十地の位の心淨なれば土淨しといふの文のみに依て、觀經の*現行の*惑を伏して、他力に*依藉して西方に生ずることを得といふを信ぜずして、心*不淨なれば淨土に生ぜずとは云ふ可からず。

【現代語訳】

諸の佛や如來は衆生の宗教的素質にねらいをつけて教えを説かれた。ある時は究極の境地について教えを説き、ある時は未だに究極に至っていない境地に就て教えを説いた。この様に様々な教説の、その道理は決定されていない。ただ『維摩經』の究極の清らかな心を説くところの、菩薩が修行すべき五十二の段階のうち、特に第四十一位から第五十位までの心が浄ければ国土が浄いという文のみによって、『觀無量壽經』の現にはたらいている煩悩に反抗せず、他力に帰依して西方極楽浄土に生ずることができるということを信じないで、心がけがれていれば、浄土に生まれることができないといってはならない。

【本文】一巻十八帖～十九帖

譬如得通之人方能陵空何妨未得通人依得通者亦陵空也

【書き下し】

譬ば*得通の人の方に能く空を*陵くが如き、何ぞ未得通の人の得通の者に依て亦た空を陵ぐことを妨げんや

【現代語訳】

喩えていうならば神通力を得た人がちょうど空の上を飛んでいくようなもので、どうして未だに神通力を得ていない人は、神通力を得ている人が空の上を飛んでいくのを、妨げることができようか、いやできない。

【本文】一巻十九帖

又彼言淨謂究竟淨心能爲他有情現无漏淨土今往生淨土謂依佛淨相而現其淨土彼本此末依他他依師弟道殊遂分勝劣彼據勝説此約下論不相妨也

【書き下し】

又た彼の淨と言は、究竟淨心の能く他の有情の爲に无漏の淨土を現ずるを謂ふ。今往生する淨土は、佛の淨相に依て其の淨土を現ずるを謂ふ。彼は本、此は末なり。他に依ると、他が依ると、師弟道殊にして遂に勝劣を分てり。彼は勝に據て說き、此は下に*約して論ず。相い*妨げざるなり。

【現代語訳】

また前に淨土と言ったのは、究極の淨らかな心が、他の生きとし生けるもの達の爲に煩悩のけがれのない淨土を顕現することができることを謂う。今行き生まれる淨土は、佛の淨らかな姿形に依拠して、生きとし生けるものの淨土を現し出すことを謂う。かれ（佛）は根幹であり、これ（衆生）は枝である。（一方は）佛に依り、（他方は）衆生が頼る。師匠と弟子が道を別にして、たどり着いた最後に勝れたものと劣ったものとに分れた（のと同じである）。かれ（佛）は勝れた（究極）について説き、これ（衆生）は劣った者に要点を絞って論ずる。互いに邪魔をすることはない。

【本文】一巻十九帖

問曰彼西方淨土之處爲亦有穢土不若有者如何名淨土若无者亦如盧舍那佛千葉蓮花一一花上有百億國此一一國皆是穢土如何蓮花藏世界盧舍那佛所坐花王之座淨葉之上而有穢土又身子見穢梵王見淨此並淨穢二土同處而現何故極樂唯有淨土而无穢土耶

【書き下し】

問て曰く。彼の西方淨土の處に亦た穢土有りと爲《せ》んやいなや。若し有らば如何ぞ淨土と名ん。若し无くんば亦た*盧舍那佛の*千葉の蓮花の一一の花上に百億の國有が如き、此の一一の國は、皆な是れ穢土なり。如何ぞ*蓮花藏世界の盧舍那佛の所坐の*花王の座の淨葉の上に穢土有らんや。又た*身子は穢を見、*梵王は淨を見る、此れ並に淨穢の二土、同處にして現ず。何が故ぞ極樂に唯だ淨土のみ有て穢土无からんや。

【現代語訳】

問ていう。彼の西方極楽浄土の場所に穢れた国土が有存在するかしないかどちらか。仮に穢れた国土が存在するならば、どうしてぞ浄らかな国土と名づけることができるのであろうか。仮に穢れた国土が存在しないならば、また盧舎那佛（大日如来）の蓮の花の千のはなびらの一一の花の上に百億の國が存在するように、この一一の國は、皆な穢れた国土であるとされる。どうして千のはなびらの一つ一つが、それぞれ百億の世界を含む千の世界をなす大蓮華の世界の盧舎那佛（大日如来）の坐っている蓮華の座席の浄らかな葉の上に穢れた国土が存在するのであろうか。また身子（舎利弗）は穢れた国土を見、梵天の王は浄らかな国土を見る、これは同時に浄と穢との二土が、同じところに現れている。どのような理由で西方極樂にただ浄らかな国土だけが存在して、穢れた国土が存在しないと云えようか。いや云えない。

【参考文献】

蓮花藏世界　『大方廣佛華嚴經』『大正蔵経』十巻二二三C

現百萬億那由他不可說佛刹微塵數毘盧遮那摩尼寶華。一一華。現百萬億那由他不可說佛刹微塵數臺。一一臺。現百萬億那由他不可說佛刹微塵數佛。一一佛。現百萬億那由他不可說佛刹微塵數神變。一一神變。淨百萬億那由他不可說佛刹微塵數眾生眾。一一眾生眾中。現百萬億那由他不可說佛刹微塵數諸佛自在。一一自在。雨百萬億那由他不可說佛刹微塵數佛法。一一佛法。有百萬億那由他不可說佛刹微塵數修多羅。一一修多羅。說百萬億那由他不可說佛刹微塵數法門。一一法門。有百萬億那由他不可說佛刹微塵數金剛智。所入法輪。差別言辭。各別演說。一一法輪。成熟百萬億那由他不可說佛刹微塵數眾生界。一一眾生界。有百萬億那由他不可説佛刹微塵數衆生。

【解説】

彼の西方極楽淨土の場所に穢れた国土が有存在するかどうかを問う。その論議の中で、浄土と穢土とが同時に存在することができることを示す、問いをおこしている。

【本文】一巻十九帖

釋曰此有二釋一云極樂世界唯有淨土於彼方處无穢土相以是淨土極淨妙故如其有者即有亦淨亦穢之過

【書き下し】

釋して曰く。此に二釋有り。一には云く。極樂世界には唯だ淨土のみ有り。彼の*方處には穢土の相无し。是の淨土は極て*淨妙なるを以ての故に、如し其れ有らば即ち*亦淨亦穢の過有らじ。

【現代語訳】

釋していう。ここに二つの解釈が有る。一には、極楽世界には唯だ淨土だけが有る。極楽世界の方角場所には穢れた国土の姿はない。この極楽淨土は極て清淨微妙であるという理由によって、もし穢れた国土があるならば、とりもなおさず、清らかにして同時に穢れているという矛盾の誤りが生じることとなろう。

【本文】 一巻十九帖～二十帖

又色法質礙不可同處穢淨二相倶時現行不相容故雜亂過故觀經等文曾不説故四十八願无斯願故如其有者往生衆生應亦生故亦應得見不生不見故知无也

【書き下し】

又た*色法は*質礙なり。同處なるべからず。穢と淨との二相倶時に*現行せば、相い容れざるが故に。雜亂の過あるが故に。觀經等の文に、曾て説かざるが故に。四十八願に斯の願无きが故に。如し其れ有らば、往生の衆生、應に亦た生ずべき故に、亦た應に見ることを得べし。生ぜず見ず故に知んぬ无し。

【現代語訳】

また物質的存在は同時に同一箇所を占有できない性質である。同じ場所に同時に存在することはできない。もし、穢れた国土と浄らかな国土との二つの存在が一緒の時に現象世界に現れ出たならば、互いに受け入れることができないという理由で、もつれ乱れる誤りがあるという理由で、『観無量壽經』等の文にいっこうに説かれていないという理由で、『無量壽經』の四十八願の中にそのような（穢れた国土と浄らかな国土との二つの存在が一緒の時に現象世界に現れ出るという）願は無いという理由によって、仮にその（穢れた国土と浄らかな国土との二つの存在が一緒の時に現象世界に現れ出るという）ようなことがあるならば、浄土に往生した衆生が、当然もう一度往生すべきであるという理由によって、当然もう一度浄土見ることができるべきである。もう一度生まれることもなければ、もう一度浄土を見ることもない。この様な理由で、（穢れた国土と浄らかな国土との二つの存在が一緒の時に現象世界に現れ出るということは）無いということを理解することができる。

【解説】

一つの回答として、物質的存在は同時に同一箇所を占有できない性質である。同じ場所に同時に存在することはできない。という理由で、（穢れた国土と淨らかな国土との二つの存在が一緒の時に現象世界に現れ出るということは）無いということを主張している。

【本文】一巻二十帖

有説亦有穢土同處同時不相障礙言二色法不相容受此是小乘不了之教淨穢兩土皆遍十方无邊限故如此穢土即有淨土如盧舍那淨花王座即有千百億穢土之相皆悉淨處有穢穢處有淨不相雜染不相障礙各隨所見淨穢不同各隨所生淨土穢土

【書き下し】

有が説かく、亦た穢土有り。同處同時に相ひ*障礙せず。二の色法相ひ容受せずと言はば、此は是れ小乘*不了の教なり。淨穢の兩土、皆な十方に遍じて*邊限无きが故に。此の穢土に即ち淨土有るが如く、盧舍那の*淨花王の座に即ち千百億の穢土の相有るが如し。皆な悉く淨處に穢有り、穢處に淨有て相ひ*雜*染せず、相ひ障礙せず。各*所見に隨て淨穢同じからず。各所生に隨て淨土穢土なり。

【現代語訳】

ある者が説いて云う。また（浄土の中に）穢れた国土が有る。同じ場所に同時に存在するについて互いにさまたげることはない。二つの物質的存在が互いに受け入れることはないというのは、これは小乗佛教の不完全な教説である。淨土・穢土の二つの国土は、どちらもありとあらゆる方角にまんべんなく広がり、国のはてに限りがないという理由で、この穢れた国土の中にとりもなおさず淨土が存在するように、盧舍那（大日如来）の浄土聖者の王の座席にとりもなおさず十万億の穢れた国土の姿があるようなものである。皆なすべて淨らかな場所に穢れが存在し、穢れた場所に清淨が存在して互いに入り乱れて染まることはない。互いにさまたげることもない。各々見るもの（の心）に随て清淨か又は穢れかは同じではない。各々生まれるもの（の心）に随てあるものには淨土であり、又あるものには穢土である。

【参考文献】

小乗不了教　『阿毘達磨倶舍論』玄奘訳『大正蔵経』二九巻七頁A

分別界品第一之二

復次於前所説十八界中。幾有見幾無見。幾有對幾無對。幾善幾不善幾無記。頌曰。

一有見謂色　十有色有對

此除色聲八　無記餘三種

論曰。十八界中色界有見。以可示現此彼差別。由此義准説餘無見。如是已説有見無見。唯色蘊攝十界有對。對是礙義。此復三種。障礙境界所縁異故。障礙有對。謂十色界。自於他處被礙不生。如手礙手或石礙石或二相礙。境界有對。謂十二界法界一分。諸有境法於色等境。故施設論作如是言。有眼於水有礙非陸。如魚等眼。有眼於陸有礙非水。從多分説。如人等眼。有眼俱礙。如畢舍遮室獸摩羅及捕魚人蝦蟇等眼。有俱非礙。謂除前相。有眼於夜有礙非晝。如諸蝙蝠鵂鶹等眼。有眼於晝有礙非夜。從多分説。如人等眼。有眼俱礙。如狗野干馬豹豺狼猫狸等眼。有俱非礙。謂除前相。此等名為境界有對。所縁有對。謂心心所於自所縁。境界所縁復有何別。若於彼法此有功能。即説彼為此法境界。心心所法執彼而起。彼於心等名為所縁。云何眼等於自境界所縁轉時説名有礙。越彼於餘此不轉故。或復礙者是和會義。謂眼等法於自境界及自所縁和會轉故。應知此中唯就障礙有對而説。故但言十有色有對。更相障故。由此義准説餘無對。若法境界有對。亦障礙有對耶。應作四句。謂七心界法界一分諸相應法是第一句。色等五境是第二句。眼等五根是第三句。法界一分非相應法是第四句。若法境界有對。亦所縁有對耶。應順後句。謂若所縁有對。定是境界有對。有雖境界有對而非所縁有對。謂眼等五根。此中大徳鳩摩邏多作如是説。

【解説】

（浄土の中に）穢れた国土が有る。同じ場所に同時に存在するについて互いにさまたげることはない。二つの物質的存在が互いに受け入れることはないというのは、これは小乗佛教の不完全な教説である。大乗佛教『維摩經』の立場から各々生まれるもの（の心）に随ってあるものには淨土であり、又あるものには穢土である。として心の清浄か否かによって同じ国土も浄とも穢ともなり得るとしている。

【本文】一巻二十帖

如前所難並是小乘非大乘宗作如是説廣如攝大乘論等及諸大乘經所説不煩廣述雖知同處淨穢可成然彼西方唯淨非穢心穢衆生不生彼故經唯説淨相不説穢相令餘方衆生欲生彼故也

【書き下し】

前の所難の如きは、並に是れ小乘にして大乘の*宗に非ず。是の如きの説を作すこと廣くは*攝大乘論等及び諸大乘經に説く所の如し。煩しく廣く述べず。同處に淨穢成ずべしと知ると雖も、然も彼の西方は唯淨にして穢に非ず。心穢の衆生は彼に生ぜざるが故なり。經に唯だ淨相を説て穢相を説かざることは、*餘方の衆生をして彼に生ずることを欲せ令るが故なり。

【現代語訳】

前に述べられた（穢れた国土と浄らかな国土との二つの存在が一緒の時に現象世界に現れ出ることはない）という非難は、みな一様に小乘仏教の教説であり大乘仏教の根源的な真理ではない。このような説を述べることは広く『攝大乘論』等及び諸大乘經に説くところである。（このことは）煩雑になるので広くは説明しない。（たとえ）同じ場所に浄土と穢土とが成し遂げられると理解したとしても、しかしながら彼の西方極楽浄土は唯だ清浄であって穢れは無い。心の穢れた衆生は西方極楽浄土に往生しないからである。経典に唯だ清浄な姿だけを説て穢れの姿を説かないということは、極楽浄土以外の場所の衆生を西方極楽浄土に往生したいと願わさせるためである。

【参考文献】

攝大乘論　『攝大乘論釋』　玄奘訳　『大正蔵経』三十一巻三七六頁C

論曰。復次諸佛清淨佛土相云何。應知如菩薩藏百千契經序品中說。謂薄伽梵住最勝光曜。七寶莊嚴放大光明。普照一切無邊世界。無量方所妙飾間列。周圓無際其量難測。超過三界所行之處。勝出世間善根所起。最極自在淨識為相。如來所都。諸大菩薩眾所雲集。無量天龍藥叉健達縛阿素洛揭路荼緊捺洛莫呼洛伽人非人等常所翼從。廣大法味喜樂所持。作諸眾生一切義利。蠲除一切煩惱災横。遠離眾魔。過諸莊嚴。如來莊嚴之所依處。大念慧行以為遊路。大止妙觀以為所乘。大空無相無願解脫為所入門。無量功德眾所莊嚴。大寶花王之所建立大宮殿中。如是現示清淨佛土。顯色圓滿形色圓滿。分量圓滿方所圓滿。因圓滿果圓滿。主圓滿輔翼圓滿眷屬圓滿。任持圓滿事業圓滿。攝益圓滿無畏圓滿。住處圓滿路圓滿。乘圓滿門圓滿。依持圓滿。

【解説】

『攝大乘論』等及び諸大乘經に説くところでは、（たとえ）同じ場所に淨土と穢土とが成し遂げられると理解したとしても、心の穢れた衆生は西方極楽浄土に往生しないから極楽浄土は唯だ清淨であって穢れは無い。として、『攝大乘論』の十八円満説を念頭に最極清浄識をもって顕現する浄土の中に穢は存在しないことを述べている。

【本文】一巻二十帖～二十一帖

問曰如安法師淨土論説淨穢二土爲一質異見爲異質

【書き下し】

問て曰く。*安法師の淨土論に説が如き、淨穢の

異見爲无質而見彼釋言一質不成故淨穢虧盈異質不成故捜玄即冥无質不成故縁起萬形雖有此釋文義幽隱謂爲開示廣陳玄旨

二土は一*質異見なりと爲んや、異質異見なりと爲んや、无質而見なりと爲んや。彼れ釋して言く。一質成ぜず。故に淨穢に*虧盈あり。異質成ぜず。故に*玄を捜すに即ち*冥なり。无質成ぜず。故に*縁起*萬形なりと。此の釋有りと雖も、文義*幽隱なり。謂ふ爲に*開示して廣く*玄旨を陳よ。

【現代語訳】

問ていう。道安法師の浄土論に説かれるように、浄土と穢土の二土は一つの同じ本質であり異なったあらわれであるとするのか、それとも、異なった本質であって異なったあらわれであるとするのか、それとも、色法の有する性質がなくてかつあらわれるのであるとするのであろうか。道安法師は解釈して言う。一つの同じ本質は成り立たない。理由は、浄土と穢土とに欠けることと満ちることの相違が有るからである。異なった本質は成り立たない。理由は、奥深い微妙な道理を捜すのにとりもなおさず暗いからである。色法の有する性質がないことは成り立たない。理由は、相互に依存しあって生じることがよろずの現象であるからである。たとえこの解釈があったとしても、文の道理が奥深く隠されていてよく解らない。どうか理解せんが爲に中を開いて詳しく奥深い道理を説明されたい。

【本文】一巻二十一帖

釋曰安法師慧悟開明神襟俊爽制造斯論妙窮深旨于時大乘經論文義未周已能作此推尋實爲印手菩薩可謂鑿荒途以開轍摽玄旨於性空然且文隱義深讀者罕知其趣

【書き下し】

釋して曰く。安法師*慧*悟*開明にして*神襟*俊爽なり。斯の論を*制造して*妙に深旨を窮む。時に大乘の經論文義未だ*周からざるに、已に能く此の*推尋を作す。實に*印手菩薩爲り。謂つ可し、荒途を*鑿て以て*轍を開き、*玄旨を*性空に摽《おと》すと然も且つは文隠し義深して讀者の其の趣を知ること罕《まれ》なり。

【現代語訳】

解釋していう。道安法師は、真理の智慧を悟り、智慧の眼を開かれて、神を胸の内に抱き、才能がぬきんでている。この淨土論を作って奥深い趣旨を極め尽くした。この時期には大乘仏教の經典や論に書かれている文の意味が、まだすみずみまで欠け目なく行き届いていなかったにもかかわらず、すでにこの（淨土論に説かれる）ように一つの事実から道理に基づいて他の事実について知ることができるのであった。まことに称号の通りの印手菩薩そのものである。謂うべきである。荒れたる道をのみで掘りそして最初の車輪の跡を開き、奥深い道理を本性は空であるところに結ぶ。けれどもその上、文は秘密に隠されその意味は深くて読む者がその趣旨を知ることはまれである。

【本文】一巻二十一帖

今當爲子廣宣其義淨穢兩土由淨穢二業令其自心變現作淨穢相此淨穢相是淨穢心現心淨土淨心穢土穢各由自心心既有殊土寧稱一故曰一質不成故淨穢虧盈

【書き下し】

今當に子が爲に廣く其の義を宣ぶべし。淨穢の兩土は淨穢の二業に由て其の自心をして變現して淨穢の相を作さしむ。此の淨穢の相は是れ淨穢の心が現ずるなり。心淨なれば土淨なり。心穢なれば土穢なり。各自心に由る。心既に殊有り、土寧《いずくん》ぞ一と稱せんや。故に一質成せず、故に淨穢に虧盈ありと曰ふ。

【現代語訳】

今、当然貴方の爲に広くその道理を明らかにすべきである。浄土と穢土との二つの国土は清浄と汚穢との二つの行為によって、その人自らの心をしてすがたを変じあらわして清浄と汚穢との姿をなさしめるのである。この清浄と汚穢との姿は清浄と汚穢との心が変化して現れるのである。心が清浄であれば国土もまた清浄である。心が汚穢であれば国土もまた汚穢である。それは、各々自らの心（の有様）によるのである。心においてすでに各々異なりが生じてしまっている。国土においてどうして一つということができようか、いやできない。その様な訳で（浄土と穢土とが）一つの本質であるということは、成立しない。だから、欠けることと満ちることとの相違が有るという。

【本文】一巻二十一帖

佛未足指按地穢盈而淨虧佛已足指按地淨盈而穢虧如維摩經説故知身子梵王二心各異所現之土淨穢有殊不可言其一故曰一質不成故淨穢虧盈

【書き下し】

佛未だ足指をもて地を按ぜざれば、穢は*盈て淨は*虧たり。佛已に足指をもて地を按じたまわれば、淨は盈て穢は虧たり。維摩經に説が如し。故に知ぬ身子梵王の二りの心各異なれば、所現の土に淨穢殊なること有り。其れ一なりと言ふべからず。故に一質不成ぜず、故に淨穢虧盈《きえい》ありと曰ふ。

【現代語訳】

佛がいまだに足の指をもちいて地面を一つずつおさえてみていないならば、穢《けがれ》はみちて浄《きよらかさ》は減少する。佛がすでに足の指をもちいて地面を一つずつおさえられたならば、浄《きよらかさ》はみちて穢《けがれ》は減少する。維摩經に以下のように説かれている。そのような訳で知ることができる。舎利弗と梵天の大王との二人の心はそれぞれ異なっているので、心に変現して現れた国土に浄なものと穢れたものとの異なるものがある。これは一つであると言うことはできない。そのような訳で一つの同じ本質は成り立たない。理由は、浄土と穢土とに欠けることと満ちることとの相違が有るからである。

【本文】一巻二十一帖~二十二帖

雖復淨穢兩心現淨穢二土心有兩體土成二相然同處

【書き下し】

復た淨穢の兩心、淨穢の二土を現ずるをもって心

同時不相障礙不可言有淨處无穢有穢處无淨別處而現而有障礙

に兩體有て土に二相を成ずと雖も、然も同處同時にして相ひ障礙せず。淨有る處には穢無く、穢有る處には淨無く、別處にして現じて障礙有りとは言ふ可からず。

【現代語訳】

また、浄らかな心と穢た心との二つの心は、浄土と穢土との二つの国土を顕現ずることによって、たとえ心に二つの主体があって国土に二つの外観を成すとしても、しかし、同じ場所で、同じ時に互いに妨げることはしない。浄《きよらかさ》が有る場所には穢《けがれ》はなく、穢《けがれ》が有る場所には浄《きよらかさ》はなく、別々の場所に顕現して互いに妨げることがあると言うことはできない。

【本文】一巻二十一帖～二十二帖

以同處同時現淨穢故故曰異質不成故搜玄即冥搜者搜求也玄者幽玄也搜其幽玄旨趣淨穢兩相冥然同在一處不可分成二所也詳此應言異質雖成搜玄即冥

【書き下し】

同處同時に淨穢を現ずるを以ての故に。故に異質成ぜず、故に*玄を搜《さぐ》るに即ち*冥なりと曰ふ。搜とは搜求也。玄とは*幽玄也。其の幽玄の*旨趣を搜むるに、淨穢の兩相*冥然として同く一處に在り。分て二所と成すべからず。詳するに此れ應に異質成ずと雖も玄を搜るに即ち冥なりと言ふべし。

【現代語訳】

同じ場所同じ時に淨と穢とが（混然と）顕現するという理由によって、よって異った本質は（同處同時に）成りたたないという。この故に深遠なる道理を捜すととりもなおさずくらやみであるといわれる。捜《さぐる》とは捜《さが》し求めるという意味である。玄とは奥深くて、はかり知れないという意味である。その奥深くて、はかり知れない考えを捜し求めると、淨と穢との二つの姿が奥深くて外からはっきりわからない姿で同じ一つの場所に存在する。分割して二つの場所に分けることができない。詳しく説明するならば、これは、たとえ、当然異った本質が（同處同時に）成りたつべきであるとしても、深遠なる道理を捜すととりもなおさずくらやみであるというべきである。

【本文】一巻二十二帖

此法師猶未全解唯識義故以同一處言異質不成也亦可淨穢相殊其體无二捜其實體唯是一如故言捜玄即冥

【書き下し】

此の法師猶を未だ全く唯識の義を解せず。故に同一處を以て、異質不成と言ふ。亦た可し。淨穢の相殊なれども、其の體无二なり。其の*實體を捜に、唯だ是れ*一如なればなり。故に玄を捜に即ち冥なりと言ふ。

【現代語訳】

この（道安）法師はまだいまだにまったく唯識の道理を理解していない。そのような訳で同じ場所同じ時において、異った本質は成りたたないという。それはまたそうであろう。浄と穢との姿は異なるとしても、その体は一つである。その真実の本体を捜てみると、唯だ同体同一であるからである。そのような訳で、深遠なる道理を捜すととりもなおさずくらやみであるという。

【本文】 一巻二十二帖

无質不成故縁起万形者此淨穢土雖同處現而二相別皆由淨穢兩業因縁差別變現種種棘林瓊樹瓦礫珠璣從縁所生依他起性方成土相不同於彼空花龜毛兎角遍計所執性情有體无无形質體故曰无質不成故縁起万形也

【書き下し】

*无質成ぜず。故に*縁起は万*形なりとは、此の淨穢の土は、同處に現ずと雖も而も二*相別なり。皆淨穢兩*業の*因縁の差別に由て、種種の*棘林*瓊樹*瓦礫*珠璣を變現すること、從縁所生の*依他起性として、*方に土の相を成ず。彼の*空花*龜毛*兎角の*遍計所執性の情有體无にして形質の體无きには同じからず。故に、无質成ぜず故に縁起は万形なりと曰ふなり。

【現代語訳】

物質的存在の有する性質がないものは、成立しない。だから他との関係が縁となって生起することはあらゆる物質的存在のかたちである。この淨と穢との国土は、たとえ同じ場所に現れ出でたとしてもしかしながら、淨と穢との二つの特質は別である。すべて淨と穢との二つの行為の原因と条件との違いによって、種種の棘《いばら》の林、玉を生ずる木、価値のないかわらと小石、宝石の圓い玉と四角な玉のすがたを変じあらわすこと、縁に従って生起するところの依他起性（他に依存するあり方）として、はじめて国土のすがたを成立させる。あの眼疾者に見える空中の幻影の花・龜の毛・兎の角など現実にはあり得ない遍計所執性（対象物に似た影像を心に描き、それに執着してそれを実在物とみなすあり方）の情有體无（心にはあると思われるが実体はない）というところの、身体だけで実体がないものと同じではない。そのような訳で、物質的存在の有する性質がないものは、成立しない。だから他との関係が縁となって生起することはあらゆる物質的存在のかたちであると言うのである。

【本文】　一巻二十二帖

問曰淨穢二土如同處者此二土相雖珠璣瓦礫淨穢有殊莫不皆是四塵色香味觸四大所造地水火風八微合成質礙爲性如何同處同時諸微不障壞彼色性无質礙能既法相違義難通釋請除此滞以顯微言

【書き下し】

問て曰く。淨穢の二土、如《も》し同處ならば此の二土の相、珠璣瓦礫淨穢殊なること有りと雖も、皆な是れ*四塵の色*香*味*觸と*四大*所造の地水火風の八*微合成して、*質礙を性と爲さずということなし。如何ぞ同處同時に諸微障せず、彼の色性を壞して質礙の能なきや。既に*法相と違へり。義*通釋し難し、請ふ此の滞を除て以て*微言を顯せ。

【現代語訳】

問ていう。浄土と穢土との二つの国土が、仮に同じ場所であるならば、この二つの国土のすがたは、宝石の圓い玉と四角な玉と、価値のないかわら小石のように、たとえ清浄と穢れとの異なりがあるとしても、すべては、四塵（色・香・味・触）といわれる、色と形を持った物質的存在・臭覚がはたらく領域・舌の感覚器官がはたらく領域・身体で触れて知覚される領域と四大（地・水・火・風）という元素から造られているところの地・水・火・風（を合わせて）八つの最も微細なものを合成して、同一時に同一場所を占め得ないという性質をなし得ないことはない（同一時に同一場所を占めることはできない）。どうして同一時に同一場所に諸の最小極限の原子が互いに邪魔しないで、かの物質の特質をこわして物体が特定の場所を占めて、他の物を入れないという能力が無いといえるのだろうか。いやいえない。このことはすでに清浄な教えの特質と違っている。道理は、理に合する解釈をすることができない。どうかこの滞りを除いて深遠な仏法の旨を述べた言句を顕わしてくれることを願う。

【参考文献】

『阿毘達磨倶舎論』玄奘訳『大正蔵経』二九巻八頁C

觸界中有二　餘九色所造
法一分亦然　十色可積集

論曰。觸界通二。謂大種及所造。大種有四。謂堅性等。所造有七。謂滑性等。依大種生故名所造。餘九色界唯是所造。謂五色根色等四境。法界一分無表業色亦唯所造。餘七心界法界一分。除無表色倶非二種。尊者覺天作如是説。十種色處唯大種性。彼説不然。契經唯説堅等四相為大種故。此四大種唯觸攝故。非堅濕等眼等所取。非色聲等身根所覺。是故彼説理定不然。又契經説。苾芻當知。眼謂内處四大種所造淨色。有色無見有對。乃至身處廣説亦爾。苾芻當知。色謂外處四大種所造。有色有見有對。聲謂外處四大種所造。有色無見有對。香味二處廣説亦爾。觸謂外處。是四大種及四大種所造。有色無見有對。如是經中唯説觸處攝四大種。分明顯示餘有色處皆非大種。若爾何故。契經中言謂於眼肉團中若内各別堅性堅類。乃至廣説。彼説不離眼根肉團有堅性等。無相違過。入胎經中。唯説六界為士夫者。為顯能成士夫本事。非唯爾所。彼經復説六觸處故。又諸心所應非有故。亦不應執心所即心。以契經言想受等心所法依止心故

【解説】

淨土と穢土との二つの国土が、仮に同じ場所であるならば、同一時に同一場所を占めることはできない。として『阿毘達磨倶舎論』の論理により、浄と穢とは同一時に同一場所を占めることはできないのではないか。と再び問う。

【本文】 一巻二十二〜二十三帖

釋曰唯執極微有質礙性此乃是薩婆多宗部執異計豈是大乘通相妙旨只如大乘時節長短世界大小皆悉不定時即演七日爲其一劫促千載而爲片時量即納須弥於芥子内巨海於毛孔豈限長短巨細者哉質礙亦爾礙无定礙

【書き下し】

釋して曰く。*唯だ*極微に*質礙の性有りと*執すれば、此れ乃ち是れ*薩婆多宗の*部執の*異計なり。豈に是れ大乘*通相の*妙旨ならんや。只だ大乘の如きは、*時節の長短、*世界の大小、皆な悉く*不定

其礙即以木礙木以石礙石也不礙者人水鬼火天珠魚宅本同一處何有異方以茲類彼義可知矣故身子丘坑本无別處梵王淨刹豈指殊方蓋由万境万心隨心淨穢唯識妙旨豈局質礙者哉

なり。時は即ち七日を*演て其の一*劫と爲し、千載を*促て*片時と爲す。*量は即ち*須弥を*芥子に納め、巨海を毛孔に内る。豈に長短巨細に限んや。質礙も亦た爾なり。礙に定礙无し。其の礙とは即ち木を以て木を礙、石を以て石を礙なり。不礙とは人は水、鬼は火、天は珠、魚は宅、本と同一處なり。何ぞ*異方有ん。茲を以て彼に類して義知んぬ可し。故に*身子の*丘坑、本と別處无し。*梵王の*淨刹、豈に*殊方を指んや。*蓋し*万境万心なるに由て、心に隨て淨穢なり。唯識の*妙旨、豈に質礙に局んや。

【現代語訳】

釋していう。ひたすら最小極限の原子に同一時に同一場所を占め得ないという性質が有るととらわれるならば、これは、まあ説一切有部の偏見であり、正統派の説と異なる見解である。どうして大乗仏教共通の特質・すぐれた趣旨であろうか。いやそうではない。ただ大乗仏教だけに関しては、時間の長い短い、宇宙の大きい小さい、皆なすべて定まっていない。時はとりもなおさず七日を引き延ばして最長の時間の単位である一劫としたり、千年をぐっと縮めて少しの間とする。分量についてはとりもなおさず世界の中心に高くそびえる巨大な山を非常に小さな芥子粒の中に納め、巨大な海を毛孔《けあな》に入れる。どうして長い短い巨きい細かいだけに限ることがあろうか、いやそれだけに限らない。同一時に同一場所を占め得ないことについてもまたそのとおりである。（同一時に同一場所を占め得ないという）さまたげに定まったさまたげは無い。そのさまたげとはとりもなおさず木によって木をさまたげ、石によって石をさまたげるのである。さまたげないこととは（水を）人は水と見、鬼は火と見、天は美しい珠と見、魚は宅と見る、本とは同じ一つの場所である。どうして異なった場所があろうか、いや無い。このようなわけで、以上のような例に倣って道理を知るべきである。その故に舎利弗の丘に掘った穴は、元々（梵天王の浄仏国土と）別の場所では無い。梵天王の浄仏国土は、どうして遠い地域を指すことがあろうか。いやない。おもうにすべての対象はすべて心からなるという理由で、心（の浄らかか穢ている）にしたがって（国土もまた）浄らかか穢ているかが決まる。唯識の、すぐれた趣旨はどうして（最小極限の原子が）同一時に同一場所を占め得ないという性質に限定できようか。いやできない。

【参考文献】

一水四見

『心賦注』『大正蔵経』六十三巻一四三B

唯識論云。且如一水。四見成差。天見是寶嚴地。人見是水。餓鬼見是火。魚見是窟宅。

【解説】

最小極限の原子は同一時に同一場所を占め得ないという性質が有るととらわれるならば、これは、説一切有部の偏見であり、正統派の説と異なる見解であるとして、唯識の一水四見の論理によって『阿毘達磨倶舎論』の論を否定している。

【本文】一巻二十三帖

問曰有漏之心體既是穢穢心所現諸器世間只應能現穢土之相如何能現淨土之相如彼无漏淨心所現出過三界淨土相耶若彼穢心能現淨相維摩經何故説言衆生罪故不見如來佛國嚴淨也

【書き下し】

問て曰く。有漏の心は、*體既に是れ穢れ、穢心所現の諸の器世間は、只だ應に能く穢土の相を現ずべし。如何ぞ能く淨土の相を現じて、彼の无漏の淨心所現の三界に出過する淨土相の如くなるや。若し彼の穢心能く淨相を現ぜば、維摩經に何が故ぞ説て衆生は罪あるが故に如來の佛國の嚴淨を見ずと言へるや。

【現代語訳】

問ていう。煩悩をもつものの心は、その本体がすでに穢れているので、穢れた心が現し出すところの様々な山河・大地・草木などは、ただきっと穢れた国土の姿を現し出すことができるだけであろう。どうして淨らかな国土の姿を現し出すことができて、阿弥陀仏の煩悩にそまらない淨らかな心が現し出す、流転する迷いの世界（欲界・色界・無色界の三つ）を超越する淨土姿と同じようになることができるだろうか、いやできない。仮に煩悩をもつものの穢れた心が清浄な姿を現し出すことができるとしたならば、『維摩經』にどのような訳で生きとし生けるものは罪があるという理由で如来の浄土の清浄で荘厳な姿を見ることができないと説かれているのであろうか。

【本文】 一巻二十三帖～二十四帖

釋曰體既是淨得現穢相何妨體是其穢而得現其淨相故一心之上有種種淨穢等相心有多功能能現衆多相又由以本願與衆生令爲現淨土衆生宿於佛所有生大願深厭穢心修清淨行詑彼如來淨土相上雖是有漏而能現彼清淨佛土還如世尊所現无漏清淨佛土此由他力爲増上縁令此有漏之心現其淨土相也

【書き下し】

釋して曰く。體既に是れ淨にして穢の相を現ずることを得。何ぞ體是れ其の穢にして其の淨相を現ずることを得ることを妨げんや。故に*一心の上に種種の淨穢等の相有ることは、心に多の*功能有るをもって、能く衆多の相を現ずるなり。又本願を以て衆生に與て淨土を現ずることを爲さ令むるに由る。衆生*宿し佛所に於て大願を生じて深く穢心を厭いて清淨の行を修すること有り。彼の如來の淨土の相の上に*（詑＝託）*託すれば、是れ有漏なりと雖も能く彼の清淨の佛土を現ずること還た世尊所現の无漏清淨の佛土の如し。此れ他力を増上縁と爲すに由て、此の有漏の心をして其の淨土の相を現ぜ令む。

【現代語訳】

釋していう。その本体がすでに清淨であるとしても穢れの姿を現し出すことができる。どうしてその本体が穢れていていてその（心に）清浄な姿を現し出すことができることを否定することができようか。いやできない。そのような訳で邪念を交えず二心のない心の上に様々な清浄なまたは、穢れた姿などが存在することは、心に多くの阿頼耶識中に薫ぜられる潜在余力が有ることによって、数多くの姿を現し出すことができるのである。また本願をもちいて人々に願力をあたえて淨土を現し出させることができるという理由による。人々は浄土の姿を心に久しくとどめ置いて、仏のいます所に行って大いなる願いをおこして深く穢れた心を厭い捨てて清淨なる行を修めるのである。阿弥陀如來の淨土の姿の上にすべてをまかせるならば、人々の心がたとえ煩悩にまみれていたとしても、阿弥陀仏の清らかな佛の国土を現し出すことができることは、ちょうど世に尊敬される仏陀が現し出した煩悩のない清らかな佛の国土と同じようである。これは阿弥陀仏の本願のはたらきが往生するための強い力となるという理由によって、この煩悩にまみれた心に阿弥陀仏の淨土の姿を現し出させるのである。

【解説】

最終的には阿弥陀仏の本願力の作用により、煩悩を有した凡夫であっても清浄な浄土に矛盾なく生まれることができると結んでいる。

【本文】 一巻二十四帖

又佛有大神力能令上人見穢不見淨如衆香世界九百万菩薩來此娑婆唯見穢國不見淨土或能令下人見淨不見穢如以足指按地令舍利弗等見三千世界純是珍寶莊嚴或令淨穢俱見如寶蓋之中現十方淨土及此穢國也今此得生淨土者蓋是諸佛之力不可以凡夫之智測量大聖作此疑難但須依教修行也

【書き下し】

又佛に大*神力有て能く*上人をして穢を見て淨を見ざら令む。衆香世界の九百万の菩薩の此の娑婆に來て、唯だ穢國を見て淨土を見ざるが如し。或は能く*下人をして淨を見て穢を見ざら令む。足指を以て地を*按じて舍利弗等をして*三千世界純是れ珍寶莊嚴と見せ令むるが如し。或は淨穢俱に見せ令む。*寶蓋の中に十方の淨土及び此の穢國を現ずるが如し。今此の淨土に生ずることを得るものは*蓋し是れ諸佛の力なり。凡夫の智を以て大聖を*測量して此の疑難を作す可からず。但須く教に依て修行すべし。

【現代語訳】

又佛に偉大な不思議な力があり、すぐれた人をして穢れを見させて淨きを見させないことができる。(『維摩經』に説かれる)衆香世界の九百万の菩薩がこの娑婆に來て、唯だ穢れた国土だけを見て淨らかな国土を見ないようなものである。ある時は劣った人をして淨きを見て穢れを見させないことができる。足の指を用いて、地面をおさえて舍利弗等をしてすべての大宇宙はまじりけなくすべて珍しい財宝により厳かに飾られた姿と見させるようなものである。ある時は浄きと穢れとをともに見させる。立派な天蓋の中に十方に存在する浄らかな国土及びこの世の穢れた国土を顕現するようなものである。今この浄土に生ずることができるのは思うに諸佛の不思議な力である。愚かで凡庸な者の智を用いて偉大な聖者・佛をおしはかってこのような疑いをなしてはならない。ただぜひとも佛の教だけに依て修行すべきである。

【参考文献】ホームページ『維摩詰所説経』巻下之第一　http://www.geocities.jr/tubamedou/Yuima/Yuima03a.htm　参照

『維摩詰所説経』　巻下之第一　香積仏品第十

彼菩薩言。其人何如乃作是化。徳力無畏神足若斯

彼の菩薩言わく、『その人は、何如（いかん）が、すなわちこの化を作して、徳力と無畏と神足とかくのごとくなる。』と。

かの衆香世界の菩薩が言います、『その人は、この化菩薩を作ることからすると、何れほどの徳力（衆生を利益する力）と無畏（衆生に説法する力）と神足（不思議を現す力）とがありましょうか。』と。

佛言。甚大。一切十方皆遣化往施作佛事饒益衆生。於是香積如來。以衆香鉢盛滿香飯與化菩薩

仏言たまわく、『（維摩詰の神通は）甚だ大なり。一切の十方（世界）に、皆化を遣わして往かしめ、仏事を施作して衆生を饒益せしむ。』と。ここに於いて、香積如来は、衆香の鉢を以って、香飯を盛満し、化菩薩に与えたもう。

仏は、『非常に大きい。一切の十方の世界に、皆、化菩薩を遣わして、仏事（仏の事業）をさせ衆生を利

益している。』と仰りながら、衆香世界の鉢に香飯を盛って化菩薩にお与えになりました。

時彼九百萬菩薩倶發聲言。我欲詣娑婆世界供養釋迦牟尼佛。并欲見維摩詰等諸菩薩衆

時に、彼の九百万の菩薩は、倶（とも）に声を発して言わく、『我、娑婆世界に詣（いた）りて釈迦牟尼仏を供養したてまつらんと欲し、併せて維摩詰等の諸の菩薩衆に見（まみ）えんと欲す。』と。

その時、かの世界の九百万の菩薩は同時に声を上げて言いました、『これから娑婆世界に往き、釈迦牟尼仏を供養して、その上で維摩詰とその他の菩薩たちにもお会いして来よう。』

佛言可往。攝汝身香。無令彼諸衆生起惑著心。又當捨汝本形。勿使彼國求菩薩者而自鄙恥。又汝於彼莫懷輕賤而作礙想

仏言たまわく、『往くべし。汝が身香を摂（おさ）めて、彼の諸の衆生をして、惑著（疑惑と執著）の心を起こさしむること無かれ。またまさに汝が本形を捨てて、彼の国の菩薩（の行）を求むる者をして、自ら鄙（いや）しみ恥（はぢ）しむることなかれ。また汝は、彼に於いて軽賤（きょうせん、軽ろんずること）を懐き、礙想（げそう、尊卑優劣等の罣礙ある妄想）を作すことなかれ。

仏は仰います、『往きなさい。その時は、身から出る香気を抑えて、かの娑婆世界の衆生に疑惑と執著の心を起こさせないように。また本来の優れた形（すがた）を捨てて、かの国の菩薩たちに自ら賤しみ恥じさせないように。またかの娑婆世界を軽んじ、自ら勝れているとの妄想を起こさないようにしなさい。

所以者何。十方國土皆如虚空。又諸佛為欲化諸樂小法者。不盡現其清淨土耳

所以は何となれば、十方の国土は、皆虚空の如くなればなり。また諸仏は、諸の小法を楽う者を化せんと欲するが為に、尽（ことごと）くは、その清浄の土を現ぜざるのみ。』と。

何故ならば、十方の国土は皆虚空の如しということを忘れないように。また諸仏は、小法を願う者たちを導くために、敢えて国土を不浄のままに置いて清浄にしないこともあるのだ。』と。注：小法を願う者とは、自ら身を不浄から遠ざける者をいう。大乗では一切は本性清浄であるとする為に、身を不浄から遠ざけることを目的とはしない。ただある種の病を治す為の治療法の一種と考えるのである。

時化菩薩既受鉢飯。與彼九百萬菩薩倶。承佛威神及維摩詰力。於彼世界忽然不現。須臾之間至維摩詰舍

時に、化菩薩は、すでに鉢と飯を受け、彼の九百万の菩薩と倶に、仏の威神（いじん、威勢）、および維摩詰の力を承けて、彼の世界に於いて、忽然（こつねん、急に）として現（み）えずして、須臾（しゅゆ、シバラク）の間に、維摩詰の舎（いえ）に至る。そして化菩薩は鉢と飯を受けて、九百万の菩薩とともに、香積仏の威神と維摩詰の力によって、かの衆香世界から急に見えなくなり、たちまちのうちの維摩詰の家に着きました。

時維摩詰。即化作九百萬師子之座嚴好如前。諸菩薩皆坐其上

時に、維摩詰、すなわち九百万の師子の座を化作す、厳好なること前の如し。諸の菩薩は、皆その上に坐す。

維摩詰は、かの九百万の菩薩たちの為に、前のもののように厳かで好ましい師子の座を、どこからか取り出してその上に坐らせました。

是化菩薩以滿鉢香飯與維摩詰。飯香普熏毘耶離城及三千大千世界。時毘耶離婆羅門居士等。聞是香氣身意快然歎未曾有

この化菩薩、満鉢の香飯を以って、維摩詰に与う。飯香は、あまねく毘耶離城、および三千大千世界を薫

ず。時に、毘耶離の婆羅門、居士等も、この香気を聞いて、身意快然として未曽有なりと歎ず。この化菩薩が鉢に山盛りの香飯を維摩詰に差し出しますと、漂い出した香が毘耶離城（びやりじょう）を初め三千大千世界を隅々まで香りました。その香を聞いた毘耶離城の婆羅門や居士たちは、身も心も快くなり初めてのことに驚いておりました。

於是長者主月蓋。從八萬四千人來入維摩詰舍。見其室中菩薩甚多諸師子座高廣嚴好。皆大歡喜禮眾菩薩及大弟子。卻住一面

ここに於いて、長者主月蓋（がつがい）、八万四千人を従え来たりて、維摩詰の舎に入る。その室の中の菩薩の甚だ多く、諸の師子座の高広にして厳好なるを見て、皆大いに歓喜し、もろもろの菩薩、および大弟子を礼して、卻（しりぞ）きて一面に住す。長者主の月蓋（がつがい）は八万四千の人を従えて維摩詰の家に入り、その室の中には大勢の菩薩がいて、しかもその坐っている師子の座がいかにも高広であり厳かに好ましいのを見て、大いに歓喜しました。そして菩薩たちと大弟子たちに礼をして壁際の一面に場所を得て立っております。

諸地神虚空神及欲色界諸天。聞此香氣亦皆來入維摩詰舍

諸の地神、虚空神、および欲色界の諸天も、この香気を聞いて、また来たりて、維摩詰の舎に入る。諸の地の神、虚空の神および欲界色界の諸天もこの香気を聞き、同じように皆維摩詰の家に来てその室に入りました。

【本文】 一巻二十四帖～二十五帖

問曰如*大品經等説内空外空内外空等今淨土即是外空衆生即是内空既爾有何衆生爲能生有何淨土爲所生又維摩經言諸佛國土亦復皆空又問以何爲空

【書き下し】

問曰*大品經等の如き*内空*外空*内外空等を説けり。今淨土は即ち是れ外空、衆生は即ち是れ内空なり。既に爾ば何の衆生有てか*能生と爲し、何の淨土有てか*所生と爲ん。又*維摩經に言く諸佛國土も亦復皆空なりと。又問ふ何を以てか空と爲る。

【現代語訳】

問ていう。大品經等に内的な法である六根が実体が無いとされ、外的な法である六境が実体が無いとされ、内的な法である六根と外的な六境がともに実体が無い等と説明されている。今（大品經の説に当てはめるならば）浄土はとりもなおさず外的な六境が空であり、衆生はとりもなおさず内的な法である六根が空である。既にそうであるならば、どのような衆生があって生ずる性質のあるものとし、どのような浄土があって生ぜられるところとするのであろうか。又維摩經には諸佛の國土もまた、すべて実体が無いとされる。又問う。どのような理由で実体が無いというのか。

【解説】

反論者の質問である。『大般若波羅蜜多經』『維摩詰所説經』などの説を引いて、浄土は空であるとの説を展開し、有相の浄土に対する疑問を呈する。

【参考文献】

大品經『大般若波羅蜜多經』巻第三百一『大正蔵経』五巻五三五頁Ｂ
能與有情内空外空内外空空空大空勝義空有為空無為空畢竟空無際空散空無變異空本性空自相空共相空一切法空不可得空無性空自性空無性自性空寶。善現。如是般若波羅蜜多大珍寶聚。【典拠多数あり】

『維摩詰所説經』『大正蔵経』一四巻五四四頁ｂ—ｃ　維摩詰言。諸佛國土亦復皆空。又問。以何爲空。答曰。以空空。

【本文】一巻二十五帖

答曰以空空等又言菩薩云何觀於衆生維摩詰言如第五大第六陰第七情十三入十九界等法法花経言諸法從本來常自寂滅相般若經言如來説莊嚴佛土者即非莊嚴又言實无衆生得滅度者

【書き下し】

答て曰く。*空を以て空なり等と。又言く菩薩云何が衆生を觀ずる。維摩詰*の言く。第五の*大、第六の*陰、第七の*情、十三の*入、十九*界等の法の如し。法花経*に言く諸法は本に從ひ來（このか）た常に自を*寂滅の相なりと。般若經*に言く如來説たまはく、佛土を莊嚴すとは即ち非莊嚴なりと。又言く實に衆生の滅度を得る者のなしと。

【現代語訳】

答ていう。因縁によって生じたのであるから、実体としての自我はないという理由で空である等と。又言う。菩薩はどのようにして生きとし生けるものを観ずるのか。維摩詰は次のように言う。四大（地・水・火・風）以外の第五の元素（本来無し）、五蘊（色受想行識）以外の第六の構成要素（本来無し）、六根（眼耳鼻舌身意）以外の第七の認識機官（本来無し）、十二処（眼耳鼻舌身意色声香味触法）以外の第十三の対象認識の手がかり（本来無し）、十八界〔六根（眼・耳・鼻・舌・身・意の六つの知覚器官）と六境（色・聲・香・味・触・法の対象の世界）と六識（眼・耳・鼻・舌・身・意の認識作用。）〕以外の第十九の界（本来無し）等の存在のようなものである。『妙法蓮華經』方便品第二に言うこの世に存在するものはすべて最初から寂静に帰して、一切の相を離れていると。『金剛般若波羅蜜經』に言う如來が説かれた。佛の国土を厳かに飾るとはとりもなおさず厳かに飾ることが非存在であるということであると。又『金剛般若波羅蜜經』に言う（数限りない衆生の煩悩を滅してさとりの世界へ渡すということは）本来は衆生の煩悩を滅してさとりの世界へ渡すことができた者が非存在であるということである。＊（即非の論理）

【解説】

『般若経』等に説かれる空の思想を基にした、因縁仮和合であるがゆえに不変の存仕を否定する第一義諦の立場を説明している。

【参考文献】

『維摩詰所説經』觀眾生品第七　『大正蔵経』一四巻五四七頁ａ

維摩詰言。譬如幻師見所幻人。菩薩觀衆生爲若此。如智者見水中月。如鏡中見其面像。如熱時焔。如呼聲響。如空中雲。如水聚沫。如水上泡。如芭蕉堅。如電久住。如第五大。如第六陰。如第七情。如十三入。如十九界。

『妙法蓮華經』方便品第二

「諸法従本来　常自寂滅相　佛子行道已　来世得作佛」（参照）岩波文庫「法華経」岩本裕 訳（梵文和訳）

『この世に存在するものはすべて最初から常に平安で、静かである。修行を完了した仏の息子は未来において仏になるであろう』『大正蔵経』九巻八頁b　諸法從本來　常自寂滅相　佛子行道已　來世得作佛

『金剛般若波羅蜜經』『大正蔵経』八巻七五四頁a

莊嚴佛土者則非莊嚴。是名莊嚴佛土。

『大正蔵経』八巻七四九頁a

如是滅度無量無數無邊衆生。實無衆生得滅度者。何以故。須菩提。若菩薩有我相人相衆生相壽者相。即非菩薩

『大正蔵経』八巻七五三頁a

如是滅度無量無邊衆生。實無衆生得滅度者。何以故。須菩提。若菩薩有衆生相即非菩薩。何以故。非須菩提。若菩薩起衆生相人相壽者相。則不名菩薩

「『金剛般若経』に見られる「即非の論理」批判」立川武蔵『印度學佛教學研究』第四一巻第二號　平成五年三月

「Aは非Aである」とは、「Aとして存在するものであると考えられているものは、実際には非存在なるものである」ということを意味し、「AはA以外のものである」を意味しない。このように考えるならば、『金

剛般若経』に特殊な論理が存在すると考える必要はまったくない。

【本文】一巻二十五帖

如是等諸大乘經究竟了教咸言諸法空寂何因今日説有西方淨土爲所生之土衆生爲能生之人勸人著相起行依不了義經此乃不得諸佛深義取著有相不名習學大乘法也

【書き下し】

是の如き等の諸大乘經の*究竟の*了教に咸く諸法空寂なりと言へり。何に因てか今日西方淨土有と説いて所生の土と爲し、衆生を能生の人と爲して、人を勸て相に著して行を起して不了義の經に依らしむ。此れ乃ち諸佛の深義を得ず、有相に取著す。大乘の法を習學すと名づけじ。

【現代語訳】

すでに示したような諸大乘經の究極の完全な教えの中にすべて諸々の存在は実体性がなく空無であると言っている。どのような理由で今日西方に極樂淨土が有ると説いて生ぜしめられるところの国土とし、生きとし生けるものを生まれていくことが出来る人として、人に極楽往生を勧めて外に現われている姿に執著して修行をなして不完全な經典に帰依させるのであろうか。このことはいうならば、諸佛の深い道理を理解せず、現象のすがたに執着している。これは大乘仏教の教義を学習していると言うことはできない。

【解説】

第一義諦の究極の空思想に立脚するならば、浄土教は現象の姿に執着する不完全な教えではないのか。

【本文】一巻二十五～二十六帖

釋曰如向所説大乘空義究竟了教深生敬信不敢誹謗究竟出離二種生死斷人法執證大涅槃唯此一門更无二路小行菩薩二乘凡夫修菩薩行欲求佛果未證无生法忍不免退轉輪廻非无種種法門句義依之修學修求出世如何所引諸大乘經説畢竟空破人法相唯此等教是眞佛説

【書き下し】

釋して曰く。向きに説く所の如きの*大乘空の義は*究竟の*了教なり。深く*敬信を生ず。敢て*誹謗せず。究竟じて*二種の生死を*出離し、*人法の執を斷じ、大*涅槃を證すること唯だ此の一門のみにして更に二路なし。小行の菩薩、*二乘*凡夫の菩薩行を修して*佛果を求んと欲して、未だ*无生法忍を*證せず、*退轉*輪廻を免れざるには種種の*法門*句義なきにあらず。之に依て*修學して*出世を修求す。如何ぞ引く所の諸大乘經に*畢竟*空を説て人法の相を破する。唯だ此等の教のみ是れ眞の佛説ならんや。

【現代語訳】

解釈していう。先に説くところのような大乘仏教に説かれる存在するものは、すべて因縁によって生じたのであるから、実体としての自我も固定的実体もないという道理は究極の完全な教えである。深く敬い信ずる心が起こる。しいてそしることはしない。極め尽くして迷いの世界にさまよう凡夫が受ける生死と迷いの世界を離れ、輪廻を超えた聖者が受ける生死をも離れ出でて、常一主宰のアートマンが存在すると執着する我執（人執）と、もろもろのダルマ（Dharma 事物）に実態があると執着する法執を断ち切り、大いなる最高の理想の境地を悟ることは、ただこの大乗の一門のみでありそのほかに別の道は無い。十分に行が足りていない菩薩、聲聞縁覚などの自己中心的であり、利他の行を忘れたもの、愚かな一般の人たちが、わが身を捨てて一切衆生の抜苦与楽しようとする菩薩の行なう修行を修して、仏という究極の結果を求めようと願って、まだ不生不滅の理に徹底したさとりを身をもって実現することができず、修行によって到達した境地を失ってもとの下位の境地へ転落して迷いの世界に生まれかわり死にかわりして、車輪のめぐるようにとどまることのない輪廻を逃れることができないということに対しては種種の真理の教えや名称がないということはない、いやかならずある。この教えによって佛道を修して学び俗世間を離れた佛道の世界を修行し求める。どうして先に引用したような諸の大乗経典に究極的に存在するものには、自体・実体・我などというものはないと説て、人間の自己の中の実体として自我と存在するものの実体としての自我のすがたを否定するだけであろうか。ただこれらの大乗教だけが眞の佛説ということができようか、いやできない。

【解説】

究極の第一義諦のみが佛説であろうか。と疑問を投げかける。

【本文】一巻二十六帖

今観經等所説西方淨佛國土勸諸衆生往生其國此亦是於眞佛言教既俱佛説並爲眞語何爲將彼空經難斯淨教信彼謗此豈成理也然佛説法不離二諦一俗諦二第一義諦俗諦是因縁生法依他起性非有似有第一義諦是无相眞法圓成實性諸聖内證妙有眞有然其二諦非一非異以眞統俗无俗不眞即一切諸法皆歸寂滅若不以眞攝俗即一切諸法縁會故有縁離故无万法宛然不可言无也

【書き下し】

今観經等に説く所の西方の淨佛國土に諸の衆生其の國に往生せよと勸る、此れ亦是れ*眞佛の*言教なり。既に俱に佛説、並にこれ*眞語なり。何すれぞ彼の*空經を將（ひきい）て斯の*淨教を難ぜんや。彼を信じ、此を*謗せば豈に*理を成ぜんや。然るに佛の説法は*二諦を離れず。一には俗*諦、二には*第一義諦なり。俗諦は是れ*因縁生の法、*依他起性なり。*有に非ずして有に似たり。第一義諦は是れ*无相の*眞法、*圓成實性なり。諸*聖の*内證、*妙有*眞有なり。然れども其の二諦は一に非ず異に非ず。眞を以て俗を*統るに俗として眞ならざるということなし。即ち一切の諸法皆な*寂滅に歸す。若し眞を以て俗を攝せざれば即ち一切の諸法、*縁*會するが故に有なり。縁離するが故に无なり。*万法*宛然たり。无と言ふ可からず。

【現代語訳】

今『觀無量壽經』等に説くところの、西方の極楽浄土に諸の衆生よ、その極楽浄土に往き生まれなさいと勧めること、これもまた真実の仏の言語によって示された教えである。すでに（前述の大乗教と）ともに佛説であり、どちらも仏の真実のことばである。どのようにして前述の空を説くあの大乗教をとって、この浄土教の非を責めることができようか。いやできない。あの大乗教を信じ、この浄土教をそしるならばどうして道理を完成することができようか。いやできない。しかし佛の説法は二つの真理を離れることはない。一には世俗の立場での真理であり、二にはすぐれたさとりの智慧を極めた境地である。世俗の立場での真理は、本来実有のものでなくみな因と縁とで結び合わされて、仮に生じているの存在であり、因縁和合によって生じ、因縁が無くなれば滅するものである。存在しないものであって、かつ存在に似ている。究極の真理は形や姿を持たない真理であり、ありとあらゆるものの真実の本性である。諸の無漏の智慧を起こした聖者の内面的なさとり、絶対の有であり真実の有である。しかしその（真・俗）二つの真理は一つでもなく異なってもいない。究極の真理によって世俗の真理をひとすじにまとめると、世俗の真理として究極の真理でないものはない。とりもなおさずすべての諸の存在は皆な寂静に帰して、一切の相を離れる。仮に究極の真理によって世俗の真理を納めることができなければ、とりもなおさずすべての諸の存在は、あらゆる条件が出会うが故に存在するし、あらゆる条件が離れるが故に存在することができなくなるのである。すべて存在がちょうどそのままである。何もないと言ってはならない。

【解説】

因縁仮和合の世俗の立場の真理を認めなければ、世間の現象界が成り立たない。第一義諦と世俗諦との関係は不一不異のものである。

【参考文献】

『観無量壽經』『浄土宗全書』一巻三八頁

唯願世尊。爲我廣説無憂惱處。我當往生。不樂閻浮提濁惡世也。此濁惡處。地獄餓鬼畜生盈滿。多不善聚。願我未來不聞惡聲。不見惡人。今向世尊五體投地。求哀懺悔。唯願佛日教我觀於清淨業處。爾時世尊放眉間光。其光金色。遍照十方無量世界。還住佛頂。化爲金臺如須彌山。十方諸佛淨妙國土。皆於中現。或有國土七寶合成。復有國土純是蓮花。復有國土如自在天宮。復有國土如頗梨鏡。十方國土皆於中現。有如是等無量諸佛國土嚴顯可觀。令韋提希見。時韋提希白佛言。世尊。是諸佛土。雖復清淨皆有光明。我今樂生極樂世界阿彌陀佛所。唯願世尊。教我思惟教我正受。

【本文】　一巻二十六帖

佛或破衆生相令歸无相欲除人法二執見修兩惑偏明第一義諦説一切皆空欲令衆生捨凡成聖斷惡修善欲求淨土厭離穢土具説種種法門因果差別凡聖兩位淨穢二土

【書き下し】

佛或は*衆生の*相を*破して、*无相に*歸せ令む。*人法の二執、見修の兩惑を除んと欲しては、*偏に*第一義諦を明して*一切皆空と説き、衆生をして*凡を捨て聖と成じ、*惡を断じ*善を修し、*淨土を*

欲求し、*穢土を*厭離せしめんと欲しては、*具に種種の*法門、*因果の*差別、凡聖の兩位、淨穢の二土を説く。

【現代語訳】

佛、あるときは人びとの姿を壊して、定まった姿のないものに帰着させる。常一主宰のアートマンが存在すると執着する我執（人執）と、もろもろの事物に実態があると執着する法執、思想的、観念的な迷いと生まれながらに具わっている本能的な煩悩の迷いとの二つの迷いを取り除こうと願って、水準を越えて一方的に最高の真理を明らかにしてあらゆる現象や存在が因縁によって生じたのであるから、実体としての自我はないであると説き、人びとに対して、ある時には愚かさを捨てて聖者と成り、悪いおこないを断ち切って善いおこないを修め、佛・菩薩の清浄な国土を願い求めて凡夫の住むけがれた国土を厭い離れさせようと願って、具体的にさまざまな仏の教え、原因があれば必ず結果があり、結果があれば必ず原因があるというの区別、凡夫と聖人というふたつの位、淨土と穢土との二つの国土を説いた。

【解説】

佛は、人法二執、見惑修惑を除かんが為に第一義諦一切皆空を説き、凡夫衆生をすべて引接したいとするときは、差別的な種々の俗諦を説いた。

【本文】　一巻二十六帖～二十七帖

今遣捨穢歸淨隔凡成聖即於此門中説種種諸法皆爲成就佛法利益衆生化宜方便逗機善巧理宜如此故教有二門也不可讀第一義諦之經畢竟无相之理即謂淨土因果等教將非是佛眞言不爲究竟之説便謗而不信也

【書き下し】

今*穢を捨てて*淨に歸し*凡を*隔てて*聖と成ら遣《しめ》んとして即ち此の門の中に於て種種の諸法を説きたまふ。皆佛法を*成就し衆生を*利益せんが爲の、*化宜の*方便、*逗機の*善巧なり。*理宜く此の如くなりべし。*故に教に二門有り。*第一義諦の經、*畢竟*无相の*理のみを讀て即ち淨土の*因果等の教は、*將に是れ佛の*眞言に非ずと謂て、*究竟の説と爲さず、便ち*謗じて信ぜざる可からず。

【現代語訳】

今けがれを捨ててきよきに帰入し愚かさを間をしきりへだててけがれなき人と成らせようとして、とりもなおさずこの法門の中において様々な教えを説かれた。すべては佛の教説を達成し生きとし生けるものに恵みを与えようとしての、仮の適当なてだてであり、それぞれの教えが相手の素質に合致して、応分の益を与えるたくみなる手だてである。理論として当然このようにすべきである。だから教には二つの門がある。（一つは）すぐれたさとりの智慧を極めた境地を説く経である。究極の形や姿のない寂滅涅槃の理論のみを読んで、とりもなおさず浄土の因果関係を明らかにするなどの教は、当然佛の真実のことばではないと言って、究極の説としないで、とりもなおさず、軽視して信じないということを、してはならない。

【解説】

第一義諦のみを信じて、淨土の因果関係を明らかにするなどの教は、佛の真実のことばではないと言って、軽視して信じないということをしてはならない。

【本文】一巻二十七帖

不可讀種種因果差別言教不信説一切空寂甚深般若波羅蜜多无相玄宗便毀而不持也

【書き下し】

種種の*因果差別の*言教のみを讀みて*一切*空寂なりと説く*甚深の*般若波羅蜜多の*无相の*玄宗を信ぜず、便ち*毀て*持たざる可からず。

【現代語訳】

（もうひとつは）様々な、ある原因に対して異なった結果が生ずるという、如来が言語によって示した教えのみを読んで、すべての事物は実体性がなく、空無であると説く極めて奥深い卓越した知性の至高の境地における、物事には固定的・実体的な姿という物はないという深遠な道理を信ぜず、すぐさまそしって受け入れないようなことをしてはならない。

【解説】

逆に世俗の差別諦である淨土の因果関係を明らかにするのみを信じて、第一義諦の空の思想を軽視して信じないということをしてはならない。

【本文】一巻二十七帖

此即於諸大乘經三藏聖教有讃有毀懷疑懷信亦修善法亦造重罪信不具足名一闡提如十輪經具明其罪可須倶生敬信善會二宗旨趣也

【書き下し】

此れ即ち諸の*大乘經、*三藏の*聖教に於て*讃有り*毀有り疑を*懷き信を懷き亦た*善法修し亦た重罪を造て*信*具足せざるを*一闡提と名く。十輪經に*具に其の罪を明すが*如し。須く倶に*敬信を生じて善く二宗の*旨趣を*會すべし。

【現代語訳】

以上のことはとりもなおさず、様々な大乘の教法を説く経典、経・律・論三藏の佛の教えにおいて、誉め讃えることあり、また悪口をいうことあり、あるいは疑いを心にいだき、あるいは信を心にいだき、またある時は、道理にしたがい自他を益する法を修しまたある時は、重い罪を造って信仰心が満ち備わることがない者をどんなに修行しても絶対にさとることのできない者とする。十輪經に具体的にその罪を明らかに示しているものに匹敵する。是非とも両者とも互いに敬い信ずる心を起こしてよく第一義諦と因果差別の二つの宗の考え方を統合すべきである。

【解説】

両者とも互いに敬い信ずる心を起こしてよく第一義諦と因果差別の二つの宗の考え方を統合すべきである。

【参考文献】

『大乘大集地藏十輪經』玄奘訳では、一闡提と言う述語は使われず「斷滅善根」「斷善根」などを使用している。

『大乘大集地藏十輪經』四卷『大正蔵経』十三巻七四二頁a

此於一切過去未來現在諸佛。犯諸大罪。決定當趣無間地獄。斷滅善根焚燒相續。一切智者之所遠離。彼既造作如是重罪復懷傲慢誑惑世間。自稱我等亦求無上正等菩提。我是大乘當得作佛。譬如有人自挑其目盲無所見。而欲導他登上大山。終無是處。於未來世有刹帝利旃荼羅王宰官居士長者沙門婆羅門等旃荼羅人。亦復如是。於歸我法而出家者若是法器若非法器諸弟子所惱亂呵罵或以鞭杖楚撻其身或閉牢獄乃至斷命。此於一切過去未來現在諸佛犯諸大罪。斷滅善根焚燒相續。一切智者之所遠離。決定當趣無間地獄。彼既造作如是重罪。復懷傲慢誑惑世間。自稱我等亦求無上正等菩提。我是大乘當得作佛。彼由惱亂出家人故。下賤人身尚難可得。況當能證二乘菩提。無上大乘於其絶分

『大乘大集地藏十輪經』五卷『大正蔵経』十三巻七五〇頁c

師及弟子俱斷善根。乃至當墮無間地獄。善男子。如人死尸膖脹爛臭。諸來見者皆為臭熏。隨所觸近爛臭死尸。或與交翫隨被臭穢之所熏染。如是真善刹帝利王乃至真善戍達羅等若男若女。隨所親近破戒惡行非法器僧。或與交遊或共住止或同事業。隨被惡見臭穢熏染。如是如是。令彼真善刹帝利王乃至真善戍達羅等若男若女退失淨信戒聞捨慧成旃荼羅師及弟子俱斷善根。乃至當墮無間地獄。

【本文】一巻二十七帖

故維摩經言能善分別諸法相於第一義而不動能善分別諸法相者此依世諦門説也於第一義而不動者此依第一義諦門説也

【書き下し】

故に維摩經に言く、*能*善く諸*法の*相を*分別して*第一義に於て動ぜずと、能善く諸法の相を分別すとは此れ*世諦門に依て説く也。第一義に於て動ぜずとは此れ第一義諦門に依て説く也。

【現代語訳】

この様な理由で維摩經に言う、しっかりと巧みにすべて存在の特徴を、区別して考えることによって、すぐれたさとりの智慧を極めた境地において動くことがないと、しっかりと巧みにすべて存在の特徴を、区別して考えるとは、これは究極のものを覆っている立場での真理に依って説いているのである。すぐれたさとりの智慧を極めた境地において動くことがないとは、これは究極の真理に依って説いているのである。

【解説】

『維摩經』に説く、「すべて存在の特徴を、区別して考える」と言う世俗の分別は「すぐれたさとりの智慧を極めた境地において動くことがない」という第一義諦に基づいているのである。

【参考文献】

『維摩詰所説經』『大正蔵経』十四巻五三七頁B

法王法力超群生　常以法財施一切
能善分別諸法相　於第一義而不動
已於諸法得自在　是故稽首此法王
說法不有亦不無　以因緣故諸法生

【本文】一巻二十七帖

又言諸法不有亦不无以因縁故諸法生不有不无者第一義諦離有離无等四句也諸法生者世諦從因縁等世間出世間種種諸法生也

【書き下し】

又言く諸法は*有にもあらず亦た*无にもあらず。*因縁を以ての故に諸法生ずと。*不有不无とは第一義諦なり。離有離无等の*四句なり。諸法生ずとは、*世諦なり。*因縁等に従て*世間*出世間の種種諸法生ずるなり。

【現代語訳】

また『維摩經』に言う。諸々の存在は実際にあるのでもなく、実際ないのでもない。すべての現象は単独で存在するものはなく、必ずいろいろな原因や条件によって成立するという理由によって諸々の存在は生起する。有無などの相対的な対立を超越した境地はすぐれたさとりの智慧を極めた境地である。有を離れ无を離れる等の存在に関する四種の分類法である。諸々の存在が生ずるとは、究極のものを覆っている立場での真理である。結果を招くべき直接の原因と因を助けて結果を生ぜしめる間接の原因とにしたがって、うつり流れてとどまらない現象世界や世俗を離れた清らかな世界の諸々の存在が生ずるのである。

【解説】

『維摩經』に説く、「諸々の存在は実際にあるのでもなく、実際ないのでもない。すべての現象は単独で存在するものはなく、必ずいろいろな原因や条件によって成立する」というのは、まさに第一義諦と世俗諦とは互いに支え合って現象は成り立つのである。

【参考文献】

『維摩詰所説經』鳩摩羅什訳　佛國品第一　『大正蔵経』一四巻五三七頁b

諸法不有亦不無　以因縁故諸法生

【本文】一巻二十七帖〜二十八帖

又言雖観諸佛國永寂皆空而不畢竟堕於寂滅是菩薩行雖成就一切諸法而離諸法相成就一切諸法者世諦法也而離諸法相者第一義諦无相也

【書き下し】

又言く。諸佛の國は*永寂にして*皆空なりと*観ずと雖も而も*畢竟じて*寂滅に*堕せざる、是れ菩薩の行なり。一切の諸*法を*成就すと雖も而も諸法の相を離たりと、一切の諸法を成就すとは*世諦の法なり。諸法の相を離るとは*第一義諦*无相なり。

【現代語訳】

又『維摩經』に言う。たとえ、諸佛の国は絶対の寂滅であってあらゆるものは空無であると法の本質を分別照見したとしても、それであっても結局のところは心の究極の静けさに陥ることはないこと、これこそ菩薩の行である。たとえあらゆる佛の教法を達成したとしても、しかもあらゆる存在のすがたを離れていると、あらゆる佛の教法を達成するとは世俗的立場での真理の教えである。あらゆる存在のすがたを離れるとは、すぐれたさとりの智慧を極めた境地であって、形や姿はないのである。

【解説】

『維摩經』に説く「あらゆる佛の教法を達成する世俗的真理のと、あらゆるすがたを離れ、智慧を極めた境地」がともに矛盾せずに成立しているところに菩薩行がある。

【参考文献】

『維摩詰所説經』鳩摩羅什訳　文殊師利問疾品第五　『大正蔵経』一四巻五四五頁c

雖觀諸佛國土永寂如空而現種種清淨佛土。是菩薩行。

【本文】　一巻二十八帖

又言雖知諸佛國及與衆生空而常修淨土教化於羣生

上兩句第一義諦下兩句世諦大品經等説内外空等第一

【書き下し】

又言ふ。諸佛の國及び衆生と空なりと知ると雖も

而も常に淨土を修して*羣生を*教化すと、上の兩句

義諦也而言淨佛國土教化衆生世諦也

は*第一義諦なり。下の兩句は*世諦なり。大品經等に*内外空等と説くは第一義諦なり。而も淨佛國土教化衆生と言へるは世諦なり。

【現代語訳】

又言う。たとえ諸佛の国土及びそこに住する生きとし生けるものは、因縁によって生じたものであって、固定的実体がないと知るとしても、しかしながら常に淨土に往生するための行を修行して人びとを．教え導くと。最初の二句はすぐれたさとりの智慧を極めた境地である。後の二句は世俗的立場での真理である。『大品般若經』等に、内の六根外の六境を観ずると、両者がともに空である等と説くのはすぐれたさとりの智慧を極めた境地である。しかし佛の國土を浄めて人びとを．教え導くと説くのは世俗的立場での真理である。

【解説】

『維摩經』に説く「諸佛の國及び衆生と空である」という第一義諦と「常に淨土に往生するための行を修行して人びとを．教え導く」という世俗諦とが一体である。

【参考文献】

『維摩詰所説經』鳩摩羅什訳　佛道品第八　『大正蔵経』一四巻五四九頁c

雖知諸佛國　及與眾生空　而常修淨土　教化於群生

『大般若波羅蜜多經巻』玄奘訳 『大正蔵経』五巻 内外空は随所に説かれている。
外空。內外空。空空。大空。勝義空。有為空。無為空。畢竟空。無際空。散空。無變異空。本性空。自相空。共相空。一切法空。不可得空。無性空。自性空。無性自性空。

【本文】一巻二十八帖

如是等衆多大乘言教皆説畢竟空寂法門即言淨佛國土教化衆生子須具讀經文上下參綜自相和會除其信謗之心爲人宣説勿有讚毀之語

【書き下し】

是の如き等の衆多の大乘の*言教に皆な*畢竟*空寂の*法門を説くに即ち淨佛國土教化衆生と言へり。*子、須く*具に經文を讀みて上下*參*綜し、自ら相ひ*和會して其の信*謗の心を除て、人の爲に*宣説すべし。*讚*毀の語有ること勿れ。

【現代語訳】

このように多くの大乗経典の如来が言語によって示した教えには皆な究極的に一切の事物は実体性がなく空無であるという真理の教えを説きながら、とりもなおさず佛の國土を浄めて人びとを教え導くと説く。あなたは、是非とも欠けめなく經の文を読んで上から下までよく考え、何本ものすじをまとめて、自ら互いに経論の略義を調和して、その信用したりそしったりする心を除いて、人のために教えを説き述べ伝えるべきである。あるものを誉め讃えあるものをそしる言葉があってはならない。

【本文】 一巻二十八帖

此即自利利他同得離苦解脱而乃披尋聖教文義不同自信不具毀陥其身令他聴徒成闡提業自損損他也

【書き下し】

此れ即ち*自利利他同く*離苦*解脱することを得ん。而も乃ち*聖教を*披尋するに*文義不同なるをもって、自は信*不具にして其の身を*毀*陥し他の聴徒をして*闡提業を成ぜ令めば、自*損し他を損するなり。

【現代語訳】

これはとりもなおさず、自らは悟りを求める行為も、人々に対しては救済し利益を与える行為も同じように苦難を離れ完全な精神的自由を得ることができる。それなのに経典を教説を問い求めたところ文章の表現と内容とが同じでないという理由によって、自らは信心が欠けていて自分の身を破りおとしめ、他の聞くともがらに対して善根を断じていて救われる見込みのない者の行いをなさしめることになるので、自らそこない他人をもそこなうのである。

【解説】

第一義諦と世俗諦の調和こそが大乗菩薩道にとって大切であると説く。

【考察】

上記の『釋淨土群疑論』の第一義諦と世俗諦との調和を述べるその背景について曇鸞の『無量壽經論註』に説かれる法性法身、方便法身に着目して考察してみたい。

『無量壽經論註』巻下『浄土宗全書』一巻二四四頁b—二四五頁a

『無量壽經論註』【本文】

入第一義諦者彼無量寿仏国土荘厳第一義諦妙境界相十六句及一句次第説応知第一義諦者仏因縁法也此諦是境義是故荘厳等十六句称為妙境界相此義至入一法句文当更解釈

『無量壽經論註』【書き下し】

入第一義諦とは彼の無量寿仏国土の荘厳は第一義諦妙境界相なり。十六句と及び一句と次第に説くこと応に知るべし。第一義諦とは仏因縁の法なり。此諦とは是れ境の義なり。是の故に荘厳等の十六句を称して妙境界相と為す。此の義、入一法句の文に至りて当に更に解釈すべし。

『無量壽經論註』【現代語訳】

入第一義諦（さとりの智慧を極めた境地に入る）とは、彼の無量寿仏の国土の厳かに飾られた模様は、さとりの智慧を極めた境地（清浄功徳）の見事な美しい対象であるということである。十六の意味を表しうる文章と及び（究極の）一つの意味を表しうる文章と順序をもって説く。当然知るべきである。ここでいう第一義諦とは仏の説く縁起の理法である。ここでいう諦とは対象の意味である。このような訳で厳かに飾られた模様等の十六の意味を表しうる文章を称して見事な美しい対象の形とする。この道理は、入一法句（の文の説明）に至って当然更に解釈するであろう。

【解説】

無量寿仏の国土の荘厳に於いて、第一義諦という姿をもたない真理と、妙境界相という姿を有した相反する二面から取り上げている。

『無量壽經論註』巻下『浄土宗全書』一巻二五〇頁a—b

『無量壽經論註』【本文】

略説入一法句故上国土荘厳十七句如来荘厳八句菩薩荘厳四句為広入一法句為略何故示現広略相入諸仏菩薩有二種法身一者法性法身二者方便法身由法性法身生方便法身由方便法身出法性法身此二法身異而不可分一而不可同是故広略相入統以法名菩薩若不知広略相入則不能自利利他

『無量壽經論註』【書き下し】

略して入一法句を説く故に、上の国土荘厳十七句と如来の荘厳八句と菩薩の荘厳四句とを広と為す。入一法句を略と為す。何が故ぞ広略相入を示現する。諸仏菩薩に二種の法身有り。一には*法性法身、二には*方便法身なり。法性法身に由て方便法身を生ず。方便法身に由て法性法身を出す。此の二の法身は異にして分つ可からず。一にして同ず可からず。是の故に広略相入して*統るに法の名を以てす。菩薩若し広略相入を知らざれば、則ち自利利他すること能はず。

『無量壽經論註』【現代語訳】

略して説くならば真理を表す章句に入るからである。上の国土の厳かに飾られた模様を説く十七の意味を表しうる文章と如来の厳かに飾られた模様を説く八の意味を表しうる文章と菩薩の厳かに飾られた模様を説く四の意味を表しうる文章とを広とする。真理を表す章句に入るを略とする。どのような理由で広略互いに入ることを示し現わすのか。諸仏菩薩には二種の法身がある。一には真如を体とする無色無形の法身、二には衆生を利益する仏の身である。真如を体とする無色無形の法身に基づいて衆生を利益する仏の身を生ずる。また、衆生を利益する仏の身に基づいて真如を体とする無色無形の法身を出現する。この二つの仏の身体は異なれども分けることはできない。一つであるけれども同じとすることはできない。このような訳で広と略とが互いに入り合って全体をひとすじにまとめるのに「法」という名称をもちいる。菩薩が仮に広と略とが互いに入り合うことを知らなければ、自らを利し他を利することはできない。

【解説】

第一義諦であり姿を有さない一法句を略とし、具体的な姿を有する二十九種の荘厳を広と表して、広と略との互いに相い入ることを説く。そして、二種法身として、法性法身（第一義諦・一法句）と方便法身（二十九種荘厳）とをあげて、二者の広略相入を示す。

『無量壽經論註』巻下『浄土宗全書』一巻二五〇頁b

『無量壽經論註』【本文】

一法句者謂清浄句清浄句者謂真実智慧無為法身故此三句展転相入依何義名之為法以清浄故依何義名為清浄以真実智慧無為法身故真実智慧者実相智慧也実相無相故真智無知也無為法身者法性身也法性寂滅故法身無相也無相故能無不相是故相好荘厳即法身也無知故能無不知是故一切種智即真実智慧也以真実而目智慧明智慧非作非非作也以無為而標法身明法身非色非非色也非于非者豈非非之能是乎蓋無非之曰是也自是無待復非是也非是非非百非之所不喩是故言清浄句清浄句者謂真実智慧無為法身也

『無量壽經論註』【書き下し】

一法句とは謂はく、清浄句なり。清浄句とは謂はく*真実*智慧*無為法身なるが故に。此の三句は展転して相入す。何なる義に依てか之を名て法と為す。清浄なるを以ての故に。何なる義に依てか名て清浄と為す。真実智慧無為法身なるを以の故に。真実智慧とは*実相の智慧なり。実相は無相なるが故に*真智は無知なり。無為法身とは*法性身なり。*法性は*寂滅なるが故に、法身は無相なり。無相の故に能く相ならざることなし。是の故に*相好荘厳は即ち法身なり。無知の故に能く知らずということなし。是の故に*一切種智は即ち真実智慧なり。真実を以て智慧に目することは智慧は*作に非ず、非作に非ざることを明す。無為を以て法身を標することは、法身は色に非ず非色に非ざることを明す。非を非するは、豈に非を非するの能く是ならんや。蓋し非を無する、之を是と曰ふ。自是にして*待すること無きも復た是に非ず。是に非ず非に非ず、*

百非の喩えざるところなり。是の故に清浄句と言ふ。清浄句とは謂はく真実智慧無為法身なり。

『無量壽經論註』【現代語訳】

真理を表す章句というのは、汚れなく清らかな章句である。汚れなく清らかな章句とというのは、最高の真理を見極める認識力・宇宙にあまねく満ちる絶対の真理そのものである仏の身であるからである。この三句は、交互に相い入る。どのような道理によってこれを真理と言うのか。汚れなく清らかであるからである。どのような道理によってこれを汚れなく清らかと言うのか。最高の真理を見極める認識力・宇宙にあまねく満ちる絶対の真理そのものである仏の身であるからである。最高の真理を見極める認識力とは真実のすがたを見極める認識力である。真実のすがたは形をもたないから真実の智慧は知ることができない。宇宙にあまねく満ちる絶対の真理そのものである仏の身とはすがたの美しいみごとな阿弥陀仏である。諸の存在の真実なる本性は、寂静に帰して一切の形を離れているという理由で、真実そのものの身体は形をもたない。形をもたないから形にならないことはないことができる。このような訳で佛の身体に具わっている微妙なすがたに厳かに飾られた模様はとりもなおさず真実そのものの身体である。知ることがないから、知らないことがないことが可能である。このような理由であらゆるものの個別性を知りきわめる智慧はとりもなおさずあるがままの真如の智慧である。あるがままの真如をもちいて智慧と見なすことは智慧のなすのでなく、なさないのでもないことを表すのである。色も形もなく宇宙にあまねく満ちる絶対の真理そのものをもちいて法身を表することは、法身の物質ではなく物質でないのではないことを表すのである。否定を否定すれば、どうして否定を否定することが肯定であると言うことができようか。いやできない。おもうに否定を無にする、これを肯定というのである。自らを肯定して他に依存できないこともまた肯定ではないのである。肯定でなく否定でなく、固定した見解を打ち破るために、否定をどこまでも重ねていくことでも喩えられないところである。このような訳で汚れなく清らかな章句と言う。汚れなく清らかな章句とは最高の真理を見極める認識力・宇宙にあまねく満ちる絶対の真理そのものである仏の身であると言うのである。

【解説】

まさに『釋淨土群疑論』にも用いられている即非の論理によって、「真智は無知」「無相なるが故に能く相ならざることなし」「相好荘厳は即ち法身なり」「無知なるが故に能く知らざることなし」「智慧の作に非ず、非作に非ざること」「法身の色に非ず非色に非ざること」などの言い回しによって、百非の否定だけにとどまらない真理を清浄句という肯定的な表現によって表している。つまり、極楽浄土の清浄なる具体的な相を有する荘厳が、そのまま、第一義諦であり相を有することのない真実無為法身であると導いている。

ここに、『釋淨土群疑論』において、第一義諦と世俗諦との調和を説いているところの浄土教の哲学的原理の原点を『無量壽經論註』の中に見いだすことができる。

以上【考察】終わる。

以下『釋淨土群疑論』

【本文】一巻二十八帖～二十九帖

解深密楞伽經及瑜伽論攝大乘論唯識論等三性三无性義一圓成實性二依他起性三遍計所執性圓成實性離相眞實依他起性非有似有遍計所執性情有理无猶如龜毛兎角等物

【書き下し】

解深密、楞伽經、及瑜伽論、攝大乘論、唯識論等の*三性*三无性の*義とは、一には*圓成實性、二には*依他起性、三には*遍計所執性なり。圓成實性は*離相*眞實なり。依他起性は*非有*似有なり。遍計所執性は*情有理无なり。猶し*龜毛*兎角等の物の如し。

【現代語訳】

解深密経、楞伽経、及び瑜伽師地論、攝大乘論、成唯識論等に説かれる、すべてのものの在り方を有と無、仮と実という点から見る見方（三性）及びこれらにはものとしてのそれ自体の存在がない空であることを示す見方（三無性）を説く意味とは、一には、ありとあらゆるものの真実の本性（圓成實性）、二には、他に依存するあり方（依他起性）、三には、あまねく計らい思う、迷いの心の執着するところのもの（遍計所執性）である。圓成實性は、すべての差別的なすがたを超え離れている真理である。依他起性は、有ではなくしかも有に似ていることである。遍計所執性は、凡人の心には有ると思われるが理の上では存在しないことである。ちょうど亀の毛やうさぎの角などのように、本来実在しないものと同じ事である。

【解説】

唯識説の三性三無性説を説明する。

【参考文献】

『解深密經』巻第二　玄奘譯『大正蔵経』一六巻　六九三頁a—六九三b　爾時世尊告徳本菩薩曰。善哉徳本。汝今乃能請問如來如是深義。汝今為欲利益安樂無量衆生。哀愍世間及諸天人阿素洛等。為令獲得義利安樂故發斯問。汝應諦聽。吾當為汝說諸法相。謂諸法相略有三種。何等為三。一者遍計所執相。二者依他起相。三者圓成實相。云何諸法遍計所執相。謂一切法名假安立自性差別。乃至為令隨起言說。云何諸法依他起相。謂一切法縁生自性。則此有故彼有。此生故彼生。謂無明縁行。乃至招集純大苦蘊。云何諸法圓成實相。謂一切法平等真如。於此真如。諸菩薩衆勇猛精進為因縁故。如理作意無倒思惟。為因縁故乃能通達。於此通達漸漸修集。乃至無上正等菩提方證圓滿。善男子。如眩瞖人眼中所有眩瞖過患。遍計所執相當知亦爾。如眩瞖人眩瞖衆相。或髮毛輪蜂蠅巨勝。或復青黄赤白等相差別現前。依他起相當知亦爾。如淨眼人遠離眼中眩瞖過患。即此淨眼本性所行無亂境界。圓成實相當知亦爾。善男子。譬如清淨頗胝迦寶。若與青染色合。則似帝青大青末尼寶像。由邪執取帝青大青末尼寶故惑亂有情。若與赤染色合。則似琥珀末尼寶像。由邪執取琥珀末尼寶故惑亂有情。若與綠染色合。則似末羅羯多末尼寶像。由邪執取末羅羯多末尼寶故惑亂有情。若與黄染色合。則似金像。由邪執取真金像故惑亂有情。如是徳本。如彼清淨頗胝迦上。所有染色相應。依他起相上遍計所執相。言說習氣當知亦爾。如彼清淨頗胝迦上。所有帝青大青琥珀末羅羯多金等邪執。依他起相上遍計所執相執當知亦爾。如彼清淨頗胝迦寶依他起相當知亦爾。如彼清淨頗胝迦上。所有帝青大青琥珀末羅羯多真金等相。於常常時於恒恒時。無有真實無自性性。即依他起相上。由遍計所執相。於常常時於恒恒時。無有真實無自性性。圓成實相當知亦爾。

復次德本。相名相應以為緣故。遍計所執相而可了知。依他起相上遍計所執相。執以為緣故。依他起相而可了知。依他起相上遍計所執相。無執以為緣故。圓成實相而可了知。善男子。若諸菩薩能於諸法依他起相上。如實了知遍計所執相。即能如實了知一切無相之法。若諸菩薩如實了知依他起相。即能如實了知一切雜染相法。若諸菩薩如實了知圓成實相。即能如實了知一切清淨相法。善男子。若諸菩薩能於依他起相上。如實了知無相之法。即能斷滅雜染相法。若能斷滅雜染相法。即能證得清淨相法。如是德本。由諸菩薩如實了知遍計所執相依他起相圓成實相故。如實了知諸無相法雜染相法清淨相法。如實了知無相法故。斷滅一切雜染相法。斷滅一切染相法故。證得一切清淨相法。齊此名為於諸法相善巧菩薩。如來齊此施設彼。為於諸法相善巧菩薩。爾時世尊欲重宣此義。而說頌曰。

大乘入楞伽經　刹那品第六　『大正蔵経』十六巻六二〇頁b

爾時大慧菩薩摩訶薩復白佛言。世尊。為三性入五法中。為各有自相。佛言。大慧。二性八識及二無我悉入五法。其中名及相是妄計性。以依彼分別心心所法俱時而起。如日與光是緣起性。正智如如不可壞故。是圓成性。大慧。於自心所現生執著時。有八種分別起。此差別相皆是不實。惟妄計性。若能捨離二種我執。二無我智即得生長。大慧。聲聞緣覺菩薩如來。自證聖智諸地位次。一切佛法悉皆攝入此五法中。復次大慧。五法者。所謂相名分別如如正智。此中相者。謂所見色等形狀各別。是名為相。依彼諸相立瓶等名。此如是此不異。是名為名。施設眾名顯示諸相心心所法。是名分別。彼名彼相畢竟無有。但是妄心展轉分別。如是觀察乃至覺滅。是名如如大慧。真實決定究竟根本自性可得。是如如相。我及諸佛隨順證入。如其實相開示演說。若能於此隨順悟解。離斷離常不生分別入自證處。出於外道二乘境界。是名正智。大慧。此五種法三性八識及二無我。一切佛法普皆攝盡大慧。於此法中汝應以自智善巧通達。亦勸他人令其通達。通達此已心則決定不隨他轉。

『瑜伽師地論』『大正蔵経』三十巻三四五頁b

復有三種自性。謂遍計所執自性。依他起自性。圓成實自性。復有三無性性。謂相無性性。生無性性。勝義無性性。

『瑜伽師地論』『大正蔵経』三十巻七〇四頁c七〇五頁a

問若依他起自性亦正智所攝。何故前說依他起自性緣遍計所執自性執應可了知。答彼意唯說依他起自性雜染分非清淨分。若清淨分當知緣彼無執應可了知。復次三種自性三種無自性性。謂相無自性性。生無自性性。勝義無自性性。由相無自性性故。遍計所執自性說無自性。由生無自性性故。及勝義無自性性故。依他起自性說無自性。非自然有性故。非清淨所緣性故。唯由勝義無自性性故。圓成實自性說無自性。何以故。由此自性亦是勝義。亦一切法無自性性之所顯故。

『攝大乘論』玄奘訳『大正蔵経』三一巻一四一頁b

謂遍計所執相於依他起相中實無所有。圓成實相於中實有。由此二種非有及有非得及得未見已見。真者同時。謂於依他起。自性中無遍計所執故。有圓成實故。於此轉時若得彼即不得。此若得此即不得。彼如說。依他所執無　成實於中有　故得及不得　其中二平等

『成唯識論』『大正蔵経』三一巻四五頁c～四六頁c

次所遍計自性云何。攝大乘說是依他起遍計心等所緣緣故。圓成實性寧非彼境。真非妄執所緣境故依展轉說亦所遍計。遍計所執雖是彼境。而非所緣緣故非所遍計。遍計所執其相云何。與依他起復有何別。有義三界心

及心所由無始來虛妄熏習。雖各體一而似二生。謂見相分。即能所取。如是二分情有理無。此相說為遍計所執。二所依體實託緣生。此性非無名依他起。虛妄分別緣所生故。云何知然。諸聖教說虛妄分別是依他起。二取名為遍計所執。有義一切心及心所由熏習力所變二分從緣生故亦依他起。遍計依斯妄執定實有無一異俱不俱等。此二方名遍計所執。諸聖教說唯量唯二唯種種。皆名依他起故。又相等四法十一識等論皆說為依他起攝故。不爾無漏後得智品二分應名遍計所執。許應聖智不緣彼生。緣彼智品應非道諦。不許應知有漏亦爾。又若二分是遍計所執。應如兔角等非所緣緣。遍計所執體非有故。又應二分不熏成種後識等生應無二分。又諸習氣是相分攝。豈非有法能作因緣。若緣所生內相見分非依他起二所依體例亦應然。無異因故。由斯理趣眾緣所生心心所體及相見分有漏無漏皆依他起。依他眾緣而得起故。頌言分別緣所生者應知且說染分依他。淨分依他亦圓成故。或諸染淨心心所法皆名分別能緣慮故。是則一切染淨依他皆是此中依他起攝。二空所顯圓滿成就諸法實性名圓成實。顯此遍常體非虛謬。簡自共相虛空我等。無漏有為離倒究竟勝用周遍亦得此名。然今頌中說初非後。此即於彼依他起上常遠離前遍計所執。二空所顯真如為性。說於彼言顯圓成實與依他起不即不離。常遠離言顯妄所執能所取性理恒非有。前言義顯不空依他。性顯二空非圓成實。真如離有離無性故。由前理故此圓成實與彼依他起非異非不異。異應真如非彼實性。不異此性應是無常。彼此俱應淨非淨境。則本後智用應無別。云何二性非異非一。如彼無常無我等性。無常等性與行等法異應彼法非無常等。不異此應非彼共相。由斯喻顯此圓成實與彼依他非一非異。法與法性理必應然。勝義世俗相待有故。非不證見此圓成實而能見彼依他起性。未達遍計所執性空不如實知依他有故。無分別智證真如已後得智中方能了達依他起性如幻事等。雖無始來心心所法已能緣自相見分等。而我法執恒俱行故不如實知眾緣所引自心心所虛妄變現。猶如幻事陽焰夢境鏡像光影谷響水月變化所成非有似有。依如是義故。

【本文】 一巻二十九帖

而汝所引大品經等或約圓成實性畢竟空理佛説爲空實非空也或約遍計所執猶如空花佛説无法今説浄土等教約依他起性従因縁生法非有似有因果之義万法宛然

【書き下し】

しかるに汝が所引の大品經等は或は圓成實性の*畢竟*空の理に*約して、*佛説に空と爲したまふ。實には空に非ざるなり。或は遍計所執の猶し*空花の如くなるに約して、佛*无法と説きたまふ。今浄土等を説く教は、依他起性に約す。*因縁従り生ぜる法は、非有似有にして*因果の義、*万法*宛然なり。

【現代語訳】

しかしあなたが引用するところの『大品般若經』等は、ある場合には圓成實性所説の究極の立場から、もろもろの事物は固定的実体がないという道理に要点を絞って、仏のことばに空（実体がない）と説かれている。しかし実際には空ではないのである。またある場合には遍計所執性所説のちょうど眼疾の人が誤って空中に花があると見るように、実体のないものを観念の上に描き出すことに要点を絞って、佛は存在しないものであると説かれている。今ここで言う浄土等を説く教説は、依他起性に要点を絞るのである。いろいろな原因や条件によって成立する存在は、有ではなくしかも有に似ているのであり原因があれば必ず結果があり、結果があれば必ず原因があるという道理は、あらゆる事物において全くそのとおりである。

【解説】

以前に反論者が『大品般若経』や『維摩經』を引いて浄土教を批判した論への反駁が始まる。今回は三性をもって答えている。最初に結論を出す論述形式をとり、浄土を三性に当てはめるならば、空無である圓成實性ではなく、因縁假和合を説く依他起性こそが浄土のあり方であり、有でなく有に似た存在が浄土であるとしている。

【本文】一巻二十九帖

而子但見説圓成實性无相之教破遍計所執畢竟空无之文遂不信説依他起性因緣之教法也即是不信因果之人説於諸法斷滅相者

【書き下し】

而るを*子、但だ圓成實性を説く*无相の教の遍計所執を破する畢竟*空无の文のみを見て、遂に依他起性を説く因縁の教法を信ぜざるなり。即ち是れ因果を信ぜざるの人なり。*諸法*斷滅の相を説く者なり。

【現代語訳】

それにもかかわらずあなたは、ただ、ありとあらゆるものの真実の本性（圓成實性）を説く形や姿のない教説が、あまねく計らい思う迷いの心の執着する（遍計所執性）を打ち破る究極の空の理法の文のみを見て、とうとう最後まで他に依存するあり方（依他起性）を説く、いろいろな原因や条件によって成立する存在の教法を信じないのである。とりもなおさずこれは、原因があれば必ず結果があり、結果があれば必ず原因があるという道理を信じない人である。それはもろもろの存在するものは、絶え滅びるというすがたを説く者である。

【解説】

圓成實性の無相のみを説いて、依他起性の因縁により存在が生起する法を説かないのはなぜか。

【参考文献】

『大般若波羅蜜多經』『大正蔵経』七巻一〇八五頁a〜c

而説般若波羅蜜多非圓成實。爾時世尊告舍利子。如是如是。如汝所説。我説般若波羅蜜多非圓成實。何以故。舍利子。五蘊非圓成實故。我説般若波羅蜜多非圓成實。十二處十八界亦非圓成實故。我説般若波羅蜜多非圓成實。舍利子。無明非圓成實故。我説般若波羅蜜多非圓成實。行識名色六處觸受愛取有生老死愁歎苦憂惱亦非圓成實故。我説般若波羅蜜多非圓成實。舍利子。常無常樂苦我無我淨不淨寂靜不寂靜顛倒非顛倒諸蓋見行增益損減生滅住異集起隱沒非圓成實故。我説般若波羅蜜多非圓成實。舍利子。我有情命者生者養者士夫補特伽羅意生儒童作者使作者起者等起者受者使受者知者使知者見者使見者非圓成實故我説般若波羅蜜多非圓成實。舍利子。諦實虛妄往去還來有見無見內外等法非圓成實故。我説般若波羅蜜多非圓成實。舍利子。地水火風空識界欲色無色界有情界法界非圓成實故。我説般若波羅蜜多非圓成實。舍利子。業異熟果因緣斷常三世三際非圓成實故。我説般若波羅蜜多。非圓成實。舍利子。布施慳悋持戒犯戒安忍忿恚精進懈怠靜慮散亂妙慧惡慧心意識無間死生雜染清淨非圓成實故。我説般若波羅蜜多非圓成實。舍利子。念住正斷神足根力覺支道支苦集滅道靜慮解脱等持等至無量神通空無相無願非圓成實故。我説般若波羅蜜多非圓成實。舍利子。善非善有漏無漏世間出世間有罪無罪有為無為有記無記黒白黒白相違所攝劣中妙貪瞋癡非圓成實故我説般若波羅蜜多非圓成實。舍利子。見聞覺知恃執安住尋伺所縁誑諂嫉慳和合二相無生無作止觀明解盡離染滅棄捨諸依世俗勝義非圓成實故我説般若波羅蜜多非圓成實。舍利子。聲聞地法獨覺地法一切智智無著智自然智無等等智菩薩大願聲聞圓滿獨覺圓滿無量無邊無等等一切法智一切法如實無見一切法智見非圓成實故我説般若波羅蜜多非圓成實。舍利子。清涼真實寂靜極寂靜最極寂靜非圓成實故我説般若波羅蜜多非圓成實。舍利子。成熟有情嚴淨佛土相好圓滿諸力無畏十八佛不共法等非圓成實故我説般若波羅蜜多非圓成實。舍利子。涅槃乃至一切法若善若非善等非圓成實故我説般若波羅蜜多非圓成實。舍利子。如太虚空無色無見無對無性非圓成實。如是般若波羅蜜多無色無見無對無性非圓成實。舍利子。譬如虹蜺雖有種種妙色顯現而無一實。如是般若波羅蜜多雖假種種言相顯示。而所顯示無性可得。舍利子。譬如虚空雖以種種寸尺量度。而未曾見有五指許是圓成實。如是般若波羅蜜多雖假種種言相顯示。而未曾見有少自體是圓成實。

【本文】一巻二十九帖

故經文寧起我見如須弥山不起空見如芥子計斯言誠可誡也又説空有皆俗隨機第一義諦非空非有故説淨土佛國空者皆俗隨機令其入法何是何非

【書き下し】

故に經の文に*寧ろ*我見を起すこと、*須弥山の如くすとも、*空見を起すこと、芥子計の如くもせざれと。斯の言誠に誡とす可し。又た説かく*空有は皆な*俗にして*機に隨へり。*第一義諦は空にも非ず有にも非ず。故に*淨土*佛國空なりと説くは、皆な俗にして機に随て其をして法に入ら令む。何れか是、何れか非ならん。

【現代語訳】

そのようなわけで、経典の文には、どちらかといえばやはり人間には永遠に変わらない主体があるという誤った考えを起すことが、世界の中心に高くそびえる巨大な山のようであっても、善悪・因果の道理や万有の理法・一切の存在を全く否定する誤った見解を起すことが、からしなの小さい実ほどもないほうがよい、と説かれている。この言葉は誠にいましめとすべきである。又次のように説かれる。事物の上にいわれる、存在するとかしないとかいう二つの方面はすべて世間一般の考え方であり、教えを受ける人の精神的素質にまかせている。すぐれたさとりの智慧を極めた境地は空にもかたよらず有にもかたよっていない。そのようなわけで、煩悩を離れてさとりの境地に入った仏や菩薩の住む清浄な国土を実体がないと説くのは、すべて世間一般の考え方であり教えを受ける人の精神的素質にまかせて、その素質に基づいて真の教説に入らせるのである。（空・有の）どちらが正しく、どちらが見違っているのであろうか。

【解説】

『安樂集』から『無上依経』を引いて「佛告阿難。一切衆生若起我見如須彌山。我所不懼。何以故。此人雖未即得出離。常不壞因果不失果報故。若起空見如芥子。我即不許。」『大正蔵経』四七巻八a　世俗諦にもまた真理があることを説く。また、浄土を空であるとするのは空教に重きを置く者を入信させる方便と説く。

本当の浄土は、空でもなく有でもないとして、依他起性の浄土こそが真実であるとする。

【本文】 一巻二十九帖～三十帖

問曰淨佛國土離衆穢惡一得往生超絶生死永離三惡道无復五燒苦皆是正定之聚悉是阿鞞跋致无量壽經言次如泥洹之道若爾者不可著相凡夫具衆罪業心有所得而得往生當須依諸大乘經文及中百等論廣學无所得法方可往生淨土

【書き下し】

問て曰く。淨*佛國土は衆の*穢惡を離れたり。一たび*往生を得れば*生死を*超絶す。永に*三惡道を離れて復た*五燒の苦なし。皆な是れ*正定の聚、悉く是れ*阿鞞跋致なり。无量壽經に言く*泥洹の道に次ぐが如しと。若し爾らば*著相の凡夫の衆の*罪業を具せるは心*有所得なるをもって往生を得べからず。當に諸大乘經の文、及び中百等の論に依て廣く*无所得の法を學することを須（もちい）て*方に淨土に往生すべし。

【現代語訳】

問ていう。淨らかな仏のましますお国は、多くのけがらわしくきたないものを離れている。一度、この穢れた国土を離れてかの浄土に往き生まれることができたならば、生き死にの迷いの世界をとびぬけてすぐれている。永遠に悪業によって生まれる地獄と餓鬼と畜生との三つの世界を離れてもう二度と大火に焼かれる苦しみを受ける苦しみはない。すべては必ず仏となるべく決定されている聖者であり、ことごとく再び悪趣や聲聞・縁覚や凡夫の位に退き転落することがない位である。『無量壽經』に言く煩悩の吹き消されたさとりの境地の後に続くことに匹敵すると。かりにそうであるならば、ものの外見にとらわれる凡夫の多くの罪の行為をそなえているのは、とらわれの心をもって取捨選択することによって、往生することはできない。当然諸の大乗経典の文章や、中論百論等の論に基づいて広く執着し分別すべきものがない教えを是非とも学んで、ちょうどその時に淨土に往生すべきである。

【解説】 反論が述べられる。『無量壽經』の「無為自然。次於泥洹之道」を典拠として、執着を無くした無所得の者でなくては往生できないのではないかとする。

【参考文献】

『無量壽經』『大正蔵経』一二巻二七一頁c

彼佛國土清淨安隱微妙快樂。次於無為泥洹之道。其諸聲聞菩薩人天。智慧高明神通洞達。咸同一類形無異狀。但因順餘方故有人天之名。顏貌端正超世希有。容色微妙非天非人。皆受自然虛無之身無極之體。

『無量壽經』『大正蔵経』一二巻二七五頁c

後生無量壽佛國快樂無極。長與道德合明。永拔生死根本。無復貪恚愚癡苦惱之患。欲壽一劫百劫千億萬劫。自在隨意皆可得之。無為自然。次於泥洹之道。

【本文】　一巻三十帖

今乃勸人依觀經等作十六觀寶樹寶池等及佛菩薩相好色身或稱名號存心住相豈非是有所得心住著諸相成於病也既是有病未免輪廻如何得生西方淨佛土也

【書き下し】

今乃ち人を*勸て觀經等に依て*十六觀の極樂の宝樹を寶池等及佛菩薩の*相好*色身を作し、或は名號を稱して心を*存し相に*住する。豈に是れ有所得の心、諸相に住*著して病を成せしむるに非ざるか。既に是れ有病なり。未だ*輪廻を免れず。如何ぞ西方の淨佛土に生ずることを得んや。

【現代語訳】

今そこで、人を（次のように）すすめて『觀無量壽經』等に依て、阿弥陀佛の浄土に生まれるための十六種の観法において、極樂の宝樹を想う、極樂の池水を想う等、また阿弥陀佛や観音・勢至菩薩の身体に備わっている立派な特徴である三十二相と、副次的な小さな特徴である八十種好の肉身の姿を心に観察し作り上げ、あるいは阿弥陀仏の名号を称えて心にじっととどめておいて、その存在に執持する。どうしてこれがとらわれの心であり、さまざまな姿に心をとどめ執着して苦しみの病を生成させることにならないのであろうか。いやもうすでにこれは病気である。いまだに迷いの生死を繰り返して免れることができない。どのようにして西方の極楽浄土に生れることができようか。いやできない。

【解説】　反論が述べられる。『無量壽經』の「無為自然。次於泥洹之道」を典拠として、執着を無くした無所得の者でなくては往生できないのではないかとする。

【参考文献】

『觀無量壽經』『大正蔵経』一二巻三四一頁C―三四四頁C　引用が長いのでページだけを指示する。

【本文】一巻三十帖

釋曰若能觀一切諸法畢竟空寂无能觀所觀離諸分別及不分別作此觀察得生西方咸爲上輩生也如觀經中説上品生等於第一義心不驚動此人臨命終時阿弥陀佛與諸聖衆來迎行人讃言法子由汝解第一義諦我來迎汝即生西方无量壽國

【書き下し】

釋して曰く。若し能く一切の諸法は*畢竟*空寂なりと觀ずれば、*能觀*所觀无く、諸の*分別及び*不分別を離る。此の*觀察を作して西方に生ずることを得れば、咸（ことごと）く*上輩生と爲す。觀經の中に説が如き*上品生等は*第一義に於て心*驚動せず。此の人命終の時に臨んで阿彌陀佛諸の*聖衆と與に*行人を來迎し讃して言く、*法子、汝第一義諦を解するに由って我汝を來迎して即ち西方*无量壽國に生ぜしむと。

【現代語訳】

解釈して言う。仮にあらゆるのすべての存在は究極的に実体性がないと観ずることができるならば、認識作用の主体も客体もなくなり、すべての．区別して考えること及び．区別して考えることをしないことの両辺を離れる。この澄みきった理知のはたらきによって（阿弥陀仏を）見とおして西方極楽浄土に生ずることができたならば、ことごとく皆上位の善き行いをなす仏道修行者の生れとする。『觀無量壽經』の中に説くように最上の上位三者の往生などは究極の真理に止まって心がおどろき騒ぐことはない。この人は命終わる時に臨んで阿弥陀仏は多くの聖なる菩薩たちとともに念仏の人を（極楽浄土から）出かけ来たりてお迎えになりほめたたえて（次のように）言う。「仏法を実践して智慧を得たものよ、あなたは究極の真理を理解することによって、私はあなたを（極楽浄土から）出かけ来たりて迎えてすぐさま西方極楽浄土に往生させよう」と。

【解説】

反論に対して反駁する。先ず『觀無量壽經』の上品生の者に注目するならば、その往生は無所得無執着のものであるとして、決して観法が執着の所産ではないことを示す。

【参考文献】

『觀無量壽經』『大正蔵経』一二巻三四四頁c—三四五頁b

上品上生者。若有眾生願生彼國者。發三種心即便往生。何等為三。一者至誠心。二者深心。三者迴向發願心。具三心者必生彼國。復有三種眾生。當得往生。何等為三。一者慈心不殺具諸戒行。二者讀誦大乘方等經典。三者修行六念迴向發願生彼佛國。具此功德。一日乃至七日。即得往生。生彼國時。此人精進勇猛故。阿彌陀如來與觀世音及大勢至無數化佛百千比丘聲聞大眾無量諸天。七寶宮殿。觀世音菩薩執金剛臺。與大勢至菩薩至行者前。阿彌陀佛放大光明照行者身。與諸菩薩授手迎接。觀世音大勢至與無數菩薩。讚歎行者勸進其心。行者見已歡喜踊躍。自見其身乘金剛臺。隨從佛後。如彈指頃往生彼國。生彼國已。見佛色身眾相具足。見諸菩薩色相具足。光明寶林演說妙法。聞已即悟無生法忍。經須臾間歷事諸佛。遍十方界。於諸佛前次第受記。還至本國。得無量百千陀羅尼門。是名上品上生者。上品中生者。不必受持讀誦方等經典。善解義趣。於第一義心不驚動。深信因果不謗大乘。以此功德。迴向願求生極樂國。行此行者命欲終時。阿彌陀佛與觀世音及大勢至。無量大眾眷屬圍繞。持紫金臺至行者前讚言。法子。汝行大乘解第一義。是故我今來迎接汝。與千化佛一時授手。行者自見坐紫金臺。合掌叉手讚歎諸佛。如一念頃。即生彼國七寶池中。此紫金臺如大寶花。經宿即開。行者身作紫磨金色。足下亦有七寶蓮華。佛及菩薩俱放光明。照行者身目即開明。因前宿習普聞眾聲。純說甚深第一義諦。即下金臺禮佛合掌讚歎世尊。經於七日。應時即於阿耨多羅三藐三菩提。得不退轉。應時即能飛至十方。歷事諸佛。於諸佛所修諸三昧。經一小劫得無生法忍現前受記。是名上品中生者。上品下生者。亦信因果不謗大乘。但發無上道心。以此功德。迴向願求生極樂國。彼行者命欲終時。阿彌陀佛及觀世音并大勢至。與諸眷屬持金蓮華。化作五百化佛來迎此人。五百化佛一時授手。讚言。法子。汝今清淨發無上道心。我來迎汝。見此事時。即自見身坐金蓮花。坐已華合。隨世尊後即得往生七寶池中。一日一夜蓮花乃開。七日之中乃得見佛。雖見佛身於眾相好心不明了。於三七日後乃了了見。聞眾音聲皆演妙法。遊歷十方供養諸佛。於諸佛前聞甚深法。經三小劫得百法明門。住歡喜地。是名上品下生者。是名上輩生想。名第十四觀。作是觀者名為正觀。若他觀者名為邪觀

【本文】一巻三十帖～三十一帖

然凡愚之人在俗紛擾不能廣習諸大乘經觀第一義諦作无所得觀或復淨持禁戒孝養尊親或修行十善專稱念佛雖有所得亦是不可思議殊勝功徳皆得往生西方淨土如經具說但往生淨土行門非一往生之人九品差別豈得唯言无所得法而得往生不信三福十六觀等往生淨土也

【書き下し】

然るに*凡愚の人、*在俗の*紛擾たるは廣く諸大乘經を習ひ*第一義諦を觀じて*无所得の觀を作すこと能はざれども、或は復た*禁戒を*淨持し*尊親に*孝養し或は*十善を修行し專ら佛を*稱念するは、*有所得なりと雖も、亦た是れ*不可思議*殊勝の*功徳なるをもって皆な西方淨土に往生を得、經に具に說くが如し。*但往生淨土の*行門一に非ず。往生の人に*九品の差別あり。豈に唯だ无所得の法のみ往生を得と言て*三福*十六觀等をもって淨土に往生することを信ぜざることを得んや。

【現代語訳】

しかしながら凡夫で愚かなものは、出家せずに世間で生活する乱れた者は、広くさまざまな大乘経典を学び、すぐれたさとりの智慧を極めた境地を観じて何ものにもとらわれぬ自由の境地の観察をすることはできないけれども、ある者はまた、仏が制定した戒を堅固に保ち、尊き親に孝行を尽くし、ある者は、十種の善い行いを修行して専ら阿弥陀仏の名を口に称えるものは、たとえとらわれの心をもっていたとしても、これもまた心でおしはかることができない並び無く勝れた、すぐれた結果を招くはたらきであるという理由によって、すべてが西方極楽淨土に往生することができる。経典に詳しく説かれているそのままである。ただ極楽浄土へ往生するための修行の道は一つだけてけはない。極楽浄土へ往生する人に生前に積んだ功徳に九種類の違い・区別がある。どうしてただ執着し分別すべきものがない教えだけが往生することができるといって、三つの善業（世福・戒福・行福）や阿弥陀佛の浄土に生まれるための十六の観法等によって極楽浄土に往生することを信じないことができようか。いや深く信ずるべきである。

【解説】
上品生以外の凡愚の者は無所得無執着の往生はかなわないが、中品下品の者でも三福十六観称名念仏をなすことにより、阿弥陀仏の本願力に乗じて往生するとしている。ここに本願力の重要性を打ち出している。

【本文】一巻三十一帖
又有所得心通於三性善不善業咸能感報今三福等悉
是善業經言是三世諸佛善業正因既是善業寧容不感淨
土之報子今云何唯以无所得而得往生有所得心不得生
者出何經教既无聖典何所依憑

【書き下し】
又有所得心の*三性に通ず。善*不善の*業*咸く能く*報を*感ず。今三福等は悉く是れ*善業なり。*經に言く是れ三世諸佛の善業の*正因なりと。既に是れ善業なり。寧ろ淨土の報を感ぜざる容んや。子今云何ぞ唯无所得を以て往生を得。有所得の心は生することを得ずとは何の經教にか出たる。既に聖典无し。何の*依憑する所かある。

【現代語訳】

またとらわれの心をもって取捨選択する心は、善・悪・無記（善とも悪とも決定づけられない心や行為）すべてにさわりなく通じている。善と悪との行為のはたらきは、みなすべて応分の果報を受けるべきものである。今ここにいう三つの善業（世福・戒福・行福）等は、ことごとくすべて未来によい報いを得るための善い行いである。『觀無量壽經』に言う「三つの善業（世福・戒福・行福）は過去現在未来の諸仏の未来にさとりを得るべき正しい種なのである」と。すでに未来によい報いを得るための善い行いである（ことは明かである）。どうして極楽浄土へ往生する果報を受けないことがあろうか。いや必ず極楽浄土へ往生する果報を受けることができる。あなたは、今どうして唯だ執着し分別すべきものがない心だけによって極楽浄土に往生することができて、とらわれの心をもって取捨選択する心は極楽浄土に往生することができないとは、どこの聖典の教えに出ているというのか。もうすでに聖典に根拠はない（ことは明かである）。どこに依り頼る所があろうか。いやない。

【解説】

先に続いて、有所得の者であっても善悪無記の三性に通じていて特に『觀無量壽經』に説く三福は善業であり極楽往生を得られるものであり、有所得の者も往生することは保証されているとする。

【参考文献】

『觀無量壽經』『大正蔵経』三四一頁c

當修三福。一者孝養父母。奉事師長。慈心不殺。修十善業。二者受持三歸。具足衆戒。不犯威儀。三者發菩提心。深信因果。讀誦大乘。勸進行者。如此三事名爲淨業。佛告韋提希。汝今知不。此三種業乃是過去未來現在。三世諸佛淨業正因。

「当然三種の善い行いを修めるべきであろう。一つには、親孝行をし、師や年長の者に仕え、やさしい心を持ってむやみに生きものを殺さず、十善を修めること。二つには、仏・法・僧の三宝に帰依し、いろいろな戒めを守り、行いを正しくすること。三つには、さとりを求める心を起し、深く因果の道理を信じ、大乗の経典を口にとなえて、他の人々にそれを教え勧めること。このような三種を清らかな行いというのである。」釈尊は続けて仰せになる。「韋提希よ、そなたは知っているだろうか。この三種の行いは、過去・現在・未来のすべての仏がたがなさる清らかな行いであり、さとりを得る正しい因なのである。」と。

【本文】一巻三十一帖

今觀經等具明三福十六觀等作此相業説得往生文義顯然不可誹謗寧容不依聖教自率凡情言有所得心不得生於淨土以有所得心是善性有殊勝福能滅娑婆重罪得生西方淨土

【書き下し】

今觀經等に具に三福十六觀等を明して此の*相*業を作せば往生を得と説ける。*文義*顯然なり。*誹謗す可からず。*寧ろ*聖教に依らずして自ら*凡情に率れて有所得の心は淨土に生ずることを得ずと言ふ容んや。有所得の心なれども是れ*善性にして*殊勝の福有るを能く娑婆の重罪を滅して西方淨土に生ずることを得。

【現代語訳】

今『觀無量壽經』等に詳しく三つの善業（世福・戒福・行福）や阿弥陀佛の浄土に生まれるための十六の観法等をはっきりと示して、この外に現われる姿をなす行いを作せば極楽浄土に生まれることができると説かれている。文の表現と内容は明らかである。そしってはならない。どうして佛の教えに依らないで、自分の凡夫の迷情にまかせてとらわれの心をもって取捨選択する心は淨土に往生することができないと言うことができようか、いやできない。とらわれの心をもって取捨選択する心であってもその性質は善であって並び無く勝れた福徳（本願力）があることによって、この現実世界の重き罪を滅して西方淨土に往生することができる。

【解説】

最終的には、三福十六観を修する有所得の者も本願力に依るならば間違いなく往生するとして、無所得の者のみ往生できるとした反論者を厳しく論駁している。

【本文】一巻三十一帖

如地觀等言作是觀者除八十億劫生死重罪捨身他世必生淨土心得无疑此豈不是作有相觀等生西方也若不信如是等言教便成不信受佛語論成就十惡輪罪也

【書き下し】

*地觀等に言が如き是の觀を作す者は*八十億劫生死の重罪を除きて身を捨てて*他世に必ず淨土に生ず。心に疑ふ无きことを得よと。此れ豈に是れ有相の觀等を作して西方に生ぜざらんや。若し是の如き

等の*言教を信ぜざれば便ち佛の語*論を*信受せずして*十悪輪罪を成就することを成ぜんや。

【現代語訳】

『觀無量壽經』に説く十六観の第三等に説かれているように、この観察をする者は八十億劫もの久しくさまよった輪廻転生の重罪を除いて、この身を（現実世界から）捨てて来世には必ず西方極楽淨土に往生する。心に疑いを懐くことがないようにせよと。このことはどうして姿形を有した観察をして西方極楽浄土に往生することができないことがあろうか。いや往生することができる。仮にこのような如来が言語によって示した教えを信じることができないならば、すぐさま佛の言葉や教えについて論議し理を明らかにしたものを信じ受けとることなく、すべての善い行いを破壊するという十種の悪い行いを犯し尽くすであろう。

【解説】

最終的には、三福十六観を修する有所得の者も本願力に依るならば間違いなく往生するとして、無所得の者のみ往生できるとした反論者を厳しく論駁している。

【参考文献】

『觀無量壽經』『大正蔵経』三四二頁a

佛告阿難。汝持佛語。為未來世一切大眾欲脱苦者。説是觀地法。若觀是地者。除八十億劫生死之罪。捨身他世必生淨國。心得無疑。作是觀者名為正觀。若他觀者名為邪觀。

【本文】一巻三十一帖～三十二帖

又言稱佛名故於念念中滅八十億劫生死之罪得生西方極樂世界如此等經文誠證非一不可非廢衆多聖教言不得生唯言學无所得而得往生也

【書き下し】

又た言く。佛名を*稱するが故に、*念念の中に於て*八十億劫の生死の罪を滅して西方極樂世界に生ずることを得と。此の如き等の經文、*誠*證一に非ず。*衆多の*聖教を非廢して生ずることを得ずと言て、唯だ*无所得を學するのみ往生を得と言ふ可からず。

【現代語訳】

また次のように言う。佛の名を口にとなえることによって、一瞬一瞬の中において八十億劫というような久しくさまよった輪廻転生の罪を消し去って西方極楽世界に生まれることができると。これらの經の文句（に説かれる）ような、まことの典拠は一つにかぎらない。多数の佛陀の教えを否定したり捨て去ったりして、（極楽世界に）れる事はできないと言って、ただ執着し分別すべきものがない教えだけを学ぶことで（極楽浄土に）往生することができると言ってはならない。

【解説】

だめ押しとして、称名念仏によって八十億劫もの生死の罪を滅し極楽往生を可能にするとして、ここに本願力が加わることにより、より一層有所得の往生の根拠を補強している。無所得の者のみの往生を厳しく否定している。

【参考文献】

『観無量壽經』『大正蔵経』三四六頁a

如此愚人臨命終時。遇善知識種種安慰為説妙法教令念佛。彼人苦逼不遑念佛。善友告言。汝若不能念彼佛者。應稱歸命無量壽佛。如是至心令聲不絶。具足十念稱南無阿彌陀佛。稱佛名故。於念念中。除八十億劫生死之罪。命終之時見金蓮花猶如日輪住其人前。如一念頃即得往生極樂世界。

【本文】一巻三十二帖

以往生衆生有凡有聖通小通大有相无相或定或散利根鈍根長時短時多修少修咸得往生而有三輩九品差別花開早晩有異悟道遅速不同故知往生既有品類差殊修因亦有淺深各別不可但言唯修无所得而得往生有所得心不得生也以往生者非唯聖人凡夫亦生也

【書き下し】

往生の衆生に*凡有り*聖有り、*小に*通じ*大に通じ、*有相*无相、或は*定或は*散、*利根*鈍根、*長時*短時、多修少修、咸く往生を得るを以て*三輩九品の*差別有て、*花開の早晩異り有り。*悟道の遅速同じからず。故に知ぬ。往生既に*品類*差殊有り。*修因亦た*淺深*各別有るべし。但し唯だ*无所得を修するのみ往生を得、*有所得の心は得生せずとは言ふ可からず。往生の者の唯だ*聖人のみに非ず、*凡夫も亦た生ずるを以なり。

【現代語訳】

（西方極楽浄土へ）往生する人びとの中に愚かなものがありまた、聖人もいる。小乗の人に適合し、大乗の人にも適合する。形あるもの、特別の形を持たないもの、あるいは精神統一の情態、あるいは心の乱れた情態。素質・能力がすぐれているもの、能力の劣ったもの。長い時間（修行するか）、短い時間（修行するか）。多く（修行するか）、少く（修行するか）。すべて往生することができることによって、その人の素質および修行のいかんによって、上輩・中輩・下輩の三種類、ならびに九種類の相違があって、蓮華の花が開くのに早い晩いの区別がある。さとりを開くことに遅いこととはやいことがありすべてが同じではない。そのようなわけで以下のことを知ることができる。（極楽浄土に）往生するについて、既に（説かれているように）九品の種類の異なりがある。さとりの因である修行にもまた浅いことと深いことなどそれぞれに異なりがあるものである。ただし、ただ心の中で執着、分別をしない者が修行する場合だけに往生することができて、とらわれの心をもっている者は往生することができないと言ってはならない。（極楽浄土に）往生する者はただ聖人（大菩薩）だけではない。凡夫（愚かな者）もまた往生することができるからである。

【解説】

すべての者の平等の救いには、凡夫も聖人も有所得の者も無所得の者も大乗も小乗もすべて往生することを説く。ここで特に有相・有所得の者の往生できることを強く肯定することにより浄土は依他起性に含まれるものであることを証明している。

【本文】　一巻三十二帖

又佛淨土有理有事有報有化故修彼因有種種異生理淨土修无相因生事淨土修有相因生報淨土修无漏因生化淨土修有漏因土既有本末因亦有勝劣故非无相一因得生一切淨土也

釋淨土羣疑論巻第一終

【書き下し】

又佛の淨土に*理有り*事有り、*報有り*化有り、故に彼の因を修するに種種の異り有り。理の淨土に生ずれば*无相の因を修し、事の淨土に生ずれば*有相の因を修し、報の淨土に生ずれば*无漏の因を修し、化の淨土に生ずれば*有漏の因を修す。土既に*本末有れば、因も亦た*勝劣有り。故に无相の一因のみ一切の淨土に生ずることを得には非ず。

釋淨土羣疑論の巻第一　終る

【現代語訳】

また佛の淨土には理念的なものがあり、具体的差別的なものがあり、果報として現れたものがあり、仮のすがたを現したものもある。よって浄土に生まれるための善因を修行するのにも種種の異なりがある。理念的な淨土に生ずるためには差別の相を離れた善因を修行し、具体的差別的淨土に生ずるためには相対的差別的な善因を修行し、果報として現れた淨土に生ずるためには煩悩を断じて善因を修行し、仮のすがたを現した淨土に生ずるためには煩悩のあるの善因を修行する。（浄土の）国土において既に根本にあって変化しないものと、周辺にあって変化するものとがあるならば、（往生するための修行法である）善因にもまた勝れたものと劣ったものとがある。よって、差別の相を離れているという一つの（修行法である）善因のみが、すべて淨土に往生することができるのではない。（他の修行法においても往生することができる。）

釋淨土羣疑論の巻第一　終了する。

あとがき

『釋淨土群疑論』の和訳と解説を五年間にわたり、当山の寺報、『建中寺』に書かせていただき、巻第一の部分について一応完成致しました。『釋淨土群疑論』は全七巻ありますので、全ての和訳を志していますが、いつ完結できるかはわかりません。一生かかってもできないかもしれません。

しかし、かつて佛教大学及び大学院でご懇篤にご指導たまわりました、大本山増上寺第八十六世御法主藤堂恭俊台下の十七回忌に当たり、巻第一の出版をいたしました。平成二十年、学位論文『釋淨土群疑論』の研究を佛教大学に提出したときに、口頭試問の主査をしていただいた、現在、大本山百万遍知恩寺第七十五世御法主福原隆善台下には、身にあまるご祝辞をいただき、心から光栄に存じ感謝致しております。

今後、巻第二から巻第七まで、逐次和訳を進めながら、『釋淨土群疑論』の様々な問答を解説し、そこから現代にも共通する浄土教の問題を探っていきたいと思います。

出版発行致しますについては、大本山百万遍知恩寺　第七十五世御法主福原隆善台下のお世話になりました、お引き受けいただきました、山喜房佛書林の社長浅地康平様、また印刷などお世話になりました、長野印刷商工社長小林裕生様及び関係各位に心から御礼申し上げます。

合掌

平成二十九年一月

村上　真瑞

『釋淨土群疑論』及び浄土教関係佛教辞典

*ｱｲ　*哀　1.「あわれむ」「かなしむ」とよむ。哀れむこと。2.いとしきもの。〔佛教語大辞典〕13d

*ｱｲｷﾞｮｳ　*愛樂　1.愛し欲する。願い求める。樂は願うの意。欲し願うこと。2.執着すること。執着。3.他人から愛好されること。善いことを信じ願うこと。4.衆生を利することを愛し楽しむこと。5.慈愛のこと。他人を哀れむこと。〔佛教語大辞典〕15b-c

*ｱｴﾃ　*敢えて　　副（ア（敢）フの連用形に助詞テがついた語）　しいて。おしきって。万三「いざ児ども—漕ぎ出む海面（にわ）も静けし」。「—苦言を呈する」（打消の語を伴って）　少しも。一向に。全然。宇治拾遺六「—われらがしわざにあらず」　わざわざ。特に。「—出向くには及ばない」〔広辞苑〕

*ｱｶﾆﾀﾃﾝ　*阿迦尼吒天 akkaniṣṭha　有頂天　天の中の最高の天、の意。有頂 bhava-agra は有 bhava 存在の頂 agra を意味し、三界（欲界・色界・無色界）のうちの最高の場所（無色界の最高の場所）である。非想非非想処天をさす。

*ｱｲﾖｸ　*愛欲　1.愛は貪り愛する意。親愛。欲は貪り欲する意。深く妻子などを愛すること。2.五感の対象を享楽すること。3.妄執。盲目的な衝動。4.性愛を享楽すること。5.煩悩に同じ。6.サーンキヤ哲学における根源的思惟機能のタマス的な相の一つ。〔広説佛教語大辞典〕6b-c

*ｱｸ　*悪　1.お aḥ の音写。阿字の右傍に：（涅槃点という）を加えたもの。悉曇五十字門・十二母韻の一つ。阿字四転の第四で、涅槃門を表す。一切法遠離不可得（あらゆるものが究極においては静まっている）の意味があるという。また、あらゆるものの究極を表すという。2.悪いこと。人をそこなう事がら。理法に背いて現在と将来に苦を招く力のある性質。三性の一つ。3.悪の行為。悪業のこと。4.道徳的な意味の悪と好ましからぬ報いとをともに意味しうる。5.汚れのあらわれ。6.醜に同じ。みにくいこと。〔広

説佛教語大辞典〕8c-d

*ｱｸｺﾞｳ　*悪業　善業の対。悪い行い。あしきわざ。好ましくない果を招く、身・口・意一切の動作をいう。すなわち、（1）生きものを殺すこと、（2）盗み、（3）男女間のみだらな行為、（4）偽りを言うこと、（5）人の間をさくことば、（6）粗暴なことば、（7）ことばをかざること、（8）貪り、（9）怒り、（10）偏見、の十悪がある。人は自身の行為（業）にひかれて六道（天上・人間・修羅・畜生・餓鬼・地獄）に行く。この修羅道以下は悪業によってつれていかれる悪道である。〔広説佛教語大辞典〕10b

*ｱｸｼﾞ　*悪時　悪い時代。【解釈例】劫濁なり。五濁の中の劫濁なり。〔広説佛教語大辞典〕10d

*ｱｸｼｭ　*悪趣（S:durgati）1. 悪い所。悪業の結果として衆生が行かねばならない所の意。悪業の結果として受ける生存の状態。苦しみの生存。行為の報いを受けて生まれる迷いの世界。悪道とも言う。地獄・餓鬼・畜生を三悪趣という。これに修羅を加えて四悪趣。三悪趣に人間天上を加えて五悪趣・五道ともいう。五悪趣に修羅を加えたものを六道といい、人間は六道を輪廻するともいう。これを現実の人生にあてはめると、地獄（瞋恚・怒り）・餓鬼（貪欲）・畜生（癡・愚かさ）・修羅（争い）・人間・天上（喜悦）となる。人間界もさらに天上界も悪趣と考えられていることは注目すべきで、古代インド人にとっては、人間に生まれ変わらないことが大きな願いであった。2. 三悪趣の略。〔広説佛教語大辞典〕11a-b

*ｱｸｼｮ　*悪處　悪趣に同じ。〔広説佛教語大辞典〕11c

*ｱｸﾄﾞｳ　*悪道　1. 悪事をなすことによって生まれるところ。悪行によっておもむくべき所。よこしまの道。善道の対。六道のうち地獄道、餓鬼道、畜生道を三悪道という。悪趣に同じ。2. 特に地獄をいう。〔広説佛教語大辞典〕12b

*ｱｸﾎｳ　*悪法　1. 悪い教え。2. まちがった生活。3. 悪事。悪徳。〔広説佛教語大辞典〕12d

*ｱｼﾞｬｾ　*阿闍世　サンスクリット語 Ajātaśatru（パーリ語 Aāttasattu）に相当する音写。アジャータシャトル。古代インドマガダ国王ビンビサーラ（頻婆娑羅（びんばしゃら））の王子。デーヴァダッタ（提婆達多（だいばだ

った））にそそのかされて父王を殺害し、釈尊（しゃくそん）入滅8年前に即位。後、後悔の念激しい時、大臣ジーヴァカ（耆婆（ぎば））のすすめで釈尊に会い入信する。母は、ヴィデーハの女ヴァイデーヒー（韋提希夫人（いだいけぶにん））とも、コーサラ王の妹ともいわれる。コーサラ王プラセーナジット（波斯匿王（はしのくおう））とも戦うが後に和睦、またヴァッジ族を滅ぼそうとして釈尊より、ヴァッジ族は決して衰退しない七つのことを実行していると聞いて断念。釈尊入滅の後王舎城（おうしゃじょう）に舎利（しゃり）塔を建てて供養する。なお観無量寿経に説く、阿闍世王の父王殺害と母后韋提希夫人をめぐる悲劇は著名で、それがわが国の文学や美術に与えた影響も大きい。〔岩波仏教辞典〕*阿闍世　王（あじゃせ　おう、Skt：Ajātaśatru）は、古代インドのマガダ国シシュナーガ朝の王である。頻婆娑羅王とその妃韋提希夫人との間に生まれるが、提婆達多に唆されて父を幽閉、その後殺害して王位を簒奪するも、激しい頭痛に襲われて、後悔するようになった。そこで大臣の勧めで釈迦に相談した所、頭痛が治まったので、以後信者として初期仏教教団を支援し、釈迦の死後にその舎利を首都の王舎城に塔を建立して祀った。

*アズク　*預く　《常用音訓》ヨ／あず…かる／あず…ける《音読み》ヨ《訓読み》あらかじめ／あずかる（あづかる）／あずける（あづく）《名付け》さき・まさ・やす・よし《意味》｛副｝　あらかじめ。前もって。事前にゆとりをおいて。〈同義語〉→予。「預言」「預備」｛動｝　あずかる（アヅカル）。かかわる。〈同義語〉→与。「参預（＝参与）」〔国〕あずかる（アヅカル）。あずける（アヅク）。人のものを一時自分のところに保管する。また、自分のものを人のところにおいてもらう。「預金」〔漢字源〕

*アソウギ　*阿僧祇　1. 無数、無央数と漢訳する。数えることができない。数え切れないという意味。無量の数、不可数量 2. インドの数量の一つ。インドでは実際には巨大な数の単位として考えられた。億兆以上にある一つの桁の名。十の五十九乗を意味する。【解釈例】無央数。〔佛教語大辞典〕6a

*アソウギコウ　*阿僧祇劫　無数の劫（カルパ。）〔佛教語大辞典〕6a

*アダナ　*阿陀那 adana の音写。執持と漢訳する。第八識のこと。この識は(1)感官と身体とを執持して壊せしめざる根本的な識であり、(2) 諸法の種子

を執持して失わず。(3) 自身を執持して結生相続せしめるから執持識という。玄奘・窺基の法相宗では、アーラヤ識の別名とし、この識が善悪の業の勢力と、我々有情の身体とを維持、執持して壊さないのであると考える。2.第七識ともいう。アーラヤ識の有覆無記の点をいう。法相宗以外の地論・摂論の諸派では第七識とし、第八阿梨耶が眞如識であるのに対してこの識を妄識無明と観る。これらの相違が出てくる根拠は、識を八種に分けるか九種とするかの説の相違にある。〔佛教語大辞典〕6a

*アタリ　*膺《音読み》ヨウ／オウ《訓読み》むね／うける（うく）《意味》｛名｝むね。とんと、ものをうけとめるむね。物をかかえこむ、むな板。〈類義語〉→胸。「膺腫ヨウショウ（むねのはれる病）」｛動｝ うける（ウク）。むねでうけとめる。ひきうけて事に当たる。〈類義語〉→応。「戎狄是膺＝戎狄コレ膺ク」〔→詩経〕｛名｝ 馬のむなあて。〔漢字源〕

*アト　*蹤 《音読み》ショウ／シュ《訓読み》あと／はなつ《意味》｛名｝ あと。長くつらなる足あと。物事のあと。また、人の行いのあと。〈同義語〉→踪。〈類義語〉→跡。「蹤跡ショウセキ」｛動｝ あとをつける。したがう。「跟蹤コンショウ」｛動｝ はなつ。自由にしてやる。ときはなって、なるにまかせる。▽縦ショウに当てた用法。[漢字源]

*アト　*跡《常用音訓》セキ／あと《音読み》セキ／シヤク《訓読み》あと《名付け》あと・ただ・と・みち《意味》｛名｝ あと。次々と、同じ間をおいて点々と続く歩いたあと。転じて、足あと。〈同義語〉→迹セキ・→蹟セキ。「足跡」「踪跡ソウセキ（たてに長く続く足あと→ゆくえ）」｛名｝ あと。物があったあと。また、物事が行われたあと。〈同義語〉→蹟・→迹。「筆跡（＝筆蹟）」《解字》会意。亦は、胸幅の間をおいて、両わきにあるわきの下を示す指事文字。腋エキの原字。跡は「足＋亦」で、次々と間隔をおいて同じ形の続く足あと。《類義》痕コンは、根を残す傷あと。蹤ショウは、縦に細長く続く足あと。址シは建造物の土台が残ったもの。《異字同訓》あと。　跡「足の跡。苦心の跡が見える。容疑者の跡を追う。跡目を継ぐ」後「後の祭り。後を頼んで行く。後から行く。後になり先になり」[漢字源]

*アト　*躅《音読み》チョク／ドク／タク／ダク《訓読み》あと《意味》｛動｝じっと、たちどまる。「跼躅キョクチョク」「躑躅テキチョク（いってはとまる、ため

らう)」｛動｝ つまずく。つまずいてとまる。｛名｝ あと。地上についた足あとや、わだちのあと。物事のあと。〈類義語〉→跡。「軌躅《キタク》」《解字》会意兼形声。「足＋音符蜀《ショク》（くっついて離れない、とまる)」。［漢字源］

*アナゴン *阿那含 anāgāminの音写。1.不還・不来と漢訳する。もう迷いの世界に戻ってこない、の意。欲界の煩悩を断じ尽くした聖者の名。仏教以前の古ウパニシャッドにおいてブラフマンの真理をさとった人は、この世にもはやもどって来ないといわれていたのを受け継いだのである。仏教一般としては、この聖者は未来において色界・無色界に生まれ、欲界には再び生まれてこないので、不還という。この果を阿那含果（不還果）といい、聲聞四果の第三位であって、この果を得ようと修行する位を阿那含向という。→四向四果 2.不還たる精勤。聖道を得た人が諸有に輪廻する場合に、二種あるが、その中の一つ。一方が願の力によるのに対して、この場合は不還たる精勤の力によって行ずるものを指す。〔広説佛教語大辞典〕19a-b

*アノクタラサンミャクサンボダイ *阿耨多羅三藐三菩提 S.anuttarā samyak-saṃbodhiḥ P.anuttarā sammāsaṃbodhiの音写。略して阿耨三菩提・阿耨菩提ともいう。無上正覚（または等正）覚・無上正真道。無上正遍知。無上正徧智と漢訳する。仏のさとりの智慧のことで、この上なくすぐれ、正しく平等円満である意。仏の最上絶対完全な智。S.P.anuttaraは無上のS.samyakは正しい、完全な、S.P.saṃbodhiはさとりという意味である。仏の目覚めた境地を表すことば。世に並ぶものもない、優れた正しいさとり。この上ない正しい目覚め。完全なさとり。無上の正しいさとり。(仏のさとりをさしていう)。【表現例】たぐいなく、ただしく、あまねき、さとり。〔佛教語大辞典〕7b-c

*アビ *阿鼻 サンスクリット語Avīciの音写。〈阿鼻旨（あびし)〉などとも音写し、また〈無間（むけん)〉と漢訳する。〈阿鼻地獄〉のこと。〈無間地獄〉に同じ。八大地獄（八熱地獄）のなかの最下に置かれ、父母・出家を殺害するなどの五逆罪や、仏の教えを非難する謗法（ほうぼう）などの重罪を犯したものが墜ちるとされる。罪人は犯した罪の報いとして、この獄中で猛火に身を焼かれ、極限の苦しみを味わうという。なおこの地獄の四門の外には、鉄野干食処（てつやかんじきしょ)・黒肚処（こくとしょ)・

雨山聚処（うせんじゅしょ）などの十六の小地獄が付属する。〈無間〉と漢訳されたのは、その苦しみに間断がないからであるというが、原語の意味は不明である。災害などで人々が逃げまどい、泣き叫ぶ様を〈阿鼻叫喚（きょうかん）〉するとか〈阿鼻叫喚の巷（ちまた）と化す〉などというが、阿鼻叫喚の熟語は本来、阿鼻地獄と叫喚地獄とを併せたものである。〔岩波仏教辞典〕

*アビバッチ　*阿鞞跋致　S.avaivartika　S.avinivartanīya の音写。又阿惟越致とも音写。不退、無退、不退轉と漢訳する。退かない。退歩しないの意で、退くことのない位のこと。菩薩の階位の名称で、菩薩が佛になることが決定していて、再び悪趣や聲聞・縁覚や凡夫の位に退き転落することがなく、又さとった法を退失したりすることのないことをいう。→不退転〔広説佛教語大辞典〕21d　阿毘跋致　サンスクリット語 avinivartanīya、avaivartika に相当する音写。〈阿毘跋致（あびばっち）〉〈阿惟越致（あゆいおっち）〉などとも音写。原語は、退転しない、退歩しないという意。修行者がある程度の階位にまで達すると、もう二度と欲に染まり、迷いに苦しめられる状態に後戻りすることがなくなった堅固な心の状態をいう。漢語で〈不退転〉〈無退〉などと意訳される。将来仏陀（ぶつだ）になることが約束されて決して迷いの世界に転落することがない菩薩（ぼさつ）の心のあり方をいう。〔岩波仏教辞典〕

*アマネク　*徧く＝遍く　あまねく、遍満すること。

*アマラシキ　*阿摩羅識 amala-vijñāna 無垢識、清浄識と漢訳する。a は否定の意 mala は汚れ、垢の意。アーラヤ識が究極の空の境地に帰したところを言う。清らかな根本識。また、自性清浄心に同じ。唯識学などでは、六識のほかに末那識とアーラヤ識の八識説を立て、アーラヤ識が迷いを捨てて、さとりのすがたに転換した清浄な位において、人間の心は本然の姿では、迷いを離れた清浄なものであるとして、かく言う。真諦の系統の摂論宗では、アーラヤ識の外に立てるので、第九識とし、地論宗・天台宗にもこの説をとるものがあるが、玄奘の系統では、第八識の清浄な面にほかならないとして、九識説はとらない。〔広説佛教語大辞典〕23b

*アミダブツ　*阿弥陀佛（Amitāyus,Amitābha）大乗佛教における最も重要な佛

の一つ。阿弥陀佛、阿弥陀如来と呼び、略して弥陀ともいう。サンスクリット原名は、二つあり、Amitāyus は、無限の寿命を持つもの、無量寿、Amitābha は、無限の光明を持つもの、無量光の意味で、どちらも阿弥陀と音写された。すなわち阿弥陀は単に amita 無量の音写ではなく、阿弥陀佛の二つの原名のいずれにも相当する音写語であったと考えられる。漢訳佛典では、この阿弥陀とならんで、無量寿という訳語がよく用いられているが、これは字義通りには Amitāyus に相当するにしても、実際には Amitābha の訳語として用いられることも少なくない。〔岩波仏教辞典〕

*アヤマレル　*謬れる　まちがう。たがう。くいちがう。〔新字源〕942

*アラカン　*阿羅漢　alhat の主格 arhan の音写。応供、応と漢訳する。羅漢とも称する。1. 拝まるべきひと。尊敬さるべきひと。尊い人。供養を受けるにふさわしい人。世の尊敬を受けるに値する人。修行完成者。尊敬さるべき修行者。真人。聖者。世の尊敬を受ける聖者。究極の聖者。立派な行者。悟り終わった人。2. 佛教が興起した時代で、インドの諸宗教を通じて尊敬さるべき修行者の呼称であった。ジャイナ教では、今日でもジナのことをアルハットと呼ぶ。佛教はそれを取り入れただけである。従って釈尊もアルハットと呼ばれた。3. 佛のこと。佛の十号の一つ。4. 小乗佛教における最上の聖者。もとは佛を指す名称であったが、後に佛と阿羅漢とは区別され、佛弟子の到達する最高の階位とされた。これ以上学修するべき物が無いので、無学ともいう。すべての煩悩を断ってニルヴァーナに入った最高の段階にある人。小乗佛教では、修行の最高位に達した人。大乗佛教においては、阿羅漢は小乗の聖者を指し、大乗の修行者に及ばないものとされた。〔岩波仏教辞典〕

*アラヤ　*阿頼耶 ālaya の音写。1. アーラヤとは執することで、執持の意であるという。この意味では原始佛教以来用いられている。2. 執着される対象。3. ある外道ではこのアーラヤがあってこの身を持し、万象を含蔵すると説く。佛法中の第八識の意義と同じではない。〔佛教語大辞典〕10c-d

*アラヤシキ　*阿頼耶識の自相は凡夫から菩薩の第七地まで、二乗ならば有学の聖者までの位の者がもつとされ、この位を我愛執蔵現行位という。菩薩の八地以後または二乗の無学には我執がないから阿頼耶識はその自相を捨て

るのであるが、なお異熟識である果相が残るとされ、この位を善悪業果位という。佛果に至れば異熟識の果相も捨てられるが、有情利益を行うから、諸法の種子及び五根を執持して失わず相続するとされ、従って種子識である因相のみが残る。この位を相続執持位という。以上を頼耶の三位という。（仏教学辞典）8b

*アラハス　*旌　《音読み》セイ／ショウ（シャウ）《訓読み》はた／あらわす（あらはす）《意味》{名}　はた。あざやかな色の鳥の羽をつけたはたじるし。昔は兵卒を元気づけて進めるために用いた。のち、使節の持つはたじるしのこと。「旌旗セイキ（はた）」「旌節セイセツ（使者のはたじるし）」「行旌コウセイ（使者）」{動}　あらわす（アラハス）。功績や善行をほめて明らかにする。表彰する。また、功績や善行を明らかにするために門や碑をたてる。「旌表セイヒョウ」「旌門セイモン」［漢字源］

*アン　*按ずる＝あんずる　しらべる・といただす・たづねる・かんがへる・はかる〔諸橋大漢和辞典〕5-222

*アン　*按　《音読み》　アン《訓読み》おさえる（おさふ）／しらべる（しらぶ）《意味》アンズ　{動}　おさえる（オサフ）。手で上から下へとおさえる。おさえ止める。「按摩アンマ」アンズ　{動}　しらべる（シラブ）。一つずつおさえてみる。いちいちだめをおしてしらべる。〈同義語〉→案。「按験アンケン」「巡按ジュンアン（省内を巡ってしらべる）」「按其図記＝ソノ図記ヲ按ズ」〔→欧陽脩〕アンジテ　{前}　一つずつ順を追って、の意を示すことば。「按次＝次ヲ按ジテ」「按戸＝戸ヲ按ジテ」アンズルニ　{動}　文の初めにつき、考えてみると、の意を示すことば。「按釈経云＝按ズルニ釈経ニ云フ」［漢字源］

*アンダゲシ　*安多偈師　ホンショウアンダロンジ本生安荼論師。二十種外道の一。又単に安荼論師、安荼師といい、或は本牛計、本際計とも称す。安荼 anda は梵語、卵の義なり。即ち卵を以て万物生成の原因となすインド外道の一派をいう。〔望月佛教大辞典〕4694-4695

*アンニ　*安慰　安んじなぐさめる意。〔佛教語大辞典〕25b

*アンニョウ　*安養　阿弥陀仏の浄土のこと。楽邦・極楽ともいう。心を安んじて身を養うので、この様に名づける。〔広説佛教語大辞典〕32d

*アンホッシ　*安法師　彌天道安のこと。浄土論の著述あり（既に散佚）。〔望月

佛教大辞典〕3841c–3842b

*アンラク　*安樂 S:sukha サンスクリット原語は安らかで心地よい状態を意味する。いわゆる幸福にあたる。単に〈楽〉とも訳された。なお、大乗経典になると、skhāvatī（楽のあるところ）という語が用いられ、安樂世界とか安樂国土を意味したが、これを〈安樂〉〈安養〉〈極樂〉などと漢訳した。ちなみに来世の安樂世界を描写した浄土経典、『無量壽經』『阿彌陀經』の原名は、Sukhāvatī-vyūha（極楽の荘嚴）である。〔岩波仏教辞典〕

*アンリュウ　*安立　1. 安置建立の意。施設、仮設に同じ。安定させる。主張を確立すること。真如は言葉をこえたものであるが、それを仮に文字言語によって説き表すのを安立諦という。2. 秩序に従って成立すること。〔広説佛教語大辞典〕35a-b

*アンリュウタイ　*安立諦　言語を絶している真如を仮に言葉で差別して表すこと。真如が言語に表象されて、他のものとの区別が立てられることを安立諦といい、相対的なすべての差別を超えて言語を絶していることを非安立諦という。〔広説佛教語大辞典〕35b-c　施設、仮設に同じ　眞如は言葉を超えたものであるがそれを仮に文字言語によって説き表わすのを安立諦という。言語を絶している眞如を仮に言葉で差別して表わすこと。

*イ　*威　1. たけし。いかめしい。おごそか。2. 精力。〔佛教語大辞典〕33b

*イ　*威　《常用音訓》イ《音読み》　イ《訓読み》おどし／おどす／たけし《名付け》　あきら・おどし・たか・たけ・たけし・たける・つよ・つよし・とし・なり・のり《意味》｛名｝おどし。人をおどかす力やおごそかさ。「作威＝威ヲ作ス」「畏天之威＝天ノ威ヲ畏ル」〔→孟子〕イス　｛動｝　おどす。力ずくで、相手をへこませる。おそれさす。「威圧」「威天下不以兵革之利＝天下ヲ威スルニ兵革ノ利ヲモッテセズ」〔→孟子〕イアリ　｛形｝　たけし。相手を屈伏させる力や品格があるさま。いたけだか。「君子不重則不威＝君子ハ重カラザレバスナハチ威アラズ」〔→論語〕「威遅イチ」とは、うねうねと続くさま。〔漢字源〕

*イ　*異　1. それとは異なっている。2. 他の。3. 二つのものがまったく別のものであること。4. 他のもの。5. 他のものとなること。変化すること。6. 真実に違うこと。偽り。7. 異なったものとなる。変化する。8. 説一切有部に

よると、有為法を衰滅せしめること。他のありさまになること。9. 老衰。10. 異類の略。11. ヴァイシェーシカ哲学で、特殊を意味する。12. 十句義の第五。（極限における）特殊。すなわち「常に実のみに於いて転じ、一つの実を依りどころとし、是は彼を遮する覚の因及び此を表する覚の因」。〔佛教語大辞典〕35a-b

*イ　*位　1. くらい。状態。2. 階級。階梯。3. 身分。地位。4. 種類。項目。事項。5. 正位。さとりのまっただ中。6. 分位に同じ。7. 王位。8. 人を尊敬したり、数えたりする語。〔広説佛教語大辞典〕36-c

*イ　*蝟　《音読み》イ《訓読み》はりねずみ《意味》｛名｝はりねずみ。獣の名。ねずみに似ていて、からだの背面に鋭い針状の剛毛が密生し、敵に襲われるとからだをまるめ、毛をたてて防ぐ。｛形｝まるく群がり集まるさま。〈同義語〉→彙。［漢字源］

*イカン　*云何　疑問をあらわすことば。いかに。如何。〔漢字源〕

*イカン　*以還・已還　その後。このかた。以来。〔広辞苑〕

*イギ　*威儀　1. もと、礼の細則のことで礼式にかなった態度をもいう。2. ふるまい。動作。日常の立ち居ふるまい。たたずまい。居ずまい。詳しくは四威儀といって行・住・坐・臥をもって表す。3. 規律にかなった起居動作。ふるまい。坐作進退の儀則。4. 立派な行為。儀礼。5. 戒律の異名。6. 威厳に満ちた態度。7. 袈裟に着けた平くけの紐で肩にかけるもの。8. 生活様式の意。9. 規律にかなった正しい立ち居ふるまい。宗教の目的にかなった動作。行住坐臥において心を正しく振る舞うこと。10. 準備。11. 行列の儀仗。〔広説佛教語大辞典〕40c-d

*イギョウ　*意樂　1. 何かをしようとする意志。心がまえ。意向。心に欲すること。心の願い。こころ。心の向き方。志向。望み。ある目的を達するために念願すること。〔楽は「願う」という意味〕2. このみ。3. 心をひく。楽しい。麗しい。4. 内心に満足して喜びを起こすこと。5. 授戒者の意志目的。【解釈例】平生の心入れなり。〔広説佛教語大辞典〕41c

*イケ　*異計　正統派の説と異なる見解。異解におなじ。〔広説佛教語大辞典〕42a

*イジュク　*異熟　1. 異類、異時に成熟することの意。行為の結果。道徳的な意

味の結果。応報。善悪の結果。善悪の因により無記の果を生ずることをいう。果の性質が因のそれと異なるのでかくいう。因が善または悪であるのに果は非善非悪である。2. 異時にあって熟することをも含めていう。すなわち、因と果とが世を隔てて、あるいは時を隔てて異なる時に熟する意。3. 善または悪の行為によってひき起こされた結果。果報。4. 果報がすでに熟したこと。5. 唯識説では、善と悪との行為の潜在余力が熟することによって、引かれるままに結果が生ずること。6. 特にアーラヤ識を指して異熟と呼ぶこともある。『成唯識論』では、この場合の異熟と他の識の異熟とを区別して、後者を前者から生じたという意味で、異熟生と呼ぶ。〔佛教語大辞典〕36a

*イシュ　*意趣　1. こころ。意見。見識。趣意。意向。【解釈例】こころむき。2. 趣意を隠して説いていることば。〔広説佛教語大辞典〕44d-45a

*イシュ　*意趣　思わく。意向。理由。［漢字源］

*イシュ　*異種　さまざまな。〔佛教語大辞典〕35d-36a

*イジュクシキ　*異熟識　アーラヤ（阿頼耶）識の異名。三能変の第一の異名。過去の業によってもたらされた結果としての識。〔佛教語大辞典〕36b-c

*イショウ　*異生　1. 凡夫のこと。凡夫は聖者とは異なる生類であるから、また、凡夫は善業あるいは悪業をつくって、あるいは人天の善趣に生まれ、あるいは地獄・餓鬼・畜生の悪趣に生まれ、その生まれる場所が、種々に異なるから異生という。2. 凡夫的な。〔広説佛教語大辞典〕46b

*イジン　*威神　1. 神々しい威光。偉大なる威力。2. 不思議な力。すぐれた力。不思議なはたらき。超人的な力。〔佛教語大辞典〕34a

*イソウ　*異相　1. 諸法の生から滅に至る過程を四段に分けたものの一つ。四有為相の一つ。→四有為相 2. 同相の対。異なったすがた。異なっていること。個別的に見た各個物は、おのおの他と相異なる相状にあるのをいう。六相の一つ。→六相 3. 別異相。さとりの世界の浄法も、無明によって生ずる迷いの世界の染法も、ことごとく真如・本覚を体とするものであるが、それらは衆生の染心の種々相にしたがって、さまざまな差別の幻影を生じている。差別門。消滅門のこと。4. 杭などのこと。5. 特色のある方面。〔佛教語大辞典〕37a-b

*イダイケブニン　*韋提希夫人　韋提希はサンスクリット語 Vaideh（ヴァイデーヒー）に相当する音写。毘提希　吠提希とも。また思惟　思勝　勝妙身と意訳される。釈尊在世時代のマガダ国頻婆娑羅（ビンバシヤラ）王の妃で、阿闍世（アジヤセ）王の母。阿闍世のために塔に幽閉された頻婆娑羅王のもとへひそかに食物を運ぶが、それを知った阿闍世は彼女をも幽閉する。観無量寿経は、この王舎城の悲劇を機縁として、仏が韋提希の苦悩を除くために西方浄土の観法（十六観）を説くという形をとる。なおこの経説を描いたのが当麻（タイマ）曼荼羅（マンダラ）で、この変相図一軸を説き明かす曼荼羅絵解きが一源流となって、やがて近世話芸を開花させる。〔岩波仏教辞典〕

*イタル　*至る　1. いたる。来る。到着する。とどく。ゆきつく。きわまる。この上ない点まで達する。2. いたり。きわみ。きわまり。3. いたって。このうえなく。はなはだ。4. 時期の名。一年中で日の最も短い日と長い日。「冬至」「夏至」〔新字源〕833a

*イチイ　*一異　1. 同一のものであることと異なったものであること。2. 甲乙相同じと見るものを一とし、相異なると見るを異という。ともに一方に偏った思想であるから、中道を説く仏教はこれを排斥する。〔佛教語大辞典〕45b

*イチギョウ　*一形　1. 人間の身体の存続する期間をいう。一期・一生涯に同じ。この世だけ。2. 女根または男根。〔広説佛教語大辞典〕51b

*イチジ　*一時　1. ある時。かつて。経典の冒頭でその経典の説かれた時を示すのに、具体的な時を示さず一般的にぼかして、いう語。2. 同一時。3. 同時。即時 4. 一度に。5. ひととき。6. ひとたぞ　.8 密教では能所一体の絶対時。六成就の一つ。〔佛教語大辞典〕47d-48a.

*イチジョウ　*一乗　1 一つの乗り物。また一仏乗という。一は唯一無二。乗は乗り物で、衆生を乗せてさとりにおもむかせる教えの喩え。仏教の種々の教説はいずれも存在意義があり、それぞれ仏陀が人々を導くために方便として説いたもので、実は唯一の真実の教えがあるのみだと主張する。それによっていかなる衆生もすべて一様に佛になれると説く。一乗の思想は、『法華經』『勝鬘經』『華嚴經』などで説かれるが、特に『法華經』で強調される。人の資質や能力に応じて、聲聞、縁覚、菩薩それぞれに固有な実

践法があるという三乗の見解に対して、三乗は一乗に導くための手段にすぎないという。すなわち仏のといたことを聞いた上で実践（聲聞乗）、単独でさとりを開く実践（縁覚乗）、自他ともに悟ろうとする実践（菩薩乗）があるが、これらがすべて一つに帰するという教え。大乗仏教の唯一にして究極の理。三乗も究極的にはこの唯一のものに帰する。これを教えるのを一乗教という。2. 天台宗では、一乗を強調し、『法華經』の精神を体得すれば、それがそのまま一乗になる（開会）と解し、大乗の中で特に一仏乗は最高の教えであるとするので、通常天台宗の教えを一乗とよぶ。成仏の問題にからんで一乗と三乗との論争がシナ以来多い。また、華厳宗では、これに別教と同教の区別を立てる。三乗ならびに五乗の法に対する語。3.『法華經』をさす。4. 仏乗。〔広説佛教語大辞典〕54b-c

*ｲﾁｼﾞｮｳﾛｸｿﾞｳ　*一丈六像　一丈六尺の仏像をいう。→丈六〔広説佛教語大辞典〕55c

*ｲﾁｼﾞﾝ　*一尋　一ひろ。長さの単位で、八尺を意味するが、一説には六尺という。〔佛教語大辞典〕49d

*ｲﾁﾆｮ　*一如　1. 一は不二で絶対の意。如は tathatā（真如）の漢訳で、不異（異なることがない）をいう。実相に同じ。諸事物が一であると道理をいう。真如の理。唯一無二の真如。真実ありのままのすがた。万有に偏在する根源的原理である真如の説明に用いられる。2. 全く等しくて変わりのないこと。同体同一であること。唯一であること。3. 如に意味がある。真実と一体になって熱心につとめることをいう。〔広説佛教語大辞典〕57d-58a

*ｲﾁﾆｮ　*一如 絶対的に同一である。物事の真実の姿（実相）。分別を超えた真実の智（実智）によって洞察される、事物のあるがままの真相。（tathta 如 眞如）は、現象としての一切の事物において、普遍的に同一であるので、（不二、不異）であるので、一の如と称する。

*ｲﾁﾈﾝ　*一念　1. きわめて短い時間。六十刹那あるいは九十刹那を一念という。また、一刹那。一瞬。2. 現在の刹那の心。きわめて短い時間に起こる心の作用。現在一瞬の心。一度の思い。一つの思念。念慮。3. 一たび念ずること。一心ともいう。シナ仏教では念を心念・観念などと解し仏のすが

たを念想することをいう。一たび阿弥陀佛を念ずること。一たび発心すること。4. 念は稱念の意。一声で稱名念仏することを行の一念という。我が国の浄土教ではシナの善導の説をとり仏名を一たび称える意とする。5. ひとおもいの信心。ひとおもいの真心。一瞬の信。信の一念。信心の発起する時間がきわめて短いこと。教えを聞いて心が開けた時に起こる。6. ただの一度。7. ただちに。たちまちに。〔佛教語大辞典〕51c-d

*イチネンキョウ　*一念頃　瞬間。非常に短い時間をいう。『観無量壽經』『大正蔵経』12 巻 346a〔佛教語大辞典〕52a

*イチバイ　*一倍　ある数量と同じ数量。「—半」 ある数量を二つ合せた数量。倍。二倍。永代蔵一「一年—の算用につもり」（副詞的に）いっそう。ひとしお。浄、近江源氏「聞分けよい程助けたさは、胸—に迫れども」〔広辞苑〕

*イチブン　*1. 一部分。一部。2. 二つに分けたものの一方。3. 論理学における特称「ある…は」を意味する。〔佛教語大辞典〕53d

*イチブン　*一分 あまねくする。新字源 111a

*イツ　*逸 《常用音訓》イツ《音読み》イツ／イチ《訓読み》はしる／のがれる（のがる）／はやる《名付け》すぐる・とし・はつ・はや・まさ・やす《意味》イッス ｛動・形｝ はしる。のがれる（ノガル）。するりとぬけさる。ぬけてなくなる。記録からもれている。とりこぼした。〈同義語〉→佚。「奔逸ホンイツ」「逸事」「逸長蛇＝長蛇ヲ逸ス」イッス ｛動｝ ルートからぬけ出て横にそれる。〈同義語〉→佚・→軼。「逸脱」「放逸」イッス ｛動・形｝ 世の中のルールからはずれる。わくをこえる。また、俗な空気からぬけ出て、ひときわすぐれたさま。〈同義語〉→佚・→軼。「逸民（俗気にそまらない人）」「逸品」｛形｝ ルールにとらわれない。気らくなさま。「安逸」「逸予（気らく）｜「逸居而無教＝逸居シテ教ヘ無シ｜〔→孟子〕〔国〕はやる。わくをこえて何でもやりたくなる。「気が逸る」［漢字源］

*イッキョ　*一挙　一度にことごとく皆。

*イッコウ　*一向 1. 本来は「いちこう」と読み、心を一方にひたすら向け、他のことを顧みない、という意。ひたすら、ただ一すじ。ひとえに。専一。余念をまじえぬこと。【解釈例】ひたすら、ただ一筋のこと。2. 全然。一方的な。3. 徹底的に。どこまでも。4. 一方的に。〔広説佛教語大辞典〕65b

*ｲｯｻｲ　*一切　すべて。〈同義語〉壱切。しばらく。一時。〈同義語〉壱切。同時に。〈同義語〉壱切。▽イッセツとも読む。〔仏〕すべての事物をそなえる。〔国〕まったく。▽下に打ち消しのことばを伴う。〔漢字源〕

*ｲｯｻｲｶｲｸｳ　*一切皆空　1. 宇宙が破壊される時に、あらゆる物体が消滅すること。2. あらゆる現象や存在が空であること。〔広説佛教語大辞典〕66c

*ｲｯｻｲｼｭﾁ　*一切種智　1. 一切をその具体的な特殊相において知る智慧。あらゆるものの個別性を知りきわめる智慧。種とは心に写し撮られた映像、形像としての「形相」をいう。諸存在（一切法）のあり方を「一切種」と呼んでいる。2. 一切智（すべてを知り尽くした者の智）の智。平等と差別とを合わせ知る佛の一切智をさす。全智者の智。〔本来漢訳では「一切智智」というのが正しい。〕3. 最高の完全無欠なさとり。佛の智慧。4. すべての存在に関して平等の相に則して、差別の相を詳細に知る智。5. 一切諸佛の教えに通達せる智。一切の教えを知り尽くされた智。**【解釈例】**俗諦差別を智るの智なり。真俗二諦の一切法を悉く知る智。〔広説佛教語大辞典〕68a ～ b

*ｲｯｻｲﾁ　*一切智　1. すべてを知っている人。佛のこと。完全な智慧を有する人。善知者。2. 佛の智慧。一切の真実を知る智慧。3. すべてを知ること。4. 一切は空であると知る智。5. 三智の一つ。内外の一切のものに通達した智慧をいう。天台では二乗所得の智であるといい、倶舎では佛智であるとする。〔広説佛教語大辞典〕68d ～ 69a

*ｲｯｼｮｳﾌｼｮ　*一生補處（eka-jāti-pratibaddha）次の生で佛となることが決まっているものをいう。サンスクリット言語は、この一生だけ迷いの世界に縛られているものの意であるが、次に佛の位処を補うところから補處と訳された。特に釋尊のあとに成仏することになっている彌勒菩薩を補處の菩薩と称する。一生所縛ともいう。一生だけ迷いの世界に繋縛されている者、即ち迷いの境界に縛られているのはこれが最後で、この一生を過ぎれば次は仏の位所を補う者。菩薩の最高位である等覚をさす。

*ｲｯｼﾝ　*一心　元来必ずしも佛教語ではなく、皆で心を一つにする意。あるいは専心する意で、中国古典にも見られる。仏教でも特に専心する意では多く用いる。例えば〈一心敬礼〉は心をこめて三宝を敬礼すること、〈一

心帰命〉は心をこめて仏に帰依すること、〈一心不乱〉は念仏などにおいて心を散乱させないこと、〈一心専念〉〈一心稱念〉〈一心正念〉等も念仏に関して言われる。ただしこれらにおいては後述のような哲学的なニュアンスも加わってきている。そこでこの哲学的な意味の一心であるが、これも『荘子』天道に天地と一体になった境地が「一心定まる」といわれている用法などが先駆となる。仏典においては、特に『華厳経』十地品の「三界虚妄唯是一心作」がもっとも重要である。この原義は世界の在り方は我々の心の在り方に依存するという意で、ここでの「一心」は特別の心を意味する訳ではない。「一心一切法、一切法一心」などと言われるのもこの思想の発展である。ところが、後にはその「一心」を染心と見るか浄心と見るかで説が別れるようになり、特に中国では浄心と見る方向が主流となる。これには『大乗起信論』の影響が大きく、中国華厳や禅では〈一心〉はすべての根源の原初的・絶対的な心とされるに至る。〔岩波仏教辞典〕

*イッシン　*一心　1.究極の根底としての心。万有の実体真如をいう。一とは平素絶対の意。心は堅実性を洗わす。また衆生の根底にある一心識。あらゆる現象の根源にある心。宇宙の事象の基本にある絶対的な真実。2.心を統一すること。精神統一・禅定に同じ。心の動揺を静めること。心静かなこと。一心に阿弥陀仏をたのむというように、弥陀一佛を念じて他の佛を念じないのを無二の一心といい、念仏一行を相続して余行をまじえないことを専一の一心という。純なる信心。邪念を交えず二心のないこと。3.心を込めて。一心不乱に。ひたすら。4.念を入れて。つとめて。5.十六の記憶形式の第十四。修行。6.多くの人々の心が（一つの目的のために）一つになること。「一心同事」（心を一つにして協力すること）7.六波羅蜜の中の禅定に同じ。8.注意すること。9.人々が事物に関わってはたらく心。〔広説佛教語大辞典〕72a-b

*イッセンダイ　*一闡提　icchantikaの音写。断善根・信不具足と漢訳する。善根を断じていて救われる見込みのない者。成仏しえない者。どんなに修行しても絶対にさとることのできない者。通俗語源解釈によると、欲求しつつある人、(icchan）の意でインドの快楽主義者や現世主義者をさすというが、佛教では佛教の正しい法を信ぜず、さとりを求める心がなく、成佛の素質、

縁を欠く者をいう。世俗的快楽だけを希求している人。また仏教の教義を誹謗し、救われる望みのない人。これに、正法をそしって容易に成仏しないが、最後の時に成仏する者と、菩薩が慈悲心から人々をことごとく成仏させてから、自ら成仏すると誓うが、人々はほとんど無限に生まれるから、ついに成仏の時期のない者、さらに全く成仏の素質のない者などがある。この後者の存在を認めるのが法相宗で、それに反対して一切皆成仏の説をとったのが天台・華厳その他大乗諸宗であり、両者の間に行われた、一闡提が成仏するか否かの論争は、シナ・日本を通じて佛性論の大きな問題となった。〔佛教語大辞典〕64b-c

*イッチョウ　*一徴　一度（ひとたび）明らかにする。*チョウ　徴　1. しるし　きざし　あかし　ききめ　2. あらわれる 3. 明らかになる。明らかにする。4. めす。めしだす。もとめる。5. とりたてる。6. とめる。〔新字源〕355b

*イッパン　*一般　広く認められ成り立つこと。ごくあたり前であること。すべてに対して成り立つ場合にも、少数の特殊例を除いて成り立つ場合にも使う。特殊。普遍。「—性に欠ける」普通。「世間—の人」一様であること。同様。「甲は乙と—だ」〔広辞苑〕

*イッポック　*一法句　真理を表す章句。転じて究極の真理そのものを意味する。【解釈例】一法は法身のさとりなり。句とは、能詮（手段方法）の章句なり。この一法を顕すを句と云ふ。一法は真如なり。句は能詮の名なり。〔佛教語大辞典〕66a

*イトク　*威徳 1. 威厳。たけきみ徳。2. 威厳と徳望。3. 身心・佛・念者などの力。4. たけだけしい徳。5. 気高い有徳の天。〔佛教語大辞典〕34c-d

*イニョウ　*圍繞 1 右肩を向けてまわって敬礼することをいう。三度右回りをするので右繞三匝《ウニョウサンソウ》ともいう。法会の行道の式はこれに基づく。2 取り囲むこと。〔佛教語大辞典〕40b

*イヒ　*衣被　衣服。おおい助ける。めぐみをほどこすこと。[漢字源]

*イモン　*慰問　苦労している人、不幸な人をたずねて慰める。『慰存《イゾン》』〔漢字源〕

*イホウ　*異方　異なった地方。各地方。異域。〔広説佛教語大辞典〕80b

*イワンヤ　*況や　まして。〔新字源〕565

*イン　*因　《常用音訓》イン／よ…る《音読み》イン《訓読み》よる／かさねる（かさぬ）／よりて／よって／ちなむ／ちなみに《名付け》ちなみ・なみ・ゆかり・よし・より・よる《意味》1. {動} よる。ふまえる。下になにかをふまえて、その上に乗る。「因循」「殷因於夏礼＝殷ハ夏ノ礼ニ因ル」〔→論語〕2. {動} よる。かさねる（カサヌ）。何かの下地の上に加わる。〈類義語〉→依。「因之以饑饉＝コレニ因ヌルニ饑饉ヲモツテス」〔→論語〕3. {動} よる。たよりにする。手づるにする。「因陳子而以告孟子＝陳子ニ因リテモツテ孟子ニ告グ」〔→孟子〕4. {名} おこった事のよりどころ。〈対語〉→果。「原因」「因由《インユウ》」5. {副} よりて。よって。それにつれて。便乗して。「無恒産、因無恒心＝恒産無ケレバ、因ッテ恒心無シ」〔→孟子〕6. {副} よりて。よって。それが原因で。「余因得遍観群書＝余因リテ遍ク群書ヲ観ルヲ得タリ」〔→宋濂〕7. {動・副} ちなむ。ちなみに。ゆかりを持つ。機縁にする。何かを縁にして。8. {名} 掛け算のこと。〈類義語〉→乗。［漢字源］

*イン　*引　《常用音訓》イン／ひ…く／ひ…ける《音読み》イン《訓読み》ひける／ひく《名付け》のぶ・ひき・ひさ《意味》{動} ひく。弓をひく。「引満《インマン》（弓をいっぱいにひく）」「君子引而不発＝君子ハ引キテ発タズ」〔→孟子〕 {動} ひく。まっすぐひっぱる。〈類義語〉→伸《シン》・→曳《エイ》。「牽引《ケンイン》」「引伸《インシン》」「引車＝車ヲ引ク」 {動} ひく。ひき出す。また、ひき寄せる。「誘引」「引刀＝刀ヲ引ク」 {動} ひき受ける。「引責」「承引」 {単位} 長さの単位。引は周代、十丈（二二・五メートル）。 {単位} 重さの単位。一引は、「大引《ダイイン》」で六〇〇斤。「小引」で三〇〇斤。▽周代の一斤は二五六グラム。 {名} 文章の様式の一つ。唐以後にはじまった。はしがき。序。 {名} 紙幣。「鈔引《ショウイン》」「銭引」［漢字源］

*インガ　*因果　1. 原因と結果。いかなるものでも生起させるものを因といい、生起させられたものを果という。事象を成立せしめるものと成立せしめられた事象。2. 原因があれば必ず結果があり、結果があれば必ず原因があるというのが因果の理。あらゆるものは因果の法則によって消滅変化する。3. 善悪の行為には必ずその報いがあるという道理。4. 打算。5. 俗にことの因果関係を明らかにする、納得させることを「因果をふくめる」という。〔佛

教語大辞典〕69d-70a

*インガイロウ　*員外郎　『員外《インガイ》』官名、尚書省の六部《リクブ》は二十四司に分かれ、それぞれの長官（郎中）の補佐役をいう。隋《ズイ》代にはじまり、本来は定員外の官。郎に欠員が出たとき補充された。［漢字源］

*インギョウ　*因行　修行。（佛となるための）因となる行。また因位における修行の意。さとりを開くもとになる。〔広説佛教語大辞典〕86c

*インカゴ　*因果語　十二因縁の六入は触の因であり過去の業の果である。過去の結果と未来の原因とを一つの語の中に説くもの。『探要記』七巻十一帖

*インゴ　*因語　現在の原因に中に未来の結果を説くもの。『探要記』七巻十帖

*インシュボサツ　*印手菩薩　晋の道安の称。〔佛教語大辞典〕68c

*インジュン　*因順　因は因依、順は順従。依り従うこと。〔広説佛教語大辞典〕88c

*インジョウ　*引接　また引摂とも書く。引導接取の略。1. 佛が慈悲心により摂取の手で衆生を導くこと。2. 浄土教では、衆生を導き阿弥陀佛の光の中におさめ取ること。すなわち極楽浄土に受け入れること。臨終に阿弥陀佛が来迎して、念佛を唱える衆生を救い極樂に入らせるという。〔佛教語大辞典〕67b

*インシン　*陰身　中陰の身の略。

*インニ　*因位　1. 原因たる状態。結果に到達するまでの過程。2. 因地ともいう。さとり以前。修行の時代。修行している時。まださとりを得ていない位。果上に対する。修行の結果に対して修行中の期間の意。結果としてのさとりに至る以前の修行の過程。おもに成佛の位（佛果）に至るまでの道程にある位。佛となる前の求道者である菩薩の段階をさす。阿弥陀佛の場合には法藏菩薩であった時期をいう。因と果と対照した熟語には、因円果満（因位中の修行が円満具足して証果を得る意）、因行果徳（因位の修行と果上の功徳）因源果海などがある。〔広説佛教語大辞典〕91d

*インネン　*因縁　1. 原因。因に同じ。→因 S.P:nidāna　S:kāraṇa　S:hetu hetutva　S:pratyaya　2. 直接の原因。S:nimitta　3. 因すなわち縁の意。広義の因縁の意となり、一切有為法が因縁とよばれる。四縁の一つ。何らかの意味でつながりのある一切のものをいう。能作因以外の五因をひっくるめてよぶ。→四縁【解釈例】因縁と云は種子は現行を縁とし又やがて種子

を縁とし又現行は種子を縁とするを云也、此縁は縁の中に尤も親しき縁也、因の体やがて果となる也。《唯識大意》4.因と縁。因は結果を招くべき直接の原因、縁は因を助けて結果を生ぜしめる間接の原因。直接的・間接的な原因。内部的直接原因と外部的間接原因。原因と条件。何らかの意味の原因をすべて含めていう。因と縁とによって定められた消滅の関係。P:hetu-paccaya　5.（ものに）よって。縁りて。縁として。P:upanissāya　6.縁となっている。P:bhūta　7.他の縁によること。他に依存する関係。迷いによる条件付けの関係。P:paṭiccasamuppanna　8.機会。機縁。S:nidāna とはもと病理を意味する語であるが、仏教では病気の原因のように人間の迷いの生存を成立させる原因をいう。9.われ。理由。しかるべき理由。10.十二因縁の系列における条件付けの関係。これがあるときかれがあり、これが生ずるからかれが生ずる、ということ。S:dharma-saṃketa

11.縁起に同じ。大乗では、特に相依相関的発生のこと。つまりすべての現象は単独で存在するものはなく、必ずいろいろな原因や条件によって成立することをいう。S:pratītya-samutpāda　12.もとは縁起の意であるのに、シナでは、因は所得の法、縁は衆生のことと解するようになった。13.原因と結果。結果を含めていう。14.道理。因果の法則のこと。因果関係。S:pratyaya　15.機縁。方法。きっかけ。教典を説くきっかけ。理由。16.特別の場合。17.動機。目的。効用。いわれ。ある行いをなす目的。18.個人的素質。根拠。19.労作の営み。20.禅門では、公案、機縁とほとんど同じ意味に用いる。すなわち、仏祖古徳の言行を因縁ということが多い。21.事の起源。由来。九分教の一つ。十二部経の第六。縁起ともいう。→尼陀那 S:nidāna　22.えにし。いわれ。いわゆる、縁。23.関連。不思議なつながり。【解釈例】所以の義で、いわれのこと。必ず因縁ある事ならん。縁のこと。〔佛教語大辞典〕72b-73b

*ｲﾝﾈﾝ　*因縁　［s：hetu-pratyaya］　中国語としての〈因縁〉は、史記（田叔列伝）に少（わか）くして孤…未だ因縁有らず、後漢書（陳寵伝）に不良の吏、因縁を生ずなどとあるように、つて、よすが、かかわり、機縁を意味する。仏教では、因と縁、または因も縁も同じ意味（因即縁）ということで一つに結びつけたもの。広くは原因一般をさす。すなわち、すべて

は縁起している、つまり因縁によって生じている（因縁生）と説き、因縁は仏教思想の核心を示す語である。因（hetu）と縁（pratyaya）は、原始経典ではともに〈原因〉を意味する語であったが、のちに因を直接原因、縁を間接原因、あるいは因を原因、縁を条件とみなす見解が生じた。そこから、因と縁とが結合して万物が成立することを〈因縁和合〉という。阿毘達磨（あびだつま）（論書）では因縁を詳細に分類し、説一切有部（せついっさいうぶ）の四縁六因、上座部の二十四縁の説が著名である。〔岩波仏教辞典〕

*ｲﾝﾈﾝ　*因縁（諸説と仏教の立場）　仏教では人間の努力による因果形成を建前としており、したがって因や果を固定したり、創造など神の力を因とする（尊祐説）、外在的・宿命的な力を因とする（宿作因説）などの説、あるいは因なくして始めから果があったとする決定論的な主張（無因有果説）、原因というものは有り得ないという説（無因縁説）に対してきびしい批判を向けたが、竜樹は中論の観因縁品において、改めて大乗仏教の空（くう）の立場からそれらの外道の説を批判し、加えて有部の四縁説をも否定した。同書観四諦品では、因縁によって生ずる（縁起）諸法は空であると説く。〔岩波仏教辞典〕

*ｲﾝﾈﾝ　*因縁（派生的意味）因縁の、中国語原義と関連するその派生的な意味としては、理由、由来、いわれ、動機、機縁、ゆかり、かかわりなどがあり、一般に〈浅からぬ因縁〉などと言ったり、また全く無関係なものに因果関係を認めることについて、〈因縁をつける〉などの語法も生じた。〔岩波仏教辞典〕

*ｲﾝﾈﾝ　*因縁（用例）　日本の衆生、この因縁に、生々世々に、仏にあひ奉り、法を聞くべし〔宇津保（俊蔭）〕灯指比丘、何の因縁を以って指の光有るぞ〔今昔（2-12）〕〔岩波仏教辞典〕

*ｲﾝﾈﾝｼｮｳ　*因縁生　1. 原因から生ずること。【解釈例】光明名号の因縁より往生の生ができる（こと）。2. 事物は本来実有のものでなく、みな因と縁とで結び合わされて、仮に生じていることをいう。縁起に同じ。→縁起〔広説佛教語大辞典〕93b

*ｲﾝﾓﾝ　*印文　1. 印章に刻まれた文字または模様。『観無量壽經』『大正蔵経』

12巻344a2. 悉曇において、文字としてではなく、記号として用いられるもの。〔広説佛教語大辞典〕95b

*ウ　*有　1. 無・空の対。存在。実有。仮有。妙有などの別がある。→三種有 S:bhāva　2. 有り。3.S:bhavati 羅什はこの語をほとんどの場合に「有」と訳しているが、チベット語相当訳では、T:yad pa と訳することはまれであり、たいていの場合に T:ḥgyur ba（…となる）と訳している。サンスクリットの一般用例では S:bhavati は「…となる」という意味である。4. 成立。5. ないものをありとみなすこと。6. 所有。もちもの。7. 或る。「有謂」8. 生存。十二因縁の第十支。（第十番目の項目）→三有 9. 生存の場所。迷いの果。善悪の因によって迷いの世界で苦楽の果報を感じ、生死輪廻が続いて因果の尽きないこと。迷えるものの存在の世界。これには三種類(三有）がある。十六行相の一つ。10. のちの生存。11. 存在状態。情態（観念の創造)。→三有→四有→七有【解釈例】一切の根本をさして有といふ。形のある有質碍なものの事なり。12. (1) もつ。ある。(2) 国名の前の「有」は意味をもたない。(3)「有諸」は、あるのか、の意。〔佛教語大辞典〕79b-c

*ウ　*宇　《常用音訓》ウ《音読み》ウ《訓読み》いえ（いへ）《名付け》うま・たか・ね・のき《意味》1. ｛名｝ いえ（イヘ）。大きな屋根でおおったいえ。また住居をおおうひさし。また、軒下。転じて、大きな建物。「玉宇（大理石の大きな建物)」「香茅結為宇＝香茅結ンデ宇ト為ス」〔→王維〕2. ｛名｝大きい屋根のような大空におおわれた世界。すべての空間。「宇宙」「寰宇カンウ」「宇内ウダイ（天下)」3. ｛名｝ 空間的なスケール。大きさ。「気宇」4. ｛名｝天子の統治する世界。「御宇ギョウ」「御宇多年求不得＝御宇多年求ムレドモ得ズ」〔→白居易〕［漢字源］

*ウガク　*有學　まだ学ぶ事のある者で、阿羅漢果まで至っていない聖者。仏教の真理を知ってはいるが、まだ迷いを完全には断ち切っていないために、さらに学ぶべき余地を残している者。小乗仏教の修行者の到達すべき四果のうち、前の三果をいう。最後の阿羅漢果をまだ得ていないため、さらに修学を必要とする者。無学の対。〔広説佛教語大辞典〕99-d-100a

*ウガツ　*鑿　《音読み》サク／ザク／サク《訓読み》のみ／うがつ《意味》｛名｝

のみ。木に穴をあける道具。〈類義語〉→鐫《セン》。｛動｝ うがつ。物にあなをあける。のみでほる。｛名｝ ほったあな。材木と材木とをつなぎあわせるとき、ほぞを入れるためにほった穴。ほぞあな。｛形｝ 底まで明らかなさま。内実をうがって、確実なさま。「揚之水、白石鑿鑿＝揚レル水ニ、白キ石ハ鑿鑿タリ」〔→詩経〕｛動・形｝ うがつ。物事の奥をかんぐる。奥底までつきとめたさま。うがった。「穿鑿《センサク》」「所悪於智者、為其鑿也＝智ニ悪ム所ノ者ハ、ソノ鑿ツガ為ナリ」〔→孟子〕｛動｝ 米を臼《ウス》でついて精白する。〔漢字源〕

*ウク　*憂苦 うれいの苦しみ。人間の苦しみ。〔広説佛教語大辞典〕100d

*ウゴン　*有言　言語をもって答えること。〔広説佛教語大辞典〕102a

*ウジツ　*有實＝ジツウ　實有　1. 真実にあること。実在。実際に存在すること。外界に存在すること。2. 世間において実在するもの。3. 実体としてあること。真実の実在。実在性。説一切有部では、一切のダルマが実体としてあるということ。4. この実在していない世を実在しているものと思うこと。〔佛教語大辞典〕596c–597a

*ウジョウセケン　*有情世間 世間を二または三に分けたうちの一つ。情識（こころ）をもつ生き物という世界。生けるもの（sattva）なる世界。生存するものなる世界の意。有情界。自然環境に対し、そこで活動する生きとし生けるものの在り方をいう。衆生世間に同じ。〔佛教語大辞典〕84b-c

*ウショトク　*有所得　1. 認識すること。有りとみなすこと。2. 分別して対立しているもののうち、いずれか一方をとって執着すること。とらわれの心をもって取捨選択すること。対立するもののうち、いずれにもとらわれない無所得に対する。執着のあること。一方にとらわれること。〔広説佛教語大辞典〕105a-b

*ウソウ　*有相　無相の対。1. 本質をもっている。2. 有（存在するもの）の特質。有るという本質。存在性。3. 形あるもの。相対的差別的な存在のすがた。現象世界をいう。これに対して用いられる「無相」とは、現象のすがたを超えていることをいう。4. 執着の心をもっていること。虚仮の相あるもの。これに対して「無相」とは現象世界に対するとらわれを離れていることをいう。5. 推論のための手がかりを有する主体。たとえば「山に煙りあり」

から「山に火あり」を推知する場合の「山」をいう。証因を有するもの。〔広説佛教語大辞典〕106b-c

*ウソウ　*有相・無相〈相〉(lakṣaṇa) は、特徴・属性などの意であり、それの有無によって〈有相〉と〈無相〉とに分けることが多い。また、存在するものと存在しないもの、形態を備えたものと備えないもの、有為（うい）と無為などを意味することもある。無相の方が仏教の正しいありかた、すなわち空（くう）・無我の立場を表し、有相は誤ったありかた、実体的なとらえかたを表すことが多い。たとえば、教相判釈（きょうそうはんじゃく）で仏教を３段階ないし５段階に分類するさい、諸々の事象や因果の法則を実体的にとらえる小乗の教義を〈有相教〉などという場合もそれにあたる。また、唯識（ゆいしき）仏教には、認識主体としての識そのものに認識内容の相がそなわっているとする〈有相〉(sākāra) 唯識と、そのような相に実体を認めない〈無相〉(nirākāra) 唯識との二つの立場がある。なお、種々雑多な、取るに足りない人々や事物を意味する〈うぞうむぞう〉(有象無象) は、〈有相無相〉よりの転ともされる。〔岩波仏教辞典〕

*ウソウ　*有相・無相（用例）　うそう・むそう　護法菩薩は法相宗の元祖にて、有相の義を談じ、清弁菩薩は三論宗の初祖にて、諸法の無相なる理を宣べ給ふ〔太平記（24．依山門嗷訴)〕汝有相の修行に一生を送って、終に無為の仏果を証せず〔妻鏡〕。有相の歌道は無相法身の歌道の応用なり〔ささめごと〕。〔岩波仏教辞典〕

*ウチ　*有智　智慧があること。またその人。〔佛教語大辞典〕86a

*ウッタンオツ　*鬱單越　S:Uttra-kuru の音写。須彌山を中心として四方の海中に各一州が在り四洲という。鬱單越はそのうち北方の一洲であり、最大の洲である。いわゆる北倶盧洲というのも同じ。勝れた所。そこに住むものは一千歳の長寿を保つといわれる。〔佛教語大辞典〕94b

*ウッタンオツナン　*鬱單越難　八難の中（5）辺地の難（S:Uttara-kuru ここは楽しみが多過ぎる）のこと。

*ウノウ　*憂悩　心の悩み。〔広説佛教語大辞典〕110b

*ウバダイシャ　*優婆提舎 S:upadeśa 古くから（論議）と漢訳される。教説、問答あるいは論説を意味する。十二部経の一つとしては、佛陀あるいは弟子た

ちが教えについて論議し、問答によって理を明らかにしたもの。また、経の内容を哲学的に論究した論書。たとえば世親の『淨土論』は〈無量壽経優婆提舎〉と呼ばれ無量壽経の内容を注解してまとめている。また、経の註釋書の標題としても用いられる。〔岩波仏教辞典〕

*ウロ　*有漏　1. 煩惱をもつもの、の意。漏（S.āsrava）は、流れ出ること、流れ出るもの、漏れるもの、の意で、六根（五つの感覚器官と心）から漏れ出ると説明され、煩惱の異名である。また、別の解釈によると、煩惱は日夜に、六瘡門（眼・耳・鼻・口・大小便道）から漏れ出ると考えられるので、漏と称する。けがれを有する。煩惱のある、の意。けがれ（煩惱）のある存在。迷いを有する状態。一般に迷いの世界をいう。教理的には、道諦を除いた有為のこと。これに対して、煩惱を離れた状態を無漏という。2. 生存から生ずるけがれ。生存にとらわれる煩惱。3. 小乗仏教では、色界と無色界における無明を除く諸の煩惱をいう。色界・無色界の六十二の煩惱から、四諦修道の五部に起こる癡煩惱を除いた残りの五十二をさす。三漏の一つ。4. 再び生まれること。5. 煩惱にまみれたの意。6. 漏は煩惱の異名。煩惱具足の迷いの心。〔広説佛教語大辞典〕115c-d

*ウロムロ　*有漏（S.āsrava,anāsrava）漏（āsrava）とは、さまざまな心の汚れを総称して表わす語で、広い意味での煩惱と同義と考えられる。本来は流れ入ることを意味したが、佛教では古来流れ出ること〈漏出〉の意味に解し（漏の他、漏泄・漏注・漏失などの漢訳語もある。汚れ、煩惱は五つの感覚器官と心から流れ出て、心を散乱させるものと説明した。そのような汚れのある状態を〈有漏〉といい、一方そのような汚れがすべて滅し尽くされた状態を〈無漏〉という。この有漏無漏の二分法は、さらに有漏法と無漏法、有漏心と無漏心、有漏智と無漏智などというように、さまざまな観点から存在の在り方を価値的に大別する場合の一つの基準として用いられる。〔岩波仏教辞典〕63

*ウンジ　*云爾　ウンジ・ノミ・シカイウ　上の文をまとめて、文を結ぶことば。〔→論語〕〔漢字源〕

*ウンジュウ　*雲集　1. はなはだ多く集まること。2. 神々や人々が大勢集まること。〔広説佛教語大辞典〕117b

*エ　*慧　1. 道理を選び分ける判断をする心作用。分別判断。分別し判断する心作用。事物や道理を識知・判断・推理する精神作用。よく分別する思慮。2. 検討さるべき事物についての吟味弁別。唯識説では別教の心所の一つ。事理を分別決定して疑念を断ずる心の作用また事理に通達する作用。3. 認識作用。日常生活に現れる認識作用で、後天的世俗智をいい、真実を顕示するはたらきがある。4. 叡智。智慧。さとり。知的理解。さとりを得るに不可欠なもので最も大切な徳性。無為の空理に達するはたらき。実践的に真実の道理をありのままに見ぬくはたらき。5. 六波羅蜜の一つ。6. 智慧をみがくこと。7. 能と所との対立を廃無していく清浄世間智を智と称するのに対して、出世間無二智を慧または智慧と呼んでいる。8. 三学の一つである慧学の略。→慧学 9. 菩薩の五十二位の初めの十信の第四。→十信 10. サーンキヤ学派で説く四つの徳の一つ。〔広説佛教語大辞典〕119d-120b

*エ　*會　1. 合する。統合する。2. 帰着せしめる。3. 人々を召集すること。4. 集まり。衆会。会座。道場。5. 宗教的な集まり。6. 禅僧がある禅院に住してから退くまでを一つの会という。7. 一人の宗師のもとに集まって修行する門下。修行者の集団。8. 会得すること。よく事物の理を理解すること。9. 会通の意。10. 合同の意。11. 衆同分または同文の古訳。12. 父母の交わり。13.「べし」とよむ。ねばならない。なけりばならない。ならない。14.「たまたま」とよむ。偶然。〔佛教語大辞典〕104a-b

*エ　*会【會】《常用音訓》エ／カイ／あ…う《音読み》カイ／エ　カイ／ケ《訓読み》あつまる／あつめる（あつむ）／あう（あふ）／たまたま／かならず《名付け》あい・あう・かず・さだ・はる・もち《意味》｛名｝あつまり。また、出会い。「宴会」「鴻門之会《コウモンノカイ》」カイス　｛動｝あつまる。あつめる(アツム)。ひと所にまとまる。また、多くのものを寄せあつめる。〈類義語〉→合・→集。「会合」「以文会友＝文ヲ以テ友ヲ会ス」〔→論語〕｛動｝あう(アフ)。あつまって対面する。「会見」「会晤《カイゴ》(あって話しあう)」｛動｝あう（アフ)。その物事に出くわす。〈類義語〉→遇《グウ》。「会其怒不敢献＝其ノ怒リニ会ヒ敢ヘテ献ゼズ」〔→史記〕｛名｝巡りあわせ。また、物事の要点。「機会」｛副｝たまたま。ちょうどその物事に出くわしたの意を示すこ

とば。ちょうど。「会燕太子丹、質秦、亡帰燕＝会燕ノ太子丹、秦ニ質タリ、亡ゲテ燕ニ帰ル」〔→史記〕{副} かならず。うまく巡りあえたらと予期している気持ちをあらわすことば。きっと。「天上人間会相見＝天上人間会ズ相ヒ見ン」〔→白居易〕「会須カナラズスベカラク…ベシ」とは、きっとそうあるべきだという気持ちをあらわす副詞。応須マサニスベカラク…ベシ。「会須一飲三百杯＝会ズ須ラク一飲三百杯ナルベシ」〔→李白〕カイス {動} 思いあたる。そうかと悟る。気持ちにかなう。「領会（なるほどとわかる）」「会心＝心ニ会ス」{名} 人々のあつまる所。「都会」「省会ショウカイ（中国の省の中心である都市）」「会計」とは、収支の結果をあつめて計算すること。〔漢字源〕

*エ　*懐　【懷】旧字《常用音訓》カイ／なつ…かしい／なつ…かしむ／なつ…く／なつ…ける／ふところ《音読み》カイ（クワイ）／エ《訓読み》なつかしむ／いだく／ふところにする（ふところにす）／ふところ／おもう（おもふ）／おもい（おもひ）／なつく／なつける（なつく）／なつかしい（なつかし）／なつかしみ《名付け》かぬ・かね・きたす・たか・ちか・つね・もち・やす《意味》{動} いだく。ふところにする（フトコロニス）。胸にかかえこむ。また、心の中におもいをいだく。「懐抱」「懐其宝而迷其邦＝ソノ宝ヲ懐キテソノ邦ヲ迷ハス」〔→論語〕「常懐千歳憂＝常ニ懐ク、千歳ノ憂ヒ」〔→古詩十九首〕{名} ふところ。物をだきこむ胸の前。また、ふところの中。「懐中」{動} おもう（オモフ）。胸の中に大事にたたみこむ。心の中でたいせつにおもい慕う。「懐徳＝徳ヲ懐フ」「懐佳人兮不能忘＝佳人ヲ懐ヒテ忘ルアタハズ」〔漢武帝〕{名} おもい（オモヒ）。心の中で、あたためた考え。胸のうち。「本懐」「騁懐＝懐ヲ騁ス」「感君区区懐＝君ノ区区タル懐ニ感ズ」〔古楽府〕{動} なつく。なつける（ナツク）。ふところにだきこんでかわいがる。いたわって慕わせる。「少者懐之＝少者ハコレヲ懐ク」〔→論語〕{名} 兄弟のこと。▽同じ母のふところにだかれたことから。「懐弟」「懐兄」〔国〕なつかしい（ナツカシ）。なつかしみ。慕わしい。胸にいだいて慕わしく思う感じ。《解字》会意兼形声。右側の字（音カイ）は「目からたれる涙＋衣」の会意文字で、涙を衣で囲んで隠すさま。ふところに入れて囲む意を含む。懐はそれを音符とし、心を加えた字で、胸中やふところに入れて囲む、中に囲んでたいせつに暖める気持ちをあらわす。〔漢字源〕

*エ　*壊　1.滅ぼすこと。　破壊する。変化して滅びること。2.宇宙が破壊すること。宇宙の破壊。帰滅。3.破壊すること。4.論理的に破綻（ハタン）すること。〔佛教語大辞典〕107b

*エ　*穢　けがれ。汚れのあらわれ。穢土のこと。凡夫の住む娑婆のこと。浄土に対する。〔広説佛教語大辞典〕120b

*エイ　（*ウツス）　*映　【暎】《常用音訓》エイ／うつ…す／うつ…る／は…える《音読み》　エイ／ヨウ（ヤウ）《訓読み》　うつす／うつる／はえる（はゆ）《名付け》　あき・あきら・てる・みつ《意味》エイズ　｛動｝　うつる。光の照らす所と、暗いかげのけじめがはっきりする。色と色のけじめが浮き出る。色や輪郭が浮き彫りになる。もと、日光によって、明暗の境めや形が生じること。「千里鴬啼緑映紅＝千里､鴬啼イテ緑紅ニ映ズ」〔→杜牧〕エイズ　｛動｝　はえる（ハユ）。照りはえる。反射する。「花柳映辺亭＝花柳､辺亭ニ映ズ」〔→王勃〕エイズ　｛動｝　照らす。反射させる。「映雪読書＝雪ニ映ジテ書ヲ読ム」〔宋斉語〕　｛名｝　日かげ。うつった形。〈同義語〉→影。　｛名｝　未ヒツジの刻。今の午後二時、および、その前後二時間。〔漢字源〕

*エイガイ（ヨウガイ）　*嬰孩　【嬰児】エイジ　うまれたばかりの赤ん坊。乳飲み子。『嬰孩エイガイ』

*エオ　*穢悪　1.けがらわしくきたないこと。2.雑草によりそこなわれること。〔広説佛教語大辞典〕122b

*エオン　*慧遠〔廬山〕　廬山（ろざん）の慧遠。334-416　中国、東晋代の僧。俗姓は賈氏。山西省雁門の人。若くして儒家・道家の学問に通じたが、21歳のとき太行恒山で道安と出会い、その弟子となった。365年、道安に伴われて四百余人の同門の人びととともに襄陽に移り、のち、道安と別れて南下し、384年（一説に386年）以後没するまで廬山の東林寺に住した。この間、391年には僧伽提婆（そうぎゃだいば）を迎えて阿毘曇心論4巻などの訳出を請い、401年以降、長安に来た鳩摩羅什（くまらじゅう）と親交を結び、402年、123人の同志とともに念仏の結社（白蓮社（びゃくれんしゃ））を結び、404年、桓玄に反論して沙門不敬王者（しゃもんふきょうおうじゃ）論を著し、410年には羅什教団から追われた仏陀跋陀羅（ぶっだばだら）を迎え入れている。廬山の慧遠教団は、江南の仏教の中

心として戒律を守り、中国仏教のあるべき道を提示したといってよかろう。著書には前記のほか、袒服論、明報論、念仏三昧詩集序などがあり、また羅什との手紙による問答は大乗大義章３巻としてまとめられている。〔岩波仏教辞典〕

*エコ　*廻顧　ふりかえりみること。回顧。【解釈例】かへりみること〔広説佛教語大辞典〕124a

*エコウ　*回向　[s : pariṇāma, pariṇāmanā]《廻向》とも書く。変化、回転、転換の意で、インド哲学の用語としては〈能変〉〈転変〉などと訳される。仏教では自己の善行の結果である功徳を他に廻（めぐ）らし向けるという意味に使われ、回向と漢訳された。→回向（仏教語としての展開）→回向（往相廻向・還相廻向）→回向（用例）回向（仏教語としての展開）〔岩波仏教辞典〕

*エコウ　*回向　回向という仏教語にはいくつかの発展段階がある。布施の功徳（くどく）を父母兄弟に廻らし向けるという例は、原始経典にみられる。ここには、功徳は他に移し替えることができるというインド的な発想がある。大乗仏教になると、回向を受ける対象が一切衆生（しゅじょう）に拡大された。善行を単に自己の功徳としただけでは真の功徳とはならず、それを他の一切のものに振り向けることによって、完全な功徳になるという大乗仏教の思想がここにある。浄土教では、念仏をはじめすべての功徳を一切の衆生に振り向けて、共に往生したいと願う心を、〈廻向発願心（えこうほつがんじん）〉または〈廻向心（えこうしん）〉とよぶようになった。回向（往相廻向・還相廻向）〔岩波仏教辞典〕

*エコウ　*回向　曇鸞は、回向には、往相・還相の２種があるとし、功徳を一切衆生に振り向けて共に往生せんとするのを〈往相廻向〉といい、一たび浄土に往生した人が、そこに留まることなく、輪廻（りんね）の世界にもどって、一切衆生を浄土に向わしめることを〈還相廻向〉と名づけた。これに対して親鸞は、往相、還相ともに、回向の主体たりうるのは阿弥陀仏のみであるとし、衆生の側からの自力による回向を否定した。衆生側に立てば、これは不回向とよばれる。以上のさまざまな語義を踏まえた上で、わが国では、仏事法要に僧侶を招いて読経念仏し、故人の冥福菩提を祈る

ことを回向とよぶようになった。〔岩波仏教辞典〕

*エコウホツガンシン　*回向發願心　1. 自らなした一切の善も、他人がなした一切の善もふり向けて、浄土に生まれようと発願すること。2. 三心の一つ。浄土往生を願う欲求。往相回向と還相回向との二つがある。3. 回向発願心の内容は二重四句に分けられる。（1）有願有行、無願有行、有願無行、無願無行。（2）西方回願、余事回願、西方余事回願、非西方回願非余事回願。〔広説佛教語大辞典〕125b-c

*エコウホツガンシン　*廻向發願心　功徳のすべてをてだてとして、ふり向けて浄土に生まれたいと願う心。一切の善行の功徳を仏国往生にふり向けて、かの仏国土に生まれたいと願う心。自他の心・口・意・の三業において修した善根功徳を浄土往生のためにふり向けて、極楽浄土に生まれようと願う心。浄土往生という目的に向かって一切の善根功徳をふり向け、その目的を達成しようとする願望を発する心の意。三心の一つ。善根をふり向けて生まれんと願う心。『觀無量壽經』『大正蔵経』12 巻 344c【解釈例】無始よりこのかた所作のもろもろの善根をひとへに往生極楽といのる也。ただ申す念仏を極楽に廻向してまめやかに往生せんとねがふをいふ。過去今生に我が身に修する処のあらゆる善根を悉く弥陀の浄土に回向してこの善根で往生をとげたいと願をおこす心。〔広説佛教語大辞典〕125c

*エジ　*依止　依託止住の意。頼りとし、拠所として留まること。〔岩波仏教辞典〕

*エジ　*依止　1. たよること。「依止人天」2. 力や徳のあるものに依存し、そこにとどまること。よりどころ。「所依止処」(よりどころ)「転所依止」(身体を転回すること「所依止」は身体のことをいう。) 3. 仕えること。4. 弟子として仕え、戒行を習い、教えを受けること。受具の後は阿闍梨（師）のもとに五年間 (パーリ律では十年間) 依止すべきことが規定されている。5.…によって 6.…を主題とすること。…に言及すること。〔広説佛教語大辞典〕126c-d

*エジ　*依持　1. よりどころ。2. ささえたもつこと。〔広説佛教語大辞典〕126d

*エゼツ　*穢質　穢はけがれ。〔佛教語大辞典〕107a 質は事物それ自体。本質（ホ

ﾝｾﾞﾂ）影像に対する。〔佛教語大辞典〕833c

*ｴﾀｷｼｮｳ　*依他起性　1. 他によるもの。他に依存するあり方。2. 因縁和合によって生じ、因縁が無くなれば滅するもの。唯識説にいう百法のうち、六無為を除く他の有為法のこと。他の力によって生じかつ滅するゆえに、有であってもしかも有でなく、また無でもなく、これを仮有法・非有似有の法と名づける。この中に虚妄分別の縁から生じた雑染の法である染分依他と、無漏智の縁から生じた純浄の法である浄分依他とがある。浄分依他は圓成實性に属することもある。旧約では依他性という。3. 他の因縁によって生起した幻のように仮に存在するもの。【解釈例】一切諸法は因縁によって仮に生じてをる（こと）。〔広説佛教語大辞典〕130b-c

*ｴﾀｸ　*依託（adhina）…に依っている。

*ｴﾁｭｳ　*會中　1. 説法の会座に集まった人々。修行者の集団。2. 師の門下の一員として修行している僧。または会に参加している僧全体のこと。会下に同じ。〔広説佛教語大辞典〕131a

*ｴﾂｳ　*会通　もと易経（繋辞上伝）の言葉。事物の多様な変化それぞれにうまく適合して、事態が滞りなく進展すること、あるいは、その道理。仏教学では、経典解釈上の術語として用い、〈会釈（えしゃく）〉ともいう。そもそも経典が歴史的に形成されたものである以上、その中に一貫した教理によっては疏通しえない章句が含まれることは避けられない。これに対し、仏の〈教〉は、さまざまな教化（きょうけ）の対象や情況に応じて説かれたものであって、矛盾のごとく見える教説も、深い一貫した〈理〉に裏付けられたものであるという立場から、多様な文章表現のそれぞれに適合するような、融通性のある統一的な解釈を行うことを〈会通〉という。大般涅槃経集解（だいはつねはんぎょうじゅうげ）法華義記など南朝の経疏（きょうしょ）の中で用いられ、のち教相判釈（きょうそうはんじゃく）の考えと結びついて頻用される。私に会通を加へば、本文を黷（けが）すが如し〔観心本尊抄〕〔岩波仏教辞典〕

*ｴﾄﾞ　*穢土　けがれた国土。佛・菩薩の国たる浄土に対して、凡夫の住む現実世界。または、三界六道のように生じ流転する迷いの世界の総称。五濁の穢土であるこの世を厭い、佛の国への往生を願うことを厭離穢土欣求浄

土という。しかし、心さえ清淨であればこの穢土もまた浄土に等しいと見なす心淨土淨説や、汚れ多いこの娑婆世界にこそ、光輝く淨土的世界が見られるとする、娑婆即寂光土の思想などもある。〔岩波仏教辞典〕74

*ｴﾄﾞ　*穢土　穢れた不浄な国土。穢国・穢悪国土・不浄土ともいう。三界六道はこれである。現実世界。苦悩に満ちた我々の世界。この世。浄土に対していう。〔広説佛教語大辞典〕131d

*ｴﾆｭｳ　*回入　物事にはいりこむこと。〔広説佛教語大辞典〕132b

*ｴﾊｲ　*壞敗 やぶる。こはす。又、やぶれる。こはれる。〔諸橋大漢和辞典〕3-275

*ｴﾋﾞｮｳ　*依憑　1.たよる。よりたのみ。依頼。2.所依のこと。〔佛教語大辞典〕102b

*ｴﾝ　*縁 1.原因。原因一般。あらゆる条件。詳しくは縁を四縁（因縁・等無間縁・所縁縁・増上縁）に分かつ。2.間接的な原因。副次的原因、または条件に相当する。すべてのものに因果の法則が支配しているのであるが、その果を生ずる因を助成する事情・条件、すなわち間接的原因を縁という。因を助けるもの。互いに相よるもの。たより。きっかけ。3.所縁。よりどころ。4.認識の対象。所縁。境。対象。5.所縁（対象）とする。縁ずる。心が外界の対象に向かうこと。感覚する。認識する。攀縁、縁知の意。慮知するという意味で、主観と客観との関係、すなわち心識が外的な対象を認知する作用を縁という。6.心に向ける。7.雑務。用事。「多縁」用事が多くて忙しいこと。8.機縁の略。衆生のこと。9.道具。10.縁由。ゆかり。てづる。たより。佛法との関係。11.環境。生活環境。12.十六行相の一つ。〔佛教語大辞典〕117c-d

*ｴﾝ　*円　【圓】旧字《常用音訓》エン／まる…い《音読み》エン《訓読み》まる／まるい（まるし）／まどか（まどかなり）／まったし／えん（ゑん）《名付け》かず・つぶら・のぶ・まど・まどか・まる・みつ《意味》{名} まる。まるい形。〈同義語〉→圜ｴﾝ。〈対語〉→方・→角。「円心」「方円之器」{形} まるい（ﾏﾙｼ）。まどか（ﾏﾄﾞｶﾅﾘ）。かどのとれたさま。まるいさま。〈同義語〉→圜ｴﾝ。「円満」「円通」「辞家見月両回円＝家ヲ辞シテ見ル月ノ両回円カナルヲ」〔→岑参〕{形} まったし。欠けた所がないさま。まるく

まとまるさま。「於名教復円矣＝名教ニ於イテ復タ円シ」〔→杜子春〕｛名｝一平面上で、一定点から等距離にある点の軌跡。また、それに囲まれた平面。〔国〕えん。貨幣の単位。一円は百銭に当たる。「一円」とは、その地域一帯。「関東一円」［漢字源］

*エン　*爰　《音読み》エン／オン（ヲン）《訓読み》ここに《意味》「爰爰エンエン」とは、ゆったりと、ゆとりのあるさま。また、ゆるゆると動作をするさま。「有兔爰爰＝兔有リ爰爰タリ」〔→詩経〕｛指｝ここに。ここにおいて。そこで。〈類義語〉→焉エン。「爰整其旅＝爰ニソノ旅ヲ整フ」〔→孟子〕《解字》会意。「爪（て）＋—印＋又（て）」で、手と手の間に、ある物（—印）を入れて間をあけたさま。ゆとりをあけるの意を示す。緩（ゆとりを入れる）の原字。のち焉エン（ここ、ここに）とともに指示詞に当て、また助詞として用いる。［漢字源］

*エン　*厭　《音読み》エン（エム）／オン（オム）／ヨウ（エフ）《訓読み》あきる（あく）／いとう（いとふ）／あくまで／おす／おさえる（おさふ）《意味》｛動｝あきる（アク）。有り余っていやになる。また、やりすぎていやになる。「学而不厭＝学ンデ厭カズ」〔→論語〕｛動｝いとう（イトフ）。しつこくていやになる。もうたくさんだと思う。「厭世エンセイ」「人不厭其言＝人、ソノ言ヲ厭ハズ」〔→論語〕｛副｝あくまで。とことんまで。「弟子厭観之＝弟子、厭クマデコレヲ観ル」〔→荘子〕｛動・形｝おす。おさえる（オサフ）。上からおさえつける。上からかぶさったさま。〈類義語〉→圧オウ／アツ。「厭勝ヨウショウ」｛動｝隠す。上から下のものをおおい隠す。｛動｝悪夢や精霊に押さえられる。うなされる。〈類義語〉→圧。〔漢字源〕

*エン　*演　《常用音訓》エン《音読み》エン《訓読み》のべる（のぶ）／のびる（のぶ）《名付け》のぶ・ひろ・ひろし《意味》｛動｝のべる（ノブ）。のびる（ノブ）。引きのばす。口や、しぐさで展開させる。「演説」「講演」｛動｝前提や、今までわかったことをおし進めて、先のことを推量する。「演易」「推演」エンズ｛動｝理屈や脚本に基づいて、実際にやってみる。「演劇」「演習」〔漢字源〕

*エンギ　*縁起　1. 因縁生・縁生・因縁法ともいう。他との関係が縁となって生起すること。（Aに）縁《よ》って（Bが）起こること。よって生ずるの意で、

すべての現象は無数の原因（因 hetu）や条件（縁 pratyaya）が相互に関係しあって成立しているものであり、独立自存のものではなく、諸条件や原因がなくなれば、結果（果 phala）もおのずからなくなるということ。仏教の基本的教説。現象的存在が、相互に依存しあって生じていること。理論的には恒久的実体的存在が一つとしてあり得ないことを示し、実践的にはこの因果関係を明らかにし、原因や条件を取り除くことによって、現象世界（苦しみの世界）から解放されることを目指す。仏教では、縁起している事実のほかに固定的実体を認めない。俗な表現によれば、互いに引き合い押し合いすることによって成立していること。持ちつ持たれつの関係。後生には縁起の観念を分けて、業感縁起・頼耶縁起・真如縁起・法界縁起・六大縁起などの諸説を立てるようになった。P paṭicca-samuppāda S pratītya-samutpāda　pratītya-samutpāda という語の漢語訳は、クマラジーヴァの場合には、必ずしも一定していない。そのことは、pratītya-samutpāda という語が多義であり、種々の解釈を容れうる余地のあることを示している。2. 華厳宗では機縁説起の意に解する。機とは、はずみ。仏道修行というねじをかけることで、人間・衆生のこと。縁起とは人の素質のよしあしに応じて説を起こすこと。3. ゆかり。もののつくられるゆかり。由緒。4. 書のつくられた次第。5. 寺院・仏像などの歴史・由来、または利益功徳の伝説。寺の草創の由来書。寺にまつわる利益の物語を述べた文や絵より成る。6. 俗に、物忌み、断ち物などをし、あるいは事をなすに当たって吉凶を占うこと。吉事もしくは凶事の前ぶれ。〔広説佛教語大辞典〕137c–138a

*ｴﾝｺｳ　*圓光　1. 仏や菩薩が頭頂のうしろから放つ円輪の光明。頂光。後光。仏の後ろに円く輝く光明。円い光。常に仏身から発している光で、常光ともいう。『觀無量壽經』『大正蔵経』12 巻 343b2. 絶妙なはたらき。3. 仏像のうしろにつけられたうすい銅板で、焔が弱くなって円に近くなっているもの。→光背。〔広説佛教語大辞典〕139c-d

*ｴﾝｻﾞ　*宴坐　燕坐とも書く。宴は安楽の意。安坐。坐禅。心身を寂静にして安らかに坐禅すること。静かにすわること。ゆったりとすわること。坐禅をくむこと。根本の浄禅に安住して、外のけがれやわずらいをとどめる

こと。【解釈例】坐禅純熟して苦のないこと。〔広説佛教語大辞典〕139d-140a

*エンジュウ　*縁習　因縁の法を学ぶ事。

*エンシュツ　*演出　伸ばし出す。

*エンショウ　*縁生　1.「えんじょう」とも読む。もろもろの因縁によって生じたこと。また因縁によって現われるもの。有為法はみな因縁の和合によって生じたものであるが故に、縁生の法という。これは結果から立てた名前であって、もし因からみれば縁起という。縁起に同じ。2.縁によって起こる因果関係。〔佛教語大辞典〕120a

*エンジョウジッショウ　*圓成實性　1.円満・成就・真実なるもの。性は「もの」という意。完成されたもの。ありとあらゆるものの真実の本性。眞如に同じ。すべてのものにまどかに（完全に）成立している真実なすがたであるという点から、こういう。完全に理解されたあり方。唯識で説く三性、すなわち偏計所執性（妄有）・依他起性（仮有）・圓成實性（実有）の一つ。唯識説によると、依他起性（因によって生ずる諸識）の上に、偏計所執性（実在と誤認された非実在物）が存在しないという真理のことをいう。2.円満と成就と真実との三義を具有する不生不滅の無為眞如。〔佛教語大辞典〕113c-d

*エンゼツ　*演説　1.教えを説くこと。2.教えを述べた文句。3.物語る。〔広説佛教語大辞典〕142c-d 道理や意義を引きのばして説くこと。大ぜいの前で自分の意見や思想を展開させて述べること。『演舌エンゼツ』［漢字源］

*エンゼン　*宛然　さながら。ちょうど。明瞭なさま。〔佛教語大辞典〕110d

*エンソク　*厭足　満足すること。あきあきすること。飽きたこと。〔佛教語大辞典〕117a

*エンソク　*延促　長引くことと押し迫ること。長い短い。

*エンゾウ　*延増　のばし増やす。

*エンタイ　*縁對　過去になした報い。〔広説佛教語大辞典〕143b

*エンチョウ　*演暢　1.説き述べる。宣揚。2.（音や声を）出す。〔広説佛教語大辞典〕143c

*エンネン　*宛然　*エンゼン　そっくりそのままに。ちょうど。まるで。「記憶宛然

此不可忘＝記憶宛然トシテコレ忘ルベカラズ」〔関尹子〕相手に逆らわずに譲歩するさま。〔漢字源〕

*エンノウ　*鴛鴦　おしどり。東部シベリア。シナ・朝鮮・日本に分布し、ガンカモ科の最も美しい鴨で、雄は美しい羽冠と襟の房羽、翼の次列風切りの一枚が変形した橙色のいわゆる「いちょう羽」が立ち、よく絵や図案に描かれる。雌雄の仲がよく、水上生活では、よくつがいでいるので、夫婦和合の象徴として「鴛鴦の契り」「おしどり夫婦」などと用いられる。『観無量壽經』『大正蔵経』12 巻 343 B〔広説佛教語大辞典〕146a

*エンバク　*縁縛＝ショエンバク　所縁縛認識の対象に対して起こる煩惱に繋縛されること。

*エンブ　*閻浮 閻浮提の略

*エンブダイ　*閻浮提 S:Jambu-dvipa 1. 須彌山の南方にある大陸。須彌山を中心に人間世界を東西南北の四洲に分かち、閻浮提は南洲であり、インドなどは閻浮提に属するとされる。十六の大国・五百の中国・十万の小国がある。ここで住民が受ける楽しみは東と北との二洲には劣るが、諸佛が現れるのはこの南の洲だけであるという。北に広く南に狭い地形で、縦横七千ヨージャナあると言われ、もとはインドの地をさしていったものだが、後にはこの人間世界をいうようになった。現実の人間世界。この世。我々の住んでいる世界。この地上世界。わたしたちの世界。陸上。娑婆世界。2. インドのこと。〔佛教語大辞典〕121b-c

*エンブダンゴン　*閻浮檀金　閻浮樹の大森林を流れる河の底に産する砂金。その黄金は赤黄色で紫色を帯びている。金のうち最も高貴なものとされた。この大森林は閻浮提（須弥山南方の大陸）のうちで香酔山と雪山との間にあり、その閻浮樹林を流れる河から採取されると考えられた。諸経典に「閻浮檀（金）の光」の表現が多い。〔佛教語大辞典〕121c

*エンマン　*圓滿　1. みたすこと。成就すること。完成すること。願が実現されること。「圓滿智」（智を完成して具えること。）2. 資格を備えること。条件を満たすこと。3. 不完全なところを補うこと。4. 完全な。欠けるところのない。すべて具えている。そっくりすべて具わっている。5. 身体の形が整っていること。6. 肉体が豊満であること。7. 生まれた時すでに成人して

いること。〔広説佛教語大辞典〕147d

*ｴﾝﾐｮｳ　*圓明　1. みごとで完全なこと。2. 円満明朗。完全に明朗。3. 円満に説明する。まどかに明らかにする。4. 完全に実現すること。〔広説佛教語大辞典〕148a-b

*ｴﾝﾘ　*厭離「おんり」とも読む。厭い捨て去ること。厭いはなる。〔広説佛教語大辞典〕149a

*ｵ　*於　助字　1. に　場所・時間・対象を示す。2. を　動作の目的を示す。3. より　動作の起点や原因を示す。4. より　よりも、比較を表す。5. おいて　場所・時間などを示す。6. おける　対比の関係を示す。〔新字源〕

*ｵｲﾃｽ　*於《音読み》オ／ヨ／ウ／オ（ヲ）《訓読み》おいてする（おいてす）／おる（をる）／おいて／おける／に／より／ああ《意味》{動}　おいてする（ｵｲﾃｽ）。おる（ｦﾙ）。そこにいる。じっとそこに止まる。「相於ｿｳｵ（いっしょにいる）」「造次必於是＝造次ニモ、必ズココニ於イテス」〔→論語〕{前}　おいて。おける。…にとって。…において。「於我如浮雲＝我ニ於イテハ、浮雲ノゴトシ」〔→論語〕{前}　に。場所を示すことば。〈同義語〉→于。「舎於郊＝郊ニ舎ル」〔→孟子〕{前}　に。動作がどこから来るかを示す前置詞で、受身をあらわすのに用いることば。〈同義語〉→于。「労力者、治於人＝力ヲ労スル者ハ、人ニ治メラル」〔→孟子〕{前}　より。動作の起点・原因を示すことば。〈同義語〉→于。{前}　より。比較の対象を示すことば。〈同義語〉→于。「季氏富於周公＝季氏ハ、周公ヨリ富メリ」〔→論語〕{感}ああ。ああという感嘆の声をあらわすことば。▽擬声語から。「於戯ｱｱ」「於乎ｱｱ」「於、鯀哉＝アア、鯀ナルカナ」〔→書経〕{助}　古い時代の地名につく接頭辞。「於越ｵｴﾂ（越の国の古称）」［漢字源］

*ｵｳ　*横　1. よこ。縦の対。2. 時間に対して空間を表すのに用いる。3. 他力の意趣を示す語。断惑証理の道理にのっとらない理であるから横と名づける。【解釈例】無理。道理にはずれた事を横という。断惑証理は通佛法の道理なり。その道理をはずれて本願他力で助ける故に横は他力を顕わすと宣ぶ。4.「おうに」一時に。5. まちがえて。6. ほしいまま。7. 障礙法に当たる。〔佛教語大辞典〕129d ～ 130a

*ｵｳ　*誑　1. 欺瞞。他人を欺くこと。2. アビダルマでは心作用の内の小煩悩

地法の一つ。二十随煩悩の一つ。無徳なのに有徳のように、下劣の者を優秀な者のように装って、他人を惑わす詐偽の心作用をいう。欺瞞・裏切り・詭計の能力。たぶらかす者。徳がないのに救われようと欲する人。〔佛教語大辞典〕129C-D

***オウ**　*皇　《常用音訓》オウ／コウ《音読み》コウ／オウ《訓読み》きみ／かみ／おおきい（おほいなり）／おおい（おほし）／すめらぎ／すべらぎ／すめら《名付け》すべ・すめら《意味》{名}　きみ。開祖の偉大な王の意。▽秦《シン》の始皇帝がみずから皇帝と称したのにはじまる。〈類義語〉→王。「皇帝」「漢皇（漢の皇帝）」「皇心震悼＝皇心震ヘ悼ム」〔陳鴻〕{名}　かみ。天上の偉大な王。宇宙をとり締まるかみのこと。上帝。「皇天（天のかみ）」{形}　おおきい（オホイナリ）。おおい（オホシ）。偉大なさま。また、おおきくて、はでなさま。「皇皇者華＝皇皇タル者華」〔→詩経〕{形}　皇帝や上帝に関する事がらにつけることば。「皇室」「皇恩（皇帝のご恩）」{形}　祖先を尊んでつけることば。「皇考（父ぎみ）」{形}　四方に大きく広がるさま。「堂皇（広く障壁のない大べや。転じて、公明正大なこと）」{形}　あてもなくさまようさま。また、あてもないさま。▽徨《コウ》（あてもなく四方に歩きまわる）・惶《コウ》（心がうつろであてもない）に当てた用法。「皇皇（＝惶惶《コウコウ》。あてもないさま）」「孔子、三月無君、則皇皇如也＝孔子、三月君無ケレバ、スナハチ皇皇如タリ」〔→孟子〕〔国〕すめらぎ。すべらぎ。天皇の古語。すめら。神・天皇に関することば。「皇紀」［漢字源］

***オウ**　*往　《常用音訓》オウ《音読み》オウ（ワウ）《訓読み》いく／ゆく／おくる《名付け》おき・なり・ひさ・みち・もち・ゆき・よし《意味》{動}　いく。ゆく。どんどんと前進する。さきに向かっていく。〈対語〉→来・→返・→復。〈類義語〉→征・→行。「往来」「雖千万人吾往矣＝千万人トイヘドモ吾往カン」〔→孟子〕{動}　いく。ゆく。過ぎ去る。いってしまう。また、転じて、人が死去する。{名}　過ぎ去ったこと。死去した人。「往者」「既往不咎＝既往ハ咎メズ」〔→論語〕「送往事居＝往ヲ送リ居ニ事フ」〔→左伝〕「而往《ジオウ》」とは、それよりさきの意。▽「而後《ジゴ》」と同じ。{動}　おくる。物を人に届ける。▽魏《ギ》・晋《シン》代、手紙に用いたことば。「以物往＝物ヲモッテ往ル」「往往《オウオウ》」とは、しばしば。「往往而死者、相藉也＝

往往ニシテ死スル者、アヒ藉ケリ」〔→柳宗元〕{前}〔俗〕…へ。向かう方向をあらわすことば。「往北京去（北京へいく）」〔漢字源〕

*オウ　*遑　《音読み》コウ／オウ（ワウ）《訓読み》あわただしい（あわただし）／いとまあり《意味》①　{形}　あわただしい（アワタダシ）。うろうろして落ち着けない。〈同義語〉→惶。②　{形}　いとまあり。ゆとりがある。ひまである。「飢不遑食＝飢#テ食ラフニ遑アラズ」〔→曹植〕「不遑寧処＝寧処スルニ遑アラズ」〔→詩経〕《解字》会意兼形声。音符皇（大きく広がる）」で、大きい意を含む。①の意味は、大きいことから、むやみに動きまわる、うろうろする意になったもので、狂（むてっぽうな犬）・往（むやみに前進する）と近い。②は、広い、ゆったりしているという方向に派生した意味で、ゆとりがあること。〔漢字源〕

*オウザイ　*往罪　過ぎ去ってしまった罪。すでに犯してしまった罪。

*オウジ　*應時　ただちに。〔佛教語大辞典〕31d

*オウジョウ　*往生　この世の命が終わって、他の世界に生まれることをいうが、浄土思想の発展によってこの穢土を離れてかの浄土に往き生まれることを言うようになった。この往生思想の源流は生天思想に見られ、死後善因によって天界に生まれることが説かれた。元来往生という語は、他の世界に生まれるとか、生まれ変わると意う意味を持っている。ところで、往生思想が生天思想にその源流をみることができるといっても、両者の間には決定的な違いがある。すなわち、生天は輪廻の世界を超えるものでないのに対して、往生浄土は輪廻を脱して佛の世界に至るという意味を持つ。浄土には多種のものが説かれそれに伴って往生浄土の信仰も一様ではない。その主要なものに彌勒上生経や彌勒下生経に基づく兜率往生、十方随願往生経による十方往生、無量壽經や觀無量壽經による西方（極楽）往生などがある。このうち兜率往生と極楽往生とはともに往生思想を代表するものであったが、やがて浄土教（阿弥陀佛信仰）の盛行によって、往生とは極楽往生のこととみられるようになった。法然は「此を捨て彼に往き蓮華化生する。」と解説し、いわゆる〈捨此往彼〉が往生であるとする。〔岩波仏教辞典〕

*オウジャク　*往昔　【往古】オウコ　昔。『往昔オウセキ・オウジャク』「往古皆歓遇、我独困

於今＝往古皆遇フヲ歓ビタルニ、我ハ独リ今ニ困シム」〔→曹植〕［漢字源］

*オウシ　*奥旨【奥義】オウギ 学問や技芸などの、奥深い道理。『奥妙オウミョウ・奥秘オウヒ・奥旨オウシ』おくぎ。［漢字源］

*オウショウヘンチ　*應正遍知 應と正遍知佛の十号のうち第二と第三である。應は應供の略、正遍知は正等覚ともいう。〔佛教語大辞典〕132a

*オウジン　*應身　1. 応現した身体という意。衆生に応じて衆生のとおりになって現れた佛の身体。衆生を救うために無際限の中で仮に際限をもって示した佛身。また、応化身・化身・変化身ともいう。佛の仮のすがた。佛の三身（法身・報身・応身）の一つ。又は応身と化身とを区別した時には、四身（法身・報身・応身・化身）の一つ。佛が衆生を教化するために、教化の対象に応じて変化し、現した身をいう。人々の能力・素質に応じて教化すべき肉身をとって現れた佛。→化身 2. 過去の修行の報いとして得た佛身。即ち報身に同じ。3. 分別事識によって感受される身。凡夫と二乗との心に応現し、感受される佛身。凡夫と二乗は、未だ分別事識を捨てきれないでいるから、佛の応身が自己の妄心のはたらきによって映現されたものであることを知らず心の外から応じてきたものであると思うからである。応身は分別事識に見られ、報身は業識に見られる佛身であるが、分別事識はいまだ唯心をさとらないから、衆生の真心と諸佛の平等無二であることを知らず、佛身は自心轉識の現す現識であることを知らず、全く外から現れるのみと見る。身は正報、所住依果は依報で浄土のこと。〔広説佛教語大辞典〕156a-b

*オウセツゴアクシュ　*横截五悪趣 阿弥陀佛の浄土に生まれることによって、五悪趣（地獄・餓鬼・畜生・人・天）を一瞬の間に捨てて、解脱を得ること。また、横超断四流ともいう。〔佛教語大辞典〕130b

*オウライ　*往来　真実在の世界に目覚めを持って、一切の存在をあまねく教化すること。『荘子』（在宥）に「独り往き独り来る…これを至貴と謂（い）う。（至貴の）大人の（万物を）教うるや、形の影におけるがごとく、声の響におけるがごとし」とある。仏教ではこれを承けて、釈迦如来がこの娑婆世界に生れてきて衆生を教化することをいう。梵網経（下）は「吾れ（釈迦）今此の世界に来ること八千返（べん）、此の娑婆世界の為に…略（ほぼ）

心地の法門品を開き竟（おわ）る」と説く。これを〈往来八千返〉といい、このようにして衆生を教化することを〈往来の利益（りやく）〉という。梵網経（上）には「形を六道に現し…但（もつぱ）ら人を益して利することを為す」とある。「一切無量無辺の功徳の往来は、この身現の一造次（いちざうじ）なり」〔正法眼蔵（仏性）〕〔岩波仏教辞典〕1. 生まれ変わり、輪廻すること。S:saṃsarati upacara gaty-āgata 2. 過去と未来。「往来所趣」を解していう。3. ゆきき。実際のありさま。〔佛教語大辞典〕128c

*オオウ　*掩《音読み》エン（エム）《訓読み》おおう（おほふ）／かくす《意味》{動}　おおう（オホフ）。上からおおい隠す。おさえる。「掩耳＝耳ヲ掩フ」「掩泣《エンキュウ》（しのび泣く）」「君王掩面救不得＝君王、面ヲ掩ヒテ救ヒエズ」〔→白居易〕{動}　おおう（オホフ）。ふさぎ閉じる。「掩門＝門ヲ掩フ」{動}　かくす。目だたないようにかくす。「掩蔽《エンペイ》」「掩襲《エンシュウ》（姿をかくして奇襲する）」［漢字源］

*オクシ　*抑止　衆生が悪事に向わないよう、仏が方便として用いる道徳的抑止（よくし）力をいう。〈摂取〉に対する語。同じ浄土三部経にありながら、悪人成仏に関し、無量寿経は、五逆と正法を謗（そし）る者を除くと言い、観無量寿経は、五逆十悪を犯した者も仏名を称すれば結局は往生できると説く。これに対し、善導は前者を抑止門、つまり未造業者への防止効果を狙った教化法、後者を摂取門、すなわち已造業者への大慈悲による救済説であると位置づけることにより、この矛盾を解決した。〔岩波仏教辞典〕

*オクジ　*憶持　1. 記憶【解釈例】おもひたもつ。2. 心に念じ誦すること。〔佛教語大辞典〕133d-134a

*オクソウ　*憶想 思い起こす。〔新字源〕389 ＝憶念

*オクネン　*憶念 1. 記憶すること。心に念じてたもつこと。思いつづけること。心にたもって忘れないこと。心に念じ、常に思い出すこと。思い出す。憶は憶持、念は明記不忘。2. 思い浮かべる。思い出す。過去を思い起こす心作用。3. 特に心の中で阿弥陀佛の功徳を思い続けること。阿弥陀佛の本願を常に思い出して忘れぬこと。4. 心に思いを深める。5. 常に仏恩を思って忘れず称名する。常に南無阿弥陀仏と称えること。真実の信心。【解釈例】心に保ちて忘れぬこと。あつく信ずるこころ。弥陀の功徳を憶念すること。

心にも弥陀は尊き仏とおもふておるなり。見聞のことを忘れぬこと。〔広説佛教語大辞典〕161a-b

*オチル　*墜《常用音訓》ツイ《音読み》ツイ／ズイ（ヅイ）《訓読み》おちる（おつ）／おとす《意味》｛動｝おちる（オツ）。おとす。重い物がずしんとおちる。また、おとす。［漢字源］

*オモムク　*趣く　1.急いで行く。かけつける。向かう。向かって行く。2.おもむき。向かうところ。志すところ。かんがえ。こころもち。わけ。むね。意味。ようす。ふぜい。あじわい。おもしろみ。3.すみやか。にわか。4.とる。5.うながす。6.いそぐ。7.ちぢめる。〔新字源〕968C

*オデイ　*淤泥　どろ。どろどろの水たまり。〈同義語〉汚泥。「蓮之出淤泥而不染＝蓮之淤泥ヨリ出デテ染マラズ」〔→周敦頤〕［漢字源］

*オヨブ　*迄ぶ　1.およぶ。いたる。2.おわる。3.ついに。〔新字源〕993b

*オワル　*訖《音読み》キツ／コチ《訓読み》おわる（をはる）／とまる／いたる／ことごとく／ついに（つひに）《意味》｛動｝おわる（ヲハル）。物事がいくところまでいきついて、おわりになる。また、物事をおえる。〈類義語〉→了。「清訖《セイキツ》（清算しおわる）」｛動｝とまる。いきついてそこにとどまる。〈同義語〉→迄。｛動｝いたる。そこまでおよぶ。〈同義語〉→迄。「訖今不改＝今ニ訖ルマデ改メズ」〔→漢書〕｛副｝ことごとく。残らず。
｛副｝ついに（ツヒニ）。とうとう。《解字》会意兼形声。乞《キツ》は、息が何かにせきとめられて、屈曲しながら出てくるさまを描いた象形文字。吃《キツ》（のどに息がつまってどもる）と同系のことば。「つまる、いっぱいになる」の基本義を持ち、「いきづまる」という意味に傾くと、「ある所までいきついて止まる」という意味を派生する。訖は「言＋音符乞」で、乞の派生義を含む。［漢字源］

*オン　*陰　1.積集。集まり。五蘊をさす。（構成要素の）集まりの意。→蘊 S: skandha P: khandha〔新訳では「蘊」と訳す。「陰」と訳すのは蔭覆の義によるという。諸の有為法が真の理を覆っているからである。〕**【解釈例】**覆うこと。五陰。真性を覆ふ。2.（元素の）集合。P: samussaya〔広説佛教語大辞典〕165d

*オン　*慇《音読み》イン／オン《訓読み》いたむ《意味》｛動｝いたむ。し

んみりと心の底で思って気にかける。「慇憂ｲﾝﾕｳ」「慇懃ｲﾝｷﾞﾝ」とは、ねんごろなさま。また、ていねいに気を配ること。〈同義語〉慇勤・殷勤。「慇懃無礼ｲﾝｷﾞﾝﾌﾞﾚｲ（外面だけていねいで、実は無礼なこと）」［漢字源］

*ｵﾝ　*宛　《音読み》　エン／オン（ｦﾝ）《訓読み》　まがる／かがむ／あたかも／あて／ずつ（づつ）《意味》｛動｝　まがる。かがむ。からだや姿をくねらせる。〈同義語〉→婉ｴﾝ。「宛転ｴﾝﾃﾝ」ｴﾝﾀﾘ　｛形｝　くねくねとまがったさま。「宛曲ｴﾝｷｮｸ（相手に逆らわず､相手にあわせて調子をまげること）」「一水宛秋蛇＝一水ハ宛トシテ秋蛇」〔→王安石〕｛副｝　あたかも。原物のとおりに姿がまがっているの意から、まるで本物そっくりで、非常によく似ていることをあらわすことば。さながら。「宛如～（あたかも～のごとし）」「宛然ｴﾝｾﾞﾝ」「大宛ﾀﾞｲｴﾝ」とは、漢代、天山山脈中のフェルガナ地方にあった国の名。西域の代表国とみなされ、良馬の産出地として知られた。〔国〕あて。名ざし。また割り当て。「宛名ｱﾃﾅ」＃ずつ（ﾂﾞﾂ）。割り当て。「三つ宛」〔漢字源〕

*ｵﾝｼﾞｮｳ　*音聲　1. 音。騒音。2. 耳の対象。発音された言葉。3. 声。〔広説佛教語大辞典〕168d

*ｵﾝﾃﾝ　*宛転　ｴﾝﾃﾝ　＝婉転。物に従って変化し、動いていくさま。▽巡る、舞う、ころがる、流れるなどの動きの形容に用いる。「与物宛転＝物ト宛転ス」〔→荘子〕眉ﾏﾕが美しく曲線をなしているさま。▽顔の美しさを形容するときに用いる。「宛転蛾眉馬前死＝宛転タル蛾眉馬前ニ死ス」〔→白居易〕〔漢字源〕

*ｶ　*過　誤謬・あやまち・欠点の意味。うち克つこと。過ぎ去ること。一層勝れた。超えて。

*ｶ　*禍　《常用音訓》カ《音読み》カ／ガ／ワ《訓読み》わざわい（わざはひ）／わざわいする（わざはひす）《名付け》まが《意味》｛名｝　わざわい（ﾜｻﾞﾊﾋ）。思わぬおとし穴。思いがけなく受けるふしあわせ。〈対語〉→福。〈類義語〉→災。「禍福」「禍兮福之所倚＝禍ハ福ノ倚ル所ナリ」〔→老子〕｛動｝わざわいする（ﾜｻﾞﾊﾋｽ）。おとし穴におとしてしまう。思いがけない不幸を与える。「修道而不弐、則天不能禍＝道ヲ修メテ弐カザレバ、スナハチ天モ禍スルコトアタハズ」〔→荀子〕《解字》会意兼形声。骨の字の上部は、

関節骨がはまりこむまるい穴のこと。咼カ（まるい穴）はそれと口印（穴）を合わせた字で、まるくくぼんだ穴のこと。禍は「示（祭壇）＋音符咼」で、神のたたりを受けて思いがけない穴(おとしあな)にはまること。〔漢字源〕

*カ　*課　《常用音訓》カ《音読み》カ《訓読み》こころみる／はかる《意味》カス ｛動｝ こころみる。はかる。結果のよしあしを調べる。また、試験する。「考課」「何不課而行之＝ナンゾ課ミズシテコレヲ行ル」〔→楚辞〕｛名｝ 官吏登用の試験。｛名｝ 学業・仕事・税の義務としての割り当て。「日課」「課程」「賦課」カス ｛動｝ 仕事や税を義務または命令として割り当てる。「課題」「課税」｛名｝ しるしをめどにして考える占い。｛名｝ 組織・機関などの構成単位の一つ。「課員」［漢字源］

*カ　*呵　《音読み》カ《意味》｛動｝ のどをかすらせてかっとどなる。〈同義語〉→訶。「呵斥カセキ」「呵叱カシツ」｛動｝ はっはと笑う。「呵呵大笑カカタイショウ」｛動｝ はあと息を吹き出す。「呵欠カケン（あくび）」「呵凍」〔漢字源〕

*ガ　*我　が　［s：ātman，p：attan］　原語の〈アートマン〉は、ドイツ語の atmen と同じく、もと気息、呼吸の息を意味し、生気・本体・霊魂・自我などを表す。インドの諸哲学が個人をさらに掘り下げて、常住・単一・主宰のアートマン（我）を最重視し、それをめぐって展開するのに対して、仏教はそのような〈我〉は否定し、我・自我そのものを諸要素の集合と扱う。すなわち、いろ・かたちある物質的なもの（色（しき））、感受作用（受（じゅ））、表象ないしイメージ（想（そう））、潜勢的で能動的な形成力（行（ぎょう））、認識作用（識（しき））の五つの集まり（五つのおのおのもやはり集まりから成る）による五蘊（ごうん）説と、眼（げん）・耳（に）・鼻（び）・舌（ぜつ）・身（しん）・意（い）の六入（ろくにゅう）説とが特によく知られる。〔岩波仏教辞典〕

*ガ　*我（無我説）　が〈我〉はこのような諸要素より成り、〈我〉を実体視する立場はあくまで斥ける無我説が、仏教全般に一貫する。ただし最初期(釈尊（しゃくそん）のころ）の無我説は、我執を含むあらゆる執着（しゅうじゃく）からの解放を強調した。同時に、〈我〉は〈われ〉としてあらゆる行為の主体・責任の所在であって、この場合は〈我〉が自己または主体性とみなされるところから、執着を捨て、とらわれることなく、種々の実

践を果たす主体者として、きわめて積極的な意義を担う。この立場により〈自灯明、自帰依〉（自らを灯明とし自らを依りどころとする）を強調する。〔岩波仏教辞典〕

*ｶﾞ　*我（法有我）　が　なお部派仏教の一部、特に説一切有部（せついっさいうぶ）において、この〈我〉をダルマ（法）と結びつけ（法有我（ほううが））、法そのものの積極的な実体視に進展し、逆にそのような説のすべてが、大乗仏教の空（くう）によって厳しく批判された。またさらに後期の仏教には、〈我〉を仏と一体視する思想も現れる。〔岩波仏教辞典〕

→無我

*ｶﾞ　*我（用例）　が　かつて我の自性を観せずして、いづくんぞよく法の実諦を知らん。〔十住心論（1）〕万法は無より生じ、煩悩は我より生ず〔播州法語集〕〔岩波仏教辞典〕

*ｶｲ　*界　1. たもつもの。原理。無明界（無明という原理）2. 差別。彼此の事物が差別されて混乱しないこと。3. 類。部類。種族。層。根基。範疇（カテゴリー）。4. 要素。人間存在の構成要素。知覚の構成要素。5. 十八界。人間存在の十八の構成要素。眼・耳・鼻・舌・身・意の六根とそれらの対象である、色・聲・香・味・触・法の六境と、見・聞・嗅・味・触・知の認識作用をなす六識をそれぞれ界とよんで、十八界と名づける。この場合界とは、界畔の義。すなわちおのおのに定まった役割、作用という意味である。6. 宇宙の構成要素。また、地・水・火・風・空・識の六大を六階ともいう。7. 境域。領域。たとえば、欲界・色界・無色界の三界。8. 世界の略。9. 事物の固有の体性の意。たとえば法界。界を「持」の意に介していう。たもつもの。本質。本体。本性。S:dhātu　10. 種子。唯識学及び華厳学で、種子を界というのは、要素や因の意味による。11. 因。基因。他のものを生ずる原因。具体的にはアーラヤ識をいう。12. 梵語の動詞の語根のことを S:dhātu といい、漢訳で字界という。13. 領土。国土。14. 心のはたらき。〔広説佛教語大辞典〕176b-d

*ｶﾞ　*画　**【畫】**《常用音訓》カク／ガ《音読み》ガ／エ／カイ／カク／ワク《訓読み》えがく（ゑがく）／かぎる／はかる／はかりごと《意味》｛名｝線や色で区切りをつけてえがいたえ。デッサン。〈類義語〉→絵。「絵画」「図

画」「詩中有画＝詩中ニ画アリ」〔東坡志林〕｛動｝　えがく。えをかく。「画地為蛇＝地ニ画キテ蛇ヲ為ラン」〔→国策〕カクス　｛動｝　かぎる。区切りをつける。また、区切りとして境界線を入れる。〈同義語〉→劃カク。「画界＝界ヲ画ス」「画地而不犯＝地ヲ画シテ犯サズ」〔→漢書〕カクス　｛動｝　ここまでと限定して、その外に出ない。「今、女画＝今、女ハ画ス」〔→論語〕｛名｝　くぎり。「区画」カクス ｛動｝ はかる。図面を引いて考える。計画する。「画策」｛名｝　はかりごと。「計画」「故願大王審画而已＝故ニ願ハクハ大王画ヲ審ラカニセヨ」〔→漢書〕｛名・単位｝　書道で、漢字の横線を引くこと。また、転じて漢字を構成する点・線をかぞえるときのことば。「筆画」｛名｝ 易の卦カの単位となる横線。▽卦は、すべて陰または陽をあらわす六本の横線から成る。〈類義語〉→爻コウ。〔漢字源〕

*ガアイシュウゾウゲンギョウイ　*我愛執蔵現行位　アーラヤ識の三位の一つ。第八識が、第七識に自らの自我であると執される位。〔広説佛教語大辞典〕175b

*カイ　*悔　《常用音訓》カイ／く…いる／くや…しい／く…やむ《音読み》カイ／ケ《訓読み》くやしい／くいる（くゆ）／くやむ／くい／くやみ《意味》｛動｝　くいる（クユ）。くやむ。失敗したあと、暗い気持ちになる。がっかりして残念がる。「改悔」「太甲悔過＝太甲、過チヲ悔ユ」〔→孟子〕｛名｝　くい。残念な気持ち。「後悔」「死而無悔者＝死シテ悔イナキモノ」〔→論語〕〔国〕くやみ。人の死をとむらうことば。〔漢字源〕

*カイ　*戒　在家信者は、仏教を修行しようと決心するとき、仏・法・僧の三宝に帰依し、比丘（びく）に従って五戒を受ける。さらに毎月４回ある布薩日には八斎戒（はっさいかい）を受ける。信者は僧伽を作らないから、律を守ることはない。在家信者が出家して修行しようと欲するとき、20歳以下なら比丘を師（阿闍梨（あじゃり））として、沙弥（しゃみ）となる。そのとき十戒を受ける。女性は比丘尼を師として沙弥尼となる。さらに20歳以上になって、正規の出家修行者となろうと欲すれば、僧伽に入団許可を願い、和尚・羯磨師（こんまし）・教授師の三師と証明師よりなる10人、あるいは５人の比丘僧伽において審査をうけ、入団が許可されて比丘となる。この時、具足戒を受ける。沙弥尼は比丘尼になるが、その前に２年間、正学女（しょうがくにょ）（式叉摩那）として修行する。その

間六法戒を守る。このように仏教の修行者は、在家も出家もすべて戒に基づいて修行をする。戒定慧の三学といって、戒の実行があってはじめて、禅定と悟りの智慧とが得られる。戒の自発的決心が修行の根本である。〔岩波仏教辞典〕

*カイ　*偕　《音読み》カイ／ケ《訓読み》ともに／ともにする（ともにす）《意味》｛副｝ともに。いっしょに。「君子偕老クンシカイロウ（よい夫婦がそろって長生きする）」「予及汝偕亡＝予ト汝ト偕ニ亡ビン」〔→孟子〕｛動｝ともにする（トモニス）。いっしょに行動する。〈類義語〉→与・→倶。「行役夙夜必偕＝行役シテハ夙夜必ズ偕ニセン」〔→詩経〕《解字》会意兼形声。皆は「比（ならぶ）＋白（自、鼻の変形で、動詞の記号）」の会意文字で、肩を並べて行うの意をあらわし、みんないっしょにの意の副詞に用いる。偕は「人＋音符皆カイ」で、皆の意に近いが、二人、またはなん人かがいっしょにそろっての意に用いる。→皆［漢字源］

*ガイ　*害　《常用音訓》ガイ《音読み》ガイ／カイ《訓読み》そこなう（そこなふ）／なんぞ／いつか《意味》ガイス｛動｝そこなう（ソコナフ）。生長をとめる。また、じゃまをする。「害時＝時ヲ害フ」「無求生以害仁＝生ヲ求メテモッテ仁ヲ害スルコト無シ」〔→論語〕ガイス｛動｝生きものの命をとめる。「殺害」「傷害」ガイトス｛動｝じゃまだと思う。ねたむ。「争寵而心害其能＝寵ヲ争ヒテ、心ニソノ能ヲ害トス」〔→史記〕｛名｝じゃま。さまたげ。わざわい。〈対語〉→利。「凶害」「冷害」「遇害＝害ニ遇フ」「侵官之害甚於寒＝官ヲ侵スノ害ハ、寒ヨリ甚ダシ」〔→韓非〕「要害」とは、人をじゃまして通さない狭くて険しい所。｛副｝なんぞ。いつか。▽何に当てた用法。「時日害喪＝時ノ日、害カ喪ビン」〔→孟子〕〔漢字源〕

*ガイ　*蓋　1. 智慧をおおうもの。煩悩の異名。心をおおい障害となるところの煩悩をいう。心のふた。普通五種の煩悩を五蓋と称する。2. かさ。きぬがさ。〔佛教語大辞典〕173c-d

*カイエン　*開演　1. 十法行の一つ。非常な努力をもって、適切な人々に大乗の書物の文と意味とを説き明かすこと。2. 教えを展開して説き明かすこと。教えをかみくだいて説明すること。開は開示。演は演説。趣意を説き明かすこと。3. 述べ始める。4. 花が開く。〔広説佛教語大辞典〕178b

*ｶｲｷﾞｮｳ　*戒行　1. 戒めを守って修行すること。戒の規則を守って実践修行すること。2. 戒四別の一つ。〔広説佛教語大辞典〕179b

*ｶｲｸｳ　*皆空　あらゆるものは空無であると説く。『般若経』などの教えをいう。すべて何も存在しないこと。〔広説佛教語大辞典〕179d

*ｶｲｹ　ｶﾞｲｹ　*改悔　ｶｲｶｲ 反省して考え方をかえること。〔漢字源〕先非を悔い改めること。〔佛教語大辞典〕173a

*ｶｲｹｲ　*会稽　「会稽の恥」の略。転じて、仇討・復讐をいう。〔広辞苑〕

*ｶｲｹｲﾉﾊｼﾞ　*会稽の恥　敗戦の恥辱。他人から受ける酷（ひど）い辱（はずかし）め。

*ｶｲｹﾞﾝ　*開眼　1. 智慧の眼を開くこと。真理をさとること。2. 新たにつくった仏像（または仏画）を堂宇に安置して供養する時に行う儀式。仏眼を開く意味で、仏の魂を入れること。開眼光。開光明。開光。開明ともいう。【解釈例】みめをひらく。〔佛教語大辞典〕169d

*ｶｲｺﾞ　*契悟　契は心性にかなう、悟はさとる、の意。道をさとること。真理にかないさとること。契心証会。大悟。自己の胸中の分別妄想を脱却して真理をさとること。〔広説佛教語大辞典〕180d

*ｶｲｺｳ　*戒香　徳行の香。戒律を守るとその功徳が四方に薫ずるのを、香に喩えていう。常に戒めを守った功徳が香ること。P:sīla-gandha〔広説佛教語大辞典〕181a

*ｶｲｺﾝ　*戒根　戒めを守る基本的能力。

*ｶｲｼｬ　*開遮　1. 開は行為の許可。遮は、禁止をいう。許したり禁じたりすること。あることをなすのを許すのを開、なすのを禁じるのを遮という。許すと否と。してもよいことと、してはならぬこと。戒律の語。2. 命のあぶないときは戒律を守らなくてよい（開）、殺されても戒律は守るべき（遮）だ、という意。〔佛教語大辞典〕170d

*ｶｲｼ　*開示　中を開いて示す。よくわかるように説明すること。〔漢字源〕

*ｶｲｼ　*芥子　カイシ・ケシ・からし　カイシ・ケシ・からしカラシナの小さい実。粉末にして香辛料とする。非常に小さいもののたとえとして用いることがある。ケシ（日本）草の名。ケシ科ケシ属の多年草。未熟の果実から阿片アヘンをとる。罌粟オウゾク。〔漢字源〕

*カイジョウ　*楷定　1. 順序をふむこと。2. ただすべきはただして、是非を定めること。〔佛教語大辞典〕172b

*カイジョウエ　*戒定慧　戒と定と慧。三学ともいう。仏道修行者の必ず修学実践すべき根本の事がら。非を防ぎ、悪を止めるのを戒、思慮分別する意識を静めるのを定、惑を破り、真実を証するのを慧という。〔佛教語大辞典〕164b

*カイジョウエゲタゲダツチケン　*戒定慧解脱解脱知見　戒・定・慧の三つと解脱・解脱知見の二つ。解脱とは慧によって惑を断じ、惑の束縛を解いた境地であるニルヴァーナ。解脱知見とは、自分が解脱したことを認める智慧。初めの三つは修因であって、後の二つは結果である。この五種の法をもって仏の身体とするので、小乗ではこれらを五分法身という。〔佛教語大辞典〕164b-c

*ガイス　*該《常用音訓》ガイ《音読み》ガイ／カイ《訓読み》そなわる（そなはる）《名付け》　かた・かぬ・かね・もり《意味》ガイス ｛動｝ そなわる（ソナハル）。全面にわたってはりわたす。全体にいきわたって、じゅうぶん足りる。「該備」ガイス ｛動｝ 全軍にわたって戒める。｛動｝ 全体のわくが、ほぼそれにあたる。「該当」｛形｝ まさにその。その事がらにあたっている。「該人（そのひと）」「該案（その案）」｛助動｝〔俗〕その順番や理屈にあたっている。そうせねばならない。……すべきである。「該去カイチュイ（いくべきである）」「合該ホオカイ（さもありなん、ざまあみろ）」｛動｝〔俗〕返すべき借金をしている。「該百元（百元借りている）」［漢字源］

*カイホン　*戒品　1, 戒の種々なる種類。五戒・十善戒など。2, 戒を明らかにした篇章の名。3. 戒律の規定。戒の各条項。〔広説佛教語大辞典〕189c

*カイミョウ　*開明　1. 開眼に同じ。→開眼（かいげん）2.【解釈例】かくれなきなり。〔佛教語大辞典〕172a

*カエリミル　*顧《常用音訓》コ／かえり…みる《音読み》コ／ク《訓読み》かえりみる（かへりみる）／かえって（かへつて）／ただ《名付け》み《意味》｛動｝ かえりみる（カヘリミル）。外をみわたさず、内側だけをみまわす。身辺や後ろをふりかえる。▽訓の「かへりみる」は「かへり（反）＋みる（見）」から。「反顧」「右顧左眄ウコサベン（左右をかえりみてうろうろする）」「王、

顧左右而言他＝王､左右ヲ顧ミテ他ヲ言フ」〔→孟子〕｛動｝ かえりみる（カヘリミル）。わが身や過去をふりかえる。「回顧」「自顧非金石＝ミヅカラ顧ミルニ金石ニアラズ」〔→曹植〕｛動｝ かえりみる（カヘリミル）。気にしてかばう。目をかけてたいせつにする。心を配る。「愛顧」「不顧（気にしない）」「三顧之礼」｛動｝ かえりみる（カヘリミル）。周囲に気を配る。「顧全大局＝大局ヲ顧全ス」｛動｝ 客の来訪をていねいにいうことば。▽来て目をかけてくださる意から。「顧客」「恵顧（おいでくださる）」｛接続｝ かえって（カヘツテ）。ただ。それとは反対に、の意をあらわすことば。〈類義語〉→但。「卿非刺客、顧説客耳＝卿ハ刺客ニアラズ、顧テ説客ナルノミ」〔→後漢書〕［漢字源］

*カエン　*火炎 ｛焔｝ ほのお 〔漢字源〕

*カガヤカス *曜す 日が光りかがやく意。日の輝き。輝く。〔新字源〕476

*カギリ *局り 一部分。せまい。〔新字源〕295

*カギレリ *局レリ限定

*カク　*隔 《常用音訓》カク／へだ…たる／へだ…てる《音読み》カク／キャク《訓読み》へだてる（へだつ）／へだたる／へだて《意味》｛動・形｝ へだてる（ヘダツ）。へだたる。間にさえぎる物や時間をおいて、間をあける。しきってわける。間をおいた。「離隔」「疎隔」「隔日（一日おき）」｛名｝ へだて。へだたり。わけへだて。「間隔」｛名｝ 気（息や血気）の動く胸部と、穀気（食物のエキス）の動く腹部とをへだてる膜。横隔膜。〈同義語〉→膈カク。《解字》会意。鬲レキは、中国独特の土器を描いた象形文字で、間をしきってへだてる意を含む。隔は「阜（壁や土盛り）＋鬲」で、壁やへいでしきることを示す。鬲にはカクの音もあるので、隔の字においては、鬲が音符の役をはたすとみてもよい。そのさいは「阜＋音符鬲」の会意兼形声文字。→鬲〔漢字源〕

*カグ　*下愚 ［論語陽貨「唯上知与下愚不移」］ 甚だ愚かなこと。また、その人。至愚。　上知。　自分の謙称。〔広辞苑〕

*ガク　*鶚 《音読み》ガク《訓読み》みさご《意味》｛名｝ みさご。猛鳥の名。たかの類で目が鋭く、水辺にすんで魚を捕らえて食う。転じて、鋭い人物のたとえ。［漢字源］

*カクショウ　*覺性　悟りの本性、覺者（佛）の本性　悟りの普遍性と衆生済度を説く大乗佛教に至って衆生が佛性を具有するか否かが重大な問題となり『大般涅槃經』などでは衆生が如來蔵を具有することを説いた。

*カクベツ　*各別　それぞれ異なること。S:pr̥thak　S:bhinna　S:bheda〔佛教語大辞典〕174b

*カクリン　*鶴林　〔仏〕沙羅双樹《サラソウジュ》の林の別名。▽釈迦《シャカ》が死んだとき、常緑樹である沙羅の木がつるの羽のように白くなったという故事から。転じて、寺。［漢字源］

*カクリン　*鶴林　（釈尊の入滅を悲しみ、沙羅双樹さらそうじゆが鶴の羽のように白く変って枯死したという伝説に基づく）沙羅双樹林の異称。転じて、釈尊の死、すなわち仏涅槃（ぶつねはん）。つるのはやし。〔広辞苑〕

*カケル　*虧　《音読み》キ《訓読み》かける（かく）／かく《意味》{動}　かける（カク）。かく。少なくなる。へらす。また、月などがかけおちる。こわれる。くぼんで穴があく。こわす。〈類義語〉→欠・→空。「虧欠《キケツ》」「虧心《キシン》（良心を欠く）」「月満則虧＝月満ツレバスナハチ虧ク」〔→史記〕{名}〔俗〕かけめ。欠損。「吃虧《チークイ》（損をする）」〔漢字源〕

*カゲン　*過患（P:S:ādīnava）1. とがや憂い。過咎（とが・つみ・あやまち）と災患（わざわい）『觀無量壽經』『大正蔵経』12巻345b　2. あやまち 3. 大患・過度の苦しみ 4. 煩惱・業など生ずること。〔広説佛教語大辞典〕201b

*ガケン　*我見　1. 自我という見解。自我についての見解。自我ありとの考え。人間には永遠に変わらない主体があるという誤った考え。常・一・主・宰の自我（S:ātman）があるとして、それに執着する見解・思想の意。永遠の主体に対する執着。この我々の肉体・精神が諸条件の集まりにすぎないことを知らず、実体的な我の存在を認める見解。実体的自我があると解する見方。2. 実我があると執する誤った見解。五見の一つ。五見は、我見（我ありと考える）・辺見（断常二見のいずれかにかたよる）・邪見（因果を信じない）・見取見（一見解を最上の物と固執する）・戒禁取見（さまざまな制戒を守ってこれを最上とする）。いずれも悪い見解である。3. 何ものかが我であるとみなす見解。たとえば「物質的な形（色）は我である」という。五取蘊のいずれかの中に我があるという見解。身見（有身見）と同義。

4. 自己に対する執着の見解ある人。わたくしを実在視する者。5. 自己のとらわれ。〔広説佛教語大辞典〕201b-d

*カゴ　*果語　現在の結果の中に過去の原因を説くもの。『探要記』七巻十帖

*カシャク　*呵責．呵嘖　叱り責めること。責めさいなむこと。仏足石歌(題詞)「生死を―す」。「良心の―」〔広辞苑〕【呵責】カセキ・カシャク　＝苛責・訶責。とがめしかる。きびしく責めしかる。『呵叱カシツ・呵譴カケン』［漢字源］

*カシャク　*呵責．呵嘖　1. 非難する。責めしかりつけること。2. 呵責する人。3. 比丘を罰する七種法の一つ。僧衆の面前で呵責を宣告して三十五事の権利を奪う。4.〈佛が〉叱ること。〔広説佛教語大辞典〕205c

*カセンリンダ　*迦旃鄰陀　S:kācilindika の音写。1. 実可愛鳥と漢訳。水鳥の一種。羽毛は細軟で集めて織ると柔軟な衣服を作ることができるという。2. 天竺にある和らかなる草、それに触れれば楽受を生ずるので浄土の喩えとする。〔広説佛教語大辞典〕209b

*カソウ　*果相　アーラヤ識の三相の一つ。結果としてのすがたを展開した特質。第八アーラヤ識が真の異熟であるということ。〔広説佛教語大辞典〕209c

*ガソウ　*我相　1. 自我という観念。われという観念。実体として自我があると思う妄想。2. 妄想によって現れた我に似たすがたで、凡夫が実我と執するもの。霊魂と考えられるもの。【解釈例】我の相というは我執の前にありと覚ゆる相也。3. 自らおごって他を軽蔑すること。〔佛教語大辞典〕160A

*カタチ　*容　《常用音訓》ヨウ《音読み》ヨウ／ユウ《訓読み》いれる（いる）／かたち／すがた／ゆるす《名付け》いるる・おさ・かた・なり・ひろ・ひろし・まさ・もり・やす・よし《意味》{動}　いれる（イル）。中に物をいれる。また、とりこむ。「収容」「瓠落無所容＝瓠落トシテ容ルルトコロ無シ」〔→荘子〕{名} 中身。中にはいっているもの。またその量。「内容」{名} かたち。すがた。わくの中におさまった全体のようす。かっこう。「容貌ヨウボウ」「斂容＝容ヲ斂ム」「女容甚麗＝女ノ容甚ダ麗シ」〔→枕中記〕{動} かたちづくる。すがたを整える。また、化粧する。「転側為君容＝転側シテ君ガ為ニ容ル」〔→蘇軾〕{動}　ゆるす。いれる（イル）。ゆるす。また、ききいれる。受けいれる。「許容」「不容＝容サズ」{形}　ゆとりがあるさま。「容与」〔漢字源〕

*カツ　*且《常用音訓》か…つ《音読み》シャ／ショ／ソ《訓読み》かつ／かつは／…すらかつ／しばらく／まさに…せんとす《名付け》　かつ《意味》{接続}　かつ。加え重ねる意を示すことば。そのうえに。「且爾言過矣＝且ツナンヂノ言ハ過テリ」〔→論語〕{助}　かつは。一方で…し、また他方で…する。「且怒且喜＝且ツハ怒リ且ツハ喜ブ」〔→史記〕{助}　…すらかつ。強調を示すことば。…でさえも。「臣、死且不避＝臣、死スラ且ツ避ケズ」〔→史記〕{副}　しばらく。まあまあという気持ちを示すことば。とりあえず。「姑且コショ（しばらく）」「且待之＝且クコレヲ待テ」〔→史記〕{形}　かりそめであること。「苟且コウショ・コウシャ」{助動}　まさに…せんとす。…しようとする。やがて…するだろうの意。「且為所虜＝且ニ虜ニセラレントス」〔→史記〕{助} 詩句で、語調を整える助辞。「其楽只且＝其レ楽シマンカナ」〔→詩経〕〔漢字源〕

*ガッショウ　*合掌 S:añjali 顔や胸の前で両手の掌を合わせること。インドで古くから行なわれてきた敬礼法の一種。インド、スリランカ、ネパールなど南アジア諸国では、世俗の人々が出会った時には互いに合掌する。いわばわが国のお辞儀に相当する。中国・朝鮮・日本などでは佛教徒が佛や菩薩に対して礼拝する時この礼法を用いる。中国で著された経典の註釋書によると、両手を合わせることは、精神の散乱を防いで心を一つにするためである、と説明されている。〔岩波仏教辞典〕124

*ガッショウシャシュ　*合掌叉手　合掌をシナ風に叉手と言い換えたのであろう。『觀無量壽經』『大正蔵経』12巻345c〔広説佛教語大辞典〕214c

*ガッチュウチ　*合中知　鼻、舌、身の三つの感覚器官は直接対象と接触してはたらくことからこのように言う。離中知の対。〔広説佛教語大辞典〕215a

*カビ　*加被または加備、加祐、加威ともいう。adhitiṣṭhante 加持する、支配する、摂受する、の意。佛・菩薩から威神力を被ること。佛・菩薩が衆生に霊妙の力を加え被らせて利益を与えること。加護に同じ。〔広説佛教語大辞典〕219c

*カホウ　*果報 1. 効果。結果。2. 報い。応報。業の因に報いた結果。略して報（むくい・ほう）ともいう。過去の業因より感得する報い。前に行動した善業（善なる行為）によって楽果を受け、また悪業（悪なる行為）によって後

に報いとして苦果を受けることをいう。総報と別報があって前者は人間であるかぎり誰でも共通であるような果報で、後者は、人間であっても男女・貧富の差別があるような果報である。また、今生に業を作って今生に受ける果報を（順）現報、次生に受ける果報を（順）後報という。3. 現在の善悪の因に対して現在に長寿・疾病などの苦楽の報いあるに対して、未来に感受する結果をいう。未来において受ける現在の業の結実。4. 果は因に対する結果、報は縁による報い。5. 俗には幸せなこと。暮らしの良いこと。運の良いことを果報といい、そのような者を果報者という。〔広説佛教語大辞典〕220d-221b

*カリン　*火輪　旋火輪の略。火を回転して輪の形をつくると、形は輪に見えるが、実体はない。諸事象が連続して、種々の形があるように見えるが、実体がないことに喩える。〔佛教語大辞典〕146a

*カレイ　*家励　家で励むべきこと。家のはげみ。

*ガレキ　*瓦礫＝瓦石　ガセキ　かわらと小石。価値のないもののたとえ。『瓦礫ガレキ』〔漢字源〕

*カン　*觀　1. 真理を観ずること。心静かな清浄な境地で、世界のありのままを正しくながめること。法の本質を分別照見すること。見とおすこと。観念する。観察する。心静かな観想。瞑想。【解説】止観のうちの観とは、スリランカ上座部によると、事がらをあるがままに観想することである。心を落ち着けて、今自分が水を飲んでいるときには、「今われは水を飲んでいる。」と確認することである。又、止観の「観」は「外の対象をはっきりと見る」ということであるらしい。2. すがたを見ること。現象界の知覚されたすがたをそのまま見ること。3. 数息観の第四段階において智慧をもって観察すること。4. 考究すること。考察すること。智慧をもって物事の道理を観知すること。5. 新訳でいう伺に同じ。細かな考え。微細な思考。細かな分別心。不定地法の一つ。覚または尋の対。6. 反省。反省する。7. 気にかける。8.…によって。…に関して。9. あらわれ。〔広説佛教語大辞典〕227b-d

*カン　*感　1. 果報を受けること。2.（身体を）報いとして受ける。〔広説佛教語大辞典〕226d

*カン　*干　《常用音訓》カン／ひ…る／ほ…す《音読み》カン《訓読み》ほす／ひる／ほこ／たて／おかす（をかす）／もとめる（もとむ）／かかわる（かかはる）《名付け》　たく・たて・ほす・もと・もとむ《意味》{動}ほす。かわかす。▽乾《カン》に当てた用法。〈対語〉→湿。「干物（＝乾物）」{動}ひる。かわいて水気がなくなる。〈同義語〉→旱。〈対語〉→湿・→潤。「干潮（引き潮）」{名}　ほこ。武器にするこん棒。また、敵を突くための柄つきの武器。〈同義語〉→杆・→桿。{名}　たて。敵の武器から身を守るたて。〈類義語〉→盾《ジュン／タテ》・→楯《ジュン／タテ》。「干戈《カンカ》（たてと、ほこ。武器のこと）」{動}　おかす（ヲカス）。障害を越えて突き進む。「干犯《カンパン》」{動}　もとめる（モトム）。むりをして手に入れようとする。「干禄＝禄ヲ干ム」《カンス》{動}かかわる（カカハル）。他者の領域にまではいりこむ。「干渉」「不相干＝アヒ干セズ」{動}　まもる。「干城＝城ヲ干ル」「欄干《ランカン》」とは、外にはみ出ないように棒を渡した、てすりのこと。「十干《ジッカン》」とは、甲・乙・丙・丁・戊《ボ》・己・庚《コウ》・辛《シン》・壬《ジン》・癸《キ》のこと。▽幹に当てた用法。《解字》象形。ふたまたの棒を描いたもの。これで人を突く武器にも、身を守る武具にも用いる。また、突き進むのはおかすことであり、身を守るのはたてである。干は、幹（太い棒、みき）・竿《カン》（竹の棒）・杆《カン》・桿《カン》（木の棒）の原字。乾（ほす、かわく）に当てるのは、仮借である。[漢字源]

*カン　*陥　【陷】旧字　阜部《常用音訓》カン／おちい…る／おとしい…れる《音読み》　カン（カム）／ゲン（ゲム）《訓読み》おちいる／おとしいれる（おとしいる）《意味》{動}　おちいる。おとしいれる（オトシイル）。穴におちこむ。また、穴におちこませる。地面がへこむ。また、地面をへこませる。「有車陥于濘＝車有リテ濘ニ陥ル」〔→新唐書〕{動}　おちいる。おとしいれる（オトシイル）。罪・苦しみにはまりこんで、よくない状態になる。また、そのようにしむける。わなにかける。「君子可逝也、不可陥也＝君子ハ逝カシムベキナリ、陥ルベカラザルナリ」〔→論語〕{動}　おちいる。おとしいれる（オトシイル）。城などを敵に攻めおとされる。また、敵の城などを攻めおとす。「故戦常陥堅＝故ニ戦ヘバ常ニ堅ヲ陥ル」〔→史記〕{名}　おとし穴。〈類義語〉→坎《カン》。「陥穽《カンセイ》」「機陥（おとしあなのしかけ）」〔漢字源〕

*カン　*勧　【勸】旧字《常用音訓》カン／すすめる《音読み》カン（クワン）・

ケン（クエン）・コン（去）《訓読み》すすめる《意味》{動} すすめる（すすむ)。口をそろえ、または、くり返してすすめる。「勧告」「挙善而教、不能則勧善を挙げて教へ、能あたはずんば則すなはち勧む」〔論語・為政〕{動} すすめる（すすむ)。仕事やよい案に従うように力づける。「勧学学を勧む」訓読では使役の形で受けることがある。「勧斉伐燕斉セイに勧めて燕エンを伐うたしむ」〔孟子・公下〕姓の一つ。《和訓》すすめ ［漢字源　改訂第四版　株式会社学習研究社］

*カン　*寛 【寬】異体字《常用音訓》カン《音読み》カン（クワン）《訓読み》ひろい、ゆるやか、ゆるす、ゆるくする《意味》{形} ひろい（ひろし)。スペースがひろい。気持ちにゆったりとゆとりがあるさま。〈対語〉狭。「寛容」「居上不寛上に居をりて寛ならず」〔論語・八佾〕カンなり（クワンなり）{形} ゆるやか（ゆるやかなり)。おおまかであるさま。差し迫った用がなくて、のんびりしているさま。〈対語〉急・厳。「急則人習騎射、寛則人楽無事急なれば則すなはち人騎射を習ひ、寛なれば則ち人無事を楽たのしむ」〔史記・匈奴〕{動} くつろぐ。ゆったりする。ゆとりをもつ。{名} はば。「寛三尺」{動} ゆるす。ゆるくする（ゆるくす)。大目に見て、きびしく責めない。ゆるめる。「寛赦」姓の一つ。《和訓》くつろぎ・くつろぐ・くつろげる・ゆたか［漢字源　改訂第四版　株式会社学習研究社］

家が広い。ゆとりがある。心が広い。気持ちが大きい。

*ガン　*鴈 【鳫】異体字 《音読み》ガン／ゲン《訓読み》 かり／にせ《意味》{名} かり。水鳥の名。〈同義語〉→雁。{名} にせ。形だけ整えたもの。▽贋ガンに当てた用法。〈同義語〉→偐。〔漢字源〕

*ガン　*捍《音読み》カン／ガン《訓読み》ふせぐ／ゆごて《意味》{動} ふせぐ。盾でふせぐ。かたいもので衝撃をふせぐ。「捍衛カンエイ」{名} ゆごて。弓の弦のはね返りをふせぐため、左手につける防具。［漢字源］

*カンガミル　*鑑【鑒】異体字《常用音訓》カン《音読み》カン（カム）／ケン（ケム）《訓読み》かがみ／かんがみる《名付け》あき・あきら・かた・かね・しげ・のり・み・みる《意味》{名} かがみ。光の反射を利用して物の姿・形などをうつす道具。▽昔は水かがみを用い、盆に水を入れ、上からからだを伏せて顔をうつした。春秋時代からのちは、青銅の面を平らにみがい

て姿をうつす。「漢鑑（漢代のかがみ）」「宝鑑（たいせつなかがみ）」｛名｝かがみ。姿をうつして見て、自分の戒めとする材料。戒めとなる手本や前例。「亀鑑《キカン》（物事の規準になる、占いやかがみ→手本）」「鑑戒」「商鑑不遠＝商鑑遠カラズ」｛名｝かがみ。検討の資料や、手本となる文書。転じて、手形や、人に見せるしるし。｛動｝かんがみる。かがみにうつす。転じて、前例をみてよしあしを考える。また、よく見て品定めをする。検討する。「鑑別」「鑑定」｛名｝大きな鉢《ハチ》。水かがみに使えるような盆のこと。｛動｝ごらんいただきたいとの意味をあらわす書簡用語。「台鑑」［漢字源］

*カンギ　*歡喜　1. よろこび。歡喜は宗教的に満足したときに起こる、全身心をあげてのよろこびをいう。またよろこぶこと。2. 歡喜地に同じ。『華嚴經』の『十地経』に菩薩の十地が説かれているが、その初地が歡喜地である。それについて次のようにいう。「信仰の増上せること。信解の清浄なること。同情と憐れみを成就すること。慚愧に身を飾ること。忍耐の喜びを有すること。昼夜に飽くことなく善根を積むこと。心に執着なきこと。利益や尊敬や、称讃をむさぼり求めざる事。家財に執着することを喜ばぬ事。一切智の立場を欣求すること。まやかしと詐欺を離れること。ことばどおり実行すること。一切の世間の行動を目標とせぬこと。かかる諸法を具えた菩薩は歡喜地に安立せるものなり」と。歡喜が道徳的、宗教的徳目を実践することを内容としていることは注目すべきである。3. 親鸞の『一年多年証文』には、「歡喜というは歓は身をよろこばしむるなり。喜は心をよろこばしむるなり、得べきことを得てむずと、さきより喜ぶこころなり」という。4. 浄土宗の人々は、死後の往生をあらかじめ喜ぶを歡喜とよび、この世で不退の位に入ったのを喜ぶのを慶喜という。5. 南方、相 宝佛の名〔佛教語大辞典〕194a-b

*カンギジ　*歡喜地　歡喜を得る位ということ。菩薩がわずかにさとりの境地に到達して歡喜する位。菩薩の階位十地のうちの初地。カマラシーラ（S:Kamalaśīla）の説明によると、「菩薩はいまだ認識しなかったことを、この状態で認識するので大いに喜ぶ。その故に（この地は）歡喜といわれるのである」という。菩薩の階位に五十二位あるうち、第四十一位にあた

る。聖者に初位。【解釈例】歓喜地は正定聚の位なり。うべきものをえてむずとおもひてよろこぶを歓喜といふ。菩薩五十二階中にあり、他力信心には歓喜の伴ふ故信心の人を歓喜地の人と云ふ。〔広説佛教語大辞典〕230b-c

*カンギョウ　*観行　［1］サンスクリット語yoga（ヨーガ、心の統一、瞑想（めいそう））もしくはyoga-mārga（心を統一する修行法）の漢訳。〈観行人〉〈観行師〉という場合は、おおむねこの意味。［2］観察・観想の行法（ぎょうぼう）。〈観〉（vipaśyanā）は、真理（dharma　法）を観察することで、〈止（し）〉（śamatha　心の静止）の行（ぎょう）に対する（→止観）。観察の対象によって、〈観因縁（いんねん）行〉〈観無常行〉〈観苦行〉〈観空行〉〈観無我行〉などともいう〔大集経（28）〕。この〈観行〉の概念は、天台教学において、円教（えんぎょう）の修行の階位を表す六即（ろくそく）（理即・名字（みょうじ）即・観行即・相似即・分真即・究竟（くきょう）即）の第三位に位置づけられ、真理を概念（名字）としてのみ知り、それを心で観察して智慧（ちえ）を増長（ぞうじょう）してゆく段階とされた〔法華玄義1上、摩訶止観（1下）〕。五部の真言雲晴れて、三密の観行月煽（ほが）らかなり〔新猿楽記〕心に観行を凝（こ）らして、妙法を読誦し、文の義を思惟して句逗（くとう）（句読）を乱さず〔法華験記（中43）〕〔岩波仏教辞典〕

*カンギユヤク　*歓喜踊躍　よろこんで踊りあがること。心の中でよろこんでいるのが歓喜であり、それが形や動作の上に現れたのが踊躍である。修行または聞法に伴うよろこび。よろこびいさむ。大いによろこんでいるさま。【解釈例】よろこびほとばしる。〔広説佛教語大辞典〕231a

*ガング　*願求　ねがいもとめること。〔佛教語大辞典〕200c

*カンゲ　*貫華　貫花　花輪。経の散文を喩えて、散花といい、偈頌を貫花と名づける。〔広説佛教語大辞典〕232b

*カンケン　*観見　見ること。〔広説佛教語大辞典〕232c

*カンサイ　*閑歳　閑＝間＝間の古字〔諸橋大漢和辞典〕11-738a　カンサイ　閑歳＝間歳　中一年を隔てる。一年おき。隔年。〔諸橋大漢和辞典〕11-730b

あいだに一年おいて、次の年ごとに。一年おき。隔年に。［漢字源］

*カンザツ　*観察　かんさつ　[s：vipaśyanā]《かんざつ》とも読む。観察がvipaśyanā（毘婆舎那（ひばしゃな））の訳語である場合、それは観と同じであり、止（śamatha　奢摩他（しゃまた））に対する（→止観）。慧（え）、すなわち澄みきった理知のはたらき、によってもろもろの法のすがたや性質を観察することを意味する。観察の対象たる法は、時に、心の中に浮かべる種々のイメージ（その場合の観察は観想ともいう）であり、自身の心の本性（その場合の観察は観心ともいう）であり、あるいは、仏のもつ諸徳性（その場合の観察は観仏ともいう）であったりする。東アジアの浄土教では、観察はその実践の一部門（五念門の第４、五正行の第２）として重んぜられ、阿弥陀仏（あみだぶつ）の、その仏国の、およびそこに在る諸菩薩（ぼさつ）の、すぐれた徳性が観察の対象とされる。→観察（用例）観察（用例）　かんさつ　有漏心をひるがへして思惟観察せば、何ぞ菩提心を発得する事なからんや〔夢中問答（上）〕。〔岩波仏教辞典〕

*カンザツ　*観察　1. 見つめること。見とおすこと。ながめること。2. 物事を心に思い浮かべて、細かに明らかに考えること。よく熟思すること。よく熟考すること。考察すること。見分けて知ること。3. 判断。決定。4. 認める。5. よく熟考する人。6. 本生を見とおすこと。7. 直観すること。〔広説佛教語大辞典〕233c-d

*カンシャ　*感謝　ありがたく感じて謝意を表すること。「―のしるし」「―の涙」「―感激」〔広辞苑〕

*カンジン　*勧進　1. 刺激すること。勧めること。2. 勸化ともいう。人を勧めて佛道に入らせ、善根、功徳を積ませること。他を教化して善に向かわせること。→勸化 3. 中世以後日本では、堂塔、佛像の造立・修理などのために、寄付を募ること。また、それにたずさわる人々を勧進と言うようになった。勧財、勧募などともいわれる。勧進の趣意を記した寄付帳を勧進帳という。また、梵鐘鋳造のために金品を募集するのを特に鐘鋳の勧進といい、古くから行われたが、江戸中期頃からは、乞食が寺の名をかたって古鏡、古金属を集めて生計のかてとした。4. 念仏を勧めること。〔佛教語大辞典〕192b

*カンゼオンボサツ　*観世音菩薩　観世音はS.Avalokiteśvaraの漢訳。この言語は阿

縛盧枳低湿伐羅と音訳される。漢訳は旧訳で、光世音・観世音（略して観音）、新訳で、觀自在・観世自在。別名では救世菩薩・施無畏者・蓮華手菩薩など。観世音とは、世間（の衆生）が救いを求めるのを聞くと、直ちに救済する、という意。觀自在とは、一切諸法の觀察と同様に衆生の救済も自在である、の意。救いを求める者のすがたに応じて大慈悲を行ずるから、千変万化の相となるという。勢至菩薩とともに、阿弥陀仏の脇侍となり、胎蔵界の曼荼羅中台八葉院の西北にあり、また蓮華部院の主尊である。南方インドのマラーバル地方にあるといわれる摩頼耶（Malaya）山中の補陀落（Potalaka）が住所で、シナでは浙江省船山列島の普陀山普済寺、わが国では那智山をそれに当てる。観音の総体は、聖観音で、千手・十一面・如意輪・准胝・馬頭（以上六観音）と不空羂索（以上で七観音）のほか、三十三観音は『法華經』普門品に説く教えに基づく。正月十八日に観音供が催され、毎月十八日は、朝観音でにぎわう。わが国の観音信仰は、古くは聖徳太子の夢殿観音以後、上下に盛んに信仰され、平安時代には、長谷寺・清水寺・石山寺をはじめ、西国三十三所観音の流行となり、鎌倉時代には、三十三間堂に千一体の観音が並び、熊野の信仰が全国的になった。〔広説佛教語大辞典〕239c-d

*カンソウ　*観想　1.深く思いをこらすこと。観察し思索すること。修習すること。2.仏のすがたを思い浮かべて念ずること。『觀無量壽經』『大正蔵経』12巻345a〔広説佛教語大辞典〕240b

*カンツウ　*感通　奇瑞を感ずること。〔広説佛教語大辞典〕241d　心に響き応じること。〔→易経〕自分の心が相手によくとどく。『感徹カンテツ』［漢字源］

*カンノウ　*感應　感じ応ずるの意。感応道交のこと。仏（または神）と修行者との心が相交流すること。1.衆生の信心・善根が諸佛菩薩に通じてその力が現れること。感は我々のほうからいい、應は仏の方からいう。衆生の信心のまことに感じて、仏・菩薩がこたえること。2.浄土教では、救われようとして念仏する衆生と、それを救おうとする阿弥陀仏の慈悲心が一つに合しているさま。仏の慈悲が衆生に働きかけ、衆生がよくこれを感じ取り、互いに通じて交わり合うはたらき。〔広説佛教語大辞典〕243c-d

*カンロ　*甘露［s：amṛta］原語は不死あるいは天酒という意。仏教以前のヴ

ェーダ時代から神々の飲料としてのソーマ酒（soma）を〈甘露〉とし、飲めば不死を得るとされた。後に比喩化・精神化して不死涅槃（ねはん）の理想境を指し、仏教では涅槃のことを表すようになった。仏教では、苦悩を癒し、長命を得、死者を蘇らせる兜率天（とそつてん）の甘い霊液と考えられた。最高の滋味に譬えられる。〈甘露門〉といえば悟りの境界に入る門、〈甘露王〉といえば阿弥陀仏のことをいう。なお中国においては、甘露は天下太平の祥瑞として天が降すものと考えられていた。その甘露を受けて服するに、忽ちに餓ゑの苦しび皆やみて楽しき心になりぬ〔今昔（2-27）〕末法に入って甘露とは南無妙法蓮華経なり〔日蓮（御講聞書）〕。→不死〔岩波仏教辞典〕

*キ *機 1. もののかなめのこと。根本的な事柄。枢機・要機の意。2. からくり。しかけ。機関の意。機は関なり。宣なりと解されている。3. はたらき。動作。機用・禅機の意。心の機縁。（時機・因縁）転じて心構え。禅語に由来する。4. 現象がまだ発動しない前のきざし。ものに触発して生ずる可能性。兆候。5. はずみ。きっかけ。おり。契機。機縁。「動の微なり」とも解せられる。発動すること。6. はずみ。仏道修行というネジをかけることから、転じて佛の教えに触れることによって発動する精神的・心的な能力。機根・根機ともいう。弟子の能力・素質。修行者の性質・力量。教えを受ける人の精神的素質。衆生の宗教的素質。縁あって現れ出る可能性。佛教ではその素質に聲聞と縁覚と菩薩との三種があるという。7. 教えられる相手・人。教えを聞く人。修行して教えを聞く人。法を聞いて悟るべき人。弟子。相手の修行者。自己本然の心の中にあって、教えによって、激発されて活動する心のはたらきが、めいめいの人に備わっている。また衆生のこと。如来に対していう。8. 機情の意。人間のこと。衆生。機類。9. 個々の人間の置かれている個別的な状況。禅宗でいう。10. 手早いこと。〔佛教語大辞典〕213B-C

*キ *毀 1. こぼつ。こわす。2. やぶる。3. くじく。4. ほろぼす。5. かく。6. 歯が生え代わる。7. そしる。〔新字源〕222

*キ *毀 《音読み》キ《訓読み》こぼつ／やぶれる（やぶる）／そしる／そしり《意味》{動} こぼつ。壁や堤に穴をほってこわす。〈類義語〉→壊。「毀

壊《キカイ》」「人皆謂我毀明堂＝人ミナ我ニ明堂ヲ毀テト謂フ」〔→孟子〕｛動｝やぶれる（ヤブル）。穴があいてこわれる。「以為器則速毀＝モッテ器トナセバスナハチ速ヤカニ毀ル」〔→荘子〕｛動・名｝そしる。そしり。評判をぶちこわす。他人の悪口をいう。また、そのこと。「毀誉《キヨ》」「名誉毀損《キソン》」「誰毀誰誉＝誰ヲカ毀リ誰ヲカ誉メン」〔→論語〕｛動｝悲しみのあまり、からだや心が衰える。「哀毀《アイキ》」《解字》会意兼形声。「土＋音符毀の土の部分を米に変えた字（米をつぶす）の略体」で、たたきつぶす、また、穴をあけて、こわす動作を示す。〔漢字源〕

*キ　*鬼　1.餓鬼の略2.おばけの類。3.目に見えないところにいる死者の霊。〔佛教語大辞典〕207b

*キ　*歸　1.帰依すること。2.「よる」と読む。たよること。たのむ。よりすがる。【解釈例】よりたのむと訓ずるが吾祖の意なり。よりたのむ。よりかかる。帰とはたのむこと。帰入の義。3.帰すべき所、すなわち佛法の要諦。4.帰着させる。〔広説佛教語大辞典〕250d-251a

*ギ　*疑　s：vicikitsā　ものごとをはっきり決めかねて、ためらうこと。意の定まらないこと。四諦（したい）など仏教の説く教えを信じきれず、あれこれと疑いを抱くことで、基本的な煩悩（ぼんのう）の一。教理学上の〈疑〉は、仏教の教えに対する躊躇（ちゅうちょ）のみをいい、日常生活における疑惑やためらい、あるいは仏教を学び修行する上での疑問などは含まない。〈疑〉は、われわれを輪廻（りんね）の生存に結びつけるものとして〈疑結（ぎけつ）〉とも呼ばれ、他の煩悩と合わせて三結・五下分結（ごげぶんけつ）・七結・九結の中に数えられる（→結）。また、心をおおって禅定（ぜんじょう）や悟りへ導く、善い心の生起を妨げるものとして〈疑蓋（ぎがい）〉と呼ばれ、五蓋の一に数えられる。六煩悩・七随眠（ずいめん）・十随眠の一つでもある。なお、仏典において広義に〈疑い〉を意味する原語として一般的なのは、kānksā、saṃśaya であり、漢訳では〈疑〉〈疑懼（ぎく）〉〈疑悔（ぎけ）〉〈疑惑〉などが用いられる。→疑（浄土教・禅宗の場合）　中国・日本の浄土教では、無量寿経（むりょうじゅきょう）（下巻）に説くところに基づき、阿弥陀仏（あみだぶつ）を信じきれず、極楽に生まれることに疑いを持つこと、他力（たりき）を信じない自力心のことを

〈疑〉という。禅宗では、悟りを求めて疑いを起こすべきことを説き、疑って疑いぬくこと、思量分別を捨てて疑いそのものになりきることを〈大疑（だいぎ）〉という。〔岩波仏教辞典〕

*ギ　*疑　1. 疑い。疑惑。2. アビダルマでは心作用の内不定法の一つ。四諦の真理についてあれこれと思い悩むことと解釈されている。3. 因果を疑うこと。4. そのほか、業・果報・三宝などのことわりに対する疑い。5. 浄土門では､阿弥陀佛の救済を信ずることのできない自力の迷いの心をいう。〔佛教語大辞典〕220b-c

*ギ　*義（artha）1. 事柄。対象。もの。事物。自体。実体。言い表わされるもの。2. 意味。文章や散文の表わす意義。経典の趣旨。3. 語。意味。4. わけ。いわれ。みち。ことわり。義理。5. 道理。【解説】理と同じ。義の原語arthaには、ここに指摘されたような種々の意味がある。法の原語ダルマには理・理法・真理・真理の教え・性質・在り方・存在するなどの意味がある。そして原始佛教以来ダルマが人々にとってのアルタであると表現されてきているから聖徳太子は義は理であると解したのである。6. 趣意。7. 目的。めあて。求むべきもの。8. 教義。9. 秘密。隠された深い意味。〔佛教語大辞典〕218b-d

*ギ　*宜　《常用音訓》ギ《音読み》ギ《訓読み》よろしい（よろし）／むべ／よろしく…べし《名付け》き・すみ・たか・なり・のぶ・のり・のる・まさ・やす・よし・よろし《意味》{形}　よろしい（ヨロシ）。ちょうど適当である。形や程度がほどよい。「適宜」「宜男」「宜其室家＝ソノ室家ニ宜シカラン」〔→詩経〕{形} むべ。当然である。「不亦宜乎＝マタ宜ナラズヤ」「宜乎＝宜ナルカナ」〔→孟子〕{助動}　よろしく…べし。したほうがよい。するのがよかろう｡「宜鑒于殷＝ヨロシク殷ニ鑒ミルベシ」〔→詩経〕ギス {動・名}　出陣を告げるために､社（土地の氏神）をまつる。また､その祭り。「宜乎社＝社ニ宜ス」〔→礼記〕〔漢字源〕

*キエイ　*虧盈　1. かけることと、みちること。また、みちたりかけたり。2. エイヲカクみちることをへらす。いっぱいにならないようにすること。「天道虧盈而益謙＝天道ハ盈ヲ虧キテ謙ニ益ス」〔→易経〕〔漢字源〕

*ギガク　*伎樂　1. 楽人の奏する音楽。身振りを伴った筋書きのある舞曲。

2. 妓楽とも書く。この語は、呉楽（くれがく）の意に使うこともある。推古天皇二十年（六一二）に伝えられ、東大寺の仏生会に奏せられた。〔佛教語大辞典〕216d

*ｷﾞｶﾞｸ　*義學　体系的な教義についての学問。倶舎．唯識の学問などをいう。〔広説佛教語大辞典〕254b

*ｷｹﾞﾝ　*譏嫌　そしりきらうこと。嫌悪すること。〔佛教語大辞典〕216c

*ｷｺﾞｳ　*歸仰　帰依し信仰する。〔広説佛教語大辞典〕258d

*ｷｺﾝ　*機根　仏道の教えを聞いて修行しうる能力。さらに、衆生（しゅじょう）各人の根性・性質を意味する。修道上の見地から、この機根にさまざまな等差をつけるが、教えを受ければ必ず悟りうる正定聚（しょうじょうじゅ）の機、どうしても悟りえない邪定聚（じゃじょうじゅ）の機、前二者の中間にあってどちらに進むか定かでない不定聚（ふじょうじゅ）の機に三分（三定聚）されるのが一般的。一宗に志ある人余宗をそしりいやしむ、大きなるあやまりなり。人の機根もしなじなななれば教法も無尽なり〔神皇正統記（嵯峨）〕〔岩波仏教辞典〕

*ｷｼ　*毀呰　1. そしること 2. 厭うべきであるとそしること。〔広説佛教語大辞典〕259d

*ｷﾞｼｬｸｯｾﾝ　*耆闍崛山　禿鷲の住む山の意。あるいは山容が、鷲または禿鷲に似ているのでいうとも説明されている。鷲峰山と漢訳する。また、鳩摩羅什はときに霊鷹山と漢訳している。中インドマガダ国の首都王舎城の東北にある山。釈尊が説法した山として有名。〔広説佛教語大辞典〕261a

*ｷｼｭ　*歸趣　おもむくところ。所歸趣。〔佛教語大辞典〕215c

*ｷﾞｼｭ　*義趣　意味合い〔佛教語大辞典〕219a

*ｷｼﾝﾛﾝ　*起信論　本書の内容は、理論実践の両面から大乗仏教の中心的な思想を要約したもので、短編ではあるが佛教史上極めて重要な書物である。その構成は、序文、正宗分、流通分から成っており、正宗分は因縁分、立義分、解釋分、修行信心分、勧修利益分である。このうち立義分と解釋分とは、理論面であり、修行信心分は実践面であると一応言い得るが、しかし解釋分の中にも実践面が強く現れている。解釋分は顕示正義、対治邪執、分別発趣道相であり、このうち顕示正義が理論面の中心をなすものである。

大乗というは衆生心であり、その衆生心が心眞如門と心生滅門とに別れ、いずれも一切法をおさめている。心生滅門では悟りや迷いの心の動きが説かれているが、しかしそれは心眞如門を離れているのではないことを明らかにしている。対治邪執では人我見と法我見とを挙げ、分別発趣道相では発心について信、解行、証の３段階を述べている。実践面での修行信心分では、根本と佛法僧を信ずるのが信心で、施、戒、忍、進、止観を行ずるのが修行であるという。『仏典解題辞典』157

*キセケン *器世間　または器世界ともいう。自然世界。無生物界。物質世界。世界を有情世界と器世界とに分け、器世界は山河・大地・草木などで、有情を入れる器と考えられている。依報と正報との内では依報になる。〔広説佛教語大辞典〕264a

*ギソウ　*義相　1. 義理と相状（現れたすがた）。実体としてあるのではないが、対象として現れて認識、得知されること。2. 義理の相状。3. 浄土真宗教学においては、論ずべき問題のこと。〔広説佛教語大辞典〕264c

*キツ *詰 1. なじる。責める。責め問う。問いつめる。叱りつける。2. ただす。調べる。3. いましめる。つつしむ。4. とめる。きんしする。5. おさめる。6. つめる。7. つみする。8. かがむ。まげる。9. よあけ。あさ。〔新字源〕927

*キボ　*規模　1. ものの手本。【解釈例】規はぶんまはしと読む字なり。丸も角もぶんまはしで出来るなり。仍て「ノリ」と云ふ。物の間違はぬをのりと云ふなり。模の字も「ノリ」と読む。鋳型と読む。物の手本になる。浄土真宗の物の手本と云ふは教行信証の四法なり。2. やり方。3. 名誉。〔広説佛教語大辞典〕269c

*キホウ　*毀謗　そしること。【解釈例】こぼちそしること。毀の字はやぶる意にあらず。そしる事なり。〔佛教語大辞典〕212a

*キボウ　*希望　（ケモウとも）ある事を成就させようとねがい望むこと。また、その事柄。ねがい。のぞみ。発心集「はかなかりける—なるべし」。「—に燃える」（広辞苑）

*キボン　*毀犯　戒律をそこなうこと。〔佛教語大辞典〕212b

*キミョウ *歸命 S:namas サンスクリット言語は、〈屈する〉〈心を傾ける〉の意。

〈南無〉はその音写語。帰命の語義は己の身命を投げ出して仏に帰依する事。または、仏の教命に帰順することと解釈され、いずれも仏を深く信ずる意を表わしている。頭を地につけて仏の足を礼拝し、帰依・帰順の気持ちを表わすことを〈帰命頂禮〉という。なお、漢語としての〈帰命《キメイ》〉は命令に帰順する意で、『新書』などに用例が見られる。「龍樹尊に帰命し奉る。わが心の願を証成したまへ」〔岩波仏教辞典〕

*キミョウ　*歸命　S:namas 〈南無と音写〉の漢訳。1. いのちをささげて。心からまことをささげる。たのみたてまつる。自己の身命をさし出して仏に帰趣すること。帰依。帰順。2. 帰は帰向の意。浄土宗鎮西派では、これにより「助けたまえ」との請求の意味をもって、帰命を解釈する。3. 帰は還源の意。衆生の六根は一心から起こり、自らの根源に背いて、諸の対象（六塵）にとらわれて駆けめぐる。その諸の感官（六情）を自己のうちに摂し、源である一心に還帰する、の意。浄土宗西山派では、十方衆生の生死無常の命を捨て、無量寿仏の涅槃常住の本家に帰ることを帰命の意義とし、十劫の昔にわれらは極楽に往生してしまっているから、この命がすなわち無量寿であると了解することを帰命という。4. 帰は敬順。命は教命。仏の教え（命令）に敬順する意で、浄土真宗では、衆生の安心をさし、さらに、「帰せよとの命」として、帰命を本願招喚の勅命であるとする。5. 礼拝のこと。【解釈例】如来のおほせにしたがふ事。〔広説佛教語大辞典〕270c-d

*キモウ　*亀毛　実在しないものの一例。兎の角と同様、元々あり得ないものをたとえる。〔広説佛教語大辞典〕271b-c

*キモウトカク　*亀毛兎角　本来実在しないもののたとえ。〔広説佛教語大辞典〕271c

*キャクギョウ　キャッコウ　*却行　あとずさりする。『却歩《キャクホ》・却足《キャクソク》』「太子逢迎、郤（＝却）行為導、跪而蔽席＝太子逢迎シ、却行シテ導ヲ為シ、跪キテ席ヲ蔽フ」〔→史記〕［漢字源］

*ギャクザイ　*逆罪　1. 理に背いた極悪の罪過で、これだけで無間地獄に堕する。2. 普通は五逆罪をさす。父を殺し、母を殺し、阿羅漢を殺し、佛身より血を出し、和合せる僧（教団）を破壊すること。〔広説佛教語大辞典〕272d

*ギャクニン　*逆人　十悪五逆を犯した人。両親を殺した阿闍世王や、千人の人

を殺してその指をとって髪飾りにし、生天を願った指鬘外道などがある。〔佛教語大辞典〕225B

*キュウチョウ　*九重　いくつにも重なっていること。ここのえ。天子の御殿のこと。ここのえ。▽いくつも重なって門があることから。「九重城闕煙塵生＝九重ノ城闕煙塵生ズ」〔→白居易〕天。［漢字源］

*キュウフン　*糾紛　たくさんのものがもつれてみだれる。『糾錯《キュウサク》』たくさんの山などが重なりあって見えるさま。［漢字源］（論議）が紛糾すること。〔広説佛教語大辞典〕278a

*キョウ　*境 1. 対象。外界の存在。現象。物。事物。外界の事物。感官と心によって知覚され思慮される対象。一般には眼・耳・鼻・舌・身・意の六機官が感覚作用を起こす対象、すなわち六境のこと。これらは人間の心を汚すので塵といわれる。S:viṣaya　artha　2. 対象。認識の対象。心の認識作用が認識する対象。また価値判断の対象。所取に同じ。【解釈例】境と云うは心の知るところの法なり。3. 五官の対象。五境。また意の対象も加えて六境とする。4. すぐれた智慧の対象としての仏法の理をわきまえること。天台教義では、観不思議境として実相の理を観ずること。5. 心の状態。境地。6. 唯識では、対象をその性質から分けて、性・独影・帯質の三類境とする。7. 世界。客観世界。8. 境界。環境。あたり。【解釈例】あいてのいふこと。あいて。〔佛教語大辞典〕238b-c

*キョウ　*驚　おそれること。〔佛教語大辞典〕241a

*キョウ　*頃　《音読み》ケイ／キョウ（キャウ）《訓読み》かたむく／かたむける（かたむく）／しばらく／このごろ／ころ《意味》｛動｝かたむく。かたむける（カタムク）。頭がかたむく。頭をかしげる。〈同義語〉→傾。「君子頃歩而弗敢忘孝也＝君子ハ頃歩ニモアヘテ孝ヲ忘レズ」〔→礼記〕｛動・形｝かたむく。かたむける（カタムク）。水平、また垂直でなく、片方による。水平、また垂直でない。〈同義語〉→傾。｛名｝しばらく。頭をかしげるほどの間。わずかの時間。▽上声に読む。「頃刻《ケイコク》」「有頃＝頃ク有リテ」「不待頃矣＝頃ヲ待タズ」〔→荀子〕｛副｝このごろ。近ごろ。▽上声に読む。「頃日《ケイジツ》」｛単位｝田畑の広さをはかる単位。一頃は百畝《ホ》。▽上声に読む。〔国〕ころ。時刻・時期を漠然《バクゼン》と指していう。〔漢字源〕

*ギョウ　*形　1.かたち。物質的存在の形。有部では、長・短・方・円・高・下・正・不正の八種を数える。2.男女の特相。3.陰部。〔広説佛教語大辞典〕281c-d

*ギョウ　*樂　1. ねがう。傾注した。2. 教えを願うこと。仏教を願い求める心。願い。〔佛教語大辞典〕247a-b

*ギョウ　*行　1.行くこと。2.列。群。3.商店の並んでいること。4.物のあるべき位置。運動の場。5.行ずる。犯す。6.行い。つとめ。修行の略。仏法修行の「行」に由来する語。法行。自らつとめて、仏の教えのごとく実践すること。また、十六行相の一つ。7.仏となる修行。菩薩行。8.行為。身・語意の行為。業に同じ。9.戒め。徳行。10.観のこと。気がついた事柄をよく思惟観察すること。考察。11.修行。12.「ぎょうず」はたらく。13.発展して進んでいく活動。14.古来、無常遷流の意と解せられ、『倶舎論』界品に「行は造作（作り作すこと）に名く」とあるが、もとはつくられ、消滅変化すべきもの。すなわち一切の現象世界（有為）をいう。万物。存在するすべて。肉体的存在。15.形成力。【解説】行の原語サンスカーラは「これによってつくられる」または「これがつくられる」という意味である。そこでサンスカーラとは、(1) 形成力、(2) 形成されたものという二義が成立するのである。これらはそれぞれ（ア）つくりあげること。つくりあげるもの、（イ）受動形のつくりあげられたもの、の意となる。これらはさらにａ潜在的形成力。。潜勢的形成力。我々の存在を成り立たせること。また成り立っている状態。業（カルマン）を形成する潜勢力。b.意思による形成力。意志作用。意志的形成力。意志。c.受・想以外の心作用一般（この場合には五陰の一つ。）と分類される。16.十二因縁の第二支。十二因縁の系列に数えられる時は、過去世に行った善悪の行為をさす語となる。無明から生じた意識を生ずるはたらき。→十二因縁 17.修行の略称として、浄土宗では信に対して称名念仏をいう。18.浄土宗西山派において、十劫の昔に正覚成就した南無阿彌陀佛の仏体に名づける。19.真宗では、阿弥陀佛の救いを信じ、報恩の念が称名念仏することをいう。信の対。はからい。20.ヴァイシェーシカ哲学で立てる徳の第二十一、潜勢力。21.ヴァイシェーシカ哲学でいう複合運動。〔佛教語大辞典〕241b-242a

*ギョウ　*行《常用音訓》アン／ギョウ／コウ／い…く／おこな…う／ゆ…く《音読み》コウ（カウ）／ギョウ（ギャウ）／アン／コウ（カウ）／ゴウ（ガウ）／ギョウ（ギャウ）《訓読み》いく／ゆく／たび／おこなう（おこなふ）／やる／おこない（おこなひ）／みち／ゆくゆく《名付け》あきら・き・たか・つら・のり・ひら・みち・もち・やす・ゆき《意味》{動} いく。ゆく。動いて進む。また､動かして進ませる。〈類義語〉→進・→歩・→征。「行進」「歩行」「行不由径＝行クニ径ニ由ラズ」〔→論語〕{名} たび。よそへ出発すること。「送行(たびだちを送る)」「辞行(出発のいとまごいをする)」{動} おこなう（オコナフ）。やる。動いて事をする。動かす。やらせる。〈類義語〉→為。「施行」「行為」「行有余力則以学文＝行ヒテ余力有ラバ、スナハチモッテ文ヲ学ブ」〔→論語〕▽他動詞（うごかす､やらせる）のときは､「やる」と読むことがある。「行軍＝軍ヲ行ル」「行酒＝酒ヲ行ル」{名} おこない（オコナヒ）。ふるまい。身もち。また、仏に仕える者のつとめ。▽去声に読む。「品行」「修行《シュギョウ》（僧がおこないをおさめる)」{名} みち。道路。「行彼周行＝彼ノ周行ヲ行ク」〔→詩経〕{動} 時が進む。「行年五十」{名} 楽府《ガフ》（歌謡曲）のスタイルをした長いうた。「歌行」「兵車行」「五行《ゴギョウ》」とは､宇宙をめぐり動く木・火・土・金・水の五つの基本的な物質。{名} 漢字の書体の一つ。楷書《カイショ》の少しくずれたもの。行書。{副} ゆくゆく。「行＋動詞(ゆくゆく…す)」とは､進みつつ…すること。みちすがら。また､「行将＋動詞(ゆくゆくまさに…せんとす)」とは､やがて…しそうだとの意。「行乞《コウキツ》」「行略定秦地＝ユク秦ノ地ヲ略定ス」〔→史記〕「行将休＝ユクユクマサニ休セントス」{形・名} 旅行の途中の、という意から転じて、臨時の役所のこと。「行署《コウショ》」「行省《コウショウ》（地方の出先の役所)」「行在《アンザイ》（地方にできた天子の臨時の執務所)」「行宮見月傷心色＝行宮ニ月ヲ見レバ傷心ノ色」〔→白居易〕{名・単位} 人・文字などの並び。また、昔、兵士二十五人を一行《イッコウ》といった。また転じて、一列に並んだものをあらわすことば。「行列」「行伍《コウゴ》（列をなした兵士)」「数行《スウコウ》」{名} とんや。同業組合。また転じて､俗語では､大きな商店や専門の職業。「銀行(もと金銀の両替店)」「同行（同業者)」「洋行（外国人の店)」{名} 世代、仲間などの順序・序列。▽去声に読む。「輩行《ハイコウ》(世代の序列)」「丈人行(妻

の父に当たる序列をもつ人の意から、友人の父を敬って呼ぶことば)」〔漢字源〕

*ギョウ　*暁 1. さとる。あきらめる。2. のぞくこと。排除すること。除遣〔広説佛教語大辞典〕281d

*キョウカイ　*教誡　教え戒めること。〔広説佛教語大辞典〕283b-c

*キョウガイ　*境界　1. 境地 p visaya S gocara 2. 対象。諸感覚器官による知覚の対象。認識の及ぶ範囲。認識対象 3. 領域。場所。4. 心持ち。さとった人の心のありよう。心の状態。心のさとった境地。5. 状態 6. 果報として各自が受けている境遇。善悪の報いとして各自の受ける環境。自分の勢力の及ぶ範囲で、自己のものとして執着しているもの。7. 対象の世界。環境として認識される対象。8. できる事柄。9. 自己の専門の範囲内。10. 身分のほどあい。さとりのほど。11. 禁戒を破る縁となるもの。及びそれのある環境。12. 妻子眷属。〔広説佛教語大辞典〕283c-d

*キョウキ　*慶喜　喜び。めぐみをよろこぶこと。【解釈例】今吾身に得た心地で喜ぶこと。いよいよ往生は一定難有やと末にある往生を我が身に今引き受けた心で喜ぶが慶喜なり。えて後に喜ぶのなり。身にも心にも喜ぶなり。信ずることをえて後に喜ぶなり。〔広説佛教語大辞典〕285c

*キョウギョウ　*經教　聖典の教え。経典の教え。仏経の教え。P:dhamma〔佛教語大辞典〕235c-d

*キョウケ　*教化「きょうげ」とも読む。1. 教え導く。人を教え諭し、苦しむものを安じ、疑うものを信に入らせ、あやまてる人を正しい道に帰せしめること。説教。教導感化の略。教導感化して善におもむかせること。2. 教訓。教え。3. 人に施物を与えること。〔広説佛教語大辞典〕287a

*キョウクン　*教訓　教えさとす。また、教え。▽「訓」は、道徳上の教え。［漢字源］

*ギョウゴ *暁悟 さとる。明らかに知る。〔新字源〕470

*ギョウゴウ *行業 1. ヴァイシェーシカ哲学で立てる業の内の第五。種々の動きよりなる進行運動。2. 行ない。行為。身口意の所作。『無量壽經』『大正蔵経』12-270A　3. 修行の行ない。修行。4. 往生の因となる行。〔広説佛教語大辞典〕288b-c

*キョウジ　*教示　【解釈例】教え示すこと。〔佛教語大辞典〕231b

*キョウジキ　*交飾　交わりあって飾られている。

*ギョウシキ　*形色　1. 形体と形相。2. かたち。3. 長短などの形。色に二種あるうちの一つ。長・短・方・円・高・下・正・不正の八種。物質的な存在の目に見える形。かたちが目に見える物質。顕色の対。4. すがたかたち。身体。肉身。容色。〔佛教語大辞典〕246c

*ギョウジャ　*行者　1. 佛道を修行するもの。佛道の修行者。原子仏教の比丘をいう。（P・bhikkhu）（南都では「ぎょうじゃ」と読み、北嶺では「あんしゃ」と読む）2. 道にいそしむ人。特にヨーガを行ずる人。3.「あんじゃ」とよむ。禅寺にて宿止して種々の給仕をするもの。僧侶のことではない。禅院の侍者。4. 我国では苦行を修練する者を指し、俗に山伏の行をなすものなどをいう。修験道の行者。山伏。今日では一定の行装をして名山霊跡を巡拝するものをも称する。5. 念佛にいそしむ人。念佛の人。念佛の徒。念佛行者。〔佛教語大辞典〕243b-c

*ギョウジュウザガ　*行住坐臥　行は歩くこと、住はとどまること、坐はすわること、臥は寝ること。四威儀ともいう。人間の起居動作の四つの根本をいう。これに二義ある。（1）人間の行動すべてをいう。日常のたちいふるまい。（2）転じて、始終。不断。つねづね。ふだん。道を行くときも、止まっているときも、すわっているときも、横になっているときも。すなわち、歩行していてもよいし、住立していてもよいし、坐居していてもよし、床に臥していてもよい。いついかなる時にもの意。【解釈例】ありく、とどまる、ゐる、ふすなり。〔広説佛教語大辞典〕291b

*キョウシン　*敬信　1. 敬い信ずること。2. 従順であること。〔広説佛教語大辞典〕292c-d

*キョウシン　*輕心　軽はずみな心。【解釈例】自重せぬこと。〔佛教語大辞典〕312d-313a

*ギョウゼツ　*形質　ケイシツ　からだ。「形質及寿命、危脆若浮煙＝形質及ビ寿命ハ、危脆ナルコト浮煙ノゴトシ」〔→白居易〕〔国〕分類の基準となる形態的な要素。〔漢字源〕

*ギョウソウ　*形相　（ākāra）1. すがた、かたち、のこと。2.『四分律』『五分律』

に毀呰と漢訳し、『僧祇律』には種類形相語といい、種姓・職業・面貌などによって、ののしり軽蔑すること。3. 注意すること。観察すること。〔広説佛教語大辞典〕294b-c

*ｷﾞｮｳｿｳ　*行相 1. はたらき。心のはたらき。行とは心がおもむくこと、相とはこれを受け取ること。かたちが現れるからである。【解釈例】こころぶり。2. すがた。ありさま。かたち。3. 分別心が対象を了解する作用の状態。【解釈例】一切の心・心所が対象を認識するときのありかたが行相である。4. 随行と戒相。5. 心ばえ。6. 修行の仕方の相貌（すがた）修行しているすがた。修行の特質。〔佛教語大辞典〕244b-c

*ｷｮｳﾁ　*鏡智　大円鏡智に同じ。〔佛教語大辞典〕240c

*ｷｮｳﾄﾞｳ　*驚動　人々をはっとおどろかす。人々がおどろいて騒ぐ。〔漢字源〕

*ｷｮｳﾄﾞｳﾒｯｼﾞﾝ　*經道滅盡　佛法が滅びること。〔広説佛教語大辞典〕297b

*ｷﾞｮｳﾆﾝ　*行人　1. 修行者。仏道を行う人。行者。2. 山山を旅する人びと。3. 念仏の人。4. 祈念を行う人。5. 修験道の行者の一種。湯殿山では肉食・妻帯をしないが、頭髪や髭をのばしている。一千日または三千日にわたって苦行を行うか、または木食行を行う。水垢離をとり、手燈行（油を掌に盛って燈心に火をつける）などを行う。修行完成後に諸国に散る。6. 堂方に同じ。7. 通りすがりのもの。〔佛教語大辞典〕245a

*ｷﾞｮｳﾈﾝ　*ｷﾞｮｳｾﾞﾝ　凝然　1. じっとして動かぬさま。2. 一事に心が集中して動かぬさま。〔新字源〕106C　考えごとなどに熱中してじっと動かないさま。〔漢字源〕はたらかずにじっとしていること。不変である様。〔広説佛教語大辞典〕298a

*ｷｮｳﾎﾞｳ　*教法　教え。仏の説いた教え。大乗小乗の三蔵十二部経をいう。四法の一つ。〔佛教語大辞典〕232d

*ｷﾞｮｳﾓﾝ　*行門　行いの方面。身・口・意の戒行を修すること。〔佛教語大辞典〕245d-246a

*ｷｮｳﾖｳ　*孝養　1. 孝行を尽くすこと。『選擇集』『大正蔵経』83-15A　2. 追善供養〔佛教語大辞典〕229b

*ｷｮｳﾗｲ　*敬禮　敬いおがむ。恭敬禮拝すること。インドの習俗。S:namas-√kṛ　vandana（和南）「敬禮天人大覺尊」〈神々と人間の内で最大のもので

ある佛を敬い奉る。〉『心地觀經』〔広説佛教語大辞典〕301b

*キョウラク　*交絡　相互に関係しあっていること。入交じり絡み合って数の多いこと。〔広説佛教語大辞典〕301b

*キョウリャク　*經歴　1.経過。過ぎ去ること。時の移り変わり。2.「けいれき」とよむ。〔佛教語大辞典〕237b

*キョウリョク　*協力　ある目的のために心をあわせて努力すること。「一致—」(広辞苑)

*キョク　*棘　《音読み》キョク／コク《訓読み》いばら《意味》{名}　いばら。木の名。うばら。茎に堅いとげのある草木の総称。「荊棘《ケイキョク》（いばら、けわしい道)」{名}　刺《シ》がとげのように出たほこ。武器の一種。{形}　とげとげしい。つらい。{名}　罪人を入れておく獄舎。{形}　すみやか。さしせまっているさま。きびしい。▽亟《キョク》に当てた用法。{名}　公卿《コウケイ》の位のこと。▽昔、宮廷の左右に、それぞれ、三本の槐（えんじゅ）と九本のいばらを植えて、三公九卿の位置を示したことから。「三槐九棘《サンカイキュウキョク》」〔漢字源〕

*キヨム　*雪　《常用音訓》セツ／ゆき《音読み》セツ／セチ《訓読み》ゆき／ゆきふる／すすぐ／そそぐ《名付け》きよ・きよみ・きよむ・そそぐ・ゆき《意味》{名・形}　ゆき。空から降るゆき。ゆきのように白い。{動}　ゆきふる。ゆきがふる。「時天晦大雪＝時ニ天晦クシテ大イニ雪ル」〔→韓愈〕{動}　すすぐ。そそぐ。よごれを去ってきれいにする。清める。「雪辱＝辱ヲ雪グ」「沛公遽雪足杖矛曰＝沛公遽ニ足ヲ雪ギ矛ヲ杖キテ曰ハク」〔→史記〕《解字》会意。もと「雨＋彗（すすきなどの穂でつくったほうき、はく）」の会意文字で、万物を掃き清めるゆき。［漢字源］

*キラク　*喜樂　1.歓喜する。2.喜と楽。眼等の五識が無分別に喜ぶのを楽といい、意識が分別して喜ぶのを喜という。〔広説佛教語大辞典〕304d

*ギワク　*疑惑　中国の古典における用例としては、荀子（解蔽）に、心が分散することによって疑い惑う意味で用いられ、漢書（杜周伝、孔光伝)、論衡（問孔）などにも見える。漢訳仏典では、事理に迷い是非を決定できない意味で、法華経（譬喩品）や無量寿経（巻下）などに見える。なお〈疑〉は、教理学上では仏教の教えに対する躊躇（ちゅうちょ）をいい基本的な

煩悩（ぼんのう）の一であるが、〈疑惑〉は広義の疑いを意味する。〔岩波仏教辞典〕

*キン　*襟　《常用音訓》キン／えり《音読み》キン（キム）／コン（コム）《訓読み》えり《名付け》えり・ひも《意味》{名} えり。胸もとをふさぐところ。衣服で、首を囲む部分のこと。また、えりもと。〈同義語〉→衿。{名} 胸のうち。ふところ。「襟度キンド」「襟抱キンポウ」「連襟レンキン」とは、あいむこのこと。「襟兄弟キンケイテイ」とも。〔漢字源〕

*キンメイテンノウ　*欽明天皇　第二九代天皇。継体天皇の第三皇子。名は天国排開広庭尊（あめくにおしはらきひろにわのみこと）。日本書紀によれば、五三九年即位し、都を大和磯城島金刺宮（やまとしきしまのかなさしのみや）にうつす（五三一年即位説もある）。在位三二年の治世中、百済王が仏像、経典を献じ、日本に初めて仏教が渡来。また、任那の日本府が新羅によって滅ぼされた。（五一〇～五七一）

*グ　*具《常用音訓》グ《音読み》グ／ク《訓読み》そなわる（そなはる）／そなえる（そなふ）／つぶさに／ともに《名付け》とも《意味》{動} そなわる（ソナハル）。そなえる（ソナフ）。おぜんだてがそろう。必要な物をそろえる。「具備」「令既具未布＝令既ニ具ハリテ未ダ布カズ」〔→史記〕{動} そなわる（ソナハル）。そなえる（ソナフ）。いちおう形をそなえる。どうにか数だけそろえる。「具数（頭数だけそろえる）」「冉牛閔子顔淵、則具体而微＝冉牛閔子顔淵ハ、則チ体ヲ具ヘテ微ナリ」〔→孟子〕{名} 仕事のためそろえておく用具。「道具」{副} つぶさに。具体的に。こまごまと。欠けめなくひとそろい。「具答之＝具ニコレニ答フ」〔→陶潜〕{副} ともに。あれもこれも。〔漢字源〕

*ク　*衢　《音読み》ク／グ《訓読み》ちまた《意味》{名} ちまた。四方に通じる大通り。〈対語〉→巷コウ（小路）。〈類義語〉→街。「通衢ツウク（大通り）」「街衢ガイク（まち）」「康衢コウク（太いまっすぐな大通り）」{名}「衢州クシュウ」は地名。浙江セッコウ省南部、銭塘江セントウコウ上流にある市。［漢字源］

*ク　*駆　【驅】旧字【駈】異体字《常用音訓》ク／か…ける／か…る《音読み》ク《訓読み》かる／かける（かく）／はせる（はす）《意味》1. {動} かる。馬にむちをあてて走らせる。また、車を高速度で走らせる。2. {動}

かける（カク)。はせる（ハス)。馬が背をかがめてはやがけする。また、さっといく。遠くへはせやる。「長駆」「馳駆《チク》」3. {動} かる。追い払う。「駆逐」「駆飛廉於海隅而戮之＝飛廉ヲ海隅ニ駆リテコレヲ戮ス」〔→孟子〕4. {動} かる。ある物事をするように迫る。追いたてる。「駆使」「飢来駆我去＝飢＃来タリテ我ヲ駆ツテ去カシム」〔→陶潜〕《解字》会意兼形声。「馬＋音符區（＝区。小さくかがむ)」。馬が背をかがめてはやがけすること。まがる、かがむの意を含む。[漢字源]

*ク　*苦　く　[s：duḥkha]　阿毘達磨（アビダルマ）文献によれば，苦は〈逼悩（ひつのう)〉（pīḍā，pīḍanā）の義と定義される。〈圧迫して悩ます〉という意である。この苦には二つの用法がある。一つは楽や不苦不楽に対する苦であり、他は〈一切皆苦〉といわれるときの苦である。前者は日常的感覚における苦受であり、肉体的な身苦（苦）と精神的な心苦（憂）に分けられることもある。しかしながら、肉体的精神的苦痛が苦であることはいうまでもないが、楽もその壊れるときには苦となり、不苦不楽もすべては無常であって生滅変化を免れえないから苦であるとされ、これを苦苦・壊苦・行苦の三苦という。すなわち苦ではないものはないわけで、一切皆苦というのはこの意である。　初期仏教や阿毘達磨仏教では、この苦を直視し、これを超克することが最大の課題であった。そこで苦は、重要な教説の中心に据えられている。無常・苦・無我の教えは、五取蘊（ごしゅうん）（現実世界を構成する五つの要素，→五蘊）は無常であり、苦であり、無我であるということを如実に知見して、この世界を厭（いと）い離れ、貪欲を滅して解脱（げだつ）せよと教えたものであり、縁起説は苦の代表である老死の原因を探求して渇愛や無明（無知）を見出し、これらを滅すれば苦も滅するとしたものであり、四諦（したい）説は以上の二つの教えを総合して，現実の世界は苦であり（苦諦)、その原因は渇愛などの煩悩であり（集（じっ）諦)、これを滅すれば苦も滅する（滅諦)、そのために八つの正しい道を行ぜよ（道諦）と説いたものである。苦（四苦八苦）く　苦が生・老・病・死・怨憎会（おんぞうえ）苦・愛別離（あいべつり）苦・求不得（ぐふとく）苦・五取蘊（ごしゅうん）苦の四苦八苦に分類されるのは、苦諦の説明として行われたものであり、最後の五取蘊

苦は〈要約すれば五取蘊は苦である〉と提示されたもので、一切皆苦ということを表す。すなわち五取蘊について無常・苦・無我といわれたものが、諸行無常・諸法無我と並んで一切皆苦とまとめられ、縁起説における苦が〈老死愁悲苦憂悩などの全ての苦のあつまり〉とまとめられて、これが五取蘊と言い換えられるのと軌を一にする。苦（大乗仏教と苦）　大乗仏教に至ると積極的に仏の境涯や仏国土が説き出されるようになり、煩悩も苦もさとりも無自性・空であって固定性をもたないという見方が基盤となったため、煩悩即菩提、娑婆即寂光土といった言葉も生れた。そこで苦が最大の関心事ではなくなり、大乗の涅槃経では仏は常・楽・我・浄として逆に楽が強調されている。こうして苦を中心課題とした四諦説も小乗の教えとして次第に顧みられなくなり、日本仏教ではさらに現実肯定的な傾向が強くなって､苦という言葉の比重も軽くなったということができる。〔岩波仏教辞典〕

*ク　*倶　《音読み》グ／ク《訓読み》ともに／ともにする（ともにす）《意味》{副} ともに。いっしょにそろっての意を示すことば。〈対語〉→独《ドク》。〈類義語〉→偕《カイ》。「倶全《グゼン》」「人馬倶驚＝人馬倶ニ驚ク」〔→史記〕 {動} ともにする（トモニス）。いっしょにいく。「道可載而与之倶也＝道ハ載セテコレト倶ニス可キナリ」〔→荘子〕〔漢字源〕

*ク　*句　1.詩句の一部。詩の四分の一。S:pada　2.不相応行法の一つ。名（名辞）や文（音節・シラブル）に対して、まとまった意味を表しうる文章を意味する。数語が合して一つの文章を構成し、意義を明瞭に表わすものこれには三種ある。一句のものを句、二句のものを句身、三句以上のものを多句身という。身は積聚（集まり）の意。S:pada　3.境地。悟入した境地。〔S:pada　は境地という意味があるのでそれの訳か。〕〔佛教語大辞典〕261d

*クウ　*空　1.うつろ。原語 śūnya は、膨れ上がって中がうつろなことの意。転じて、無い。欠けた。また、śūnya はインド数学で零を意味する。2.もろもろの事物は因縁によって生じたものであって、固定的実体がないということ。縁起しているということ。śūnya という語は、合成語の終わりの部分として、「…が欠如している」「…がない」という意に使われるが、単な

る「無」（非存在）ではない。存在するものには、自体・実体・我などというものはないと考えること。自我の実在を認め、あるいは我及び世界を構成するものの永久の恒存性を認める誤った見解を否定すること。無実体性。かりそめ。実体が無いこと。固定的でないこと。一切の相対的・限定的ないし固定的な枠の取り払われた、真に絶対・無限定な真理の世界。有無等の対立を否定すること。破壊された後、何もないこと。【解釈例】空といふは、無著の心万法不可得の理を達するの姿なり。〔解説〕原始仏教時代からこの考えはあったが、特に大乗佛教において般若経系統の思想の根本とされるようになった。大別して、人空と法空とに分ける。人空（生空・我空ともいう）は、人間の自己の中の実体として自我などはないとする立場であり、法空は、存在するものは、すべて因縁によって生じたのであるから、実体としての自我はないとする立場である。すべての現象は、固定的実体がないという意味で、空（欠如している、存在しない）である。したがって、空は、固定的実体のないことを因果関係の側面からとらえた縁起と同じことをさす。空を、何も存在しないこと、などと誤って理解することを空病という。『成實論』によると、五つの構成要素、（五蘊）の中にアートマンの存在しないことを空という。また、智顗や吉藏は、小乗仏教の説く空は、存在を分析して空であることを観ずるから析空観であり、これに対して、大乗佛教は存在そのものにおいて空の理法を観ずるから、体空観であるという。また小乗は空のみを見て不空を見ないから但空であり、これに対して大乗は一切の存在を空なりとみつつ、同時に空でない面をも見るから、不但空、すなわち中道空であるという。天台宗では、空とは「破情」（世人の考えを打破する）の意に解する。3. わがものという見解のないこと。十六行相の一つ。4. むなしい。効果がない。無意義なこと。無駄なこと。5. 虚空のこと。大空。ākāsa　6. 虚空の譬喩で空の概念を表現したもの。空は常に述語的に表現されている。十種の譬喩の一つ。7. 限られた空観。8. 蒼空の空。青空の色の意。『阿毘達磨俱舍論』界品に「ある」余師は説けらく、空は一つの顕色（いろ）にして第二十一（の色）なり」と見える。10.（宇宙が）破壊されたままであること。saṃvṛtta11. 大地の下にある空輪。ākāsa　ākāśa　12. 空虚。人のいないこと。13. ヴァイシェ

ーシカ哲学において、九つある実体の第五。空虚な空間。その性質として声をもつ。ākāśa 〔広説佛教語大辞典〕311c-312b

*クウウ　*空有　あらゆる事物の上にある二つの方面であって、シナ仏教では有無と同じと解せられる。諸法は因縁によって生じ、存在するとみれば「有」、因縁和合によって生ずるものであるから本来無自性であるとすれば「空」である。〔佛教語大辞典〕279c

*クウキョウ　*空経　般若部の経典をいう。これは諸事実は皆空であるとの趣旨を説くからである。〔広説佛教語大辞典〕314a-b

*クウゲ　*空華・空花　空中の花。実在しないものの実例の一つ。眼疾の人が誤って空中に花があると見るように、実体のないものを観念の上に描き出すこと。虚空華。眼疾者に見える空中の幻影の花。目を病んだり、目に翳のある時、空中に幻のように花を見ることがある。それと同様に自己の中に常住する我を見、存在するものの中に実体があると見るのを「空華を見るが如し」という。また本来無実体である煩悩をたとえていう。〔広説佛教語大辞典〕314c-d

*クウケン　*空見　1. 空にとらわれた、まちがった考え。空であるというとらわれ。空に執着する見解。2. 善悪・因果の道理。万有の理法。一切の存在を全く否定する誤った見解。虚無論。〔佛教語大辞典〕281a-b

*クウジャク　*空寂　一切の事物は実体性がなく、空無なること。虚しいこと。空に同じ。空空寂寂〔佛教語大辞典〕281d

*クウショウ　*空性　1. 空そのもの。空の真理。空の自性。否定性。相対性。S:śūnyatā　2. ブッダグヒヤの釈によると、所取・能取の自性がなくて、虚空と等しいことをいう。3. むなしからざる性質か。〔佛教語大辞典〕282a

*グウデン　*宮殿　みごとな宮殿。古い読み方は「くうでん」。〔佛教語大辞典〕286a

*クウノウ　*功能　1. 能力、力を意味する。2. 唯識説においては、特にアーラヤ識中に薫ぜられる潜在余力の力をいう。〔広説佛教語大辞典〕319c

*クウホウ　*空法　1. 空の理法。空ということわり。空の教え。S:śūnya-dharma　śūnya　śūnyatā　2. 小乗仏教でニルヴァーナをいう。S:vivikta-dharma-

upadeśa〔佛教語大辞典〕283a-b

*ｸｳﾑ　*空無　空。空の特質は否定であるとみて、かくいう。前項（空法）参照→空性 S:śūnya〔佛教語大辞典〕283b

*ｸｶｲ　*苦海　1. 苦しみの海。現実のこの世界には苦が満ちていて限りないことを海に喩えて言う。苦しみの深く大きいこの世。2. 苦しみに満ちた人間世界。煩悩にまみれた極悪衆生の住む汚れた世界。[解釈例]生死の苦。〔佛教語大辞典〕266a

*ｸﾞｶｲ　*具戒　具足戒の略。1. 戒をたもって身の具えること。2. 出家者の受けるべき完全な戒。僧と僧尼の守るべき戒をいう。普通、僧は二百五十戒、僧尼は三百四十八戒。3. 具足戒を受ける年齢。二十歳。〔広説佛教語大辞典〕323a

*ｸｶﾞｸｼﾆﾝ　*久學之人　久しく学んでいる人。永い間学問を積んでいる人。

*ｸﾞｶﾞﾝ　*弘願　広大な誓願。一切の衆生を成仏させようという無上の慈悲心による誓い。阿弥陀佛の広大な誓い。浄土宗鎮西派では、阿弥陀佛の四十八願のうち、第十八・十九・二十・三十五の四種を弘願とし、そのうちの第十八願を最も重要なものとする。浄土宗西山派ならびに浄土真宗では、第十八願を弘願という。〔広説佛教語大辞典〕323c

*ｸｷｮｳ　*究竟　サンスクリットの paryanta（極限）、atyanta（無限の、完全な）niṣṭha-√gam（究極に至る）などの漢訳語。究極の、極め尽くすの意で善悪いずれにも用い、形容語としても動詞としても用いる。ちなみに究極の悟りを〈究竟覚〉究極の寂滅を〈究竟涅槃〉という。〔岩波仏教辞典〕

*ｸｷｮｳ　*究竟　1. 無上の。究極の。畢竟の。2. 事理の至極。究極の境地。物事の極限。至極。3. きわめ尽くす。到達する。至る。きわめる。着く。菩薩の極位をきわめること。最後の点まで達する。物を尽くして余りなきに至ること。4. 徹底的に体得する。5. 実現すること。達成すること。6. 最後の目的。究竟法身。仏教の最終至高目的。相待（相対）を超えた境地。7. さとり。成仏する位。天台宗で立てる六即の最高位。究竟位の略。8. 華厳宗で立てる究竟位。9. 詮ずるところ。つまるところ。10. 平安。11.「究竟の」「くっきようの」とよむ。すぐれて力の強い。〔広説佛教語大辞典〕324a-b

*ｸｷｮｳｼﾞ　*究竟地　第十地。到究竟地。〔広説佛教語大辞典〕325c

*クギ　*句義　1. 事がら。もの。2. 名称。名詞。呼び名の意。3. 教説。4. ヴァイシェーシカ哲学で立てる原理。またはカテゴリー。通常六つの句義を立てるが『十句義論』では十句義を立てる。〔広説佛教語大辞典〕323d-324a

*クギョウ　*恭敬　敬いつつしむ。尊敬。仰ぎみる。うやうやしくすること。他に対して敬うこと。敬い尊敬すること。〔広説佛教語大辞典〕324d ～ 325a

*グゼイ　*弘誓　誓願（せいがん）のこと。菩薩（ぼさつ）が悟りを求め衆生（しゅじょう）を救おうと誓うこと、またはその誓いのこと。その内容と決意は広大で堅固であることから〈弘誓〉という。阿弥陀仏（あみだぶつ）の四十八願はその一例。またすべての菩薩に共通した誓願は〈総願〉というが、四弘誓願はその代表的なもの。普賢菩薩、法花経において弘誓の願を発して､持経者を守護し〔法華験記（中 58)〕東山の麓に六八弘誓の願（阿弥陀仏の四十八願）になぞらへて、四十八間の精舎をたて〔平家（3. 灯炉)〕〔岩波仏教辞典〕

*クコウ　*丘坑　丘に掘った穴

*クゴウ　*口業　語業ともいう。言語的行為。1. 心・口・意による三つの行為（三業）の一つ。口によってする行為。すなわち善悪種々の言語をなすこと。2. ことば。言語表示の動作。3. 口でする悪い行為。〔広説佛教語大辞典〕328b

*クジ　*倶時　1. 同一時に。2. 同時具足相応門。存在するあらゆるものは不可分の関連性をもっていること。華厳宗の教義。〔佛教語大辞典〕269b

*グシキ　*紅色　くれない。インドのあかねの色。māñjişţha の訳。〔佛教語大辞典〕277a

*グゼイガン　*弘誓願　大いなる誓願の意。四弘誓願の略。*弘誓　一切衆生を救おうという菩薩の誓い。佛となる以前修行している時期に發願した誓い、または誓願。広大なる誓い。四弘誓願の類。菩薩の誓願。又、浄土教では特に、阿弥陀佛の四十八願すなわち弘願をいう。菩薩道を歩むものに必要な四つの誓いを四弘誓願という。〔佛教語大辞典〕273d

*グゼン　*弘宣　述べひろめる。広く述べること。ひろめる。『無量壽經』（大正 12-265c）〔佛教語大辞典〕274a

*グソク　*具足　〈具〉は備わる。〈足〉は足る。満ち備わるの意。類義字を重ね

た熟語で、すでに『論衡』ロンコウ正説（王充、後漢）などに見える。物事が十分に備わるの意を踏まえて、佛教語としては、〈完全な〉の意の形容詞として使われたり、〈完全に〉の意の副詞として使われたりする。『法華経』方便品に「具足の道を聞かんと欲す。」とある。なお佛教でも道具という意味に使われることもある。「佛滅後、如来の法を紹隆したまへる教・禅の宗師、皆同じく戒相を具足したまへり。」「およそ佛道修行には、何の具足もいらぬなり。」〔岩波仏教辞典〕209

*グソクカイ　*具足戒　出家した比丘・比丘尼の守る戒め。大戒ともいう。小乗律に規定する完全な戒律。部派によって数を異にするが、普通説かれているところでは、比丘は二百五十戒、比丘尼は三百四十八戒を守らねばならない。またおおざっぱな表現として、比丘尼は五百戒を守るという。これを受けることをウパサンパダー（PS:upasaṃpadā）といい、受け終わったことをウパサムパンナ（S:upasaṃpanna）という。仏教教団に入ることを意味する。この戒を受けるためには特別の受戒作法があり、三師七証と白《びやく》四《し》羯《こん》磨《ま》を必要とする規定に触れないことが必要とされる。罪の軽重によって、波羅夷・僧残・不定・捨堕・波《は》逸《いつ》提《だい》・波《は》羅《ら》提《だい》提《だい》舎《しや》尼《に》・衆学・滅諍の八種に分ける。『観無量壽經』『大正蔵経』12巻345b〔広説佛教語大辞典〕337a

*グチ　*愚癡　［s：moha、mudha］　漢語の本来の意味は、愚かでものの道理を解さないこと。論衡（論死）など、仏伝以前に用例がある。教学用語としての〈愚癡〉は〈無明〉と同じで、仏教の教えを知らず、道理やものごとを如実に知見することができないことをいう。単に〈癡〉ともいう。煩悩の中でももっとも基本的なもので、三毒や六根本煩悩の一つに数えられる。通俗的には、愚かで知恵のないこと一般をいい、ゐなかのひとびとの、文字のこゝろもしらず、あさましき愚癡きはまりなきゆゑに〔一念多念文意〕というように用いられる。また現在では〈愚痴〉と書き、愚痴をこぼすのように、言っても仕方のないことを言って嘆く意にも用いられる。愚癡邪見にして因果を知らざるによりて〔今昔（12-27）〕。〔岩波仏教辞典〕

*クッシン　*屈伸。かがむことと、伸びること。

*クッスル　*屈する　屈す（サ変）かがむ。折れ曲る。「腰が―・する」相手に

劣り負ける。くじける。「失敗に―・せず努力する」服従する。「権力に―・する」心が沈む。気がふさぐ。くす。くんず。源若紫「いみじう―・し給へば…と慰めわびて乳母も泣きあへり」。日葡「キガクッスル」かがめる。縮める。折り曲げる。〈日葡〉。「腰を―・する」「本邦第一の科学者として何人も彼に指を―・する」くじく。押えつける。従わせる。「戦わずして敵を―・する」〔広辞苑〕

*ｸﾄﾞｸ　*功徳　1. すぐれた特性。よい性質。（特別の）性質。価値ある特質。善を積んで得られるもの。美徳。いわゆる徳をいう。2. 福。福徳。よいこと。3. 幸福の原因。福祉のもとたる善根。すぐれた結果をもたらす能力。4. 善い行い。万行をいう。5. 偉大な力。6.（仏が教え示した道を進もうとする心のための）資糧。7. 善行の結果として報いられる果報。善を積み、また修行の結果得られる恵み。8. 利益。すぐれた点。利徳。9. すぐれた結果を招く能力が善の行為に徳として備わっていることをいう。10. はたらき。効用。11. 念仏行に徳として備わっているところのすぐれた結果を招くはたらき。〔広説佛教語大辞典〕340c-d

*ｸﾄﾞｸ　*功徳 S:guṇa 善根を修することにより、その人に備わった徳性をいう。功徳を積むことによって解脱へ進むと考えられ、仏は無量の功徳を具えている。また、大乗仏教では、自ら積んだ功徳を他の人々にふりむけること（回向）が要請されている。この功徳のサンスクリット語は、guṇa に求められるが、それは本体に備わる性質（属性）の意味である。また、福徳を意味する punya の訳語としても用いられる。なお、仏の功徳の広大さを海に例えた〈功徳海〉功徳を生むもとになる福田の意味から三宝をさす〈功徳田〉功徳を多く積み重ねることを蔵に例えた〈功徳藏〉極楽浄土の池水をさす、〈功徳池〉〈功徳水〉など功徳の語を冠した佛教語は多数にのぼる。〔岩波仏教辞典〕210

*ｸﾄﾞｸｶｲ　*功徳海　1. 功徳を蔵することの大なることが、海のごとくであること。2. 佛を形容する語。〔広説佛教語大辞典〕341a

*ｸﾄﾞｸｽｲ　*功徳水　８種のすぐれた特質を具えた水のことで、〈八功徳水（はっくどくすい）〉という。極楽浄土の池に満ちる水であって、８種の功徳とは、甘く、冷たく、やわらかく、軽く、澄みきり、臭みがなく、飲む時

のどを損わず、飲み終って腹を痛めないという八つの特質をさす。この八功徳水をたたえた七宝荘厳の宝池を八功徳池という。親鸞（しんらん）は浄土和讃に七宝の宝池いさぎよく八功徳水みちみてりと極楽浄土の荘厳を讃詠している。蓮華王院の後戸（うしろど）の辺に功徳水出づる事〔著聞（釈教）〕八功徳池には四色の蓮花ひらきて、色々の光をかはし〔九巻本宝物集（9）〕〔岩波仏教辞典〕

*グドクダイホウカイ　*功徳大寶海　佛のみ名のこと。阿弥陀仏の名号のこと。〔広説佛教語大辞典〕341b

*グニン　*愚人　愚かな人。P.bāla〔広説佛教語大辞典〕342a-b

*クノウ　*苦悩　1. 苦しみ。P:dukkha2. 苦しみと憂い。P:dukkha-domanassa〔佛教語大辞典〕267c

*クノウ　*苦悩　苦しみなやむこと。精神的な苦しみ。「—の色が濃い」〔広辞苑〕

*グバク　*具縛　縛を具えている、の意。煩悩に縛られていること。**【解釈例】**貪瞋癡慢の煩悩みな具えて生死の縛まぬがれぬ名なり。煩悩具足の凡人。〔広説佛教語大辞典〕342d

*グバクノボンブ　*具縛の凡夫　煩悩に悩まされている凡夫。煩悩具足の凡夫。〔広説佛教語大辞典〕342d

*クフ　*恐怖　恐れ。〔広説佛教語大辞典〕343cc

*クホン　*九品　凡夫（ぼんぶ）が生前に積んだ功徳（くどく）の違い、またそれに応じて異なる浄土往生の仕方9種類をいう。観無量寿経に説かれる。この、功徳によって異なる9段階の往生を〈九品往生〉といい、上品（じょうぼん）・中品・下品（げぼん）のそれぞれを上生（じょうしょう）・中生・下生に細分する。往生の違いによって迎えられる蓮華の台が異なり、これを〈九品蓮台〉と称する。浄土については、往生の違いに応じて9種類の浄土があるとする説と、往生相は違っても浄土は一つであるとする説がある。なお、〈九品印〉といって、阿弥陀仏像に九品の印相が立てられる。その勝劣に随（したが）ひて、まさに九品を分かつべし〔往生要集（大文第10）〕阿弥陀仏は、九品蓮台に迎へ給へ、そこにてだにかならず対面せん〔成尋母集〕〔岩波仏教辞典〕

*クホンオウジョウ　*九品往生　浄土に往生するものに九種類の差別がある。上品上

生・上品中生・上品下生・中品上生・中品中生・中品下生・下品上生・下品中生・下品下生の称。〔広説佛教語大辞典〕346b

*クヨウ　*供養　1. 奉仕すること。2. 尊敬心をもって仕え、世話すること。3. 供え、さしむけること。身・口・意によって物を供えめぐらすこと。諸の物を供えて回向すること。4. 礼拝。5. 十法行（十種の宗教上の行い）の一つ。佛に礼拝すること。花・薫香などをもって、大乗を供養すること。6. 宗教的供養をなすこと。尊敬。崇拝。7. 三宝（佛・法・僧）に香華・飲食などを供え、ほめたたえて敬い、教えにしたがって修行すること。8. 特に浄土宗では、五種正行の一つで、讃歎供養正行ともいう。もっぱら阿弥陀佛をほめたたえ、物心をささげること。9. 養う。扶養する。10. ささげもの。11. さしあげる。12. たたえる。〔広説佛教語大辞典〕348d-349d

*クライ　*昧い　1. くらい。ア. うすやみの。ほのぐらい。イ. 道理が解らない。おろかな。2. かすかな。ごくちいさい。3. おかす。むさぼる。4. きずなをときさる。〔新字源〕467

*グレンゲ　*紅蓮花　1. 鉢特摩（S.padma）の漢訳。2. 八寒地獄の第七。紅蓮地獄に同じ。〔広説佛教語大辞典〕351c

*クン　*熏【燻】《音読み》クン《訓読み》ふすべる（ふすぶ）／くすべる（くすぶ）／くすぶる《意味》クンズ｛動｝ふすべる（フスブ）。くすべる（クスブ）。くすぶる。煙をこもらせて黒くする。いぶす。また、煙でいぶされてうす暗くくもる。「熏製《クンセイ》」「熏香＝香ヲ熏ズ」「熏心＝心ヲ熏ズ」とは、心をもやもやとくもらせて、暗い気持ちになる。「隕涕熏心＝涕ヲ隕シ心ヲ熏ズ」〔→韓愈〕〔漢字源〕

*クンジュ　*薫修　1. 修は正しくは習。アビダルマ及び唯識哲学の述語。→熏習。2. 徳を身に薫じて修行を積むこと。〔広説佛教語大辞典〕352c

*グンジョウ　*羣生　1. 衆生のこと。人びと。多くの生類。世に生を受けた多くのもの。2. 国民。【解釈例】群は衆なり。衆生と同じ事なり。群は衆なり。衆生という事なり。〔佛教語大辞典〕289b

*ケ　*家　1. 佛教の伝統を家にたとえて言う。例えば、佛家。2. 意見を持つ人。「二十三家」（二十三人の学者）3. 慳に同じ。ものおしみ。ものをおしんで蔵し保つので家と漢訳した。4.「や」と読み、属格（genitive）を示す。〔佛

教語大辞典〕296a

*ヶ　*誨《音読み》カイ／ケ《訓読み》おしえる（をしふ）《意味》{動}　おしえる（ヲシフ）。物事をよく知らない者をおしえさとす。「誨人不倦＝人ヲ誨ヘテ倦マズ」〔→論語〕［漢字源］

*ヶ　*花（華）　1. はな。2. 虚飾の意。3.「さかゆ」と読む。4. 禅宗のこと。〔広説佛教語大辞典〕355c-d

*ヶ　*化　1. 導く。救う。教化する。導き。信仰に入るようにしむけること。教導ともいう。2. 制する。3. 変化して出されたもの。仮のすがたを現したもの。4. 変化に同じ。（仏又は菩薩が）あえて生存の状態に現れて、けがれのない一切の所作を実行することにたとえる。5. 生まれ変わること。6. 化佛、化身。應化身。7. 化境のこと。8. 高僧が死ぬこと。遷化の略。他方に教化を遷する意。〔広説佛教語大辞典〕355a-b

*ヶ　*假　1. かりに想定されたもの。2. 施設ともいう。概念を設定すること。名称や章句や文字の集まりをいう。3. 実在しないけれども比喩的な意味で、ありと説くこと。4. かりのもの。虚仮。権《かり》。しかし天台宗では、立法に意と解し、人間存在の現実であるとする。5.…によって。「何仮」（何をかりてか…。何によって…。）【解説】仮とは、一般には真や実などに対して実体のないことをさし、虚妄不実という。実体はなく、名だけ与えられている仮《け》名《みよう》有《う》、空に対しては、空に異ならない有の面をいい、仮諦などの語がある。また方便の意にも用い、それの実体性はないが、現象として仮にある意など広く使用される。天台宗では、三観の仮観から菩薩の行として「仮（迷いの凡夫の世界）に入る」、または「仮に出づ」と述語として用いる。現象としての諸法が仮であることは、二仮・三仮・四仮などと種々の説があるが、『大品般若経』では、あらゆるものに自性のないことを示し、凡夫のとらわれを破るために、①物体は多くのものが集まってつくり上げられている（受仮《じゅけ》）。②法そのものは、因と縁とによって生じたもの（法《ほう》仮《け》）である。③すべては名のみあって（名《みよう》仮《け》）、実体のないものである、とする三仮を説く。『成實論』では、①あらゆる物体は因縁によって成立したもの（因縁仮《いんねんけ》）である。②不断に連続しているように見えるが、一瞬ごとに生滅改変している（相続仮《そうぞくけ》）③大小長短は絶対的でなく、相対的で

ある（相待仮《そうたいけ》）からすべて仮であるとする三仮説をいう。【解釈例】しばらくかりのにせもの。〔広説佛教語大辞典〕355d-356a

*ゲ　*解　1. 解脱　2. さとる。さとり。3. 智。理解。知識的に理解すること。知識による理解。疑問を氷解すること。4. 決定すること。確知すること。5. 解釈。6. 考え。7. 信解に同じ。〔佛教語大辞典〕307d

*ゲ　*偈　S:gātā 偈陀　伽陀　とも音写し意訳して偈頌という。佛の教えや佛・菩薩の徳を讃えるのに詩句の体裁で述べたもの。佛典に最も多く出てくる16音節2行の32音節よりなる首盧迦（śloka）をいう。漢訳はこの一偈を4字または5字の4句に訳すことが多い。後には経論の散文を数えるのにも用いる。狭義の偈の意味では、前に散文がなく韻文のみの教説である、狐起偈（gātā）と、散文の教説に続いて重ねて韻文で散文の内容を説く重頌偈（geya）がある。漢訳の偈は外形は漢詩と同じであるが、押韻することは少なく中国の詩の体をなしていない。〔岩波仏教辞典〕

*ゲ　*礙　《音読み》ガイ／ゲ《訓読み》さまたげる（さまたぐ）／さまたげ《意味》{動} さまたげる(サマタグ)。じゃまをしてとめる。〈同義語〉→碍。「礙眼＝眼ヲ礙グ」「孰能礙之＝タレカヨクコレヲ礙ゲン」〔→列子〕{名}　さまたげ。じゃま。じゃまもの。〈同義語〉→碍。「障礙ショウガイ」〔漢字源〕

*ゲ　*礙　1.「さふ」とよむ。さまたげる。2.「ささふ」とよむ。さまたげる。さえぎる。3. 障害。〔広説佛教語大辞典〕357a

*ゲ　*雅　《常用音訓》ガ《音読み》ガ／ゲ／エ／ア《訓読み》みやびやか（みやびやかなり）／もとより／からす《名付け》ただ・ただし・つね・なり・のり・ひとし・まさ・まさし・まさり・まさる・みやび・もと《意味》{形} みやびやか(ミヤビヤカナリ)。かどがとれて上品なさま。正統の。都めいた。〈対語〉→俗・→鄙び（ひなびた）。「風雅」「雅語」{名}　都めいた上品な音楽や歌。「雅声」{名}「詩経」の中の、都びとの歌。▽正雅と変雅、また、大雅と小雅にわける。{形}　相手を尊敬してその人の言行や詩文につけることば。「雅嘱ガショク（あなたのお言いつけ）」{名}　上品で由緒正しいことば。また、古典語を解説したことば集のこと。また、その一つである「爾雅」のこと。「広雅」{形}　平素から使いなれているさま。また、いいなれているさま。「雅素（平素）」「子所雅言＝子ノ雅言スル所」〔→論語〕{副}　も

とより。平素から。もともと。「雅不欲属沛公＝雅ヨリ沛公ニ属スルヲ欲セズ」〔→漢書〕{名} からす。アアとなくからす。〈同義語〉→鴉ｱ。〔漢字源〕

*ｹｲ　*計《常用音訓》ケイ／はか…らう／はか…る《音読み》ケイ／ケ《訓読み》はからう／かぞえる（かぞふ）／はかる／はかりごと／ばかり《名付け》かず・かずえ・はかる《意味》{動} かぞえる（ｶｿﾞﾌ）。はかる。いくつもの数をつなぎ集める。数を集めて、数・量の多少や出入りをしらべる。〈類義語〉→量・→算。「計算」「統計」{動} はかる。物事をつなぎ集めて、よしあしや方法を考える。はからう。〈類義語〉→稽ｹｲ・→図・→画ｶｸ。「計画」{名} はかりごと。くらべ集めて出したやり方・方法。〈類義語〉→策。「計策」「得計＝計ヲ得」「三十六計走為上計＝三十六計走グルヲ上計ト為ス」{名} 勘定。計算した結果。また、帳簿。帳簿係の役人。「会計」「大送計於季氏＝大イニ計ヲ季氏ニ送ル」{名} 数量・程度を知るための器械。「温度計」{動} 役人の実績や勤務のよしあしをしらべる。「計功」。〔漢字源〕

*ｹｲｺｳ　*敻劫《けいこう》　遥かな永遠の時。

*ｹｲｼﾞｭ　*瓊樹　想像上の木の名。玉を生ずるという珍しい木。崑崙ｺﾝﾛﾝ山の西にあるという。「誰言瓊樹朝朝見、不及金蓮歩歩来＝誰カ言フ瓊樹朝朝ニ見ハルト、及バズ金蓮ノ歩歩来タリシニ」〔→李商隠〕玉のように美しい木。人格がすぐれていることのたとえ。〔漢字源〕

*ｹｲｼﾝ　*輕心　軽はずみな心。【解釈例】自重せぬこと。〔佛教語大辞典〕312d-313a

*ｹｳ　*不思議な。驚くべき。まれなる。世にもまれな。珍しいこと。少ない。【解釈例】世間にたぐいなき。有り難い。不思議なこと。希とはまれなり。これは世間で言えばありがたいということ。まれにありがたきというこころなり。〔広説佛教語大辞典〕361d-362a

*ｹｴﾝ　*化縁　1. 人々を導く機縁。教化する縁。2. 教化を受けるべき衆生の機縁。〔広説佛教語大辞典〕362b

*ｹｵｳ　*華王　蓮華のこと。〔広説佛教語大辞典〕362c

*ｹﾞｸｳ　*外空　十八空の一つ。客体としての外の対象がけがれていて、清浄

の相がないこと。外的な法である六境が空であること。→十八空　S, bahirdhā-śūnyatā　〔広説佛教語大辞典〕365d

*ケギ　*化宜　仮にちょうど適当な。

*ケギョウ　*加行　1. 行為をなす準備。準備的な行為。準備段階の努力。たとえば打つことは相手の死に対する準備の行いである。2. 努力すること。修行。あることを達成するための方便手段として行う準備的な修行をいう。また方便ともいう。功用を加えて行ずるという意味で、正行に対する予備行をいう。3. 加行位に同じ。4. 密教では灌頂・授戒・伝授などを受ける前に特定の前行を修することをいい、四度加行は伝法灌頂の正行に対する前行であって、十八道・金剛界・胎藏界・護摩の四法を伝授することをいい、真言行者の階梯の初歩として現在でも重要視されるが、その中にも順次に加行・正行の別がある。加行へ得とは、種々の努力をもって修行することによって得たもので、先天的に備えている生得に対する。これによってなされた善を加行善という。加行道とは、修行者がニルヴァーナに至までの四道のうち、第一道で、戒定慧を行ずる位をいう。禅宗・浄土宗などでは付法・授戒の際に、その前段階として行われる修行をいう。〔広説佛教語大辞典〕346b-c

*ゲギ　*解義　意味を理解すること。意味の理解。事柄を理解すること。（だまされて思う場合も含める。）S:artha-abhijña〔広説佛教語大辞典〕363d

*ゲギョウ　*解行　1. 理解と実行。理解と実践。智解と修行。学問によって理論的知識を得ることと実践的修行を積むこと。2.『華嚴經』や華厳宗で説く無尽の法門を解し、行ずること。3. 十信の終心をいう。4. 自ら信受し体得すること。5. 理解することのみに努めること。6. 浄土教において、安心と起業、すなわち信仰と実践をいう。〔広説佛教語大辞典〕364d

*ケサ　*化作　1. 神通力によってつくり出すこと。超人的な力により、つくり出すこと。幻力よってつくり出すこと。2. 佛や菩薩が人々を導くために種々の身、または事物をつくり出すこと。教化のため姿を変えて現れること。化佛を出現させること。3. 変化の造った者。〔広説佛教語大辞典〕367d-368a

*ケシ　*芥子　カイシ・ケシ　からしなの小さい実。粉末にして香辛料とする。▽非

常に小さいもののたとえとして用いることがある。ケシ〔国〕草の名。未熟の果実から阿片《アヘン》をとる。罌粟《オウゾク》。〔漢字源〕

*ケショウ　*化生　1. 自然に生まれる。自ら生まれること。2. 自然発生の生き物。自ら生起した者。他によらず自ら生まれ出た者。自然に生まれた者。有情がなにもなくて、忽然として生ずること。たとえば幽霊のようなもの。3. 母胎、卵、水などのよりどころをもたずに、忽然と生まれる生類のこと。中有（人の死後次の生存を得るまでの中間をつなぐ生存）、諸天（神々）地獄の衆生、宇宙の最初の人などをいう。四生の一つ。〔佛教語大辞典〕291d-292a

*ケジョウ　*化成　できあがること。『無量壽經』『大正蔵経』12 巻 271a〔広説佛教語大辞典〕371b

(*カセイ) *化成　育てて、成長させる。形をかえて別のものになる。人徳の影響を受けて、善人になる。〔→易経〕化学で、化合して、別の物質になること。［漢字源］

*ケシン　*化身　1. 佛の仮のすがた。化現した身。変容せる身体。変化身。神通で現し出した身体。変化した身体の意。仮のすがたを現した佛。佛の三身（自性身・受用身・変化身）の一つで、衆生を教化救済しようとして佛自身が変現して衆生のすがたとなったものをいう。応身とも漢訳する。2. 応身と化身とを区別する場合には、応身は修行の高い者の前に現れたすがたであるのに対し、化身は、修行の低い者、あるいは人間以外の者の前に現れたすがたとして区別される。人間以外の者を救う変化身。教える人にしたがって生まれた身。3. 華厳宗では涅槃仏または化佛をいう。4. 釈尊のこと。釈尊の身。5. 佛や神が形を変えてこの世に現れたすがた。〔広説佛教語大辞典〕372a-b

*ケシン　*繋心　心をつなぎ、統一すること。〔広説佛教語大辞典〕372b

*ゲセツ　*解説　法を説いて聞かせること。〔佛教語大辞典〕308d

*ケダイ　*華臺　仏・菩薩のいる蓮華の台座。浄土の意。〔佛教語大辞典〕299d

*ケダシ　*蓋【葢】異体字【盖】《音読み》ガイ／カイ／コウ（カフ）／ゴウ（ガフ）《訓読み》おおう（おほふ）／ふた／かさ／けだし／なんぞ…せざる《意味》{動} おおう（オホフ）。かぶせて上からふたをする。また、かぶせて隠す。〈類

義語〉→覆・→掩《エン》。「覆蓋《フクガイ》」「遮蓋《シャガイ》（見えないようにさえぎっておおう）」｛名｝ ふた。かさ。上からかぶせてさえぎるおおい・ふた。また、草ぶきの屋根。「天蓋《テンガイ》」「車蓋《シャガイ》」｛単位｝傘《カサ》などを数えることば。｛動｝〔俗〕家をたてる。▽屋根をかぶせるの意から。｛動｝〔俗〕はんこを押す。「蓋印《ガイイン》」｛副｝ けだし。文の初めにつき「おもうに」の意をあらわすことば。全体をおおって大まかに考えてみると。「蓋十世希不失矣＝ケダシ十世失ハザルコト希ナリ」〔→論語〕｛名｝ 草ぶきの屋根。とま。｛疑｝ なんぞ…せざる。反問をあらわすことば。どうして…しないのか。何不…（なんぞ…せざる）をちぢめたことば。▽盍《コウ》に当てた用法。〔漢字源〕

*ゲダツ　*解脱 1. のがれること。解き放たれた。2. 苦しみから解かれ、のがれ出ること。（束縛から）解放されること。煩悩や束縛を離れて、精神が自由となること。迷いを離れること。迷いの世界を抜け出ること。さとり。真実をさとる。執着を去る。迷いの束縛を離れて完全な精神的自由を得ること。苦しみ悩む世界から解放された平安な状態をいう。安らぎの境地。さとり・ニルヴァーナに同じ。3. 解脱はニルヴァーナと区別され、解脱にもとづいてニルバァーナが起こるという。4. 脱せしめること。解脱させること。5. けがれから解放されること。6. 煩悩の繋縛を解いて、迷いの世界をのがれること。ニルヴァーナの別名といえる。煩悩からの解放。苦しみの三界からの解放。煩悩を伏し断ずること。7. 通力。自在を得させる禅定。十八不共法の一つ。八解脱のこと。→八解脱 8. 清らかであること。9. 消滅。10. 我執がない。11. 阿羅漢果を得ること。12. 五分法身の一つ。→法身 13. 求道者の第八の段階（八地）以上に現れる。仮の智慧と真実の智慧。（権実二智）14. 禅宗では多くさとりの意に用いる。煩悩の繋縛（支配）を脱すること。15. サーンキャ哲学のおいて、純粋精神を物質から解き放すこと。16. 牢獄を開放して罪人を許すこと。【解釈例】 やすらかなること。ぬがること。さとりを開き仏になるをいふ。我等が罪業煩悩を阿弥陀の光にて砕くといふこころなり。仏果にいたり仏になるといふ。ものの自由になること。煩悩等を断ずること。生死を離るるなり。生死を離れること。ときまぬがる。〔広説佛教語大辞典〕374c-375c

*ゲダツ　*解脱 （mokṣa,vimukti,vimokṣa）一般には束縛から解き放すの意。佛

教では煩悩から開放されて自由な心境となることをいう。インド思想全般で説かれる理念で、佛教にも採用された。解脱した心は惑いが無く煩悩が再び生じないので涅槃と同じ意味になる。インド一般の思想では、輪廻からの解脱を意味する。釋尊は煩悩から解脱して涅槃を得たが、35 才の成道後、80 才で亡くなるまでは、身体を備えていたので有余涅槃と言い、死とともに無余涅槃に入ったとか大般涅槃に入ったと言う。原始佛教では、修行者の理想は、煩悩を滅し尽くした阿羅漢の姿である。つまり修行者は戒・定・慧の三学と、解脱と解脱知見（解脱し悟ったことの自覚）の五分法身を備えることが必須条件である。阿羅漢はまた、貪愛からの解脱、(心解脱)、無明からの解脱（慧解脱)、智慧と禅定の両面で得る解脱（倶解脱）を得ているとする。部派仏教では、煩悩や解脱を法として実体視するなど、部派ごとに解脱をめぐって独自の解釈を得た。しかし、どれも修行者個人の解脱が問題であり、その限りで実践もなされていた。それに対して大乗仏教では自己の解脱は衆生の救済とともにあると考え、六波羅蜜の利他行が重視された。そして、すべての法は空であって解脱にも実体が無いと主張し、それを悟り実践するところに解脱があるとした。〔岩波仏教辞典〕

*ゲダツドウ　*解脱道　1. 解脱（煩悩の束縛からの解放）への道の意。解脱である道（さとり)。2. アビダルマ教学において、煩悩を滅ぼす修行の四つの階程をさす、四種道（加行道・無間道・解脱道・勝進道）の一つ。3. 無間道において、煩悩を断じ終わって後に生ずる無漏道、すなわち正しく択滅無為を得る刹那のこと。4. 一般には仏道のこと。〔佛教語大辞典〕310c

*ゲダツブン　*解脱分　順解脱分のこと〔広説佛教語大辞典〕376c

*ケツ　*竭　《音読み》ケツ／ゲチ／ゴチ《訓読み》つくす／つきる（つく）《意味》｛動｝つくす・つきる（ツク)。力や水を出しつくす。力や水がつきはてる。からからになる。「竭力《ケツリョク》」「竭誠＝誠ヲ竭ス」「事父母能竭其力＝父母ニ事ヘテヨクソノ力ヲ竭ス」〔→論語〕｛動｝高くかかげる。にないあげる。[漢字源]

*ケッカフザ　*結跏趺坐　全跏趺坐ともいう。すわり方（座法）の一つ。静坐法の一種。両足を組み合わせてすわること。跏は足を組むこと。趺は足の甲をいう。右足をまず左のももの上にのせ、次に左の足を右のももの上にの

せる坐法のこと。足を左右のももに組み合わせる坐法。両のくびすをももの上に置く坐し方。仏は必ずこの坐法によるから、如来坐、仏坐ともいう。インドで昔から行われる円満安坐の相であるから、全跏坐、本跏坐という。これに対して左右のうちの一足を左右の他の一つのもも上に置くのを、半跏という。（半跏坐にかいて右足を左足の上に置くと、左足が右足の下に隠れ、右足裏だけが上向いている。）全跏坐に二つある。まず右足を左ももの上に置き、次に左足を右ももの上に置き、手もまた左を上にするのを降魔坐という。反対に、左足から始め、右手を上にするのを吉祥坐という。密教では、この吉祥坐を蓮華坐、半跏坐を吉祥坐ということがある。禅宗では結跏趺坐を坐禅の正しい姿勢であると定める。全跏趺坐と半跏趺坐と両者をともに含めていうこともある。〔広説佛教語大辞典〕379b-c

*ｹﾂｼﾞｮｳ　*決定　1. 必ず。必然的に。決まっていること。疑いないこと。2. 定まったものであること。3. 一方的なこと。確定的なこと。確定していること。4. 実在していること。5. 当を得ている。ポイントを得ている。6. 性決定の意。種子に善・悪・無記の性が決まっていること。例えば種子が善なら結果も善であり混乱しないこと。7. 決断安住して動かぬこと。阿弥陀仏の本願を信じて動かぬこと。8. 正しい知識を得たこと。9. 自然の定まり。運命が定まっていること。マッカリゴーサーラの説。〔佛教語大辞典〕315C

*ｹﾂｼﾞｮｳｺﾞｳ　*決定業　報いを受けると定まっている行為。〔佛教語大辞典〕316a

*ｹﾂﾈﾝ　*決然　1. きっぱりと思い切るさま。2. 急に。にわかに。

*ｹﾄﾞｳ　*華幢　花で飾ったはた。花のはた。〔広説佛教語大辞典〕383d

*ｹﾞﾆﾝ　*下人　ｶｼﾞﾝ召使。しもべ。▽古く主人が使用人に対して使ったことば。地上の世界に生きている人。〔→楚辞〕ﾋﾄﾆｸﾀﾞﾙ人にへりくだる。「慮以下人＝慮ッテ以テ人ニ下ル」〔→論語〕ｹﾞﾆﾝ 身分の卑しい者。〔漢字源〕

*ｹﾈﾝ　*繋念　一ところに思いをかけて、他のことを思わないこと。心をとどめること。注意すること。〔広説佛教語大辞典〕385a

*ｹﾞﾊｲ　*下輩　三輩の第三。智慧が浅く、徳の少ない凡夫をいう。無上菩提を求め、阿弥陀仏を念じ、法を歓喜信樂して一声でも念仏を唱えて浄土に願生したもの。〔広説佛教語大辞典〕385b

*ケバク　*繋縛　心が煩悩（ぼんのう）につながれ、しばられていること。解脱（げだつ）の対語。転じて、広く心が何かにとらわれている意にも用いる。拘束。立ちても居ても、煩悩の仇（あた）の為に繋縛せられたる事を悲しみ〔発心集（５）〕言葉に花を咲かせんと思ふ心に繋縛せられて、句長になるなり〔申楽談儀〕〔岩波仏教辞典〕

*ケブツ　*化佛〈変化（へんげ）仏〉〈応化（おうけ）仏〉ともいう。衆生（しゅじょう）教化（きょうけ）のために仏や菩薩（ぼさつ）が神通力（じんずうりき）により衆生の機根に応じた姿に身を変えた状態。仏の化身は法身（ほっしん）・報身と共に三身の一つに数えられ、〈応身〉ともいう。釈迦（しゃか）仏はその典型。化仏は修行の進んだ者の前に現れるとし、修行の低い者または人間以外の者の前に出現する〈応仏〉と区別することもある。浄土教では、法身仏が衆生済度のために阿弥陀（あみだ）仏に身を変えた方便の法身仏（実は報身仏）を説き、それは極楽浄土の真身としての阿弥陀仏、およびこの世に衆生を迎えに来る化仏としての阿弥陀仏の両側面を説く。なお仏像表現において、菩薩などに本地（ほんじ）仏を標識するため頭部などに置く小仏像も〈化仏〉という。すなわち観世音菩薩は頭部や宝冠に阿弥陀仏の化仏を表し、千手観音はその一手に化仏を持つ。光背や天蓋（てんがい）などに表現された小仏像も化仏と呼ばれることがある。〔岩波仏教辞典〕

*ケブツ　*化佛　1. 佛・菩薩などが神通力で化作した仏の形。仮にすがたを現した仏。仮の姿をとって現し出された仏。化生した仏。衆生の性質や能力に応じて仮に種々のすがたを現した仏の身体。仏の分身。仏（如來）が衆生を済度するために、別々のすがたに現れた変化身。また、その本地仏を標識するため、頭部などに置く小型の仏像をさす。たとえば観世音菩薩の頭上の阿弥陀仏など。また応化仏。変化仏ともいう。2. 華厳宗では行境十仏の一つ。3. 浄土教では、真仏に対する化仏をいう。すなわちそれぞれの信仰眼に応じて、衆生の願いに応じてそれぞれの救いの相をもって現れる仏をいう。〔佛教語大辞典〕293a-b

*ケホツ　*撃發　撃ちおこす。

*ゲボン　*下凡　劣った凡夫の意味。

*ゲボン　*下品　品は品類・部類の意。1. 上・中・下の三等級に分けたうちの下類をいう。最も能力や素質の劣っていること。2. 阿弥陀佛の浄土に往生する人を九種類に分け、下の三種を下品とする。〔広説佛教語大辞典〕386c

*ゲボンゲショウ　*下品下生　1. 九品往生の一つ。また下下品ともいう。重罪を重ねた凡夫でも臨終に念佛すれば八十億劫の生死の罪を除き、極楽の蓮華の中に生まれ、十二大劫を経て花が開き、発心するという。『觀無量壽經』『大正蔵経』12-346a〔広説佛教語大辞典〕386c

*ゲボンジョウショウ　*下品上生　1. 九品往生の一つ。また下上品ともいう。軽罪を犯した凡夫が、臨終に念仏して五十億劫の生死の罪を除き、浄土の寶池の中に生まれ、七七日を経て蓮華が開き、発心する。『觀無量壽經』『大正蔵経』12-345c　2. 能力や素質に関して下の上に位する人。『往生要集』『大正蔵経』84-74b-78b〔広説佛教語大辞典〕386c-d

*ゲボンチュウショウ　*下品中生　1. 九品往生の一つ。また下中品ともいう。戒を破り、悪事を行じた凡夫が、臨終に阿弥陀佛の徳を聞いて八十億劫の生死の罪を除き、浄土の寶池の中に生まれ、六劫を経て蓮華が開き、発心することをいう。『觀無量壽經』『大正蔵経』12-345c-346a　2. 能力や素質に関して下の中に位する人。『往生要集』『大正蔵経』84-78b〔広説佛教語大辞典〕386d

*ケマン　*懈慢＝懈怠　カイタイ・ケタイ・ゲタイ 心がゆるんで物事をおろそかにする。おこたる。なまける。『懈惰カイダ・懈慢カイマン』［漢字源］

*ケマンガイ　*懈慢界　阿弥陀仏の浄土のうちの化土の異称。懈慢辺地ともいう。閻浮提を去ること西方十二億ナユタにある国。国土は心地よく、女たちは音楽をたのしんでいる。阿弥陀佛国に生まれようとする者のうちに、この国土に執着して進むことができない者がはなはだ多いという。だから、怠り高ぶり、阿弥陀仏を信ずること浅く、徳の少ない者はここにとどまるとされる。すなわち第十九願と二十願の行者の生まれる世界。〔広説佛教語大辞典〕387a

*ケマンコク　*懈慢國　快楽を追い、真実の法を求めることを怠る人が生まれる国。〔広説佛教語大辞典〕387a

*ケミョウ　*假名　1. 仮の名称。仮の名。仮の空名。ただ名のみのもの。仮説的な名目。2. 名ばかりで実体のないもの。実体のないものに仮に付けた名称。諸法のこと。3. 仮に立てて名付けられたもの。仮の施設。仮説、施設・安立に同じ。4. 経験上設定されているもの。5. 仮に人間と名付けられたもの。6. 仮名有の略。〔佛教語大辞典〕297d-298a

*ケモウ　*希望　望むこと。熱望すること。〔広説佛教語大辞典〕387d-388a

*ケユウ　*化用　導きのはたらき。〔広説佛教語大辞典〕388b

*ケラク　*快楽　1. たのしみ。安楽。宗教的楽しみを含めて云う。精神的な快楽は仏教でも承認している。2. 物質的な楽しみ。3.「愉快だ」という声。4. 永遠の楽しみ。浄土の楽しみ。5. 心地よい喜び。→安穏快楽〔佛教語大辞典〕294d

*ゲレツ　*下劣　劣った。下等な。悪い。あわれな。惨めな。〔広説佛教語大辞典〕389b

*ケロン　*戯論　戯弄の談論の意　言葉・相・概念・分別の起こるもとのものを意味する。1. 分別が言葉に現れること。2. 衆生の本体としての種子に同じ。3. 妄分別のこと。4. 差別的対立。5. 形而上学的議論。6. 無益な言論。迷妄、偏見から起こる言論。無意味なおしゃべり。無意味な話。理にかなわぬ言論。仏道修行に役立たない思想・議論。そらごと、たわむれ、冗談、ざれ言など。7. 実のない言語の往復。道理を欠いた思慮分別。ためにならぬ議論。うつろな議論。8. 妄想のこと。【解説】教義の上からは、戯論に二種あって、事物に愛着する迷妄の心から起こる不正の言論を愛論と言い、諸種の偏見から起こる言論を見論という。鈍根の者は愛論を起こし、利根のものは見論を起こし、在家の者は愛論、出家は見論、天魔は愛論、外道は見論、凡夫は愛論、二乗は見論に固執するといわれる。〔広説佛教語大辞典〕389d-390a

*ケン　*堅　《常用音訓》ケン／かた…い《音読み》　ケン《訓読み》　かたい（かたし）《名付け》　かき・かた・かたし・すえ・たか・つよし・み・よし《意味》{形} かたい（カタシ）。しまってかたい。〈対語〉→軟・→弱。「堅固」「吾楯之堅莫能陥也＝吾ガ楯ノ堅キコトヨク陥ムルモノナキナリ」〔→韓非〕{形}　かたい（カタシ）。こちこちに充実するさま。「以盛水漿、其堅不能自挙

也＝モツテ水漿ヲ盛レバ、ソノ堅キコトミヅカラ挙グルアタハザルナリ」〔→荘子〕｛名｝「堅甲ｹﾝｺｳ」の略。かたいよろい。「被堅執鋭＝堅ヲ被リ鋭ヲ執ル」〔→漢書〕《解字》会意兼形声。堅の上部は、臣下のように、からだを緊張させてこわばる動作を示す。堅はそれを音符とし、土を加えた字で、かたく締まって、こわしたり、形をかえたりできないこと。

〔漢字源〕

*ｹﾝ　*懸《常用音訓》ケ／ケン／か…かる／か…ける《音読み》ケン／ケ／ゲン《訓読み》かける（かく）／かかる《名付け》とお・はる《意味》｛動｝かける(ｶｸ)。かかる。物をひっかける。また､物がぶらさがる。「懸垂」「抉吾眼縣（＝懸）呉東門之上＝ワガ眼ヲ抉リテ､呉ノ東門ノ上ニ懸ケヨ」〔→史記〕ｹﾝｽ ｛動・形｝ 物事が宙づりになったまま決着しないさま。〈対語〉→決・→定。「懸而不決＝懸シテ決セズ」ｹﾝｽ ｛動｝ かけはなれる。「懸軍」〔国〕「一所懸命ｲｯｼｮｹﾝﾒｲ」とは、封建時代、領主から賜った一か所の領地だけに命をかけて生活することから転じて、力を尽くして非常に熱心に行うさま。〔漢字源〕

*ｹﾝ　*愆《音読み》ケン《訓読み》あやまつ／たがう（たがふ）／あやまち《意味》｛動｝ あやまつ。たがう（ﾀｶﾞﾌ）。物事の本道から横にはみ出る。〈類義語〉→違・→差。「愆期＝期ニ愆フ」〔→詩経〕｛名｝ あやまち。物事のやりそこない。「罪愆ｻﾞｲｹﾝ」「侍於君子有三愆＝君子ニ侍ルニ三愆有リ」〔→論語〕ｹﾝｽ・ｹﾝｱﾘ ｛動｝ ふとしたことから病気にかかる。「王愆于厥身＝王ソノ身ニ愆アリ」〔→左伝〕［漢字源］

*ｹﾝ　*㦑　あやまち。〔基本字〕愆【解釈例】過也。存じよらぬすぢをいふ。失也。〔佛教語大辞典〕327c

*ｹﾝ　*慳 1.ものおしみ。むさぼり。慳貪。うらやみ。2.アビダルマでは心作用の内の小煩悩地法の一つ。ものおしみ。〔佛教語大辞典〕328c

*ｹﾝ　*虔《音読み》ケン／ゲン《訓読み》かたい（かたし）／つつしむ／しいる（しふ）《意味》｛動・形｝ かたい（ｶﾀｼ）。ひきしまっている。ゆるみがない。かっちりとしめる。「奪攘矯虔ﾀﾞﾂｼﾞｮｳｷｮｳｹﾝ（あるものをうばって、がっちり守る）」〔→書経〕｛動・形・名｝ つつしむ。緊張してつつしみ深くする。かたくるしい。くそまじめな心や態度。「敬虔ｹｲｹﾝ」「虔卜於先君

也＝ツツシンデ先君ニトスルナリ」〔→左伝〕{動・名} しいる（シフ）。むりじいする。むりにとる。転じて、強盗をいう。「虔劉ケンリュウ」［漢字源］

*ケン　簡　18画　竹部　《音読み》　カン／ケン《訓読み》　ふだ《名付け》あきら・ひろ・ふみ・やすし《意味》{名} ふだ。竹のふだ。むかし、紙のなかったころ、竹ふだや、木のふだに字を書いてひもでとじならべた。一枚ずつ間があくので簡という。「竹簡」「木簡」{名} 文書・手紙のこと。「断簡（ばらばらになった文書）」「錯簡（竹ふだのつなぎのひもが切れて、前後入れ違って意味の通じなくなった文書）」「手簡（てがみ）」{名} 君主の命令を書いた文書。「簡書」{動} 辞令を書いて任命する。「簡授（任命する）」{形} 間があいている。つめずにあけてある。また、間をはぶいてある。〈対語〉→密。〈類義語〉→略。「簡略」{形} 手をぬいてあるさま。おろそかなさま。〈対語〉→繁・→慎。〈類義語〉→慢。「繁簡」「簡慢」「吾党之小子狂簡＝吾ガ党ノ小子狂簡ナリ」〔→論語〕{動} よりわける。えらび出す。▽揀カンに当てた用法。〈同義語〉→柬・→揀。「簡閲（調べてよしあしをよりわける）」{名} 選別の結果、出てきた証拠。「有旨無簡不聴＝旨アレドモ簡ナケレバ聴カズ」〔→礼記〕「簡簡」とは、ゆとりがあって大きいさま。［漢字源］

*ケン　*懸　《常用音訓》ケ／ケン／か…かる／か…ける《音読み》ケン／ケ／ゲン《訓読み》かける（かく）／かかる《名付け》とお・はる《意味》{動} かける（カク）。かかる。物をひっかける。また、物がぶらさがる。「懸垂」「抉吾眼縣（＝懸）呉東門之上＝ワガ眼ヲ抉リテ、呉ノ東門ノ上ニ懸ケヨ」〔→史記〕ケンス {動・形} 物事が宙づりになったまま決着しないさま。〈対語〉→決・→定。「懸而不決＝懸シテ決セズ」ケンス {動} かけはなれる。「懸軍」［漢字源］

*ケン　*遣　1.取り除くこと。2.やる。（主張を）排斥する。3.「やる」と読む。否認すること。除くこと。分別や疑いを除くこと。4.つかわしむこと。〔広説佛教語大辞典〕391b

*ケン　*権【權】旧字《常用音訓》ケン／ゴン《音読み》ケン／ゴン《訓読み》はかり／はかる／はかりごと《名付け》のり・よし《意味》{名} はかり。棒の両端に荷と重りとをぶらさげ、バランスがとれるのを見て重さをはか

る道具。また、はかりの重り。「権衡」「権輿《ｹﾝﾖ》（はかりの重りと台のかご→物事の基本）」｛動・名｝ はかる。はかりごと。重さをはかる。また、転じて、物事の成否をはかり考える。その場に応じた、はかりごと。〈類義語〉→度。「権謀」「権然後知軽重＝権リテ然ル後軽重ヲ知ル」〔→孟子〕｛名｝ 力や、重み。人や団体が持つ、社会のバランスに作用する勢力や資格。「権力」ｹﾝﾅﾘ ｛形・名｝ 臨時に力だけをもったさま。また、正道によらず力に頼るさま。かりの。転じて、臨時の便法。〈対語〉→正・→経。「権道」「権官（臨時の代理の官）」「嫂溺、援之以手者権也＝嫂ノ溺レタルトキ、コレヲ援クルニ手ヲモッテスルハ権ナリ」〔→孟子〕｛名｝ 左と右のバランスがとれたほお骨。▽顴《ｶﾝ》に当てた用法。「権骨《ｶﾝｺﾂ》（＝顴骨）」［漢字源］

*ｹﾝ　*見　1. 見る。見るはたらき。S darśana S anupaśyati 2. まのあたり。まのあたり明らか。S dṛṣṭa 3. 本性を観ずること。知見の略。正しい認識。→知見 S paśyati 4. 体験すること。5. 経験上。6. 観照するはたらき。照見。7. あらわすこと。8. 見解。思想。考え方。意見。見方。9. 浄見と同義。10. 境界にはたらきかけるところの意志的作用。11. 苦の本性は空であると知ること。苦諦を遍知すること。見苦。S parijñāna S parijñā 12. 誤った見解。間違った見解。誤った考え。邪見。不正の見解。偏見。形而上学的な誤った見解。六十二見などを数える。考え。見るところ。P diṭṭhi 13. 偏見。ひがみ。14. 欲心をもって異性を見ること。異性を見て美観を生ずること。15. 悪見。誤った見解の意で、有身見・辺見。邪見・見取見・戒禁取見の五見がある。16. 見道の略。17. 見惑に同じ。18. サーンキャ学派でいう顕現。〔広説佛教語大辞典〕390b-d

*ｹﾞﾝ　*玄　《常用音訓》ゲン《音読み》ゲン／ケン《訓読み》くらい（くらし）／くろ／くろい（くろし）《名付け》くろ・しず・しずか・つね・とお・とら・のり・はじめ・はる・はるか・ひかる・ひろ・ふか・ふかし《意味》｛形｝ くらい（ｸﾗｼ）。ほのぐらくてよく見えないさま。また、奥深くてくらいさま。〈類義語〉→暗。「幽玄」「玄之又玄、衆妙之門＝玄ノマタ玄、衆妙ノ門」〔→老子〕｛名・形｝ くろ。くろい（ｸﾛｼ）。光や、つやのないくろい色。また、くろい色をしているさま。「玄色」「玄鳥（つばめ）」｛名｝ 天の色。また、天のこと。▽空の色は奥深くくらいことから。地の色は黄

とする。「天地玄黄」{名} うすぐらい北方。{名} 奥深くてよくわからない微妙な道理。「玄学（道教の学問）」「玄教（道教）」{形} かぼそいさま。「玄孫（かぼそいすえの孫→曾孫の子）」《解字》［図］：会意。「幺＋一印」。幺（ほそい糸）の先端がわずかに一線の上にのぞいて、よく見えないさまを示す。《単語家族》幻（あいまい、よくみえない）と同系。〔漢字源〕

*ゲン　*玄　1. 玄奥、深遠なる道理。原理。真理。哲理。また神秘。2. 天。3. 静か。〔佛教語大辞典〕334c

*ゲン　*カン　*陥　【陷】旧字　阜部《常用音訓》カン／おちい…る／おとしい…れる《音読み》カン（カム）／ゲン（ゲム）《訓読み》おちいる／おとしいれる（おとしいる）《意味》{動} おちいる。おとしいれる（オトシイル）。穴におちこむ。また、穴におちこませる。地面がへこむ。また、地面をへこませる。「有車陥于濘＝車有リテ濘ニ陥ル」〔→新唐書〕{動} おちいる。おとしいれる（オトシイル）。罪・苦しみにはまりこんで、よくない状態になる。また、そのようにしむける。わなにかける。「君子可逝也、不可陥也＝君子ハ逝カシムベキナリ、陥ルベカラザルナリ」〔→論語〕{動} おちいる。おとしいれる（オトシイル）。城などを敵に攻めおとされる。また、敵の城などを攻めおとす。「故戦常陥堅＝故ニ戦ヘバ常ニ堅ヲ陥ル」〔→史記〕{名} おとし穴。〈類義語〉→坎カン。「陥穽カンセイ」「機陥（おとしあなのしかけ）」〔漢字源〕

*ゲン　*咸　《音読み》カン（カム）・ゲン（ゲム）《訓読み》みな《意味》{副} みな。みんなあわせて。すべて。〈類義語〉皆。「村中聞有此人、咸来問訊村中此この人有あるを聞きき、咸来きたりて問訊す」〔陶潜・桃花源記〕{名} 周易の六十四卦カの一つ。（艮下兌上ゴンカダショウ・沢山咸）の形で、自分も相手も真心を持てば、それが感じあうさまを示す。姓の一つ。［漢字源］

*ケンカク　*懸隔　はるかにへだたる。かけはなれる。〔新字源〕

*ゲンギョウ　*現行　1. 現にはたらいているもの。2. 唯識説において、アーラヤ識の中の種子から現象世界の事物が現れ出ること。3. ある種子から生じて、現に行動している二障（煩悩障、所知障）4. 行ずること。5. 感覚・知覚の対象として実現すること。【解釈例】種子より色心を生ずることをば現行

と名づく。色は色の種子より現行す。必ず己が気分より現行して、他の気分よりは現行せず。現行と申すは種子にてある時は隠れ沈みたるが、顕れ起こりたるを申し候也。〔広説佛教語大辞典〕395a-b

*ケンコ　*懸鼓　ぶらさげた太鼓。懸はかける。〔広説佛教語大辞典〕397b

*ケンコ　*簡去 選び去る。選び捨てる。〔新字源〕649B

*ケンゴ　*賢護　長者の子　跋陀羅波梨の訳『佛書解説大辞典』212a-b

*ケンゴ　*堅固　1. しっかりしている。2. 恒久的な本質があること。3. 強くかつ実あるもの。4. 剛毅なる者。如來の同義語。5. 退かないこと。6. 沙羅相樹のこと。【解釈例】ものがたくつづくこと。やぶれぬこと。〔広説佛教語大辞典〕397b

*ゲンコウ　*玄黄　天のくろい色と、地の黄色い色。「夫玄黄者天地之雑也、天玄而地黄＝ソレ玄黄ハ天地ノ雑ナリ、天ハ玄ニシテ地ハ黄ナリ」〔→易経〕＃天地。宇宙のこと。くろ色と黄色。また、その色のもの。馬の病気の名。また、疲労すること。▽くろ色の馬が疲労したり病気にかかったりすると黄色になるということから。「我馬玄黄＝我ガ馬ハ玄黄タリ」〔→詩経〕〔漢字源〕

*ゲンサ　*現作　すがたを現すこと。〔佛教語大辞典〕336d

*ケンサク　*間錯　まじる。まじわる。入り交じる。錯はまじる。まじわる。「間錯欄楯亦以四宝」（おそらく縦の柱と（楯）と横にわたしてある石材（欄）とが入りまじって飾ってあることをいうのであろう。）〔広説佛教語大辞典〕399c

*ケンジ　*健児　元気のよい若者。兵士・つわもの。「朔方健児好身手＝朔方ノ健児ハ好身手」〔→杜甫〕コンデイ〔国〕昔、兵部ヒョウブ省に属し、諸国の兵庫や国府などを守った兵士。江戸時代、武家に仕えた下働きの男。中間チュウゲン・足軽アシガルなど。*相応しい者。

*ケンジ　*簡持 選びとる。（真実なるものを）選び保つ。〔佛教語大辞典〕331a

*ゲンシ　*玄旨　奥深い道理。▽特に、老想思想をいう。〔漢字源〕

*ゲンシキワエツ　*顔色和悦　顔色が穏やかで喜びに満ちている。

*ケンシュ　*見修　見惑と修惑　〔広説佛教語大辞典〕402c

*ケンシュクカ　*甄叔迦　kiṃśuka の音写。1. 樹木の名。キンシュカ。香のない赤

色の花を有する樹木。形は人のごとくであるという。また、無憂樹のことであるともいう。2. 宝石の名。赤寶と漢訳する。赤色の宝石。赤瑠璃に似ているとも、あるいはキンシュカの花の赤色に似ているので、かく名づけるともいう。〔佛教語大辞典〕328b

*ケンショウ　*堅正　かたいこと。堅固。かたい決意。堅固にして正念なること。心にかたくただすこと。たゆまず、非常に堅固なこと。〔佛教語大辞典〕326c

*ケンジョウ　*賢聖　普通は「げんじょう」と読む。1. 賢明な人。2. 尊い。すぐれた。3. 聖なるもの。4. 立派な人々。5. 聖者。聖人の意。大まかにいうと凡夫の位にあるものを賢、すでにさとった者を聖という。6. 聲聞に同じ。7. 善を行い悪を去ったが、なお真理をさとり得ない凡夫の位にある者を賢、真理の認識を発してさとった者を聖という。アビダルマ教学によると、聖は佛道修行者の内、見道（真理を照見する位）以上に達した者で、賢はまだ見道に至らないが、すでに悪を離れた者をいう。8. 賢人、聖者。三賢十聖。賢は惑を伏する位。聖は惑を断ずる位。凡夫が佛のさとりにいたる段階には、十信・十住・十行・十回向・十地・妙覚・等覚・無上正等覚の五十三位があるが、そのうち、十住・十行・十回向の三つの大きな区切りを三賢と称し初地から十地までの高位の菩薩を十聖と称する。両方で佛に至る菩薩の位のすべてを表す。9. 密教に取り入れられたインドの神々。〔広説佛教語大辞典〕404a-b

*ゲンシン　*現身　1. 現在生をうけているこの身体。現在目にみている身体。現実の身。現在の身体のこと。この身体。2. 仏や菩薩が衆生を救うために、種々に変化して現れ出た身をいう。現身仏。応身のこと。3. この身さながら。『観無量壽經』『大正蔵経』12 巻 345c　4. 身体を現ず。〔広説佛教語大辞典〕406a-b

*ケンズイ　*肩随　1. 年長者に対する礼。同行の時、肩を並べつつ少し後から行くこと。2. 転じて追随すること。又、一緒に行くこと。〔諸橋大漢和辞典〕9-261b

*ゲンゼン　*現前　1. 現れること。起こること。あらわれ出ること。2. 目の前に現れていること。目の前にあること。3. 智の前に明瞭に現れること。4. 面

前に。目の前で。5. 直ちに。6. ありのままに顕現すること。〔広説佛教語大辞典〕407a-b

*ｹﾞﾝｾﾞﾝｿｳﾓﾂ　*現前僧物　現在ある教団（サンガ）に供養された物。施主から同一の結界内にいる比丘・比丘尼に施された衣食などの生活物資で、すべて教団に帰属する共有物。僧の所持品、僧の臨時の費用、現在僧侶に分ける食物などをいう。→四種僧物『觀無量壽經』『大正蔵経』12 巻 345c〔佛教語大辞典〕338d

*ｹﾞﾝｿｳ　*玄宗　深遠な道理。〔漢字源〕

*ｹﾝｿﾞｸ　*眷屬　1. 眷顧隷屬の意。とりまきの者の意。親しい随伴者をいう。付属の者。随従隷属する者。従者。随行者。伴。2. なかま。3. 仏菩薩に付き従うもの。仏の従者・弟子など。仏菩薩の脇侍。従属する諸尊。但し三尊佛はいわない。薬師佛の十二神将・不動明王の八大童子・千手観音の二十八部衆の類。4. 一族のもの。配下の者。親しみ従う者の意で、一族郎党。5. この言葉が神道にも取り入れられ、主要な神に従属する神々、または使者をいう。6. 身内の者。親族。自分に付き従うもの。親しく付き従うもの。妻子、奴隷、従者など。王の王妃達と親友達。〔広説佛教語大辞典〕408c-d

*ｹﾝﾀﾞﾝ　*間斷　絶え間のあること。絶えがちなこと。とだえること。〔広説佛教語大辞典〕410b

*ｹﾝﾄﾞｳ　*見道　1. 四諦を観察する段階。見所断の煩悩を断ち切る過程。無漏聖道をはじめて見つけて、聖者の仲間に入った位で、見諦道ともいう。最後のさとりの過程。小乗では預流向、大乗では初地をいう。おのおのこれ以上を聖者とする。『倶舎論』では、四善根の第四である世第一法の直後に無漏の正智を起こし、十六心によって次第に欲・色・無色の三界の四諦を観ずる中で、前の十五心を見道とする。唯識説では、五位の第三である通達位を見道とする。2. 真如の理を照見すること。3. 真実の知覚の道。4. 道を見た人。5.「道いうを見る」とよみ…といわれる、の義。「不見道」の形で用いられるのがほとんどで、…というではないか、の意で用いられる。【解釈例】見道と申は初て無漏の智起て麁障を断ずる時也。〔広説佛教語大辞典〕411c-d

*ケンネン *顯然 明らか〔佛教語大辞典〕333b

*ケンピョウ *顯標 めだって勝れたさま。

*ケンブツ *見佛 1. 仏身を見ること。仏のすがたをまのあたりに見て礼拝すること。2. 自己の仏性をさとること。見性に同じ。→見性 S:tathāgata-darśana 〔広説佛教語大辞典〕413d

*ケンブン *見分 客観の形相を見るはたらき。主観。四分の一つ。【解釈例】見分と申は能此相分を知る用也。知るる物ありとも正く其れを知る功能なくば争でか知らんや、故に心の体転変して能く物を知る功能を起す、此能知る用を見分と名く。『唯識大意』〔広説佛教語大辞典〕414a

*ケンボン *愆犯 あやまちをおかすこと。

*ゲンモク *眼目 ガンモク 目つき。要点。〔漢字源〕心眼。

*ケンライ *遣來 来たらしむ。〔佛教語大辞典〕328b

*ケンワク *見惑 思想的、観念的な迷い。知的な迷い。知性の迷い。理に迷う惑。道理のわからぬ惑。迷理の惑。頓断である。真理を誤認することなどから生ずる。これを細かに分けると、八十八使ある。通教の徒は、見惑と思惑を断ち切っている。〔広説佛教語大辞典〕418b

*ゲンワク *幻惑 ＝眩惑。人の目をくらませ、心をまどわせること。

*コ *鼓 【皷】異体字［図］: 異体字 《常用音訓》コ／つづみ《音読み》コ／ク《訓読み》 つづみ《意味》｛名｝ つづみ。木や土でつくった胴に革を張り、打ち鳴らす楽器。たいこ。「軍鼓」コス ｛動｝ つづみをうつ。たいこをうち鳴らす。「填然鼓之＝填然トシテコレニ鼓ス」〔→孟子〕コス ｛動｝ぽんぽんたたく。リズムをつけて動かす。ふるいたたせる。勢いをつける。「鼓腹」「鼓励」「鼓舞」「鼓楫＝楫ヲ鼓ス」｛形｝ ぱんと張ったさま。まるくふくれているさま。〔漢字源〕

*コ *墟 《音読み》 キョ／コ《訓読み》あと《意味》1. ｛名｝ あと。昔あったものが朽ち果てて、くぼみだけが残った所。「廃墟」「殷墟インキョ（三千年前に殷の都のあったあと。今の河南省安陽県にある）」2. ｛名｝ 山頂の中央部がくぼんだ大きな丘。「崑崙墟コンロンキョ」｛名｝ 中国の中部・南部で、市のたつ小さな町のこと。▽町の名につけて「…墟」と呼ぶ。北部では「…集」という。［漢字源］

*コ　*挙　《常用音訓》キョ／あ…がる／あ…げる《音読み》 キョ／コ《訓読み》 あげる（あぐ）／あがる／あげられる（あげらる）／あげて／こぞって／ことごとく《名付け》 しげ・たか・たつ・ひら《意味》｛動｝ あげる（アグ）。あがる。手をそろえて持ちあげる。転じて、高く持ちあげる。また、高く上にあがる。「挙杯＝杯ヲ挙グ」「吾力足以挙百鈞＝吾ガ力、モッテ百鈞ヲ挙グルニ足ル」〔→孟子〕｛動｝ あげる（アグ）。事をおこす。「挙兵＝兵ヲ挙グ」「挙行」｛動｝ あげる（アグ）。多くの中からすぐれた人や物をもちあげる。「推挙」「挙賢才＝賢才ヲ挙グ」〔→論語〕｛動｝ あげる（アグ）。問題点やめぼしいものをとりあげる。「列挙」「検挙」〔漢字源〕

*コ　*渠《音読み》キョ／ゴ《訓読み》みぞ／それ／かれ／なんぞ／いずくんぞ（いづくんぞ）《意味》｛名｝ みぞ。両岸の間をあけて、水を通す用水路。「溝渠コウキョ」「河渠カキョ」｛形・名｝ 間のびしているさま。大きいさま。親分。かしら。〈同義語〉→巨。「渠魁キョカイ」「渠帥キョスイ」｛指・代｝ それ。かれ。第三人称の代名詞。〈類義語〉→其。「雖与府吏要、渠会永無縁＝府吏ニモトムト雖モ、渠オソラクハ永ク縁ナカラン」〔古楽府〕｛副｝ なんぞ。いずくんぞ（イヅクンゾ）。疑問や、反問をあらわすことば。▽何渠と続けても用いられる。「使我居中国、何渠不若漢＝我ヲシテ中国ニ居ラシメバ、何渠ゾ漢ニシカザラン」〔→史記〕〔漢字源〕

*コ　*故　《常用音訓》コ／ゆえ《音読み》コ／ク《訓読み》ふるい（ふるし）／もと／もとより／ゆえ（ゆゑ）／ゆえに（ゆゑに）／ことさらに《名付け》ひさ・ふる・もと《意味》｛名・形｝ ふるい（フルシ）。以前にあった物・事がら。以前の。〈同義語〉→古。〈対語〉→新・→現。「温故而知新＝故キヲ温メテ新シキヲ知ル」〔→論語〕｛形・副｝ もと。もとより。以前から知っている。以前は。以前から。「故郷」「燕太子丹者故嘗質於趙＝燕ノ太子丹、モト嘗テ趙ニ質タリ」〔→史記〕「懶惰故無匹＝懶惰ナルコトモトヨリ匹無シ」〔→陶潜〕｛名｝ もと。以前の状態。「吏民ミナ按堵如故＝吏民ミナ按堵スルコト故ノゴトシ」〔→漢書〕｛名｝ 以前からのつきあい。また、以前からのいきさつ。なじみ。「君安与項伯有故＝君イヅクンゾ項伯ト故有ル」〔→史記〕｛名｝ 事件や事故など、おこってくるよくない事がら。さしさわり。「事故」「多故（事件が多い）」「兄弟無故＝兄弟ニ故無シ」〔→

孟子〕{動} 死亡する。「病故」「物故（死ぬこと。没故のなまりという）」{名} ゆえ。根本の事情。また、原因。「無故」「文献不足故也＝文献足ラザルガ故ナリ」〔→論語〕{接続} ゆえに。上の文に示された事がらを原因・理由にして、「だから」とつなぐことば。▽奈良時代には、「かれ」と訓読した。「吾少也賤、故多能鄙事＝吾少キトキ賤ナリ、故ニ多ク鄙事ヲヨクス」〔→論語〕「カレ、天先成而地後定＝故、天先ニ成リテ、地後ニ定マリヌ」〔→紀〕「以故ユエヲモッテ」とは、ある事がらが原因・理由になって、「だから」という意味を示す接続詞。「以故漢追及之＝故ヲモッテ、漢追ヒテコレニ及ブ」〔→史記〕{副} ことさらに。わけあって。わざと。「故意」「故賞以酒肉＝故ニ賞スルニ酒肉ヲモッテス」〔→柳宗元〕〔国〕死者の名まえにつけて、すでに死んでしまったことをあらわすことば。「故山田氏」〔漢字源〕

*ゴ　*悞　1. まどう（惑）2. あやまる。まちがえる。（同）誤。3. あざむく（欺）〔新字源〕372c

*ゴ　*悟　1. 迷に対する覚の意。迷いから覚めたこと。真理をさとること。2. 経験的事実についての論理的理解。〔佛教語大辞典〕382a

*コ．キョ　*祛　1. はらふ。2. やる。3. おふ。4. ちらす。5.「祛祛」はすこやかでつよい。6. ひらく。7. さる。〔諸橋大漢和辞典〕8-439b

*コウ　*功　1. 修行の効果のこと。2. 功勲五位の一つ。3. 功徳の略。恵み。神仏の利益。4. 年功。5. 人為的なはからい。6. 努力すること。〔広説佛教語大辞典〕422d

*コウ　*搆《音読み》コウ／ク《訓読み》かまえる（かまふ）《意味》{動} かまえる（カマフ）。組み立てる。しだいにつくり出す。いろいろと考えて、しくむ。〈同義語〉→構。「搆患＝患ヒヲ搆フ」「搆兵＝兵ヲ搆フ」「搆怨於諸侯＝怨ミヲ諸侯ニ搆フ」〔→孟子〕{動} 次々と波及して抜け出せない。かかずらう。〈類義語〉→拘。[漢字源]

*コウ　*劫 S:kalpa 古代インドにおける最長の時間の単位。宇宙論的時間で、梵天の一日の単位ともする。永劫（ヨウコウ）阿僧祇劫（アソウギコウ）兆載永劫（チョウサイヨウコウ）などと曠遠な時間を示すのに用いる。四方と高さが一由旬の鉄城があり、その中に芥子を充満し、百年に一度一粒の芥子を持ち去ってすべての芥子がなくなったとしても、まだ劫は終わっていないという。これ

を芥子劫という。また四方一由旬ある大きな岩山があって、男がカーシー産の劫貝で百年に一度払う。その結果大岩山が完全になくなっても劫は終わっていない。これを磐石劫という。〔岩波仏教辞典〕244-245

*コウ　*興《常用音訓》キョウ／コウ／おこ…す／おこ…る《音読み》コウ／キョウ《訓読み》おこる／おきる（おく）／おこす《名付け》おき・き・さかり・さかん・さき・とも・ふか・ふさ《意味》｛動｝おこる。おきる（オク）。おこす。おきたつ。また、たちあがる。ささえて、もちあげる。「復興」「興国＝国ヲ興ス」「夙興夜寐《シュクコウヤビ》（はやくおき、おそくねる→勤勉な暮らし）」〔→詩経〕｛動｝おこる。盛んになる。〈対語〉→廃・→衰。「興廃」「興旺《コウオウ》（さかん）」「則民興於仁＝スナハチ民、仁ニ興ル」〔→論語〕｛動｝感情が盛んにおこる。「興奮」｛動｝もてはやす。▽去声に読む。〈類義語〉→喜。｛名｝おこりたつ感情。▽去声に読む。「感興」「寄興＝興ヲ寄ス」｛名｝「詩経」の六義《リクギ》の一つ。事物によって感興をのべおこす詩体。「六義」を参照。［漢字源］

*コウ　*香　1. かおり。香気に富んだ木片や樹皮から製したもので、インドでは体臭などを消すため、熱地に多い香木から香料を取り、身に塗ったり、衣服や部屋に焚く風習がある。仏教では仏を供養する方法として焼香・塗香を十種供養・五供養力などの中に数え、香華と熟語にし、花とともに仏に供養する代表的なものとする。原料の香木の種類から、梅檀香、沈香、龍脳香、伽羅、安息香、サフランの花を圧してつくる鬱金香などがあり、使用法から、塗香に用いる香水・香油・香薬、焼香用の丸香・散香・抹香・線香などがある。密教では、修法の種類により、香を区別し、それぞれ仏教教理にたとえることもある。また、法の功徳を香にたとえ、戒香、聞香・施香などと称し、佛殿を香室・香殿などという。出家教団では、身を飾る塗香は許されず、見習期間の僧（沙弥）の十戒の内に、身に香油を塗ることが禁ぜられている。2. 臭覚の対象。六根の内の鼻根で嗅ぎ、六識の鼻識が識別する対象。3. ヴァイシェーシカ哲学で立てる徳（性質）の第三。**【解釈例】**唯鼻のみの所取にして一つの（実）を依りどころとする。〔佛教語大辞典〕393d-394a

*コウ　*項　《常用音訓》コウ《音読み》コウ（カウ）／ゴウ《訓読み》うなじ

／くび《名付け》うし・うじ《意味》{名} うなじ。くび。まっすぐのびた頭。くびの後部。転じて、くび。「強項」「項縮（首がすくむ、恥じ入るさま）」{名・単位} 事がらの一つ一つ。「項目」「第一項」〔漢字源〕

*コウ　*好　1. このましいこと。2. 品質のよいこと。3. すぐれてみごとなこと。4. 仏の身体にある副次的特徴。→八十種好。5.（解釈が）適切である。6.…しがちである。7.…するのにちょうどよい。〔広説佛教語大辞典〕423a

*コウゴウ　*曠劫　曠は久遠の意。久しい時。遠く久しい時期。果てしないかなたの時。非常に長い年月。大昔。はるかな昔。未来に永いのを永劫といい、過去に永いのを曠劫という。【解釈例】久遠劫。曠は遠なり。遠劫というが如し。久遠劫のこと。曠は遠也と註して久遠劫の事なり。曠は曠遠をいう。劫は梵語、具には劫波という。曠は遠なりで久遠劫のこと。久遠の時間。はるかなるむかしのこと。遙かなるよりこのかたいふなり。〔広説佛教語大辞典〕433b

*ゴウ　*業　1. なすはたらき。作用。2. 人間のなす行為。ふるまい。行為のはたらき。行ない。動作。普通身口意の三業に分かつ。身と口と心とのなす一切のわざ。すなわち、身体の動作、口でいうことば、心に意思する考えのすべてを総称する。意思・動作・言語のはたらきの総称。意思に基づく心身の活動。3. 行為の残す潜在的な余力（業力）。心・口・意によってなす善悪の行為が、後になんらかの報いをまねくことをいう。心・口・意の行ない、およびその行ないの結果をもたらす潜在的能力。特に前世の善悪の所業によって現世に受ける報い。ある結果を生ずる原因としての行為。業因。過去から未来へ存続してはたらく一種の力とみなされた。4. 悪業または惑業の意で、罪をいう。5. 元素のはたらき。6. ヴァイシェーシカ哲学で立てる十句義のうち第三運動のこと。7. 清浄な経験。8. 努力すること。精進。9. 人間的な活動。（解説）業の本来の意味は、単に行為をいうが、因果関係と結合して、前々から存続してはたらく一種の力とみなされた。つまり一つの行為は、必ず善悪・苦楽の果報をもたらすということで、ここに業による輪廻思想が生まれ、業が前世から来世にまで引きのばされて説かれるにいたる。心・口・意の三業や、不共業（個人業）・共業（社会的広がりをもつ業）など、種々の別が立てられた。インド一般の社会通念と

して、インド諸思想に大きな影響を与え、佛教にも採用された。本来は未来に向かっての人間の努力を強調したものであるが、宿業（前世につくった業）説になると、それとは逆に一種の宿命説に陥ったきらいがある。〔佛教語大辞典〕406b-d

*ゴウ　*合　《常用音訓》カッ／ガッ／ゴウ／あ…う／あ…わす／あ…わせる《音読み》ゴウ（ガフ）／ガッ／カッ／ゴウ（ゴフ）／コウ（カフ）《訓読み》あわす／あう（あふ）／あわせる（あはす）／あつまる／あつめる（あつむ）／まさに…すべし《名付け》あい・あう・かい・はる・よし《意味》｛動｝あう（アフ）。あわせる（アハス）。ぴたりとあわさる。ぴたりとあわせる。また、ふたをする。〈対語〉→開。「蚌合而箝其喙＝蚌合ハセテ其ノ喙ヲ箝ス」〔→国策〕｛動｝ あう（アフ）。あわせる（アハス）。ぴたりとあてはまる。あてはめる。「符合」「此心之所以合於王者何也＝此ノ心ノ王ニ合フユ＃ンノ者ハ何ゾヤ」〔→孟子〕｛動｝ あわせる（アハス）。一つにあわせる。あわせて一つにする。「九合諸侯＝諸侯ヲ九合ス」〔→左伝〕｛動｝ あう（アフ）。意見や気持ちが同じになる。「意気投合」「不合所如者＝如クトコロノ者ト合ハズ」｛動｝あつまる。あつめる（アツム）。あつまっていっしょになる。〈対語〉→離。「離合集散」｛名・形｝ 全体。全体の。「合族」「合郷（郷里全部）」「合券」とは、約束手形のこと。▽甲乙が分けて所持する割り符をつきあわすことから。｛単位｝試合や合戦の度数を示す単位。「楚挑戦三合＝楚挑戦スルコト三合」〔→史記〕｛単位｝ 容量の単位。一合は、一升の十分の一で、周代で約〇・〇一九リットル。近代の日本では約〇・一八リットル。▽このときは閤と同音。｛助動｝ まさに…すべし。道理にあっている意から転じて、当然をあらわすことば。当然そうであるはずである。〈類義語〉→当・→応。「今合醒矣＝今マサニ醒ムベシ」〔→捜神記〕｛助動｝〔俗〕公文書でこうしなければならないとの意をあらわすことば。「合行知照（心得て施行されよ）」｛名｝ ふたをぴたりとあわせる小箱。▽盒《ゴウ》に当てた用法。「釵留一股合一扇＝釵ハ一股ヲ留メ合ハ一扇」〔→白居易〕〔国〕山のふもとから頂上までを十分したその一つ。「八合目」〔漢字源〕

*コウエ　*交懐　交わり懐くこと。

*コウエン　*光炎　*光炎王佛　阿弥陀佛の光明の勝れていることを讃えて言った

語。光明が自在でそれに勝るものがないので言う。〔佛教語大辞典〕387

*コウオウ　*交横　とびかうこと。〔広説佛教語大辞典〕427d 『釋淨土群疑論探要記』七巻では「盲聾狂等疾惱交横能滅除」として交横は、盲聾狂等の疾惱がとびかうものも滅除することができると説かれる。

*コウオン　*厚懇　あつくねんごろな様。

*ゴウカ　*業果　業の果報。善悪の行為(業)によってまねいた報い(果報)。〔佛教語大辞典〕406d-407a

*コウカイ　江海　長江と、長江がそそぎこむ海。「我行日夜向江海＝我ガ行日夜江海ニ向カフ」〔→蘇軾〕大きな川と海。広いことや豊かなことにたとえる。世の中。世間。いなか。隠居の地。▽逃避生活の場所のたとえとして用いられる。「退身江海応無用＝江海ニ身ヲ退ケテハマサニ用無カルベシ」〔→白居易〕〔漢字源〕

*ゴウガシャ　*恒河沙 ガンジス河の砂の数のように多いことをいう。無数であることの比喩として用いる。〔佛教語大辞典〕404

*コウギ　*後魏 北朝の一つ、拓跋珪（タクバツケイ）が建てた国。十二代百四十九年で、東魏、西魏に分かれた。386-534 北魏、元魏ともいう。〔新字源〕348

*コウク　*惶悚　コウショウ おそれつつしむ。『惶懼コウク』［漢字源］

*コウグ　*廣弘　衆生を救おうとする菩薩の誓願。【解釈例】広は弘願と同じ事なり。弘は含容の義で一人も残さず助けたいということ。〔広説佛教語大辞典〕431a

*コウケ　*香華　香と花輪。佛に供える香と花。〔広説佛教語大辞典〕431b

*コウケン　*高顯　1. 塔（S.stūpa）のこと。2. 畢波羅（S.Pippala）樹のこと。〔広説佛教語大辞典〕432b　高貴に顕れること。

*コウサイ　*廣濟　広く衆生を救う。

*コウサク　*交錯「キョウシャク」とも読む。交わること。縦横に相交わる貌(スガタ)。〔佛教語大辞典〕387

*コウシ　*行使　使用する。また、実際にとり行う。実行する。「実力行使」官名。外来客の接待をつかさどる。［漢字源］

*ゴウジャ　*恒沙＝恒河沙 ガンジス河の砂。ガンジス河に無数にある砂のように、数えきれぬ無数なるさまをいう。ガンジス河の砂の数ほど多い。無数の喩

え。浜のまさご。〔広説佛教語大辞典〕436d

*ゴウジュ　*行樹　並木になっている樹木。列樹。〔佛教語大辞典〕404a

*コウシュウ　*好醜 1.みごとさと醜さ。2.美しいものと醜いもの。〔佛教語大辞典〕391d

*コウショウ　*洪鐘　巨大な鐘。【解釈例】おほがね。〔広説佛教語大辞典〕438d

*コウショウ　*高聲　声高らかに 〔広説佛教語大辞典〕438d

*ゴウショウ　*迎接 来迎引接の略。(臨終に佛・菩薩が念佛者を) 浄土に迎え入れること。「阿弥陀仏、放㆓大光明㆒、照㆓行者身㆒、与㆓諸菩薩㆒、授㆑手迎接」『觀無量壽經』『大正蔵経』12巻344c〔佛教語大辞典〕404b

*ゴウショウ　*ゴッショウ　*業障　業のさわり。1.悪業のみをなす障り。仏法に入る機縁が熟さない業。2.悪の行為によって生じた障害。悪業の障り。3.成仏をさまたげる悪業。正道のさまたげとなる業。→三障 4.三障 (煩悩障・業障・報障) または四障 (惑障・業障・報障・見障) のひとつ。〔佛教語大辞典〕407d

*ゴウジョウ　*合成　できあがる。相成る。〔広説佛教語大辞典〕439c

*ゴウシン　*仰信　1.解信の対。道理を考えず、教えをそのまま信ずること。2.仰ぎ信じること。〔広説佛教語大辞典〕440d

*ゴウソウ　*毫相　白毫相の略〔広説佛教語大辞典〕442d

*コウダイ　*廣大 1) すぐれた 2) 輝かしい。美なる。静かな。3) ひろやか。豊か。広いこと。

*コウチョウゼッソウ　*廣長舌相　大舌相ともいう。大きな舌。仏の三十二相の一つ。仏の説くことばには虚言がないので、舌が長くて、のばせば髪のきわ、または耳に達するとインド人もしくは西域の人びと、例えばチベット人が信じていたすがた。仏の舌は面上を覆って髪の生えぎわに至るという。仏教以前に、すぐれたバラモンもこのようなすがたをもっていると信じられていた。後代の佛教徒は仏の舌は大きくて細い、つまり細長いと解していた。しかし漢訳者は「広長舌相」と訳したから、舌が広く長いと解していたのであろう。これは虚妄のないことを表す一つの特質であるとされた。〔広説佛教語大辞典〕444d-445a

*コウチョウソウ　*廣長相　前項に同じ。「広長之相」『觀無量壽經』『大正蔵経』十

二巻三四四Ａ〔広説佛教語大辞典〕445a

*ｺｳﾈﾝ　*皎然　白く明るいさま。『皎如ｺｳｼﾞｮ』［漢字源］

*ｺｳﾊﾝ　*高判　高度な判断。　高い立場から可否を決めること。

*ｺｳﾊﾝﾉｹ　*香飯の氣 空中に漂う食物とするべき香の香り。

*ｺﾞｳﾌﾞｸ　*降伏　1.威力をもって他のものをくだし伏すこと。うちまかすこと。威力でもって相手をおさえ鎮めること。制圧すること。抑制すること。制せられること。2.敵をくだし伏せしめる人。3.魔をくだして伏すること。外道をおさえることを「制」というのに対する。4.佛の力をかりて、悪心、悪人をおさえること。その儀式を降伏法・調伏法という。5.三種の悉地の一つ。6.一般に敵に降参する意に用いる。〔広説佛教語大辞典〕449a-b

*ｺﾞｳﾎｳ　*業報　1.善悪の業因に応じて現われる、苦楽の果報。業による報い。2.業因と果報。3.過去の行為の報い。〔佛教語大辞典〕408c

*ｺｳﾐｮｳ　*光明　［S：prabhā, āloka］　仏・菩薩（ぼさつ）の智慧・慈悲を象徴するものとして用いられる。〈光明信仰〉は古代イランのゾロアスター教における最高の光明神アフラマズダー（Ahura　Mazdā）の信仰や、インドのリグヴェーダその他ひろくヴェーダ聖典一般における太陽神Sūrya；Āditya、暁紅神Uṣas、火神Agniおよび雷霆神インドラ（Indra）の光明・光輝（毘盧舎那（びるしゃな）Vairocana）に対する信仰に広く看取できる。ウパニシャッドおよびそれを継承したヴェーダーンタ哲学においても、解脱（げだつ）した後に身体を抜け出たアートマン（我（が））が光の道を歩んで最高者ブラフマン（梵（ぼん））に到達すると説く。→光明（仏と光明）→光明（仏智としての光明）→光明（用例）光明（仏と光明）　　仏教においてもブッダ（仏陀（ぶつだ））の偉人化・神格化と平行してかなり初期から仏と光明との関係が説かれた。三十二相の一つに身金色相が説かれ、釈迦は〈日種〉（太陽の裔Āṅgirasa）であるとされた。仏の持つ光に常光と神通光（じんずうこう）がある。〈常光〉は、仏の背後の1丈ほどの後光（ごこう）で図像的には光背（こうはい）と呼ばれ、キリスト像や聖人像のhaloに相当する。〈神通光〉は、誕生・降魔（ごうま）・成道（じょうどう）・転法輪（てんぼうりん）・般涅槃（はつねはん）といった特別の機会にブッダが放つ放光で三千大千世界をまばゆく照らす。

放光般若経・法華経・華厳経・金光明経・薬師琉璃光如来本願功徳経（薬師経）などにはそれぞれ仏の光明が描写されているし、観無量寿経などの浄土経典には阿弥陀仏（あみだぶつ）（無量光如来　Amitābha）の十二光が詳細に説かれる。　光明（仏智としての光明）　また仏の光は仏智の輝きとして智光（ちこう）・心光（しんこう）とそれが具体的に仏の身体から放たれている色光（しきこう）・身光（しんこう）とにも分けられる。認識の仕組みと光明の照射の構造との類似はハイデガー（M. Heidegger）によって指摘されているが、仏典でも大智度論　廻諍論（えじょうろん）などに他を照らすとともに自らをも照らす灯明と智慧の類似が説かれる。密教の大毘盧遮那如来（Mahāvairocana）は太陽信仰と密接に関係するとみられ、善無畏（ぜんむい）の大日経疏（だいにちきょうしょ）には大日如来の仏格の日光に似た特徴として「除闇遍明」「能成衆務」「光無生滅」の三つを挙げる。この如来の真言として〈光明真言〉があり、この真言で加持（かじ）した土砂を死者に散ずれば直ちに離苦得脱するとされた。光明（用例）　仏の相好端厳にして、金色の光明を放ちて、普く城門を照らし給ふを見て〔今昔（2-14)〕〔岩波仏教辞典〕.

*コウミョウオウブツ　*光明王佛　仏語。「観無量寿経」に説く、最も上方にある無相妙光明国の仏の名。*栄花〔1028 ～ 92 頃〕音楽「上（かみ）光明王仏の国土、下（しも）金光仏刹を限りて聞ゆらんと覚えたり」〔日本国語大辞典〕

*コウミョウチソウ　*光明智相 如來の光明は智慧の特質があって、この光明が十方を照らして衆生の迷いを除くこと。〔広説佛教語大辞典〕451c

*コウムル　*被《常用音訓》ヒ／こうむ…る《音読み》ヒ／ビ《訓読み》こうむる（かうむる）／かずく（かづく）／かぶる／かぶさる／れる（る）／られる（らる）《名付け》ます《意味》｛動｝こうむる（カウムル）。かずく（カヅク）。かぶる。かぶさる。かぶせる。おおう。きる。また、そこまで及ぶ。「光、被四表＝光、四表ニ被ル」〔→書経〕「被髪左衽ヒハツサジン」〔→論語〕「被袗衣＝袗衣ヲ被ル」〔→孟子〕｛名｝寝るとき、からだにかぶる夜着。かけぶとん。▽上声に読む。「被蓋ヒガイ（ふとん)」｛助動｝れる（ル）。られる（ラル）。動詞の前にあって、その動詞があらわす動作をこうむることをあらわすことば。…される。「被選＝選バル」「被累＝累セラル」「信而見疑、忠而被

謗＝信ニシテ疑ハレ、忠ニシテ謗ラル」〔→史記〕{単位} 衣服やよろいを数えることば。「一被」「被被《ヒヒ》」とは、長く垂れておおいかぶさるさま。［漢字源］

*ゴウリキ　*業力　前世に行った行為が結果をひき起こす力。業が因となって果報を引き起こす力。〔広説佛教語大辞典〕453d

*コウリョウ　*挍量　はかる。くらべる。〔諸橋大漢和辞典〕5-225c-d

*ゴウン　*五蘊（pañca-skandha）「色、受、想、行、識」蘊 skandha は、集まりの意味で、人間の肉体と精神を５つの集まりに分けて示したものが五蘊である。また、煩悩に伴われた有漏五蘊を五取蘊という。この五蘊が仮に集合して人間が存在している（五蘊仮和合）と説き、五蘊の無我を表わそうとしたのである。五蘊の内色蘊は元々人間の肉体を意味したが、後にはすべての物質も含むようになった。受は感受作用、想は表象作用、行は意志作用、識は認識作用をさす。〔岩波仏教辞典〕

*ゴウン　*五蘊　五つの集まり、五種の群れの意。蘊（skandha）は積集の意と解せられ、集まりをいう。1. われわれの存在の五つの構成要素（の集合）。われわれの存在を含めて、あらゆる存在を五つの集まり（五蘊）の関係においてとらえる見方。物と心の集まり。物質と精神。五蘊とは仏教で物質と精神とを五つに分類したものをいう。環境を含めての衆生の身心を五種に分類したもの。色・受・想・行・識の五つである。①色は物質一般、あるいは身体及び物質。物質性。②受は感覚作用のことで、感覚・単純感覚をいう。③想は心に浮かぶ像で、表象作用のこと。④行は意志、あるいは衝動的欲求に当たるべき心作用のこと。潜在的形成力。受・想以外の心作用一般をいうとも解せられる。五蘊説は後で成立した。四蘊以外の物を引っくるめて行蘊としたのである。だから行蘊の内容は数が不定である。⑤識は認識作用。識別作用。区別して知ること。またその意識そのものをいう。心作用全般を総括する心の活動。大まかにいうと、物質性・感覚・表象・意志的形成力・認識作用の五つとでもいったらよいであろう。色は身体であり、受以下は心に関するものであり、合わせて身心をいう。われらの個人存在は、物質面（色）と精神面（他四つ）stoul〈この五つの集まり以外に独立の我はないと考える。 2. 戒・定・慧・解脱・解脱知見のこ

とをいう。3.密教では五如来のことをいう。〔広説佛教語大辞典〕454d-455b

*コオウ　*虚誑　いつわり。悪業煩悩の心なり。〔佛教語大辞典〕349b

*ゴオン　*五陰　五蘊に同じ。〔広説佛教語大辞典〕456c-d

*ゴカイ　*五戒　1.五つの戒め。在家の仏教信者が守るべき五つの戒め。（1）生きものを殺さないこと。（2）盗みをしないこと。与えられざるものを手にしない。（3）男女の間を乱さないこと。性に関して乱れないこと。特に妻以外の女、または夫以外の男と交わらないこと。道ならざる愛欲をおかさないこと。（4）嘘をつかないこと。（5）酒を飲まないこと。殺生・偸盗・邪婬・妄語・飲酒の禁制。不殺生戒・不偸盗戒・不邪婬戒・不妄語戒・不飲酒戒の総称。優婆塞戒ともいう。2.五戒をたもつ在家の男子。優婆塞。〔広説佛教語大辞典〕457b-c

*ゴギャク　*五逆　〈五逆罪〉の略。人倫や仏道に逆らう五種の極悪罪。犯せば無間（むけん）地獄に堕（お）ちるとされ、〈無間業（むけんごう）〉ともいう。1）殺母（せつも）（母を殺す）、2）殺父（せっぷ）（父を殺す）、3）殺阿羅漢（せつあらかん）（聖者を殺す）、4）出仏身血（しゅつぶっしんけつ）（仏身を傷つけ出血させる）、5）破和合僧（はわごうそう）（教団を破壊させる）の五つを挙げるものが最も著名。炎熱は六種により、極熱は七悪により、無間は五逆罪なり〔十住心論（1）〕諸仏の捨て給へる五逆の悪人をも助けんと誓ひ給へれば〔発心集（8）〕。〔岩波仏教辞典〕

*コク　*克《常用音訓》コク《音読み》コク《訓読み》かつ／よく《名付け》いそし・かつ・かつみ・すぐる・たえ・なり・まさる・よし《意味》｛動｝かつ。がんばって耐え抜く。やりぬく。「克服」「克己復礼為仁＝己ニ克チテ礼ニ復ルヲ仁ト為ス」〔→論語〕｛動｝かつ。力を尽くしてかち抜く。〈同義語〉→剋。「克復」「戦必克＝戦ヘバ必ズ克ツ」〔→孟子〕｛助動｝よく。耐え抜いて…できる。苦労して…し終える。〈類義語〉→能。「既克反葬＝既ニ克ク反リ葬フ」〔→韓愈〕▽「不克…」は「不能…」と同じく、「…するあたはず…」と訓読する。「吾不克救也＝吾救フ克ハザルナリ」〔→左伝〕｛形｝かち気な。「忌克（しっと深く、かち気なこと）」《解字》会意。上部は重い頭、またはかぶとで、下に人体の形を添えたもので、人が重さに耐

えてがんばるさまを示す。がんばって耐え抜く意から、かつ意となる。緊張してがんばる意を含む。[漢字源]

*ｺｸｳ　*虚空　1. 空間の意。おおぞら。空中。虚・空ともに無の別称である。虚にして形質がなく、空であり、その存在が他のものに障害とならないが故に、虚空と名づけると解する。仏教では「…はなお虚空のごとし」のように、よく無限・遍満を表す場合のたとえにもちいられる。2. 何もないこと。無に同じ。3. 空間とエーテルと両意義を有するような自然界の原理。4. 無為法の一つ。物の存在の存する場としての空間の意。5. 虚空無為のこと。三無為の一つ。それは因縁によってつくられることもなく、もともと障害を離れていることは虚空のごとくであるから虚空無為という。6. 法身のこと。7. 虚しいこと。〔広説佛教語大辞典〕462a-b

*ｺｸｳ　*虚空 S:ākāśa 現在の概念でいえば、ほぼ空間に相当する。そこでは一切のものがなんの礙げもなく自由に存在し運動し変化し機能することができる。このため空の説明にも活用された。インド人もギリシャ人も地水火風を四大と称して再重要視した上で、虚空はそれらに場所を提供するところから第五の要素として扱い、ここにエーテルを認めた説もある。佛教で全存在を諸要素に分類して有為法と無為法とに二分する際、虚空は無為法に数えられる。(無為法としての虚空は、自然界に経験される虚空界－事物としての虚空－とは区別される別のものである。) 上述の無礙の他、無限や遍満などの喩えにも用いられる。〔岩波仏教辞典〕264

*ｺﾞｸ　*五苦　五種の苦しみ。生苦・老苦・病苦・死苦・愛別離苦の五つをいう。【解釈例】生老病死の上に愛別の苦を加えて五苦といふ。生老病死の四苦の上に愛別離苦を加えて五苦なり。〔広説佛教語大辞典〕461c-d

*ｺﾞｸｼﾞｭｳ　*極重　きわめて罪の重いこと。〔佛教語大辞典〕413c

*ｺﾞｸｼﾞｭｳｱｸ　*極重悪　きわめて罪の重いこと。〔佛教語大辞典〕413c

*ｺﾞｸﾐ　*極微　最も微細なもの。1. 原子を意味する。物質を最も微細な点まで分析し続けた際限の、これ以上分割できない最小の実体。極細塵。最小極限の原子、根本的原子、極限微粒子の意。色（物質）の極小にして分かつことのできないもの。旧訳は、隣虚（りんこ）。一極微を中心として、上下・四方の六方に極微が集会した一団を微塵という。この原子は、地水

火風の四種があり、それぞれ堅さ（堅）・潤い（湿）・熱さ（煖）・動き（動）という特質を有する。2. ヴァイシェーシカ哲学では、性質（徳）の第六、すなわち量の第五、すなわち円体（球体）の一つの特質。〔広説佛教語大辞典〕468b-d

*ｺﾞｸﾐｮｳ　*極妙　きわめてみごとなこと。〔広説佛教語大辞典〕468d

*ｺﾞｸﾗｸ　*極楽　［s：Sukhāvatī］　サンスクリット原語は〈楽のあるところ〉という意味で、阿弥陀仏の住する世界をさす。〈極楽世界〉〈極楽国土〉ともいう。漢訳仏典では〈須摩題〉〈須呵摩提〉などという音写語や、〈安楽〉〈安養〉という訳語も用いられている。漢語の〈極楽〉は中国古典では枚乗の上書諫呉王（文選）などにこの上ない楽しみという意味で、また班固の西都賦などに楽しみを極めるという意味で見え、さらに淮南子（原道訓）には至極の楽しみという語が出てくるが、仏典では鳩摩羅什（くまらじゅう）訳の阿弥陀経に用いられたのが初出である。→極楽（極楽と浄土三部経）→極楽（用例）極楽（極楽と浄土三部経）　極楽世界を説く代表的経典は浄土三部経であるが、その一つの阿弥陀経によるとこれより西方十万億の仏土を過ぎて世界あり、名づけて極楽というと述べ、この極楽世界の楽に満ちた光景を描写している。無量寿経になると、その描写はいっそう詳しく説かれているが、これは大乗仏教一般において〈国土を浄める〉という菩薩道の実践によって実現される〈浄土〉の観念を有形的・具象的に表現したものであり、仏のさとりの世界をあらわしたものと考えられる。中国・日本では阿弥陀仏の浄土が他の仏の浄土にくらべて盛んに信仰の対象とされたため、〈浄土〉といえば阿弥陀仏の極楽をさす用法が定着するようになり、〈極楽浄土〉という語も広く流布（るふ）するにいたった。〔岩波仏教辞典〕

*ｺﾞｸﾗｸｾｶｲ　*極樂世界 西方の浄土特に阿弥陀佛の極楽浄土を言う。浄土経典によると、ここから西方に向かって十万億の佛土を過ぎたところに極楽浄土があり、現に阿弥陀佛が法を説いているという。阿弥陀佛の浄土を西方に定めているのは、一般の人は聖者のように十方に念いを及ぼす力がないからとも、西方は終帰を現わし心の落ち着くところであるからともいう。

*ｺﾞｸﾘｬｸ　*極略　ここでの意味は、『觀無量壽經』の九品に分かれた往生の様

をさしている。細かく区別されたものを略したものと訳すことにする。

*ココヲモッテ・*コノユエニ　*是以　かようなわけで。それで。そこで。〔漢字源〕

*ココン　*古今　1. むかしと今。今古。2. むかしから今まで。〔新字源〕160b

*ゴコン　*五根　1. 五種の感覚を生ずる器官。五種の知覚能力。眼・耳・鼻・舌・身の五つの感官。五つの感覚器官。感覚を起こさせる眼・耳・鼻・舌・身。（根は、機関・機能・能力などの意。）これら五根は色蘊（物質的存在）に摂せられる。2. 解脱に至るための五つの力、また能力。さとりを得るための五つの機根。可能力有る五つの美徳。五つのすぐれたはたらき。信根（S:śraddhā-indriya）・精進根（S:vīrya-i.）・念根（S:smṛti-i.）。定根（S:samādhi-i.）・慧根（S:prajñā-i.）の五つをいう。五勝根ともいう。この五根はニルヴァーナに至る道程で資糧となるもの三十七をあげた三十七道品の中の五つとして数えられる。3. 五つのすぐれたはたらき。「眼見好色悪色意不貪著爲根」というほかに、耳・鼻・口・身について同様にいう。4. 憂・喜・苦・楽・捨をいう。〔広説佛教語大辞典〕473c-474a

*ゴサイ　*後際　未来世のこと。未来・後辺・後方に同じ。〔佛教語大辞典〕380c

*ゴシキコウ　*五色光　青・黄・赤・白・黒の五色の光。これが五道の衆生を益することの表示とみなされた。〔広説佛教語大辞典〕477b

*ゴシュ　*五趣　また五道ともいう。我々の現実生活における功罪によって、おもむき生ずべき五つの境界。五つの存在領域。五つの生存の在り方。五道。五悪趣。地獄と餓鬼と畜生と人間と天（神々）のいるところ。上座部、説一切有部などは五趣の説を固持していたが、犢子部などでは、阿修羅（S:asura）を加えて六趣とする。〔広説佛教語大辞典〕479d-480a

*ゴシュ　*五衆　1. 五蘊のこと。衆は集まりの意。五陰（鳩摩羅什などの訳）・五蘊（玄奘などの訳）に同じ。西晋以前には五衆と漢訳した。2. 出家の五衆。比丘・比丘尼・式叉摩那・沙弥・沙弥尼。〔広説佛教語大辞典〕479d

*ゴショウ　*五焼　殺人・盗み・邪淫・虚偽の言・飲酒の五つの罪悪を犯すものは、死後悪道に入る。これを五痛という。苦痛が身を切ることは、あたかも火によって焼かれるようなものであるから、これをたとえて五焼という。五つの未来の悪報。五悪を犯したことによった、未来において、三悪道に

堕ちて大火に焼かれる苦しみを受けること。〔広説佛教語大辞典〕485a

*ｺﾞｼﾞｮｸ　*五濁　悪世における五種のけがれ。劫濁・見濁・煩悩濁・衆生濁・命濁の五つをいう。五つのけがれ。五つの濁り。末世における五種のされがたいけがれ。けがれた世相における五つの特徴をいう。（1）劫濁。時代の濁り。時代は濁り、戦争や疫病や飢餓などが多くなること。時代的な環境社会のけがれ。（2）見濁。思想の乱れ。思想が悪化すること。よこしまな思想がはびこること。（3）煩悩濁。煩悩のはびこること。貪り・怒り・迷い（癡）などの煩悩の燃えさかる人間のあさましいすがた。悪徳がはびこること。（4）衆生濁。衆生の果報が衰え、心が鈍く、身体弱く、苦しみの多くなったすがた。人間の資質が低下すること。（5）命濁。衆生の寿命が次第に短くなること。最後には十歳までになる。この五濁は初めから盛んではなくて、希薄な状態から漸次熾烈になるといわれ、これを五濁増という。〔佛教語大辞典〕369c-d

*ｺｼﾝ　*挙身　全身にわたって。身体じゅう。〔広説佛教語大辞典〕487d

*ｺｼﾝ　*己身　1. 自分自身。我が身。自分。2.　自分の身体。〔広説佛教語大辞典〕487d

*ｺﾞｼﾞﾝ　*五塵　1. 色・声・香・味・触という五種類の対象。人の本生をけがすから塵と名づける。2. サーンキャ哲学で説く五唯に同じ。3. サーンキャ哲学における五種の対象。発声器官を除く他の四つの器官（手・足・排泄器官・生殖器官）は、音・触・色・味・香の五種の対象にかかわりあう。〔広説佛教語大辞典〕488b-c

*ｺｼﾝﾄｳﾁ　*擧身投地　五体投地に同じ。〔広説佛教語大辞典〕488d

*ｺﾞﾀｲﾄｳﾁ　*五體投地　五輪著地ともいう。両臂と両膝と頭とを地に付けて礼拝するときの形。両手・両膝と頭首とを地に投ずること。五體は両膝と両臂と頭をいう。全身を地に投げ伏すこと。恭しく礼拝すること。これは最上の礼拝である。コータンでもおこなわれていた。〔広説佛教語大辞典〕492c-d

*ｺﾞﾀﾞｲ　*五大　1. 万物の構成要素である、地・水・火・風（四大）に空を加えた五つの元素。五つの主要な元素の意で、五大種ともいう。それ自体が物質であるとともにすべての物質を形成するはたらきのある、地大

(S:pṛthivī-dhātu）と水大（S:ap-dh.）と火大（tejo-dh.）と風大（S:vāyu-dh.）と空大（ākāśa-dh.)。空大は物質的なものとしての虚空をいう。五大それぞれの性質は堅・湿・煗（熱さ）・動・無礙。作用は持・摂・熟・長・不障である。S:pañca-bhūtāni　2. 密教では、地大は方形で黄色、水大は円形で白色、火大は三角で赤色、風大は半月形で黒色、空大は宝珠形で青色である。この五大に、五色、五仏、五明、五智などを配する。大日如来の三昧耶形である五輪塔婆はこの五つを象徴的に表現している。五輪に同じ。3. サーンキヤ学派の二十五原理の一つ。あるいは五つの微細な元素（五唯）から生じ、あるいはそれらとともに自我意識（我慢）から生ずるといい、五つの感官（五根）ないし十一の機官を成立させるもの。4. ヴァイシェーシカ学派では、四大と空とを区別して考える。どちらも実体である。〔佛教語大辞典〕371b-c

*ゴツウ　*五通　五つの神通。天眼通・天耳通・宿命通・他心通・神足通を言う。五つの超人的な力。五つの不思議な能力。六神通のうち第六漏尽智通を除くもの。〔佛教語大辞典〕372D

*ゴドウ　*悟道　道をさとること。さとり。〔佛教語大辞典〕382b

*ゴドウ　*五道　1. また、五趣ともいう。地獄・餓鬼・畜生・人・天の五道をいい、これに修羅道を加えたものを六道という。地獄・餓鬼・畜生・修羅・人・天（神々）という六道のうち修羅道を地獄に収めたもの。五つの生存のあり方、境涯。五つの悪しきところ。地獄・餓鬼・畜生・人間・天上の五つの迷いの境涯。五種の迷いの境涯。六道から修羅を除く五つの迷い道。2. 五つの超人的な力〔佛教語大辞典〕373

*コトゴトク　*畢　《音読み》ヒツ／ヒチ《訓読み》あみ／あみする（あみす）／つくす／おわる（をはる）／おえる（をふ）／おわんぬ（をはんぬ・をはりぬ）／ことごとく《意味》｛名｝ あみ。鳥や獣をぴたりととりおさえる、柄つきのあみ。〈類義語〉→網。ヒッス ｛動｝ あみする（アミス）。あみで鳥をおさえる。「畢之羅之＝コレヲ畢シコレヲ羅ス」〔→詩経〕｛動｝ つくす。出しつくす。「畢力＝力ヲ畢ス」｛動｝ おわる（ヲハル）。おえる（ヲフ）。全部もれなくけりをつける。すきまなくおさえてしまう。「公事畢、然後敢治私事＝公事畢リテ、シカル後アヘテ私事ヲ治ム」〔→孟子〕｛動｝ おわんぬ（ヲ

ハンヌ・ヲハリヌ)。すべておしまい。また証文の最後に書いて、以上でおわりの意をあらわすことば。「吾事畢矣＝吾ガ事畢ハンヌ」{副} ことごとく。全部。もれなく。〈類義語〉→悉コトゴトク・→尽コトゴトク。「群賢畢至＝群賢畢ク至ル」〔→王羲之〕{名} すきまなく茂った竹やぶ。また、すきまなく組んだ竹の垣。▽篳ヒツに当てた用法。{名} 二十八宿の一つ。雨を降らせる星と考えられた。規準星は今のおうし座にふくまれる。あめふり。[漢字源]

*コニャク　*怯弱 心のよわみ。おそれおそれてよはよはしいこと。怯弱の心(こにゃくのこころ) 恐れて気後れする心。

*ゴネンモン　*五念門　世親の浄土論に説かれる五種の往生浄土の行のこと。1）阿弥陀仏を礼拝する礼拝門・2）阿弥陀仏の名をとなえその徳を讃える讃歎（さんだん）門・3）阿弥陀仏の浄土に生れたいと一心に念じる作願（さがん）門・4）阿弥陀仏の浄土の荘厳（しょうごん）をさまざまに心に観じる観察（かんざつ）門・5）自ら修めた諸功徳をすべての衆生にさしむけて、ともに浄土に生れ仏となることを願う廻向（えこう）門の五つをいう。上人これに住して、五念門を修して三ケ年に及ぶ〔拾遺往生伝（上18)〕五念行を四修にはげみて無間に修し、余の事をまじへざれ〔沙石集（10本１)〕〔岩波仏教辞典〕

*コノカタ　*已降【已還】イカン このかた。『已降イコウ・已来イライ』〈同義語〉以還。「次問天宝十四載已還事＝ツギニ天宝十四載已還ノ事ヲ問フ」〔陳鴻〕[漢字源]

*コハク　*琥珀　普通は紅黄色で蛍光がある。七宝の一つ。musāra-galva〔佛教語大辞典〕349b

*ゴブツ　*後佛　後の世をたのむ仏。【解釈例】弥陀仏。〔広説佛教語大辞典〕501c

*コマネク　*拱《音読み》 キョウ／ク〈gong〉《訓読み》 こまぬく《意味》キョウス {動} こまぬく。敬意をあらわすために、両手を胸の前で組みあわせる。こまねく。「拱手＝手ヲ拱ク」「子路拱而立＝子路、拱シテ立ツ」〔→論語〕{単位} 両手でひとかこみできる大きさ。〈類義語〉→抱・→把ハ（ひとにぎり)。「拱把之桐梓キョウハノドウシ」〔→孟子〕{動} こまぬく。手を組んだままで、なにもしない。こまねく。〔漢字源〕

*ゴムケンゴウ　*五無間業　無間地獄の苦しみの結果を感受すべき五種の悪業、す

なわち五逆罪。【解釈例】五逆のこと。〔佛教語大辞典〕376b-c

*ゴモン　*五門＝五念門　世親の『浄土論』に説かれる五趣の往生浄土の行のこと。1. 阿弥陀佛を礼拝する礼拝門。2. 阿弥陀佛の名を称えその徳を讃える讃歎門。3. 阿弥陀佛の浄土に生まれたいと一心に念ずる作願門。4. 阿弥陀佛の浄土の荘厳をさまざまに心に観ずる観察門。5. 自ら修めた諸功徳をすべての衆生にさしむけて、ともに浄土に生まれ佛となることを願う廻向門の五つをいう。「上人これに住して五念門を修して三ケ年におよぶ。」『拾遺往生傳』「五念門を四修にはげみて無間に修し、餘の事をまじえざれ。」『沙石集』〔岩波仏教辞典〕278

*ゴヨク　*五欲　1. 五つの欲の意。五官の貪り。五官の欲望。五官の悦楽。眼・耳・鼻・舌・身の五官による、色・声・香・味・所触という五種の感覚対象に対する感官的欲望。五境（五つの対象）に執着して起こす五種の情欲のこと。色・声・香・味・所触の五境を享楽すること。愛欲のこと。総じて世俗的な人間の欲望。2. 欲望の対象となる色・声・香・味・触の五種。色・声・香・味・触の五境のこと。五つの感覚器官（五根）の対象となる色・声・香・味・触（五境）は人の欲望を引き起こす原因となるので、五境を五欲という。色・声・香・味・所触の五種の対象を享楽すること。しばしば妙欲と漢訳する。3. 財欲・色欲・飲食欲・名欲（名誉の欲）・睡眠欲の五つの欲をもいう。〔広説佛教語大辞典〕507c-d

*ゴラク　*五楽　［１］色（しき）・声（しょう）・香（こう）・味（み）・触（そく）の五欲の快楽。［２］〈五種楽〉ともいう。１）出家楽（しゅっけらく）：出家して道を求め苦を断つ楽。２）遠離楽（おんりらく）：色界（→三界）初禅の楽。欲界の煩悩（ぼんのう）を離れ、禅定（ぜんじょう）の喜楽を生ずる。３）寂静楽（じゃくじょうらく）：第二禅の楽。初禅になお存する尋（じん）（対象をおおまかに考察すること）、伺（し）（対象を微細に考察すること）という思惟推求する心の働きがやみ、寂静を得る。４）菩提楽（ぼだ）（いらく）：悟りの智慧（ちえ）を得る楽。５）涅槃楽（ねはんらく）：無余涅槃（→有余・無余）に入る究極の楽。〔岩波仏教辞典〕

*ゴリキ　*五力　1. 五つのすぐれたはたらき。信力・精進力・念力・定力・慧力（または智力）をいう。信仰（信）・努力（精進）・憶念（念）・禅定（定）・

智慧（慧）というさとりに至らしめる五つの力。三十七道品に含まれる。2. 五つのすぐれた力。制眼・制耳・制鼻・制口・制身の力をいう。〔広説佛教語大辞典〕509b

*コレ　*爲れ　発語の助辞是に同じ。

*コン　*根（indriya）原語の漢訳語で、機能、能力などの意。ある作用を起こす力を持ったもの。感覚を起こさせる機能または器官として、眼・耳・鼻・舌・身を五根と言い、これに意根を加えて六根という。

*コン　*根　1.indriya の漢訳。indriya という語は、一般的には機関・機能・能力などの意であるが、佛教用語としては、機関でもあり能力でもあるという意味をこめて、根という訳語を当てる。草木の根が成長発展せしめる能力をもっていて幹や枝を生ずるところから、根と名づけ、感覚を起こさせる機官としての眼・耳・鼻・舌・身の五根をいう。それらは、四元素が変化して造られた特殊なものであり、見る、聞くなどの機能を有し、透明清浄で目に見えないが、しかし空間を占有している。これを勝義根ともいう。これに対して、眼球だとか鼓膜だとかいう肉体的な機官を扶塵根という。(1) 感覚機官。扶塵根に同じ。(2) 感覚機能。勝義根に同じ。五根のこと。2. 知覚能力。3. 能力。すぐれたはたらきをもたらすもの。また、さとりを求める心。4. 人間をさとりに促していくもの。すなわち、信・精進・念・定・慧の五根。5. 二十二根二十二の支配する力。6. 素質。能力。もちまえ。根性。機根。精神的能力。精神的素質。利根・中根・鈍根の三種がある。7. 根本条件の意。三不善根・三善根をさす。8. 悪の報いを受ける根となる罪。根本業道の罪。9. 最初の原因。最も根本的なものの意。しっかりおさえておくものの意。10. 支配する力。〔佛教語大辞典〕424b-d

*ゴン　*覲　《音読み》キン／ゴン《訓読み》まみえる（まみゆ）／みる《意味》｛動・名｝まみえる（マミユ）。中国の古代、諸侯が秋に天子にあう。また、その儀式。「朝覲チョウキン」｛動｝みる。天子が臣下を謁見する。｛形｝わずか。少ない。▽僅キンに当てた用法。［漢字源］

*ゴン　*嚴　1. 飾ること。2. 身体を飾ること。きちんと身をととのえている。3. 立派である。〔広説佛教語大辞典〕512d

*ゴン　*權　1. 実の対。方便の異名。相手のためにかりに設けた方便のことば。

2. かりの教え。【解釈例】実へ入らしむ「てだて」を権といふなり。〔広説佛教語大辞典〕512c

*ｺﾞﾝ　*欣　「ねがう」と読む。〔佛教語大辞典〕430a

*ｺﾝｳ　*今有　今生じて存在していること。『中論』〔広説佛教語大辞典〕513a

*ｺﾞﾝｶｲ　*禁戒　戒律。戒め。戒律の規定。非を禁じ、悪を戒めたもの。仏が制定した戒。授けられた戒め。仏道修行者の守るべききまり。在俗信者の場合にもいう。普通「ごんかい」と読むが、曹洞宗では「きんかい」とよむ。〔佛教語大辞典〕431c

*ｺﾝｷ　*根機　また機根とも言う。人の宗教的素質・活力・能力の意。機根に同じ。機根（indriya）〔佛教語大辞典〕424d

*ｺﾞﾝｷｮｳ　*言教　如来が言語によって示した教え。言い表し。〔広説佛教語大辞典〕514b

*ｺﾞﾝｸﾞ　*欣求　1. 願い求めること。喜んで願い求めること。2. 欣求浄土の略。浄土を求めるこころざし。〔広説佛教語大辞典〕515b

*ｺﾝｹﾂ　*根缺　不具者　〔佛教語大辞典〕425a

*ｺﾝｺﾞｳ　*金剛　1. ダイアモンド。金剛石のこと。金石のうちで最も堅固なもの。（一説には金のことともいう）2. 金剛杵の略。昔のインドの武器の一種。もと雷をかたどったともいう。仏教では象徴的に用いて、迷いを破る武器をいう。菩提心を象徴する金属製の法具。3. 金剛喩定の略。4. 金剛力士の略。金剛杵をもつ力士。執金剛・持金剛に同じ。5. 山門頭の金剛力士の像。俗に仁王という。6. きわめて固いこと。〔広説佛教語大辞典〕516b-c

*ｺﾝｺﾞｳｼﾝ　*金剛心　1. 菩薩の心が、堅固で破壊されないことを金剛（ダイヤモンドなど）の堅固不壊なことにたとえたもの。2. 十地の後心。そこでは金剛喩定を起こす。3. 浄土真宗では他力真実の信心のこと。他力の信心は金剛のようにきわめて堅く、すべての我執の心や疑いを破り、邪な見解に犯されない。〔佛教語大辞典〕429b

*ｺﾝｺｳﾌﾞﾂ　*金光佛　妙法蓮華経 第三巻の "授記品第六" で説かれる仏（如来）。閻浮那提で採れた黄金の輝きの意。釈迦の十大弟子の中で最も釈迦の話を簡潔に解説するのに長け論議第一とされた大迦旃延が、将来仏とな

った時の名。その際に住む国名や時代（劫名）については経では述べられていない。通信用語の基礎知識検索システム

*ｺﾝｼﾞ　*金地　金田ともいう。仏寺のこと。須達長者が、金を敷いて祇園の地を買った故事による。『釈氏要覧』〔広説佛教語大辞典〕522b

*ｺﾝｼﾞﾄﾞ　*根地度　根は、indriya 感覚を起こさせる機官としての眼耳鼻舌身の五根をいう。それらは四元素が変化して作られた特殊なものであり見る・聞くなどの機能を有し、透明清浄で目に見えないが、しかし、空間を占有している。これを勝義根という。これに対して眼球だとか鼓膜だとかいう肉体的な機官を扶塵根という。地は身体の元素、この世のことも現わす。度は迷いの此岸から悟りの彼岸に渡し救うこと。教化。　したがって根地度とはこの世における感覚機能によって教化されて救われることを意味する。

*ｺﾝｼﾞｮｳ　*今生　この世。現に享受しつつあるこの地上の生。この現在における生涯。この世に命のある間。前生・後生の対する。〔佛教語大辞典〕417B

*ｺﾞﾝｼﾞｮｳ　*嚴淨　1.飾り、清めること。おごそかで清いこと。清浄で荘厳な。『無量壽經』『大正蔵経』12-267-C2.きれいなこと。3.戒律を正しく守ること。〔佛教語大辞典〕432

*ｺﾞﾝｾﾂ　*言説　1.ことば。2.ことばをもって法を説くこと。3.われわれの差別的なことば（言説は妄念の現れである）。4.ことばによって仮に設定すること。「但有言説」（名称として存するのみ。人が、それを存在する、とほしいままに独断して名づけたものであるから、その名のみが存するにすぎない、の意。）〔広説佛教語大辞典〕562a

*ｺﾝｾﾞｲ　*禁制　ｷﾝｾｲ　ある行為を禁止する。『禁断ｷﾝﾀﾞﾝ』　ある行為を禁止する命令。

*ｺﾝﾀﾞｲ　*金臺　金の蓮華台。來迎した仏菩薩の持つ金蓮華の台。

*ｺﾝﾚﾝ　*金蓮　1.胎蔵界三部のうち、金剛部と蓮華部。2.金色の蓮華。〔佛教語大辞典〕423d

*ｻ　*作《常用音訓》サク・サ／つくる《音読み》サク《訓読み》つくる／なす、なる、おきる、おこる《訓読み》となす、となる《意味》｛動｝つ

くる。新たに工夫してつくり出す。「創作」「述而不作述べて作らず」〔論語・述而〕「作離騒離騒を作る」〔史記・屈原〕{動} なす。する。「作為」「動作」「自作孽、不可逭自みづから作なせる孽わざはひは、逭のがるべからず」〔書経・太甲中〕[〈語法〉] {動} なる。変化してその状態になる。「翻手作雲覆手雨手を翻ひるがへせば雲と作なり手を覆せば雨」〔杜甫・貧交行〕[〈語法〉] {動} おきる（おく）。おき出す。働く。「蚤作而夜思蚤つとに作きて夜に思おもふ」〔柳宗元・送薛存義序〕{動} おこる。動作がおこる。生じてくる。「発作」「有聖人作聖人の作る有あり」〔韓非子・五蠹〕{名} つくったもの。「傑作」(日本) 作物のできぐあい。「作柄サクがら」「平年作」「美作みまさか」の略。「作州」姓の一つ。《和訓》つくり《語法》【作】「となす」と読み、「とする」「である」「と思う」と訳す。漢詩で多く用いる。「煮豆持作羹　漉豉以為汁豆を煮て持もつて羹あつものと作なし　豉シを漉こして以もつて汁と為なす」〈豆を煮て吸物とし　みそをこして豆乳とする〉〔世説新語・文学〕「となる」と読み、「になる」と訳す。漢詩で多く用いる。「在天願作比翼鳥　在地願為連理枝天に在ありては願ねがはくは比翼の鳥と作り　地に在ありては願ねがはくは連理の枝と為ならん」〈天上では並んで飛ぶ鳥になりたい　地上ではからみあう枝になりたい〉〔白居易・長恨歌〕《解字》会意兼形声。乍サクは、刀で素材に切れ目を入れるさまを描いた象形文字。急激な動作であることから、たちまちにの意の副詞に専用するようになったため、作の字で人為を加える、動作をするの意をあらわすようになった。作は「人（音符）乍サ」。《類義》造・建《異字同訓》つくる　作る「米を作る。規則を作る。小説を作る。まぐろを刺身に作る。生け作り」　造る「船を造る。庭園を造る。酒を造る」《名付け》あり・つくり・つくる・とも・なお・なり・ふか《難読》作手村つくでむら・作木綿ゆうつくり［漢字源　改訂第四版　株式会社学習研究社］

*ｻｲ　*際　1. 至極。究極。2. 端のこと。〔佛教語大辞典〕448b　【際】《常用音訓》サイ／きわ《音読み》サイ／セイ《訓読み》きわ（きは）《名付け》きわ《意味》ｻｲｽ {動・名} 相接してたがいにすれあう。ふれあう。また、他とのふれあいや交わり。「際会」「交際（人と人とがもみあいふれあうこと）」「国際（国どうしがふれあうこと）」「高不可際＝高クシテ際スベカラ

ズ」〔→淮南子〕{名} きわ（ｷﾊ）。二つの物がすれすれに接する境め。「水際」「天際（空と地の接するさかいめ）」「秋冬之際（秋と冬の接するさかい）」{名} きわ（ｷﾊ）。他のものとのふれあい方。また、互いの領域の接しぐあい。「分際（他とのふれあいからみた自分の領域）」「実際（物事のふれあい方の実情）」「真際（物事のふれあい方の真相）」{名} 時勢や変化などとのふれあい方。また、その時の接しぐあい。しおどき。めぐりあわせ。「際遇」「際可之仕《ｻｲｶﾉｼ》」〔→孟子〕［漢字源］

*ｻｲ　*作意　1. 注意すること。自ら注意を向ける。2. 心をひきしめて散乱せしめぬはたらき。心を起こさせる心所。対象に注意を向けること。倶舎では十大地法の心所の一つ。3. 十大地法の一つである、思に同じ。4. 唯識では五遍行の心所の一つ。心を目覚めさせて対象にはたらかしめる作用。気をつけること。5. 意志をはたらかせる。心にこうしようと思う。6. 漠然とした意味で「こころ」。【解釈例】作意の心所と申は心を警（さま）し起こらしむる心にて、心を引いて自境に趣かしむる也。〔広説佛教語大辞典〕534b-c

*ｻｲ　*細　1. 目の細かいこと。心・精神作用を指す。微細。こまかい。2. 微細なる煩悩。〔佛教語大辞典〕444c

*ｻｲ　*采　《音読み》サイ《訓読み》とる／いろどり《名付け》あや・うね・こと《意味》{動} とる。指でつかんでとる。のち、広く、手でとり入れる、えらびとる意に用いる。〈同義語〉→採。「采択《ｻｲﾀｸ》（＝採択）」「采上古帝位号、号曰皇帝＝上古ノ帝ノ位号ヲ采リ、号シテ皇帝ト曰フ」〔→史記〕{名} いろどり。えらびとった色。▽色彩の彩に当てた用法。「文采《ﾌﾞﾝｻｲ》（＝文彩。あやもよう）」「雑采《ｻﾞｯｻｲ》（＝雑彩。まじった色）」{名} えらんだ色の意から転じて、色あいや、ようすの意。「風采《ﾌｳｻｲ》」{名} えらびとって与えた領地。代官や高官の知行地《ﾁｷﾞｮｳﾁ》のこと。▽去声に読む。「采田《ｻｲﾃﾞﾝ》」「采邑《ｻｲﾕｳ》」「喝采《ｶｯｻｲ》」とは、もと「いいぞ」と色めきたって叫ぶこと。のち、感心し、拍手をしたり声を出したりして非常にほめること。「拍手喝采」《解字》会意。「爪（手先）＋果物のなった木、または木」で、指でつかんでとること。採の原字。［漢字源］

*ｻｲｶｲ　*齋戒　1. 心身の行為・動作を慎むこと。心身を清浄にすること。心

身を慎むこと。中国では、詳しくは心の不浄を慎むことを斎といい、身の過ちを戒めることを戒という。また、斎は清浄の意、戒は清浄をもたらすための規範の意とも考えられている。2. 世俗の人が身を慎むこと。3. 具体的には八種の戒めが規定されている。〔佛教語大辞典〕448-D

*ザイケン　*罪愆.　罪愆　　罪。あやまち。〔広説佛教語大辞典〕537d

*ザイゴウ　*罪業　1. 悪業。物質化して考えられている。これは、当時の他の諸宗教の見解を受けた者である。2. つみ。罪の行為。かつてつくった罪。身・口・意によってつくられる罪悪の業。3. 仏教をそこなうこと。〔佛教語大辞典〕451c-d

*サイゴク　*最極　1. 至極　究極　2. 上中下と分けた内の上の部類。〔広説佛教語大辞典〕538a

*サイゴクジザイ　*最極自在　思いのままになることが究極にまで至ったこと。

*サイシュウ　*採拾　とり集める。特に、薪マキをとり、木の実を拾う。貧しい生活をすること。〔→後漢書〕[漢字源]

*サイソウ　*細相　めの細かい姿　菩薩の心反＝麤相（ソソウ）　荒々しい、粗末な姿　凡夫の境界

*ザイゾク　*在俗　[仏]出家せずに世間で生活すること。またその人。〈類義語〉在家 [漢字源]

*サイト　*西都　1. 周の都、鎬京（コウケイ）。2. 漢の都、長安。〔新字源〕912a

*サイホウゴクラクセカイ　*西方極樂世界　西方の浄土特に阿弥陀佛の極楽浄土を言う。浄土経典によると、ここから西方に向かって十万億の佛土を過ぎたところに極楽浄土があり、現に阿弥陀佛が法を説いているという。阿弥陀佛の浄土を西方に定めているのは、一般の人は聖者のように十方に念いを及ぼす力がないからとも、西方は終帰を現わし心の落ち着くところであるからともいう。→極樂〔広説佛教語大辞典〕545d

*ザイモン　*罪門　罪を犯す門。【解釈例】つみのかど。〔佛教語大辞典〕452b

*サエギル　*遮《常用音訓》シャ／さえぎ…る《音読み》　シャ〈zhe〉《訓読み》　さえぎる（さへぎる）／これ／この《意味》{動}　さえぎる（サヘギル）。物を置いて、行くてをふさぐ。前方にたってじゃまをする。「遮断シャダン」{動}物をかぶせて見えなくする。「遮護」「遮蔽シャヘイ」{指}〔俗〕これ。この。

近称の指示詞。▽宋《ソウ》・元《ゲン》の白話文に用いた。〔漢字源〕

*サカイ　*境《常用音訓》キョウ／ケイ／さかい《音読み》キョウ（キャウ）／ケイ《訓読み》さかい（さかひ）《名付け》さかい《意味》｛名｝さかい（サカヒ）。土地の区切り目。物のさかいめ。〈類義語〉→疆。「国境」「臣、始至於境＝臣、始メテ境ニ至ル」〔→孟子〕｛名｝一定の範囲の場所。地域。「勝境（けしきのよい所）」「仙境」｛名｝人や物の置かれている、周りの状態・地位。「環境」｛名｝学問や技術などを修得する段階。「進境」〔漢字源〕

*サガン　*作願　願を立てること。心に一心に往生を願うこと。【解釈例】作は発なり。願を発させらるると云うこと。發願は最初に願を起こすこと。作願は常に願うこと。最初に発るを発願といい、相続して発るが作願なり。弥陀因位のときの発願のこと。作願とは願生の思いのこと。すなわち菩提心のこと。仏になりたいのこころなり。〔広説佛教語大辞典〕547c-d

*サカンニ　*熾に 火がまっすぐに立ちのぼる。勢いが盛ん。〔新字源〕627

*サク　*錯《常用音訓》サク《音読み》サク／ソ／ス《訓読み》まじる／まじわる（まじはる）／あやまる／おく《意味》｛動・形｝まじる。まじわる（マジハル）。たてよこにぎざぎざに重なる。また、乱れてそろわない。「交錯」「錯綜《サクソウ》（入り乱れて集まる、ごちゃまぜにまとめる）」「錯雑」｛動・名｝あやまる。くい違う。また、まちがえる。しそこない。あやまち。〈同義語〉→齟。「倒錯」「失錯」｛名・動｝たてよこにぎざぎざにすじめをいれた金やすり。やすりでごしごしとみがく。「錯刀（やすり）」「它山之石、可以為錯＝它山ノ石ハ、モッテ錯ト為スベシ」〔→詩経〕｛動・名｝金属の上に金属を重ねておいて、めっきする。めっき。〈類義語〉→鍍《ト》。「錯金（めっき）」｛動｝おく。上にのせておく。また、そのものの上に手を加えて処置する。▽措置の措に当てた用法。「錯辞《ソジ》（ことばを並べておく、字句をつづる）」「挙直錯諸枉＝直キヲ挙ゲテコレヲ枉レルニ錯ク」〔→論語〕〔漢字源〕

*ササグ　*擎ぐ　ささ・ぐ（下二）（サシアグの約）両手で持ち、目よりも高くあげる。万一九「わが背子が—・げて持てる厚朴（ほおがしわ）」上へ高くあげる。見せびらかす。誇示する。竹取「つばくらめ子産まむとする時は尾を—・げて七度めぐりてなむ生み落すめる」。仮、伊曾保「人として

わが誉（ほまれ）を—・ぐる時は､人の憎みをかうむりて」高い（大きな）声を出す。栄華本雫「おとど御声を—・げて泣き罵り給へど」神仏や目上の者へ物をたてまつる。献上する。源若紫「所につけたる御贈物ども—・げ奉り給ふ」。平家二「卯月は垂跡（すいしやく）の月なれども､幣帛を—・ぐる人もなし」自分のもっているものをすべて相手にさし出す。「身も心も—・げる」「研究に一生を—・げる」〔広辞苑〕

*サソウ　*作想　概念を形成すること。〔広説佛教語大辞典〕553a

*サツバタ　*薩婆多　南都では「さつばた」とよみ、北嶺では「さはた」とよんだ。説一切有部のこと。〔広説佛教語大辞典〕555c

*ザッケウン　*雑花雲　いろいろな花の雲。『觀無量壽經』『大正蔵経』一二巻三四三A

*ザッシ　*雑厠　まじりあう。照り映える。入りまじる。あいまじること。〔佛教語大辞典〕454a

*ザッシキ　*雑色　ザッショク　いろいろな色がまじった色。どれい。ザッシキ　いろいろな種類。〔仏〕仏の説法のときなどに喜びのしるしとして天から降るという白い花。曼陀羅華マンダラゲ。ゾウシキ〔国〕昔、蔵人所クロウドドコロ、院の御所などに仕えた無位の役人。雑役に従事する下男。〔漢字源〕

*ザッソウカン　*雑想観　『觀無量壽經』に説く十六観の第十三。雑観想ともいう。弥陀・観音・勢至の三尊が種々に変現するすがたを観想すること。真の仏や真の菩薩を正しく心に思い浮かべることができない者が、一丈六尺の阿弥陀仏の像を見、かねて大身の仏・小身の仏・真仏・化仏などを雑《まじ》えて観ずること。『觀無量壽經』『大正蔵経』12巻344c

*サユウ　*作用　1.はたらき。活動。2.作因。動因。3.法の生滅をいう。4.実行すること。〔佛教語大辞典〕439b

*サラソウジュ　*娑羅双樹　フタバガキ科の常緑高木。インド北部原産で、日本では温室で栽培される。幹は高さ三〇メートルに達する。葉は互生し有柄の卵状楕円形で先はとがり長さ一五～二五センチメートル。葉柄の基部には托葉がある。葉腋に径約二センチメートルの淡黄色の五弁花を円錐状に多数集めてつける。果実には長さ五センチメートルぐらいの、萼が生長した翼が五枚ある。材は堅く、くさりにくく、インドの代表的有用材で、建築

材、枕木、橋梁、カヌーなどに用いる。樹脂はサール - ダンマーといい、ワニスや硬膏の原料になる。釈迦が入滅した場所の四方に、この木が二本ずつ植えられていたという伝説からこの名がある。しゃらそうじゅ。さらのき。さらじゅ。しゃらじゅ。

*サワリ　*障　《常用音訓》ショウ／さわ…る《音読み》ショウ（シャウ）《訓読み》さわる（さはる）／さえぎる（さへぎる）／ふせぐ／さわり（さはり）《意味》｛動｝さわる（サハル）。さえぎる（サヘギル）。正面からあたってさえぎる。まともに進行を止めてじゃまをする。さしつかえる。「障害」「障之以手也＝コレヲ障ルニ手ヲモッテス」〔→淮南子〕｛動・名｝ふせぐ。まともにせき止める。また､進行を止めるつつみやとりで。「堤障（つつみ）」「保障（とりで）」「亭障（ものみの屯所《トンショ》）」｛名｝さわり（サハリ）。進行を止める壁や、ついたて。外から見えないようにするおおいやついたて。「故障」「障壁」「歩障（貴人が歩くとき、見えないようにするついたて）」｛名｝さわり（サハリ）。じゃまするもの。「理障（悟りをじゃまするもの）」「罪障（悟りをじゃまする悪い行い）」［漢字源］

*サン　*賛《常用音訓》サン《音読み》サン《訓読み》すすめる（すすむ）／たすける（たすく）／ほめる（ほむ）《名付け》あきら・じ・すけ・たすく・よし《意味》｛動｝すすめる（ススム）。たすける（タスク）。さあさあと前に押しすすめる。また、わきからはげまして力をそえる。「賛助」「賛成」「賛王命＝王ノ命ヲ賛ク」〔→周礼〕｛動｝ほめる（ホム）。わきからほめたたえる。〈同義語〉→讃。「賞賛（＝賞讃）」｛名｝文章の様式の一つ。文章のあとにつける短いほめことば。また､絵などに書きつける文。〈同義語〉→讃。「賛曰＝賛ニ曰ク」「画賛」｛名｝儀式のかいぞえ人。儀式のたすけ役の者。「賛者（かいぞえ役）」「賛以肝従＝賛、肝ヲモッテ従フ」〔→儀礼〕《解字》会意。「先二つ＋貝」。先（足先）を二つ並べて、主役をたすけて、かいぞえ役が並んで進むことを示し、貝印は手にもつ礼物をあらわす。儀式のさい、わきから主役をたすけること。［漢字源］

*サン　*參　1.「まじふ」とよむ。ふくむ。2. 謁の意。修行僧が親しく師家に接して修行すること。3. 考える。考えよ。4. 禅門で人を集め､座禅・説法・念誦することをいう。早朝に参堂することを早参、日暮れに念誦するのを

晩参、非時に説法するのを小参という。〔佛教語大辞典〕495b

*サン　*讃【讃】《音読み》サン《訓読み》ほめる（ほむ）／たすける（たすく）《意味》{動・名} ほめる（ホム）。ほめたたえる。また、ほめたたえることば。〈同義語〉→賛。「画讃《ガサン》」{動} たすける（タスク）。力をそろえて持ちあげる。〈同義語〉→賛。{名} 仏の功徳《クドク》をほめたたえる歌のことば。「梵讃《ボンサン》」［漢字源］

*サン　*散　定の対。1.心が散乱して一ところにとどまらないこと。心の乱れること。S:viprakīrṇa 2.ばらばらの。S:vyasta 3.一つにまとまったものを分割する。S:visāra【解釈例】悪を廃し善を修す。〔佛教語大辞典〕496a

*ザン　*暫　《常用音訓》ザン《音読み》ザン（ザム）／サン（サム）《訓読み》しばらく《意味》{形・副} しばらく。わずかの間だけ。中間に割りこんだ少しの時間。〈対語〉→久・→恒。「暫時」「如聴仙楽、耳暫明＝仙楽ヲ聴クガゴトク、耳暫ク明ラカナリ」〔→白居易〕{形・副} しばらく。まにあわせの。とりあえず。〈類義語〉→且《ショ》（しばらく）。「暫且《ザンショ》」〔国〕しばらく。久しぶり。「暫くです」〔漢字源〕

*サンアイ　*三愛　欲愛・色愛・無色愛また、欲愛・有愛・無有愛をいう。〔広説佛教語大辞典〕559c

*サンアクシュ　*三悪趣 生あるものが行ないつくった悪行の結果として、死後生まれる世界またはあり方を、趣（または道）といい、悪趣に地獄・餓鬼・畜生の三つを数える。この三つと修羅・人間・天とを合わせて六道という。輪廻の内にある生存の在り方である。〔広説佛教語大辞典〕559d

*サンアクシュ　*三悪趣　《さんなくしゅ》《さんまくしゅ》とも読む。3種の悪趣。〈三悪道〉〈三途（さんず）〉ともいう。生ある者が、自らのなした悪行（悪業）の結果として（悪果）、死後にたどる3種の苦しい、厭うべき境涯（世界）で、〈地獄〉〈餓鬼〉〈畜生〉を指す。輪廻（りんね）中の3種の世界ともいえる。三悪趣ある麁悪（そあく）の国土を選び捨てて、その三悪趣なき善妙の国土を選び取る〔無量寿経釈〕。〔岩波仏教辞典〕

*サンアクドウ　*三悪道　三種の悪しき世界の意。すなわち悪業によって生まれる地獄と餓鬼と畜生との三つの世界をいう。三つの厭うべき世界。（1）地獄（P:niraya）（黄泉）、（2）餓鬼（P:petti-visaya）（祖霊）、（3）畜生

（P:tiracchāna-yoni）（動物）。悪道のサンスクリット原語はS:urgatiで悪趣とも漢訳される。趣とは、業によって導かれ、おもむく所の生存の状態。、世界のこと。三悪趣に同じ。〔広説佛教語大辞典〕559d-560a

*サンアソウギコウ　*三阿僧祇劫　菩薩が仏となる目的を達するまでに経過する、無限に近い時間を三分したもの。菩薩の五十の修行の階位のうち、十信・十住・十行・十回向の四十位を第一阿僧祇劫、十地のうち初地から七地までを第二阿僧祇劫、八地から十地までを第三阿僧祇劫とする。さとりを得るまでの無限に長い年月。〔広説佛教語大辞典〕580a

*サンエン　*三縁　念仏するものが受ける三種の特別の利益。善導が観無量壽經中の第九観の「念仏衆生を摂取して捨てたまわず」とある経文を釈して説いた念仏者への三種の縁。１）親縁　身・口・意に仏を念じ、称え、礼敬すれ　ば、仏はこれを見、聞き、知って衆生と親しい関係となる。２）近縁　念仏者が、彌陀を見たいと願うと、行者の目前に出現する。３）増上縁　名号を称えると徐々に罪が消え、功徳が増して、臨終には必ず往生ができる。の三つを言う。〔岩波仏教辞典〕

*サンガイ　*三界　欲界、色界、無色界の総称。欲界（kāma-dhātu）は欲望にとらわれた生物が住む境界。色界（rūpa-dhātu）は欲望は超越したが、物質的条件（色）にとらわれた生物が住む境界。無色界（arūpya-dhātu）は、欲望も物質的条件も超越し、精神的条件のみ有する生物が住む境界。生物はこれらの境界を輪廻する。法華経比喩品に出る〈三界火宅〉とは迷いと苦しみのこの境域を燃えさかる家に喩えたもの。〔岩波仏教辞典〕309

仏教の世界観で、衆生が往来し、止住する三つの世界の意。三つの迷いの世界。衆生が生まれて死に輪廻する領域としての三つの世界。すなわち欲界・色界・無色界の三つ。生き物がすむ世界全体の事。生死流転する迷いの世界を三段界に分けたもの。我々の生死流転する世界は、欲界・色界・無色界からなる。1.欲界は、最も下にあり、淫欲、貪欲の二つの欲を有する生き物の住むところである。欲の盛んな世界。この中には地獄・餓鬼・畜生・阿修羅・人・天の六趣（六道）があり、欲界の天を六欲天という。2.色界は、欲界の上にあり、淫欲と貪欲とを離れた生き物の住むところである。ここは絶妙な物質（色）よりなるので色界という。欲を離れた清ら

かな世界。四禅天より成りこれを分けると十七天となる。3.無色界は最上の領域で、物質を超えた世界である。精神のみが存在する。高度の精神的世界。物質を厭い離れて、四無色定を修めたものが生まれるところである。そこの者どもは勝れたヨーガにはいっている。これも又天界に属するが、ここの最高処である非想非非想処天を有頂天と称する。これらの区分は神話的分類ではあるが、もともと人々の精神を静かならしめる修養の発達段階を表わす。〔佛教語大辞典〕456-457

*ｻﾝｶﾞｲｷﾞｮｳ　*三階教　中国隋代に信行の提唱した時期相應の新佛教。唐の太宗の子である越王貞の隋大善知識信行禅師興教碑には「末法の幽鍵を揚げ、独歩一人、功は十力にひとしきはただ我が大善知識信行禅師なり」と感嘆させるほどの帰信を得た信行（五四一－五九四）は、当代の佛教が、佛意に背き、貴権に親近して衆生に背馳する僧団の現状を慨嘆して、正法（第一階）滅し、像法（第二階）滅して、佛滅千年を過ぎて末法（第三階）のいま一切の聖人なく、ただ一切の空見・有見・破戒の衆生をもって満たされている現世では、第三階に適応した普真普正の帰結としての普法の教によらなければ解脱を得ることができないとするものである。この正法像法の各五百年か、末法が佛滅後千年か千五百年かについては、信行のよった『大集經』月蔵分、『涅槃經』『淨度三昧經』などの諸経の間に相違があるので確定しがたいが、要するに中国六朝末期の末法説の興起と相即して、三階教（三階宗）が出現したことはいうまでもない。時は末法であり、処は穢土であり、人は階見倶破顛倒の衆生であり、普法仏法こそが今の時代に最適の教法であるとする。佛にも法にも差別を認めず、別法のような、特に阿弥陀といった特定の一佛に尊信を集めたり『法華経』のような特定の一経をのみ読誦するようなことをせず、一切の佛、一切の法に帰依するのである。別法に至っては、たんに末法の今の世に適応しないだけでなく、他佛・他経を誇り、衆生を謗法の罪に陥れるものであるとしたのである。このことは、あたかも信行と同時代の天台智ぎが天台宗を建てるといった、いわゆる教相判釈が行われて、中国人による中国佛教の成立といったことがやかましく論ぜられているとき、また、しきりに講経の風が朝野を圧倒していたこの時代の風潮に対する痛烈な批判でもあった。「今、千年已後

の第三階の衆生は、唯普真普正の仏法を行じて十方佛国に生ずることを得るべし、もし別真別法の仏法を行じ、及び大乗経を読誦するは不当根の法なり。十方地獄に堕つ。いま、無量壽經等は即ち別真別正にして是れ第二階の仏法なり、千年以前はこの法を行ずべきも、千年以後は既にこの機（根の衆生）無ければ斯の教即ち廃す」（『釋淨土群疑論』三）というのは、このことを指すのである。この様な時代認識をもととして、衆生のすべてに佛性を見、一切の人を無差別に敬愛する普佛普敬、しかも自己に対しては、あくまで末法の人間としての悪を見つめる認悪、一善一行も孤立した善行となさずに、みなことごとく普遍の善行とする善行を説き、その典型的な普行としては無尽蔵という、礼佛・転経・衆僧・衆生・離悪・頭陀・飲食・食器・衣服・房舎・床坐・燈燭・鐘鈴・香・柴炭・洗浴の一六種について、その布施の日々に断ぜず成仏に至るまで尽きることのないことを誓願したのは、これこそが三階教の理想行としたものである。宿生の罪穢をもった衆生は、この無尽蔵行によってのみ無始以来の罪障の穢れを除き去ってただちに三塗を出て、如来摂取の利益を蒙ることができるとするのである。しかもこの行を行ずる人はもちろん、随喜する人、行を見る人、行を聞いた人もともにその功徳が及ぼすことを説くのは、大乗無尽延慶を意味するものである。これらの布施についても、自利行を捨て利他行を取るのであって、一人布施を行ずるのはその福はなはだ少なく、道俗ともに勧化しておのおの少財を出し合って一処に聚め、貧窮孤老悪疾重病困厄の人々に布施することこそ、その福ははなはだ大である（『像法決疑経』）と説くだけでなく、その実践法としては、三階教の寺である化度寺無尽蔵院では三階教独自の経済施設として無尽蔵施を実行したのである。七世紀前半の中葉（武徳年中）に僧真義の勧めによって無尽蔵院に銭帛金玉を施捨するのは非常に多く、その後貞観年中にはこれらを三分して、天下伽藍の増修のため、天下の飢餓するもののため、無礙供養のためにそれぞれ備蓄してその費に充てたのである。これとは別に宗教儀礼として、三階教では普行を実践するために七階禮懺を重んずる。『観薬王薬上菩薩経』『決定毘尼経』から、東方須弥燈等十方仏・毘婆尸等過去七仏・普光等五十三仏・東方善徳等一切諸佛・賢劫千仏・釋迦等三十五仏の六階佛に、『佛名経』

から宝集等二十五佛の一階を加えた七階佛とし普佛禮懺につとめたもので、昼夜六時に禮懺行法を修したものであり、善導の六時禮懺の無常偈などもこの「七階佛名禮懺文」中にも見ることができる。これらの禮懺文は敦煌古写経中から見いだされたものであって、三階教徒の昼夜六時に観像・供養・行道・礼佛を敬虔に続ける熱狂的な環境が無尽蔵院への莫大な施捨となり、それがまた三階教の活動の源泉ともなっているのである。この様な三階教は信行を祖師として多くの同信者を得たが、末法を強調して、この時代に正法治化の王者なく正法住持の僧宝もないなどと批判したことは、時の政治権力者や既成教団からの猛烈な反発をよび、内外両面から攻撃されることとなった。信行没後まもなく六百年（随文帝開皇二）には三階教の流行が厳禁され、また七二五年（唐玄宗開元一三）には、諸寺内から三階院を除去させるなど前後五回におよぶ迫害はついに三階教の典籍までが滅するに至り、文献的にも諸師の論難や金石文などに散見するにとどまった。二〇世紀の初頭敦煌古写経の発見によってようやく三階教の存在が注目され、矢吹慶輝の『三階教の研究』によって随・唐初に流行した特異な佛教教団の実態が明らかにされたのである。善導浄土教との対比など、なお研究すべきものが残されている。【参考】矢吹慶輝『三階教の研究』浄土宗大辞典 2-32c ～ 34a

*サンガイギョウ　*三階教〈三階宗〉〈普法（ふほう）宗〉ともいう。隋代（581 ～619）におこった末法（まっぽう）思想を基盤とする仏教の一宗派。開祖は信行（しんぎょう）（540 ～ 594）。三階教は、仏教のあらゆる教えを、時・処・人に関して三つの階級に分ける。たとえば、仏滅後 500 年は第一階で一乗の教えがふさわしく、次の 500 年は第二階で三乗の教えがふさわしくなった。そして現在（当時）は、時は末法、処は穢土（えど）、人は破戒邪見の凡夫の第三階で、これらの人々を救うには、これまでにない新たな教えが求められているという。信行は、この第三階の条件にふさわしい仏教として、すべての人にとって帰依（きえ）すべき真実であるところの普法を唱えた。それは、一切の三宝（さんぼう）に帰し尽くし、一切衆生（しゅじょう）を度し尽くし、一切の悪を断じ尽くし、一切の善を修し尽くし、一切善知識を求め尽くすという独特のものである。→三階教（興隆と弾圧）

三階教（興隆と弾圧）　この中国の新興仏教は、当時の社会不安や末法思想の浸透と相まって、民衆の間に急速に広まっていったが、それだけにしばしば弾圧されることにもなる。それには、無尽蔵（むじんぞう）院の経営という独自の経済活動も一つの理由となった。三階教は、唐代（618～907）には民衆の間に隠然たる力を有していたが、宋代（960～1279）には消滅している。〔岩波仏教辞典〕

*サンガイキョウ　*三階教　三階宗、三階佛法、普法宗ともいう。佛教を一乗・三乗（以上の二を別真別正法または別法という）・普法（普真普正法）の三段階に分けて、正像末の三時に配し現在の我々の時は末法、処は穢土、人は破戒邪見であるから、普法でなければ救われないとし、根本的に悪人であるという自覚に立って仏法に差別を設けず敬えと説く。随の信行が唱え、貧民の救済に力を尽くしたので一時は栄えたが、従来の佛教と衝突し、国家の統制とも相容れなかったので、随の開皇二十年600に勅をもって禁じられ、その後、唐代にも再び禁じられて衰亡した。〔総合佛教大辞典〕468b-c

*サンガイケ　*三界繋 三界に束縛されること。『阿毘達磨倶舎論』8-4〔佛教語大辞典〕457c

*サンガイブッポウ　*三階佛法　四巻または五巻。三階集ともいう。随の信行の撰。（開皇十二 592）三階佛法の根本聖典で、三階教義を説いたもの。三階とは三階佛法のことで、（１）最上利根の一乗の機、（２）利根正見成就の三乗の機、（３）戒見倶破顛倒の機であり、この最下の衆生のために普真普正の仏法があるとし、三階の教えについて詳しく述べている。日本には早く伝えられ、鎌倉時代には完本があったが、現在は奈良の法隆寺（一・二巻）正倉院（二－四巻）京都の興聖寺（一－四巻うち第四巻以外は巻首欠）の三本の異本が残っている。また、スタインとペリオが敦煌で発見したもの二巻の断簡や三巻の残闕本でその全容は明らかではない。〔総合佛教大辞典〕468c

*サンガク　*三学　仏道を修行する者が必ず修めるべき三つの基本的な修行の項目をいう。〈三勝学〉ともいい、戒学（かいがく）・定学（じょうがく）・慧学（えがく）の三つをいう。〈戒学〉とは戒禁（かいごん）（戒律）であ

り、身口意（しんくい）の三悪を止め善を修すること、〈定学〉とは禅定（ぜんじょう）を修めることであり、心の散乱を防ぎ安静にさせる法、〈慧学〉とは智慧（ちえ）を身につけることであり、煩悩（ぼんのう）の惑を破り静かな心をもってすべての事柄の真実の姿をみきわめることをいう。また、この三学は三蔵（さんぞう）に相当し、戒学は律蔵に、定学は経蔵に、慧学は論蔵によって導き深められるが、三者の関係は、戒を守り生活を正すことによって定（じょう）を助け、禅定の澄心によって智慧を発し、智慧は真理を悟り悪を断ち、生活を正し、結果として仏道を完成させる。不即不離であるこの三者の学修を通して仏教は体現されるが故に、三つの基本的学であるとされる。〔岩波仏教辞典〕

*ｻﾝｷ　*三帰　三帰依ともいう。佛と法と僧との三宝に帰依（信心の誠をささげること）すること。佛とその教えと教団（僧侶の集団）との三つの宝に帰依すること。〔広説佛教語大辞典〕565d

*ｻﾞﾝｷ　*慙愧　1. 恥じ入ること。罪を恥じること。罪の恥じらい。慚と愧。さまざまな解釈がある。①慚は自ら罪を作らないこと。愧は他に教えて罪を作らせないようにすること。②慚は心に自らの罪を恥じること。愧は、自ら罪を人に告白して恥じ、罪のゆるしを請うこと。または、他にくらべて自らの劣った点を自覚して引け目を感ずること。（これが小乗アビダルマにおける普通の解釈である。）③慚は人に対して恥じること。愧は天に対して恥じること。④慚は他人の徳を敬うこと。愧は、自らの罪に対する恐れ。⑤慚は、自らを観察する事によって自らの過失を恥じること。愧は、他人を観察する事によって自らの過失を恥じること。2. 説一切有部のアビダルマ教学における「愧」のみを、眞諦は慚愧と翻訳した。3. 心が散乱すること。（ただしこれは典拠とすることは困難である。）〔佛教語大辞典〕499c-d

*ｻﾝｹﾞ　*懺悔　[s：deśanā、kṣama、paṭi　karoti、āpatti-pratideśanā]〈悔過（けか）〉ともいい、自ら犯した罪過を仏や比丘の前に告白して忍容を乞う行儀。〈懺悔〉または〈悔過〉と漢訳されたサンスクリット原語は種々ある。中国仏教では、忍んで許してくれるよう乞う意の〈懺摩（さんま）〉（kṣama）と、過去の罪過を追悔する意の〈悔〉との合成語とする。律（り

つ）では満月と新月の説戒に、夏安居（げあんご）の終了日に、戒本を誦し、違反した罪を１人（対首懺）ないし４人（衆法懺）の大僧に告白した行儀で、āpatti-pratideśanā（他に対して告白する）と称した。阿含経では釈尊に罪を告白して許しを願った例が多く、大乗仏教では十方仏や諸仏を礼して身（しん）口（く）意（い）三業（さんごう）の罪やあらゆる罪過を発露（ほつろ）し懺悔する行儀となり、中国ではこれが特定の儀礼となって懺法（せんぼう）の儀則が成立した。天台智顗（ちぎ）は、懺悔を行動に表す事懺（じせん）と、実相の理を観法することで罪過を滅する理懺（りせん）に分け、作法（律の懺悔）・取相（観法）・無生（理懺）の３種にも分類した。南山律の道宣（どうせん）は、戒律の制教懺（せいきょうせん）を小乗とし、業道の罪を懺悔する化教懺（けきょうせん）をすべての仏教に通ずるものとする。天台仏教では法華懺法中十住毘婆沙論に依用する懺悔・勧請（かんじょう）・随喜・回向（えこう）・発願（ほつがん）を〈五悔（ごげ）〉と称し、すべてを懺悔の内容とする。密教では〈ごかい〉という。また浄土教の善導は、毛孔や眼から血の出る上品（じょうぼん）から涙を出す下品（げぼん）までの三懺悔を述べるが、後に中国・日本では懺悔の行儀は次第に儀礼化するに至った。〔岩波仏教辞典〕

*サンゲン　*三賢　1. 小乗アビダルマの教学では、五停心観・別相念住・総相念住という三つの位にある聖者をいう。2. 天台・華厳の教学では、菩薩の階位のうちの十住・十行・十廻向をいう。〔広説佛教語大辞典〕570b

*サンゴ　*珊瑚　七宝の一つ。〔佛教語大辞典〕495a

*サンゴウ　*三業　一切の業を（karman 行為）を３種に類別したもの。一般には身業（kāya-karman 身体的行為）口業（vāk-karman 言語表現）意業（manas-karman 心意作用）の三種の行為をさす。ただし類別の基準により、善業・悪業・無記業をさす場合や、福業・非福業・不動業をさす場合など多義がある。〔岩波仏教辞典〕314

*サンシツ　*散逸　ちりぢりにちらばってなくなる。『散失《サンシツ》・散佚《サンイツ》・散軼《サンイツ》』　世間の事がらにわずらわされることがなくて、生活がひまなこと。［漢字源］

*サンジボサツ　*三地菩薩＝十地の菩薩の第三地*ジュウジ　十地　1. 菩薩が修行すべ

き五十二の段階のうち、特に第四十一位から第五十位までを十地という。すなわち、歓喜地・離垢地・発光地・焔慧地・難勝地・現前地・遠行地・不動地・善慧地・法雲地の十段階。2. 第十地のこと。〔佛教語大辞典〕654b-c

*サンジュウニソウ　*三十二相　佛の身体に備わる三十二の身体的特徴。17 番目に真金色相がある。皮膚が滑らかで黄金のごとくである。〔広説佛教語大辞典〕580a-581a

*サンジュウニソウ　*三十二相　仏および 転輪聖王（てんりんじょうおう）にそなわる 32 の優れた特徴。よく知られたものとして、足下安平立相（そくげあんぺいりゅうそう）（偏平足である）、正立手摩膝相（しょうりゅうしゅましつそう）（直立したとき手が膝に届く）、陰蔵相（おんぞうそう）（陰馬蔵相（おんめぞうそう）。男根が体内に隠れている）、四十歯相（歯が 40 本ある）、大舌相（広長舌相（こうちょうぜっそう）。舌は顔を覆うことができるほど大きい）、頂髻相（ちょうけいそう）（肉髻相（にっけいそう）。頭頂に隆起がある）、白毛相（びゃくもうそう）（白毫相（びゃくごうそう）。眉間（みけん）に白毛がある）などがある。なお人間に転用して、完全無欠な容姿の形容ともする。弥陀の御顔は秋の月、青蓮（しゃうれん）の眼（まなこ）は夏の池、四十の歯ぐきは冬の雪、三十二相春の花〔梁塵(28)〕〔岩波仏教辞典〕

*サンショウ　*三性　1. すべてのものの性質を宗教の倫理的立場から、善・悪・無記（善とも悪とも決定づけられない心や行為）の三つに分けたものをいう。2. インドの唯識学派で説かれ、支那・日本の法相宗の根本教義となった存在の三種の見方。すべてのものの在り方や本性（性相）を有と無、仮と実という点から見ていう。(1) 偏計所執性（虚妄分別相、分別性 S:parikalpita-svabhāva）。種々の縁から生じた実体のない存在を実体と誤認する心や、その存在のすがた。(2) 依他起性（因縁相、依他性 S:paratantra-svabhāva）。あらゆる存在は縁によって起こったものであるとする。(3) 円成実性（第一義相、真実相 S:pariniṣpanna-svabhāva）。その真実の本性・眞如。これらの三性には自性（ものとしてのそれ自体の存在）がない空であることを示すのを三無性といい、合わせて三性三無性と

呼ばれる。この三性の関係は、不即不離で蛇と縄と麻のたとえで説かれる。愚人が闇夜に縄を見て本当の蛇（実我の相としての偏計所執性）と思い、驚き恐れたが、覚者に教えられて蛇でなく蛇に似た縄であること（依他起性が仮の我であること）を知り、さらに実際にあるととらわれている縄（実在と考えられているものとしての偏計所執性）も、本当は実体がなく、その本質は麻であり（圓成實性）、その縄は種々の縁によって、麻が仮に縄の形状をしているにすぎないというのである。略して遍・依・円三性という。〔広説佛教語大辞典〕586c-587a

*サンジョウ　*三乗［s：yāna-traya、tri-yāna］　三種の乗物の意。乗物とは衆生を悟りに導いて行く教えをたとえたものである。声聞（しょうもん）乗・縁覚乗・菩薩乗の三つをいう。縁覚乗を〈独覚乗〉、菩薩乗を〈仏乗〉と称することもある。仏は衆生の素質に応じてこの３種の教えを説いた。前２者は小乗に属し、後者は大乗である。法華経は、三乗の差別の存するのは方便説であって真実には一乗に帰すべきことを説いている。声聞は四諦の理により、縁覚は十二因縁を観ずることにより、菩薩は六波羅蜜（ろくはらみつ）を修行することにより、それぞれの悟りを得るとされる。聞く者、皆涙を流して歓喜し、ことごとく三乗の道果を得けりとなむ〔今昔（4-39)〕門の外なる三つ車、二つは乗らむと思ほえず、大白牛車（だいびゃくごしゃ）に手をかけて、直至道場（ぢきしだうぢゃう）訪ひ行かむ〔梁塵（74)〕〔岩波仏教辞典〕

*サンジョウジュ　*三定聚　1. 衆生（生類）を三種に分類したもの。（1）正定聚(S.samyaktva-niyata-rāśi)。永遠のさとりの境地に至ることが定まっている生類。（2）邪定聚（S.mithyātva-niyata-rāśi）地獄に堕ちると定まっている生類。（3）不定聚（aniyata-rāśi)。さとりを得るのも地獄に堕ちるのも縁（条件）次第で、定まっていない生類。2. 一般には、さとりを得る修行上の見地から人びとを分類したもの。正定聚・邪定聚・不定聚の三種をいう。（1）正定聚。必ずニルヴァーナに至ることを約束された者。必ず救われる者。（2）邪定聚。修行を励まず、必ず地獄などの悪道に堕ちる者。（3）不定聚。前二者の中間に位して、いずれにおもむくとも決まっていない者。3. 浄土真宗では、特に第十八願の他力の信心を得たものを

正定聚、諸の善行によって、浄土に生まれようとする第十九願の人を邪定聚、自力の念仏に励む第二十願の人を不定聚とする。〔広説佛教語大辞典〕588b-c

*サンジン *三身 佛陀の三つの身体。大乗佛教で説かれる法身・報身・応身のこと。法身〈dharma-kāya〉は真理（法）の身体の意味で、永遠普遍の真理（眞如）の当体をさし、法佛・法身佛・法性身・自性身・如如佛・如如身・實佛・第一身とも、また真身とも呼ばれる。応身〈nirmāna-kāya〉は、さまざまな衆生の救済のために、それらに応じて現われる身体で、応佛・応化佛・応化身などとも呼ばれる。報身〈sambhoga-kāya〉は、佛となるための因としての行を積み、その報いとしての完全な功徳を備えた佛身である。法身は絶対的真理そのものをさし、永遠不滅ではあるが人格性を持たないものであり、応身は歴史的世界に現われたブッダの身体であって、人格性を持つものであるが無常な存在あるのに対して、報身はその両者を統合した佛身である。それは、衆生済度の願いと実践を重ねることによって報われた功徳（因行果徳）を持つ身体であり、真理の生きた姿であるとされる。三身説にはこの他、法身・応身・化身、法身・解脱身・化身、自性身・受用身・変化身などがある。歴史的に見れば第二期（中期）大乗佛教（４世紀）までは法身（永遠身）と色身（rūpa-kāya 現実身）の二身説できたが、４世紀から５世紀にかけて永遠相（本質界）と現実相（現象界）の関係付けないし統一が問題となり、それが佛身論に及んで法身と色身（応身）を統一したものとして報身が立てられ、三身説となったと考えられる。〔岩波仏教辞典〕321

*サンズ *三途 三塗とも書く。地獄、餓鬼、畜生の三悪道のことで、地獄は火に焼かれることから火途、畜生は互いに相食むことから血途（ケチズ）餓鬼は刀で責められることから刀途といい、合わせて火血刀の三途とも称する。三途の川は死者が冥界に入る前に渡るとされる川の名。これを説く地藏菩薩発心因縁十王経は中国で作られた僞経らしく、三途の川の観念は佛教本来のものではない。〔岩波仏教辞典〕321

*サンゼ *三世 ［s：traiyadhvika、traikālya］ 過去（atīta）、現在（pratyutpanna）、未来（anāgata）のこと。過・現・未と略すこともあり、

三際（サンザイ）というのも同じ。部派仏教などでは、過・未・現の順で列挙することが多い。過去は法（ホウ）がすでに過ぎ去った状態、現在は現に生起している状態、未来はいまだ起こって来ない状態を示す。この表し方からも察せられるように、仏教では時間を実体的にとらえるのではなく、移り変わってゆく現象・存在の上に、仮に時間的な区分を立てるのである。三世因果（インガ）というのは、過去・現在・未来にわたって 因果の関係がつながっていること。また、生まれる前にあった一生を 前世、現在の生涯を現世、死後の生涯を 来世と呼び、それを 三世ということもある。→三世（用例）三世諸仏の説法の儀式もかくやと、歓喜の涙留めがたし　栄花（音楽）　奉る蓮（ハチス）の上のつゆばかりこころざしをもみよ（三世）の仏に　古本説話集（上）三〔岩波仏教辞典〕

*サンゼン　*散善　散り乱れた心（平常の心）のままで行なう善事。凡夫が散乱の心でなす行。定善に対する。定善とともに淨土に生まれるための善事である。浄土教では、これは自力であるとして念佛に劣ると解する。『觀無量壽經』にとく十六観の内、後の三觀を言う。〔広説佛教語大辞典〕593a

*サンゼン　*三禪　色界の第三禪天をさす。→四禪　〔広説佛教語大辞典〕593a

*サンゼンセカイ　*三千世界　三千大千世界の略。〔広説佛教語大辞典〕593b

*サンゼンダイセンセカイ　*三千大千世界　略して三千世界ともいう。古代インド人の世界観による全宇宙。須彌山を中心にして、その周囲に四大洲があり、そのまわりに九セン八海があるが、これが我々が住む世界で、一つの小世界という。上は色界の初禅天から、下は大地の下の風輪にまで及ぶ範囲をいう。この世界のうちには、日・月・須彌山・四天下・四天王・三十三天・夜摩天・兜率天・樂変化天・他化自在天・梵世天を含む。この一つの世界を千集めたのを、一つの小千世界と呼ぶ。この小千世界を千集めたのを、一つの中千世界、中千世界をさらに千合わせたものを、一つの大千世界と呼ぶ。その広さ、および世界の成壊は、すべてが第四禅天と同じ。この大千世界は千を三回集めたわけであり、小・中・大の三種の千世界からなるので、三千世界または三千大千世界という。三千の世界という意味ではなく、千の三乗の数の世界という意味である。三千世界は十億の小世界である。この三千世界のことを千百億世界ともいうが、この場合、今の億より

も一桁下の数を億とよんでいる。百億は十億を意味する。したがって三千大千世界は実際は十億の世界である。太陽系× 1000 ＝小千世界　小千世界× 1000 ＝中千世界　中千世界× 1000 ＝大千世界　この一つの三千世界が一佛の教化する範囲だとする。これを一佛国とみなす。仏典において宇宙構成を述べたもの。ありとあらゆる世界。数限りない世界。ある限りのすべての世界。一つの宇宙全体。果てしなく広い宇宙。〔広説佛教語大辞典〕593c-d

*サンゾウ　*三藏　1. 経・律・論の三藏のこと。蔵は一切の仏教の文書・教義を蔵するものという意。藏の原語であるピタカ S:P:piṭaka は「かご」の意。仏教聖典を経蔵・律蔵・論藏の三種に分類した称。仏教聖典の全体。2. 小乗教。小乗の聖典。3. 聲聞藏と縁覚藏と菩薩藏のこと。三乗のことをいう。4. 経・律・論の三蔵に精通した僧に対する尊称。三蔵法師の略。たとえば、玄奘三蔵。【解釈例】經律論に通達するを云ふ。〔解説〕伝説によれば、釈尊入滅後間もなく、諸弟子が集まって三蔵を結集したというが、三蔵の存在を実証するのは、一世紀頃の銘文にある。「藏を知る者（peṭaki）」の語である。部派仏教のうち、有力な部派は、それぞれ独自の三蔵を持っていたらしいが、現在までそれを完全に伝承しているのは、セイロン上座部のみであり、説一切有部は律蔵・論藏のみを伝え、その他ではごく一部が残っているだけである。大乗佛教では、それらの諸部派の三蔵を小乗の典籍とけなして、別に大乗経。大乗論を編集し、シナではまた小乗を三蔵教とよび、聖典としての三蔵は一切経または大蔵経と称している。（ただし大蔵経の目録には大小乗に経・律。論の三蔵を分類している。）なお部派仏教の中でも大衆部では三蔵に雑藏、犢子部では呪藏を加えて四蔵とし、大衆部の異説では、三蔵に雑集藏と禁呪藏、法蔵部では呪藏と菩薩藏『成實論』では雑藏と菩薩藏を加えて五蔵を数えた。〔佛教語大辞典〕481a-b

*サンダン　*讃歎　仏・菩薩の徳をほめたたえること。世親（せしん）の浄土論では、阿弥陀如来の徳をたたえることを浄土に生れるための五つの方途（五念門）の一つに数える。また、日本で平安初期からおこなわれた仏教讃歌の一種を讃歎という。大勢至菩薩は無量の聖衆とともに、同時に讃嘆して手を授け、引接したまふ〔往生要集（大文第２）〕薪を荷ひて廻る讃歎の

詞にいはく〔三宝絵（中）〕〔岩波仏教辞典〕

*ｻﾝﾉｳﾍﾝ　*三能變　唯識説において八識を能変といい、これを三種に分けて説く。①初能変。アーラヤ識（第八識）。②第二能変。思量識（第七識、マナ識）。③第三能変。了別境識（対象を認識する識、すなわち眼などの六識。）『成唯識論』一巻〔広説佛教語大辞典〕601b

*ｻﾝﾊﾟｲｸﾎﾞﾝ　*三輩九品 極樂に往生しようと願う衆生の段階で、その人の素質および修行のいかんによって、上輩・中輩・下輩の三種類、ならびに九品（九種類）に分かつ。輩は類の意。三輩九品の配分は、『觀無量壽經』に九品往生を明かして、三輩にこれを収めるのによる。上三品は上輩生、中三品は中輩生、下三品は下輩生とする。〔佛教語大辞典〕485c

*ｻﾝﾌﾟｸ　*三福　三つの福業。三つの善業。三種の功徳。世福（世間における道徳上の善行）、戒福（教団内において守るべき戒律の実行）、行福（大乘佛教徒の実践する菩薩行）をいう。福は福利で善行を修すれば今世後世その身をたすけることをいう。特に浄土教一般の解釈では、散善を行の性質によって分類したもの。すなわち 1. 世福。父母に孝行を尽くし、師や長上の人につかえ慈悲心を持ち善い行ないを修すること。2. 戒福。佛法僧の三宝に帰依し、戒を実行して、定められた挙動（威儀）を守ること。3. 行福。道を求める心を起こして、大乘教を読誦して浄土往生を願うこと。の三つをいう。『觀無量壽經』『大正蔵経』12-341C『往生要集』『大正蔵経』84-78A『選擇集』『大正蔵経』83-15A〔佛教語大辞典〕487a

*ｻﾝﾎﾞｳ　*三宝　［s：ratna-traya trīṇi ratnāni］　仏教の教主である仏と、その教え（法）と、それを奉ずる人々の集団（僧）を宝にたとえたもの。このように仏・法・僧を三つに分けてとらえることを〈別相三宝〉というが、３者とも本質的には真如（しんにょ）に発するから一つであるととらえるのを〈一体三宝〉といい、仏像と経巻と出家の僧ととらえるのを〈住持三宝〉という。また仏法僧宝の４字を刻した印を〈三宝印〉といい、鎌倉時代より始まり、祈祷札・護符などに用いられるようになった。三宝の力を蒙らずは、救ひ治むべきこと難し〔書紀（敏達 14.　６）〕〔岩波仏教辞典〕

*ｻﾝﾏｲ　*三昧　samādhi の音写。三摩地・三摩提とも音写。定・正受・等持などと漢訳する。1. 心が静かに統一されて、安らかになっている状態。何

ものかに心を集中することによって、心が安定した状態に入ることである。禅定と同義語。『大智度論』（第五巻）に「一切禅定、亦名定、亦名三昧」という。しずけき心。心の静まった状態。心を専注して無念なること。心を不動にした宗教的瞑想の境地。心を専注すること。宗教的瞑想。瞑想。心静かな瞑想。主観と客観とが不二融即した地位。（浄土宗では「さんまい」と読む。日蓮宗でもこの語だけを読むときには「さんまい」と読む。曹洞宗では「ざんまい」と読む。）【解説】心をひとところに定めて動かさないから「定」、正しく所観の事がらを受けるから「受」、平等の心をたもつから「等持」、諸佛諸菩薩が有情界に入って平等にそれを守り念ずるから「等念」、定中に法楽を現ずるから「現法楽住」、心に暴をととのえ、心の曲がったのを直し、心の散ったのを定めるから「調直定」、心の動きを正して、法に合一させる依処となるから「正心行処」、思慮をとどめて心の思いを凝結するから「息慮凝心」といわれる。「一切の三昧は、この王三昧の眷属なり」【解釈例】観念なり。〔表現例〕宗教的な恍惚境。心身不動の境地。そのものになりきること。→三摩地。2.samādhi の音写。三昧場ともいう。墓地のそばに三昧堂を立てて僧をして死者の冥福を祈らせる意から、墓所・葬場の意に転じた。この用法は現在地方には残っている。〔現在のインドでもヒンディー語で、精神集中の他に墓所のことを samādhi という〕〔広説佛教語大辞典〕605d-606b

*サンミョウ　*三明　1.特別な修行者のもつことのできる三種の超人的能力。（1）宿命明。宿世の因縁を知ること。自他のあやまちを知る。これによって常見をなおす。（2）天眼明。未来の果報を知ること。自他の未来を知る。これによって断見をなおす。（3）漏尽明。煩悩が尽きて得た智。現在の煩悩を断ずる。これによって邪見をなおす。六神通のうち、宿命通・天眼通・漏尽通の三つを別出していう。過去・現在・未来のことに通ずる力。2.無学の阿羅漢をもっている三明で、（1）無学の宿住随念智作証明。（過去を知る）（2）無学の生死智作証明（未来を知る）（3）無学の漏尽智作証明（現在を知る）をいう。六神通のうち、宿命通・天眼通・漏尽通に同じである。3.三ヴェーダのこと。『リグ・ヴェーダ』『サーマ・ヴェーダ』『ヤジュル・ヴェーダ』をいう。4.三ヴェーダに通じた。3.4.の意が原意であるが、仏

教に取り入れられて、内容が改められたのである。〔広説佛教語大辞典〕608d-609a

*サンムシュウコウ　*三無數劫　三阿僧祇劫に同じ。〔広説佛教語大辞典〕609 b

*サンムショウ　*三無性　三種の「それ自体の存在しないこと」。相無性・生無性・勝義無性という三種をいう。相（実質）と生（生起）と勝義（究極的真理）という点において無自性、空であること。〔広説佛教語大辞典〕609b-c

*サンモン　*三門　1. 蘊と処と界との三つの体系。2. さとりのための障害を離れる三種の門。すなわち、智慧門・慈悲門・方便門。3. 中央と左右の三つの門が連なっているもの。4. 三慧のことで、聞慧を耳門、思慧を心門、修慧を中道觀門と名づける。5. 教・律・禅のこと。6. 山門のこと。禅宗寺院の正門。山門を三解脱門に喩えていう。すなわち、ニルヴァーナに入るための空・無相・無作の三つの解脱門（迷いから解放されようとする者が通らねばならない門）を、寺院の門に擬した。必ずしも通路が三つなくともよい。普通は重層で、左右両翼に山廊がつき、そこから階段で上層に登る。上層の内部は禅宗建築の他の様式と異なって極彩色にいろどり、仏壇の中央に釈迦三尊、左右に羅漢像を並べる。後には禅宗以外の伽藍にも設けられた。「大空無相無願解脱を所入門と為す。謂ゆる大宮殿は三解脱門を所入処と為す。」『佛地經論』〔広説佛教語大辞典〕610a

*サンリョウ　*三量　1. 現量・比量・聖教量をいう。三種の認識手段。すなわち、感覚知と推量知と聖教による知のこと。2. 三つの知識根拠。比量・現量・佛言量をいう。〔広説佛教語大辞典〕611a-b

*シ　*滋　《常用音訓》ジ《音読み》ジ／シ《訓読み》ます／ますます／しげる／しげし／うるおす（うるほす）《名付け》あさ・しく・しげ・しげし・しげる・ふさ・ます《意味》1 ｛動｝ ます。芽や子どもなど、小さいものがどんどんふえる。2. ｛副｝ ますます。さらに。いよいよ。「若是則弟子之惑滋甚＝カクノゴトクナレバ則チ弟子ノ惑ヒマスマス甚ダシ」〔→孟子〕3. ｛動・形｝ しげる。しげし。草木がおいしげる。「瓢箪屢空、草滋顔淵之巷＝瓢箪屢空シク、草滋ル顔淵ノ巷」〔→和漢朗詠集〕4. ｛動｝ うるおす（ウルホス）。水分や養分を与える。「滋潤」5. ｛名｝ 活力をふやすうまい食べ物。「滋養」［漢字源］

*シ　*呰　《音読み》シ《訓読み》そしる《意味》{動} そしる。はげしくしかる。〈類義語〉→叱《シツ》。{名} きず。欠点。{名} くい違い。失敗。［漢字源］

*シ　*貲　《音読み》シ《訓読み》あがなう（あがなふ）《意味》{名} 財産。また、もとで。〈同義語〉→資。〈類義語〉→財。{動} あがなう（アガナフ）。財貨を出して罪のつぐないをする。〈類義語〉→贖《ショク》。［漢字源］

*シ　*師　《常用音訓》シ《音読み》シ《訓読み》いくさ《名付け》かず・つかさ・のり・みつ・もと・もろ《意味》{名} いくさ。集団をなした軍隊。▽周代には二千五百人を一師といった。〈類義語〉→旅。「師旅（軍隊）」「師団」「行師＝師ヲ行ル」{名} おおぜいの人々。「京師《ケイシ》（人々の集まる都）」{名} 先生。学問を多くの人に教える人。また、宗教上の指導者。〈対語〉→弟《テイ》（でし）。「先師（なくなった先生）」「牧師」「可以為師矣＝モッテ師ト為ルベシ」〔→論語〕シトス {動} 先生とする。手本として学ぶ。「師事」「莫若師文王＝文王ヲ師トスルニ若クハナシ」〔→孟子〕{名} 昔の音楽や礼儀の専門家。「師摯《シシ》（魯《ロ》の音楽の先生の名）」「師冕見＝師ノ冕見ユ」〔→論語〕{名} 芸に通じた親方。〈対語〉→徒（でし）。「画師」「薬師」{名} 周易の六十四卦《カ》の一つ。坎下坤上《カンカコンショウ》の形で、多くの人を統率する意を示す。［漢字源］

*シ　*子　《常用音訓》シ／ス／こ《音読み》シ／ス《訓読み》こ／こたり／ことする（ことす）／み／ね《名付け》こ・さね・しげ・しげる・たか・ただ・たね・ちか・つぐ・とし・ね・み・みる・やす《意味》{名} こ。親のうんだこ。〈対語〉→父・→母。〈類義語〉→孫（まご）。「老而無子曰独＝老イテ子無キヲ独ト曰フ」〔→孟子〕{名} むすこ。男のこ。▽狭い用法では男のこを子といい、女のこを女という。「子女《シジョ》」{名} 成人した男子に対する敬称。あなた。「二三子《ニサンシ》（あなたたち）」「子奚不為政＝子ナンゾ政ヲ為サザル」〔→論語〕{名} …をする者。ひと。「読書子」{名} 学問があり、人格のすぐれた人の名につける敬称。▽特に「論語」の中では孔子を子という。「孟子」「老子」「諸子百家（あまたの古代の思想家）」{名} 中国の書籍を、経・史・子・集の四部に分類したうちの子部のこと。→子部 {名} 公・侯・伯・子・男の五等爵の第四位。のち日本でも用いられた。

「子爵」{動} こたり。こどもらしくする。子としての役を果たす。「子不子＝子、子タラズ」〔→論語〕{動} ことする（コトス）。自分のこどもとみなす。「子庶民＝庶民ヲ子トス」〔→中庸〕{名} み。実・種・動物のたまご。「鶏子」「桃子（もものみ）」{名} こ。もとになるものから生じてできてきたもの。▽「母財（元金）」に対して、「子金（利子）」という。〈対語〉→母。{名} ね。十二支の一番め。▽時刻では夜十二時、およびその前後二時間、方角では北、動物ではねずみに当てる。{助} 小さいものや道具の名につけて用いる接尾辞。「帽子ボウシ」「椅子イス」「金子キンス」「払子ホッス（ちりはらい）」{動} ふえる。また、繁殖する。▽滋ジに当てた用法。{動} いつくしむ。▽慈ジに当てた用法。〔漢字源〕

*シ　*資　《常用音訓》シ《音読み》シ《訓読み》もと／たち／たすける（たすく）／とる／はかる《名付け》すけ・たすく・ただ・とし・もと・やす・よし・より《意味》{名} もと。用だてるためにそろえた品物や金銭。もとで。「資金」「軍資（軍用金）」「資斧シフ（生活費）」{名} それによって事をなすための、もとづくところ。よりどころ。「資格」

{名} たち。元来備わっていて、やがて役だつべき能力やからだつき。もちまえ。〈類義語〉→質。「資質」「天資（うまれつき）」シス {動} たすける（タスク）。とる。金品を用だててたすける。また、金品や条件を与える。あつらえて役だてる。もとでとして利用する。「資生」「資助」「資敵国＝敵国ニ資ス」「王、資臣万金＝王、臣ニ万金ヲ資ス」〔→国策〕シス {動} はかる。いろいろな意見を用意して相談すること。▽咨シ（はかる）に当てた用法。「事君先資其言＝君ニ事フルニハ先ダツテソノ言ヲ資ル」〔→礼記〕〔漢字源〕

*シ　*ジ　茲　《音読み》シ／ジ《訓読み》しげる／ますます／ここ／ここに／これ／この／すなわち（すなはち）《意味》{動} しげる。草木が繁茂する。{副} ますます。どんどん増えるさま。〈同義語〉→滋。「賦斂茲重＝賦斂茲重シ」〔→漢書〕{名} わらの敷物。むしろ。〈類義語〉→蓐ジョク。{指} ここ。ここに。これ。この。〈類義語〉→此・→斯。「築室于茲＝室ヲ茲ニ築ク」〔→詩経〕{接続} すなわち（スナハチ）。前後の節がすらすらとつながることをあらわす。〈類義語〉→則。「君而継之、茲無敵矣＝君ニシテコレ

ヲ継ガバ、茲チ敵無カラン」〔→左伝〕「今茲《コンジ》」とは、今年のこと。「今茲美禾、来茲美麦＝今茲ハ禾ニ美シク、来茲ハ麦ニ美シ」〔→呂覧〕「茲其《シキ》」とは、鋤のこと。《解字》会意。「艸＋幺二つ（細く小さい物が並ぶ）」で、小さい芽がどんどん並んで生じることをあらわす。また、此とともに、近称の指示詞に当てて用いる。［漢字源］

*ジ　*辭　《常用音訓》ジ／や…める《音読み》ジ／シ《訓読み》やめる／ことば／ふみ／ことわる《名付け》こと《意味》｛名｝ ことば。単語をつらねたことば。細かい表現。〈類義語〉→詞。「言辞」「美辞麗句」「辞達而已矣＝辞ハ達スルノミ」〔→論語〕「無情者不得尽其辞＝情無キ者ハソノ辞ヲ尽クスヲ得ズ」〔→大学〕｛名｝ ふみ。ことばをつらねて書いた文章。〈類義語〉→文。「文辞」「辞章」｛名｝ 裁判での申したて。「訟辞（法廷での論争）」ジス ｛動｝ ことわる。いいわけをする。いいわけをのべて、受けとらない。また、職をやめる。「推辞（ことわる）」「辞譲（ことわってゆずる）」「辞富居貧＝富ヲ辞シテ貧ニ居ル」〔→孟子〕ジス ｛動｝ あいさつをのべて去る。いとまごいをする。「辞去」「辞別」｛名｝ 文体の様式の名。「楚辞」の流れを引いた韻文。のち、散文化して、風物に即して感興をのべるようになった。〈類義語〉→賦《フ》。「辞賦」「秋風辞」［漢字源］

*ジ　*事 vastu 1 事柄。具体性。現象。現われる現象 2 個別的現象。差別の相のいちいち。具体的差別的なもの。差別の姿。理の対。現実。3. 活動。はたらき。現象面のはたらき。4. はたらきを起こす力。はたらき。潜在的形成力。潜在力。5. もの。実体。対象。事物。6. 家、道具などの物体。7. よりどころとなるもの。8. よい行いのよりどころ。9. 根本条件。原因の意。10. 境地、立場。11. なすべきこと。なすべきつとめ。12.…なるもの。13. 苦。14. サーンキヤ学派でいう根本質料因から作り出された結果。15. 三界の内のこと。三界の外のこと。すなわち理に対する。16. 佛の相好や浄土のすがたを観想すること。17. 空間的・時間的に限定された現象的特殊者、または個別者。特に日本天台宗で強調する。〔広説佛教語大辞典〕616a-c

*ジ　*次　《常用音訓》シ／ジ／つぎ／つ…ぐ《音読み》ジ／シ《訓読み》つぎ／つぐ／つぎに／ついで／やどる／とまる《名付け》ちか・つぎ・つぐ・

ひで・やどる《意味》{名} つぎ。並んだもののうち、はじめのもののつぎ。「次年」「敢問其次＝アヘテソノ次ヲ問フ」〔→論語〕{動} つぐ。第一のものの下に位する。また、第一のもののあとに続く。「君又次之＝君マタコレニ次グ」「相次去世＝アヒ次イデ世ヲ去ル」{副} つぎに。ついで。そのあとに続いて。「次叙病心＝次ニ病ム心ヲ叙ス」〔→白居易〕{名} 順序。「序次」「班次（並べた順序）」「以次進至陛＝次ヲモッテ進ミ陛ニ至ル」〔→史記〕{単位} 物事の回数・度数を数えるときのことば。また、物事の順序をあらわすことば。「数次（数回）」{名} ある行為をしたとき。そのさい。「参内之次サンダイノジ（宮中にまいったとき）」ジス {動} やどる。とまる。もと、軍隊がざっと部署をととのえて宿営する。また、旅の間に一日だけとまる。「旅次（宿屋。また、旅の途上）」「師退次于召陵＝師退キテ召陵ニ次ル」〔→左伝〕{名} 星のとまる星座。また広く物のやどる場所。「胸次（むねのところ）」〔漢字源〕

*ジ　*持　《常用音訓》ジ／も…つ《音読み》ジ（ヂ）／チ《訓読み》もつ／たもつ／もち／もてる《名付け》もち・よし《意味》{動} もつ。じっと手にとめる。〈類義語〉→執シュウ／シツ・→操。「所持」「右手持匕首＝右手ニ匕首ヲ持ツ」〔→史記〕ジス {動} たもつ。じっと守りささえる。「保持」「主持（責任をもってその仕事をささえる）」「自持＝ミヅカラ持ス」「十年持漢節＝十年漢ノ節ヲ持ス」〔→李白〕ジス {動} ささえもちこたえる。「扶持（ささえる）」「持危＝危フキヲ持ス」「危而不持＝危フクシテ持セズ」〔→論語〕〔国〕もち。受けもつこと。負担すること。「費用は各人持ち」もち。試合などで、勝負が決まらない状態。あいこ。「持ち合い」「持碁ジゴ・モチゴ」もてる。もてはやされる。人気がある。《解字》会意兼形声。寺は「寸（て）＋音符止シ」の会意兼形声文字で、手の中にじっと止めること。持は「手＋音符寺」で、手にじっと止めてもつこと。→寺〔漢字源〕

*シアイ　*四愛　衣服・飲食・臥具と有無有（存在・帰無＝有すなわち生存と無有すなわち無に帰することとに対して貪愛を生ずること）との四つに対する貪愛を言う。〔広説佛教語大辞典〕617c

*シイシュ　*四意趣　如来説法に四種の意趣あるの意。又、四意とも称す。一に平等意。二に別時意。三に別義意。四に衆生樂欲意なり。〔望月佛教大辞典〕

1714

*シウ　*四有　[s：catvāro　bhavāḥ]〈有〉とは生存のことで、有情が輪廻（りんね）転生（てんしょう）する過程の、ある一定期間の生存状態を４分して〈四有〉という。第１に死んでから次の生を受けるまでの〈中有〉(antarā-bhava)、第２に生を受けた瞬間の〈生有〉(upapatti-bhava)、第３に受生後から死ぬまでの〈本有〉(pūrva-kāla-bhava)、第４に臨終の瞬間の〈死有〉(maraṇa-bhava) の四つを指す。『倶舎論』（９）などに説かれる。〔岩波仏教辞典〕

*ジウ　*似有　有に似ていてしかも有ではないこと。〔広説佛教語大辞典〕620a

*シエ　*思慧　思慮から生ずる智慧。三慧の一つ。〔佛教語大辞典〕540c

*シエ　*四依　1. 依とは所依たるもの。また、道理の意。悪しきものを遠離し、善きものを受用し、貪瞋癡を離れ、怠らず精進するのを四つの依という。2. 衣食住に薬を合わせた四つの物。3. 四つのよりどころ（なる人）の意。佛滅後に衆生の頼りとなる四人の導師。【解釈例】依とは頼みよると云ふことなり。〔佛教語大辞典〕508C

*シエノボサツ　*四依の菩薩　よりどころとなる四種類の菩薩。〔佛教語大辞典〕508d

*シエン　*四縁 万物が生ずる場合に広く原因となるものを四種に分類したもの。縁はこの場合因に同じ。１）因縁（hetu-pratyaya）結果を生ずる直接的内的原因。２）等無間縁(samanantara-pratyaya 次第縁)前の刹那の心(心・心所）が、後の刹那の心を生ずるために場所をあけて導き入れることを原因と考えた縁。前の心が滅することが、次の心を生じさせる原因と成ること。３）所縁縁（ālambana-pratyaya 縁縁）親疎の対象が、心に対して縁となることを言う。認識の対象が認識を起こさせる原因と成ること。４）増上縁（adhipati-pratyaya）以上の三縁以外の一切の間接的原因のことを言う。これには他のものが生ずるのに積極的に力を与える場合、有力増上縁と他のものが生ずるのを妨げないことが原因になると言う消極的な場合、無力増上縁の２種がある。〔広説佛教語大辞典〕621a-b

*シオン　*四恩　我々が平等に恩恵をうけているものに四つあることをいう。

心地観経（しんじかんぎょう）によれば、その四つとは、父母の恩・衆生（しゅじょう）の恩・国王の恩・三宝（さんぼう）の恩とである。三宝とは、仏・法・僧をさすが、そのうち僧とは、教団を意味する。釈氏要覧（しゃくしようらん）では、国王・父母・師友・檀越（だんおつ）の恩としており、その他、若干異なる四恩が説かれる場合もある。一切衆生は皆是れ我が四恩なり〔十住心論（１）〕まづ世に四恩候ふ。天地の恩、国王の恩、父母の恩、衆生の恩これなり〔平家（２．教訓状）〕→恩〔岩波仏教辞典〕古い漢訳仏典では「四摂事」のことを「四恩」と訳している。〔広説佛教語大辞典〕

*ジカイ　*持戒　戒めを守ること。戒を保つこと。戒律を守り、常に自己を反省すること。つつしみ。仏が制定した戒律を守って犯さないこと。〔広説佛教語大辞典〕623a

*シカモ　*而　《音読み》ジ／ニ《訓読み》しこうして（しかうして）／しかも／なんじ（なんぢ）／その《意味》{接続}　しこうして（シカウシテ）。前後の語句をつなぐことば。そうして。▽訓読では「…して」「…て」と読むことも多いが、ふつうは読まない。「学而時習之＝学ンデ時ニコレヲ習フ」〔→論語〕{接続}　しかも。前後の語句をつないで、曲折したつながり方や逆接の意味をあらわす。それなのに。「人不知而不慍＝人知ラズシテ慍ラズ」〔→論語〕{代}　なんじ（ナンヂ）。おまえ。〈類義語〉→汝・→若。「且而与其従辟人之士也＝カツ而ハソノ人ヲ辟クルノ士ニ従ハンヨリハ」〔→論語〕{指}　その。「而月斯征＝而ノ月ココニ征ク」〔→詩経〕{接続}　名詞のすぐあとについて、それでありながらの意をあらわす。「人而不仁＝人ニシテ仁ナラズンバ」〔→論語〕「而後シカルノチ」とは、そののち。▽前の文を受けて、その次に、それからの意をあらわす。「三思而後行＝三タビ思ウテ而「漢字源〕

*シカリ　*爾　そのとおりである。〔新字源〕632

*シカン　*止観　［s：śamatha,vipaśyanā］*奢摩他*毘婆舎那　荘子の〈止〉（唯（た）だ止のみ能（よ）く衆止を止（しず）む〔徳充符篇〕など）と〈観〉（吾れ之が本を観る〔則陽篇〕など）の思想をふまえて成立した中国仏教の哲学用語。心を外界や乱想に動かされず静止して特定の対象にそそぐ

śamatha（止）と、それによって正しい智慧をおこし対象を観ずるvipaśyanā（観）とをいい、戒定慧（かいじょうえ）（三学）の定と慧に相当するが、止と観とは互いに他を成立させて仏道を完（まっと）うさせる不離の関係にある。〔岩波仏教辞典〕

*ｼﾞｶﾝ　*地觀　＝地想＝地想観

*ｼｷ　*色　［s：rūpa］　いろ・形あるものの意、認識の対象となる物質的存在の総称。一定の空間を占めて他の存在と相容れないが（これを質礙（ぜつげ）という)、絶えず変化し、やがて消滅するもの。内色（ないしき）（五つの感覚器官）と外色（げしき）（感覚器官の対象)、細色（さいしき）（微細な色）と麁色（そしき）（粗い色)、定果色（じょうかのしき）（瞑想の結果としての色）と業果色（ごうかのしき）（行為の結果としての色）などに区別される。また、眼によって捉えられるもの、見ることができるものをもいい、顕色（けんじき）（いろ）と形色（ぎょうしき）（かたち）がある。心を用いても仏の色を得ず、色を用いても仏の心を得ず〔往生要集(大文第６)〕その仏性の色にあらはれたるは、この法花経におはします〔法華百座(３．26)〕〔岩波仏教辞典〕色・形をもったすべての物質的存在。〔佛教語大辞典〕574b-d

*ｼｷ　*旨歸　根本の趣旨。教えの趣意。帰結するところの根幹。われわれのよるべき根源極意。〔広説佛教語大辞典〕628a

*ｼｷ　*識　p .viñāṇa　s.vijñāṇa の漢訳　1. 認識作用。識別作用。心の把捉した事柄を区別して理解し、これこれであるという決定を与えること。はたらく心。識別のはたらきをなすもの。認識する心。視・聴・嗅・味・触覚の器官および思考力を媒介とする六種の認識機能。眼・耳・鼻・舌・身・意の六種の認識作用が、色（形あるもの）・声・香・味・触（触れられるもの）・法の六種の対象を認識するはたらき。2. 心・意・に同じ。こころ。3. 五蘊の一つ。4. 人間のいのちをたもつ一つの要素。意識作用。死および気絶と区別される。意識。5. 十二因縁のうちの第三。行に条件付けられた心。母胎内で初動する。託胎初刹那の五蘊のこと。6. 唯識の「識」。原語は s.vijñapti である。(思考のはたらきの加わった）認識。表象内容。対象として現れる表象。7. 意識。純粋意識。心。記憶。8. 万有に遍在して

いて常住なる精神的原理。識が一切のところに遍在し、地・水・火・風・虚空界の中にも識はみな遍満していると説いた。仏教外の哲学で想定した。9. さとり。10. 知識のこと。11. 迷っている凡人の心のはたらき。〔広説佛教語大辞典〕627b-d

*ｼﾞｷ　*時機　時と機。すなわち教えに相応する時と人びとの能力をいう。時節と衆生の機根・素質。時代と人間。〔佛教語大辞典〕570d-571a

*ｼｷｳﾝ　*色蘊　1. 物質という集まり。物という存在の群れ。2. この身。〔広説佛教語大辞典〕629a

*ｼｷｶｲ　*色界　*三界

*ｼｷｶｲ　*色界　1. 清らかな物質から成り立つ世界。欲界の上にある天界で、欲界のよごれを離れ、物質的なものがすべて清浄である世界。物質的世界の内で、ことに本能的欲望が盛んで強力であるところを欲界と呼び、それほどに欲望が盛んではないところを単に色界と呼ぶ。欲望は断じたが肉体を存するものの世界。清らかな物質の世界。この界の衆生はもろもろの欲望を離れて男女の別なく光明を食とし言語とする。欲界の上に有る天界、清浄なる世界。初禅、第二禅、第三禅、第四禅の四天にわかれ、また十七天にわかれる。2. 眼の対象としての色と形。十八界の一つ。また、存在するものの意で、有為法、無為法の全てを指す。さらに事物の根源、存在の基体の意を表し、しばしば真理そのもの眞如と同義とされる。〔佛教語大辞典〕575a-b

*ｼｷｶﾝ　*色觀→色相觀　佛のすがたかたちを觀想すること。極樂の依正二報のありさまを觀ずること。〔佛教語大辞典〕576c

*ｼｷｸｷｮｳﾃﾝ　*色究竟天　色界最上の天。色界に属する四つの天（四禅天）のうち最上に位置する天。色界の第四の静慮處にいる天。〔広説佛教語大辞典〕630b

*ｼｷｺｳﾐｿｸ　*色香味触　四大（四つの元素）のもつ性質。→四大〔佛教語大辞典〕576a

*ｼｷｼﾝ　*識心　心所法に対して六識または八識となってはたらく心をいう。〔佛教語大辞典〕578d-579a

*ｼｷｼﾝ　*色身 rūpa-kāya 1. 物質的な身体。肉身。肉体。肉体としての身体。地・

水・火・風・空などの物質的要素でできている肉身、肉体。生まれながらの身体。生身。すがたかたち。『阿毘達磨倶舎論』『瑜伽論』『八十華厳』2.すがたかたちをもった佛の身体。外に現われて見ることのできる佛の肉身。肉体を具えたブッダ。化身と同じことになる。佛の現実的な身体。三十二相などを具えた佛の有形の生身。『華厳経』『大智度論』3.端麗な身体。〔広説佛教語大辞典〕633a

*シキジン　*色塵　五塵・六塵の一つ。眼識の対象たる色境をいう。心性をけがし煩悩を引き起こすので、塵と名づける。〔広説佛教語大辞典〕633b

*シキゾウ　*色像　色身に同じ。物質的なものが建言すること。〔佛教語大辞典〕576d

*シキソウ　*色相　1.色（物質）の特質。色の本性。2.外に現われて見ることのできる色身のすがた。〔佛教語大辞典〕576c

*シキソク　*側塞　満ち満ちている様子をあらわす。浄土真宗聖典プロジェクト『ウィキアーカイブ（WikiArc)』

*シキホウ　*色法　物質的存在。もの。一切の存在するものを色法と心法とに分けて、質礙（空間的占有性）のあるものを色法という。質礙とは、同時に同一箇所を占有できない性質をいう。眼・耳・鼻・舌・身の五官によってとらえられる対象は、すべて色法である。五位の一つで心法に対していう。〔広説佛教語大辞典〕636b

*ジキユウ　*食用　食物として用いること。〔広辞苑〕

*ジキュウ　*持久　長く持ちこたえる。［漢字源］

*ジキュウ　*持久　久しく持ちこたえること。そのままの状態で長く続けること。「一力」「一走」〔広辞苑〕

*シク　*四句　1.偈をいう。偈はおもに八言四句から構成されているからである。2.四句分別のこと。存在に関する四種の分類法。ものを規定する場合の四段階にわたる考察。もののあり方を分ける四種の範疇。有と無と亦有亦無と非有非無とである。「有り」「無し」「有りかつ無し」「有りに非ず無しに非ず」という四種類の表示法。第一句、単（Aなり。）第二句、単（非Aなり）。第三句、倶（Aにして非Aなり）。第四句、非（Aにも非ず非Aにも非ず）。この四種に分類・解釈する方法。これを単単倶非という。

その一例として、「すべてのものは一である。」「すべてのものは一ではない。」「すべてのものは一でもあり一でもない。」「すべてのものは一でもなく、一でないのでもない。」という四句によってすべてのものを解釈分別する論理形式。3. 自・他・共（自と他と両者）・無因をいう。ものは四句のうちのどれから生じたのでもないという。〔佛教語大辞典〕511a-b

*ｼｸﾞｾﾞｲｶﾞﾝ　*四弘誓願《しくせいがん》とも。あらゆる仏・菩薩がおこす次の四つの誓願をいう。1）衆生無辺誓願度. 数かぎりない人びと（衆生（しゅじょう））をさとりの彼岸に渡そうという誓願。2）煩悩無尽誓願断. 尽きることのない煩悩（ぼんのう）を滅しようという誓願。3）法門無量誓願学（もしくは誓願知）. 量り知ることのできない仏法の深い教えを学びとろうという誓願。4）仏道無上誓願成. 無上のさとりを成就したいという誓願。仏・菩薩の決意した心を示したもの。語句には若干の異同が存するが、原型は心地観経（功徳荘厳品）に見られ、定型的なものは智沮（ちぎ）の摩訶止観（10下）に見られる。古来、菩薩の整理・要約された誓願として〈総願〉と称し、口に唱えられた。なお、真言宗では五大願とする。→四弘誓願（用例）四弘誓願（用例）　しぐぜいがん　惣じてこれを謂はば仏に作（な）らんと願ふ心なり。また、上は菩提を求め、下は衆生を化（すく）ふ心とも名づく。別してこれを謂はば四弘誓願なり。〔往生要集（大文第４）〔岩波仏教辞典〕

*ｼﾞｹﾞﾝ　*示現 1. すがたを見せること。色（rūpa）の通俗語源解釈『阿毘達磨倶舎論』2. 佛菩薩が衆生を教化するために種々の姿を示して現われること。佛の三十二相や観音の三十三身などにも用いる。神仏が姿を現わして垂示すること。S saṃdarśana darśana nidarśaka prabhāvitatva 3. 歴史的人物（たとえば聖徳太子）がすがたを現わすこと。4. 神仏が霊験を現わすこと。〔佛教語大辞典〕549

*ｼﾞｺﾞ　*地居 *ｼﾞｺﾞﾃﾝ　*地居天 五類天の一つ。六欲天の内、四天王、忉利天の二つをいう。須彌山に住するからこう呼ぶ。〔佛教語大辞典〕561

*ｼｺｳ　*指向　精神・意識がある一定の目標に向けられること。〈同義語〉志向。物事がある方向に進むこと。［漢字源］

*ｼﾞｺﾞｸ　*地獄　［s：naraka, niraya］〈奈落（ならく）〉〈泥黎（ないり）〉な

どの音写語がある。悪業を積んだ者が堕ち、種々の責苦を受けるとされる地下世界の総称。破戒（はかい）などの罪を犯した者が死後に赴くとされる最も苦しみの多い生存状態。三悪趣（さんあくしゅ）・五趣・六道・十界（じっかい）の一つ。→地獄（八熱・八寒地獄）→地獄（業報輪廻と地獄思想）→地獄（閻魔と地獄）→地獄（往生要集の影響）→地獄（用例）

地獄（八熱・八寒地獄）　じごく　経典にはさまざまな地獄が説かれるが、等活（とうかつ）より阿鼻（あび）に至る八熱地獄（八大地獄）と、極寒に苦しめられるという八寒地獄が特に知られる。他に八熱の各地獄に付随する〈増（ぞう）地獄〉(副地獄)、地獄の各所に散在するという〈孤（こ）地獄〉などがあるという。正法念処経（しょうぼうねんじょきょう）や倶舎論（くしゃろん）などの経典・論書ではこれらの地獄を組織的に説くが、もちろん一時期に成立したものではない。たとえば八寒地獄は，古くは特に寒冷との結びつきを持たず、しかも10種の地獄として説かれていた。後にヒンドゥー教の影響下に八熱地獄が成立したことにより、それとの対比で八寒とされたものと思われる。

地獄（業報輪廻と地獄思想）　じごく　いずれにせよ、古代インド社会における業報輪廻（ごうほうりんね）の世界観の定着とともに、仏教でも早くからこの地獄思想を取り入れ，悪業の報いとしての堕（だ）地獄の恐怖が盛んに説かれた。そして、在家（ざいけ）として戒律を守り善業を積めば，死後には生天（しょうてん）の果報を得、また出家として清らかな身を保つ者は、輪廻の苦界そのものから逃れて究極の解脱（げだつ）を得ることができるものとされた。

地獄（閻魔と地獄）　じごく　死王ヤマ（閻魔（えんま））と地獄との結びつきは、すでにインドの仏教において認められるし、死後審判の思想は仏教以前から存在していた。しかしこれが中国に至ると、特に道教における太山府君（たいざんふくん）の冥界思想と習合して十王信仰を生み、閻魔大王を地獄の主宰者とする審判思想の明確な成立を見た。わが国では、この中国的な太山冥府の地獄思想が古くからの黄泉（よみ）の国の他界観念と結びつき、さらにインド以来の地獄観、輪廻思想も漸次仏典から紹介されて入り込んだことから、全体としてはきわめて錯綜した他界観、あるいは地獄観が形成されるに至った。

地獄（往生要集の影響）　じごく　仏教の地獄思

想が人心を深くとらえたのは、特に源信（げんしん）の往生要集（平安中期）に八大地獄が詳述されて以来のことであり、以後、〈地獄変（へん）〉〈地獄変相（へんそう）〉などと呼ばれる絵画や、地獄草紙（ぞうし）のような解説文（詞書）を付した絵巻物などの作成が盛んとなり、それを利用した六道説法の盛行と相俟って人々の堕地獄に対する恐怖感をあおり、わが国における浄土信仰の隆盛の大きな要因となった。のみならず、そのような地獄思想の具体的な描出が、わが国の文化や社会に及ぼした影響は計り知れず、その事例は枚挙にいとまがないほどである。三途（さんず）の川や賽（さい）の河原などの諸信仰の成立、また〈地獄谷〉〈地獄の沙汰（さた）〉〈奈落の底〉などといった表現・言い回しの流布も、そのようにして仏教の地獄観が広く民間に浸透した結果生まれたものである。地獄(用例)

じごく　仏、難陀を地獄に将（ゐ）て至り給ひぬ。もろもろのかなへ（かなへ）どもを見せ給ふに、湯盛りに涌きて人を煮る〔今昔（118）〕地獄絵にかきたるやうなる鬼形の輩、その数、かの家に乱入して家主を捕へ〔古事談（4）〕〔岩波仏教辞典〕

*ｼｺﾝ　*紫金　紫磨黄金の略。金の精錬されたもの。閻浮檀金。紫磨金。〔広説佛教語大辞典〕647b

*ｼﾞｻﾞｲ　*自在（vaśitā,vaśitva）vaśitā は意のままに従わせる力。vaśitva は意のままであること。ただし語源的には両語は区別されない。佛典では、煩悩などの束縛を離れた菩薩や佛の無礙なる境地や能力をいう。 自己の欲するがままであること。思いのまま。佛菩薩に備わる力のこと。佛のことを自在人ともいう。自在力には、世の中を見抜く自在、説法教化の自在、自由に種々の国土に生まれる自在、寿命を伸縮できる自在など種々ある。〔岩波仏教辞典〕

*ｼﾞｻﾞｲﾃﾝｸﾞｳ　*自在天宮　色界の第四禅にある大自在天王の宮殿。または欲界の第六天である他化自在天の宮殿。〔広説佛教語大辞典〕649a-b

*ｼｼ　*尸屍　＝死尸＝死屍　1. 屍体　死体　2. 四重戒を犯せば、比丘としての生命を断ったのであり、死屍に等しいということ。〔広説佛教語大辞典〕650a

*ｼｼ　*死屍「死体」と同じ。〔仏〕犯罪をおかした僧のこと。▽戒律を破っ

た僧はしかばねに等しいということから。〔漢字源〕

*ジシャ　*侍者　1.お付きの者。家来。2.師・長老に従って侍する者の意で、高僧の近くに侍して命に従い、常に用務を果たす弟子をいう。仏前のことに関して、師に給仕する焼香侍者、往復書簡のことを司る書状侍者、客の接待の給仕をする請客侍者など。禅林では方丈者に同じ。→五侍者〔広説佛教語大辞典〕654a

*シシュ　*四修　1.佛が過去に福徳と智慧とを修する四つのしかた。(1)無余修。余すところなく完全に修行すること。(2) 長時修。三大無数劫にわたって倦むことなく修すること。(3) 無間修。刹那も廃することなく修すること。(4) 尊重修。うやうやしく修すること。2.四種類の修。(1) 得修いまだかつて得ていないものを現在得ること。(2) 習修。かつて得た功徳がいま現前して修習されること。(3)対治修。有漏を対治する法を修習すること。(4)除遣修。修道において煩悩を断ずるための修習。3.浄土教における修行のしかたの四種類。(1) 恭敬修。阿弥陀仏及び聖衆をうやうやしく礼拝すること。慇重修、尊重修ともいう。(2) 無余修。もっぱら念佛を唱え、他の行いをまじえないこと。(3) 無間修。間をおかずに引き続いて修すること。(4) 長時修。一生涯修すること。〔広説佛教語大辞典〕655a-b

*シシュ　*四衆　四種類の信徒の意。1.比丘 (bhikṣu)・比丘尼 (bhikṣunī)・優婆塞 (upāsaka)・優婆夷 (upāsikā) の四種をいう。すなわち仏教教団の中の出家の衆と在家の衆。四種の仏教徒。仏教者のつどい。比丘は男子で出家して具足戒を受けた者、比丘尼は、女子で出家して具足戒を受けたものをいう。前者は男僧であり、後者は尼僧である。優婆塞の原語upāsakaとは (出家修行僧に対して) 侍する者、仕える者の意で、在俗信者をいう。すなわち在家の男で仏道に入り、三宝に帰依し、五戒を受けた者をいい、清信士と漢訳される。優婆夷は右の女性で、清信女と漢訳される。これらを合わせて四衆と称し仏教教団を構成する四種の人とされる。この四種の原語はジャイナ教でもそのまま用いられている。2.比丘・比丘尼・沙弥・沙弥尼 3.竜象衆・辺鄙衆・多聞衆・大徳衆をいう。4.佛の説法に関係する者を四種に分類したもの。(1) 発起衆 (佛の説法するようにしむける者『法華經』において舎利弗が三度説法を請うたごとき)。(2)

当機衆（経を聞いて利益を受ける者）。(3) 影響衆（他所から来て佛の教化をたすける者）。(4) 結縁衆（直接利益を受けないが、説法の座に会して佛を拝し、法を聞く因縁を結ぶことができた者）。〔広説佛教語大辞典〕655b-d

*ｼｼｭ　*旨趣＝趣旨 かんがえ。むね。おもむき。〔新字源〕968

*ｼﾞｼｭ　*持取 たもち取る。握りとる。

*ｼｼｭｳ　*四洲 須彌山の四方の海にある四大洲。南瞻部洲（Jambu-dvīpa）・東勝身州（Pūrva-videha）・西牛貨洲（Apara-godānīya）・北瞿盧洲（Uttra-kuru）をいう。南瞻部洲は閻浮提ともいい、われわれの住むところである。四州で全世界を現わす。〔広説佛教語大辞典〕656c

*ｼｼﾞｭｳｷﾝｶｲ　*四重禁戒　*ｼﾊﾗｲｻﾞｲ　四波羅夷罪　*ｼｼﾞｭｳｻﾞｲ　四重罪　四つの大きな罪。婬戒、盗戒、殺人戒、大妄語戒を犯す罪。すなわち、1. 女性と通ずること。2. 他人の所有物を盗むこと。3. 人を殺すこと。4. 自分は聖者であるとうそをつくこと。（仏道修行上のある段階に達していないのにその資格があると吹聴して、他人からの尊敬、供養を受けること）以上の四つの重い罪。比丘がこれを犯すと教団追放となる。〔広説佛教語大辞典〕658b

*ｼｼｭｼｭｼﾞｮｳ　*四種衆生　一闡提・外道・聲聞・辟支佛の四種をいう。〔広説佛教語大辞典〕661d

*ｼｼｮｳ　*資生　1. 生活に役立つこと。生活に役立つ物。人の生活を助ける衣食住のための道具。必需品。資産。2. 生活。生活を亨受すること。3. 自分の精力をつけるために肉食すること。〔佛教語大辞典〕547c-d

*ｼｼｮｳ *四生 1. 四種類のあらゆる生き物。命あるもの。迷いの世界のあらゆる生き物。あらゆる生き物をその生まれ方の相違によって四つに分類していう。(1). 胎生（jarāyu-ja）母胎から生まれるもの。人や獣をいう。(2). 卵生（aṇḍa-ja）卵から生まれるもの。鳥のようなものをいう。(3). 湿生（saṃsveda-ja）湿気の中から生まれるもの。ぼうふらや虫などをいう。じめじめした所から生まれる。(4). 化生（upapādu-ja）過去の自分の業の力によって作り出された存在。よりどころなしに忽然として生まれたもの。天人や地獄の衆生などはこれに属する。人間は胎生で、餓鬼は胎生のもの

と化生のものとが有り、天人（神々）と地獄の衆生とは化生であり、畜生は胎生のものと卵生のものと湿生のものとがある。中有も化生である。2. 胎生、卵生、湿生、化生を次々にめぐること。3. 四度の生死をいう。四生百劫などという場合がそれである。〔佛教語大辞典〕523a-b

*ｼｼﾞｮｳ　*至誠　1. 誠実。まごころ。2. 佛の名。薩遮〈satya〉の漢訳。〔佛教語大辞典〕536c

*ｼｼﾞｮｳ　*熾盛 さかんなこと。さかんなり。〔佛教語大辞典〕548d

*ｼｼｮｳｼﾞ　*四摂事　〈四摂法〉とも。〈摂〉は引き寄せてまとめる意。人びとを引きつけ救うための四つの徳。原始仏教以来説かれるもので、〈布施〉（施し与えること）、〈愛語〉（慈愛の言葉）、〈利行〉（他人のためになる行為）、〈同事〉（他人と協力すること）をいう。道元の正法眼蔵（菩提薩藉四摂法）に、四摂事の一々について宗教的な解説がなされている。〔岩波仏教辞典〕

*ｼｼﾞｮｳｼﾝ　*至誠心　至とは真、誠とは実のこと。誠実な心。真実の心。まことの心。偽りのない心。本当に往生を願う心。佛を礼拝し、讃歎称揚し、専念観察するまことの心。三心の一つ。〔佛教語大辞典〕536d

*ｼﾞｼﾞｮｳ　*地上 地前の対 十地にのぼったの意。地上にのぼった菩薩。菩薩の五十二位のうち、初地以上の位をさす。

*ｼｼﾖｳｺﾞﾝ　*四正勤　*ｼｺﾞﾝ　*四勤　一勤已生悪念斷 二勤未生悪不生　三勤未生善令生 四勤已生善令增 〔三十七道品〕 四種の正しい努力。さとりを得るための実戦修行法の一つ。(一)すでに生じた悪を除こうと努めること。(二)悪を生じないように努めること。(三)善を生ずるよう努めること。(四)すでに生じた善を増すように努めること。すなわち、(一) 已生の悪を長く断ぜしめ、(二) 未生の悪を生ぜざらしめ、(三) 未生の善を生ぜしめ、(四) 已生の善を増長せしめること。三十七道品のうち四念処についで修するところのもの。四正断ともいう。〔広説佛教語大辞典〕668a

*ｼﾞｼｮｳﾌﾞﾝ　*自證分　1. 自分を認め知るはたらき。2. 護法の唯識説における四分の一つ。自覚的に証知する認識作用。これによって客観を認識する主観自体が認識されるとする。【解釈例】自證分と申候は心の正き体なり、余の三分は心の用なり。『唯識大意』自證分は心の体として中にありて見分をも知り、證自證分をも知る也。『唯識大意』〔広説佛教語大辞典〕670d

*ジショショエン　*時處諸縁　時と所と場所のこと。【解釈例】とは、ところ、よろづのことなり。〔広説佛教語大辞典〕671c

*シジョウリョ　*四静慮　1.色界の四禅定をいう。→四禅定 2.四静慮天の意で四禅を修して生ずる天処をいう。→四禅天〔佛教語大辞典〕524d

*シシン　*至心　1.専念すること。心をつくすこと。まじりのない心。統一された心。2.まことの心。まごころ。至誠心。真心。まごころを込めること。真実の心。浄土教でいう三心の一つ。または三信の一つ。阿弥陀仏の第十八願のうちで誓われた至心・信楽・欲生の一つで、これらは浄土に生まれるための信心のすがたを分析したもの。至心とは、心が澄んで明るく清らかであること。浄土宗では、阿弥陀仏に対して心の底からまことの心をもって信ずることを至心というが、浄土真宗では、その信ずる心は、実は阿弥陀仏より与えられたものであり、仏のまごころ、すなわち至心であるとする。【解釈例】真心なり。真実。至とは真なり。まことと云ふこと。心とは実と云ふこと。阿弥陀仏のおんこころざしなり。よろづの善人をすすめたまふ誓いなり。後生の志一になること。真実と云ふこと。まことのみと云ふこと。成仏の種と云ふこと。阿弥陀仏の本願の真実なり。清浄真実なり。真実心。至とは真なり。心とは実なり。真実とはまことのみと云ふこと。総てもののみと、真のみとは、無上涅槃に至るなり。如来の誓いの真実心なり。真実の心。3.まごころ込めて。一心に。4.（副詞として）ひとすじに。〔広説佛教語大辞典〕672a-b

*シシン　*四身　1.『楞伽經』に説く、四種の佛身。化佛（すなわち化身）、功徳佛、智慧佛、（すなわち報身）、如如佛（すなわち法身）を言う。2.『成唯識論』に説く、自性身、・他受用身・自受用身・変化身の四身。3.天台宗で言う、法身・報身・応身・化身の四つ。4.四種法身に同じ。5.佛の四つの身体。真諦訳『攝大乗論』。〔佛教語大辞典〕524d-525a

*ジシン　*自心　1.自分の心。2.自分の考え。3.無量寿仏に対する信仰。4.菩提心をいう。5.自分の心は実は仏の法身・報身・応身の住むところであり、自己の心が実は仏の心である、とも説かれている。「男女もしよく〔阿字の〕一字を持てば、朝朝（あさなあさな）もっぱら自心の宮を観ぜよ。自心はただこれ三身の土なり。」「もし自心を知るは、すなわち仏心を知るなり。

仏心を知るは、すなわち衆生の心を知るなり。三心平等なりと知るは、すなわち大覚と名づく」〔広説佛教語大辞典〕672d

*ジシン　*慈心　1.（生き物に対する）いつくしみの心。真実の友情。2.柔和なこと。3.堪え忍ぶ心。ゆるす心。4.愛見の心にけがれた慈で、善種の所生ではない。六十心の一つ。5.与楽（楽しみを与える）の心。6.【解釈例】一念喜愛の心。信ずると同時に起こる喜愛の心。〔広説佛教語大辞典〕673a-b

*ジジン　*四塵　色香味触＝*四大の性質　または、四大のことをいう〔岩波仏教辞典〕

*ジジン　*四塵　1.色・香・味・触の四つの対象領域。2.四つの元素。四大。〔広説佛教語大辞典〕672c

*シシンシンギョウ　*至心信楽　まごころをこめて阿弥陀如来（あみだにょらい）の本願を信じ往生を願うこと。親鸞（しんらん）は阿弥陀如来の四十八願のうち第十八願を〈本願三心願〉〈往相信心願〉のほか、〈至心信楽願〉とも名づけた。無量寿経（むりょうじゅきょう）（巻上）によると第十八願は、もし我れ仏（たること）を得たらんに、十方の衆生（しゅじょう）、至心に信楽して我国に生ぜんと欲し、乃至（ないし）十念せんに、もし生ぜずんば正覚を取らじ。ただ五逆と誹謗正法（ひほうしょうぼう）とを除くとある。親鸞の解釈は、如来が衆生の浄土往生を至心に願っていることとする。至心・信楽・欲生、その言（ことば）異なりといへども、その意（こころ）これ一つなり〔教行信証（信）〕十方の衆生心を至して信楽して、我が国に生まれんと願ひて乃至（ないし）十念せんに〔発心集（6）〕。〔岩波仏教辞典〕

*シスル　*資する　もとでとする。たすけとする。

*ジセツ　*時節　1.時間。時期。2.適当な機会。ある決定的な時点。3.季節。4.時代。〔広説佛教語大辞典〕675d-676a

*シゼン　*四禪　1.色界における四つの段階的境地。初禪から四禪までである。欲界の迷いを越えて色界に生ずる四段階の瞑想をいう。四つの禪の段階。四段階からなる瞑想。精神統一の四段階。四つの心統一。四禪定ともいう。（1）初禅は、覚・觀・喜・楽・一心の五支よりなる。（2）第二禅は、内浄・

喜・楽・一心の四支よりなる。(3) 第三禅は、捨・念・慧・楽・一心の五支よりなる。(4) 第四禅は、不苦不楽・捨・念・一心の四支よりなる。2. 観練薫修に同じ。3. 四禅天の略。〔広説佛教語大辞典〕676c

*ジゼン　*地前　地上の対　十地に入る前初地の位の以前。三賢に同じ。菩薩五十二位の内、十地以前の十信、十住、十行、十回向の四十位をさす。菩薩はこの位において修行すること一大阿僧祇劫なりという。〔佛教語大辞典〕564a

*ジゼンボサツ　*地前菩薩　十地にのぼる以前の菩薩。菩薩五十二位のうち、前四十位のぼさつをいう。〔広説佛教語大辞典〕677a　十地に入る前初地の位の以前。三賢に同じ。菩薩五十二位の内、十地以前の十信、十住、十行、十回向の四十位をさす。

*ジソウ　*事相　1. はたらきのすがた。事物の特質や性状。消滅変化する現象的なもの。2. 密教で実践上の儀式（修法）の方面をいう。密教では教義を組織的に研究し、解釈する面を教相というのに対して、灌頂・修法など具体的に修する作法の面をいう。その主なものに、十八道・金剛界・胎蔵界・護摩の行法や灌頂などがあるが、これらはすべて教理的に組織づけられ、教相と表裏の関係を持ち、たとえば手に印を結ぶことも、一つ一つ意味内容をもち、事相によって教理が実践されるわけである。〔広説佛教語大辞典〕678a-b

*ジソウ　*地想　また、地想観ともいう。『觀無量壽經』に説く十六観の第三。第二の水想観をますます明瞭にして、浄土の瑠璃地を観想することをいう。〔佛教語大辞典〕564a

*シタイ　*四諦　1. 四つの真理。四つの聖なる真理。仏教の説く四種の基本的真理。苦諦・集諦・滅諦・道諦の四つ。四聖諦に同じ。2. 智顗は、『勝鬘經』ならびに南本『涅槃經』四行目の説意によって、生滅・無生・無量・無作の四種の四諦の説を立てて、これを化法の四教に配している。〔広説佛教語大辞典〕680B

*シダイ　*四大　1. 地・水・火・風のこと。大（mahā-bhūta）とは元素のこと。四つの元素。(1) 堅さを本質として保持する作用地大（S:pṛthivī-dhātu）。(2) 湿性を納め集める作用を持つ水大（S:ab-dhātu）。(3) 熱さを本質として

成熟させる作用のある火大（tejo-dhātu)。(4) 動物を生長させる作用のある風大をいう（S:vāyu-dhātu)。これらが集まって物質を生ずると考えたから、能造の色という。この元素説には、インドの他の思想体系にも類似の説があり、仏教中でも異説があるが、アビダルマ仏教の一般説では認識対象としての地・水・火・風は仮の四大であり、元素としての実の四大は不可見のものであるとする。2. 身体のこと。もと、身体は地・水・火・風の四大元素からなると考えられていた。〔佛教語大辞典〕526c-d

*シダイ　*次第　1. 順序。2. 次第に。順次に。順序して。3. 二十四不相応法の一つ。順序のことで、諸の有為法の相が同時にではなく、順序によって消滅することをいう。諸行流転次第と、内身流転次第と、成立所作次第との三種がある。4. なりゆき。情況。立場。境地。5. 密教修行の要領を記した聖教類。6.（諸の経典を説く）順序。〔広説佛教語大辞典〕680d

*シダイカイ　*四大海　須弥山の四方にある大海をいう。『觀無量壽經』『大正蔵経』12 巻 343b〔広説佛教語大辞典〕681b

*シタン　*指端　指の先。S.aṅguly-agra 〔広説佛教語大辞典〕683c

*シチ　*四智 四つの智慧の意 唯識説では佛智を次の四つに分ける。大円鏡智 鏡のようにあらゆるものを差別無く表わし出す智 平等性智自他全てのものが平等であることを証する智。妙観察智 平等の中に各各の特性があることを証する智 成所作智 あらゆるものをその完成に導く智。これらはそれぞれ阿頼耶識、末那識、意識、前五識（眼、耳、鼻、舌、身）が転依して証得されるとする。〔岩波仏教辞典〕

*シチカクシ　*七覚支　さとりを得るために役立つ七つの事がらの意。心の状態に応じて存在を観察する上での注意・方法を七種にまとめたもの。七つのさとりに役立つもの。さとりへ導く七つの項目。さとりの智慧を助ける七種の修行。(1) 択法覚支。教えの中から真実なるものを選びとり、偽りのものを捨てる。(2) 精進覚支。一心に努力する。(3) 喜覚支。真実の教えを実行する喜びに住する。(4) 輕安覚支。心身をかろやかに快適にする。(5) 捨覚支。対象へのとらわれを捨てる。(6) 定覚支。心を集中して乱さない。(7) 念覚支。おもいつづけること。『倶舎論』『維摩經』『辨中邊論』〔広説佛教語大辞典〕685a

*シチシュ　*七衆　佛教徒の集団を構成する七種類の人びと。比丘（bhikṣu 修行僧）・比丘尼（bhikṣuṇi 尼、女性の修行者）・優婆塞（upāsaka 信士、在俗信者）・優婆夷（upāsikā 信女、女性の在俗信者）の四者を四衆というが、前二者は具足戒を受けた出家の専門修行者であり、後二者は在家の仏教徒であって、五戒を守る者。また、出家のうち男の未成年者を沙弥（śrāmaṇera 小僧）、女のそれを沙弥尼（śrāmaṇerī）といい、特に女性の場合は、沙弥尼と比丘尼の中間に式叉摩那（śikṣamāṇā）を設ける。これらすべてを合わせて七衆という。仏教者のつどい。【解釈例】比丘・比丘尼・式叉摩那・沙弥・沙弥尼を五衆という。これに優婆塞・優婆夷を加えて七衆というなり。〔広説佛教語大辞典〕686b

*シチジョウ　*七淨＝七淨華＝七華＝七覚支　又七種淨なり。『維摩詰所説經』「八解之浴池。定水湛然滿。布以七淨華。浴此無垢人」『羅什註』「一に戒淨、心口所作清淨。二に心淨、斷煩惱心清淨。三に見淨、見法眞性不起妄想。四に度疑淨、眞見深斷疑。五に分別道淨、分別是道非道。六に行斷知見淨、知見所行善法與所斷惡法而清淨分明。七涅槃淨、證得涅槃遠離諸垢。」〔織田佛教大辞典〕729b-c

*シチホウ　*七宝〔1〕　しちほう　［s：sapta-ratna］《しっぽう》とも読む。７種の貴金属や宝石。金（suvarṇa）、銀（rūpya）、瑠璃（るり）（vaiḍūrya、琉璃とも。猫眼石？）、頗黎（はり）（sphaṭika、玻梨・水精とも。水晶）、（しゃこ）（musāragalva、車渠とも。貝の一種）、珊瑚（さんご）（lohitamuktik、赤珠とも。赤真珠）、瑪瑙（めのう）（aśmagarbha、馬瑙・赤色宝とも）の７種。ただし経典により異同多く、順序なども一定しない。初期の仏典にすでに見られるが、特に浄土系諸経典や法華経（ほけきよう）などの大乗経典に出て、仏国土（ぶつこくど）・極楽浄土の描写に用いられる。たとえば、浄土の林は七宝の樹木より成るとされ、〈七宝樹林〉とか〈七宝行樹（ごうじゅ）〉と呼ばれる。なお七宝焼も、金・銀・銅などの素地にガラス釉（ゆう）を焼きつけたことからの称である。→七宝〔1〕（用例）

七宝〔1〕（用例）　しちほう　衆宝の国土の、一々の界（さかひ）の上には、五百億の七宝より成るところの宮殿・楼閣あり〔往生要集（大文第２）〕帝釈の宮殿もかくやと、七宝を集めてみがきたるさま、目もかかやく心ち

す〔増鏡（11）〕七宝〔2〕 しちほう ［s：sapta-ratna］《しっぽう》とも読む。転輪聖王（てんりんじょうおう）が所持するという7種のすぐれた宝物。輪（統治に用いるチャクラの輪）、象（白象）、馬（紺馬）、珠（神珠、あまねく照らす珠）、女（玉女）、居士（こじ）（資産家）、主兵臣（すぐれた将軍）の七宝。仏の説法を転輪聖王の輪宝になぞらえ、転法輪（てんぼうりん）という。〔岩波仏教辞典〕

*シチホウケ　*七寶華　七宝よりなる華。〔広説佛教語大辞典〕691c

*シチボダイブン　*七菩提分　菩提分は P:bojjhaṅga の漢訳。七覚支に同じ。〔広説佛教語大辞典〕691c-d

*シチョウ　*師長　1. 師や年長者。教師と先輩。尊敬されるべき目上の人。尊者。長者。また百官それぞれの長をもいう。2. 師。〔広説佛教語大辞典〕692d

*シツ　*失　1. 滅び去ること。2. 欠点。あやまち。過失。失敗。3. 誤謬の意。過失ともいう。〔広説佛教語大辞典〕693b-c

*ジツ　*実【實】旧字《常用音訓》ジツ／み／みの…る《音読み》ジツ／ジチ／シツ《訓読み》み／みのる／みちる（みつ）／まこと／まことに／じつ《名付け》これ・さね・ちか・つね・なお・のり・ま・まこと・み・みつ・みる《意味》｛名｝ み。中身のつまった草木のみ。「果実」「草木之実足食也＝草木ノ実食ラフニ足ル」〔→韓非〕｛動｝ みのる。草木のみの中身がつまる。「秀而不実者有矣夫＝秀シテ実ラザル者有リ」〔→論語〕｛動｝ みちる（ミツ）。内容がいっぱいつまる。〈対語〉→虚。「充実」「君之倉廩実＝君ノ倉廩実ツ」〔→孟子〕ジツナリ｛形｝まこと。内容があってそらごとでない。〈対語〉→虚・→空。「事実」「后聴虚而黜実兮＝后ハ虚ヲ聴キイレテ実ヲ黜ク」〔→楚辞〕ジツニ ｛副｝ まことに。ほんとうに。実際に。「天実為之＝天、実ニコレヲ為ス」〔→詩経〕「其実ソノジツ」とは、文頭につけて、「じつをいうと」、「実際は」の意味をあらわす。「其実皆什一也＝ソノ実ハ皆什ニ一ナリ」〔→孟子〕〔国〕じつ。真心。親身の心。「実のある人」み。内容。「実のある話」〔漢字源〕

*ジッカイ　*十戒　1. 十善戒ともいう。十善に同じ。小乗でも大乗でも説く。世俗の人の保つべき十の戒め。十種類の戒め。殺生・偸盗・邪婬（以上してはならないもの）、妄語・綺語・悪口・両舌（以上口にしてはならないもの）、

貪欲・瞋恚・愚癡（以上心に思ってはならないもの）を離れること。2.小乗の沙弥・沙弥尼の十戒。その内容は（１）生き物を殺さない。（不殺生戒）、（２）盗みをしない。（不偸盗戒）、（３）淫欲にふけらない。（不婬戒）、（４）うそを言わない（不妄語戒）、（５）酒を飲まない（不飲酒戒）、（６）装身具や香などを身につけない。（不塗飾香鬘戒）、（７）歌や踊りを見聞きしない。（不歌舞観聴戒）、（８）広く高い寝台に寝ない。（不坐高広大牀戒）、（９）正午以後食事をしない。（不非時食戒）（10）金銀財宝をたくわえない。（不畜金銀宝戒）の十項よりなる。3.『梵網經』などに説く大乗の十重戒。大乗教団から追放罪を構成する重罪。（１）生き物を殺す。（２）盗む。（３）姦淫する。（４）うそを言う。（５）酒を売る。（６）在家・出家の菩薩及び比丘比丘尼の罪過を説く。（７）自己をたたえ、他をそしる。（８）施しをするのを惜しむ。（９）怒って他人の謝罪を許さない。（10）仏・法・僧の三宝をそしる。などの十を禁じるもの。天台宗では圓頓戒として依用する。4.『大日経』に説く十重戒。真言宗の三昧耶戒の内容を構成するもので、（１）菩提心を捨てない。（２）三宝を捨てない。（３）二乗の心を起こさない。などを説く。5.そのほか、『涅槃經』や『大智度論』などに説く十戒がある。〔佛教語大辞典〕591c-d

*ｼﾞｯｼｮｳｷﾞｮｳ　*十勝行　涅槃の彼岸に至るために修する十のすぐれた行。菩薩が十地において修する十波羅蜜をいう。十度ともいう。〔広説佛教語大辞典〕699d

*ｼﾞｯｼﾝ　*十信　菩薩が修行すべき五十二段階のうち、最初の十の段階をさす。初心の求道者の修すべき十種の心。すなわち、佛の教えに入るものは、まず信によると考えたのである。初心の菩薩が信ずべき心を十種に分けたもの。『瓔珞經』によれば、(1) 信を起こして成就を願う信心。(2) 六念を修する念心。(3) 精勤して善業を修する精進心。(4) 心を安住する定心 (5) 一切の事象の空寂なることを了知する慧心。(6) 持戒清浄なる戒心。(7) 修するところの善根を菩提に廻向する廻向心。(8) 己心を防護して修行する護法心。(9) 身・財を惜しまず捨する捨心。(10) 種々の願いを修する願心。ただし『仁王経』では捨心にかえて施心とし、『梵網経』では信・念・廻向の三心にかえて、仁心・喜心・頂心とし、『首楞厳経』では捨心にか

えて不退心とし、その順位もまた異なっている。菩薩の行位に五十二を数える華厳の始教、天台の別教と円教とにおいてはこれを最初の十位とし、また三賢を内凡とするのに対して、これを外凡と名づける。「菩薩に二種あり、謂く凡夫と聖人となり。十信以還は是れ凡夫、十解以上は是れ聖人なり。」〔佛教語大辞典〕594a-b

*ジッソウ　*實相　真実のすがたの意。全ての存在のありのままの本当の姿のことで、鳩摩羅什が好んだ用語である。対応サンスクリット tattvasya lakṣaṇam（真実なるもののすがた）dharmatā（法性、存在の本質）dharma svabhāva（存在の本性）「もし實相を求めば、實相の理は名相無し。名相無き者は虚空と冥会せり。」性霊集〔岩波仏教辞典〕3661.　すべてのものの真実のありのままのすがた。真実の本性。真理。本当のすがた。それは平等の実在、常住不変の理法であるという。相は特質の意。2. 真実だという思い。真實の観念。本体・実体・真相・本性などが本来の語義。すべてのもののありのままの真實のすがたをいい、真實の理法・不変の理、眞如・法性という意にまで深めている。原語は、dharmatā,bhūta-tathatā などで佛のさとりの内容をなす本然の真實を意味し、一如、実性、涅槃、無爲なども実相の異名とされるほどの多くの意味を含んでいる。浄土教では、弥陀の名号を実相の法と考える。〔佛教語大辞典〕598a-b

*ジッタイ　*實體　1. ものがら。そのもの。2. 土台。基盤。避難し、保護を受ける場所。よりどころ。3. 真実の本体。〔広説佛教語大辞典〕702b

*ジッパラミツ　*十波羅蜜　1. 六波羅蜜に、方便・願・力・智の四波羅蜜を加えたものをいう。菩薩の実践すべき徳目である。『華嚴經』十地品や『成唯識論』に説く。(1) 方便波羅蜜。種々の間接的な手段によって、智慧を導き出すこと。(2) 願波羅蜜。常に誓願をたもち、それを実現すること。(3) 力波羅蜜。善行を実践する力と、真偽を判別する力を養うこと。(4) 智波羅蜜。ありのままに一切の真実を見とおす智慧を養うことをいう。2. 唯識説では、この十波羅蜜を菩薩の十地において順次に修行するものとし、これを十勝行と名づける。3. 密教ではこの十波羅蜜を十菩薩とし、これを胎蔵界曼荼羅虚空蔵院に安置する。4. 密教において、印相を示すときに用いる両手十指の異名。〔広説佛教語大辞典〕704c-d

*ジッポウ　*十方　十の方向の意。東・西・南・北・東南・西南・西北・東北・上・下の十。四方、四維、上下。〔佛教語大辞典〕595c

*ジッポウ　*十方　十方は、東・西・南・北の四方と東南・西南・東北・西北の四維（しい）と上・下との十の方角。十方にそれぞれ衆生の住む所があるとされ、それを十方世界という。また十方世界にはそれぞれ諸仏の浄土があると説かれ、それを十方浄土という。十方の観念は、中国では六朝時代に道教の思想に影響を与えた。神通自在にして十方世界に遊び、仏を供養し、衆生を教化し〔真如観〕。〔岩波仏教辞典〕

*ジッポウカイ　*十方界　十方世界に同じ。〔広説佛教語大辞典〕705c

*ジッポウセカイ　*十方世界　十方に衆生の世界の存することの無量無辺なことをいう。〔広説佛教語大辞典〕706a

*ジッポウメン　*十方面　八方と上下の二方を合わせた十方のこと。『観無量壽經』『大正蔵経』12巻343a〔広説佛教語大辞典〕706b-c

*ジテン　*自纏　【解釈例】自業に纏縛せらるることなり。〔広説佛教語大辞典〕707c

*シテンゲ　*四天下　須彌山の四方にあるといわれる四つの大陸。四洲。四大洲。南瞻部州・東勝身洲・西牛貨洲・北倶盧洲の四つをいう。〔広説佛教語大辞典〕707c-d

*シテンノウ　*四天王　また四大天王・護世四天王ともいう。須彌山の中腹にある四天王の主。帝釈天に仕え佛法の守護を念願とし、佛法に帰依する人々を守護する守護神。東方の持国天（S Dhṛtarāṣṭra）・南方の増長天（S Virūḍhaka）・西方の広目天（S Virūpakṣa）・北方の多聞天（S Vaiśravaṇa毘沙門天）をいう。持国天は東方を、増長天は南方を、広目天は西方を、多聞天（毘沙門天）は北方を守護する。六欲天の第二に位置する。我国では古くから彫刻としての傑作が多い。『無量壽經』『大正蔵経』12-270A〔佛教語大辞典〕527-528

*シトウ　*四等　慈・悲・喜・捨の四無量心をいう。〔広説佛教語大辞典〕708c

*ジニョ　*侍女　おそばづきの女性。こしもと。〔新字源〕60

*シネン　*思念　1.心にとくと思う。注意して考える。2.思惟。〔佛教語大辞典〕541b

*ジネン　*自然 1. みずから。ひとりでに。師にたよらず。おのずから。おのずからしからしめること。2. 努力しないのに。3. おのずから具っている。4. 物事の本性。本性。〔羅什は「諸法実相義」と漢訳している。〕5. それ自身で存するもの。自ら存在するもの。6. 自分が、だれに、どれほど、というような意識が全くないこと。ひとところに執着、停滞することなき自由自在。7. 真実のすがたそのまま。それ自身のあり方。8. 万物の変化、人の苦楽の運命は自然によって起こるという説。一切の法はみな自然に生じ、だれかがつくったのではないと説く外道。何事も自然のままに、なるようになるという見解を主張する異教徒。マッカリゴーサーラのこと。9. 自然発生的な存在。生き物における個我。すなわち霊魂のこと。10. 願力自然。本願の不思議力の自然なること。他力の意。阿弥陀佛の願力を信じ、救いを頼む念佛者は、なんらのはからいも用いないで法性常楽の浄土に往生しうることをいう。11. 縫い目のないこと。〔広説佛教語大辞典〕711a-c

*シバラク　*且く しばらくーいささか、かりに。〔新字源〕18

*ジヒ　*慈悲 佛がすべての衆生に対し、これを生死輪廻の苦から解脱させようとする憐愍の心・智慧とならんで佛教が基本とする徳目。慈悲は元来、他者に利益や安楽を与える（与楽）いつくしみを意味する〈慈〉（maitrī 友愛〈mitra 友〉と、他者の苦に同情し、これを抜済しようとする（抜苦）思いやりを表わす〈悲〉（karuṇā）の両語を併挙したもの。ただし、漢訳経典では後者を〈慈悲〉と訳す例も多い。両語の意義の差については、上掲の〈与楽〉と〈抜苦〉が一般的で、南方仏教の註釈も〈慈〉とは利益と安楽をもたらそうと望むこと、〈悲〉とは不利益と苦を除こうと欲することと説明する。あるいは衆生が苦を身に受けていると感ずる時悲がおこり、自分がかれらを解脱させようと重う時慈がおこるともいわれる。また、慈を父の愛に、悲を母の愛に例えることもある。初期の佛教では〈慈〉が多用された（例えばスッタニパータ）が、後に〈悲〉と併称されるようになり、さらに二語のほかに〈喜〉（他者の幸福を喜ぶ）と〈捨〉（心の平静、平等心）の二が加わって、〈四無量心〉あるいは〈四梵住〉の名で、修行者のもつべき基本的徳目の一種とされた（この利他心によって、衆生は無量の福徳を得、修行者は梵天の世界に生まれるという。）一方佛徳をあら

わすには〈大慈大悲〉と〈大〉の字を付すが、とくに大悲が佛徳の象徴として語られるようになる。慈悲は部派佛教でも説かれるが（例えば『倶舎論』に説く五停心観の第二慈悲観）大乗佛教になるとさらに強調される。そこでは佛と同じ慈悲にもとづく利他行が修行者全員に要求される。慈悲は菩薩の誓願にも示されるが、その究極は、自己の悟りよりも衆生の抜済を先とする点にあるとされる。また、大乗では慈悲の根拠を空性に求める。たとえば布施を行なうに当たって、施者も受者も施物もすべて空寂であると説き、はじめて功徳を生ずるという。（三輪清浄）また、三種の慈悲として、1）衆生縁、2）法縁、3）無縁を挙げ、1）は衆生に対する慈悲で凡夫にも実践できるもの、2）は個体を構成する諸法を対象とする慈悲で、聲聞、縁覚二乗の実践するものをさすのに対し、3）は空の理を対象とする慈悲、すなわち、いかなる特定の対象ももたずに現われる絶対の慈悲で、これが大乗の菩薩の慈悲であるとする。〔岩波仏教辞典〕

*シヒミツ　*四秘密　四種の秘密の意。一に令入秘密。二に相秘密。三に対治秘密。四に転変秘密なり。〔望月佛教大辞典〕1982

*シブ　*四部　1. 四衆に同じ。すなわち、比丘比丘尼・在俗信者の男女。2. 四分律・千誦律・五分率・摩訶僧祇律の四部の律をいう。〔広説佛教語大辞典〕715c-d

*シマオウゴン　*紫磨黄金　紫色を帯びた黄金。閻浮檀金のこと。紫金とも言う。〔広説佛教語大辞典〕720c

*シマゴン　*紫磨金　紫磨黄金・紫金ともいう。紫色を帯びた金で、黄金中の最高とされる。ときには経典の言語はS.suvarṇā（金）のみであるので、閻浮檀金を念頭に紫は訳者がつけたものらしい。シナでは金の精なるものを称した。〔広説佛教語大辞典〕720c

*シムリョウシン　*四無量心　四つのはかりしれない利他（りた）の心。慈（じ）・悲（ひ）・喜（き）・捨（しゃ）の四つをいい、これらの心を無量におこして、無量の人々を悟りに導くこと。〈慈〉とは生けるものに楽を与えること、〈悲〉とは苦を抜くこと、〈喜〉とは他者の楽をねたまないこと、〈捨〉とは好き嫌いによって差別しないことである。これを修する者は大梵天界に生れるので〈四梵住〉ともいう。有漏（うろ）の禅定を修行せる上に、慈

悲喜捨の四無量心を修行せる人なり〔法蓮抄〕。〔岩波仏教辞典〕

*シモン　*緇門　緇衣を着る僧侶の一門の意。仏門のこと。〔広説佛教語大辞典〕724a

*シャ　*捨 1.śa の音写。悉曇五十字門の一つ。2. 捨てること。3.(悪い見解を)捨てる。4. 比丘が悪い行いをやめること。5. 解き離れること。6.（煩悩などを）滅し捨て去ること。7.（迷いの状態を）転じ捨て去ること。除去。転捨。8. 戒律を捨てること。9. 与えること。提供すること。10. 無関心で争わないこと。11. 顧みないこと。12. 心の平静。楽でも苦でもないこと。愉快でも不愉快でもなく、又良くもなく悪くもないというように、物事に対する中性の心のあり方。心が平等でざわつかぬこと。平等の心。苦楽の二受がある間は苦の問題を解脱したとは言えず、解脱に達する非苦非楽なる中性の境界。かたよりのないこと。〔佛教語大辞典〕605c-606a

*シャ　*遮 《常用音訓》シャ／さえぎ…る《音読み》シャ《訓読み》さえぎる（さへぎる）／これ／この《意味》{動} さえぎる（サヘギル）。物を置いて、行くてをふさぐ。前方にたってじゃまをする。「遮断《シャダン》」{動} 物をかぶせて見えなくする。「遮護」「遮蔽《シャヘイ》」{指}〔俗〕これ。この。近称の指示詞。▽宋《ソウ》・元《ゲン》の白話文に用いた。〈同義語〉→這。[漢字源]

*シャエ　*舎衛　古代インド、マガダ王国の首都ラージャグリハの漢名。最初に仏典の編集が行なわれた地。現在のインド北東部、ビハール州のラージュギルにあたる。

*シャカビリョウガ　*釋迦毘楞伽　能勝と漢訳する。宝珠の名。一切世間の宝にすぐれた宝であるという意。〔広説佛教語大辞典〕728b

*シャカビリョウガマニホウ　*釋迦毘楞伽摩尼寶　帝釈天が身につけている宝珠。能種種現如意珠と漢訳する。種種の物を変現する如意宝珠のこと。〔広説佛教語大辞典〕728b

*シャカムニ　*釈迦牟尼　P.Sākya-muni　S.Śākya-muni　の音写。シャーキャ族出身の聖者の意。釈迦牟尼世尊・釈尊ともいう。仏教の開祖であるゴータマ・ブッダ P.Gotama　Buddha　S.Gautama　Buddha　のこと。〔広説佛教語大辞典〕728c

*ジャカン　*邪観　よこしまな観想。観ずる心と観ぜられる対象とが相応しない

こと。〔佛教語大辞典〕611a

*ｼﾞｬｸ　*著　執着　〔佛教語大辞典〕619c-d　《常用音訓》チョ／あらわす・いちじるしい《音読み》チョ・チャク・ジャク（ヂャク）《訓読み》あらわす、いちじるしい／あらわれる、きる、つく、つける《意味》{動}　あらわす（あらはす）。あらわれる（あらはる）。書きつける。人の目につくように書きつける。転じて、目だつ。目だたせる。〈対語〉隠・伏。〈類義語〉顕・現。「顕著」「著於竹帛竹帛に著す（書きつける）」〔史記・孝文〕{名}　書きつけた書物。〈類義語〉書。「著作」「大著」{形}　いちじるしい（いちじるし）。目だって程度が激しい。「著大」「著明」姓の一つ。{動}　きる。衣服を身につける。〈同義語〉着。「著用（着用）」{動}　つく。つける（つく）。くっついて止まる。また、くっつける。ある場所にくっついておちつく。〈同義語〉着。「定著（定着）」「土著（土着）」「帰著（帰着）」{動}　両者が出あう。出あってくっつく。のち動詞のあとにつき、動作が届くことをあらわす助動詞にもなった。〈同義語〉着。「到著」「癒著ユチャク」「遇著」{動}　碁や将棋で、碁石・駒こまをある場所に置く。〈同義語〉着。{単位}　碁・将棋で、手をかぞえることば。〈同義語〉着。（日本）衣服をかぞえることば。〈同義語〉着。到着した順番をかぞえることば。〈同義語〉着。［漢字源　改訂第四版　株式会社学習研究社］

*ｼﾞｬｸ　*藉　《音読み》シャ／ジャ／セキ／ジャク《訓読み》しく／かりる（かる）／よる／かす／ふむ《意味》{動}　しく。草やむしろをしく。また、下にしいて、その上にすわったり、ねたりする。〈同義語〉→籍。「枕藉ﾁﾝｼｬ（下にしいて枕ﾏｸﾗにする）」「藉之用茅＝コレヲ藉クニ茅ヲ用フ」〔→易経〕{動}　かりる（ｶﾙ）。よる。下地を設けてそれにたよる。また、かりて用いる。お陰をこうむる。「馮藉ﾋｮｳｼｬ（たよる）」「藉端生事＝端ヲ藉リテ事ヲ生ズ」「藉口ｼｬｺｳ」{動}　かす。かさねてやる。つけ加える。〈同義語〉→借。「藉手＝手ヲ藉ス」{名}　下にしくしきもの。〈類義語〉→席。{動}　間にクッションをしきこむ。間に理由・口実やゆとりを設けてやわらげる。大目にみる。なぐさめる。「慰藉ｲｼｬ」「藉之以楽＝コレヲ藉ムルニ楽ヲモッテス」〔→左伝〕{動}　たがやす。すきをさしこんで、土をかえす。「藉田ｾｷﾃﾞﾝ」{動}　ふむ。下にしいてふむ。「狼藉ﾛｳｾﾞｷ（おおかみがふみにじっ

たように乱れる)」〔漢字源〕

*シャクゲ　*錯解　あやまった解釈。

*シャコ　*硨磲　七宝の一つ。その原語は一般には musāra-galva であると考えられている。琥珀の訳もあり。〔佛教語大辞典〕607d

*シャクシ　*赤髭　あかひげ　【髭】《音読み》シ《訓読み》ひげ《意味》{名}ひげ。ぎざぎざしたくちひげ。鼻の下のふぞろいなひげ。[漢字源]

*ジャクジョウ　*寂靜　サンスクリット語の śānta、śama などに対応。心の静まった状態。執着（しゅうじゃく）を離れ、憂いなく、安らかなこと。悟りの境地。涅槃（ねはん）の世界の表現として用いられる。汝が着たる衣は寂静の衣なり。往昔（わうじゃく）の諸仏の袈裟なり〔今昔（1－4）〕法性の理は、寂静湛然として縁起の相あることなし。一念の無明起こって寂静の理に違するが故に、この時諸法あり。故に無明縁起なり〔漢光類聚〕。－涅槃寂静〔岩波仏教辞典〕

*ジャクソウ　*著相　ものの外見、表面的様相（S:nimitta）にとらわれること。形あるものにとらわれること。ものにとらわれること。とらわれの状態。〔広説佛教語大辞典〕735a

*シャクゾク　*釋族　仏門に帰依した者。

*シャクボンゴセ　*釋梵護世　釋は帝釈天で須彌山の頂上にあり四天王及び他の三十二天を支配する。梵は梵天で色界の大梵天の高楼に住む。護世の諸天とは、世を守護する四天王。東の治国天、南の増長天、西の広目天、北の多聞天をいう。〔大乗仏典〕

*ジャクメツ　*寂滅　安らかになること。静まっていること。静寂。煩悩の火の消えはてた、心の究極の静けさ。心身一切の活動をやめて平静なること。寂静に帰して、一切の相を離れていること。ニルヴァーナのこと。佛の境地。さとり。究極のさとり。さとりの境地。法性眞如の道理。〔佛教語大辞典〕618d-619a

*ジャクモク　*寂嘿　寂黙　1. 静かに、ひとり退いて住すること。2. 煩悩が静まること。静寂。静かな安らぎ。3. 沈黙を守り、言語を発しないこと。〔広説佛教語大辞典〕738a

*ジャケン　*邪見　1. よこしまな考え。誤った見解。まちがった考え。誤った思想。

癡・無知に同じ。人間生存の理法についてのよこしまな見解。誤った形而上学的思索。2.不正の智慧。正しく自心の実相を知ることができないこと。3.因果を撥無する見解。因果の道理を無視する間違った考え。4.浄土真宗では計らいの心。〔佛教語大辞典〕611b-d

*シャシュ　*差殊　異なること。S:bhinna（異なっている。）〔佛教語大辞典〕604c

*シャシュ　*叉手　拱手の俗語。1.インドの叉手は合掌して中指を叉す。合掌すること。両掌を合わせること。『観無量壽經』『大正蔵経』12巻345a2.両手を胸のあたりに重ねること。叉手当胸。左手の親指を曲げ、他の四指でこれを握って、拳をつくり、胸から少し離して胸元に置く。さらに右手の五指を伸ばしてこれをおおい、左右のひじを張って胸間に当てる。立っているとき、両手を胸のところで組む儀礼。合掌に次ぐ軽い儀礼である。禅堂のうちでは、常に叉手して歩き、手を下げて歩くことをしない。手を垂れて立つのは無礼である。〔佛教語大辞典〕600a

*ジャショウジョウジュ　*邪性定聚　さとることのない衆生を言う。具体的には、五無間業をなす衆生。これは最悪の行為で、命終の後、直ちに無間地獄に落ちる。三定聚の一つ。〔佛教語大辞典〕612B

*ジャジョウジュ　*邪定聚　三定聚の一つ。邪性定聚に同じ。〔佛教語大辞典〕612B

*ジャドウ　*邪道　1.よこ道の小路。2.八正道を実行しないこと。3.悪い道。よこしまな道。誤った実践。〔佛教語大辞典〕612

*シャナン　*遮難　小乗において具足戒を受けるべき資格を決める規定の二類。遮は、戒を受けるに適当でないので、とどめるのをいい、難は、それ自身が悪であって、授戒の器でないとするのをいう。一六遮と十三難が代表的。遮の十六とは、（1）自分の名前を知らない者、（2）和尚の名前を知らない者、（3）二十歳に満たない者、（4）三衣を具さない者、（5）鉢を持たない者、（6）父が許さない者、（7）母が許さない者、（8）自分に負債がある者、（9）他人の奴隷、（10）官吏（11）男子でない者、（12）ハンセン病者、（13）祖疽ある者、【癰】ヨウ／ユウ《訓読み》はれもの《意味》{名}はれもの。中にうみをふくんで、出口のふさがった悪性のはれもの。よう。「癰疽ヨウソ」（14）白癩ある者、【癩】《音読み》ライ《意味》{名}

病気の名。顔や手足の末端がしびれたり、悪性のかさができたりして、それがくずれてゆく悪性の伝染病。ハンセン病。らいびょう。かったい。(15)乾疽ある者、(16)顛狂ある者をいう。難の十三とは、(1)先に四波羅夷を犯した者、(2)かつて浄戒の尼を犯した者、(3)かつて他の説戒羯磨を盗聴して比丘と称した者、(4)外道から佛法に入り、再び外道に帰してさらに来た者、(5)五種不男、(6)殺父、(7)殺母、(8)殺阿羅漢、(9)破僧(教団を分裂させた者)、(10)出佛身血、(11)人間の形に変化した八部の鬼神、(12)変じて人となった畜生、(13)男女二根を具する者、以上である。〔広説佛教語大辞典〕744C-D

*シャバ　*娑婆 S:sahā の音写。忍土、堪忍土、忍界と漢訳する。語源的には「忍ぶ」という意味で、この世界のこと。この世界の衆生は内に種々の煩悩があり、外には風雨寒暑などがあって、苦悩を耐えねばならないからこの名称がある。この世。現実世界。釈尊が現れて教化する世界。〔佛教語大辞典〕603d-604a

*シャベツ　*差別 1. 区別すること。2. 異なること。異なった。3. 区別。相違。4. あり方の区別。種類。5. 特殊。6. 同義語のこと。7. いろいろの。種々の。8. 因明において義・後陳・法・能別・共相に相当する。9. 平等に対する。それぞれのものが異なる独自のすがたをもって存在しているすがた。〔佛教語大辞典〕604d-605a

*シャマタ　*奢摩他　S.śamatha の音写。止・寂静・能滅と漢訳する。散乱した心をとどめ、心を一つの対象にそそぐ。静かな心の状態。止心。外界の対象に向かう感官を制御して心のはたらきを静めること。またその修行。定の異名。【解釈例】心を一境に止る。止という。止観。定なり。唯弥陀一仏を信ずること。〔広説佛教語大辞典〕747b

*シャミ　*沙彌　S:sāmaṇera の音写　1. 一人前の比丘となる以前の徒弟僧。(十戒を受けた七歳以上二十歳未満の)出家男子。出家したばかりの僧。見習い僧。やがて比丘となる入門修行の者。2.「さみ」とよむ。日本では出家しているが、まだ一人前の僧侶でない者。承仕(助手)の役をつとめる者。剃髪初心の僧。少年僧。若年で受戒したばかりの人。修行の未熟な僧。3.(鎌倉時代末など)乱世では生命保身のために剃髪する者が多く、出家

の行をせず、妻帯のまま官途にある者が、自ら沙弥とした。妻帯の僧。〔佛教語大辞典〕600d-601a

*ｼﾔﾐｶｲ　*沙彌戒　沙弥が保つべき十の戒め。→十戒（じっかい）〔佛教語大辞典〕601a

*ｼｬﾒﾂ　*謝滅 滅びること。謝は滅の意。〔佛教語大辞典〕609d

*ｼｬﾓﾝ　*沙門　samaṇa　śramaṇa　の音写。息、息心、静志、浄志、乏道、貧道、功労、勤息と漢訳する。出家。僧。のり（法）の師。法師。道の人。修行につとめる人。行い人。道のために精進努力する人。修行者。実践者。ひじり。修行する人。努力する人。1、もとインドでは出家者の総称で、剃髪し、諸種の悪をとどめ心身を制御して善につとめ、さとりに進むために努力する人をいう。ジャイナ教などの諸宗教の修行者の呼称。彼らはヴェーダ聖典の権威を認めなかった。2、仏道修行者。出家して仏道を修める人。3、西域から来た仏教の出家僧のこと。〔佛教語大辞典〕601a-c

*ｼﾞｬﾘ　*闍梨　阿闍梨（s.ācāryaの音写）の略。教授、師範、正行などと意訳する。弟子を正しく教え導く高僧に対する敬称。導師、貴僧と言うほどの意味。禅門では修行経歴が五年以上の僧をいう。〔広説佛教語大辞典〕750b

*ｼｬﾘﾎﾂ　*舎利弗　サンスクリット語 śāriputra に対応する音写。シャーリプトラ。婆羅門（ばらもん）の出身。舎利弗の名は母シャーリの子（プトラ）という意味。王舎城（おうしゃじょう）近くのウパティッサ村に生まれたので、ウパティッサという名もある。懐疑論者サンジャヤ（Sañjaya）の弟子であったが、目連（もくれん）と一緒に釈尊（しゃくそん）に帰依し、サンジャヤの弟子 250 人を引き連れて集団改宗した。釈尊の実子羅ご羅（らごら）の後見人でもある。至る所で釈尊の代わりに説法できるほど信任が厚く、多くの弟子を擁した。釈尊より年長で先に世を去った。智慧第一の弟子として知られる。仏十大弟子の 1 人。〔岩波仏教辞典〕

*ｼｭ　*修　1. 修行のこと。修行すること。広くは善を修し、狭くは禅定を修すること。瞑想。もとからあるものを「性」とするのに対して、修行によって成ずることを「修」という。繰り返し心に思って実践して、徳を実現すること。修習ともいう。説一切有部では四種類の修を認める。2. 個々に

修行すること。おのおの修すること。3.つとめること。努力すること。4.修道の略。5.禅定とともにある善。等引善に同じ。〔佛教語大辞典〕623d-624a

*シュ　*取　1.取ること。2.感覚器官によって知覚すること。3.理解すること。4.執着。執着し、欲求してやまない心のはたらき。5.煩悩の異名の一つ。6.十二因縁の第九支。執着。7.「…を」というほどの意味。8.進行を示す。9.助詞を付して用いられる場合は強意のための助字としてはたらく。〔佛教語大辞典〕622a-b

*シュ　*炷　ともしび、あかり、燈心。〔新字源〕617

*シュ　*首　《常用音訓》シュ／くび《音読み》シュ／シュウ（シウ）《訓読み》くび／こうべ（かうべ）／かしら／はじめ／はじめる（はじむ）／むかう（むかふ）／おもむく／かみ／おびと／しるし《名付け》おびと・おぶと・かみ・さき・はじめ《意味》｛名｝くび。こうべ（カウベ）。かしら。あたまとそれを支えるくびのこと。「首級（くび）」「首足、異門而出＝首足、門ヲ異ニシテ出ヅ」〔→穀梁〕｛名・動｝はじめ。はじめる（ハジム）。先頭。また、一ばんめのもの。最初の口火を切る。先がけとなる。「首子」「首席」「身被堅執鋭首事＝身ニ堅ヲ被リ鋭ヲ執リ事ヲ首ム」〔→史記〕｛名｝かしら。人々の中でおもだっていて、人々を率いる人。「元首」「首領」｛単位｝詩歌を数えることば。「詩一首」シュス｛動｝罪を申し出る。白状する。▽去声に読む。「自首」｛動｝むかう（ムカフ）。おもむく。頭をむける。▽去声に読む。「或偃然北首＝或イハ偃然トシテ北ニ首フ」〔→韓愈〕〔国〕かみ。四等官で、署の第一位。＃おびと。（イ）部曲《トモベ》の長。（ロ）上代のかばねの一つ。しるし。戦いでとった敵の首。［漢字源］

*シュ　*珠　《常用音訓》シュ《音読み》シュ／ス《訓読み》たま《名付け》たま・み《意味》｛名｝たま。まるい真珠。美しいもののたとえに使うことがある。「少儀袖詩来、剖蚌珠的歴＝少儀詩ヲ袖ニシテ来タル、蚌ヲ剖ケバ珠的歴タリ」〔→黄庭堅〕｛名｝たま。まるいつぶ。〈類義語〉→球。「涙珠」「数珠」〔漢字源〕

*ジュ　*竪《音読み》ジュ／シュ《訓読み》たつ／たてる（たつ）／たて《意味》｛動｝たつ。たてる（タツ）。型にじっとたつ。また、じっとたてる。〈同

義語〉→竪・→樹。「竪立ｼﾞｭﾘﾂ（＝竪立）」｛名・形｝ たて。まっすぐたったもの。まっすぐたてにたっているさま。また､正しい。〈同義語〉→竪。〈対語〉→横。〈類義語〉→縦。「横竪ｵｳｼﾞｭ（たてよこ）」｛形｝ ろくでもない。小者の。「竪儒ｼﾞｭｼﾞｭ」｛形｝ みじかい。ちいさい。背たけが低い。［漢字源］

*ｼﾞｭ　*濡　《音読み》ジュ／ニュウ《訓読み》ぬれる（ぬる）／うるおう（うるほふ）／ぬらす／うるおす（うるほす）／うるおい（うるほひ）《意味》｛動・形｝ ぬれる（ﾇﾙ）。うるおう（ｳﾙﾎﾌ）。ぬらす。うるおす（ｳﾙﾎｽ）。しっとりぬれる。ぬれて柔らかい。しっとりとぬらす。また､そのさま。〈対語〉→涸ｺ。〈類義語〉→潤・→湿。「濡如ｼﾞｭｼﾞｮ（しっとり）」「雨露既濡＝雨露スデニ濡フ」〔→礼記〕｛動・形｝ じっとりぬれたように、ぐずつく。ふんぎりがつかない。また､そのさま。「濡滞ｼﾞｭﾀｲ」｛名｝ うるおい（ｳﾙﾎﾋ）。雨の恵み。人の恵み。〔漢字源〕

*ｼﾞｭ　*樹　樹木、特に心霊が宿っていると考えられた大樹。〔広説佛教語大辞典〕754b

*ｼﾕｲ　*思惟　作是思惟（このように心に思う）とか不可思惟（理論的に思考できない）といった一般的な用法のほか、特に、対象を思考し分別する心作用をいう。八正道の一である〈正思惟〉は正しい意志ないし決意のこと。空思想が発展すると一切の思惟分別を断ずる、これを正思惟となづく〔大智度論（19）〕などといい、真実は無智、無分別のところで得られるとする後代の大乗仏教の主張の道をひらく。浄土教では浄土の荘厳を思う意にも用いる。百千万億の念念の思惟は妄想至って深し〔愚迷発心集〕〔岩波仏教辞典〕

*ｼｭｲﾝ　*修因　善悪の因を修すること。さとりの因である修行をすること。

*ｼｭｲﾝｶﾝｶ　*修因感果　善悪の因を修して苦楽の果報を感ずること。〔佛教語大辞典〕624a

*ｼｭｳ　*宗　1. 宗はおおもとのことで、尊・主・要の意。主として尊ぶべきこと。おおもとの教え。根本の趣意。根本の真理。根源的な真理。根本的立場。根本的態度。主旨。經論などの中でその核心となる主意。中心となる教義。もとづくところ。むね。本（よりどころ）として尊崇すること。もしくは尊崇する教え。2. 儒家は「そう」と読む。おおもと。3. 経典のた

てまえ。4.特に禅宗では、宗は言語では表現されないが、教えをかりて表現されると考えた。5.特に因明では主張のこと。6.宗通相に同じ。7.仏教についての自己一家の見解。説。部派。8.宗派。門派。支派。宗団。教義を同じくする一団。一つの宗教。〔広説佛教語大辞典〕755d-756a

*シュウ　*周　《常用音訓》シュウ／まわ…り《音読み》　シュウ（シウ）／シュ／ス《訓読み》あまねし／まわり（まはり）／めぐる《名付け》　あまね・あまねし・いたる・かた・かぬ・かね・ただ・ちか・ちかし・なり・のり・ひろし・まこと《意味》シュウス｛動・形｝　あまねし。すみずみまで欠け目なく行き届いている。転じて、すべての人と欠け目なくまじわっている。また、そのさま。「周到」「君子周而不比＝君子ハ周シテ比セズ」〔→論語〕シュウス｛動｝　欠け目なく全部をまとめる。不足を補い満たす。「周全」「君子周急不継富＝君子ハ急ヲ周シテ富ヲ継ガズ」〔→論語〕｛名｝　まわり（マハリ）。あるものの周囲。「一周」「死於道周＝道周ニ死ス」〔陳鴻〕｛動｝　めぐる。周囲をぐるりとまわる。〈同義語〉→週。「流水周於舎下＝流水舎下ヲ周ル」〔→白居易〕｛名｝　中国古代の王朝名。武王が殷《イン》を滅ぼしてたてた。もと西北中国の遊牧民であったが、陝西《センセイ》の岐山《キザン》に移り、農耕をおこした。武王のとき、殷の紂《チュウ》王をうって華北・華中を統一し、鎬京《コウケイ》（今の陝西省西安付近）に都を置いて漢文化の基礎を築いた。のち、紀元前七七〇年に犬戎《ケンジュウ》の侵攻によって東遷し、都を洛邑《ラクユウ》（洛陽）に移した。それ以前を「西周」、以後を「東周」といい、三十七代続いたが、紀元前二五六年に秦《シン》に滅ぼされた。｛名｝　王朝名。中国の南北朝時代、北朝の一つ。宇文覚がたてた。「北周」「後周」ともいう。五代二十五年で、隋《ズイ》に滅ぼされた。｛名｝　国名。唐の高宗の皇后則天武后がとなえた国号。「武周」ともいう。｛名｝　王朝名。五代の一つ。郭威が後漢《コウカン》に次いでたてた。三代十年で滅びた。「後周《コウシュウ》」ともいう。［漢字源］

*シュウ　*愁　《常用音訓》シュウ／うれ…い／うれ…える《音読み》シュウ（シウ）／ジュ／スウ《訓読み》うれえる（うれふ）／うれい（うれひ）《意味》｛動｝　うれえる（ウレフ）。心細くなって心配する。さびしがる。〈類義語〉→憂。「憂愁」「長安不見使人愁＝長安ハ見エズ、人ヲシテ愁ヘシム」〔→李白〕｛名｝　うれい（ウレヒ）。心細さ。わびしさ。「春愁（春のわびしさ）」「与爾同

銷万古愁＝ナンヂト同ジク銷サン万古ノ愁ヒ」〔→李白〕［漢字源］

*シュウ　*執《常用音訓》シツ／シュウ／と…る《音読み》シツ／シュウ（シフ）《訓読み》とる／とらえる（とらふ）／とらわれる（とらはる）《名付け》とり・とる・もり《意味》{動} とる。手にしっかり握る。「執持」{動} とる。特定の仕事や職務をしっかりと握る。全権を引き受けて行う。「執行」「執政＝政ヲ執ル」{動} とる。選びとってしっかり守る。「吾執御矣＝吾ハ御ヲ執ラン」〔→論語〕{動} とらえる（トラフ）。人をつかまえる。「執而戮之＝執ラヘテコレヲ戮サントス」〔→左伝〕シュウス・シッス {動・形} とらわれる（トラハル）。しっかりととりついて離れない。また、くっついている。親しい。「執着」「不可執一偏＝一偏ニ執スベカラズ」〔→伝習録〕{名} 名利や自分中心にとらわれた心。「我執」〔漢字源〕

*ジュウ　*住　1. とどまる。【解釈例】ととまる。おちつきたること。2. 住すること。3. 住むこと。4. 存在すること。5. 安住すること。6. なんらかの対象にとどこおること。執着すること。例えば「四職住」などのように用いられる。7. 執着。迷執のこと。8. 持続。9. 命の続くこと。10. 母胎にとどまること。11.（宇宙が）存続すること。12. 四有為相または三有為相の一つ。存続せしめる原理。13. 蓋に同じ。14. 住法ともいう。小乗の種姓の一つ。15. 常住に同じ。16. 禅語では動詞と結びついて、その意味をいっそう強めるはたらきをする。〔佛教語大辞典〕664b-c

*ジュウアク　*十悪　悪についての考察・整理が進むと、身（しん）・口（く）・意（い）の三つの働き（三業（さんごう））にあてはめ、殺生・偸盗・邪婬（身三）、妄語・綺語・悪口（あっく）・両舌（口四）、貪欲（とんよく）・瞋恚（しんい）・愚癡（ぐち）（意三）の十悪が立てられた（晋のち超（ちょう）奉法要に十善に反するもの、これを十悪と謂（い）うとある）。ここで飲酒があがっていないのは、それ自体が悪（性罪）として戒められた（性戒）のではなく、過ぎるといけない（遮罪）ということで戒められた（遮戒）からである。口の悪が四つ立てられているが、人間の交わりの道具として、ことばを重視したもの。最後の意三は、悪を根源的に深めていって立てられたもので、貪（とん）・瞋（じん）・癡（ち）の三毒とか三不善根と称された（大智度論（31）に三毒は一切煩悩の根本と為す、新訳仁王経

（上）に貪瞋癡の三不善根を治すとある）。貪欲とか瞋恚（怒り）は悪行為（悪業（あくごう））のもととなる煩悩で、さらにその煩悩の根源が愚癡である。愚癡は無明（むみょう）ともいわれるもので、心がとらわれていて真理に明らかでないことを意味する。経典に不善の根本（akuśalamūla）は貪・瞋・癡である〔中部（19）〕と説かれているように、貪・瞋・癡、特に愚癡（無明）は悪の根元であり、仏教における根本悪（不善根）とみなしうるもの（カントにおける根本悪やキリスト教における原罪と対比される）。〔岩波仏教辞典〕

*ｼﾞｭｳｱｸ　*十悪　1. 殺生・偸盗（盗み）・邪婬・妄語（偽り）・綺語（ざれごと）・悪口・両舌（二枚舌）、貪欲・瞋恚・愚癡の十の悪業をいう。このうち初めの三つは身の悪、中の四つは口の悪、後の三つは意（こころ）の悪。それで、身三口四意三という。2. 身口意の三つになす十種の悪い行い。殺生・偸盗・邪婬・妄語・綺語・悪口・両舌・貪欲・瞋恚・邪見。〔佛教語大辞典〕651-b

*ｼﾞｭｳｱｸﾘﾝｻﾞｲ　*十悪輪罪　『じゅうあくりんざい．一切の善根（ぜんごん）を破壊するという十種の悪業。『地蔵（じぞう）十輪経（じゅうりんぎょう）』の原文には、十悪輪、十種悪輪とある。（要集 P.1023）。出典：浄土真宗聖典プロジェクト

*ｼｭｳｲﾝｶﾝｶ　*酬因感果　原因となる行為のむくい（結果）としての果報を感じること。〔佛教語大辞典〕650b

*ｼｭｳｲﾝﾉｼﾝ　*酬因の身　過去の修行の報いとして得られた阿弥陀佛の身。〔広説佛教語大辞典〕758d-759a

*ｼｭｳｶﾞｸ　*習学　いろいろ習い覚えること。目で見たり、耳で聞いたりして、外から知識を吸収すること。他を見習って習うこと。【解釈例】ならひまなぶ。〔佛教語大辞典〕648b

*ｼｭｳｼﾞ　*執持　1. 心や心所が何者かを対象とみななしてはたらくこと。2. 心にしっかりと刻みつけること。信仰心や精神統一した心が確固として散乱しないこと。3. 傘などを手に持つこと。〔佛教語大辞典〕649a

*ｼｭｳｼﾞ　*種子　1. たね。穀物の種子。また比喩的意味にも用いる。2. 何者かを生ずる可能性。3. 唯識説において、ダルマを生ずる可能性をいう。草木

の種子の別異によって種々なる芽が生ずるように、アーラヤ識は種々なる諸法の因であると考えられる点で、これを種子に喩えていう。現に存在している事物の勢力をとどめ再び事物が存在することを可能にする原因。唯識思想においては第八識であるアーラヤ識の中に存在する生果の功能。(結果を生ずる可能力）4.ひそんでいる本性。〔佛教語大辞典〕633d-634a

*ｼﾞｭｳｹﾝ　*重愆　おもいあやまち。

*ｼﾞｭｳｺｳ　*縦廣　たてよこ。

*ｼﾞｭｳｺﾞｳ　*十號　1.仏の十種の称号。(1) 如來。修行を完成した人。理想的な人格。(2)応供。尊敬さるべき人。供養さるべき人。拝むにたる人。(3)正遍知。正しくさとった人。(4) 明行足。明知と行いを完全に具えている人。(5)善逝。よく行ける人。幸福な人。(6)世間解。世間を知った人。(7)無上士。この上ない人。(8) 調御丈夫。人間の調御者。鞭をあてて馬を調練する調馬師という観念を人間に適用したものである。(9) 天人師。神がみと人間との師。(10) 仏世尊。世尊の原語は弟子が師に対して「先生」と呼びかける場合に用いられる語である。仏と世尊とに分けると十一になる。2.十号を具えた釈迦如來のこと。〔広説佛教語大辞典〕2b-c

*ｼﾞｭｳｻﾞｲ　*重罪　重い罪。真言宗で理趣経を読誦する時は「ちょうさい」と読む。〔佛教語大辞典〕666b

*ｼﾞｭｳｼﾞ　*十地　1.菩薩が修行すべき五十二の段階のうち、特に第四十一位から第五十位までを十地という。すなわち、歓喜地・離垢地・発光地・焔慧地・難勝地・現前地・遠行地・不動地・善慧地・法雲地の十段階。2.第十地のこと。〔佛教語大辞典〕654b-c

*ｼﾞｭｳｼﾞ　*住持 1.とどめたもち、失わないこと。教えをたもつこと。2.住処・立脚点。よりどころ。佛果（佛の境地）のこと。3.加持に同じ。4.安住護持して失わないこと。5.寺院に住して法を護持するものの意。一箇寺を主管する僧。住職。6.「如何住持」は具合はどうだの意。〔広説佛教語大辞典〕764d

*ｼﾞｭｳｼﾁｼﾞ　*十七地　『瑜伽論』に説く十七種の法門。五識身相応地・意地・有尋有伺地・無尋有伺地・無尋無伺地・三摩呬多地・非三摩呬多地・有心地・無心地・聞所成地・思所成地・修所成地・聲聞地・独覚地・菩薩地、

有余依地、無余依地をいう。〔佛教語大辞典〕654-C

*ｼｭｳｼﾂ　*周悉　じゅうぶんに行きとどいていてぬけたところがない。〔新字源〕176c

*ｼﾞｭｳｼｭ　*拾取 ひろいあつめる。

*ｼｭｳｼｭｳ　*收執　捕らえる。捕縛する。読誦のときは､「しゅしゅう」と読む。〔広説佛教語大辞典〕767a

*ｼﾞｭｳｼﾞｭｳ　*十住　菩薩の修行すべき五十二の段階のうち、第十一位から第二十位までをさす。発心住・治地住・修行住・生貴住・方便具足住・正心住・不退住・童真住・法王子住・灌頂住の十段階。心を真実の空理に安住するところ。〔広説佛教語大辞典〕767a

*ｼｭｳｼﾝ　*執心　物事に固執して離れない心。執着心。とらわれのこころ。〔広説佛教語大辞典〕769b-c

*ｼｭｳｼﾝ　*執心〔国〕心に深く思いこんで､あきらめようとしない。[漢字源]

*ｼﾞｭｳｾﾞﾝ　*十善　1. 十種の善い行い。十悪の対。十悪を離れている状態。十悪とは､殺生・偸盗（盗み）・邪婬・妄語（偽り）・綺語（ざれごと）・悪口・両舌（二枚舌)、貪欲・瞋恚・邪見をいう。以上の十悪を行わぬこと。不殺生から不邪見までを十善という。2. 前生に十善を行った功徳により、今生に王位を受けるに至ったという意味で、天皇の位をさしていう。〔広説佛教語大辞典〕770b-c

*ｼｭｳｿﾞｳ　*執藏　唯識説で説く第八識をアーラヤ（S:ālaya 阿頼耶）といい、藏と意訳する。藏に三つの意味があり、執藏はその一つ。アーラヤ識は、第七の末那識のために実我と誤って考えられ、執せられるから、執藏という。〔佛教語大辞典〕649c-d

*ｼｭｳﾓﾝ　*詶問　答えと問い。問答。

*ｼﾞｭｼﾞ　*受持　1. 教えを受けて記憶すること。受けておぼえておくこと。【解釈例】受は心のうちに篤と領納する事なり。持はたもつこと。心におぼえて忘れぬ事なり。信樂して忘れざるを受持という。2. 衣類を正式の作法により自己の衣として受け保つこと。3. 十法行の一つ。非常な信心をもって、大乘の書物を自己の所有とすること。〔広説佛教語大辞典〕795d

*ｼﾞｭﾕｳ　*受用　1. 感官が対象を享受すること。経験すること。2. 受持活用の

意。受け用いること。活用すること。3. 受用身の略。四種法身の第二。〔広説佛教語大辞典〕816c

*ジュユウシン　*受用身　悟りの結果、法を亨受し、また他の人々をして亨受せしめる者の意。佛の身体の一つ。報身に同じ。これに、自ら法楽をひとり楽しむ自受用身と、他人にもこの楽しみを受けさせようとする他受用身とがある。〔広説佛教語大辞典〕816d

*シュウズ　*宗途（宗塗）主要な道すじ。〔佛教語大辞典〕646〔広説佛教語大辞典〕769d

*ジュウニテンドウ　*十二顛倒　〈四顛倒〉（常顛倒・楽顛倒・浄顛倒・我顛倒）×想・心・見＝十二『釋淨土群疑論探要記』七巻一帖

*ジュウニブキョウ　*十二部經　1. 仏典の叙述の形式、または内容から十二に分類したもの。各経典により内容・順序等は少し異なるが、（1）修多羅（S. sūtra 契経または経）、（2）祇夜（S.geya 応頌または重頌）、（3）伽陀（S.gāthā 諷頌または孤起頌）、（4）尼陀那（S.nidāna 因縁）、（5）伊帝目多伽（S.itivṛttaka 本事）、（6）闍多伽（S.jātaka 本生）、（7）阿浮達磨（S.adbhuta-dharma 未曾有）、（8）阿波陀那（S.avadāna 譬喩）、（9）優婆提舎（S.padeśa 論議）、（10）優陀那（S.udāna 自説）、（11）毘仏略（S.vaipulya 方広）、（12）和伽羅（S.vyākaraṇa 授記）、の十二である。これで仏の教え全部をまとめることになる。〔表現例〕さまざまなおしえ。2. ある場合には、十二部経を文・歌・記・頌・譬喩・本記・事解・生伝・広博・自然・道行・両現、としてあげる。〔佛教語大辞典〕658b

*ジュウネン　*十念　原始経典以来用いられるのは、仏・法・僧・戒・施・天・休息・安般・身・死の十を念ずることで、六念に後の四を加えたものであるが、中国・日本で重視されるのは、浄土教において無量寿経の第十八願に出る往生の要件としての乃至（ないし）十念である。観無量寿経の下品下生にも具足十念とある。この〈十念〉にはさまざまな解釈があるが、最も広く見られるのは十回の念仏、十回阿弥陀仏の名を唱えることとするものである。なお、〈十念〉を開いて〈十声の念仏〉ということもある。墓の殯前において七僧を請じ、称名十念して呪願す〔巡礼行記（4）〕西に向ひ、高声に十念唱へ、最後の詞ぞあはれなる〔平家（4. 宮御最期）〕〔岩

波仏教辞典〕

*ｼﾞｭｳﾊｯｶｲ　*十八界　人間存在の十八の構成要素。六根と六境と六識とをいう。十二処のうち六つの内的な場（六入処）における識別作用をそれぞれ別に数えて、それらの間における対応関係を明示したもの。すなわち（1）眼と色・かたちと視覚、（2）耳と音声と聴覚。（3）鼻と香りと臭覚、（4）舌と味と味覚、（5）皮膚と触れられるべきものと触覚、（6）心と考えられるものと心の識別作用である。六根（眼・耳・鼻・舌・身・意の六つの知覚器官）と六境（色・聲・香・味・触・法の対象の世界）と六識（眼・耳・鼻・舌・身・意の認識作用。）とを合わせて十八となる。十八の要素。これらが個人の存在を構成する。主客すべての世界。〔広説佛教語大辞典〕777d-778a

*ｼｭｳﾍﾝ　*周遍　ｼｭｳｼｮｳ　＝周挟。すみずみまで行き渡っている。あまねし。『周洽ｼｭｳｺｳ・周普ｼｭｳﾌ・周遍ｼｭｳﾍﾝ』

*ｼﾞｭｳﾘｷ　*十力　じゅうりき　仏に特有な10種の智力。1）道理と非道理とを弁別する力（処非処（しょひしょ）智力）。2）それぞれの業（ごう）とその果報を知る力（業異熟（ごういじゅく）智力）。3）諸々の禅定（ぜんじょう）を知る力（静慮解脱等持等至（じょうりょげたつとうじとうし）智力）。4）衆生（しゅじょう）の機根の優劣を知る力（根上下（こんじょうげ）智力）。5）衆生の種々の望みを知る力（種種勝解（しゅじゅしょうげ）智力）。6）衆生の種々の本性（ほんしょう）を知る力（種種界（しゅじゅかい）智力）。7）衆生が地獄や、人天（にんでん）、涅槃（ねはん）など種々に赴くことになるその行因を知る力（遍趣行（へんしゅぎょう）智力）。8）自他の過去世を思い起こす力（宿住随念（しゅくじゅうずいねん）智力）。9）衆生がこの世で死に、業とその果報が相続して、かの世に生まれることを知る力（死生（ししょう）智力）。10）煩悩（ぼんのう）を断じた境地とそこに到る方途を知る力（漏尽（ろじん）智力）。これら10の力をいう。〔岩波仏教辞典〕

*ｼｭｳﾛｸ　*集録　文章を集めて書きしるす。材料を集めて記録する。〈同義語〉輯録。［漢字源］

*ｼﾞｭｳﾛｸｶﾝ　*十六観 阿弥陀佛の浄土に生まれるための十六の観法で『観無量

壽經』に説く。1. 日没を観じて西方極楽を想う日想観。2. 水と氷の美しさを観じて極楽の大地を想う水想観。水想観をを完成して極楽の大地を想う地想観。4. 極樂の宝樹を想う樹想観（宝樹観）。5. 極樂の池水を想う八功徳水想観（宝池観）。6. 極樂の宝楼を想う楼想観（宝楼観）。楼想観の完成によって1～5がおのずから成し遂げられるので、これを総想観ともいう。7. 阿弥陀佛の蓮華の台座を想う華座想観。8. 佛像を見て阿弥陀佛の姿を想う像想観。9. 阿弥陀佛の真の姿を想うことによって、一切諸佛の姿を見ることができる遍観一切色身想観（真身観）。10. 阿弥陀佛の脇侍である観音を想う観音観。11. 同じく勢至を想う勢至観。12. 一切の浄土の佛菩薩などを想う普観想観。13. 以上（10～12）の観想ができないものが、大身…小身の阿弥陀佛などを觀ずる雑想観。そして最後にそれぞれの能力・素質に応じた修行によって極樂に生まれる様を想う、14. 上輩観、15. 中輩観、16 下輩観。一般には以上十六すべてが心統一による観法とするが、善導・法然は前十三を観法とし、(定善) 後三を観法と見ない (散善)。『觀無量壽經』『大正蔵経』12-341〔佛教語大辞典〕662c-d

*ｼｭｴ　*修慧　1. 修習して得る正しい智慧。省察より生ずる智慧。2. もろもろの慧を常に修して捨てないこと。〔佛教語大辞典〕624a

*ｼｭｶｸ　*種覺　1. すべての事柄に対する円満な智慧のこと。種智に同じ。天台宗でいう。2. 一切種智を証して円満なさとりを開いた佛をいう。〔広説佛教語大辞典〕786a

*ｼｭｶｸ　*主客　1. 主人と客人。『主賓ｼｭﾋﾝ』2. 主体と客体。3. 主観と客観。4. 重要なものと、そうでないもの。5. 主旨と他の事物（＝客）とを対照的に述べ、主旨を強調する文章法の一つ。また、主語と客語。（6）官名。中国の戦国時代から清ｼﾝ末まで置かれた。外国使節の接待をつかさどった。〔漢字源〕

*ｼｭｶﾞｸ　*修学　佛道を修して学ぶ事。〔広説佛教語大辞典〕786a

*ｼｭｷ　*珠璣　宝石の圓い玉と四角な玉。〔諸橋大漢和辞典〕7-908c

*ｼﾞｭｷ　*受記　修行者が未来に仏になるであろうと仏が予言すること。成仏する約束を仏からうけること。予言。『觀無量壽經』『大正蔵経』12 巻 343c〔広説佛教語大辞典〕786c

*シュク　*宿　1. やどる。2. 一夜。3. 一夜のこと。そもそも浄土には昼夜の別がなく、華の開合を昼夜とする。それが現世の一夜に相当する。『観無量壽經』『大正蔵経』12 巻 345a〔佛教語大辞典〕668b-c

*シュク　*宿　《常用音訓》シュク／やど／やど…す／やど…る《音読み》 シュク／スク《訓読み》 やどす／やどる／やど／しゅく《名付け》 いえ・おる・すく・すみ・やど《意味》シュクス ｛動｝ やどる。泊まる。からだを縮めて、かりねする。▽一夜の泊まりを宿、二夜の泊まりを信、三夜以上の泊まりを次という。「宿泊」「子路宿於石門＝子路、石門ニ宿ル」〔→論語〕シュクス ｛動｝ やどる。ねぐらで休む。「宿枝＝枝ニ宿ル」「宿鳥」シュクス ｛動・形｝ 一夜とどめて置く。一夜の。「宿雨」「不宿肉＝肉ヲ宿セズ」〔→論語〕シュクス ｛動｝ ある気持ち・考えなどを久しくとどめ置く。とどまって離れない。その職務にとどまる。「不宿怨焉＝怨ミヲ宿セズ」〔→孟子〕｛形｝ 年を経ている。かねてからの。「宿老」｛名｝ やど。泊まる所。「旅宿」「宿舎」｛名｝星座。▽北斗七星を軸として、天空を二十八宿にわける。｛名・形｝〔仏〕前世。前世からの。「宿世」「宿縁」〔漢字源〕

*ジュク　*熟　1. 業の報いの熟すること。異熟に同じ。2. 異熟生に同じ。3. 完全なること。4. 切開すること。5. 調熟の略。教え、成就させること。〔佛教語大辞典〕670d

*シュクガン　*宿願　1. 過去の世からの願い。pūrva-praṇidhāna 2. 前々からの誓願。多年の宿望。かねてからの願い。〔広説佛教語大辞典〕789c

*シュクガンリキ　*宿願力　かねてからの願力。かつて誓願を立てたその力。昔の願力のこと。阿弥陀佛の本願力すなわち他力のこと、すなわち他力のこと。〔広説佛教語大辞典〕789c

*シュクゴウ　*宿業　1. 過去の業。過去の世における業。宿世（前世）につくった善悪の業（行為）。前世の業縁 2. 人間がいかんともしがたい根本的な力。〔広説佛教語大辞典〕789d

*シュクジュウ　*宿習　過去の習い。前からの習慣。前世において身につけ習ったもの。宿世からの習慣。過去世から薫じきたった煩悩の潜在力。宿世の習いぐせ。前世よりの煩悩の残り気。また前の世で教えを聞いたこと。以前の習慣的思考。『観無量壽經』『大正蔵経』12 巻 345a〔佛教語大辞典〕

669c

*ｼｭｺﾞ　*守護　あるものが続くようにまもること。〔佛教語大辞典〕621c

*ｼﾞｭｼﾞ　*受持　1. 教えを受けて記憶すること。受けておぼえておくこと。2. 衣類を正式な作法により自己の衣として受けたもつこと。3. 十法行の一つ。非常な信心をもって、大乗の書物を自己の所有とすること。〔広説佛教語大辞典〕795d

*ｼｭｼﾞｬｸ　*取著　1. 執着すること。2. 執着の念。心の外においては対象を実有とみなし、身においては我ありと執着し、我所すなわち我のはたらきを執すること。〔佛教語大辞典〕622d

*ｼﾞｭｼｬｿｳ　*壽者相　個体という思い。命あるものという観念。個体は霊魂または人格主体を意味するものとして佛教内外で考えられていた。〔佛教語大辞典〕642d

*ｼﾞｭｼｭ　*授手　1. 仏や菩薩が衆生救済のため、その手を取ること。『観無量壽經』『大正蔵経』12 巻 345a　2. 仏が教えを付嘱した証しとして手を取ること。3. 指導者が一つ一つ手を取って教えること。〔広説佛教語大辞典〕797c

*ｼｭｼﾞｭｳ　*修習　1. 身に修めること。かけることなく行うこと。身につくまで修行すること。2. 十法行の一つ。自己と他人とは平等に住しているという智慧によって修行すること。3. ヨーガの行 4. 天台宗で止観を実践すること。〔広説佛教語大辞典〕797d-798a

*ｼｭｼﾞｭｳ　*修集　修して功徳が身に集まること。〔広説佛教語大辞典〕798a

*ｼﾞｭｼﾞｭﾂ　*呪術　祈りによって神や仏の不思議な力を借り病気などからのがれるという術。まじない。魔力によって人の心を惑わす術。魔術。〔漢字源〕

*ｼｭｼ　*殊姿　特にすぐれて美しい容姿。「人言挙動有殊姿＝人ハ言フ挙動ニ殊姿有リト」〔→白居易〕〔漢字源〕

*ｼｭｼｮｳ　*殊勝　1. すぐれていること。並び無く勝れたの意。2. 多くの中で勝れている。3. 悟り、または悟りの境地。〔広説佛教語大辞典〕799b-c

*ｼｭｼﾞｮｳ　*衆生　南都では「しゅしょう」とよみ、北嶺では「しゅじょう」とよんだが、今日では法隆寺でも「しゅじょう」とよむ。真言宗などで漢音で読誦するときは「しゅせい」とよむ。1. 生存するもの。いのちあるも

の。この世に生をうけたもの。生きもの・生けるもの。生きているもの。生あるもの。生きとし生けるもの。特に人間。人びと。もろびと。世の人。世間の多くの人びと。衆生には、衆人ともに生ずる意味、衆多の法が仮に和合して生ずる意味、衆多の生死を経る意味などがあるとされる。衆生というのは古い訳語で、玄奘以後の新訳では、「有情」という。「衆生」必ず死す。死して必ず土に還る（祭義篇）などもと『礼記』や『莊子』に出ることばである。【解釈例】あつまり生ずという文字。しゅじょう、もろもろ。ひと。いけるもの。五蘊和合したる仮名人のこと。2. 実体としての生きもの。3. 尊敬すべき人びと。特に大乗仏教徒をさしている場合にはこの意味がある。4. ブッダとなりうる要素、本質。5. 仲間たち。〔広説佛教語大辞典〕800a-c

*ｼｭｼﾞｮｳｿｳ　*衆生相 五蘊の法が集合して、衆生の身体を構成するとみだりに誤解することを言う。生存するものという思い。衆生という観念。（生きているものは霊魂または人格主体を意味するものとして佛教内外で考えられていた。）〔佛教語大辞典〕632a

*ｼｭｼｮｳﾘｷ　*殊勝力 並び無く勝れた力の意→殊勝

*ｼﾞｭｼｮｳ　*受生 1. 生を受けるの意。生まれること。2. 生老病死の苦を受けること。3. ジャータカ。本生。十二部経の一つ。〔佛教語大辞典〕638c-d

*ｼｭｿｳ　*首相　首は、くび・顔・頭の総称。首のすがた、様相。『觀無量壽經』『大正蔵経』12 巻 344c〔広説佛教語大辞典〕804b

*ｼｭｿｳ　*衆相　三十二相のこと。〔広説佛教語大辞典〕804b

*ｼｭﾀ　*衆多　衆多　ｼｭｳﾀ 人の数がおおい。多数の人。〔漢字源〕

*ｼﾞｭﾀｲ　*受胎 子をはらむ。みごもる。妊娠・懐妊。〔新字源〕155b

*ｼｭﾀﾞｲﾉﾐｮｳｼﾞ　*首題名字　経典の題名。たとえば、『般若心経』とか『妙法蓮華経』という題字。『觀無量壽經』『大正蔵経』12 巻 345c

*ｼｭﾀﾞｵﾝ　*須陀洹　S:srota āpnna　の音写。入流・至流・逆流・溝港・預流と漢訳する。聲聞の四果（小乗仏教における修道の四階位）の中の初果をいう。入流は初めて聖道に入るの意。逆流は生死の流れに背くこと。三界の見惑を断ってこの果を得る。これに向と果とを分け須陀洹果に趣向する見道十五心の間を須陀洹向、正しく三界の見惑を断ちおわって第十六心を

須陀洹果すなわち修道とする。〔広説佛教語大辞典〕805c-d

*シュタラ　*修多羅　サンスクリット語 sūtra に相当する音写。経と訳す。経 sūtra は動詞 siv（縫う貫く）から作られた中性名詞 athread 糸 string 紐糸 line 線 cord 綱　縄　紐などの英訳が与えられる。古来〈貫穿カンセン〉〈縫綴ホウテイ〉の意味があると解釈されている。〔岩波仏教辞典〕

*シュッカ　*出過　超過〔広説佛教語大辞典〕807b

*シュッケ　*出家　家を出るという意。家を捨て去ること。家を出て修行者の仲間入りをすること。家庭の生活から出離して、専心の修行の道を行うこと、またはその人をいう。在家の対。受戒して僧になること。七衆のうち優婆塞と優婆夷を除く他の五衆は出家の中に含まれる。または仏道の修行者・僧侶の通称として用いる。〔広説佛教語大辞典〕807c-d

*シュツゴ　*出期　生死の苦しみを出離する期限。〔佛教語大辞典〕671d

*シュッセ　*出世　世に出ること。この世界に出現すること。特に佛が衆生救済のためにこの世に生まれ出ること。法華経壽量品に「諸佛の出世は値遇すべきこと難し」とある。また〈出世間〉の略で、世間を超出し、俗世間を離れた佛道の世界の意。そこから僧侶を〈出世者〉とよび、さらに世俗社会を厭い離れた世捨て人をも出世者という。我国では、特に公卿（くぎょう）殿上人などの貴族の子弟の出家（しゆっけ）したものをさし、これらは昇進が早く位を極めるところから、僧侶が高位に昇って大寺の住持（じゅうじ）となることをいい、さらに一般に立身栄達をとげることをいうようになった。本来は修行得法ののち寺院に住し、仏に代わって教化（きょうけ）を行うところから〈出世〉といった。仏の番々に出世して、衆生を仏に成さんとし給ふ〔明恵遺訓〕もし人出世の要を問へば、答ふるに念仏の行をもてせり〔拾遺往生伝（下 26)〕〔岩波仏教辞典〕

*シュッセケン　*出世間　1. 三界の煩悩を離れてさとりの境地に入ること。またその境地。世俗、世間の対。超越性。世俗を離れた清らかな世界。2. 真実を求めるさとりの修行。解脱のための教え。3. 佛法の領域。〔広説佛教語大辞典〕809c-d

*シュツジョウ　*出定　禅定から出ることをいう。〔佛教語大辞典〕672b

*シュツリ　*出離　「しゅつり」と読むこともある。離脱していること。生死を

繰り返す迷いの世界を離れ出でること。煩悩の束縛を離れ出でること。解脱（さとり）の境地に至ること。輪廻をのがれること。解脱。さとり。〔広説佛教語大辞典〕811c-d

*ｼﾞｭﾌﾞｳ　*鷲峰　りょうじゅせん**【霊鷲山】**のこと。（梵の訳。禿鷲の頂という山の意）古代インドのマガダ国の首都、王舎城の東北にあった山。釈迦が法華経や無量寿経などを説いた所として著名。山中に鷲が多いからとも、山形が鷲の頭に似るからともいわれる。耆闍崛山（ぎじゃくっせん）。鷲山（じゅせん）。鷲嶺。わしの山。

*ｼｭﾌｸ　*修福　多くの善い行いを実践すること。**【解釈例】**もろもろの善根を修すること。もろもろの福善を修すること。〔佛教語大辞典〕627b

*ｼｭﾍﾞﾂ　*殊別 ちがふ。別異。〔諸橋大漢和辞典〕6-748C

*ｼｭﾎｳ　*殊方　遠い地域。外国。**【解釈例】**外国のこと。海外万国を指していうなり。〔広説佛教語大辞典〕814c

*ｼｭﾐｾﾝ　*須弥山　須弥は（S Sumeru）の音写。蘇迷盧、蘇弥楼も同じ。妙高山、妙光山、安明山などと漢訳する。古代インドの神話によれば、世界の中心に高くそびえる巨大な山。一般のインド文献ではメールとよばれることが多い。佛教の宇宙観によれば、大海の中にあって金輪の上にあり、その高さは水面から八万ヨージャナ（S yojana 由旬）あって環状の七山八海が同心円状にとりまいており、これらの外側の四方に四洲があり、そのうちの南方にある瞻部洲が人間の住するところであるという。須彌山のまわりを日月が巡り、六道諸天はみなその側面、または上方にある。その頂上に帝釈天の住む宮殿があるという。〔広説佛教語大辞典〕815a-b

*ｼｭﾐｮｳ　*殊妙　ことさらすぐれていること。**【解釈例】**殊妙はことにすぐれたること。妙は殊勝にてたへにすぐるること。〔広説佛教語大辞典〕815c

*ｼｭﾕ　*須臾　1. 時間の単位一昼夜の三十分の一。三〇ラヴァ（S.lava）をいう。刹那と同視されることがある。2. 転じて短時間のこと。瞬時。一時。たちまちの間。わずかの間。つかの間。しばし。しばらく。**【解釈例】**もっとも短き刹那。〔広説佛教語大辞典〕816b

*ｼﾞｭﾕｳｼﾝ　*受用身 1. 悟りの結果、法を享受し、また他の人々をして享受せしめる者の意。佛の身体の一つ。報身に同じ。これに、自ら法楽をひとり

楽しむ自受用身と、他人にもこの楽しみを受けさせようとする他受用身とがある。2.諸佛の種々の領土および大いなる人（ボーディサットヴァ）の集まりが、それを依りどころとして現れるもの。大乗の真理を受け楽しみ、受け用いる原因となる。〔広説佛教語大辞典〕816d

*ｼｭﾜｸ　*修惑　思惑ともいう。種々の正しい修行によってなくすことのできる煩悩。生まれながらに具わっている本能的な煩悩である。また、習慣的な煩悩であり、繰り返し修行する努力をしなければ断じることができない。修道において断ぜられる貪瞋癡などの迷事の惑をいう。〔広説佛教語大辞典〕819b

*ｼﾞｭﾝ　*准　もと準の俗字　1.なぞらえる。ｱ.他の似たものとくらべて考える。ｲ.そのものに近い。そのものに次ぐ。2.許す。「批准」3.よる。「准拠」4.きめる。かならず。〔新字源〕104b

*ｼﾞｭﾝ　*純　1.純粋の、まじりけのない「純黒」2.もっぱら〔佛教語大辞典〕676a

*ｼﾞｭﾝｴ　*准依　よる。（準拠）〔新字源〕104b

*ｼﾞｭﾝｹﾞﾀﾞｯﾌﾞﾝ　*順解脱分　分は因の意。解脱に順じ、その因となるもの。三賢に同じ。唯識説では資糧位をいう。解脱へと方向づけられた階位。ニルヴァーナに導く善。〔広説佛教語大辞典〕820B

*ｼｭﾝｼﾞｭﾝ　*逡巡　後しざりする。たちすくむ。ぐずぐずしてためらう。『逡遁ｼｭﾝｼﾞｭﾝ・逡循ｼｭﾝｼﾞｭﾝ』「後来鞍馬何逡巡＝後レ来タル鞍馬ハナンゾ逡巡タル」〔→杜甫〕［漢字源］

*ｼﾞｭﾝｼﾞｮｳ　*准定　他の似たものとくらべ考えて定める。〔新字源〕104b

*ｼｭﾝｿｳ　*俊爽　1.人の容姿・品性・才能などがぬきんでている。「容儀俊爽」〔→晋書〕2.山などの姿が高くすっきりしている。〔漢字源〕

*ｼﾞｭﾝﾁ　*准知　なぞらえ知る。

*ｼﾞｭﾝﾁ　*准知　他の似たものとくらべて考える。〔岩波仏教辞典〕104

*ｼﾞｭﾝﾚｷ　*巡歴　へめぐること。〔佛教語大辞典〕675

*ｼｮ　*疏＝疎【踈】異体字異体字《常用音訓》ソ／うと…い／うと…む《音読み》ソ／ショ《訓読み》まばら／うとい（うとし）／うとんずる（うとんず）／うとむ／とおす（とほす）／とおる（とほる）／くしけずる（く

しけづる）／くし《意味》｛形｝ まばら。一つずつ離れているさま。〈同義語〉→疏。〈対語〉→密。「疎散」「天網恢恢、疎而不失＝天網恢恢、疎ナレドモ失ハズ」〔→老子〕｛形・名｝ うとい（ｳﾄｼ）。すきまがあいていて離れているさま。また、親密でないさま。近づきの少ない人。疎遠な人。〈同義語〉→疏。〈対語〉→親（したしい）。「疎遠」「疎客」「去者日以疎＝去ル者ハ日ニモッテ疎シ」〔→古詩十九首〕｛動｝ うとんずる（ｳﾄﾝｽﾞ）。うとむ。すきまをおく。精神的に離れて親しくない。〈同義語〉→疏。「疎外」ｿｽ ｛動｝ とおす（ﾄﾎｽ）。とおる（ﾄﾎﾙ）。ふさがった所を、わけ離してとおす。水をわけて引く。〈同義語〉→疏。「疎水」「疎泉＝泉ヲ疎ス」「禹疏（＝疎）九河＝禹九河ヲ疎ス」〔→孟子〕ｿｽ ｛動・名｝ くしけずる（ｸｼｹﾂﾞﾙ）。くし。もつれた髪の毛を別々にわけて、くしをとおす。めのあらいくし。▽梳に当てた用法。「疎比」｛名｝ 裏までぬき通した彫刻。すかしぼり。「疎櫺ｿﾚｲ（すかしぼりをした格子窓）」｛形｝ あらいさま。おろそかなさま。そまつなさま。▽粗に当てた用法。〈同義語〉→疏。〈対語〉→精。「疎食ｿｼ（＝粗食）」｛名｝一条ずつわけて意見をのべた上奏文。▽去声に読む。〈同義語〉→疏。「上疎（意見書をたてまつる）」｛名｝ むずかしい文句を、ときわけて、意味をとおした解説。▽去声に読む。〈同義語〉→疏。〈類義語〉→注。「注疎」［漢字源］

*ｼｮ *處 1. すみか。ありか。場所。欲界・色界などの場所をいう。2. 心作用の起こるための場。認識の場。十二処。認識器官と対象との合する十二の場。3. 立場。4. 業の起こる拠り所。5. ことわり。道理。〔佛教語大辞典〕687C-D

*ｼｮ *処【處】《常用音訓》ショ《音読み》ショ《訓読み》おる（をる）／おく／ところ《名付け》おき・おる・さだむ・すみ・ところ・ふさ・やす《意味》｛動｝ おる（ｦﾙ）。ある場所に落ち着く。〈対語〉→出。〈類義語〉→居。「処世＝世ニ処ル」「処女（家にいてまだ嫁にいかない娘）」「夫賢士之処世也、譬若錐之処嚢中＝夫レ賢士ノ世ニ処ルヤ、譬ヘバ錐ノ嚢中ニ処ルガ若シ」〔→史記〕｛動｝ おく。しかるべきところにおく。「何以処我＝何ヲモッテ我ヲ処カン」〔→礼記〕ｼｮｽ ｛動｝ あるべき所に落ち着ける。しまつする。「処理」「処置」ｼｮｽ ｛動｝ しかるべく決める。「処刑＝刑ニ処ス」

{名} ところ。しかるべきところ。▽去声に読む。「到処《イタルトコロ》」「白雲生処有人家＝白雲生ズル処人家有リ」〔→杜牧〕{単位} 場所を数える単位。▽去声に読む。「期山東為三処＝山ノ東ニ三処ト為ラント期ス」〔→史記〕〔国〕ところ。「…したところが」という接続のことばに当てる。「候処《ソウロウトコロ》」［漢字源］

*ショウ　*掌　《常用音訓》ショウ《音読み》ショウ（シャウ）《訓読み》たなごころ／つかさどる《名付け》なか《意味》{名} たなごころ。手のひら。▽「たなごころ」という訓は、中国語の「手心（てのひら）」の意訳。「合掌（両手の手のひらをあわせて拝む）」「指掌＝掌ヲ指サス」「天下可運於掌＝天下ハ掌ニ運ラスベシ」〔→孟子〕{動} つかさどる。手のひらにおさめて処置する。〈類義語〉→司。「掌管」「分掌（分担して受け持つ）」「舜使益掌火＝舜、益ヲシテ火ヲ掌ラシム」〔→孟子〕〔漢字源〕

*ショウ　*小　1. 小乗。2. 小乗の人。〔佛教語大辞典〕693c

*ショウ　*證　1. さとること。さとり。明らかにする。自ら明らかに知って疑いのないこと。証悟。証理。無上の真理を身をもって実現すること。証(あか）すこと。2. 結果を証する。…に到達する。…を実現する。証得する。体得する。達すること。体験する。一つになる。3. 証する人。証人。4. 知覚すること。5. 証明する。証明。証拠。6. 確認する。7. 仏教であるということを証明する拠り所。教と理との二つを立てる。8. 証拠。典拠。9. 証量の略。直接知覚。〔広説佛教語大辞典〕829b-c

*ショウ　*麨　むぎこがし　〔諸橋〕12-931a

*ショウ　*聖　1. 高貴な人。立派な人。もとアーリア人に由来することと考えられていた。2. 正の意。正道を証したことをいう。3. 聖者。凡夫の対。4. 特に釈尊のこと。5. 無漏なる（けがれなき）人。佛道修行者のうちで、見道以上に達し、無漏の智慧を起こした者を聖という。小乗では七聖（随信行・随法行・信解・見至・身証・慧解脱・倶解脱)、大乗では、十聖（十地の各の位）という諸段階が説かれている。6. 鈍根の聖者たること。7. 仙人。8. 聖人のこと。9. 信頼さるべき人。10. 往昔の師。11. 聖なる状態を作り出すところのもの。【解釈例】聖道を修して清浄となること。聖果をいう。数息観第六最上階段なり。〔広説佛教語大辞典〕828a-b

*ショウ　*所有　1. あらゆる。すべて。あらゆるもの。2. いかなる…でも。3.…に属する。4. 有ること。〔広説佛教語大辞典〕828a-b

*ショウ　*性　［1］[s：prakrti、svabhāva、bhāva]　存在するものの変らない本質。〈自性〉などと同義。また、真理のこと。華厳宗において〈性起〉などと用いられるときの〈性〉がこれにあたる。以上の意味では、しばしば〈相（そう）〉に対する。性は､即ち真如の妙理なり〔法相二巻抄（上)〕。→相→性相。［2］[s：gotra]　生れつきの素性（すじょう）、先天的な素質をいう。〈種性〉（種姓）と同義。衆生の性に随ひ受くる所同じからず、一雨の潤す所各差別あり〔ささめごと〕間断なく案じ候へば、性もほれ、却（かへ）りて退く心のいでき候ふ〔毎月抄〕［3］[s：otā、otva など]　サンスクリット原語は抽象名詞を作る接尾辞。〈であること〉〈の本質〉〈という事実〉などの意。法性（ほっしょう）(dharmatā)、染汚性（ぜんましょう）(kliṣṭatva) などと用いる。〔岩波仏教辞典〕416

*ショウ　*漿　飲み物　酒　〔広説佛教語大辞典〕447c

*ショウ　*漿《音読み》　ショウ（シャウ）／ソウ（サウ）《意味》{名}　細長く糸をひいてたれる液。転じて､飲み物の総称。「水漿スイショウ」「箪食壺漿タンシコショウ」〔→孟子〕{名}　どろっとした液状のもの。「脳漿ノウショウ」「漿糊ショウコ（のり）」［漢字源］

*ショウ　*攝　1. ふくむ。ふくめる。2. ふくめて意味する。…の部類のうちにふくめること。3. おさめる。集めかかえる。おさめとる。4. 包容すること。5. 関係する。所属する。属した。攝せられた。6. まとめる。7. 修養する。8. 律儀に同じ。9. 救いとる。おさめとる。〔佛教語大辞典〕738

*ショウ　*證　1. 悟ること。悟り。明らかにする。自ら明らかに知って疑いの無いこと。證悟。證理。無上の真理を身をもって実現すること。証（あか）すこと 2. 結果を証する。…に到達する。…を実現する。証得する。体得する。達すること。体験する。一つになる。3. 証する人。証人。4. 知覚すること。5. 証明する。証明。証拠。6. 確認する。7. 仏教であるということを証明するよりどころ。教と理との二つを立てる。8. 証拠。典拠。9. 証量の略。直接知覚。〔広説佛教語大辞典〕829b-c

*ショウ　*慞　おそれる。〔諸橋大漢和辞典〕4-1159

*ショウ　*牀《音読み》ショウ（シャウ）／ソウ（サウ）／ジョウ（ジャウ）《訓読み》ゆか《意味》
｛名｝細長い寝台。また長いすや細長い台。〈同義語〉→床。「臥牀ガショウ」「銃牀ジュウショウ（銃を置く台）」｛名｝ ゆか。土間のすみに板をはり、ほかより一段高くした台。また、日本では、家の中で一面に板ばりにして地面より一段高くしたところ。〈同義語〉→床。[漢字源]

*ショウ　*捷　《音読み》ショウ（セフ）／ジョウ（ゼフ）《訓読み》かつ／かち／はやい（はやし）／さとい（さとし）《名付け》かち・かつ・さとし・すぐる・とし・はや・まさる《意味》｛動・名｝ かつ。かち。戦いや狩りなどがうまくいく。また、そのこと。▽すばやく物事を行う意から。〈類義語〉→勝・→克。「告捷＝捷ヲ告グ」「獲捷カクショウ（勝利を得る）」「捷報ショウホウ」「出師未捷身先死＝師ヲ出ダシテイマダ捷タズ、身マズ死ス」〔→杜甫〕ショウナリ ｛形｝ はやい（ハヤシ）。さとい（サトシ）。動きがはやい。気転がきく。「捷足ショウソク」「敏捷ビンショウ」「力称烏獲、捷言慶忌＝力ニハ烏獲ヲ称シ、捷キニハ慶忌ヲ言フ」〔→司馬相如〕[漢字源]

*ショウ　*詳　《常用音訓》ショウ／くわ…しい《音読み》ショウ（シャウ）／ゾウ（ザウ）《訓読み》くわしい（くはし）／つまびらか（つまびらかなり）／つまびらかにする（つまびらかにす）／いつわる（いつはる）《名付け》つま・みつ《意味》｛形｝ くわしい（クハシ）。つまびらか（ツマビラカナリ）。欠けめなく行き届いたさま。広く、こまかくすみずみまで、よくできているさま。こまやかな。〈類義語〉→細・→審。「詳細」「委曲詳尽イキョクショウジン（すみずみまで行き届いたさま）」「博学而詳説之＝博ク学ビテ詳カニコレヲ説ク」〔→孟子〕｛動｝ つまびらかにする（ツマビラカニス）。欠けめなく行き届いて述べる。または、理解する。「詳其事＝ソノ事ヲ詳カニス」〔→穀梁〕｛名｝下級者から上級者へいきさつを報告する公文書。〈対語〉→仰（上から下への文書）。「端詳」とは、しげしげと見て品定めすること。｛動｝ いつわる（イツハル）。まねをしてみせる。▽佯ヨウに当てた用法。「詳狂ヨウキョウ（＝佯狂）」〔漢字源〕

*ショウ　*将　1.持つ。たずさえる。「将来する（書物などを）」2.まさに…しようとする。未来を示す。「将来」（まさに来たらんとする。）3.…で。…

をもって。4. 古くは「もって」と読んだが、実は対格（accusative）であることを示す。5. とる。6. 休養する。7. 特に意味を持たない助字。8.「…将…」は「…と…」の意。英語の and に当たる。〔広説佛教語大辞典〕827c

*ショウ　*将　【將】《常用音訓》ショウ《音読み》ショウ（シャウ）／ソウ（サウ）／ソウ（サウ）／ショウ（シャウ）《訓読み》ひきいる（ひきゐる）／もちいる（もちゐる・もちふ）／おこなう（おこなふ）／もって／もちいて（もちゐて）／もつ／ゆく／まさに…せんとす／まさに…ならんとす／はた／と《名付け》すけ・すすむ・たすく・ただし・たもつ・のぶ・はた・ひとし・まさ・もち・ゆき《意味》{名} 軍をひきいる長。「上将（最高の司令官）」「遣将守関＝将ヲ遣ハシテ関ヲ守ラシム」〔→史記〕ショウタリ {動} 将軍となる。また、将軍である。「出将入相＝出デテハ将タリ、入リテハ相タリ」〔→枕中記〕{動} ひきいる。引き連れていく。「将荊州之軍、以向宛洛＝荊州ノ軍ヲ将#テ、モッテ宛洛ニ向カフ」〔→蜀志〕{動} もちいる（モチイル・モチフ）。おこなう（オコナフ）。自分で処置する。「童子将命＝童子、命ヲ将フ」〔→論語〕{前} もって。もちいて（モチイテ）。…を手にとって。…で。…の身でもって。〈類義語〉→以。「唯将旧物表深情＝タダ旧物ヲモッテ深情ヲ表サン」〔→白居易〕「肯将衰朽惜残年＝アヘテ衰朽ヲモッテ残年ヲ惜シマンヤ」〔→韓愈〕{動} もつ。手にもつ。「呼児将出換美酒＝児ヲ呼ビ将チ出ダシテ美酒ニ換ヘン」〔→李白〕{動} ゆく。送っていく。もっていく。つれていく。「将迎」「之子于帰、遠于将之＝コノ子ユキ帰グ、遠クユキテコレヲ将ク」〔→詩経〕{助} 動詞のあとにつけて、動作・過程が一定の方向に進行することを示すことば。▽「ゆきて」「もちて」と訓じてもよいし、読まないでもよい。「宮使駆将惜不得＝宮使駆リ将キテ惜シメドモ得ズ」〔→白居易〕{前}〔俗〕行為の対象や手段を示す前置詞。▽近世には把が、これにかわる。「将酒飲（酒を飲む）」{助動} まさに…せんとす。これから…しようとする。また、…しそうだ。▽「さあ、これからそうなされよ」と、相手にすすめるときに用いることもある。〈類義語〉→且・→欲。「天将以夫子為木鐸＝天、マサニ夫子ヲモッテ木鐸ト為サントス」〔→論語〕「将其来食＝マサニソレ来タリテ食セヨ」〔→詩経〕{助動} まさに…ならんとす。ほ

ぼ…に近い。「将五十里也＝マサニ五十里ナラントス」〔→孟子〕｛接続｝はた。ＡかそれともＢかをあらわすことば。それとも。｛接続｝…と…。ＡとＢとをあらわすことば。「暫伴月将影＝暫ク月ト影トヲ伴フ」〔→李白〕〔漢字源〕

*ショウ　*障　《常用音訓》ショウ／さわ…る《音読み》ショウ（シャウ）《訓読み》さわる（さはる）／さえぎる（さへぎる）／ふせぐ／さわり（さはり）《意味》｛動｝さわる（サハル）。さえぎる（サヘギル）。正面からあたってさえぎる。まともに進行を止めてじゃまをする。さしつかえる。「障害」「障之以手也＝コレヲ障ルニ手ヲモッテス」〔→淮南子〕｛動・名｝ふせぐ。まともにせき止める。また、進行を止めるつつみやとりで。「堤障（つつみ）」「保障（とりで）」「亭障（ものみの屯所トンショ）」｛名｝さわり（サハリ）。進行を止める壁や、ついたて。外から見えないようにするおおいやついたて。「故障」「障壁」「歩障（貴人が歩くとき、見えないようにするついたて）」｛名｝さわり（サハリ）。じゃまするもの。「理障（悟りをじゃまするもの）」「罪障（悟りをじゃまする悪い行い）」〔国〕さわり（サハリ）。（イ）行動をさまたげる事情。じゃま物。（ロ）月経。〔漢字源〕

*ショウ　*稱　1.量をはかること。2.はかり。3.ほめたたえる。ほめる。【解釈例】ほむること。4.賞賛。八法の一つ。5.名誉。6.口にとなえること。〔佛教語大辞典〕730a-b

*ジョ　*除　除外する。（悪などを）除くこと。〔佛教語大辞典〕692c

*ジョカク　*除却　1.（訪問を）しりぞけること。2.…は別にして、の意〔広説佛教語大辞典〕914a

*ジョウ　*縄　【繩】旧字［図］：旧字　《常用音訓》ジョウ／なわ《音読み》ジョウ／ショウ　《訓読み》　なわ／すみなわ（すみなは）／ただす　《名付け》　ただ・つぐ・つな・なお・なわ・のり・まさ　《意味》｛名｝なわ（ナハ）。よりなわ。二本以上のひもをよりあわせたなわ。｛名｝すみなわ（スミナハ）。大工が直線を引くのに用いる、すみのついた細いなわ。「縄墨ジョウボク」「縄尺ジョウシャク」ジョウス　｛動｝ただす。すみなわで曲がりをなおすように、まちがいをただす。「縄枉ジョウオウ」｛名｝すみなわの意から転じて、物事の規準。のり。準縄ジュンジョウ」「縄矩ジョウク」「縄縄ジョウジョウ」とは、物事が絶えずに長く

続くさま。「縄縄不可名＝縄縄トシテ名ヅクベカラズ」〔→老子〕〔漢字源〕

*ジョウ　*定　1.瞑想。静かな瞑想。心の安定。心の安らぎ。心の動揺を静めること。(1) 三昧に同じ。(2) 禅定静慮。(3) 煩悩を静め、一つところに心を落ちつかせること。智に対する。(4) 精神統一、集中。心を浮動させず、一点に集中すること。十大地法の一つ。【解釈例】観念さるべき事物に対して、心を一点に集中すること。2.「さだんで」とよむ。必ず。3.報いが必ず起こる。4.定まっていること。5.自然の定まり。運命が定まっていること。宿命。（ゴーサーラの説）6.実在せるの意。【解釈例】定量。定の自在になったが真解脱なり。おもいをやめてもて心をこらす。7.ぴたり、決まった、の意。〔広説佛教語大辞典〕830d-831a

*ジョウ　*定（samādhi）原語の漢訳語、音写では三昧という。心を一つの対象に集中させて動揺を静め、平穏に安定させること。心の散乱を静めた瞑想の境地。同類語にヨーガ（yoga 瑜伽）・禅（dhyana 定・静慮）がある。三学（戒・定・慧）の一つで佛教実践の重要大綱である。瞑想、心の安定、心の安らぎ、心の動揺を静めること。精神統一、集中、心を浮動させず一点に集中させること。三昧。禅定。静慮。〔岩波仏教辞典〕

*ジョウ　*状《常用音訓》ジョウ《音読み》ジョウ（ジャウ）／ソウ（サウ）《訓読み》すがた／かたち／かたちづくる《名付け》かた・のり《意味》｛名｝すがた。かたち。物事のかたち・すがた・ようす。「形状」「状態」「孔子状、類陽虎＝孔子ノ状、陽虎ニ類ス」〔→史記〕｛動｝かたちづくる。かたちをなす。かたちにあらわす。「状乎無形影＝形影無キトコロニ状ル」〔→荀子〕｛動｝すがたを形容する。ありさまをのべる。「状詞（形容詞）」「不可名状＝名状スベカラズ」｛名｝事実や、ようすをのべる書面。裁判のさい事情を説明する書面。また、転じて広く手紙のこと。「行状（いきさつ、いきさつをのべた書面）」「書状（手紙）」［漢字源］

*ジョウ　*常　1.変化しないこと。滅びないこと。常住。2.真理が永遠であること。3.終わりがないこと。4.いつも（解釈例）かつて。常にありと見ゆる物は滅すればやがて同じ形にて生ず、斯生ずることの速やかなるほどもまた滅するが如し。かかる故に常に有りと見ゆる也。たとえば水の上にふる雪のふればやがて消え、消ゆればやがてふるが如し。消ゆるといえども、

水の上には常に雪のあるように見ゆるが如し。〔佛教語大辞典〕756a-b

*ジョウ　*情　《常用音訓》ジョウ／セイ／なさ…け《音読み》ジョウ（ジャウ）／セイ《訓読み》まことに／なさけ《名付け》さね・もと《意味》{名} 感覚によっておこる心の動き。「情動於中而形於言＝情、中ニ動キテ言ニ形ル」〔→詩経〕「順人之情、必出於争奪＝人ノ情ニ順ヘバ、必ズ争奪ニ出ヅ」〔→荀子〕{名} 人の心の働きによるさまざまの思い。人の心の感じ方や社会の通念。「情理」「不近人情＝人情ニ近カラズ」「人生有情涙沾臆＝人生情アリ、涙臆ヲ沾ス」〔→杜甫〕{名} 男女の恋い慕う思い。「如不勝情而入＝情ニ勝ヘザルガゴトクニシテ入ル」{名} ほんとうの気持ち。本心。「無敢隠朕、皆言其情＝アヘテ朕ニ隠スナカレ、皆ソノ情ヲ言ヘ」〔→史記〕{名} ほんとうのこと。ほんとうの姿。「実情」「情偽（ほんとうとうそ）」「夫物之不斉物之情也＝ソレ物ノ不斉ナルハ、物ノ情ナリ」〔→孟子〕{名} 個人的な感情や情実。「徇情＝情ニ徇フ」{副} まことに。ほんとうに。「情知帯眼従前緩＝情ニ知ル帯眼ノ従前ヨリ緩キヲ」〔→王安石〕〔国〕なさけ。人情。思いやり。「世は情け」[漢字源]

*ジョウ　*成　1. 成り立つこと。成立すること。成就。2. 成立せしめること。3. 事物が時間的に成立すること。生成。4. あらわし出す。5.（宇宙が）成立すること。6. 実現する。7. 完成する。8. 成仏（仏に成ること）の意。9. 成就。これに八種ある。サーンキャ学派で説く。10.（1）動詞の下に付けて、その動作の成就したことを示す。「説成」「修成」など。（2）数詞の下に付けて、割合などを示す。「八成」（八割がた）〔広説佛教語大辞典〕830c

*ジョウ　*情　1. 有情のこと。（S:sattva）2. 根（S:P:indriya）機官。認識の機官。3. こころ。「有情」という時の情。4. 考え。我々の普通の考え。常識的な考え。固執せる考え。5. 趣意。**【解釈例】**性の動く処。情欲なり。情識でこころなり。〔佛教語大辞典〕758d

*ジョウ　*浄　1. きよいこと。2. けがれのないこと。無煩悩。3. 妄想の起こらないこと。4. きれいさっぱり。5. 浄土のこと。6. 浄土に生まれる行。7.P.S　Brahman の訳語。たとえばP.S　Brahmadatta を「浄施王」と漢訳する。〔広説佛教語大辞典〕831d-832a

*ジョウ　*盛　《常用音訓》ジョウ／セイ／さか…る／さか…ん／も…る《音読み》セイ／ジョウ（ジャウ）／ジョウ（ジャウ）／セイ《訓読み》もる／さかん／さかる／さかんにする（さかんにす）／さかり／もり《名付け》さかり・しげ・しげる・たけ・もり《意味》{動}　もる。四方からつみあげて△型にまとめあげる。山もりにする。「盛於盆＝盆ニ盛ル」〔→礼記〕{名}　器に山もりにいれたもの。「粢盛《シセイ》（穀物をもったお供え）」{形・動・名}さかん。さかる。さかんにする（サカンニス）。さかり。力や勢いがたっぷりあるさま。力や勢いがもりあがっているさま。力や勢いが充実する。また、充実させる。また、その状態。〈対語〉→衰（おとろえる）。〈類義語〉→昌・→隆。「盛大」「茂盛（さかんにしげる）」「盛服（はれ着）」「盛徳之至也＝盛徳ノ至リナリ」〔→孟子〕〔国〕もる。薬を調合して紙や皿にのせる。土をもりあげる。「毒を盛る」「土を盛る」もり。もりあげた量。「盛りがよい」さかり。さかんにあらわれ出る時。「花盛り」さかり。動物が交尾しようとする衝動。「盛りがつく」〔漢字源〕

*ジョウ　*誠　まこと。sacca〔佛教語大辞典〕759c

*ジョウイキ　*浄域　浄界ともいう。きよらかな地域。西方浄土のこと。〔広説佛教語大辞典〕833c

*ショウイン　*生陰＝生有（ショウウ）四有の一つ。中有から母胎に宿り、五蘊を成立せしめる位を言う。〔佛教語大辞典〕706b

*ショウイン　*正因　1. 直接の原因。2. 天台宗で説く三因佛性の一つ。正因佛性のこと。3. 佛となるべき正しい種。「往生の正因」4. 他力をたのみたてまつる悪人。〔佛教語大辞典〕697b

*ショウイン　*接引　1. 佛が人々を浄土へ導くこと。『観無量壽經』『大正蔵経』12-3442. 師家が修行僧を導くこと。〔佛教語大辞典〕717d

*ショウイン　*勝因　1. すぐれた因縁。2. 特別な理由。3. サーンキヤ学派の根本原質。〔佛教語大辞典〕721d

*ショウイン　*生因　1. 結果を生ぜしむる原因。事物を生ぜしむる原因。実在根拠のこと（S:kāraka-hetu）。たとえば芽に対する種子。了因または証了因に対していう。西洋の ratio　essendi に相当する。客観的自然界において、甲というものが原因となって乙というものを生起存続せしめるならば、甲

は乙の生因である。生因はニヤーヤ学派のS:kāraka-hetuに了因はそれのS:jñāpaka-hetuに対応すると思われる。なお、認識を生じさせる原因として認識根拠をいうこともある。2. 変異の原因。S:kāraṇa　3.「浄土の生因」は阿弥陀佛の帰依すること。4. 慈恩大師基によると、論敵をして理解を起こさせる原因としての因（理由）。〔広説佛教語大辞典〕833d

*ショウウ　*ショウユウ　*勝友　よき友。すぐれた友。仏菩薩でも念佛行者のよき友なのである。『觀無量壽經』『大正蔵経』12巻346b〔佛教語大辞典〕721d

*ショウウ　*生有　四有の一つ。中有から母胎に宿り、五蘊を成立せしめる位を言う。〔佛教語大辞典〕706b

*ジョウウリム　*情有理無　凡夫の考える一切の対象は、理論的には無くて、常識的には有る、という意。凡人の心には有ると思われるが理の上では存在しないこと。三性の中の偏計所執性をいう。〔広説佛教語大辞典〕834d

*ジョウエ　*定慧　1. 禅定と智慧。2. 定手と慧手。密教において左右の二手をいう。3. 止観のことを初期の禅宗でこう書きかえていうようになった。禅が南宗と北宗と分かれた頃から盛んにいわれるようになった。止観に同じ。〔佛教語大辞典〕747a-b

*ショウエン　*勝縁　勝れた縁*縁　原因、原因一般。あらゆる条件。詳しくは縁を四縁に分かつ。

*ショウエン　*生縁　1. ものを生ずるための諸原因。2. 縁起のこと。〔佛教語大辞典〕706B

*ショウカ　*勝過　すぐれて超えている。

*ジョウカイ　*淨戒　1. 清浄な戒。佛の制定した清浄な戒法。2. 戒めを正しく守っていること。堅固に戒を保つこと。【解釈例】清淨に戒を護持すること。〔広説佛教語大辞典〕837c-d

*ショウガク　*正覺　1. さとり。佛のさとり。正しいさとり。宇宙の大真理をさとること。2. 真理をさとった人。ほとけ。如来に同じ。〔佛教語大辞典〕697

*ショウガク　*正覚［s：saṃbodhi］　原語は、完全なる悟りの意。〈三藐三菩提（さんみゃくさんぼだい）〉（samyak-saṃbodhi、正しく完全なる悟り）も同義。また、saṃbuddha（完全に悟れる者）の訳語として、〈仏〉を意味することもある。〈正覚〉は、小乗仏教では主に釈尊（しゃくそん）が菩提樹（ぼ

だいじゅ）下で成就した、四諦（したい）・八正道（はっしょうどう）・縁起（えんぎ）などの理法に対する悟りをさす。大乗仏教では、諸仏が等しく成就する無上・不偏の悟りであり、経典や宗派によって解釈は異なるが、おおむね無相の真如（しんにょ）や諸法の実相などの体悟を内容とする。釈迦の御のり正覚成り給ひし日より､涅槃に入り給ひし夜にいたるまで〔三宝絵（中）〕初発心の時、すなはち正覚を成ず〔義鏡（上）〕。〔岩波仏教辞典〕

*ショウカン　*招喚　発遣の対。すぐに来たれと阿弥陀仏が衆生を招き呼ぶこと。【解釈例】招き召す。〔広説佛教語大辞典〕839c

*ショウカン　*正観　1. 正しく見ること。正しい智慧によって見ること。正しい真理を観ずること。正しい内観。まともに観ずること。2. 現観に同じ。3. 三論宗で八不を中観と名づけるのに対し、無得を正観という。〔広説佛教語大辞典〕839b-c

*ジョウキ　*長跪　長く地上にひざまずくことの意。両膝を地につけ、両足指を地にささえて礼をすることをいう。おもに女性の礼法である。〔侍者アーナンダが釈尊に対して行っていることもある。〕〔広説佛教語大辞典〕841a

*ショウギ　*倡伎　軽業師〔広説佛教語大辞典〕840c

*ショウギ　*倡妓　踊り子・歌手などをいうか。〔広説佛教語大辞典〕840c-d

*ショウギョウ　*聖教（āgama）1. 仏の教え。仏の言葉。経典類。また聖者の説いた遺文。典籍。2. 信頼さるべき聖典。3. 聖典の教え。〔佛教語大辞典〕726b インドの聖人である佛陀の教え、即ち佛教を言う。〔岩波仏教辞典〕

*ジョウキョウ　*浄教　浄土教のこと。〔広説佛教語大辞典〕843b

*ショウク　*精苦　比丘が戒行をまもり修養に努めること。〔広説佛教語大辞典〕844d

*ショウク　*章句　文章の大きな段落のきれめ（＝章）と、その中のいくつかのことばの集まった小さなきれめ（＝句）。文の意味を詳しくあじわうために、文章を章・句の段落にわけ、句読点をつけること。〔漢字源〕

*ジョウグ　*誠求　誠心誠意求める。真実に求める。うそ偽りなく求める。

*ショウクウ　*性空　1. 一切の諸法は因縁和合して生じたものであって、その本性はつくられたものではなく、空であるという意。十八空の一つ。本性とし

てはむなしいこと。諸法の実相のこと。有でありながら性としては常に自体空である。(S prakṛti-śūnyatā)2. 畢竟空。3. 空性に同じ。〔佛教語大辞典〕713c

*ショウゲ　*障礙　1. 障害。さまたげ。障り。（運動などを）さまたげること。2. さとりを得るための障害となるもの。四種の障害がある。①. 教法をそしること。②. 自己に執着すること。③. この世界の苦しみを恐れること。④. すべての生き物に対する利益について無関心であること。〔広説佛教語大辞典〕846a-b

*ショウゲ　*障外　さえぎるものの外。

*ジョウケ　*淨華　淨土の聖者達を清浄な蓮華にたとえていう。【解釈例】淨華といふは阿弥陀佛になりたまひしときの華なり。この華に生ずる衆生は同一に念仏して別の道なしといふなり。〔佛教語大辞典〕752c

*ショウケン　*正見　1. 正しい見解。八正道の一つ。2. ありのままに観ずること。3 正しく自心の実相を知ること。無礙智。〔佛教語大辞典〕698

*ショウゲン　*セイガン　*青眼　黒い目。〈故事〉白眼に対して、まともに黒いひとみを向けて、喜んで応対する目つき。▽晋《シン》の阮籍《ゲンセキ》が、自分の好きな人は青眼で迎え、きらいな人には白眼で対したことから。気のあう友人。端渓の硯《スズリ》にある、眼といわれる部分。▽活眼と死眼とがあり、活眼のほう。アオメ〔国〕西洋人の眼。［漢字源］

*ショウゴ　*攝護　摂取護念のこと。（佛が衆生を光明の中に）摂めとって護ることを言う。〔佛教語大辞典〕738d

*ジョウコ　*淨去　淨土へ往生していくこと。

*ジョウゴ　*調御　馬を馴らすこと。馭者が馬をよく御するように、佛が衆生の身・語・意三業を統御し、すべての悪い行為を制すること。佛の十号の一つ。→調御丈夫〔広説佛教語大辞典〕849a

*ショウコウ　*小劫　時間の単位。劫（S:kalpa）はきわめて長い年数の単位。小劫はカルパを細区分した一単位。一大劫は八十小劫より成る。一説に、二十小劫を中劫、二十中劫を一大劫という。S:antara-kalpa〔広説佛教語大辞典〕849a-b

*ショウゴウ　*正業　1. 正しい行ない。正しい行為。八正道の一つ。2. 正定業とも

いう。五種の正行（読誦・観察・礼拝・称名・讃歎供養）の内、称名正行のことを指す。すなわち一心に専ら「南無阿彌陀佛」と阿弥陀佛の名号を唱えることをいう。

*ｼﾞｮｳｺﾞｳ　*淨業　1. きよらかな行ない。P.sucikamma2. 善い行ない。3. 国土をきよめる行為。4. 清淨なる善業。浄土に往生できる業因。5. 念佛のこと。浄土へ往生する業因のこと。〔佛教語大辞典〕752d-753a

*ｼﾞｮｳｺﾞｳ　*淨業　1. きよらかな行い。2. 善い行い。3. 国土をきよめる行為。4. 清浄なる善業。浄土に往生できる業因。5. 念佛のこと。【解釈例】浄土へ往生する業因のこと。淨業とは浄土の業なり。或いは云うべし。教巻の総序に淨業機彰とあり。念仏のことを淨業という。そのときは清浄業と云うこと。念仏の利益で罪滅して清浄とはなるなり。淨業とはかの浄邦世界へ生まるる業因。穏彰では念仏のことなり。〔広説佛教語大辞典〕850a-b

*ｼﾞｮｳｺｸ　*淨國　仏の国。清浄の仏国土。〔広説佛教語大辞典〕850c

*ｼﾞｮｳｺﾞﾃﾝ　*淨居天　色界第四禅に、不還果を証した聖者の生ずべきところが五つある。無頂天・無熱天・善現天・善見天・色究竟天で、ただ聖人のみいるところであるがゆえに五淨居天という。〔佛教語大辞典〕752d

*ｼｮｳｺﾞﾝ　*莊嚴（vyūha, alaṃkāra）ｻﾝｽｸﾘｯﾄ原語の意味は、vyūha はみごとに配置されていること。alaṃkāra は美しく飾ること、嚴飾（ｺﾞﾝｼﾞｷ）とも漢訳された。漢字の荘、嚴はいずれも厳かにきちんと整えるという意味で、莊嚴という語は佛教では特に、佛国土や佛の説法の場所を美しく飾ること、あるいは、佛菩薩が福徳智慧などによって身を飾ることをいう。佛の三十二相のそれぞれが百の福徳で飾られていることを百福莊嚴という。〔岩波仏教辞典〕432

*ｼｮｳｺﾞﾝ　*莊嚴　1. 建立すること。建立。光輝。みごとに配置、配列されていること。2. 装飾の意。かざり。物を飾ること。美しく飾る。飾られていること。飾りたてること。みごとなこと。厳かに飾られた模様、すがた。飾り物。3. 飾られた。美しく飾られた。4. 若干の宗派では、献華・献燈・焼香の儀式をいう。〔広説佛教語大辞典〕851c-d

*ｼｮｳｺﾞﾝ　*清嚴　清らかにして、厳しく守られている。

*ｼｮｳｼﾞ　*生死　1. 生と死。生きることと死ぬこと。2. 生き死に。迷いの世界。

流転の姿を表わす代表的なことば。迷い。迷いの在り方。迷いの生活。現実社会の苦しみ。生まれかわり死にかわって、絶えることのない迷いの世界。輪廻に同じ。3. 生存の意。p.bhava〔佛教語大辞典〕707a-b

*ショウゴン　*精勤　努力すること。つとめはげむこと。〔広説佛教語大辞典〕851d

*ジョウシキ　*淨識　1. 無漏の識。類智の品類。2. 清らかなアマラ識　3. 清らかな根本識〔広説佛教語大辞典〕857b

*ジョウジ　*長時　1. 間断なく断たれないの意。【解釈例】常にといふなり。2. 長い時間。〔佛教語大辞典〕750a-b

*ジョウジカイ　*淨持戒　戒律を保つことが堅固なこと。〔佛教語大辞典〕753a

*ショウジキ　*正直　*セイチョク 心がまっすぐで正しく、うそいつわりがない。「王道正直」〔→書経〕人の悪い点を正す人。〔→詩経〕[漢字源]

*ジョウジチ　*成事智　しなければならないことをすべて成し遂げる智慧。成所作智。四智五智の一つ。〔広説佛教語大辞典〕858d

*ジョウジャク　*常寂　真如の本性が、永久に生滅の相を離れ、煩悩を断っていることをいう。〔佛教語大辞典〕756d–757a

*ジョウジャク　*セイジャク　*静寂　*セイセキ 物音もせずひっそりとしていること。静かでものさびしいこと。[漢字源]

*ジョウジャク　*セイジャク　*静寂　静かでさびしいこと。物音もせず、しんとしていること。「—を破る」(広辞苑)

*ジョウジュ　*成就 願や目的の達成されること。〔広説佛教語大辞典〕862b

*ジョウジュシュジョウ　*成就衆生 衆生を佛とすること。〔広説佛教語大辞典〕864d

*ショウジュ　*攝受　1. 折伏の対。受け入れる。心を寛大にして他人を受け入れ、反発しないこと。摂し受け入れる、の意。衆生の善を受け入れ、おさめとって衆生を教え導く方法をいう。四摂事の摂に同じ。2. つなぎとめること。まといつく。3. 慈悲によって衆生を救い取ること。衆生を慈悲の手におさめて育て守ること。護念に同じ。救い。救い取ってくれる。4. 引き入れること。帰還を許すこと。5. 得ること。取得。獲得すること。わが物とすること。6. 所有物。財産。7. 他人を説得して自分に服させること。8. 正しく人びとを引きつけること。9. 恵まれた。【解釈例】善知識の教えを以て救

い給ふ事。おさめうけたまへとなり。受は収也と註して摂取と云うも摂受というも同じ事なり。生死の大海に常没常流転とおちきりておるものを救ひとりて助けなさる事。摂取。護念。護念の異名なり。摂は摂取でおさめる事。受は能受でおさめうける事なり。仏菩薩の慈悲の心を以て、衆生をうけおさめ守らせらるる事。〔広説佛教語大辞典〕861d–862a

*ショウジュ　*正受　1. 三昧のこと。精神統一。定の境地を受けること。対象を心に正しく受け入れること。2. 誓い。誓戒。3. 顕には定善十三観の観想を意味し、陰には他力の真実信心をまさしく受けること。〔広説佛教語大辞典〕861b-c

*ショウジュ　*聖衆　1. 多くの比丘たち。2. 佛の弟子たち。3. 佛弟子たち。詳しくは、四双八輩。4. 教団のこと。5. 聖なる人々の意。聲聞・獨覺・菩薩をいう。佛・菩薩・縁覚・聲聞などの聖者の群集。6. 菩薩たち。7. 真言密教では神々をいう。〔佛教語大辞典〕727a-b

*ジョウジュ　*上壽　1. 百歳または百二十歳。2. 長寿を祝福する。〔岩波仏教辞典〕13a

*ジョウジュク　*成熟　1. 熟させるの意。2. 料理したの意。3. 豊かならしめること。満足させること。〔広説佛教語大辞典〕864b-c

*ショウシュショウ　*聖種性　1. 三乗のニルヴァーナを証する素質。聖者となりうる素質。2. 十地から等覚までの位を言う。3. 十地菩薩の位のこと。〔広説佛教語大辞典〕864d–865a

*ショウショウ　*清昇　清らかに昇る。清浄な身となり悟りの境地に昇る。

*ショウジョウ　*正定　1. 正しい瞑想。正しい禅定。八正道の一つ。2. 正定聚の略。ニルヴァーナに入ることがまさしく決定していること。悟りを得ると確定した人々。〔広説佛教語大辞典〕867b-c

*ショウジョウ　*清浄　煩悩の汚れなく、清らかなこと。心の本性は本来清らかなものである。（心性本浄）しかし、社会生活を送るとともに濁って行くので、再び修行して本来の清らかさを取り戻すことが必要である。『摩訶般若波羅蜜經』では善行を積んで、身の曲がりと、心の邪がないことを心清浄と身清淨の二つとする。悟り、あるいは悟りに近い状態と関連し、無執著、無我、空などの意味を持つこととなる。『阿毘達磨俱舍論』では、しばら

くの間、または永い間、一切の悪行と煩悩とを離れることを、清淨と呼び、身体、言葉、思いの三種の清淨をとく。無性の『攝大乘論釋』では、しばらくの間、煩悩を抑えた状態を世俗の清淨、(世間清淨)完全に煩悩を断った状態を、佛道解脱の清淨(出世間清淨)と分ける。また、世親の『無量壽經論』では、佛国土である環境が清らかであることを山川国土の場所の清淨(器世間清淨)その国土に住むものが清らかであることを生命あるものの清淨(衆生世間清淨)という。

*ショウジョウゴウ　*清淨業　1. 清らかな行為。2. 心を清める懺悔の法。〔広説佛教語大辞典〕870c

*ショウジョウゴッショ　*清淨業處　善業の因をもって現出する清らかな佛国土をいう。清らかな行いのある世界。清らかな国。一般に淨土をいう。〔広説佛教語大辞典〕870c

*ショウジョウジュ　*正定聚　1. 衆生を三種類に分けたうちの一つ。必ず仏となるべく決定されている聖者をいう。倶舎の教学によると、苦法智忍をえた位をいう。S:niyata-rāśi(決定された群れ、決定的な人びと、ニルヴァーナにおいて正しく定まっている人びとの意。)2. さとりまで退転なく進んでやまぬ菩薩の仲間に入ること。仏道不退の菩薩の仲間。3. 浄土真宗で、阿弥陀仏に救われて、正しく仏になると定まった人びとをいう。すなわち第十八願に誓われ、他力念仏を信ずる人。【解釈例】往生人と定めたを正定聚という。選択本願を信ずる人。一、学無学の人。(小乗)。二、菩薩種性の人。(法相宗)如来蔵の教えの信成就して発心する人。十信円満して初住の位の人。(法性宗)必ず大涅槃に至るべき身と定む。かならず仏となるべき身となれるなり。正は正性なり。聚は衆と同じもろもろと云うこと。無上涅槃に定まれる人なり。正しく定まるともがら。〔広説佛教語大辞典〕871a

*ジョウシュ　*上首　1. 最もすぐれたもの。主要なもの。2. 一座の主僧の中の首位にあるもの。あるいはその中の一人。あるいは多くの人を上首とする。かしら。僧団の長。集団の長。上席者。上座たる者。仏弟子の仲間で、上席の者。首脳。指導者的中心人物。主導者。〔広説佛教語大辞典〕862a

*ジョウショサチ　*成所作智　なすべきことを成し遂げる智。五智の一つ。けがれ

のうちにある前五識を転じてこの智を得る。この智によって人々を救済してなすべき所の事を成ずる。【解釈例】五識をば成所作智と名く。…無漏の眼識乃至身識の五はみな神通変化の所作をなすこと勝れたり、是故に成所作智と名く。『唯識大意』〔広説佛教語大辞典〕874b

*ｼｮｳｼﾝ　*正信　正しい信仰。佛法を信ずる心。〔広説佛教語大辞典〕874d

*ｼｮｳｼﾞﾝ　*精進　「くわしくすすむ」とよむ 1. 物事に精魂を込めてひたすら進むこと。善をなすのに勇敢であること。勤め励むこと。心を励まして道に進むこと。いそしみ。励み。励みの道。勇気。勇敢にさとりの道を歩むこと。精励。確固たる努力。善を助けることを特質とする。大乗仏教の実践徳目である六波羅蜜の第四。特に他人のために奉仕することをいう。2. 善地法の一つ。意志堅固に勇気をもって悪を断じ、善を修するように努力する心の作用。3. 四神足の一つ。4. 七惟の一つ。5. 心身を清めること。6. 俗縁を立って潔斎し、仏門に入って宗教的な生活を送ることをいう。後には、魚・鳥・獣の肉を食わないことをもいうようになった。【解釈例】懈怠を改めて身を清めること。〔広説佛教語大辞典〕875c-d

ｼｮｳｼﾞﾝｹｯｻｲ　*精進潔斎　肉食を絶つなどして身をきよめること。〔広辞苑〕

*ｼﾞｮｳｼﾝ　*浄身　身体をきよめること。〔佛教語大辞典〕753c

*ｼﾞｮｳｼﾝ　*定心　禅定の心。心を一つの対象にとどめて散乱させないこと。動かぬ心。S　a-kṣubhita-citta samāhita samāhita-citta『無量壽經』下巻『大正蔵経』12-273C〔佛教語大辞典〕748

*ｼﾞｮｳｼﾝ　*淨心 śuddha-citta prasāda dharma-adhimukti 1 清らかな心。 2 清らかな信仰心。3 法を確かに知る心。4 衆生の本来有する自性清浄の心。〔広説佛教語大辞典〕876a

*ｼｮｳｽｲ　*憔悴　悩みや病気のためやせ衰える。また、疲れ苦しむ。「顔色憔悴、形容枯槁＝顔色憔悴シ、形容枯槁セリ」〔→楚辞〕〔漢字源〕

*ｼﾞｮｳｾﾂ　*浄刹　1. 清浄なる国土。すなわち浄土。刹は S kṣetrra の音写で、国土の意。仏国土。2. 寺院をいう。〔広説佛教語大辞典〕879a

*ｼｮｳｿｳ　*性相　1. 性と相。本体と現象。性は諸事性の本体、相は、相状の意。2. 唯識説において、性相の二字を二通りに解釈する。(1) 性とは本体であって、相とはその形状である現象をいう。(2) 性とは圓成實性の真理であ

って、相とは依他起性の諸相をさす。これを百法に配すれば、性は六無為、相は他の色・心などの九十四法。3. 存在の本生。4. 唯識倶舎の教学をさしていう。性相学。この場合には「しょうぞう」と濁って読む。【解釈例】すがたと言はんがごとし。〔広説佛教語大辞典〕880c-d

*ジョウタイ　*誠諦　1.（ことばが）真実であること。S:tathya 2. 真実、まこと、の意。S:bhuta〔佛教語大辞典〕759

*ショウタイコク　*清泰國　『鼓音聲經』にいう阿弥陀佛の国土で応化土であるとされる。佛は、ここにおける父を月上転輪王、母を殊勝妙顔、子を月明と名づけるといった。〔広説佛教語大辞典〕883b

*ショウタイコク　*清泰國　阿弥陀佛の国土で、極楽世界の異名ともいう。『阿彌陀鼓音聲王陀羅尼經』の説によると国王は転輪聖王で阿弥陀佛はその子にあたる。母は殊勝妙顔、阿弥陀佛の子は月明、弟子に無垢称・賢光・大化などがあり、魔王無勝と提婆達多寂静も住む。極楽世界との同異については、道綽は異処といい、窺基は同所という。内容からすれば娑婆世界の釈迦佛になぞらえて阿弥陀佛が説かれているから、法・報・応の三土の中では清泰国は応土に当たる。しかし一般には極楽世界の別称とする場合が多い。『浄土宗大辞典』264a

*ショウダイジョウロン　*攝大乗論 Mahāyānasaṃgraha（大乗を包括した論）Asanga（無著 310-390）著、佛陀扇多（Buddhasanta）訳２巻（531）眞諦（Paramārtha）訳３巻（563）玄奘訳８巻（647-649）達磨笈多（Dharmagupta）訳本書は『般若経』や龍樹の般若佛教を継承して般若波羅蜜（無分別智）を根本とし『解深密經』『大乗阿毘達磨經』をはじめ、弥勒の『中辺分別論』『大乗荘厳經論』等の瑜伽佛教を受け入れて、大乗佛教全体を併せて１つの整然たる組織に組み立てており、「大乗佛教を包括した論」という書名にふさわしい。『佛書解説』137a

*ジョウダツ　*調達　提婆達多の訳。

*ショウチ　*聖智　聖明なる智慧。聖は正の意。正しく真理を知る智慧。佛智。〔広説佛教語大辞典〕884c

*ショウチ　*證知　はっきりと知ること。【解釈例】証として知ると云うこと。証は験なり。しるしと云う事。〔佛教語大辞典〕737c-d

*ｼｮｳﾁｭｳ　*掌中　掌の中。　手のひらの中。

*ｼｮｳﾃﾝ　*生天　1. 天に生まれること。2. 天に生まれたる天。四天王から、非有想非無想天までをいう。〔佛教語大辞典〕709c

*ｼﾞｮｳﾄﾞ　*浄土　1. 煩悩を離れて、さとりの境地に入った仏や菩薩の住む清浄な国土。煩悩のけがれを離れた清らかな世界。仏のおられる世界。仏の国。2. 西方にある極楽国土。安養。安楽国。楽邦などともいう。【解釈例】ほとけのくに。3. 仏国土を清めること。【解釈例】一．穢土の反対。二．浄土門の略。聖道の反対。〔極楽浄土は過去世において法蔵比丘の建てた誓願に基づいて建立されたもので、この娑婆世界の西方に十万億の仏国土を過ぎたところにあるという。親鸞は、浄土について真実の浄土と方便の浄土とを区別した。〕〔広説佛教語大辞典〕883d-887a

*ｼﾞｮｳﾄﾞ　*浄土　漢訳無量寿経の清浄国土を２字につづめた言葉。〈清浄〉は史記（始皇本紀）に（国土）内外清浄とある。また〈浄刹（じょうせつ）〉ともいう。この場合の〈刹（せつ）〉は、サンスクリット語 kṣetra（土）の音写、浄福な永遠の世界のことで、これにたいして、現実の世界は〈穢土（えど）〉と称された。穢土を凡夫の世界とすれば、浄土は仏の世界（仏界、仏国、仏刹）となる。仏教思想史上、浄土は、〈来世浄土〉（往く浄土）・〈浄仏国土〉（成る浄土）・〈常寂光土〉（在る浄土）の３種類に分けられる。〔岩波仏教辞典〕

*ｼｮｳﾄﾞｳ　*勝幢　勝幡（ｼｮｳﾊﾞﾝ）に同じ。〔広説佛教語大辞典〕887c

*ｼｮｳﾄﾞｳ　*正道　1. 正しい道。正しい実践法。2. 八正道の略。3. 本道。正しく導く道路。4. 正しいさとり。5. 空観を修すること。6. 正しい道理。すなわち因果の理法。〔広説佛教語大辞典〕887b

*ｼｮｳﾄﾞｳ　*聖道　1. 聖者の道。見道と修道と無学道とをいう。また、有漏・無漏の修道をいうこともある。2. 聖智。無漏智。聖果（修行の結果としての聖なる境地）に至る因としての道で、無漏清淨の叡智をいう。3. さとり。4. 聖人の道。5. 八正道のこと。6. 浄土門（易行道）の対。この世で自力の修行によって聖果をさとる自力門をいう。特に天台宗と真言宗とをさしていう。【解釈例】聖というは大聖で佛のこと。道とは因でこの行を修行して佛果に至るを聖道という。聖者の道ということで凡夫の修する道にあら

ず。聖者方の修する道ゆゑに聖道という。浄土宗ならぬ他門のこと。〔広説佛教語大辞典〕887d

*ジョウドウ　*成道　1. さとり。さとりを開くこと。ニルヴァーナを達成すること。佛となること。2. 釈尊が菩提樹下で諸の魔を伏し、さとりを完成したことをいう。八相中の第六。〔広説佛教語大辞典〕888c

*ショウトク　*生得　生まれながらにして身につけている。〔新字源〕666

*ショウナイ　*障内　さえぎる物の中　*障　へだて、さえぎる、ついたて、しきり、おおい。

*ショウニン　*聖人　1. 佛のこと。悟りをえた人。また弟子をも合わせていうことがある。2. 見道以上の位にある人。3. 上人に対してさらに尊んでいう。たとえば真宗では、親鸞を聖人と呼び、歴代の法主を上人と呼ぶ。【解釈例】聖人と名くるものに三種がある。一には外道の五神通を得たるもの、二には小乗の果を開いた阿羅漢辟支佛の聖者、三には大乗の得神通の大菩薩を聖人と名くる。4. 立派な人々。西洋でいう「紳士」に近い。5. ヨーガの修行者。6. 中華民族では孔子のことをいう。〔広説佛教語大辞典〕891b-c

*ショウニン　*聖人　もと中国で、いにしえの理想の帝王を聖人と呼び人間の理想像として崇められていたが、佛教が中国に入って佛典が漢訳された時、arya（聖者）の訳語としてこの語があてはめられた。佛教では佛・菩薩や見道以上の位にある聖智を得た聖者の呼称として用いられてきた。〔岩波仏教辞典〕

*ショウニン　*上人　1. 仏のこと。2. すぐれた人。聖者。3. 仏の弟子。4. 学徳のすぐれた高僧。主として浄土宗、日蓮宗でいう。5. 法橋上人位の略。6. 時宗では、遊行上人、遊行寺の法主のことをいう。〔この呼称は、中華人民共和国では用いることなく、その代わりに和尚という。〕〔広説佛教語大辞典〕891a-b

*ショウネン　*攝念　思いをととのえる。

*ショウネン　*稱念　観念の対。常に佛の名を称え、心に佛を念ずること。称えつつ念ずること。称へること。南無阿弥陀佛と称へること。〔佛教語大辞典〕730

*ショウネン　*正念　1. 正しい思い。正しい想念。八正道の一つ。念は常に念じて

忘れないの意。常に心にとどめること。常に思い続けていること。邪念を離れて佛道を思い念ずること。しっかりと気をつけていること。2. どっしりした心の落ち着き。3. 真実の思いに住すること。心を正して真実の姿を常に念ずること。現象の姿にとらわれないで、深く実理を思念すること。正しい思い。4. よく事を記憶して忘れないこと。5. 浄土門において、浄土宗鎮西流では疑慮のないことをいい、西山流では三心の中の信樂をいい、浄土真宗では信心とするのと、稱名念佛であるとするのと二説がある。一すじに佛を念ずる心。佛の救済を信じて疑わない心。〔広説佛教語大辞典〕892a-b

*ジョウネン　*常念　常に思い念ずること。〔広説佛教語大辞典〕892c

*ジョウハイ　*上輩　上位の者。三輩の第一。善根の厚い修道者。善き行いをなす仏道修行者。『觀無量壽經』『大正蔵経』12 巻 345b〔広説佛教語大辞典〕893a

*ショウバツ　*拯抜 助け、引き抜く。

*ショウバン　*勝幡　インドに於いて、敵と戦って勝ったときに立てる幡のこと。仏教の道場に於いても魔を降すから勝利を表してこれを立てる。〔広説佛教語大辞典〕893d

*ジョウブ　*丈夫　1. 男のこと。2. 正道を直進して、退転しない者。勇気ある者。3. 佛の異名。大丈夫ともよぶ。4. サーンキャ学派で想定する純粋精神プルシャ。またヴェーダンタ学派では世界原因としての人格的原理。ヴェーダ聖典などに説く世界創造者。5. 夫のこと。6. きみ。呼びかけの語。〔広説佛教語大辞典〕894c

*ジョウフギョウボサツ　*常不輕菩薩　過去無量阿僧祇劫に佛あり、威音王如来と曰ふ。其の佛の像法の時に当りて、増上慢の比丘大勢あり。爾の時一の菩薩比丘あり常不軽と名く。其の菩薩凡そ見る所あれば四衆を問わず、皆悉く礼拝恭敬して、我れ深く汝等を敬ひ敢て軽賤せず。何んとなれば汝等皆菩薩の道を行じて常に作佛を得べきが故にと言ふ。而して此の比丘専ら経典を読誦せず、但礼拝を行ず。乃至遠く四衆を見れば亦故に往きて礼拝讃歎して前の如く言ふ。四衆の中に瞋恚を生じて心不浄なる者あり。悪口罵詈して言く、是の無智の比丘、何の所より来て自ら我れ汝を軽しめずと言ひ、我

等が為に當に作佛を得べしと授記するや、我等是の如き虚妄の授記を用ひずと。是の如く多年を経歴して常に罵詈を被るも瞋恚を生ぜず、常に前の如く授記の言を作す。此の語を作す時、衆人或は杖木瓦石を以て之を打擲すれば、避走して遠く住し、猶高聲に唱へて言く、我れ敢て汝等を軽しめず、汝等皆作佛すべしと。其の常に此の言を作すを以ての故に増上慢の比丘比丘尼等之を号して常不軽と為す。其の比丘命終の時に臨んで虚空の中に於て威音王佛の法華経を説くを聞き六根清浄を得て広く四衆のために之を説く。前に罵詈打擲せしもの皆悉く帰依す。其より無数の佛に遇いて法華経を受持読誦して四衆の為に之を解説し遂に作佛せり。佛曰く即ち今の我が身是なりと。『法華經常不軽品』『大正蔵経』九巻五〇頁ｃ～五一ａ〔織田佛教大辞典〕973a-b

*ショウブ　*踵武　前の人の業績を継ぐ。▽「武」は、足あと。「及前王之踵武＝前王ノ踵武ニ及バントス」〔→楚辞〕［漢字源］あとをつぐ。前人の事を継続する。武はあしあと。〔諸橋大漢和辞典〕10-938a

*ショウフク　*勝福　1.すぐれた功徳。必ずしも幸福ではない。2.すぐれた福運。〔広説佛教語大辞典〕894d

*ショウブツ　*稱佛　み名をよぶ。〔広説佛教語大辞典〕895d

*ショウヘンチカイ　*正遍知海　海のごとく広大な仏の智慧。正しく一切を知る仏の智慧。善導は仏があまねく一切衆生の心を知って済度したまうこと、と解した。『觀無量壽經』『大正蔵経』一二巻三四三ａ、三四五ｃ〔広説佛教語大辞典〕897c

*ショウボウ　*正法　［１］正しい道理。仏の教法。道元の正法眼蔵における〈正法〉はこの意。これ濁世（ぢょくせ）に正法を護るの人なり〔法華験記（上８）〕［２］三時の一。正法時は釈尊滅後500年または1000年の間をさし、教・行・証、すなわち、教えと、教えを実践する人と、これによって証（さとり）を開く人のある時期とされる。法住を記していはく、正法千年、像法一千五百年、末法一万年なり、と〔十住心論（１）〕。〔岩波仏教辞典〕

*ショウボウリン　*正法輪　1.輪に運転・摧破の作用があるように、佛の説かれた正しい法は、消極的には衆生に迷いを破り、積極的には衆生をニルヴァーナに運ぶ。故に佛の説かれた正しい教えを輪にたとえて、正法輪という。

2. 正法輪身の略。〔広説佛教語大辞典〕899c

*ショウホウ　*生報　今生の行為の結果を来世で受けること。この世において善悪の行為をなして、来世において受ける苦楽の果報。三報・四報の一つ。〔広説佛教語大辞典〕897C

*ショウホウベン　*勝方便 すぐれた方法。すぐれた手だて。〔佛教語大辞典〕724

*ショウミョウ　*勝妙　1. 完全な。2. すぐれた。〔広説佛教語大辞典〕901d

*ショウミョウ　*生命　いのち。生き物（衆生）のいのち、〔広説佛教語大辞典〕901c

*ジョウミョウ　*浄名 きよらかな誉れ。維摩という名の漢訳。〔佛教語大辞典〕755c

*ジョウミョウ　*淨妙　きよらかな。澄める。〔広説佛教語大辞典〕902b

*ジョウミョウコクド　*淨妙國土　清淨微妙な國土の意。淨土をいう。〔広説佛教語大辞典〕902c

*ショウモウ　*生盲　盲目の衆生。生まれながらの盲人。読み書きのできない人。【解釈例】生まるるより目しゐたるをいふ。〔広説佛教語大辞典〕904a

*ジョウモツ　*常没　迷いの世界のうちに常に没していること。迷いつづけていること。【解釈例】身口意重きが故に沈没して出ることを得ること能はず。是を常没と名づく。恒河中の大魚の如し。〔広説佛教語大辞典〕904c

*ショウモン　*聲聞（śrāvaka）サンスクリット原語は教えを聴聞するものの意で原始佛教経典では出家・在家ともに用いられている。門弟や弟子の意で用いられることはジャイナ教でも同様であるが、仏教では後になると出家の修行僧だけを意味し、ジャイナ教では在俗信者のみを意味するようになった。大乗佛教から彼等は小乗と呼ばれ、自己の悟りのみを得ることに専念し利他の行を欠いた出家修行者とされた。なお、法華経（授記品）で釈迦の記別にあずかった4人の仏弟子、迦葉（かしょう）・須菩提（しゅぼだい）・迦旃延（かせんねん）・目連（もくれん）を総称して四大声聞という。仏、声聞を求むる者の為に、人空法有の理を説きたまへり〔十住心論（4）〕四大声聞いかばかり、喜び身よりも余るらむ、われらは後世の仏ぞと、確かに聞きつる今日なれば〔梁塵（85）〕〔岩波仏教辞典〕

*ショウレツ　*勝劣 すぐれていることと劣っていること。〔佛教語大辞典〕724d

*ｼﾞｮｳｺﾞｳ　*定業　1.前世から定まっている業報。2.散業の対。念佛四業の一つ。前条に入って佛を観ずることをいう。〔佛教語大辞典〕747C

*ｼﾞｮｳｼｮｳ　*諍訟　1.争い事。2.裁判に持ち込む訴訟。〔広説佛教語大辞典〕868d ｿｳｼｮｳ ＝争訟。うったえいいあらそう。うったえ。［漢字源］

*ｼﾞｮｳｼｮｳ　*上聖　すぐれて尊いこと。〔広説佛教語大辞典〕868b

*ｼﾞｮｳﾊﾝ　*定判　決定的な判定・解釈→判教。〔佛教語大辞典〕749A

*ｼｮｳﾎｯｼﾝ　*證發心　『起信論』に説く、三種発心の第三。初地から第十地の位において法性を証する人の発菩提心。〔広説佛教語大辞典〕899d

*ｼﾞｮｳﾎﾞﾝ　*上品 観無量寿経で、浄土に生れることを願う者を罪や修行の程度により最勝から極悪まで９段階（九品（くほん））に分類する中での、上位３者（上品上生・上品中生・上品下生）をいう。人柄や品質の高尚なことを意味する〈上品（じょうひん）〉も古くは〈じょうぼん〉といい、これに由来する語らしい。後に善導は、一切衆生を本質的には迷える存在（九品皆凡）ととらえ、上下の差を大乗・小乗・悪などとの出会いの相違に帰する独自な解釈をし、それが法然、親鸞にも継承されている。信心これ深し。あに極楽上品の蓮（はちす）を隔てむや〔往生極楽記（18）〕〔岩波仏教辞典〕

*ｼﾞｮｳﾎﾞﾝ　*上品　ごくすぐれた。最上の。S:adhimātra　S:adhimātratā〔佛教語大辞典〕743b

*ｼﾞｮｳﾎﾞﾝｵｳｼﾞｮｳ　*上品往生　『觀無量壽經』に九品の往生を説くうちで、上三品の往生をいう。上品上生・上品中生・上品下生をいう。〔佛教語大辞典〕743b

*ｼﾞｮｳﾏﾆｼｭ　*浄摩尼珠 また浄水珠とも言う。濁水を清浄にする能力のある寶珠。〔佛教語大辞典〕755C

*ｼﾞｮｳﾐｮｳ　*浄名 きよらかな誉れ。維摩という名の漢訳。〔佛教語大辞典〕755

*ｼｮｳﾒﾂ　*生滅　1.生き死に。生起と消滅。2.生滅する心のこと。3.ときどきに因循感応して生じ、跡をこの世に現せば、それを生とよび、跡を絶てばそれを滅といい、生を有余、滅を無余という。〔広説佛教語大辞典〕903c

*ジョウモン　*誠文 典拠となる文章。〔佛教語大辞典〕759d

*ショウヨクチソク　*少欲知足　欲が少なくてわずかなもので満足していること。どんなわずかなものにも満足すること。〔広説佛教語大辞典〕907c

*ショウリキ　*勝力　すぐれたちから。

*ジョウリュウ　*紹隆 「しょうりゅう」とも読む。法を受け継ぎ盛んにすること。【解釈例】紹はつぐこと家の跡をつぐ家業をつぐと云うこと。隆は盛んなると云う文字で一段土の高うなりた形なり。〔広説佛教語大辞典〕909a

*ジョウロク　*丈六 仏像の法量を示す略語で、一丈六尺（4.85メートル）の意。髪際までの高さを言い、坐像の場合はその半分で八尺（2.42メートル）となる。中国の周時代に用いられた尺度に依るものを周丈六(普通の３／４にあたる)というが、両者は厳密に区別されない場合が多い。釋尊のすぐれて尊く、人間の身長八尺（周尺）に対してその倍量の一丈六尺あったとする信仰に基づく。佛身のことを丈六八尺とも言う。本来無際限の佛が、衆生を済度するため、仮に衆生と同じ形をとって現われる応身佛の大きさで、大仏の最小の単位とされた。

*ジョウロン　*ソウロン　*諍論　争論。議論し、いいあらそう。〔漢字源〕

*ショエ　*所依　1. よりどころ。2. よるべ。根拠。事実。3. よりどころ。根拠。輪廻的存在の根拠という意味ではアーラヤ識を指す。4. 監理するもの。管制するもの。監督するもの。5. 支配されること。〔広説佛教語大辞典〕912d

*ショエン　*所縁 1. 認識の対象。対象としてとらえるもの。対象。2. ゆかりある者。〔佛教語大辞典〕681c

*ショガク　*初學 学問技芸を初めて学ぶ。学び初め。2. 学び初めの人。

*ショカン　*所観　止観される対象。考察される対象。S:udbhāvaka　S:lakṣya　S:parikṣya〔佛教語大辞典〕682a

*ジョクアク　*濁悪　1. 五濁と十悪。2. 水が濁って泥水になること。〔広説佛教語大辞典〕915d

*ショケ　*所化　能化の対　1. 導かれる人。2. 師に教化される人の意で、弟子をいう。特に真言宗でいう。3. 生きとし生けるもの。すべての存在。4. 化生されたもの。神通力によってつくり出されたもの。〔佛教語大辞典〕

682d

*ｼｮｹﾝ　*所見　1.受け身を示す。2.見られるもの。3.考えられること。4.見るところ。みこみ。考え。意見。【解釈例】所見とは眼見に非ず。推度を見という。見は分別に名づく。凡夫の妄分別をもって思ひなすこと。〔広説佛教語大辞典〕916d-917a

*ｼｮｼﾞ　*所持　たもつもの。よりどころ。みにたもついましめ。〔広説佛教語大辞典〕919a

*ｼｮｼﾞ　*初地　菩薩五十二位の内、十地の第一をいう。歓喜地に同じ。〔広説佛教語大辞典〕919a

*ｼｮｼｭ　*所修 実践さるべきこと。〔佛教語大辞典〕684

*ｼｮｼｮｳ　*所生　1.生ぜられるもの。S.　janya　2.生むもの。両親。【解釈例】父母のこと。S.　paribhāvitatva〔広説佛教語大辞典〕920d

*ｼｮｼｮｳ　*初生　初めて生まれた時。生まれたばかり。〔佛教語大辞典〕679C

*ｼｮｼｮｳ　*所證　1.知覚されたこと。2.さとったところ。さとり。〔広説佛教語大辞典〕920d

*ｼｮｼﾞｮｳ　*所成　1.証明さるべき事。2.完成さるべき事。3.…より成る。の意。〔佛教語大辞典〕684c-d

*ｼﾞｮｾﾞﾂ　*舒舌　1.舌をのべる。舌をのべてたたえること。2.舌をのばすこと。舌の長いことは佛の三十二相の一つであるが、これによって不妄語の徳をも示している。すなわち天地神明に誓うことをも示す。〔広説佛教語大辞典〕922b

*ｼｮｿﾞｳ　*所造　〔対象が〕元素からつくられていること。物質的なあらゆるものは四元素〔四大〕から構成されている。〔広説佛教語大辞典〕923a

*ｼｮﾁｼｮｳ　*所知障　知られるべきものに対するさまたげの意。一切の所知について智のはたらきのさまたげとなる不染汚の無智をいう。これを滅したときに一切の智者たること、あるいは菩提が得られると解釈されている。923c

*ｼｮﾃﾝ　*諸天　1.神々。2.天上世界に住して仏法を守護する神々。諸天善神など。密教においては天部に属する。3.天人達。〔広説佛教語大辞典〕

924a

*ｼｮﾄﾞ　*初度 最初に完成した徳目。

*ｼｮﾄｸ　*所得　獲得するもの。自分のものとするもの。収入。[漢字源] 1.獲得。知覚。認識。(実在すると) 認めること。2.所見。見解のこと。参禅学道によって得た仏法の要諦に関する所見。3.物事を二つにわけて、これを取り、かれを捨てる分別心。有所得に同じ。〔広説佛教語大辞典〕924c

*ｼｮﾈﾝ　*所念　1.思のこと。意思。2.思索。3.意の対象。〔佛教語大辞典〕686a

*ｼｮﾍﾝ　*所變 變化されたもの。転変 變化せしめられるもの。變化の客体の意。〔佛教語大辞典〕686c

*ｼｮﾎｳ　*諸法　個体を構成する諸要素、ありとあらゆるもの。あらゆる物事。すべてのもの。諸事象。現象しているもの。もろもろの存在するもの。もろもろの物体。S:sarva-vastūni　bhāvāḥ　sarva-dhrmāḥ　idaṃ sarvam dhrmāḥ　【解釈例】もろもろののり。〔佛教語大辞典〕690c-d

*ｼｮﾎｯｼﾝ　*初發心　1.初めてさとりを求める心を起こすことの意。【解釈例】初めて發菩提心するときに一切衆生を普く救いたまえという菩提心なり。2.天台宗では十住のだい一位。3.華厳宗では十信の最後。〔広説佛教語大辞典〕927d-928a

*ｼｮﾎｯﾁ　*初發意　1.前項 (初發心) に同じ。2.初めて大乗の道に進もうとする心。〔広説佛教語大辞典〕928a

*ｼｮﾘｮｳ　*所量　認識されるもの。知られる対象。〔広説佛教語大辞典〕929a

*ｼﾗ　*尸羅　1.S:śīla P:sīla の音写。戒のこと。2.良い性質。〔佛教語大辞典〕505a-b

*ｼﾞﾘ　*自利　1.自己を利益すること。自らを利する事。2.自己の利益。自分にとっての利益。3.自分のための修行。4.浄土真宗では、自力の意に用い、衆生がおのれの力をもって、おのれを利しようとする自力の計らいをいう。〔広説佛教語大辞典〕929d-930a

*ｼﾞﾘｷ　*自力 自己に備わった能力を自力、佛菩薩などの働きを他力と意う。普通自力と見なされているものも、根源はすべて他力と考えられる。これ

は行に対する区別と言うよりは心構えの別で、同じ念仏行にしても称える功徳をわが功績と見なすのが自力念仏、我が上に現われた仏の働きと見るのが他力念仏と言える。「もし自力の心に住せば一声なお自力なり。もし他力をたのまむは、声々念々みな他力なり。」一言芳談〔岩波仏教辞典〕

*ｼﾞﾘｭｳ　*侍立　長上の僧のそばに従って立つこと〔佛教語大辞典〕565d

*ｼﾘｮｳ　*資糧　1. 準備、素材の意。さらに修行のもととなる善根・功徳をいう。2. 材料のこと。3. 資糧位〔広説佛教語大辞典〕931c

*ｼﾞﾘﾘﾀ　*自利利他　1. 自ら利益を得、他人をも利益すること。自らは悟りを求め、人々に対しては救済し、利益を与える行為。菩薩の実践。2. 浄土真宗では自力と他力とをいう。【解釈例】自利は阿弥陀の佛になりたまひたるこころ。利他は衆生を往生せしむる心。〔広説佛教語大辞典〕932a

*ｼﾚﾝ　*思練　心をある方面に動機付け錬磨すること。

*ｼﾝ　*信　普通原語は śraddhā である。1. 信仰。精進・念・定・慧とともに五根の一つ。2. 心作用（心のはたらき、心所）の一つ。大善地法の一つ。3. 瞑想の過程に於いて生ずる六種の欠陥のうち、懈怠を取り除く要素の一つ。4. 信仰した結果、心が澄んで清らかになること。心の清らかさ。心をすんだ清らかなものにする精神作用。5. 真理に対する確信。真理をよく理解すること。はっきりと認めること。6. 言葉に説かれたことを信ずること。7. 根本を信ずる信のこと。信仰の信ではない。8. 説かれるところの理にしたがうこと。9. 信頼。信用。10. 七聖財の一つ。11. 認識根拠。信ずべき根拠。可信とも書く。12. 十信のこと。13. まこと。真実。14. 阿弥陀佛の本願を信ずること。〔佛教語大辞典〕774c-775a

*シン　*眞　1. あるがまま。s:tathā 2. さとり。真理 s:tattva-artha-naya s:tattva 3. 究極の立場。勝義。s:tattvatas... 4. 精要 s:sārs 5. 四諦 6. 真如→圓成實性→本覺 7. まこと。真実 p:sāra 8. 肖像のこと。祖師の画像。9.「まことに」とよむ。実に。ほんとうに。s:jātya s:tattva〔広説佛教語大辞典〕935b

*ｼﾝ　*振　《常用音訓》シン／ふ…る／ふ…るう《音読み》シン《訓読み》ふる／ふるう（ふるふ）／すくう（すくふ）／ふり《名付け》とし・のぶ・ふり・ふる《意味》｛動｝ふる。ふるう（ﾌﾙﾌ）。ゆすって動かす。びりび

りと小きざみにふる。「振鈴＝鈴ヲ振ル」「新浴者必振衣＝新タニ浴スル者ハ必ズ衣ヲ振ルフ」〔→楚辞〕{動} ふるう（フルフ）。沈滞したものにショックを与えて動き出させる。ふるいおこす。ふるいたつ。活発に活動する。「不振＝振ルハズ」「振興」「振作シンサ・シンサク（ふるいおこす）」{動} ふるう（フルフ）。人々を恐れさせる。耳目を驚かす。〈同義語〉→震。「威振四海＝威四海ニ振ルフ」〔→史記〕{動} すくう（スクフ）。災害にあった者や貧困者に施しをして、元気づける。〈同義語〉→賑。「振救（＝賑救）」「振済（＝賑済）」{動} 疲れたもの、たるんだものをはげます。「振旅」〔国〕ふり。（イ）身のこなしや手足の動かしかた。「手振り」「なり振りかまわず」（ロ）芝居や踊りのしぐさ。「振り付け」ふり。刀剣を数えるときのことば。「名刀一振り」［漢字源］

*ジン　*塵　1. 対象。境に同じ。2. 物質的な対象。3. けがれ。4. 煩悩。5. 汚点。欠陥。欠点。6. 刹塵の略。7. 原子。微塵に同じ。〔広説佛教語大辞典〕936c

*ジン　*尽【盡】旧字人名に使える旧字《常用音訓》ジン／つ…かす／つ…きる／つ…くす《音読み》ジン／シン《訓読み》つかす／つきる（つく）／つくす／ことごとく《意味》{動} つきる（ツク）。つくす。残りなく出してしまう。ありったけを費やす。「尽力ジンリョク」「事君尽礼＝君ニ事フルニ礼ヲ尽クス」〔→論語〕「秋風吹不尽＝秋風吹イテ尽キズ」〔→李白〕{動} つくす。最後まで全うする。おわる。「尽吾歯＝吾ガ歯ヲ尽クス」〔→柳宗元〕{動} つくす。力をあるだけあらわして最上の程度に達する。「尽美矣＝美ヲ尽クセリ」〔→論語〕{副} ことごとく。すべて。〈類義語〉→悉シツ／コトゴトク。「及還須髪尽白＝還ルニ及ビ、須髪尽ク白シ」〔→漢書〕［漢字源］

*ジン　*神　1. 霊妙なはたらきをもつものをさす。龍神、阿修羅神、鬼子母神、樹神など。2. こころ。たましい。精神。3. 生命あるもの。生き物。4. 霊魂。たましい。アートマン。5. 識別作用。十二因縁の第三。識のこと。〔佛教語大辞典〕793a-b

*ジン　*尋る＝いたる・つく・およぶ（諸橋 4-37）

*ジン　*尋　《常用音訓》ジン／たず…ねる《音読み》ジン（ジム）／シン（シム）《訓読み》たずねる（たづぬ）／あたためる（あたたむ）／ついで／ひろ《名

付け》ちか・つね・のり・ひつ・ひろ・ひろし・みつ《意味》{動} たずねる（タヅヌ）。あとをたどって捜す。〈類義語〉→探。「尋問」「尋春＝春ヲ尋ヌ」「尋向所誌＝向ニ誌シシ所ヲ尋ヌ」〔→陶潜〕{動} たずねる（タヅヌ）。次々に求める。「日尋干戈＝日ニ干戈ヲ尋ヌ」〔→左伝〕{動} あたためる（アタタム）。さめないようにする。「尋旧好＝旧好ヲ尋ム」{接続} ついで。それに引き続いて、まもなく。「尋病終＝尋イデ病ミテ終ハル」〔→陶潜〕{単位} 長さの単位。一尋は周尺の八尺で、約一八〇センチメートル。▽常はその二倍で十六尺。「尋常ジンジョウ（八尺や十六尺という普通の長さの意から転じて、普通の、の意）」〔国〕ひろ。水深や、なわの長さをはかる単位。一尋は六尺で、約一八二センチメートル。〔漢字源〕

*シンエイ　*真影　実物そのままの姿。肖像。写真。〔広辞苑〕

*ジンオン　*シンエン　*深遠　*シンオウ【深奥】物事が奥ふかくてはかりしれないこと。また、そういう事がら。『深遠シンエン』奥ふかい場所。〔漢字源〕

*シンガク　*進學 自分の学業をより高度なものとする。〔新字源〕1004

*ジンギ　*仁義　いつくしみの心と、筋道の通った方法。人が守るべき道徳。〔→孟子〕［漢字源］ 仁と義。仁はあわれみの心、義は物事のすじみちを通すこと。いつくしみと道理にかなうこと。人としての道。儒教の最も重要な徳目。人倫の道。十六大国でのみたもたれていたと解せられた。〔佛教語大辞典〕792c

*シンキョウ　*信敬　教えを信じ敬うこと。〔広説佛教語大辞典〕941d

*ジンギレイチシン　*仁義礼智信 人として行わなければならない、仁・義・礼・智・信の五つの徳。〔→漢書〕［漢字源］

*シンキン　*神襟　亦作“ 神衿 ”。胸怀。《文选・谢朓〈齐敬皇后哀策文〉》：“ 睿问川流，神襟兰郁。” 吕延济 注：“ 襟，胸怀也。” 南朝陈 徐陵《新亭送别应令》诗：“ 神襟爱远别，流涕极清 漳 。” 宋 朱熹《泉硖》诗：“ 何必问真源，神衿一萧爽。” 元 钱选《题浮玉山居图》诗：“ 神襟軼寥廓，兴寄挥五絃。”〔ZDIC.NET 汉 典網〕神襟は神を胸の内に抱くという意味。

*ジングウ　*シンキュウ　*深宮　宮殿の奥ふかいところにある御殿。［漢字源］

*シンゲ　*信解　1. 勝解ともいう。（教えを）信じて理解すること。確信し了解すること。教えを信じ、理解して進んで向上しようとする意欲。『観無量

壽經』『大正蔵経』12巻345C　2.自己も信じ、他も信じさせること（ブッダグヒヤの釈）。3.喜び、願い求めるの意（ブッダグヒヤの釈）。真にさとりを求める心（菩提心）を起こしてから、そのさとりを得るまでの間を信解地という（一行の釈）。【解釈例】解了の縁を仮つて正しく決定する信也。〔佛教語大辞典〕776A-B

*シンケン　*身見　1.自己と自己の所有物とがあると考える見解。自身を我とみなす見解。身のうちに実体としての我があるとする妄見。我という実体があると思う見解。永遠に変わらない主体があるとする考え。我見に同じ。2.個体の存在を信じる謬見、偏見。3.自身（自分）の利益だけを求める態度。〔広説佛教語大辞典〕946a-b

*シンゲン　*心眼　心の眼。智慧。〔広説佛教語大辞典〕946c

*シンゴ　*真語　1.真言に同じ。2.真理は一つであって、しかも真実であると語ることば。（台密の説）。3.真実を伝える語。如来の随時意の説で、いささかも他のために曲げて示すことのない真実のことばをいう。（東密の説）4真実のことば。仏のことば。〔広説佛教語大辞典〕947a-b

*シンコウ　*信向　三宝を信じて疑わず、これに帰依すること。S:adhimukti〔佛教語大辞典〕776-C

*シンゴウ　*身業　身体による行為。身体的行為。表面化した身体のはたらき。身体の業。三業の一つ。〔広説佛教語大辞典〕947d

*ジンコン　*深根 深い機根のこと。教えを理解する能力が深遠であること。

*シンゴン　*眞言 1.真実のことば。真実を語ること。S:satya 2.密教でいう真実絶対のことばで、佛・菩薩など、及びそれらのはたらきを表示する秘密の語。漢訳では、呪・神呪・密呪・密言という。佛や菩薩の本誓を示す秘密語。呪・陀羅尼に同じ。また陀羅尼の短いもの。まことば。真実のことば。真実の誓い。S:mantra 3.真言宗の略。4.無量壽佛の救いを説く教え。真教。真実の言教ということ。〔佛教語大辞典〕781a-b

*シンコンジキソウ　*眞金色相 三十二相の一つ。〔広説佛教語大辞典〕949d

*シンシ　*身子　舎利弗のこと。〔織田佛教大辞典〕871c *シンシ 身子われ。みずから。〔新字源〕978

*ジンシ　*尋思　1.求めること。願うこと。2.あれこれと思惟し、考察すること。

思量分別をめぐらすこと。3. 論理的考察。〔広説佛教語大辞典〕952a

*ｼﾝｼﾞﾂ　*眞實　漢語の〈眞實〉は漢訳仏典から現われる言葉で、それ以前の中国の文献には見られない。漢訳仏典では yathā-bhūta（あるがまま）や tathatā,tattva（そのようにあること、真理）などの訳語として用いられ、またそれらは〈眞如〉とも訳される。インドでの原義が、いずれも〈あるがまま〉であることに注目すべきであろう。なお、漢語の〈真実〉は「眞、實也」なる訓詁があるように同義の２字を重ねて造られた語。〔岩波仏教辞典〕

*ｼﾝｼﾞﾂ　*眞實　1. ありのままのすがた。2. まことにして偽りなきもの。3. 充実している。みごとな。4. 実体のこと。5. 真理。最高の真理。6. まことの教え。〔広説佛教語大辞典〕953a-b

*ｼﾝｼｭ　*進修　佛道を進み修すること。

*ｼﾝｼﾞｭ　*信受　1.（教えを）信じて受けとる。信仰して受持すること。教えを信奉すること。教えを素直に受けとること。S:pratīyati 2. 人の言うことを理解すること。3. 信用すること。〔佛教語大辞典〕776d

*ｼﾝｼﾞｭ　*眞珠　あこやがい、あわびなどの貝類の貝殻の内側に形成される球状の美しい珠。lohita-muktā の訳。〔佛教語大辞典〕783d

*ｼﾝｼﾞｭﾓｳ　*眞珠網　真珠で飾られた網。『觀無量壽經』華座觀『大正蔵経』12 巻 343 A〔広説佛教語大辞典〕957a-b

*ｼﾝｼﾞｭﾝ　*信順　信じしたがうこと。【解釈例】仏語に順ふを順といひ彌陀の選択本願の勧命を頼みよることを信といふ。〔広説佛教語大辞典〕957b

*ｼﾝｼｮｳ　*親承　したしみうけたまわる。親しみつつしんで引き受ける。

*ｼﾝｼﾞｮｳ　*眞乘　1. 真実の教え。2. 佛乘。佛の正法。3. 実大乗をいう。〔広説佛教語大辞典〕958b

*ｼﾝｼﾞﾝ　*信心　仏の教えを信じて疑わない心。親鸞は、阿弥陀如来の誓いを聞いて疑う心のないこととしている。そしてこの信心の定まる時往生もまた定まり、成仏すると説く。信心は如来から与えられるもので、信心が得られるのは、わが身は限りない罪悪深重（じんじゆう）の凡夫（ぼんぶ）であると深く思い、こうした罪悪のかたまりであるから、自己を頼みとすることはできず、自己放棄＝他力を頼む以外にないと深く信ずる心を持つ

ことであるとする。信心道心も、行ずればおのづからおこる事なり〔一言芳談〕〔岩波仏教辞典〕

*ジンシン　*深心　1. 深い仏の境地を自己の心中に求める心。2. 深い真理を観知する心。3. 深く道を求める心。4. 深く信ずる心。三心の一つ。→三心。5. ひそかに真理をねがう心。【解釈例】疑いなく慮なく深く信ずる信心。疑心なき心。助玉へと思ふ心に疑いなきは深心なり。疑いなく往生するぞと思ひ取は深心。深く信ずる心。〔広説佛教語大辞典〕960c-d

*ジンシン　*深信　1. 深く法を信ずること。深い信仰。仏法を信じることが深く、堅固なこと。2.「深く信ずる」と読む。深く禅定にいること。3. 解信の対。理論的理解を条件としない信仰。ひとえに阿彌陀佛を信ずること。【解釈例】只少しも疑わず、仏経を平に信ずる。本願真実を深く信ずる故に深信となづく。深く信ずる心。佛妄語したまはずと偏に其の誠言を信じて所由を弁へざる也。選擇本願を深信するの心。深く弥陀を頼み奉る心なり。深とは我心を深めることにあらず。佛智廻向の信心なり。本願力廻向の信故に深くとあり。〔広説佛教語大辞典〕960d

*ジンジン　*甚深　極めて奥深いこと。甚遠なこと。S:P:gambhīra〔佛教語大辞典〕792d-793a

*ジンズウ　*神通　1. すぐれた智慧。2. 一般の人間の能力を超えた、自由自在の活動能力。不可思議で自在な威力。3. 超自然的な不可思議の能力。不可思議な超人的なはたらき。無礙自在な通力。くすしき力。たとえば神仙の五通、羅漢の六通。4. 禅門では大悟徹底した人が示す、何ものにもとらわれない、のびのびとしたはたらきをいう。不思議のないところに不思議があるという。〔広説佛教語大辞典〕962d-963a

*ジンズウリキ　*神通力　1. 超人的な力。2. 聖者の具備する六つの不可思議な力。即ち六神通のこと。六神通とは、天眼通・天耳通・他心通・宿住通・漏尽通・神境通。〔広説佛教語大辞典〕963b

*シンセモツ　*信施物　ほどこしもの。〔広説佛教語大辞典〕964a

*シンソウ　*眞相　それぞれの物の本質。いかなる類に属するかということを示す特質。〔広説佛教語大辞典〕964c

*シンソウ　*心想　1. 心のはたらき。心の想念。心のおもい。2. 心とそのはたら

きである想念。これを寂静にするのが禅である。〔広説佛教語大辞典〕964b-c

*ｼﾝｿｳ　*身相　1. 身体の特徴、特相。特に仏の身体の特徴といわれる三十二相のことをいう。仏のみ存し、凡夫にはない三十二の身体的特徴をいう。2. 肉体的形骸。〔広説佛教語大辞典〕864c

*ｼﾝｿｳ　*心相　1. 心のあり方。心のすがた。2. 心の本来のすがた。3. 心の行相、すなわち見分をいう。4. 肉団心、すなわち心臓のすがた。5. 心の内容。心中の想念。〔佛教語大辞典〕768a

*ｼﾞﾝｿｸ　*迅速　*ｼﾞﾝｼﾂ　*迅疾　とぶようにはやい。『迅速ｼﾞﾝｿｸ・迅捷ｼﾞﾝｼｮｳ』〔漢字源〕

*ｼﾞﾝｿｸ　*神足　しんそく　1. 如意足に同じ。2. 思い通りにどこにでも飛行していける力。不思議なはたらき。すぐれた超自然的な力。六神通の一つ。神足通の略。3. 神は神通、足はよりどころ。禅定のことをいう。4. 相手の足を尊んでいったことば。5. すぐれた弟子。〔広説佛教語大辞典〕965b

*ｼﾝﾀｲ　*眞體　真のすがた。〔広説佛教語大辞典〕966a

*ｼﾝﾀｲ　*進退　逡巡すること。〔広説佛教語大辞典〕966a

*ｼﾝﾁ　*眞智　真実の智慧。(大) 785c

*ｼﾝﾄﾞｳ　*震動　→六種震動　うちふるう　〔広説佛教語大辞典〕968b　ふるえ動く。ふるわせ動かす。〔漢字源〕

*ｼﾝﾄﾞｳ　*進道　佛道に進むこと。〔佛教語大辞典〕787d-988a

*ｼﾝﾆｮ　*眞如 (tathatā) サンスクリット原語の直接の意味は、〈あるがままなこと〉物事を支える真理 (dharma 法) を表現したもの。真理 (法) は釈尊が事物をあるがままに観察 (如實知見) して発見したものゆえ、その真理をこのように規定づけた。ひいては、事物の真相 (實相) をさすようにもなる。〔岩波仏教辞典〕

*ｼﾝﾆｮ　*眞如　1. かくあること。ありのままのすがた。あるがままなること。2. 法がかくのごとく成立していること。法性と同義。3.「…眞如」は、…なる法として成立していること。4. 普遍的真理。心のあるがままの真実。あらゆる存在の真のすがた。万有の根源 5. 真実を具えたものの意。〔広説佛教語大辞典〕969c-d

*ジンニン　*深人 機根の深い人。教えを理解する能力が深い人のこと。

*シンブツ　*眞佛　1. 真実の佛。本当の佛。2. 化身佛に対して報身佛をいう。3. 無相の法身をさす。〔広説佛教語大辞典〕972d

*シンボウ　*眞法　1. 真理。2. 真の決まり。実相。【解釈例】一如。〔佛教語大辞典〕786d

*ジンホウ　*深法 深遠な佛の教え。〔佛教語大辞典〕797a

*シンポウムソウ　*眞法無相　真実の方には、固定的な相はないということ。〔佛教語大辞典〕786d

*シンリキ　*信力　1, 仏に対する堅固不抜の帰依を意味する。信を力とみなしていう。五力のひとつ。2, 信念。信解。信仰の力。3, 信ずる力。または信によって生ずるはたらき。信心からほとばしり出るはたらき。〔佛教語大辞典〕778c

*シンリキ　*心力　心の力の意。〔広説佛教語大辞典〕977d

*ジンリキ　*神力 1. 佛・菩薩の有する不可思議のはたらき。超自然力の作用。神通力に同じ。不思議な力。威神力。2. 加持力に同じ。〔佛教語大辞典〕795d

*シンリョウ　*身量　身体の大きさ。〔広説佛教語大辞典〕978c

*ズ　*逗　《音読み》トウ／ズ (ツ)《訓読み》とどまる／とどめる (とどむ)《意味》

{動} とどまる。とどめる (トドム)。じっとたちどまる。しばらくそこにとどまって動かない。しばらくそこに足をとめる。〈同義語〉→投。〈類義語〉→住・→駐。「逗留トウリュウ」「逗宿トウシュク」トウズ {動} ねらいをつけて投げる。目標にぴたりとあうように与える。〈同義語〉→投。「逗薬 (＝投薬。病気にあわせて薬を与える)」トウズ {動} じっとひと所にしたたる。そそぐ。〈類義語〉→注。「桂露対仙娥、星星下雲逗＝桂露仙娥ニ対シ、星星トシテ雲ヨリ下リテ逗ズ」〔→李賀〕〔漢字源〕

*スイ　*垂【埀】異体字 《常用音訓》スイ／た…らす／た…れる《音読み》スイ／ズイ《訓読み》たれる (たる) ／たらす／なんなんとする (なんなんとす)《名付け》しげる・たり・たる・たれ《意味》{動} たれる (タル)。上から下へたれ下がる。〈対語〉→揚。「垂下」「星垂平野闊＝星垂レ、平

野闊ク」〔→杜甫〕{動} たれる（ﾀﾙ）。たらす。上から下へたれるようにする。「垂釣＝釣ヲ垂ル」「士皆垂涙涕泣＝士ミナ涙ヲ垂レテ涕泣ス」〔→史記〕{動} たれる（ﾀﾙ）。後世に残す。「垂丹青＝丹青ニ垂ル」「君子創業垂統＝君子ハ業ヲ創メ統ヲ垂ル」〔→孟子〕{動} たれる（ﾀﾙ）。上の者から下の者へ与える。「垂訓」「垂示」{副} なんなんとする（ﾅﾝﾅﾝﾄｽ）。今にも…しそうになる。やがて…になろうとする。▽たれ下がって下に届きそうになる意から生じた副詞。「なんなんとす」は訓読のために生じた日本語で、「しようとする」の意。「垂死＝死ニ垂ントス」「通子垂九齢＝通子ハ九齢ニ垂ントス」〔→陶潜〕{名} 国土の果て。辺境。▽陲に当てた用法。「辺垂」{動} はしに近づく。はしに位置する。▽陲に当てた用法。［漢字源］

*ズイイ　*随意　1. 安居の終わる日に行う作法の名。食事終了の儀式。自恣式事。2. 思いのままに。3. 心に欲するとおりのこと。〔広説佛教語大辞典〕980d

*ズイキ　*随喜　1. 他人が善き行いを修して徳の成ずることを喜ぶこと。他人の善き行いを讃歎すること。他人の善事を見てともどもよろこぶこと。2. 同意すること。3. 佛教の儀式に参列すること。4. 滅罪の修行としての懺法などのこと。〔佛教語大辞典〕808

*ズイギョウコウ　*随形好　仏の三十二の主な特徴にしたがう、細小な八十の二次的な特徴のこと。→八十種好『觀無量壽經』『大正蔵経』12 巻 343b〔広説佛教語大辞典〕983b

*ズイジ　*随事　1. 事にしたがふ。2. 事毎に。事あるに随って。何事にも。（大漢和）11 巻 963 頁 b

*ズイジュウ　*随從　したがうこと。

*ズイジュン　*随順　1. したがうこと。2. 適すること。3. 相したがうこと。4. 仏にしたがうこと。〔広説佛教語大辞典〕985c-d

*スイジン　*推尋　推知すること。〔佛教語大辞典〕806d

*スイチョウ　*推徴　推し量りもとめる

*ズキ　*逗機　1. 種々の教えがそれぞれの人のうちにとどまって、ほかに融通しないこと。2. それぞれの教えが相手の素質に合致して、応分の益を与えること。〔佛教語大辞典〕802b

*スグ　*輙【輒】《音読み》チョウ（ﾃﾌ）《訓読み》すなわち（すなはち）《意味》

｛名｝ 車の両わきにとりつけた、耳たぶのような形のもたれ木。｛副｝ すなわち（スナハチ）。どうかするとすぐ。また、いつでもすぐ。▽「動輒〜」という形で用いると「ややもすればすなわち」と訓読する。〈類義語〉→即・→則。「造飲輒尽＝造リ飲ンデ輒チ尽クス」〔→陶潜〕｛形｝ くっついてはなれないさま。「輒然チョウゼン」［漢字源］

*スベシ　*爲合　まさに…すべし。当然の意を示す助字。〔新字源〕166

*ズメンサライ　*頭面作禮　相手の前にひざまずいて両手を伸ばし、掌の半ばで相手の人の足を受けて、自分の頭に触れさせる礼法。接足頂礼・接足作礼ともいう。長者に対する敬礼法。→稽首〔広説佛教語大辞典〕995d

*セカイ　*世界　1. 日月の照らす範囲、すなわちスメール山（須彌山）を中心とした四大陸（四洲）をいう。また、地獄や天上の領域をも含める。有情の衆生の住む領域。漠然と宇宙を意味することもある。→三千大千世界　2. 後代、シナの解釈によると、世は遷流の意、界は方位の意。世は、過去・現在・未来の時間。界は、十方（東西南北・四維・上下）の空間を意味する。3. 世間と同義。世の中、または世の人びと。4. 一人のブッダの住む国土のこと。5. 日蓮によると、『法華經』によって救われるところの未来の世界とは、ただ日本国のことであるという。6. 世界悉檀のこと。→四悉檀〔広説佛教語大辞典〕1001d

*セイガン　*誓願［s：praṇidhāna］　仏・菩薩が必ず成し遂げようと誓う願い。自己の全心身をかけた願いで、自己および一切衆生の成仏を目ざす。なお、仏道修行者の求道の立願についてもこの語を準用することがある。四弘誓願（しぐぜいがん）は一切の仏・菩薩に共通した誓願であるが、薬師の十二願、阿弥陀の四十八願、釈迦の五百大願など、それぞれに個別の誓願（本願）がある。弥陀の誓願不思議にたすけられまゐらせて、往生をばとぐるなりと信じて〔歎異抄〕身を焼くの時に臨みて、誓願を立てていはく、われ千部の経に依りて、当（まさ）に極楽世界に生るべし〔法華験記（上15）〕〔岩波仏教辞典〕

*セイシボサツ　*勢至菩薩　大勢至・得大勢菩薩ともいう。阿弥陀三尊の脇侍。密教では、胎蔵現図曼荼羅観音院に住み。智慧の光で一切を照らし、三途を離れる無上の力を得させ、観世音の大悲を得て、衆生に菩提心の種子を与

えるという。右手に蓮華を持つか、合掌するなど種々ある。S. mahāsthāma-prāpta〔広説佛教語大辞典〕999a

*ｾｲｿｳ　*星霜　年月。▽恒星は一年で天を一周し、霜は毎年降るのでいう。〔漢字源〕

*ｾｲｿﾞｳ　*制造（製造）制造 zhìzào　(1)［manufacture;make］：把原材料加工成适用的产品一天制造 7000 辆汽车（2）（制侧重于操作制造，对象是一般器物；造侧重于从无到有，对象可以是较大的器物）(3)［create］：造成某种气氛或局面　制造敌对气氛〔ZDIC.NET 汉 典網〕せい‐ぞう【製造】‥ｻﾞｳ品物をつくること。原料に人工を加えて製品とすること。「家具の―」〔広辞苑〕

*ｾｷﾞｮｳｵｳﾌﾞﾂ　*世饒王佛　阿弥陀佛の師であった佛の名。〔広説佛教語大辞典〕1006c

*ｾｹﾝ　*世間 S:loka 漢語としては、世の中の意味で、『史記』の淮南王伝などに用例が見える。サンスクリット原語は場所の意味で、〈世〉〈世界〉とも漢訳され、事象がその中で生起し壊滅する空間的広がりをさす。一般には〈三界〉の語とともに迷いの存在としての衆生が生死する場を意味し、否定すべきもの、移ろいゆくもの、空虚なるもの、の三点によって特徴づけられる。なお、迷いとしての存在や煩悩を超出することを〈出世間〉〈出世界〉という。「世間は無常なり。ただ佛にしたがひたまはむこそ吉き事なれ」「世間《ﾖﾉﾅｶ》を厭いて出家入道せり」〔岩波仏教辞典〕487

*ｾｹﾝ　*世間　1. 世は遷流、間は中の意。うつり流れてとどまらない現象世界をいう。世界に同じ。2. 自然環境としての世界。器世間。3. 世の中。4. 世の人々。5. この世。6. 世の中の生きとし生けるもの。衆生世間。衆生。7. 迷える輪廻のありさま。汚れた俗世間。迷いの世界。8. 無常遷流の存在一切をいう。9. 有漏法の異名。10. 天上に対していう。11. 出世間に対していう。有漏のこと。また世の中。世俗。12. 世の中のならわし。13. 天台宗では世間に三種を立てる。衆生（有情）すなわち生命あるものをさす衆生世間（有情世間）と、それらの住処である山川国土の器世間とを区別し、あるいはこれに前二者を構成する五陰（五蘊）を別立した五陰世間（五蘊世間）、あるいは前二者が佛の教化の対象となる点をさす智正覚世間を別

立して、三種世間を数える。これらの世間を超越した佛・菩薩の境界は出世間である。〔佛教語大辞典〕816b-d

*セサ　*施作　行うこと。人のためをはかること。〔広説佛教語大辞典〕1006b

*セジザイオウ　*世自在王　阿弥陀佛の師佛で世饒王ともいう。〔広説佛教語大辞典〕1006c

*セジザイオウブツ　*世自在王佛　阿弥陀佛の師であった佛の名。〔広説佛教語大辞典〕1006c

*ゼシンサブツ　*是心作佛　1. 即心是仏（心がそのまま仏である）に同じ。2. この心が仏を作る。『觀無量壽經』『大正蔵経』一二巻三四三 a 〔広説佛教語大辞典〕1007b

*ゼシンゼブツ　*是心是佛　1. 人間の心が、とりもなおさず仏そのものである、の意。ただしこの心は、煩惱妄想の絶えない単なる日常心（事心）ではない。日常心（事心）であり、しかも真如（理心）である絶対の理である。絶対の理をそのまま仏とみたわけで、心がそのまま法身仏である。2. 浄土教において、阿彌陀佛の相好を観ずる時、それが心に現れたとき観ずる心と仏とに別はないことをいう。この心がそのまま仏。→即心念佛『觀無量壽經』『大正蔵経』一二巻三四三A

*セセツ　*施設　仮に設ける手だて　安立の異名　1 想定すること 2 実在はしないが何者かを設定すること。安立、建立、発起の意。3. 真言密教でいう三十二種の脈管のひとつ。4. 教えの立て方、論じ方。5. 仮定。6. 禅僧が修行僧を導くために設ける様々な方法・手段のこと。禅機・機関などの特殊なものをいう。〔佛教語大辞典〕821

*セソン　*世尊　主としてサンスクリット bhagavat の漢訳語で、bhaga（幸運、繁栄）と vat（を有するもの）の結合したもの。〈婆伽婆バガバ、バギャバ〉〈薄伽梵バガボン、バギャボン〉などと音写される。福徳ある者、聖なる者の意味で、古代インドでは師に対する呼び掛けの言葉として用いられていた。仏教においては釈尊を意味する語として用いられたが、神格化されるに伴い佛の尊称となり、万徳を具し世に尊敬されるが故にこのように漢訳された。佛の十号の第十号で、阿含経、『成實論』では、他の九号を備えるゆえに世尊であるといわれ、また、『涅槃經』『大智度論』では十号の外に置かれる

など、十号の総称として用いられた例もある。〔岩波仏教辞典〕

*セタイ　*世諦　世俗的立場での真理。諸法（もろもろのダルマ）の構成を成立せしめている立場。究極のものを覆っている立場での真理。迷いの心において認められるような差別的境界。俗諦ともいう。真諦、勝義諦の対。〔佛教語大辞典〕819c-d

*セッキョウ　*説教　原義は説いて教えること。経典や教義を説いて民衆を教化することであるが、わが国の説教は時と場合に応じて、説経・説法・説戒・唱導・法談・讃歎・勧化・談義・講釈・講談・演説・講演・講筵・開導・化導・法座・御座（おざ）・教導・布教・伝道・法話など、さまざまな異称をもって歴史的展開をとげた。これは表白体よりも演説体に重点を置いた説教の多種多様な形態を物語っている。〔説明〕830a

*セッキョウ　*説教（起源）　説教は、釈尊にはじまる。十二部経（十二分教）のgāthā（伽陀）〈諷頌（ふじゅ）〉・nidāna（尼陀那）〈因縁〉・avadāna（阿波陀那）〈譬喩（ひゆ）〉や、『三輪説法』の中の四弁八音、維摩経の六塵説法、『四分律』に説く説法の儀軌、『百衆学』の対機説法、思益経の五力、優婆塞戒経の清浄・不浄説法をはじめ、阿育王の説教師派遣など、インドで説教は著しく進展した。中国でも廬山の慧遠の説教は有名であり、梁の慧皎撰『高僧伝』は〈声・弁・才・博〉を説教の重点と説く。『続高僧伝』『宋高僧伝』などにより中国の説教が、時代とともに講説・唱説・説経・説法・講導・宣講・宣唱などの異称をもったことがわかる。

*セッキョウ　*説教（日本での展開）日本における説教の文献上の初見は、『上宮聖徳法王帝説』の598年（推古6）厩戸皇子（うまやどのおうじ）（聖徳太子）による勝鬘経講であるが、わが国の初期の説教は『日本霊異記』『日本感霊録』『東大寺諷誦文稿』などによって察知することができる。平安時代には法華八講が盛行し、専門の説教（経）師が成立した。『二中歴』には説教の名人が紹介されている。『法華修法一百座聞書抄』（百座法談聞書抄）は平安時代の説教の内容を具体的に示す唯一の好資料である。源信の『往生要集』は後世の説教に強い影響を与えた。

*セッキョウ　*説教（中世以後）中世に入ると法然・親鸞が出現し、旧来の顕密諸宗による説教の方法が大きく変貌して浄土教系で演説体説教が大いに栄

えた。天台宗の澄憲・聖覚父子によって創始された安居院（あぐい）流と定円がはじめた三井寺派の説教が並立して進展したが、安居院流は浄土宗から真宗に入り、節談（ふしだん）説教の型を創造して近世に大発展をとげた。三井寺派は近世には説経節を支配して仏教文化の促進に寄与した。真宗の説教は近世後期に菅原智洞・粟津義圭・恵門などすぐれた指導者があらわれ、隆盛の形で近代に及んだが、節談は宗門の近代化の中で衰退した。日蓮宗にも特異な高座説教の伝承がある。むろん説教はどの宗派にもあり、それぞれ所依の経典や教義を説く。今後の説教には日本の新文化創造の原動力となる力量が望まれる。〔岩波仏教辞典〕

*セッキョウ　*説經　經文の意義・内容を講説すること。佛教の道理を説いて聞かせること。〔佛教語大辞典〕830b

*ゼツ　*質　1. かたちあるもの。物質。事物それ自体。本質。影像に対する。もちまえ。特質。→影像《ようぞう》 2. →しつ〔広説佛教語大辞典〕1010a

*ゼツゲ　*質礙　同一時に同一場所を占め得ないこと。物体が特定の場所を占めて、他の物を入れないこと。或ものと他のものとの間に隔たりをつけること。一つのものが他のものをさまたげること。物質的な障りのあること。物質の特質。〔広説佛教語大辞典〕1011d

*セッシュ　*摂取　《しょうしゅ》とも読む。サンスクリット原語は、pari-√grah（取り込む、包み込む）、sam-√grah（収め取る）。漢語としては収め取るの意であるが、仏典特有の語。仏や菩薩（ぼさつ）が教化（きょうけ）・救済（くさい）するために、苦の中に在る衆生（しゅじょう）を自己の下におさめて恵みを垂れること〔大宝積経（111）、華厳経（44）〕。とくに観無量寿経（かんむりょうじゅきょう）において、無量寿仏（阿弥陀（あみだ）仏）はその大慈悲の光明（こうみょう）によって、念仏する衆生をすべて摂取して捨てずと説かれている。また、結局は選択（せんちゃく）に同じく、選び取ることの意味にもなる（たとえば、奮迅王問経（下）に正法を摂取す）。阿弥陀仏に帰命して、南無阿弥陀仏と唱ふれば、摂取の光に照らされて〔一遍語録〕〔岩波仏教辞典〕

*ゼッソウ　*舌相　1. 舌をいう。2. 佛の広長の舌相。三十二相の一つ。〔佛教語大辞典〕832d

*セッソクサライ　*接足作禮　古代インドの礼法の一つ。両手をのばし、掌で相手の足を受け、それを自分の頭につけていただき拝むこと。足を額におしいただく礼拝。〔佛教語大辞典〕829b

*セツブク　*設伏　伏せ勢をもうけおく。伏兵をそなへまうける。〔諸橋大漢和辞典〕10-407a

*セツリ　*刹利　s, kṣatriya（クシャトリヤ）の音写である。刹帝利の略。「せちり」とも読む。古代インドのカーストの一つ。インド四姓の一つ。王族、武士階級。→刹帝利〔広説佛教語大辞典〕1018d

*セツリシュ　*刹利種　刹帝利（クシャトリヤ）の種族。武力を背景として政治を行う階級で、四姓の内、バラモンに次ぐものとされた。〔大乗仏典〕6-173

*ゼヒ　*是非　是と非。よいと悪い。「栄華有是非＝栄華ニハ是非有リ」〔→杜甫〕よしあしを判断する。〔漢字源〕

*セルフゴ　*世流布語　男女・大小・去来・坐臥・車乗・房舎・瓶衣・衆生・常楽我浄・軍林・城邑・僧房・合散など世に流布していることば。『探要記』七巻十一帖

*セン　*闡　《音読み》セン《訓読み》ひらく／あらわす（あらはす）《意味》｛動・形｝ ひらく。がらりとあける。あけすけな。「闡発センパツ」「闡諧センカイ」｛動｝あらわす（アラハス）。わかりにくかったものをはっきりさせる。明らかにする。「闡明センメイ」〔漢字源〕

*セン　*詮《音読み》セン《訓読み》とく／そなわる（そなはる）／えらぶ／せんずる（せんず）／せん《意味》｛動｝ とく。物事の道理をつまびらかにとく。ときあかす。「詮解センカイ」「詮釈センシャク」｛動・名｝ そなわる（ソナハル）。ことばや物の道理が整然とそろっている。また、物事にそなわった道理。「真詮シンセン」｛動｝ えらぶ。ことばや物事をきれいにそろえて、よいもの、正しいものをえらびとる。〈同義語〉→銓。「詮衡センコウ」〔国〕せんずる（センズ）。よくつきつめて考える。「詮じつめる」せん。なすべき手段。すべ。「詮も尽き果てぬ」せん。物事をしたかい。「詮なきこと」「所詮ショセン・センズルトコロ」とは、要するに。結局。［漢字源］

*セン　*染　《常用音訓》セン／し…み／し…みる／そ…まる／そ…める《音読み》セン／ネン（ネム）／ゼン（ゼム）《訓読み》しみ／そめる（そむ）／

そまる／しみる（しむ）《名付け》そめ《意味》｛動｝ そめる（ソム）。そまる。汁の中にやわらかくひたして色をしみこませる。また、液体の中にじわじわとひたす。「染筆」「染指於鼎＝指ヲ鼎ニ染ム」〔→左伝〕｛動｝ そめる（ソム）。そまる。しみこむ。また、じわじわと影響されて変わる。また、病気などがうつる。「習染《シュウゼン》」「感染」〔漢字源〕

*ゼン　*善【譱】異体字《常用音訓》ゼン／よ…い《音読み》ゼン／セン《訓読み》よい（よし）／よみする（よみす）《名付け》さ・ただし・たる・よし《意味》｛形｝ よい（ヨシ）。好ましい。〈対語〉→悪。「善哉問＝善イカナ問ヒヤ」〔→論語〕｛名｝ よいこと。「教人以善＝人ニ教フルニ善ヲモッテス」〔→孟子〕｛形｝ よい（ヨシ）。じょうずな。巧みな。「善戦者服上刑＝善ク戦フ者ハ上刑ニ服セシム」〔→孟子〕｛形｝ よい（ヨシ）。…しがちである。しばしば…する。「善怒＝善ク怒ル」｛形｝ よい（ヨシ）。仲がよい。「不善＝善カラズ」「素善留侯張良＝素ヨリ留侯張良ニ善シ」〔→史記〕｛動｝ よみする（ヨミス）。ほめる。よいと認めてたいせつにする。▽去声に読む。「太守張公善其志行＝太守張公ソノ志行ヲ善ス」〔→謝小娥〕〔漢字源〕

*ゼン　*善　1. よろしい。さしつかえない。2. 正しいこと。善いこと。好適なこと。徳目。善の心作用。3. 善業のこと。善い行為。4. 道徳的な意味の善と好ましい報いとをともに意味しうる。5. 悪やけがれを離れること。6. ダルマ。7. すぐれていること。8. 真理に達した人。9. 真理。10. 副詞として、よく、十分にの意。〔広説佛教語大辞典〕1022a-d

*ゼン　*禅　［s：dhyāna，p：jhāna］　仏教の修行の一つ。冥想して身心を統一すること。古くは〈禅那〉と音写したが、略して〈禅〉となる。また、西北インドからシルクロードにかけての俗語で、jhān と発音されていたのによるともいう。漢字の〈禅〉には天子が天神地祇を祭る封禅の意味があって、仏教語となって以後も単に音写にとどまらぬ古い宗教性をもつ言葉として注目され、今は中国語で ch'an、日本語で〈ゼン〉といえば、国際的に了解が可能である。禅は訳して〈静慮（じょうりょ）〉とし、同じ系統の三昧（さんまい）（samādhi）と合して〈禅定（ぜんじょう）〉または〈禅観〉と訳し、さらに具体化して坐禅・習禅・参禅・宴坐など、多くの漢字の類語を生む。dhyāna はもともと、インドの精神文明すべてに共

通するヨーガの実践過程のうち精神の浄化法の一段階であったのが、仏陀の仏教にとりこまれて主体的精神的傾向を強めたもので、戒定慧の三学や四禅八定説が代表的である。他の宗教や哲学で強調される苦行や来世での昇天説を捨て、内省的な悟りへと深まる。〔岩波仏教辞典〕

*センイ　*専意　*センシン　*専心　心をもっぱらにする。専心、1.心を集中すること。心を一つにして雑念を交えないこと。2.ひとえに崇拝すること。〔佛教語大辞典〕838d-839a

*ゼンアクゴウ　*善悪業　以前に行った善いことや悪いこと。〔佛教語大辞典〕847d

*ゼンイン　*善因　善根に同じ。後によい果報を生ずる因としての善。〔佛教語大辞典〕847D

*ゼンウ　*ゼンユウ　*善友　善い友。良友。善き友だちの意。善知識とも、勝友・善親友ともいう。普通、修行上の助力をしてくれた人をさす。正しい道理を教えてくれる人。【解釈例】善知識のこと。善知識の事なり。〔佛教語大辞典〕848a

*センゴウ　*瞻仰　*センギョウ　みあげること。「夫日月星辰、民所瞻仰也＝ソレ日月星辰ハ、民ノ瞻仰スル所ナリ」〔→礼記〕人を尊敬する。[漢字源]

*ゼンゴウ　*善業　善い行為。未来によい報いを得るための善い行い。五戒や十善などを守る行いは善業である。〔佛教語大辞典〕849b

*ゼンゴン　*善根 S:Kuśala-mūla ぜんこんとも読む〈善本〉〈徳本〉とも漢訳される。善根は、善を樹木の根に例えたもの、すなわち根が花や果実をつけるもとであるのと同様に、善は良い果報をもたらすもとであることからの造語。また、無貪、無瞋、無癡の三つを〈三善根〉という。〔岩波仏教辞典〕善い報いを受くべき善い業因。善行。善を木の根にたとえて言う。善い果報をもたらす善い行い。功徳のもと。善の根。善を生ずるもと。功徳の種。善徳の根本。正しい行為。倶舎の教学において、行者が見道に入って無漏智を起こすための根本。〔佛教語大辞典〕849b-c

*ゼンギョウ　*善巧　衆生の機根に応じて巧みに手だてをめぐらすこと。熟練知。善巧方便の略。【解釈例】善は善権、仏の権方便は方便の中の最上の善なる方便故に善という。巧は曲巧、衆生の機に対してすぐではゆかぬ処では

曲げて衆生の機に随って工に方便をなさるるを巧といふ。方便なり。たくみなる方便のこと。〔佛教語大辞典〕848b-c

*ゼンギョウホウベン　*善巧方便　方便に巧みなこと。人々の能力・素質を判断し、その利鈍に応じて理解させるよう、佛・菩薩が巧みに誘導の方法手段を立てること。人々の素質に応じた、巧みな教導。佛が法を説くに際し、よく巧みに衆生の機根にかなった種々の方法・手段を用いること。すぐれた手段。巧みな手段。方法。〔佛教語大辞典〕848d

*センコン　*淺根 浅い機根のこと。教えを理解する能力が浅いこと。

*ゼンサイ　*前際 過去のこと。以前の時期。三際のうちの一つ。〔佛教語大辞典〕844c

*ゼンザイ　*善哉　1. 宜（うべ）なり。よきかな。実によい。すばらしい。そのとおりだ。師が弟子に対して賛成と称讃の意を示す語。インド一般に今日に至るまで使われる。**【解釈例】**よきかなよきかな。2. ああ。感嘆の語。〔佛教語大辞典〕849c-d

*センジ　*撰次　順序立てて選定する。撰んで編次する。〔諸橋大漢和辞典〕5-397d

*ゼンジャク　*染著　1. 心が外のものに染まって離れないこと。執着すること。とらわれること。執著。2. よごれ。しみ。〔広説佛教語大辞典〕1032b-c

*ゼンシュ　*善趣　1. 良き境地。よいところ。善の報いを受けて生まれる世界。楽の生存。楽しい生存領域。六道のうちで天・人の二趣、あるいは修羅・人・天の三趣をいう。悪趣の対。2. 望ましい帰趣 3. 善逝に同じ。佛の別称。佛の十号の一つ。〔広説佛教語大辞典〕1032d-1033a

*ゼンショ　善い所。来世に生まれる善い所。五戒・十善の善い行いの果報として生まれることのできた所。善趣。人間界・天上・諸佛の浄土などを言う。特に天をいう。悪趣・悪道・悪処の対。〔広説佛教語大辞典〕1034a

*センジョウ　*専誠　専ら真心をもって。

*ゼンショウ　*善星　佛の太子たりしときの子と云ふ。出家して十二部経を読誦し能く欲界の煩悩を断じて第四禅定を発得し、之を眞の涅槃と云へり。然るに彼れ悪友に近て所得の解脱を退失せしかば、涅槃の法なしとして因果撥無の邪見を起し、且つ佛に向って悪心を起し、生きながら無間地獄に堕

せし人なり。依って闡提比丘と称す。闡提は一闡提の略、不信の義、不成佛の義なり、又四禪比丘と称す。『涅槃經』三十三に「善星比丘。是佛菩薩時子。出家之後受持読誦分別解説十二部経。壊欲界結獲得四禪。（乃至）善星比丘雖復読誦十二部経獲得四禪。乃至不解一偈一句一字之義。親近悪友退失四禪。失四禪已。生悪邪見。作如是言。無佛無法無有涅槃。（乃至）善男子。汝若不信如是事者。善星比丘今者在尼連禅河可共往問。爾時如來即與迦葉往善星所。善星比丘遙見如來。見已即生悪邪之心。以悪心故生身陥入墮阿鼻地獄。（乃至）以其宣説無因無果無有作業。爾乃記彼永断善根是一闡提厠下之人地獄劫住。」『楞嚴經八』に「善星妄説一切法空。生身陥入阿鼻地獄。」『法華玄賛一』に「又經云。佛有三子。一善星。二優婆摩耶。三羅詭。故涅槃云。善星比丘菩薩在家之子。」〔織田佛教大辞典〕1060b-c

*ｾﾞﾝｼﾞｮｳ　*禅定　1.p jhāna S dhyāna の音写である禅と、その意訳である定とを合成してできた語。心を安定統一させること。心静かに瞑想すること。六波羅蜜の第五。心静かな内観。心の計らいを静めること。瞑想。思念をこらすこと。心を動揺させないこと。精神集中の修練。座禅をして心を一点に専注する宗教的瞑想。座禅によって心身の深く統一された状態。靜慮、思惟修に同じ。【解釈例】何をか禅定と名づく。外に相を離るるを禅となし。内に乱れざるを定となす。〔表現例〕おちつき。心の安定。平静。おちついたこころ。よくおちついてあせらぬこと。ゆたかなこころ。2. 四静慮のこと。〔広説佛教語大辞典〕1034d-1035b

*ｾﾞﾝｼﾞｮｳ　*善性　三性の一つ。事物の性質が善であるものをいう。〔広説佛教語大辞典〕1034d

*ｾﾝｼﾞﾝ　*淺深　浅いことと深いこと。

*ｾﾞﾝｼﾝ　*善心　善い心。アビダルマ教学によると、漸・愧の二法、無貪・無瞋・無癡と相応して起こる心。【解釈例】慈悲心〔広説佛教語大辞典〕1036c

*ｾﾝｾﾂ　*詮説　具さに説く。〔諸橋大漢和辞典〕10-453

*ｾﾝｾﾞﾂ　*宣説　教えを説き述べ、伝えること。【解釈例】仏教に違わず増しも減じもせず述ぶるを云う。〔佛教語大辞典〕837b

*ｾﾞﾝｾﾂ　*善説　1. 善く説かれたことば。よく説かれた仏の教え。2. よく教授

すること。3. 正しい教え。正しい主張。〔広説佛教語大辞典〕1037c

*ゼンセツ　*前説　前に述べた説。前の説。　前人の説。　本題に入る前の説明。まえせつ。〔広辞苑〕

*センダイ　*闡提　一闡提＝icchantikaの音写。断善根・信不具足と漢訳する。善根を断じていて救われる見込みのない者。成仏しえない者。どんなに修行しても絶対にさとることのできない者。通俗語源解釈によると、欲求しつつある人、（icchan）の意でインドの快楽主義者や現世主義者をさすというが、佛教では佛教の正しい法を信ぜず、さとりを求める心がなく、成佛の素質、縁を欠く者をいう。世俗的快楽だけを希求している人。また仏教の教義を誹謗し、救われる望みのない人。これに、正法をそしって容易に成仏しないが、最後の時に成仏する者と、菩薩が慈悲心から人々をことごとく成仏させてから、自ら成仏すると誓うが、人々はほとんど無限に生まれるから、ついに成仏の時期のない者、さらに全く成仏の素質のない者などがある。この後者の存在を認めるのが法相宗で、それに反対して一切皆成仏の説をとったのが天台・華厳その他大乗諸宗であり、両者の間に行われた、一闡提が成仏するか否かの論争は、シナ・日本を通じて佛性論の大きな問題となった。〔広説佛教語大辞典〕1038d

*センダラ　*旋陀羅　caṇḍālaの音写。厳熾・暴悪・執悪・屠者・殺者などと漢訳する。インドにおける四姓外の賤民。古代インドでは差別待遇されていた。狩猟・屠殺・獄卒・刑戮などを業とする。最も賤しく、カースト外の者とみなされた。彼らは蔑視、嫌悪され、人間とはみなされず、犬や豚と同類とされた。〔広説佛教語大辞典〕1039c-d

*ゼンチシキ　*善知識　「ぜんじしき」とも読む。1. 知識は知己、知り合いの意。よき友。親友。良友。自分のことをよく知ってくれている人。友達。心の友。善友。勝友。ともいう。2. 高い徳行を具えた人物。3. ブッダの教えを継承し、伝播する人びと。4. 教えを説いて仏道に入らしめる人。仏道への手引きをする有徳者。立派な指導者。教え導く人。正しい道に導く人。人に生まれてきたことの真の意味を教えてくれる人。賢者。5. 禅宗では、さとりに導いてくれる善い指導者、正しく導く人である師家をいう。単に「知識」ともいう。6. 浄土真宗では、信徒が法主をよぶ称。また往生に必要な

五つの条件の一つとしては仏法に会う縁である善知識。→五重義　【解釈例】衆生の導師。最上乗の法を解した人。後世心のある人。自ら悟りの道を求めて修行し、また人を教え導いて悟りの道に向かわせ修行させる者。〔広説佛教語大辞典〕1040d-1041a

*ｾﾞﾝﾁｼｷ　*善知識［s：kalyāṇa-mitra］　kalyāṇa は、〈美しい〉〈善い〉意の形容詞。中性名詞として〈善〉〈徳〉。mitra は〈友人〉。善き友、真の友人。仏教の正しい道理を教え、利益を与えて導いてくれる人をいう。〈善友〉とも漢訳される。この本義に基づいて、禅宗では参禅の者が師家を呼ぶ称、真宗では念仏の教えを勧める人、特に信徒が正しい法の継承者として法主を呼ぶ称とする。仏の法を悟らむにも、善知識はこれ大因縁なりと云ふ〔ささめごと〕〔岩波仏教辞典〕

*ｾﾞﾝﾄﾞｳ　*善道＝善導。よいほうにみちびく。善にみちびく。「忠告而善道之＝忠告シテコレヲ善道ス」〔→論語〕人としての正しい道。〔→諸葛亮〕〔仏〕極楽浄土。［漢字源］

*ｾﾞﾝﾄﾞｳ　*善道　善い所。さいわいの所。天上・人界の二趣。天の世界などの善趣。六道の中で比較的楽しみのある境界。【解釈例】人間・天上・諸佛の浄土なり。人間天上なり。〔広説佛教語大辞典〕1043a

*ｾﾞﾝﾅﾝｼ　*善男子　［s：kula-putra］　良家の子、すぐれた家系の若者の意。大乗仏典では、正しい信仰を持つ人のこと。菩薩（ぼさつ）への呼びかけに用いられる。また、しばしば〈善女人（ぜんにょにん）〉（kula-duhitṛ）と一対で用いられる。わが国では、信心深い男女を称して善男善女（ぜんなんぜんにょ）という。〔岩波仏教辞典〕

*ｾﾞﾝﾅﾝｼ　*善男子　1. 元来は良家の子息。仏典では、一般に高貴にして有徳な青年。在家の聴衆に呼びかけていう。立派な若者。在家信者の若者。尊敬すべき若者。さらに、正しい信仰を持つ人。前世の善因により仏法を聴聞しうる在俗の良家の男。2. 比丘に対しては善男子とはいわない。菩薩に対していう。〔広説佛教語大辞典〕1044a-b

*ｾﾞﾝﾅﾝｼｾﾞﾝﾆｮﾆﾝ　*善男子善女人　1. もとは良家の男子・女人ということ。仏典のうちでは、在俗の聴衆を呼ぶ呼び名。前世に善の功徳を積んだ男・女。その宿業がこの世において開発して仏法を聞き、信仰することができるの

である。あるいは、この世において善をおさめた男・女。信仰心のある善人である。2. 念仏する男・女。悪人であっても心をめぐらして念仏すれば善男子善女人とよばれる。〔広説佛教語大辞典〕1044b

*センニン　*淺人 機根の浅い人。教えを理解する能力が浅い人のこと。

*センネン　*專念 1. 一すじに念ずること。一つのことを念じてわき目もふらぬ事。2. 浄土門において、もっぱら阿弥陀佛の名號を唱えること。〈解釈例〉一向専修なり。この念は稱念の義で口に称える称名念佛のこと。〔佛教語大辞典〕839

*センビャク　*鮮白 まっ白。『倶舍論』13 巻 7 〔佛教語大辞典〕842A

*センブクリンソウ　*千輻輪相　仏の具えている三十二の特徴(普通の人と異なる相)の一つで、足の裏にある紋をいう。三十二相の一つ。一切を駕御する法王の相であるという。仏の足の裏に千の車輻をもつ車輪のような模様のあること。輻は車の輪の中に、こしきと輪とを結んでさしてある矢のこと。→三十二相『觀無量壽經』『大正蔵経』12 巻 344a〔広説佛教語大辞典〕1047c

*ゼンブツ　*前佛　1. 自己と仏とが親密に相対することをいう。面仏という語と近い意味を持つが、面物には対等の立場で仏と相対しているような感がある。2. すでに入滅した仏。後の佛である弥勒菩薩に対して釈尊をいう。また、釈尊に対して迦葉佛をいう。〔広説佛教語大辞典〕1047d-1048a

*ゼンボウ　*善法　善い事がら。正しいとされた事柄。道理にしたがい、自他を益する法。世間の善法。五戒十善をいう。あるいは出世間の善法。三学六度をいう。〔広説佛教語大辞典〕1048d

*センヨウ　*千葉　蓮の花の千のはなびら。〔広説佛教語大辞典〕051a

*センラン　*旋嵐　うずまくあらし。

*ゼンリキ　*善力 1. 善を実行する力。『無量壽經』『大正蔵経』12-274B2. 善によって得た力。『入楞伽經』8『大正蔵経』16-562C〔佛教語大辞典〕852

*ソ　*粗《常用音訓》ソ／あら…い《音読み》ソ／ス《訓読み》 あらい（あらし）／ほぼ《意味》ソナリ {形・副} あらい（アラシ)。ばらばらで密でない。こまやかでない。〈対語〉→精・→密。〈類義語〉→疎。「粗野」「粗陳」「粗雑」{形} そまつな。▽相手にさし出す品を謙そんしていうことば。「粗品」

「粗肴《ソコウ》」{形}〔俗〕ふとい。〈対語〉→細。「粗細」{副} ほぼ。だいたい。「粗言梗概」《解字》形声。「米＋音符且《ショ・シャ》」で、もと、ばらつくまずい玄米のこと。且の意味(つみ重ねる)とは直接の関係はない。《単語家族》疏《ソ》（ばらばら）と同系。《異字同訓》あらい。　→荒［漢字源］

*ソ　*麁　1.あらあらしいこと。粗末なこと。目の粗いこと。粗雑。2.目の粗いこと。肉体を指す。3.粗顕なる煩悩。麁中の麁なるものは凡夫の境界である。4.相対的なるもの。〔佛教語大辞典〕862B

*ソウ　*僧　［s：saṃgha］〈僧伽（そうぎゃ）〉とも音訳し、〈和合衆〉〈衆〉などと意訳する。またサンスクリット語の僧と漢語の侶とをあわせて〈僧侶〉ともいう。saṃgha（サンガ）はインドで古くから〈集い〉〈群れ〉〈団体〉〈組合〉等を示すのに用いられ、これが仏教に採用されて、仏教の教団を指す用語となった。仏教の教団は平和の実現を主としたから、和合僧・和合衆などと呼ばれ、仏・法・僧の三宝の一つとして尊重され、三帰依（三帰）の対象となっている。僧は仏陀の教えを実行し、その教えの真実であることを世間に示し、あわせて弟子を教育し、教法を次代に伝える役目をする。僧が滅すれば仏教も滅びるのである。狭義には僧は仏教の出家者である比丘（びく）と比丘尼の教団を指し、〈比丘僧〉〈比丘尼僧〉といい、これを〈二部僧〉または〈両僧伽〉ともいう。そして現実に目前に成立している僧を〈現前僧〉という。ある土地に4人以上の比丘がおれば、僧を組織することができる。さらに将来仏教教団に入ってくる比丘までも含めて、三世一貫の僧を〈四方僧〉と呼び、これを常住僧となし、僧伽の土地や精舎（しょうじゃ）、什物（じゅうもつ）などは四方僧の所有となす。→僧（大乗仏教と僧）〔岩波仏教辞典〕

*ソウ　*摠　すべる。あつめたばねる。又、みな。総に同じ。〔諸橋大漢和辞典〕5-360c

*ソウ　*相 lakṣaṇa 1.姿。形。有り様。様相。様態。現われ。外見の姿。外に現われている姿。2.特質。特徴。3.性質「相大」4.思うということ。想に同じ。5.跡を残したいという思い。6.状態。7.境地。8.徴。たとえば法華経を説く前徴のことを指す。9.仏の三十二の特徴。→三十二相 10.有為相。生・住・異・滅の四相のこと。もののすがた。11.有漏のこと。12.差別の

相。13. 論理学における定義。14. 推論のための手がかり。証因。〔佛教語大辞典〕863d-864b

*ｿｳ　*相　特徴、属性、徴候などの意。サンスクリット lakṣaṇa に対応する。佛の三十二相、現象界の四相など、ある存在、または物事に特有の性質やしるしを言う。また、サンスクリット nimitta に対応して、目印となるもの、外面的な特徴を言う。それにとらわれてはならないという意味で、否定的に用いられることが多い。一般的に、もののすがた、様相を相という。しばしば〈体〉本体、本質・〈用〉働き、作用に対してこの意味の相が立てられる。〔岩波仏教辞典〕

*ｿｳ　*相《常用音訓》ショウ／ソウ／あい《音読み》ソウ（ｻｳ）／ショウ（ｼｬｳ）《訓読み》あい（あひ）／みる／たすける（たすく）《名付け》あい・あう・あきら・さ・すけ・たすく・とも・はる・まさ・み・みる《意味》{副} あい（ｱﾋ）。互いに（…しあう）。〈類義語〉→胥ｼｮ。「相思」「相与」「相率而為偽者也＝アヒ率#テ偽ヲ為ス者ナリ」〔→孟子〕{副}　ＡからＢへ。ＡとＢの間で。▽六朝時代からあと、二者の間に生じる動作につけることば。「相伝」「相去万余里＝アヒ去ルコト万余里」{動}　みる。対象をよくみる。▽去声に読む。〈類義語〉→看。「相機行事＝機ヲ相テ事ヲ行フ」{動}　たすける（ﾀｽｸ）。そばにつく。わきぞえとなる。▽去声に読む。「相成王為左右＝成王ヲ相ケテ左右ト為ル」〔→書経〕{名}　かいぞえ役。▽去声に読む。「相者」「願為小相焉＝願ハクハ小相トナラン」〔→論語〕{名}　君主をわきからたすける大臣。▽去声に読む。「丞相ｼﾞｮｳｼｮｳ（宰相）」「相国」ｼｮｳﾀﾘ　{動}　宰相になる。「又相之＝又之ニ相タリ」〔→論語〕{名}　すがたや形。▽去声に読む。〈類義語〉→像。「人相」「相術（人相をみる方法）」「骨相」ｿｳｽ　{動}　人間を対象としてその人相をみる。▽去声に読む。ｿｳｽ　{動}　娘のためよいむこをみて選ぶ。「相攸ｿｳﾕｳ（むこえらび）」〔国〕あい（ｱﾋ）。語勢をそえる助辞。「相すまぬ」文法で、受身・可能・使役などの用法の分類。「能相」「使役相」［漢字源］

*ｿｳ　*想　感受したものを表象すること。表象。想念。観念。概念。色彩や長さや消滅や苦楽などについて心の中に思い浮かべる作用をさす。心を写し留めておくこと。ものの像を受け取る心作用。対象のすがたを心にとら

える表象作用。取像の意と解せられる。対象の象をとること。〔広説佛教語大辞典〕1054c-d

*ｿｳ　*曹　《常用音訓》ソウ《音読み》ソウ（ｻｳ）／ゾウ（ｻﾞｳ）《訓読み》つかさ／ともがら／やから／へや／つぼね《名付け》とも・のぶ《意味》｛名｝つかさ。何人もいる下級の役人。属官。〈類義語〉→司（つかさ）。「獄曹ｺﾞｸｿｳ（法廷や牢獄ﾛｳｺﾞｸの属吏）」「軍曹ｸﾞﾝｿｳ（下士官の階級の一つ）」「部曹ﾌﾞｿｳ（下級役人）」｛名｝ともがら。やから。多くの同輩。また、転じて、複数の仲間のこと。〈類義語〉→等。「我曹ﾜｶﾞｿｳ（われわれ仲間）」「汝曹ﾅﾝｼﾞｶﾞｿｳ（きみたち）」｛名｝へや。つぼね。属官の詰めている所。〈類義語〉→局。｛名｝周代の国名。周の武王の弟、叔振鐸ｼｭｸｼﾝﾀｸが封ぜられた国。今の山東省にあった。二十五代で前四八七年、宋ｿｳに滅ぼされた。［漢字源］

*ｿｳ　*綜　《音読み》ソウ／ソ《訓読み》へ／すべる（すぶ）《名付け》おさ《意味》｛名｝へ。織機の道具。縦糸を上下させて、横糸の杼ﾋの通る道をつくるためのもの。綜絖ｿｳｺｳ。▽一枚の綜絖に張られた縦糸は一斉に上下する。｛動｝すべる（ｽﾌﾞ）。何本ものすじを、まとめる。転じて、統一する。また、すべおさめる。〈類義語〉→総。「綜合ｿｳｺﾞｳ」〔漢字源〕

*ｿﾞｳ　*雑 分別のこと。交わった。交わること。〔佛教語大辞典〕884

*ｿﾞｳ　*雑　【雜】【襍】《常用音訓》ザツ／ゾウ《音読み》ザツ／ゾウ（ｻﾞﾌ）＃／ソウ（ｻﾌ）／ゾウ（ｿﾞﾌ）《訓読み》まじる／まじわる（まじはる）／まじえる（まじふ）《名付け》 かず・とも《意味》｛動｝まじる。まじわる（ﾏｼﾞﾊﾙ）。まじえる（ﾏｼﾞﾌ）。いろいろなものがひと所に集まって入りまじる。入り乱れる。集めていっしょにする。まぜる。「雑帛ｻﾞｯﾊﾟｸ（いろいろの布）」「雑貨」「錯雑」「故先王以土与金木水火雑＝故ニ先王ハ土ヲモッテ金木水火ト雑フ」〔→国語〕ｻﾞﾂﾅﾘ ｛形｝ごたごたしていて、きちんと整っていない。はしたの。〈対語〉→純・→精。「乱雑」「雑駁ｻﾞｯﾊﾟｸ」｛形｝いっしょにとりまぜたさま。「雑受其刑＝雑ヘテソノ刑ヲ受ク」〔→国語〕〔漢字源〕

*ｿｳｵｳ　*相應［1］S:saṃprayukta 法と法とが相互に結び付いた関係にあること。特に、心と心所との関係を言うことが多い。心と心所とはたがいにその依り所・対象・様相・生ずる時などを同じくする点で、〈相應〉して

いる。[2] S:saṃyukta 教説の内容の主題による類別。パーリ語經藏の第三部（漢訳雜阿含經に相当する。）について言う。[3] たがいに合致すること。函蓋《ｶﾝｶﾞｲ》相應（箱とそのふたがぴったり一致すること。）などにもちいる。〔岩波仏教辞典〕

*ｿｳｵｳﾊﾞｸ　*相應縛　心がこれと結びついて起こる煩惱に繋縛されること。所緣縛の対。〔佛教語大辭典〕865d

*ｿﾞｳｶﾝ　*雜觀　ほかの感想を交えていること。〔広説佛教語大辞典〕1059d

*ｿｳｶﾝｿｳ　*總觀想　『觀無量壽經』にいう十六觀の第六。また、寶楼観ともいう。浄土の楼閣を観ずる観法。〔佛教語大辞典〕877a

*ｿｳｷﾞﾓﾂ　*僧祇物　おそらく S:sāṃghika の音写に「物」を加えた語。僧団に属する物。教団所属の共有財産。僧伽物・僧物ともいう。比丘・比丘尼の出家教団に所属する財物・物資のこと。大別して、四方僧物または、常住僧物（寺塔・田地など教団共有の不動産）と現前僧物（比丘・比丘尼に施された衣食などの生活物資、臨時の日用品）の二種僧物がある。『觀無量壽經』『大正蔵経』12 巻 345c〔佛教語大辞典〕874a

*ｿｳｷﾞｬﾗﾝ　*僧伽藍　saṃgha-ārāma　の音写。僧園。僧院。多くの比丘の共住するところ。〔現代インドの考古学局の学者は、僧院個々の建物のことをいったと解している。〕伽藍に同じ。〔広説佛教語大辞典〕1061a

*ｿｳｹﾝ　*相見　あいまみえる。対面する。「請晋楚之従、交相見也＝請フ晋楚之従ハ、コモゴモアヒ見エシメン」〔→左伝〕「花間相見因相問＝花ノ間ニアヒ見テ因リテアヒ問フ」〔→王安石〕[漢字源]

*ｿｳｺﾞｳ　*相好（lakṣaṇa,anuvyañjana）佛の身体に備わっている立派な特徴である三十二相と、八十種好（八十随形好）とをいう。相は外見できる大きな特徴で、好は副次的な小さな特徴である。よいすがた。常人と異なった身体的特徴。佛の身体（色身）に具わっている微妙なすがた、特相。佛の相貌、形相。〔広説佛教語大辞典〕1063a-b

*ｿｳｺﾞｳ　*相業　相を生じた因としてのはたらき。〔広説佛教語大辞典〕1063b

*ｿﾞｳｺﾞｳ　*造業　業をつくること。〔広説佛教語大辞典〕1063c

*ｿｳｼ　*壮士　力のある人。〔佛教語大辞典〕863d

*ｿｳｼﾞ　*相似　似ていること。類似していること。〔佛教語大辞典〕866d

*ｿｳｼﾞ　*総持　惣持　S:dhāraṇī 音寫語としての陀羅尼は本来保持する行為、さらに記憶の保持、精神集中などを意味するが、そのために誦する呪句としての陀羅尼の意味をとって訳したもの。本来インドでは、学習は筆記によらず記憶にたよったが、そのために長大な教義を要約して暗誦し記憶の保持をはかった。暗誦の句がやがて真言の神秘力との連想によってそれ自体記憶を増し、知識を保持する神秘的な力を持つものとして尊重されるようになり、さらにその内容を誦持者自体にもたらすものとして真言と同じ意味になった。但し、現実には真言に比べて比較的長大なものを陀羅尼と称する場合が多い。〔岩波仏教辞典〕

*ｿｳｼﾞ　*總持　惣持　善を保持して失わないようにし、悪は起こらないようにするはたらきの意。諸佛の所説を能く保って忘失しないこと。法を正しく保ち、法を説き示したことばを正しく記憶すること。聞いたものを憶持して忘れない智慧力。すぐれた記憶力。記憶術。陀羅尼　S:dhāraṇī に同じ。実際問題としては呪句のことをいう。呪文。浄土教でも一応はダラニーを認めていた。能持というも同じ。〔広説佛教語大辞典〕1065a-b

*ｿｳｼﾞｷ　*僧食　1. 僧団の食物。行乞によって得た食。2. 長老や病僧のために、他の僧がその分までもらい受けてくる食物。〔広説佛教語大辞典〕1065c-d

*ｿﾞｳｼﾞｮｳ　*増上（aupacayika,ādhipateya）力強い、勝れたの意。原語の形容詞 aupacayika は名詞 upacaya（増加、つけ加わること）から、同じく ādhipateya は名詞 adhipati（支配する者）から派生した語。両者の訳語として増上があてられた。〔岩波仏教辞典〕

*ｿﾞｳｼﾞｮｳｴﾝ　*増上縁　1. 四縁（因縁・等無間縁・所縁縁・増上縁）の一つ。力すぐれた縁。間接的に増大発展させる縁。ありとあらゆるものは他のものが生ずることに対して助力し（有力）、または少なくともその生ずることをさまたげない（無力）。それゆえ、あらゆるものは、その一つのものの生ずることに影響、支配を及ぼしているから、いかなるものも増上縁となる。すべての現象が果である一つの法に対して縁（間接原因）となることで、他の法の生ずることを妨害しない縁をも含めていう。たとえば米粒を稲にするものとしての業・水・土・暖かさなど。2. 浄土教では、親縁・近縁とともに三縁を説き、阿弥陀仏の本願が往生するための強い力となる

ことを増上縁という。念仏の衆生には臨終に聖衆が来迎すること。善導は、五種の増長利益因縁を説く。すなわち、滅罪増上縁（称名することにより衆生の罪業が除滅するという功徳）・攝生増上縁（臨終に阿弥陀仏が聖衆と親しく来迎引接する功徳）・護念得長命増上縁（念仏により佛の護念を受けて寿命を長らえる功徳）・見佛三昧増上縁・誕生増上縁である。〔広説佛教語大辞典〕1068d-1069b

*ｿﾞｳｼﾞｮｳｴﾝ　*増上縁　1. 四縁（因縁・等無間縁・所縁縁・増上縁）の一つ。力すぐれた縁。間接的に増大発展させる縁。ありとあらゆるものは他のものが生ずることに対して助力し（有力）、また少なくともその生ずることをさまたげない（無力）。それゆえあらゆるものは、その一つのものの生ずることに影響、支配を及ぼしているから、いかなるものも増上縁となる。すべての現象が果である一つの法に対して縁（間接原因）となることで、他の法の生ずることを妨害しない縁をも含めていう。たとえば、米粒を稲にするものとしての業・水・土・暖かさなど。s:adhipaḥ adhipati-pratyayaḥ adhipati-pratyaya ādhipateya 2. 浄土教では、親縁・近縁とともに三縁を説き、阿弥陀佛の本願が往生するための強い力となることを増上縁という。念仏の衆生には、臨終に聖衆が来迎すること。善導は五種の増上利益因縁を説く。すなわち、滅罪増上縁（称名することにより衆生の罪業が除滅するという功徳）・摂生増上縁（臨終に阿弥陀佛が聖衆と親しく来迎引接する功徳）・護念得長命増上縁（念仏により佛の護念をうけて寿命を長らえる功徳）・見佛三昧増上縁・誕生増上縁である。〔広説佛教語大辞典〕1068d-1069b

*ｿﾞｳｼﾞｮｳﾘｷ　*増上力　1. 助成する力。影響を及ぼすもの。すぐれた強い力。2. 主たること。〔広説佛教語大辞典〕1070c

*ｿﾞｳｼﾝ　*増進　増大し発展すること。〔広説佛教語大辞典〕1070d

*ｿﾞｳｾﾝ　*雑染　一切有漏法の総名。善・悪・無記の三つの性質を兼ねている。貪などをいう。【解釈例】煩悩業苦の三道なり。〔広説佛教語大辞典〕1072a-b

*ｿｳｿﾞｸ　*相續　1. つづくこと。相つぐこと。結合。2. 連続して存在すること。連続した流れ。3. 連続する個人存在。常に変化する連続的個体。個体の連

続。接続体。4. 師より弟子に法脈を継ぐこと。〔佛教語大辞典〕868b-c

*ソウト　*僧徒　修行僧たち。衆僧。僧衆におなじ。〔広説佛教語大辞典〕1075d

*ソウトウ　*相當　力などがつり合って優劣がない。匹敵。〔新字源〕697b 適切に対応すること。〔佛教語大辞典〕869b

*ソウトウ　*相当　力が互いにつりあう。互いに匹敵すること。〔国〕ある物事にあてはまること。〔国〕程度が普通よりはなはだしいさま。［漢字源］

*ソウネン　*想念　おもい。〔広説佛教語大辞典〕1076d

*ソウブン　*相分　護法（Dharmapala）の唯識説に言う四分の一つ。意識の客観的側面を言う。客観の形相。解釈例「心と云うものは物を知るほかに別の様なし。若し知らる物なくば何をか知らんや。此の理に依て心の体転変して知らるる物となる、此知らるる用を相分と名く。」〔広説佛教語大辞典〕1077d-1078a

*ソウミョウ　*相貌　1. 顔つき。S:mukha 2. すがた。【解釈例】すがた。すがたかたち。〔佛教語大辞典〕869d

*ソウモツ　*僧物　教団に寄進されたもの。教団の所得。〔佛教語大辞典〕876a

*ソウヨク　*澡浴　入浴すること。［漢字源］

*ゾウラン　*雑亂　1. 言葉が混乱していること。2. もつれ乱れること。〔広説佛教語大辞典〕1080d

*ソク　*廁【厠】《音読み》シ／ソク／シキ《訓読み》かわや（かはや）／まじわる（まじはる）／まじえる（まじふ）《意味》｛名｝かわや（カハヤ）。便所。「如廁＝廁ニユク」〔→史記〕｛動｝まじわる（マジハル）。まじえる（マジフ）。間にはさまる。割りこんでそばにひっつく。「雑廁ザッソク」「廁足＝足ヲ廁フ」〔漢字源〕

*ソク　*觸　1. 肌触り、手触りなどの感触。感触。接触感覚。皮膚の感覚の対象となるもの。滑らかさ、粗さ、重さ、軽さ、冷たさ、ひもじさ、渇きの七種の他に、地・水・火・風の四元素のそれぞれの特性としての堅さ・湿潤性・熱性・流動性が含まれる。2. 可触性触れられるもの。身根のはたらく対象。六境の一つ。可触物。身体で触れて知覚されるもの。物体のこと。3. 器官と対象との接触。4. 感官と対象と識別作用の接触。根・境・識の三

和合。心の内界と外界との触れ合い。小乗アビダルマにおいては十大地法の一つ。5.接触。唯識説によると、感覚器官と対象と認識とが和合した時に、感覚器官の変異が明らかになること。五遍行の心所の一つ。心・心所を対象に触れさせる作用。【解釈例】触の心所とは、心を心が知るべき事に能く触れしむる心也。『唯識大意』6.十二因縁の第六支。六處を縁として生ずる六触（眼・耳・鼻・舌・身・意触）この触を縁として受（感受作用）が生ずる。7.ヴァイシェーシカ哲学において、性質（徳）の第四。8.サーンキャ哲学で、触覚の対象となる微細な要素をいう。9.男女の接触抱擁。10.「触す」とよむ。さわる。よごす。犯す。実際に身体をもって行うこと。〔広説佛教語大辞典〕1083a-b

*ソク　*息　1.静まること。やすらぎ。寂静 2.呼吸、いき。〔佛教語大辞典〕887b　【息】《常用音訓》ソク／いき《音読み》ソク／ショク《訓読み》いき／やすむ／いこう（いこふ）／やむ／やめる（やむ）／むすこ《名付け》いき・おき・かず・き・やす《意味》{名} いき。呼吸。「大息（ためいき）」ソクス {動} いきをする。「屏気似不息者＝屏気シテ息セザル者ニ似タリ」〔→論語〕ソクス {動} いきづいて生存する。生きて子孫をうむ。ふえる。「生息」〔漢字源〕

*ソク　*促　《常用音訓》ソク／うなが…す《音読み》ソク／ショク《訓読み》うながす《名付け》ちか・ゆき《意味》{動} うながす。時間を縮めてはやく物事をするようにせきたてる。「督促」ソクス {動・形} 長さや幅がぐっと縮む。せかす。また､間が縮まってせわしないさま。〈類義語〉→縮。「急促」「却坐促絃絃転急＝却坐シテ絃ヲ促スレバ絃転タ急ナリ」〔→白居易〕〔漢字源〕

*ゾク　*賊　《常用音訓》ゾク《音読み》ゾク／ソク《訓読み》そこなう（そこなふ）／ぬすむ《意味》{動} そこなう（ソコナフ）。傷つける。害を与える。無法なことをする。〈類義語〉→害。「賊害」「賊夫人之子＝カノ人ノ子ヲ賊ハン」〔→論語〕{動・名} ぬすむ。傷つけて奪いとる。強盗。「盗賊」{名} 国家に反逆する者。また､社会の秩序や倫理を乱す者。「賊徒」「逆賊」{名} 攻めて来る外敵。「寇賊コウゾク」［漢字源］

ソクス {動} やすむ。いこう（イコフ）。静かにいきづく意から転じて、休息す

る意。「安息」「労者弗息＝労スル者ハ息マズ」〔→孟子〕{動}　やむ。やめる（ﾔﾑ）。休止する。とだえる。〈同義語〉→熄《ｿｸ》。〈類義語〉→絶。「楊墨之道不息＝楊、墨ノ道、息マズ」〔→孟子〕「息交以絶游＝交ハリヲ息メ、モッテ游ヲ絶タン」〔→陶潜〕{名}　むすこ。「子息」「令息」{名}　貸した元金からうみ出される金銭。利子。▽元金を親に、利子を子にたとえていうことば。ｿｸｽ　{動}　つく。すぐそばにくっつく。「即位」「即之也温＝コレニツケバ温ナリ」〔→論語〕{副}　すなわち（ｽﾅﾊﾁ）。間をおかずすぐ続いてする意をあらわすことば。すぐさま。「即時」「項伯即入見沛公＝項伯スナハチ入リテ沛公ヲ見ル」〔→史記〕{副}　すなわち（ｽﾅﾊﾁ）。Ａはつまりｂだと、直結することを強調することば。「色即是空《ｼｷｿｸｾﾞｸｳ》」「梁父即楚将項燕＝梁ノ父ハスナハチ楚ノ将項燕」〔→史記〕{接続}　すなわち（ｽﾅﾊﾁ）。ＡするとすぐＢとなるというように、前後に間をおかず直結しておこることを示す接続詞。「先即制人＝先ンズレバスナハチ人ヲ制ス」〔→史記〕{接続}　もし。万が一。「即来、沛公恐不得有此＝モシ来タラバ、沛公恐ラクハコレヲ有ツヲ得ザラン」〔→漢書〕{接続}　たとえ（ﾀﾄﾍ）。「たとえ…しても」と仮定の意をあらわす接続詞。▽「即使」という形を用いることが多い。［漢字源］

*ｿﾞｸ　*俗　1. 風習。習慣。ならわし。世間のこと。2. 出世間に対していう。3. 俗人。僧侶の対。出家いていない人。在俗の者。世間一般の人。世俗の略。4. 三性のうち依他起性。〔広説佛教語大辞典〕1083b-c

*ｿｸｺﾝ　*足跟　足のかかと。〔広説佛教語大辞典〕1084d

*ｿｸﾀｲ　*觸對　觸に同じ。感官が対象に触れること。→觸〔広説佛教語大辞典〕1088b

*ｿﾞｸﾀｲ　*俗諦　1 世間一般の承認している真実。世俗の立場での真理。世間にしたがって仮設した種々の教え。低い真理。世帯・世俗諦とも言う。2. 浄土真宗では王法のこと。〔広説佛教語大辞典〕1088c

*ｿｸﾄﾞ　*測度　「しきたく」とも読む。測ること。測量。また、占って推し量り、推定すること。（運命を）はかり知ることの意かもしれない。〔広説佛教語大辞典〕1088d

*ｿｸﾘｮｳ　*測量　ｿｸﾘｮｳ　他人の気持ちをおしはかる。忖度《ｿﾝﾀｸ》する。土地や

河海などの広さ・高さ・深さなどを調べてはかること。〔漢字源〕

*ソシル　*毀る　1. 誹謗すること。そしること。（解釈例）さんざんに言うこと。2. そしる人。3. 不名誉。八法の一つ。〔佛教語大辞典〕211d

*ソソウ　*麤想　麁想　1. 死ぬ以前の明瞭な強い意識作用。2. 大まかな観想。『觀無量壽經』『大正蔵経』12 巻 343b

*ソミツ　*酥蜜　牛乳を精製して乳酥（バター）を作り、これに蜂蜜を加えたもの。〔広説佛教語大辞典〕1095a

*ソレツ　*麤劣　粗末で劣っていること。

*ソン　*存　《常用音訓》ソン・ゾン《音読み》ソン・ゾン《訓読み》ある、たもつ《意味》

ソンす ｛動｝ ある（あり）。…にある。…にいる。〈対語〉亡。〈類義語〉在。「存在」「猶有存者猶なほ存する者有あり」〔孟子・公上〕ソンす ｛動｝ たもつ。じっととどめておく。たいせつにとっておく。〈対語〉亡。「竜蛇之蟄、以存身也竜蛇の蟄かくるるは、以もつて身を存するなり」〔易経・繋辞下〕ソンす ｛動｝ この世に生きている。〈対語〉歿ボツ。死。「吾以捕蛇独存吾われ蛇へびを捕とらふるを以もつて独ひとり存す」〔柳宗元・捕蛇者説〕ソンす ｛動｝ なだめて落ち着ける。状況をいたわり尋ねる。「存問」「存恤ソンジュツ」｛動｝［俗］金品を保管してもらうため預ける。「存款（預金）」姓の一つ。（日本）「存ず」とは、知っている。心得ている。「ご存じない」思う。考える。「存外」［漢字源　改訂第四版　株式会社学習研究社］

*ソンゲン　*損減　おとしへらす。減らす。〔諸橋大漢和辞典〕5-339

*ソンゲン　*損減　1. 真に有であるものを無であると誤認すること。有るものを無しとすること。拒否。否定。否認。知覚表象によると、有るという事実を認めない否認の思惟作用。2. 誤った非難の一種。喩えの有する他の性質が、主張命題の主語のものにないために、その反対が成立すると非難すること。〔佛教語大辞典〕893b-c

*ソンジュウ　*尊重　1. 尊敬し、重んずること。【解釈例】たふとみおもくす。2. 信仰心をもって尊ぶこと。〔広説佛教語大辞典〕1097c-d

*ソンシン　*尊親　おやをとうとぶ　尊び親しむ。「凡有血気者莫不尊親凡およそ血気有ある者は尊親せざる莫なし」〔中庸〕おやをとうとぶ親を尊ぶ。

他人の親を敬っていうことば。［漢字源］

*ダ　*堕　【墮】旧字　《常用音訓》ダ《音読み》ダ／タ／キ《訓読み》おちる（おつ）／おとす／こぼつ《意味》ダス ｛動｝ おちる（オツ）。上から下へとおちる。〈類義語〉→垂。「堕落」「其子好騎、堕而折其髀＝ソノ子騎ヲ好ミ、堕チテソノ髀ヲ折ル」〔→淮南子〕ダス ｛動｝ おとす。ダス ｛動｝ 怠る。▽惰に当てた用法。「解堕（なまける）」｛動｝ こぼつ。建造物などをこわす。〈同義語〉→毀《キ》。〔漢字源〕

*ダ　*打　《常用音訓》ダ／う…つ《音読み》ダ／チョウ（チヤウ）／テイ《訓読み》うつ／ダース《意味》｛動｝ うつ。直角にうち当てる。まともにたたく。「打鐘＝鐘ヲ打ツ」「打毬《ダキュウ》」｛動｝〔俗〕自分の所有とする。取る。また、買う。「打魚《タアユイ》」「打油《タアヨウ》（油を買う）」｛助｝〔俗〕動詞の上について…する意を示すことば。「打掃《タアサオ》（はく）」「打畳《タアテイエ》（たたむ）」｛前｝〔俗〕…からの意を示すことば。〈類義語〉→自《ヨリ》。「打北京来（北京から来る）」｛単位｝〔俗〕ダース。十二で一組のものを数えることば。▽英語ｄｏｚｅｎに当てた字。「両打《リャンタア》（二ダース）」〔漢字源〕

*タイ　*體　1. 身体。2. ものがら。3. そのもの自体。ものそのもの。作用をはなれたそのもの。用の対。主体。4. 本体。実体。根本のもの。体性の略。5. 三大のうちの体大。6. 本質。7. 住み処。8. 理解すること。体得すること。血肉とすること。9. 体験すること。10. 根本の趣意。11. 因明において前陳に同じ。12. 性に同じ。抽象的普遍を意味する語。現代の日本語で「…性」というのに同じ。13. 自体。〔広説佛教語大辞典〕1100c-1101a

*タイ　*滞　1. さまたげ。2. 道づれにする。累を及ぼす。〔広説佛教語大辞典〕1100c

*タイ　*退　1. しりぞくこと。2. 消えてなくなること。3. 退去ともいう。小乗の種姓の一つ〔佛教語大辞典〕906c-d

*タイ　*待　依存する。前提とする。〔佛教語大辞典〕906b

*ダイ　*大　1. 大きく広いこと。周遍の意。あまねく包含するという意があり、多・勝・妙・不可思議の意味をもつ。摩訶ともいう。mahat（mahā）2. 元素。大種ともいう。四大。五大。広くゆきわたっているので、大と名づける。bhūta　S mahā-bhūta　3. サーンキヤ哲学における根源的思想機能。

覚。また、大なるものともよばれる。4. 大乗の教え。5. おおむね。〔広説佛教語大辞典〕1101a-b

*ダイ　*臺　うてな。高楼のこと。インドでは池や湖に突き出た亭屋をつくることがある。中華民族のあいだでも同様の習俗があるのでそのようなものを考えていたのであろう〔広説佛教語大辞典〕1101b

*ダイイチギ　*第一義　最もすぐれた道理、究極の真理をさす。この意味での第一義のサンスクリット語はparamārtha（parama最高の、artha対象・意味）で、〈第一義諦（たい）〉〈真諦〉〈勝義諦〉に同じ。言語表現あるいは言語習慣を意味する〈世俗諦〉に対立し、ことばによっては捉えられない究極の真理、すなわち真如（しんにょ）・涅槃（ねはん）に相当する。この原義から、後には広く、最も重要で根本的な意味、をさすことになる。狂言綺語の誤ちは、仏を讃むる種として、あらき言葉もいかなるも、第一義とかにぞ帰るなる〔梁塵（222）〕本師釈尊の第一義諦とする心地修行をなすべし〔合水集（中）〕。〔岩波仏教辞典〕

*ダイイチギタイ　*第一義諦　すぐれた意義を有する真理。最高の真理。完全な真理。すぐれたさとりの智慧を極めた境地。勝義諦。真諦に同じ。世俗諦、俗諦に対する。諦は真理の意。〔佛教語大辞典〕931d

*ダイエンキョウチ　*大圓鏡智　大円鏡にすべての像がそのまま映し出されるように、すべてのものをありのままに現し出す佛智をいう。鏡のように万物のあらゆるすがたを誤りなく照らし出し、一切を明らかにする智慧。鏡のような清浄無垢な心。それは何ものでも映し出し、人間のうちに内在する。1. 唯識説では、佛になって煩悩ある心を転じて得る煩悩のない智を四つにわけた四智中の一つをいう。有無雑染の法を離れて初めて得る無漏の智であり、その智体は清淨にして、一切の諸法は常にこの智の上にあらわれ、万徳円満であるという。この智を以て一佛の根本とし、残りの三智および他の一切の事相はみなこの智から変現するとされる。第八阿頼耶識を転じて得る清浄の智をいう。四智。2. 密教では阿男佛の五智の一つとする。五智。【解釈例】阿頼耶識をば大圓鏡智と名づく。無漏の第八識は永く阿頼耶の名を離れて一切の諸法を浮かべ知る事大に明らかなる鏡の一切の物の形を写すが如し。故に大圓鏡智と名づく。〔広説佛教語大辞典〕1104c

*タイカ　*太過　はなはだしく行き過ぎている。

*タイカン　*諦観　明らかに観ずること。〔広説佛教語大辞典〕1106b

*ダイガン　*大願　1. 大いなる願い。誓願。s:mahā-praṇidhāna, praṇidhāna, mahā-bodhi-praṇidhāna 2. 大悲願力の略。一切衆生を救済しようという大慈悲の阿弥陀佛の本願力。阿弥陀佛の四十八願のこと。〔佛教語大辞典〕914c-d

*タイゲン　*太減　はなはだしく少なすぎる。

*タイゴウ　*退業　一度得た境地から退くこと。

*ダイコウ　*大劫　非常に長い時間。三アサンキヤ（S.asaṃkhya）の時間をいう。〔佛教語大辞典〕916c

*ダイサンエンテン　*第三炎天　炎は（S yama　yāma）の音写。夜摩天のこと。須彌山の上方にある空居天の一つ。〔広説佛教語大辞典〕1112d

*ダイジ　*大士　1. 賢者。立派な人。2. すぐれた人。偉大な人。偉大な志を立てた人。菩薩のこと。開士ともいう。大菩提心をおこした人。菩薩道の実践者を指す。摩訶薩に同じ。しばしば「菩薩大士」と続ける。大乗の菩提薩多に対する通称。利他の精神にあふれた大乗佛教の修行者を特にそう呼んだが、後には大士というだけで大乗の菩薩を指すようになった。3. 偉人。佛や転輪聖王など。4. 在家の菩薩。〔広説佛教語大辞典〕1114a-b

*タイシャクビョウ　*帝釈瓶　帝釈天の寶瓶。欲する物は意のままに出てくるとされている。『觀無量壽經』〔佛教語大辞典〕905a

*ダイシュ　*大衆　1. 大勢の人々の集会。また、集まった大勢の人びと。会衆。集会の人びと。大勢の仲間。2. 特に、出家修行者である比丘の集団。3. 生死の世界の住んでいる人びと。よのひと。4. 民衆。国王に対していう。5. 仏教の教団をほめていう語。必ずしも大衆部のことではない。6. 天台宗では、教団の本来の構成員である学生のことをいう。7. 教団に属する多数の僧。禅院にとどまっている多くの修行僧のこと。8. 仏教護持をかかげて集団化して支配勢力に圧力をかけた僧兵。9. 声明や読誦の時に唱導師にひきつづいて唱和する式衆。10. 大勢の僧徒。多くの僧侶。またすべての人びと。〔広説佛教語大辞典〕1117d-1118a

*タイショウ　*體性　1. 体は、実体・本体。性は、体が不変であること。それ自体。

本性。自性に同じ。2. 身体と本性。〔広説佛教語大辞典〕1119c

*ダイショウ　*大聖　偉大な聖者。佛のこと。菩薩をさす場合もある。〔佛教語大辞典〕920b

*ダイジョウ　*大乗　1.S mahā-yāna の訳で、大きな乗り物の意。摩訶衍・摩訶衍那と音写される。乗り物とは、仏教の教義体形を指しており、それが迷いの世界である此岸からさとりの世界である彼岸へと人びとを運ぶ働きをもつことを喩えている。大乗とは偉大な教え・優れた教えの意味である。仏教の二大流派の一つ。紀元前後、もしくは1、二世紀ごろ興起した大衆の救いをめざす新しい仏教運動であった。従来の仏教である、いわゆる小乗（hīna-yāna）に対していう。その特徴は、自利よりも広く衆生を救済するための利他行を実践し、それによって仏となるという。自利利他、自覚覚他の菩薩行を主張する点にある。大乗佛教の起源に関しては、諸説あり、大衆部から発展したという説が有力であるが、仏伝文学や、仏塔崇拝にその源流を求める説もある。いずれにしても、資質の優れた出家修行僧のみが解脱しうるとする伝統的保守的仏教に異議を唱えて、一般民衆、在家信者の解脱を切実な問題とする立場から興った運動であろう。現存文献の中で、「大乗」の語が初めて現れるのは、『道行般若経』（八千頌般若）であるという。なお大乗佛教は民衆的であろうとしたために、ヒンドゥー教の諸要素もかなり取り入れている。2. 菩薩乗のこと。三乗の中の一つ。一乗をさす場合もある。3. すべての実践法。すべての実践法を包容する教え。一切乗。【解釈例】自己を解脱するのみに非ず、一切衆生と平等に生死を出離せんことを求むる是を大乗といふ。〔広説佛教語大辞典〕1120a-c

*ダイジョウキョウ　*大乘經　大乗の教法を説く経典。『華嚴經』『法華經』『涅槃經』などがその代表的なものである。小乗経の対。S:vaipulya-sūtrāni「大乗経名無量義教菩薩法仏所護念」(無量義とも名づけ菩薩を教える法とも名づけ、仏に護念せられるものとも名づけられる大乗経、の意。これは、『法華經』の異名の一つである。)（菩薩に対する教誡であり、一切の仏によって護念されるものである大方等経典で大なる説示と名づけられる法門。)〔佛教語大辞典〕921a-b

*ダイシン　*大身　1. 丈六の小身に対し、虚空に遍満する仏の大化身をいう。『觀

無量壽經』雑想観『大正蔵経』12巻344c　2. 一切処にあまねき大法身をさす。〔広説佛教語大辞典〕1123b

*タイゾウ　*胎藏　1. 母胎。子宮。2. 胎児。「懐胎藏」【解釈例】譬喩なり。猶世間の賤女の輪王の聖胎を得たる如し、凡夫の煩悩淤泥の心中に諸佛の無漏大定智慧具足すること。〔佛教語大辞典〕905C

*タイチョウ　*諦聽　よく聴け。つまびらかに聴け。明らかに聴け心の底から聴くこと。〔佛教語大辞典〕910b

*タイテン　*退轉　1. ひき返すこと。2.（禅定から）退くこと。3. 修行によって到達した境地を失ってもとの下位の境地へ転落すること。（進んだ境地から）退く。退くこと。〔広説佛教語大辞典〕1128a

*ダイトク　*大德　徳ある人。徳行のある者の意。1. 長老・佛・菩薩徳高き僧などに対する敬称。2. 修行者に対する呼びかけ。年少の修行僧は、年長の修行僧に向かって「大徳よ」と呼ばねばならぬという規定がある。3. 釈尊に向かって、世俗人が呼びかけるときに用いる語。4. シナでは随・唐時代に、訳経に従事する者を特に大徳と呼び、また僧尼を統領する職名、すなわち僧官の一つとして用いられた。5. 僧に対する敬称「だいとこ」とも読む。〔佛教語大辞典〕925c-d

*ダイバダッタ　*提婆達多（だいばだった）【分類】仏教説話（Buddhism）【解説】釈迦の従弟にして阿難の兄。 大変有能な人物であったが、釈迦が仏として登場してからは不遇を託つことになる。そしてその逆恨みから釈迦とその教団に執拗な嫌がらせをしたとされている。その劇的な彼の半生を、『増一阿含経』の記述に沿って以下に紹介しよう。提婆達多は神通力を修得しようとして出家した。彼は元来優れた素質を持っていたので、その修得自体は容易なことであった。そして早速その能力を使って三十三天に赴くと、特産の優曇華を手折って当時マガダ国の王太子であった阿闍世の前に現れた。優曇華は自分が持つ超能力の証拠物件と云う訳である。その他にも王子の前で神通力を実演して見せ、すっかり王子の心を捉えることに成功する。これは釈迦の追い落としを図る大がかりな計画の第一歩であった。阿闍世王子を後ろ盾とした提婆達多は、今度はその神通力を宣伝して教団員の確保へと動き出す。その結果、釈迦の弟子500人の引き抜きに成功した。

正に得意の絶頂である。そこに、舎利弗と目連がやってきた。両名は誰もが認める釈迦の高弟である。一同は「ついに釈迦の教団も終わったか…」と思った。大喜びの提婆達多は、病気を理由に舎利弗に後を任せて休息をとった。しかし、二人とも一言も「釈迦を見限った」とは言っていないのである。二人は提婆達多が寝込んだのを見て取ると、神通力を発揮して500人を引っさらって釈迦の下に連れ帰ってしまった。 目覚めて事の真相を理解した時はもう後の祭りである。しかも、釈迦の教団を分裂させた五逆罪の報いで神通力まで失ってしまったのであった。怒り心頭の提婆達多は、阿闍世にクーデターを唆す。「君は父王を殺せ。私は釈迦を殺そう。二人して新しい世を作ろうじゃないか」と持ちかけたのである。阿闍世のクーデターは成功し、釈迦に私淑していた頻婆娑羅王は幽閉され、マガダ国の王位は交代した。 次は釈迦の番である。そこで提婆達多は霊鷲山に登り、眼下の釈迦に巨岩を投げ落とした。その始終を見ていた山神金毘羅は手を差し伸べて岩の軌道を変えたのだが、砕け散った破片が釈迦の足を傷つけ、出血させた。これで犯した五逆罪も二つ目となった。しかし目的は達せられなかったので、別の手段を講ぜねばならない。そこで、今やマガダ国王となった阿闍世が所有する戦象に目を付けた。この象を酔わせて嗾ければ、釈迦は為すすべも無く踏み殺されるに違いない、と云う算段である。話を持ちかけられた阿闍世も、世に名高いかの釈迦が本当に信じられている通りの人物であるか否か見極めることができると考え、この企てに同意して象を貸し与えた。一方、釈迦の取り巻きはその噂を聞きつけて騒然となる。しかし、釈迦は諫止を聞き入れず、平然と王都に入っていった。それを見て阿闍世は思った。「所詮、釈迦の“一切知”も偽りに過ぎなかったか…」。王命は下り、酔った象が放たれた。ところが、制御不能のはずの暴れ象は、釈迦の幻術で突進を止めたばかりか、説教に応じて跪いたのである。その直後、象の肉体は崩壊し、生天したのであった。この神変に驚いた阿闍世は、釈迦に信服して前非を後悔し始めた。その思いを察知した提婆達多は、悄然として王舎城を後にした。そこに折悪しく一人の比丘尼が出くわした。彼女は提婆達多のそれまでの所行を痛罵したので、これが怒りを誘わない訳が無い。案の定、激怒した提婆達多は彼女を殴り

殺したのであった。これで五逆罪も三つ目である。提婆達多は自宅に戻ると、弟子達に「釈迦に懺悔しに行きたい」と告げた。しかし、よほどのストレスがたまったらしく、歩く力も出てこないほどの重病となる。そこで、弟子達に担がれて釈迦の下に向かうのだが、輿に揺られる彼は実は十指に毒のマニキュアを施している。何のことは無い。彼はまだ諦めていないのである。そうとは知らない阿難は、輿に乗って近づいてくる提婆達多を見て、「ついに懺悔しに来ましたよ」と何度も釈迦に言上する。しかし釈迦はその都度、「私の所までは来れまい。彼は今日で死ぬのだから」と何やら意味深な言葉を繰り返す。果たして、提婆達多が輿から降り立った正にその時、地中から炎の暴風が巻き起こり、彼の身を包んだ。この瞬間、提婆達多は心から非を悔いて「南無仏」と言おうとしたのだが、焼き尽くされる方が早く、一言「南無…」とだけ言いかけたのが正に絶句となった。彼はそのまま地獄の最下層である阿鼻地獄へと堕ちていったのであった。彼は、賢劫中は地獄の最下層である阿鼻地獄に抑留されているが、その後四天王天に生まれ、転生する毎に天界を順々に上昇していき、最後に人間界に戻って「南無」と云う名の辟支仏（びゃくしぶつ）になる。その名は、地獄に堕ちる直前の絶句となった「南無…」に由来するものである。ところで、7世紀初頭にインドを旅行した玄奘は、提婆達多にまつわる面白い報告を残してくれている。例えば、提婆達多がその最期に地獄に堕ちていった時に開いた穴が、当時もまだ残っていたそうである。 また、提婆達多の教えを守り伝える教団も当時存在しており、過去仏のうち釈迦仏を除いた賢劫の3仏を礼拝していたようである。因みに、その教団では乳製品等が食禁とされていたらしい。実はこれは、釈迦の教団に揺さぶりをかけた時に提唱したと伝えられる「5箇条」の禁制とも重なっている。意外と、提婆達多の実像はただの生真面目な宗教者であっただけなのかも知れない。尚、地獄に堕ちた提婆達多の将来であるが、後には正真正銘の仏に成れるとさえされる。実は彼は、過去世では釈迦に『法華経』の教えを垂れたこともあると云うことである。そして、遥かなる未来においては「天王如来」と云う仏に成り、「天道」と云う国土で衆生を導くことになるのである。【参考文献】『増一阿含経』（『大正新脩大蔵経』第2巻所収）『法華経』（『大正

新脩大蔵経』第9巻所収)『根本説一切有部毘奈耶破僧事』(『大正新脩大蔵経』第24巻所収)『智度論』伝竜樹(『大正新脩大蔵経』第25巻所収)『大唐西域記』玄奘(『大正新脩大蔵経』第51巻所収)『ゴータマ・ブッダ　Ⅰ・Ⅱ』中村元(春秋社『中村元選集［決定版］』第11・12巻)

*ダイヒ　*大悲　1.大いなるあわれみ、の意。悲は、あわれみ、同情心。他人の苦を除くのが悲で、他人に楽を与える慈と対せられると考えられた。悲は、四無量心の一つでもある。ただし、大悲という場合は、佛のあわれみに限られるというのが小乗アビダルマ以来の伝統的教学の解釈(十八不共佛法の一つ)であるが、実際には必ずしもそうではない。多くの人々の苦しみを救おうとする佛や菩薩の慈悲心。慈悲あふれること。2.観音の別名。〔佛教語大辞典〕926d-927a

*ダイヒシン　*大悲心　大悲の心。大いなるあわれみの心。仏のあわれみの心。〔広説佛教語大辞典〕1132d

*タイホウロン　*對法論『大乗阿毘達磨雜集論』のこと。安慧造。玄奘訳16巻。〔望月佛教大辞典〕3252a

*タエタリ　*堪たり　もちこたえる。こらえる。がまんする。任にあたることができる。うちかつ。すぐれる。〔新字源〕219

*タクス　*託す　依る。たのむ・たよる・まかせる。〔新字源〕921-922

*タコウ　*多劫　多くの劫。永遠に長い間。S.bahu-kalpa〔佛教語大辞典〕898d

*タジュユウシン　*他受用身　1.世の人々のために受け入れられる佛の現実身。四身、四教四佛の一つ。自受用身の対。2.他人に法楽を亨受させる報身のこと。3.初地以上の菩薩のために現われて、説法し教化する佛身。また応身とすることもある。(解釈例)十重の佛身を他受用と名づく。其国土は皆淨土なり。其広さは蓮華の如く次第に広くなり候也。〔広説佛教語大辞典〕1144a-b

*タセ　*他世　かの世。来世。後の世。ほかの世。今世に対していう。〔広説佛教語大辞典〕1145c

*タダ　*唯　《常用音訓》イ／ユイ《音読み》ユイ／イ《訓読み》ただ《名付け》ただ《意味》{副}　ただ。それだけ。▽訓読では「ただ…のみ」と受けることが多い。〈同義語〉→惟。〈類義語〉→只・→祇。「唯一」「唯君子為能

通天下之志＝タダ君子ノミヨク天下ノ志ヲ通ズト為ス」〔→易経〕｛副｝ただ。ひたすら。ほかでもない。まさに。▽訓読では「ただ…のままなり」と読むことが多い。「唯大王命之＝唯ダ大王コレヲ命ズルガママナリ」〔→史記〕「則亦唯君故＝スナハチ亦タタダ君ノ故ナリ」〔→左伝〕「唯見タダミる」とは、詩の慣用語で、ただ…が見えるだけの意。「唯見長江天際流＝唯ダ見ル長江ノ天際ニ流ルルヲ」〔→李白〕｛感｝「はい」とかしこまって急ぎ答える返事をあらわすことば。〈類義語〉→諾（考えてゆっくり答える返事）。「曾子曰唯＝曾子曰ハク唯」〔→論語〕〔漢字源〕

*タダ　*只　1. 語調を整えるために語末や句末に添える助字。2. ただこれだけ　3.…のみ…ばかり限定の意を示す助字。4. これ是〔新字源〕

*タダ　*只《音読み》シ《訓読み》ただ《意味》｛副｝ただ。それだけ。〈同義語〉祇。「閨中只独看閨中　只ただ独ひとり看みん」〔杜甫・月夜〕｛助｝詩の中に用いて、語調を整える助辞。訓読では読まない。「楽只君子楽たのしいかな君子」〔詩経・周南・樛木〕［俗］「只是チーシー」とは、しかしの意をあらわすことば。これだけは別だとの意から。〈同義語〉但是。姓の一つ。（日本）ただ。無料のこと。無代。《和訓》ただ［漢字源　改訂第四版　株式会社学習研究社］

*タダ　*但　1. ただ。(イ)…のみ。それだけ。(ロ)ことに。ことさらに。(ハ)むなしく。いたずらに。(ニ)すべて。おしなべて。2. ただし。しかしながら。3. いつわる。あざむく。4. 姓の一つ。〔広説佛教語大辞典〕

*タダ　*但《常用音訓》ただ…し《音読み》タン／ダン《訓読み》ただ／ただし／ただに《名付け》ただ《意味》｛副｝ただ。ただ…だけという意をあらわすことば。〈類義語〉→唯・→只・→徒・→第。「但聞人語響＝但ダ人語ノ響クヲ聞クノミ」〔→王維〕｛接続｝ただし。前に述べた事がらに条件をつけるときのことば。「公幹有逸気、但未遒耳＝公幹逸気有リ、但シ未ダ遒カラザルノミ」〔→魏志〕｛接続｝ただ。「但使〜タダ…セシメバ」の形で用いて、もしこうでありさえすればと、唯一の条件を示すことば。「但使竜城飛将在＝但ダ竜城ノ飛将ヲシテ在ラ使メバ」〔→王昌齢〕｛接続｝ただに。「不但〜タダニ…ノミナラズ亦マタ」の形で、単に…だけではなく、またの意をあらわすことば。「不但感其事、亦欲懲尤物＝但ダニ其ノ事ニ感ズルノミナラズ、

亦タ尤物ヲ懲ラシメント欲ス」〔陳鴻〕〔漢字源〕

*ﾀﾀﾞｱｶﾞﾄﾞ　*多陀阿伽度　P. S. tathāgata の音写。如来、または如去と漢訳する。tathāgata を S.tathā-āgata の合成語とみて、「如来」tathā-gata とみて「如去」と訳す。佛の尊称。佛の十号の一つ。〔広説佛教語大辞典〕1146a

*ﾀﾀﾞｱｶﾞﾄﾞｱﾗｶｻﾝﾐｬｸｻﾝﾌﾞｯﾀﾞ　*多陀阿伽度阿羅呵三藐三佛陀　S.tathāgata と S.arhat と S.samyaksaṃbuddha との音写。タターガタは如来、アルハトは応供、サンミャクサンブッダは正遍知と漢訳される。いずれも仏を尊称する語。佛の十号のうち初めの三つをあげたもの。〔広説佛教語大辞典〕1146a-b

*ﾀﾄｲ　*縦令　ﾀﾄｴ・ﾀﾄｲ かりに、…しても。『縦使ﾀﾄｴ・ﾀﾄｲ』「縦令然諾暫相許＝縦令然諾シテ暫クアヒ許ストモ」〔張謂〕［漢字源］

*ﾀｯﾄﾌﾞ　*宗　《常用音訓》シュウ／ソウ《音読み》シュウ／ソウ／ソ《訓読み》みたまや／むね／たっとぶ《名付け》かず・たかし・とき・とし・のり・ひろ・むね・もと《意味》{名} みたまや。先祖をまつる所。▽一族団結の中心の象徴であった。「宗廟ｿｳﾋﾞｮｳ」{名} 一族の中心となる本家。「宗家」{名} 同じ祖先から出た一族。「同宗（同姓の族）」{名} 氏族団結の中心。「宗法」{名} むね。中心となるもの。また、主となる考え。「宗旨ｿｳｼ」「以道為宗＝道ヲモッテ宗ト為ス」〔→呂覧〕ｿｳﾄｽ {動} たっとぶ。中心として重んじる。「亦可宗也＝マタ宗トスベキナリ」〔→論語〕{名} 開祖の思想。また、それを中心に集まった信仰の団体。「宗派」「禅宗」{単位}〔俗〕まとまった品物・物件などを数えることば。「一宗（一件）」「大宗（量の多い物件）」［漢字源］

*ﾀﾎｳﾆｮﾗｲ　*多宝如来　［s：Prabhūtaratna Tathāgata］法華経の真実義を証明するために地より涌出（ゆじゅつ）せる宝塔中の仏陀（ぶつだ）。法華経（見宝塔品）によれば、仏前に高さ500由旬（ゆじゅん）の七宝塔が涌出し、宝塔の中から釈迦牟尼仏（しゃかむにぶつ）の所説である法華経が真実であることを讃歎した。この塔中には多宝如来の全身があり、多宝如来は釈迦牟尼仏に半座を分かって坐せしめた。仏滅後に十方の国土において法華経を説く処があれば、この宝塔はこの経を聞くためにその前に

涌出して証明となろう、との誓願によることを明示している。〔岩波仏教辞典〕

*タモン　*多聞　1. 広く聞き、多くを知ること。教えを多く学んだ、よく学んだ、博学の、という意。聞法の力。学問のあること。広い知識。学識の多い人。聡明な人。佛の教説を多く聞いて、博学な、すぐれた佛弟子をさす。2. 見聞の多いこと。〔広説佛教語大辞典〕1151b

*タラジュ　*多羅樹　tāla　の音写。1. 高竦《しょう》樹ともいう。2. ヤシ科の喬木で、オオギヤシのこと。棕櫚に似た木で、まっすぐにのび、高いものは二四から二十五メートルに及ぶ。並木として用いられることが多い。花は白色で大きく、実は赤色でザクロに似ており、食用となる。幹は材木となり、樹液からヤシ酒や粗糖がつくられる。頂部に叢生する葉は大きく、直径三メートルほどの掌状もしくは羽状をなし茸草、筵、傘、扇、帽子、草鞋などに用いられる。昔インドで細長く切った葉の上に針（鉄筆）で経文を彫り、写経した。これを貝多羅、貝葉といい、その写本を梵篋《ぼんきょう》という。また、多羅樹は幹を切って切り株だけにしてしまうと、再び生い出ることがないので、仏典ではしばしば、生死輪廻の根本である欲望や煩悩を断つことに喩えて、「多羅樹の頭を切るが如し」という。2. 高さの単位の一つ。〔広説佛教語大辞典〕1152a-b

*ダラニ　*陀羅尼　S.dhāraṇī の音写。仏の教えの精要で、神秘的な力をもつと信じられる呪文。功徳あることば。一語に多義を含むため翻訳しえないとされる。比較的長句の呪をいう。〔数句からなる短い呪を真言というが、次第に陀羅尼と同一視されるようになり、真言陀羅尼と総称される。〕総持・能持・能遮などとも漢訳され、保持すること、能く善を保持し能く悪を遮するの意。法を心にとどめて忘れないこと、すぐれた記憶力という意味をもっている。また多くの善を保つという意味にも解せられる。また善を保持し悪を防ぐ神秘的力を意味する。その力が特定のことばに宿り、そのことばを称えることによりその力を受け取ることができると考えられ、そのことばをも陀羅尼と呼ぶようになった。なお陀羅尼には、専ら病を治す力、専ら法を守る力、専ら罪を滅する力、病を治し罪を滅し法を護る力、覚証を得させる力のあるものがあるという。〔広説佛教語大辞典〕1152b-c

*ﾀﾚﾙ　*垂【埀】異体字異体字《常用音訓》スイ／た…らす／た…れる《音読み》スイ／ズイ《訓読み》たれる（たる）／たらす／なんなんとする（なんなんとす）《名付け》しげる・たり・たる・たれ《意味》｛動｝ たれる（ﾀﾙ）。上から下へたれ下がる。〈対語〉→揚。「垂下」「星垂平野闊＝星垂レ、平野闊ク」〔→杜甫〕｛動｝ たれる（ﾀﾙ）。たらす。上から下へたれるようにする。「垂釣＝釣ヲ垂ル」「士皆垂涙涕泣＝士ミナ涙ヲ垂レテ涕泣ス」〔→史記〕｛動｝ たれる（ﾀﾙ）。後世に残す。「垂丹青＝丹青ニ垂ル」「君子創業垂統＝君子ハ業ヲ創メ統ヲ垂ル」〔→孟子〕｛動｝ たれる（ﾀﾙ）。上の者から下の者へ与える。「垂訓」「垂示」｛副｝ なんなんとする（ﾅﾝﾅﾝﾄｽ）。今にも…しそうになる。やがて…になろうとする。▽たれ下がって下に届きそうになる意から生じた副詞。「なんなんとす」は訓読のために生じた日本語で、「しようとする」の意。「垂死＝死ニ垂ントス」「通子垂九齢＝通子ハ九齢ニ垂ントス」〔→陶潜〕｛名｝ 国土の果て。辺境。▽陲に当てた用法。「辺垂」｛動｝はしに近づく。はしに位置する。▽陲に当てた用法。［漢字源］

*ﾀﾘｷ　*他力 1. 自力の対、他の力。他人あるいは他のものの作用。2. 自力に対して言う。特に佛菩薩の力によって悟りに導かれることを言う。広義には佛や菩薩の加被、加護をさす。他からの力添え。自力門でも感応道交を期するなどのものがあり、佛の力を借りないで悟りを得ることができないから、その意味では他力をまつものといえる。3. 如来の本願力、仏力をさす。浄土教では、衆生を極楽に往生させる阿弥陀佛の願力を言う。一切衆生を救い取らないではいないという阿弥陀仏の本願のはたらき。〔広説佛教語大辞典〕1153a-b

*ﾀﾝ　*但 《常用音訓》／ただし《音読み》タン・ダン《訓読み》ただし／ただ、ただに《意味》｛副｝ ただ。［〈語法〉］｛接｝ ただし。ただ。ただに。姓の一つ。（日本）「但馬たじま」の略。「但州」《語法》【但】「ただ」と読み、「ただだけ」と訳す。限定の意を示す。〈類義語〉唯・只・徒・第・亶。「但聞人語響但だ人語の響ひびくを聞くのみ」〈ただ人声らしきものが、こだましてぼんやり聞こえてくるだけ〉〔王維・鹿柴〕「むなしく」「むだに」と訳す。状態が思わしくない意を示す。「但費衣糧不可用也但ただ衣糧を費つひやして用もちふべからざるなり」〈ただ衣服と食料を消費するだけ

で役に立たない〉〔漢書・鼂錯〕「ひたすら」「かまわず」と訳す。範囲・制限がない意を示す。「但看古来盛名下　終日坎壈纏其身但ただ看みよ古来盛名の下　終日　坎壈　其その身に纏まとふを」〈よくご覧なさい　昔より立派な名声のもとには　始終困窮がその身につきまとっているのです〉〔杜甫・丹青引贈曹将軍覇〕「ただし」「ただ」と読み、「ただし」「しかし」と訳す。条件を追加する意を示す。「何為不堪、但克譲自是美事何為なんすれぞ堪たへざらん、但ただ克譲コクジョウは自おのづから是これ美事なり」〈どうして堪えられないことがあるでしょう、なにせ書経・堯典の「克く譲る」とはもともと立派な事なのですから〉〔世説新語・方正〕「但使」は、「ただ（せ）しめば」「もし」と読み、「もしでありさえすれば」と訳す。条件が唯一である意を示す。「但使主人能酔客　不知何処是他郷但だ主人をして能よく客を酔よはしめば　知らず何いづれの処ところか是これ他郷」〈主人が客を酔わせてくれさえすれば　どこが他郷か故郷かは知ったことではない〉〔李白・客中行〕「不但又（亦）…」は、「ただにのみならず、また…」と読み、「たんにだけでなく、さらにである」と訳す。累加の意を示す。「不但大而笑之、又将謗毀真正但ただに大おほいに之これを笑わらふのみならず、又また将まさに真正を謗毀ボウキせんとす」〈たんに笑い飛ばすだけではなく、さらに真理を悪く言って汚そうとする〉〔晋書・葛洪〕［漢字源］

*ダン　*断　1. 悪を断ずること。断惑。2. 滅せさせる。3.（存在や、連続が）断たれること。（解釈例）断と申すは、無漏の覚り開くる時、煩悩所知の種子永く滅び失せるをもうしそうろうなり。〔佛教語大辞典〕943d

*ダンエンショウトウ　*團圓正等　完全な円をなしていること。正しく円を描いて集まっていること。〔広説佛教語大辞典〕1155d

*ダンシ　*弾指　1. 指ではじくほどの少時。指をはじいてパチンといわせる間。時の単位。二十念を一瞬とし、二十瞬を一弾指とする。2. 指ではじくこと。親指と人差し指で音を立てること。指をならすこと。つまはじき、他人の家、あるいは部屋に入るとき、合図をする。また経典の中に、許諾の意味、歓喜し讃歎するときにもならすと説く。3. 不浄弾指の意。東筒から出て手を洗うとき、不浄を見聞きしたときなどに、これを払い除くために弾指す

ること。〔広説佛教語大辞典〕1158a-b

*タンジ　*短時　短時間。〔佛教語大辞典〕940b

*ダンジキ　*段食　肉体を養う食物。生理的食物。分段して摂取する意で、欲界のみにあり、香・味・触の三つに渡る物。〔佛教語大辞典〕941d

*ダンシノアイダ　*弾指の頃　弾指は「たんじ」とも読む。またたく間。指ではじくほどの短い時間。『観經』『大正蔵経』12-344c〔佛教語大辞典〕942b

*ダンシャ　*檀捨　施し捨てること。〔佛教語大辞典〕943a

*タンネン　*湛然　1. 水が満々として満ちたたえられている様。なみなみとたたえること。2. はなはだ静かなこと。〔広説佛教語大辞典〕1162d

*タンネンジョウジャク　*湛然常寂　消滅を絶し（常）、煩悩を断った（寂）、さとりの境地（ニルヴァーナ）に静かに落ち着いていること（湛然）。〔佛教語大辞典〕940b

*タンペイ　*短兵　弓矢や鉄砲などに対して、刀剣など手に持って殺傷する短い武器。「持短兵接戦＝短兵ヲ持シテ接戦ス」〔→史記〕［漢字源］

*ダンメツ　*斷滅　なくすること。絶え滅びること。→斷〔佛教語大辞典〕945c

*チ　*馳　《音読み》チ／ジ（ヂ）《訓読み》はせる（はす）／はしる《意味》1. ｛動｝ はせる（ハス）。乗った車馬をはやくはしらせる。また、車馬に乗ってはやくいく。〈類義語〉→駆。「馳駆《チク》」「子有車馬、弗馳弗駆＝子ニ車馬有ルニ、馳セズ駆ラズ」〔→詩経〕2. ｛動｝ はせる（ハス）。はしる。横ざまにはしっていく。また、物がさっと動いていく。「光景馳西流＝光景ハ馳セテ西ニ流ル」〔→曹植〕3. ｛動｝ はせる（ハス）。さっと遠くへおしやる。「馳思於雁山之暮雲＝思ヒヲ雁山ノ暮ノ雲ニ馳ス」〔→大江朝綱〕《解字》会意兼形声。「馬＋音符也（横にのびる）」。［漢字源］

*チ　*致　1. 触に同じ。2. いたる。3. いたらせること。4. きわまり。5. むね。ことわり。〔佛教語大辞典〕949d

*チアン　*癡闇　無明。愚癡の闇。愚かさの闇。真実に暗いから闇という。〔佛教語大辞典〕954d

*チエ　*智慧　1. 事物の実相を照らし惑いを断って悟りを完成するはたらき。物事を正しく捉え、真理を見極める認識力。物事を全体的に直観する能力。自己の本性を自覚することなど。叡智。（英知）真実の智慧。六波羅蜜の

第六。2.智と慧。この場合には、慧はさとりを導くもの。さとりにおいて現れるもので、無分別智。智は、世の中に向かって発現するもの。差別、相対の世界においてはたらくもので、分別智をさす。3.慈悲とともにある阿弥陀佛の智慧。4.通俗的にはかしこさ。〔広説佛教語大辞典〕1166d-1167a

*チエ　*智慧（原語に対応する意味）　ちえ　第１の意味では、仏教の無常の道理を洞察する強靭な認識の力を指す。この用語としては、仏教の代表的実践体系である〈六波羅蜜（ろくはらみつ）〉の最後に位置づけられ、それ以前の五波羅蜜を基礎づける根拠として最も重要なものとみなされている。第２の意味では、智と慧のうち、後者が上述の第１の意味を担うことになるが、これに対する智は、更に慧よりも境界の高いものと教義的には規定されている。この場合の智は、仏教の実践体系が六波羅蜜以外にも展開されて〈十地〉として整備されたときに、第六地では慧を、第十地では智を得るというように順列化されたために、慧よりも一段高いものと見なされたにすぎず、基本的には慧の働きを十地の展開に合わせて拡大したものと考えることができる。もっとも、部派仏教では、十地の展開とは無関係に、智が詳細に分類され、特に有部（うぶ）では、十智や有漏智・無漏智の分類に基づく、種々の概念規定が試みられた。大乗仏教では、特に唯識で説かれる、通常の認識活動を転換した智としての〈四智〉、智の段階的な進展を示す加行智・無分別智・後得智という〈三智〉が代表的なものである。　なお、第３の意味としては、以上に示した種々な意味合いが、智慧という一語に込められて広い意味で用いられていると考えられる。この場合には、多く、世俗的なさかしらな識別に対して、世事を離れた、あるいは世事を見通す叡智、かしこさを指して用いられる。〔岩波仏教辞典〕

*チエコウ　*智慧光　1.仏や菩薩の具えた知恵の輝き。2.阿弥陀仏の光明の一つ。阿弥陀仏は生きとし生けるものの無知の闇を滅するので、その徳を光明の一つとしてこのように称する。3.智慧によって得られた功徳。**【解釈例】**一切諸佛の智慧をあつめたまへるゆへに智慧光とまふす。〔広説佛教語大辞典〕1167b

*チカイ　*智海　智慧を海にたとえていう。〔広説佛教語大辞典〕1168b

*チシキ　*知識　1.友人。朋友のこと。志を同じくする人。2.立派な、仲間の修行者。共に佛に奉仕する集団。3.知り合い。知り合いの人。知り合いになる。4.善知識と悪知識のうち善知識をいう。外護の善知識・同行の善知識・教授の善知識の三つがあるが、特に教授の善知識、すなわち指導者をいう。正しい道理を教えてくれる人。仏教に縁を結ばせてくれる人。師、先生のこと。教え導いてくれる師。教えを説いて導く高徳の人。善友ともいう。5.高僧。善の師家。6.親しいこと。〔広説佛教語大辞典〕1172a-b

*チシャ　*智者　1.博学の人。学問のある人。賢者。学者。2.道理を知っている人。智ある人。聡明な人。深い考えをもっている者。思慮ある人。3.聖人。さとりに至る道に入っている人。4.学問知識のある高僧。〔広説佛教語大辞典〕1172c-d

*チシン　*智心　識心の反　智慧の心のこと。

*チソク　*遅速　　遅いこととはやいこと。『遅疾チシツ』「所未定知者、修短遅速間＝イマダ定カニ知ラザル所ノ者ハ、修短遅速ノ間ナリ」〔→白居易〕〔漢字源〕

*チャクソウ　*著相→ジャクソウ

*チュウ　*偸　《音読み》トウ／ツ／チュウ《訓読み》ぬすむ／ひそかに／うすい（うすし）《意味》｛動｝ぬすむ。そっと中の物を抜きとる。人に気づかれないよう手に入れる。「偸窃トウセツ」「存者且偸生＝存スル者ハ且ク生ヲ偸ム」〔→杜甫〕｛名｝すりや盗人。「偸盗チュウトウ・トウトウ」｛形｝ひそかに。こっそりするさま。「偸看トウカン」｛形｝うすい（ウスシ）。うわべだけで軽薄なさま。▽中身を抜きとってあるの意から。「偸薄トウハク」「故旧不遺、則民不偸＝故旧遺レザレバ、則チ民偸カラズ」〔→論語〕《解字》会意兼形声。兪ユは、中を抜きとった丸木船。偸は「人＋音符兪」。中身を抜きとる動作や物を抜きとるどろぼうのこと。→兪《単語家族》輸（車で物をごっそり抜きとって運ぶ）逾ユ（中間を抜いて向こうへ乗り越える）踰ユ（中間を抜いて向こうへ乗り越える）などと同系。〔漢字源〕

*チュウイン　*中陰　*チュウウ　*中有　また中有、中蘊ともいう。意識をもつ生き物が、死の瞬間（死有）から次の生をうける（生有）までの間の時期で、霊魂身とでもいうべき身体を持つ。生まれる前の暫定的な身体。またこの

時期が四十九日であるという説から、人の死後七日ごとに経典を読誦し、七回目の四十九日を満中陰として死者の冥福を祈る習慣が発生し、俗には、この期間亡魂が迷っているといわれる。S:antarā-bhava〔広説佛教語大辞典〕1179b-c　〈中陰（ちゅういん）〉ともいう。前世での死の瞬間（死有（しう））から次の生存を得る（生有（しょうう））までの間の生存、もしくはそのときの身心をいう。その期間については、7日、49日（七七日）、無限定などいくつもの説がある。今日、死後7日ごとに法要を営み、四十九日を〈満中陰〉とするのもそれらの説に基づいて起こった習慣である。この期間の身体は次に生を享ける本有（ほんぬ）の形であり、人の場合は五蘊（ごうん）をそなえた5、6歳くらいの子供の姿であるが、微小なため肉眼では見えないとされる。また中有は、乾闥婆（けんだつば）(gandharva)ともいわれ、香りのみを食物とするので〈食香（じきこう）〉とも訳される。しかし、仏教の学派では中有を認めないものも多い。〔岩波仏教辞典〕

*チュウウ　*中有　また中陰、中蘊ともいう。意識をもつ生き物が、死の瞬間（死有）から次の生をうける（生有）までの間の時期で、霊魂身とでもいうべき身体を持つ。生まれる前の暫定的な身体。またこの時期が四十九日であるという説から、人の死後七日ごとに経典を読誦し、七回目の四十九日を満中陰として死者の冥福を祈る習慣が発生し、俗には、この期間亡魂が迷っているといわれる。S:antarā-bhava〔佛教語大辞典〕957d-958a

*チュウウ　*中有〈中陰（ちゅういん）〉ともいう。前世での死の瞬間（死有（しう））から次の生存を得る（生有（しょうう））までの間の生存、もしくはそのときの身心をいう。その期間については、7日、49日（七七日）、無限定などいくつもの説がある。今日、死後7日ごとに法要を営み、四十九日を〈満中陰〉とするのもそれらの説に基づいて起こった習慣である。この期間の身体は次に生を享ける本有（ほんぬ）の形であり、人の場合は五蘊（ごうん）をそなえた5、6歳くらいの子供の姿であるが、微小なため肉眼では見えないとされる。また中有は、乾闥婆（けんだつば）(gandharva)ともいわれ、香りのみを食物とするので〈食香（じきこう）〉とも訳される。しかし、仏教の学派では中有を認めないものも多い。〔岩波仏教辞典〕

*チュウゲンジョウ　*中間定　初禅天の根本定（有尋有伺地）と二禅天の近分定（無

尋無伺地）との中間にある定（無尋唯伺地）をいう。中間定はこの両者の間にのみ存在する。→四静慮〔佛教語大辞典〕958d

*チュウゲンゼン　*中間禪　中間定に同じ→中間定〔佛教語大辞典〕598d

*チョ　*佇　《音読み》チョ／ジョ（ヂョ）《訓読み》たたずむ《意味》{動}　たたずむ。じっと一か所にたちどまる。〈同義語〉→竚・→躇。「佇立《チョリツ》」[漢字源]

*チョウ　*頂　《常用音訓》チョウ／いただき／いただ…く《音読み》チョウ（チャウ）／テイ《訓読み》いただき／いただく《名付け》かみ《意味》{名}　いただき。頭のてっぺん。直線がＴ型につかえた上方の面。たっているもののいちばん高い所。「山頂」「頂上」「舐頂交跖＝頂ニ舐レ跖ヲ交フ」〔→韓愈〕{動}　いただく。頭上にのせる。下にたって物を上にのせる。「頂天立地＝天ヲ頂キ地ニ立ツ」{動}　つっかえ棒をしてささえる。正面からつきあたる。「頂衝」{動}代わりにささえる。肩代わりする。「頂替」{副}〔俗〕いちばん。とびきり。〈類義語〉→最。「頂好《ティンハオ》」〔国〕いただく。「もらう」「食べる」のていねいないい方。〔漢字源〕

*チョウキ　*長跪　長く地上にひざまずくことの意。両膝を地につけ、両足指を地にささえて礼をすることをいう。おもに女性の礼法である。〔侍者アーナンダが釈尊に対して行っていることもある。〕〔広説佛教語大辞典〕841a

*チョウキツ　*徴詰　徴　とひただす。詰問する。（諸）4-918c　詰　言葉で問いつめる。責め問う。ただす。調べる。〔新字源〕927a　　徴詰　問いただす。の意か。

*チョウジュ　*聽受　教えを聞いて信ずること。〔佛教語大辞典〕967d

*チョウジュテンナン　*長壽天難　八難の中（4）長寿天の難（長寿を楽しんで求道心が起こらない。）のこと。

*チョウショウ　*徴（澄）清　水が澄んで清らかなさま。〔広説佛教語大辞典〕1189a

*チョウショウ　*超勝　飛び越えて優れていること。比較にならないほど優れていること。

*チョウセ　*超世　1. 世の常に超えまさること。2. 前地（十地の前）、世間の位を超え、すくれた十地の無漏の位を言う。〔広説佛教語大辞典〕1189b-c

*チョウゼツ　*超絶　世に超えていること。〔表現例〕〔広説佛教語大辞典〕1189c

他よりとびぬけてすぐれること。〔広辞苑〕とびぬけてすぐれている。かけ離れている。哲学で、経験の範囲外にあること。〔漢字源〕

*チョウダイ　*頂戴　頭の上にささげ持つ。おしいただくこと。また、冠。清《シン》朝の官服で、帽子のいただきにつけたまるいかざり。色と材質とのちがいによって官吏の等級を区別した。『頂子《チョウシ》』〔国〕「もらい受ける」をへりくだっていうことば。［漢字源］

*チョウナン　*徴難　詰問非難

*チョウレン　*調練　兵士を訓練する。〔新字源〕936

*チョクゴ　*勅語　　天皇のことば。みことのり。〔広辞苑〕

*チュクスイ　*直錐　まっすぐなきり。

*チルセン　*池流泉　蓮池に流れる泉。

*チン　*陳　《常用音訓》チン《音読み》チン／ジン（ヂン）《訓読み》ならべる（ならぶ）／しく／つらねる（つらぬ）／のべる（のぶ）／ふるい（ふるし）《名付け》かた・つら・のぶ・のぶる・のり・ひさ・むね・よし《意味》｛動｝ならべる（ナラブ）。しく。つらねる（ツラヌ）。一列に、または、平らにならべる。「陳列」《チンズ》｛動｝のべる（ノブ）。展開してのべる。つらねていう。「陳述」「棄置莫復陳＝棄置シテマタ陳ブルコトナカラン」〔→曹植〕｛名｝ならんだもの。ならび。列。｛形・名｝ふるい（フルシ）。ならべたまま置きざりにした。ふるびた。ふるいもの。〈対語〉→新。「陳腐」「新陳代謝」「推陳出新＝陳キヲ推シテ新シキヲ出ダス」｛名｝国名。周・春秋時代、今の河南省淮陽《ワイヨウ》県を中心とした地にあった。周代に帝舜《シュン》の子孫が封ぜられた地といわれる。春秋時代の末に楚《ソ》に滅ぼされた。｛名｝王朝名。中国の南北朝時代の南朝最後の王朝。陳覇先《チンハセン》が梁《リョウ》の敬帝から位を奪ってたてた。隋に滅ぼされた。五五七～五八九｛名｝戦闘のための軍勢の配置の形。▽去声に読む。〈同義語〉→陣。「衛霊公、問陳於孔子＝衛ノ霊公、陳ヲ孔子ニ問フ」〔→論語〕［漢字源］

*チンプ　*沈浮　1. 重いものと軽いもの。2. 栄えたり衰えたりすること。浮沈。3. 万物は自然の中で浮き沈みすることから、物の変化・生死にたとえる。〔→荘子〕4. 変化が多いこと。〔→揚雄〕5. 世間の浮きしずみの流れと同じ

くする。〔→史記〕［漢字源］

*チンボウ　*珍寶　宝。珍しい財宝。S:ratna S.dhana〔広説佛教語大辞典〕1195d

*チンリン　*沈淪　1.沈みゆくこと。沈むこと。2.生死流転の海。〔広説佛教語大辞典〕1195d

*ツイニ　*竟に　1.つきる。2.おわる。おえる。おわり。3.きわめる。4.わたる。5.ついに。とうとう。〔新字源〕1099

*ツイニ　*遂　《常用音訓》スイ／と…げる《音読み》スイ／ズイ《訓読み》とげる（とぐ）／ついに（つひに）《名付け》かつ・つく・つぐ・とげる・なり・なる・みち・もろ・やす・ゆき・より《意味》{動}　とげる（トグ）。道すじをたどって奥までたどりつく。いける所までいく。また、物事をやりとげる。「完遂」「遂事（やりとげたこと）」「遂我所願＝我ガ願フ所ヲ遂グ」〔→宋書〕{動}　とげる（トグ）。一定の方向にそってすらすらと進む。また、すくすくとそだつ。「遂意（思う方向に進む）」「遂字（のびのびと育ちふえる）」「気衰則生物不遂＝気衰フレバスナハチ生物遂ゲズ」〔→礼記〕{副}　ついに（ツヒニ）。たどりついたさいごに。とうとう。〈類義語〉→終・→竟。「遂収其田里＝遂ニソノ田里ヲ収ム」〔→孟子〕{名}　遠い道をたどっていきつく地。周の行政区画では、都から百里以上離れた地。「遂方」［漢字源］

*ツイニ　*聿　《音読み》イツ／イチ《訓読み》ここに　ついに《意味》{助}　ここに。「詩経」に用いられて、リズムをととのえることば。「聿来胥宇＝聿ニ来タリテアヒ宇ス」〔→詩経〕《解字》会意。聿は筆の原字で、ふでを手に持つさまをあらわす。のち、ふでの意味の場合、竹印をそえて筆と書き、聿は、これ、ここになど、リズムをととのえる助詞をあらわすのに転用された。［漢字源］

*ツウ　*通　1.佛・菩薩などが具える自由自在で、さまたげのない能力作用。超人的な能力。威神力。神通力。2.知識を得ること。3.理に合すること。4.すべてにわたって適合する、の意。5.合すること。6.通（または通用）は、.文法用語としては、「両方を用いる。」「両方を使う。」の意味。7.通じて、一般的に。8.通訳する。9.三乗通教の意。すなわち聲聞、縁覚、菩薩に共通な教え。天台宗で説かれる五時八教の教判のうち化法の四教の一つ。〔広

説佛教語大辞典〕1196d–1197a

*ﾂｳｿｳ　*通相　1. 共通の特質。2. そのものだけの純粋のすがた。〔広説佛教語大辞典〕1198b

*ﾃｲ　*亭　《常用音訓》テイ《音読み》テイ／ジョウ（ﾁｬｳ）／チン《訓読み》とどまる《名付け》たかし《意味》{名} 地上にすっくとたった建物。また、物見やぐら。また、庭の中の休息所。あずまや。「駅亭ｴｷﾃｲ（街道ぞいの休息所）」「涼亭ﾘｮｳﾃｲ（遊覧地の休息所）」「列亭置郵＝亭ヲ列ネ郵ヲ置ク」〔東観漢記〕# {名} 秦ｼﾝ・漢代の行政区画の名。十里ごとを一亭とし、十亭を一郷として、亭長を置いた。{動} とどまる。ちょうどその点にあたってとまる。〈同義語〉→停。「亭年」〔国〕あずまや式のしゃれたつくりの家。「料亭」［漢字源］

*ﾃﾂ　*轍　《音読み》テツ／デチ《訓読み》わだち《意味》{名} わだち。車が通りすぎたあとに残った車輪のあと。「軌轍ｷﾃﾂ」「轍乱旗靡ﾃﾂﾗﾝｷﾋﾞ」{名} すぎ去った物事のあと。また、前代から残ったやり方。遺法。〈類義語〉→跡。「故轍ｺﾃﾂ」〔漢字源〕

*ﾃﾂｸﾞｳ　*徹窮 つらぬききわめる。

*ﾃｯﾁｾﾝ　*鐵囲山　鉄輪囲山ともいう。佛教の世界説では、須彌山を中心に九山八海がこれをとりまくが、その最も外側の鉄でできた山をいい、さらにその外界中にあるのが、われわれの住む世界である閻浮提洲であるとする。また三千世界おのおのを一つの鐵囲山が囲むという説もある。玄奘は鉄輪囲山と訳す。〔広説佛教語大辞典〕1207b-c

*ﾃﾝ　*天 六欲天は神でありながらいまだ欲望にとらわれている。ただし人間よりはとらわれの程度は低い。四天王およびその配下は、須弥山の中腹の四面に持国天（東）・増長天（南）・広目天（西）・多聞天（北）が住み、その下に配下の薬叉（夜叉）たちが住む。三十三天は、音写すれば忉利天である。これは33種の神を意味し、帝釈天を首長とし、須弥山上に住む。ここのでの神は地上に住むので地居天といい、その上に空居天が続く。夜摩天、兜率天、楽変化天、他化自在天などである。色界17天、無色界4天が数えられる。〔岩波仏教辞典〕

*ﾃﾝ　*纏《音読み》テン／デン《訓読み》まとう（まとふ）／まつわる（ま

つはる）／まとい（まとひ）《意味》{動} まとう（マトフ）。まつわる（マツハル）。まきつけて締める。また、まつわりつく。「纏足テンソク」「以綵糸纏之＝綵糸ヲモッテコレニ纏フ」〔燕京歳時記〕〔国〕まとい（マトヒ）。さおの先に飾りをつけ、下に馬簾バレンを垂らしたもの。一軍の陣所や消防の一隊の目じるしとする。[漢字源]

*テンカン　*轉關　物が円をえがいてころがりつながるように関係する[漢字源]

*テンカン　*天冠　1. みごとな宝冠。「天」はすぐれたものの意。2. 王冠。国王のかぶる冠。〔広説佛教語大辞典〕1211b

*テンゲ　*天華　1. 天井の華。2. 人間の中の華ともいうべき人で、他に比すべきもののないことをいう。〔佛教語大辞典〕980c

*テンゲン　*天眼　超人的な眼。普通見えないものでも見る能力。あらゆるものを見通す能力。神聖な眼。肉眼と区別される透徹した尊い眼。神通を得た眼。あらゆる世界の事がらを見通すはたらき。神通力によってすべてのものを見通す知恵のはたらき。超自然的な視力。六神通の第二。五限の一つ。骨肉血のまじらぬきわめて清らかな四大からつくられた眼と理解されることもある。〔広説佛教語大辞典〕1213a-b

*テンジン　*天親　*セシン　*世親　*バスバンズ　*婆藪般豆　S:Vasubandhu ヴァスバンドゥ　4-5 世紀頃、現在のパキスタンの Peshawar の人。弥勒→無著→世親とつづく唯識派三大論師のひとり。無著の弟、無著と同じく初め小乗仏教（説一切有部）を学び、その優れた学才によって名声を得たが、後に無著に感化されて大乗に転向し、唯識思想を組織大成した。著書としては、小乗時代に著した『阿毘達磨倶舎論』、大乗転向後の『唯識二十論』『大乗成業論』『大乗五蘊論』『大乗百法明門論』『佛性論』など、さらには『中辺分別論』『大乗莊厳經論』などに対する註釋書がある。とくにその主著『唯識三十頌』はその後多くの論師によって註釋され、それら諸註釋を盛り込んで、玄奘が『成唯識論』にまとめあげるにおよび法相宗の所依の論書となるに至った。〔岩波仏教辞典〕

*テンデン　*展轉　法相宗の唯識の学問では「ちんでん」と読む。1. 順次に。順次にへめぐって。交互に。相互に。2. だんだんに。次から次に。次第に。次々に。順次に続いてきて。次々と続く。時間的に順次にだんだんと伝わって。

だんだんと登って。連続して。相互に。3.間接に。間をおいて間接に。4.輾転におなじ。輾は転がる、まろぶ、の意。転もころがる。次から次へと順次に連鎖的に影響の及ぶこと。5.めぐりめぐる。ひろがりまわって。6.相伝う。7.次から次へ転売すること。〔広説佛教語大辞典〕1219d-1220a

*ﾃﾝﾃﾞﾝ　*展転　1.巻いてあるふとんをひろげたり、その上をころがったりする。物思いのために眠れずに寝返りをすること。「為感君王展転思＝君王ガ展転ノ思ヒニ感ズルガ為ニ」〔→白居易〕2.あちこち、巡り移る。3.敵になったり、味方になったりする。〔漢字源〕

*ﾃﾝﾄﾞｳ　*顛倒　［s：viparyāsa］　原義は、ひっくり返ること。真理にもとった見方・在り方、すなわち誤謬（ごびゅう）をいう。誤った想念（想（そう）顛倒）、誤った見解（見（けん）顛倒）、誤った心の在り方（心（しん）顛倒）を〈三顛倒〉といい、また無常（むじょう）・苦（く）・不浄（ふじょう）・無我（むが）なる現実存在を、常・楽・浄・有我ととらえて執着（しゅうじゃく）する誤謬（常顛倒・楽顛倒・浄顛倒・我顛倒）を〈四顛倒〉といい、この三顛倒と四顛倒を合わせて〈七顛倒〉と呼ぶ〔瑜伽師地論（８）〕。一心顛倒すれば獄率器杖を振るひ、十念成就すれば聖衆蓮台をかたぶく〔孝養集（下）〕我が身は五陰の仮舎（かりや）にして、四顛倒の鬼、常にその中に住し〔法華験記（中49）〕〔岩波仏教辞典〕

*ﾃﾝﾆﾝ　*天人　1.また天衆ともいう。天界に住むもの。欲界・色界の天界に住んでいる諸天の有情の意。神々。仏典には仏のはたらきを喜び、天楽を奏し、天華をふらせ、天香を薫じて虚空を飛行するものとする。多くは瓔珞をなびかせて空飛ぶすがたであるから飛天ともいい、インド以来仏教の荘厳に用いられて効果がある。天上の人。バーミヤンのH洞の仏龕には麗しい天人が散華している場面が描かれている。また、東大寺の浮き彫りなどに見られる。2.神々と人間。→人天。〔広説佛教語大辞典〕1222b

*ﾃﾝﾗｸ　*天樂　1.三楽の一つ。十善業を修した者が、欲界の諸天に生じて受ける歓楽の果報を云う。2.天の楽人。ガンダルヴァ。〔広説佛教語大辞典〕1226b

*ﾄ　*途　みち（道）道路。みちすじ。新字源1001c

*ﾄｳ　*統　《常用音訓》トウ／す…べる《音読み》トウ《訓読み》いとぐち

／すじ（すぢ）／すべる（すぶ）／おさめる（をさむ）／すべて《名付け》おさ・おさむ・かね・すぶる・すみ・すめる・つづき・つな・つね・のり・むね・もと《意味》{名} いとぐち。全体につながる糸のすじ。もとづな。〈類義語〉→紀。「統紀」{名} すじ（スヂ）。全体につながるすじ。「系統」「伝統」「君子創業垂統＝君子ハ業ヲ創メ統ヲ垂ル」〔→孟子〕{動} すべる（スブ）。おさめる（ヲサム）。全体をひとすじにまとめる。〈類義語〉→治。「統一」「統治」「統率」「統楫群元＝群元ヲ統楫ス」〔→漢書〕「一統イットウ」とは、ひとすじにまとまったもの。「大一統也＝一統ヲ大ブナリ」〔→公羊〕{副} すべて。全体で。とりまとめて。〈類義語〉→全・→総。「三統サントウ」とは、世界をつくるという天・地・人の三つの系統。「三統暦サントウレキ（前漢代末期に劉向リュウキョウがつくったこよみ）」〔漢字源〕

*トウ　*藤　『瑜伽師地論』第十八に「貪恚乃至尋思の別に諸欲を縛することは猶ほ世間の摩魯迦條の林樹を纏繞するが如し」と言い、瑜伽論記第五下に之を釋し「摩魯迦條とは藤葛の類なり。此れ諸欲に喩う。舊に摩婁迦子と云ふ。六種の別欲は猶ほ林樹の如く、貪能く纏繞するが故に藤葛に喩う。」と云ふ。〔望月〕3997 頁 4b

*トウ　*黨　【党】《常用音訓》トウ《音読み》トウ（タウ）《訓読み》なかま／やから《名付け》あきら・とも・まさ《意味》{名} なかま。やから。人間の集まり。同志のグループ。「政党」「朋党」{名} 同じ村里に集まって住む人々。▽周代の行政区画では、五百家を一党という。のち、郷里の人々を郷党という。{名} 親族の仲間。同族の集まり。「妻党（妻の一族）」トウス{動・形} 仲間どうしでひいきをする。えこひいきしがちな。〈対語〉→公。「比党（仲間びいき）」「吾聞君子不党＝吾聞ク君子ハ党セズト」〔→論語〕[漢字源]

*トウ　*逗　《音読み》トウ／ズ（ヅ）《訓読み》とどまる／とどめる（とどむ）《意味》{動} とどまる。とどめる（トドム）。じっとたちどまる。しばらくそこにとどまって動かない。しばらくそこに足をとめる。〈同義語〉→投。〈類義語〉→住・→駐。「逗留トウリュウ」「逗宿トウシュク」トウズ {動} ねらいをつけて投げる。目標にぴたりとあうように与える。〈同義語〉→投。「逗薬（＝投薬。病気にあわせて薬を与える）」トウズ {動} じっとひと所にしたたる。そ

そぐ。〈類義語〉→注。「桂露対仙娥、星星下雲逗＝桂露仙娥ニ対シ、星星トシテ雲ヨリ下リテ逗ズ」〔→李賀〕〔漢字源〕

*トウ　*盗　《常用音訓》トウ／ぬすむ《音読み》トウ（タウ）・ドウ（ダウ）（去）号《訓読み》ぬすむ／ぬすみ《意味》{動} ぬすむ。他人の物をぬきとる。〈類義語〉偸トウ（ぬすむ）・窃。「窃盗」「掩耳盗鈴耳を掩おほひて鈴を盗む（人に知られはしまいと思って、だれにもわかる悪事をする）」{動} ぬすむ。自分にそれだけのねうちもないのに、自分のものとする。「盗名名を盗む（資格もないのに評判をとる）」「盗用」{名} ぬすみ。ぬすむこと。また、ぬすびと。〈類義語〉賊。「盗賊」「君子不為盗君子は盗を為なさず」〔荘子・山木〕（日本）野球で、「盗塁」の略。「二盗」「重盗」《和訓》ぬすまう《解字》【解字】会意。盗の上部は「水欠（人が腹をくぼめ、あごを出すさま）」からなり、物をほしがってよだれを流すこと。羨セン（うらやましがる）の原字。盗は「（うらやましくてよだれを流す）皿」で、皿のごちそうをほしがることを示す。物の一部分をとくにぬきとること。《単語家族》釣チョウ（つりとる）・挑（一部をとりはなす）・掉チョウ（ぬき出す）などと同系。［漢字源］

*ドウ　*幢　はたぼこ。宝幢・天幢などと称して、旗の一種。もとは王や将軍の儀衛や軍旗から、魔軍に対する法の王の象徴として、仏・菩薩の飾りとなった。竜や宝珠を上端につけて竿につるし、堂内の柱にかける。長方形の幢身の両辺に間隔をおいて、八個ないし十個、下辺に四個の糸帛をつけ、仏像などを刺繍したりする。はた。『観無量壽經』『大正蔵経』一二巻三四二 a 〔広説佛教語大辞典〕1230c

*ドウアン　*道安　312-385　中国、南北朝時代初期の僧。仏弟子は釈尊（釈迦族の聖者の意）の〈釈〉を姓とすべきであるとして、釈道安と名のった。仏図澄（ぶっとちょう）に学んだのち、戦乱を避けて各地を転々としながら仏道の修行と宣布に努め、晩年は前秦の苻堅（ふけん）の尊信を得て長安で過ごした。般若経典を研究し、瞑想を重視し、教団の規律を整え、経典目録『綜理衆経目録』（道安録と呼ばれる）を作成し、数百の門弟を育成するなど、中国仏教発展の基礎を固めた。弟子に廬山の慧遠（えおん）、僧叡（そうえい）らがいる。〔岩波仏教辞典〕

*ドウコウ　*同好　ドウコウ・コノミヲオナジュウス 好みを同じくする人。同じ趣味を持つこと。また、その人。[漢字源]

*トウコン　*當根　機根に当てはまるの意味。根に当たると訓読する。

*トウザイニシュウ　*東西二洲　東勝身州（Pūrva-videha）・西牛貨洲（Apara-godānīya）のこと。

*ドウジ　*同事　1.協力すること。互いに助け合い、協同して事をなすこと。仕事を共同にすること。2.衆生と同じく仕事にたずさわって衆生を救うこと。3.同じはたらきをともにすること。〔広説佛教語大辞典〕1238a-b

*ドウジ　*童子　わらわ 1.少年。大人に対していう。普通原語は kumāra である。2.仏・菩薩に従って諸種の使役をなす者。3.給仕する少年。4.男子。子息。5.真言密教でいう三十二種の脈管の一つ。6.寺院に入ってまだ得度剃髪せず、専ら仏典の読み方などを習う者。歳は、七歳から十五歳の間。〔広説佛教語大辞典〕1238b

*トウシュ　*燈炷 灯心　灯心の形をして燃えるもの。

*ドウジョウ　*道場　1.さとりを開いた場所。ブッダガヤーにおける菩提樹の下の金剛座。2.さとりの座。覚悟の壇上。さとりの場所。仏のさとりに到達した場所。(いかなるところでもよい)3.学道または修行・修法をなす場所。修行の座。また法が説かれ、実現される場所。『觀無量壽經』『大正蔵経』12巻346b　4.地上の核心部。菩薩の道場のことで、そこは世界の中心である。また、菩薩行の方法、徳目そのものとみなされる場合もある。5.寺のこと。本尊をまつり修行する場所。6.奈良時代には私寺をいう。7.まだ寺の形態をなしていないが、信徒が集まって念佛を称える所。特に初期の浄土真宗に見られる。8.日本の臨済宗では、雲水が専門の修行を修める場所をいう。9.密教では、仏を勧請して行者と交流する場所を道場という。〔広説佛教語大辞典〕1240d-1241b

*トウショウガク　*等正覚　1.正しいさとり。佛の境地。一切平等のさとり。2.（真理を）正しく覚った人。最高至上のさとりを得た人。平等の理をさとった佛。3.佛の十号の一つ。→十号 4.浄土真宗においては、信心獲得の念佛者は、現世に正定聚不退転の境地に住し、次の世に阿弥陀佛の報土に往生して、直ちに成仏するがゆえに、現世の正定聚の境地を弥勒に等しいと称

し等正覚と名付ける。〔広説佛教語大辞典〕1241b-c

*ﾄﾞｳｼﾝ　*道心　1. さとりを求める心。自らさとり、人々をさとらせる心。自利利他の心。菩提心（S.bodhi-citta）に同じ。この心あるものを菩薩という。→菩提心 2.S.bodhisattva の漢訳。菩薩のこと。3. 十三歳または十五歳以上で佛道に入った人をさす。その新参者を今道心という。→今道心〔佛教語大辞典〕1015c-1016a

*ﾄｳｽﾞ　*逗　《音読み》　トウ／ズ（ヅ）《訓読み》とどまる／とどめる（とどむ）《意味》｛動｝　とどまる。とどめる（ﾄﾄﾞﾑ）。じっとたちどまる。しばらくそこにとどまって動かない。しばらくそこに足をとめる。〈同義語〉→投。〈類義語〉→住・→駐。「逗留ﾄｳﾘｭｳ」「逗宿ﾄｳｼｭｸ」ﾄｳｽﾞ　｛動｝　ねらいをつけて投げる。目標にぴたりとあうように与える。〈同義語〉→投。「逗薬（＝投薬。病気にあわせて薬を与える）」ﾄｳｽﾞ　｛動｝　じっとひと所にしたたる。そそぐ。〈類義語〉→注。「桂露対仙娥、星星下雲逗＝桂露仙娥ニ対シ、星星トシテ雲ヨリ下リテ逗ズ」〔→李賀〕［漢字源］

*ﾄﾞｳﾊﾞﾝ　*幢幡　はたぼこ。長旗。仏堂を飾る旗。また、幢竿から垂れた幡。『觀無量壽經』『大正蔵経』三二巻三四二中〔佛教語大辞典〕1018b

*ﾄﾞｳﾖｳ　*動揺　心が活動して現象世界を現し出すこと。〔広説佛教語大辞典〕1252a 揺れうごく。気持ちや決心が一定しないでぐらつく。〔漢字源〕

*ﾄｳﾗｲ　*當來　當に来たるべし。当然やって来るべきである。きっとやってくるはずの。

*ﾄﾞｳﾗﾝ　*動乱　動亂　動き乱れること。【解釈例】動はうごくということ。心がうごいてくる。頼む一念の時往生すとは云何あらんとうごき出る。乱はみだるるという文字で余善余行へ心をかくるやうに乱れ余佛に心をかけるやうに心が乱るるなり。〔広説佛教語大辞典〕1252c-d

*ﾄｳﾘﾃﾝ　*忉利天　忉利は（S:Trāyastriṃśa）三十三の音写。三十三天と漢訳する。欲界の六天の内の第二。須彌山の頂にあり、帝釈天（インドラ神）はここに住む。四方に峰があり、峰ごとに八天あるから三十二天、帝釈天と合わせて三十三天となる。『無量壽經』『大正蔵経』12-270A〔広説佛教語大辞典〕1253c

*ﾄｶﾞ　*過　《常用音訓》カ／すぎる・すごす・あやまつ・あやまち《音読み》

カ（クワ）《訓読み》すぎる、すごす、あやまつ、あやまち／よぎる《意味》{動・形} すぎる（すぐ）。よぎる。さっと通りすぎる。たちよる。すぎさった。通りすがりの。「過客」「楚狂接輿歌而過孔子曰＝楚ソの狂クヰャウ接輿、歌ひて孔子を過すぎて曰いふ」〔論語・微子〕「二客従予　過黄泥之坂＝二客　予に従したがひ　黄泥の坂を過よぎる」〔蘇軾・後赤壁賦〕{動} すぎる（すぐ）。いきすぎる。勢いあまって度をこす。「過分」「過猶不及＝過ぎたるは猶なほ及ばざるがごとし」〔論語・先進〕{動・形} すごす。やりすごす。時間を費やす。時間をすぎ去った。「過事」「過日」{動・名} あやまつ。あやまち。するっとすべってやりそこなう。ぬかったことをする。しそこない。とが。「過失」「過則勿憚改＝過てば則すなはち改むるに憚はばかること勿なかれ」〔論語・学而〕「観過斯知仁矣＝過ちを観みて斯ここに仁を知る」〔論語・里仁〕{名} 古代の国名。山東省掖県にあった。姓の一つ。《和訓》すぎ・すぐ・すぐる［漢字源　改訂第四版　株式会社学習研究社］

*トガ　*咎　とがめ。わざわい。災難。やまい。あやまち。つみ。にくしみ。〔新字源〕174c

*トカク　*兎角　1. ものが現実にはあり得ないことを兎の角のあり得ないことにたとえていう。2. かれこれ。なにやかや。【解釈例】なんのかのといろいろに。3. とにかく。どっちみち。〔広説佛教語大辞典〕1255b

*ドク　*讟　1. いたみうらむ。2. そしる。3. にくむ。4. いたみうらむ言。5. そしる。〔諸橋大漢和辞典〕10-627d-268a

*トクシツ　*得失 美徳と欠点。〔佛教語大辞典〕1020

*ドクジュ　*讀誦（s:svādhyāya,adhyayana）漢語の〈読誦ドクショウ〉は読書することで、すでに『漢書』児寛伝などに見える。佛教では経典を声を出して読むことをいう。文字を見る場合を〈読〉とし、文字を見ない場合を〈誦〉として区別することがある。読経のこと。佛教では経典を読誦する功徳が説かれるために自身の願いを実現させるために仏前において経典を読誦したり、また死者に功徳をふりむけるために葬式や法要で経典を読誦したりする。〔岩波仏教辞典〕616

*トクツウ　*得通　通力を得ること。〔広説佛教語大辞典〕1260c

*トクド　*得度　漢語の〈度〉は〈渡（と）〉に通じ、渡る、渡すの意。〈得度〉は漢訳仏典中では、迷いの世界から目覚めの彼岸（ひがん）に渡ること、生死（しょうじ）輪廻（りんね）の流れを渡ること、あるいは他者を導き渡すことを意味する。その場合〈得〉には、得る、出来るの意は特にないことが多い。ところで、中国では出家制度の整備された唐宋以後、出家して僧となり、僧籍に入ることを〈得度〉というようになった。現代日本語で使われる〈得度〉も、中国以来の用法である。得度して精（こま）かに懃めて修学し、智行双（なら）びにあり〔霊異記（下 39）〕〔岩波仏教辞典〕

*トゼン　*徒然　トゼン　何もすることがなくて、たいくつなさま。何もしないで、じっとしているさま。あてもなく、いたずらに。ツレヅレ〔国〕何もすることがなくて、たいくつなさま。[漢字源]

*トソツテン　*兜率天　都史多天とも表記する。欲界の六天のうち第四天。夜摩天の楽変化天の中間にあるとされた。通俗語源解釈により、「満足せる」の意に解し、妙足と漢訳されるが、語源は不明である。この点の内院は、将来佛となるべき菩薩の住処とされ、釈尊もかつてここで修行し、現在弥勒菩薩がここで説法していると説かれる。そこの天人の寿命は四千年。その一昼夜が人間界の四百年に当たるという。〔広説佛教語大辞典〕1264c

*トドコオル　*滞る　水がとどまって流れない。とどまって動かない。物事がはかどらない。止まる。積もる。〔新字源〕600

*トドマル　*逗る　とどまる。〔新字源〕1002

*トドメル　*逗　《音読み》トウ／ズ（ヅ）《訓読み》とどまる／とどめる（とどむ）《意味》{動}　とどまる。とどめる（トドム）。じっとたちどまる。しばらくそこにとどまって動かない。しばらくそこに足をとめる。〈同義語〉→投。〈類義語〉→住・→駐。「逗留トウリュウ」「逗宿トウシュク」トウズ　{動}　ねらいをつけて投げる。目標にぴたりとあうように与える。〈同義語〉→投。「逗薬（＝投薬。病気にあわせて薬を与える）」トウズ　{動}　じっとひと所にしたたる。そそぐ。〈類義語〉→注。「桂露対仙娥、星星下雲逗＝桂露仙娥ニ対シ、星星トシテ雲ヨリ下リテ逗ズ」〔→李賀〕〔漢字源〕

*トモガラ　*儔　《音読み》チュウ（チウ）／ジュウ（ヂウ）《訓読み》ともがら《意味》{名}　ともがら。同列の仲間。「儔類チュウルイ」「茲若人之儔乎＝茲レカク

ノゴトキ人ノ儔カ」〔→陶潜〕［漢字源］

*トモニ　*倶に　1. ともに　みな　2. ともにする。つれだつ。3. そなわる。新字源 69a

*トラエ　*執え しつこく取りつく。〔新字源〕218

*ドリョク　*努力　目標実現のため、心身を労してつとめること。ほねをおること。「休まず―する」「―家」（広辞苑）

*ドリョク　*努力　ドリョク 力を入れてつとめる。力を尽くしていっしょうけんめい行うこと。▽「努力加餐飯＝努力シテ餐飯ヲ加ヘヨ」〔→古詩十九首〕とは、せいぜい食事を召しあがれの意で、手紙の末につけ、相手の自愛を祈る慣用句。ユメ〔国〕つとめて。気をつけて。「努力、油断をするな」［漢字源］

*トロ　*妒《と》路《ろ》　都盧に同じ。1. すべての意。合計すると。おおよそ。一切残らず。都来ともいう。2. 西域の国名。3. →つる〔広説佛教語大辞典〕1266c

*ドン　*呑 《音読み》ドン／トン《訓読み》のむ《意味》｛動｝ のむ。ぐっとかまずにのみ下す。〈対語〉→吐。〈類義語〉→咽・→飲。「呑声＝声ヲ呑ム」「銜遠山呑長江＝遠山ヲ銜ミ長江ヲ呑ム」〔→范仲淹〕「少陵野老呑声哭＝少陵ノ野老声ヲ呑ンデ哭ス」〔→杜甫〕｛動｝ 相手を頭から問題にしない。相手を滅ぼす。「呑敵＝敵ヲ呑ム」「慷慨呑胡羯＝慷慨シテ胡羯ヲ呑ム」〔→文天祥〕［漢字源］

*ドンコン　*鈍根　遅鈍な素質のもの。能力の劣ったもの。利根に対していう。〔佛教語大辞典〕1027b

*トンデン　*屯田　1. ふだんは農業に従事し、戦時にはその地方を守る兵。また、その制度。▽日本では、北海道の警備と開拓のため、明治初年から三十七年まで置いた。「屯田兵」2. 官名。晋シン代以後置かれた徴税官。［漢字源］

*トンデン　*屯田　1. 兵士がある地に駐屯して、平時は農具を持って耕作に従事し、事があれば武器を執ってその地を守護すること。またその者。またその田。2. 官名。晋、屯田尚書を置き、唐、屯田郎中員外郎を置く。屯田、官田等のことを 掌《つかさど》る。〔諸橋大漢和辞典〕4-179a-b

*ナイ　*乃 《音読み》ダイ／ナイ／ノ《訓読み》すなわち（すなはち）／なんじ（なんぢ）／の《名付け》いまし・おさむ・の《意味》｛接続｝ すな

わち（スナハチ）。ずばりと割り切らず、間をおいてつなげる気持ちをあらわすことば。そこでやっと。やむなく。〈同義語〉→迺。「乃許之＝乃チコレヲ許セリ」〔→左伝〕｛接続｝すなわち（スナハチ）。まずそれぐらい。まあそれが。「乃所謂善也＝乃チイハユル善ナリ」〔→孟子〕｛代｝なんじ（ナンヂ）。第二人称の代名詞。▽女《ナンジ》・汝《ナンジ》と同じ。「乃祖乃父＝乃ノ祖乃ノ父」〔→書経〕〔国〕の。助詞の「の」に当てた用法。「日乃丸《ヒノマル》」［漢字源］

***ナイオン**　*泥洹　S:nirvāṇā の俗語形。P:nibbāna の最後の a が落ちて発音されたものの音写。ニルヴァーナのこと。安らぎ。煩悩の吹き消されたさとりの境地。P:nibbāna【解釈例】涅槃の異名なり。〔表現例〕さとりしずけし。さとり。〔広説佛教語大辞典〕1271c-d

***ナイカン**　*内官　漢代、天子の身近にいて護衛に当たる官吏。宦官《カンガン》。隋《ズイ》代、宮中や都の役所に勤務する官吏。宮中の女官。〔国〕外官に対して、律令時代、京都に在住して勤務していた官吏。［漢字源］

***ナイクウ**　*内空　六内処の空であること。十八空の一つ。内的な法である六根が空であること。→十八空　S. adhyātmaśūnyatā〔広説佛教語大辞典〕1272b

***ナイゲクウ**　*内外空　内の六根、外の六境を観ずると、両者がともに空であることをいう。内的な法である六根と外的な六境が空であること。十八空の一つ。→十八空　S. adhyātma-bahirdhā-śūnyatā〔広説佛教語大辞典〕1272d

***ナイシ**　*乃至 中間のものを省略して何から何に至るまでと、物事を述べる言葉。〔新字源〕24

***ナイシ**　*乃至　甲から乙に至るまで。甲と乙の中間を略して言う。【解釈例】すなはち。中略して、多事を含める辞。〔佛教語大辞典〕1030c

***ナイシジュウネン**　*乃至十念　『無量壽經』に出る句。淨土諸宗の教学によると、十念で上は多念を収め、下は一念を収めるから乃至という。「一多包容の乃至」である。淨土往生の行である称名の回数に制限がないことを表す語とされる。しかしサンスクリット原文では、「極楽浄土に生まれたいと願う心をほんの十たびほど起こしただけでも」という意味である。〔佛教語大辞典〕1030d

*ナイショウ　*内證　1. 自己の心の内で真理をさとること。内心のさとり。心の内で体験するさとり。内面的なさとり。自内証。2. 内面的に直接知ること。3. 俗に、内輪のこと。家の中の暮らし向き。家計状態。〔佛教語大辞典〕1033a

*ナイリ　*泥梨　地獄のこと。　泥犁 S・P（niraya）の -aya が e となって nire となったものの音写か。地獄のこと。〔佛教語大辞典〕1034c

*ナニ　*何　《常用音訓》カ／なに／なん《音読み》カ／ガ《訓読み》なん／なに／なにの／なんの／なんぞ／いずれ（いづれ）／いずこ（いづこ）《名付け》いず・いずこ・なに《意味》{疑} なに。「大王来、何操＝大王来タルトキ、何ヲカ操レル」〔→史記〕{形} なにの。なんの。どういう。「是誠何心哉＝是レ誠ニ何ノ心ゾヤ」〔→孟子〕{副} なんぞ。どうして。「敢問何也＝敢ヘテ問フ何ゾヤ」〔→孟子〕{疑} いずれ（イヅレ）。いずこ（イヅコ）。どこ。「雲横秦嶺家何在＝雲ハ秦嶺ニ横タハツテ家何ニカ在ル」〔→韓愈〕「先生将何処＝先生将ニ何レニ処ラントスルカ」〔→荘子〕{副} なんぞ。反問のことば。どうしてそんなことがあろうか、ない。「何辞為＝何ゾ辞スルコトヲカ為サンヤ」疑問や反問の慣用句を組みたてることば。「何為ナンスレゾ（どうして）」「何以ナニヲモッテ（どうして）」「何謂也ナンノイイゾヤ（どういうわけか）」「何必ナンゾカナラズシモ（どうして必要があろう）」「何須ナンゾ…スルヲモチイン（どうして必要があろう）」「何為不去也＝何為レゾ去ラザルヤ」〔→礼記〕「何為為我禽＝何為レゾ我ガ禽ト為レル」〔→史記〕「何必曰利＝何ゾ必ズシモ利ヲ曰ハン」〔→孟子〕「紛紛軽薄、何須数＝紛紛タル軽薄、何ゾ数フルヲ須＃ン」〔→杜甫〕「何者ナントナレバ」「何則ナントナレバ」とは、文頭に用いて理由の説明を引き出すことば。なぜならば。「何者積威約之勢也＝何者威約ノ勢ヲ積ムナリ」〔→司馬遷〕{副} なんぞ。感嘆する気持ちをあらわすことば。なんと…なことよ。▽「一何イツニナンゾ」という形も用いる。「何無礼也＝何ゾ無礼ナルヤ」〔→漢書〕「幾何イクバク」とは、数量・時間などを問う疑問のことば。どれぐらいの意。「幾何キカ」とは、図形の性質やその関係を研究する数学。▽ｇｅｏｍｅｔｒｙの音訳から。[漢字源]

*ナムアミダブツ　*南無阿弥陀仏　〈南無〉はサンスクリット語 namo（わたくしは帰依（きえ）します）の音写語であり、〈阿弥陀仏〉は仏典にこの仏を〈無

量の光明の仏〉とも〈無量の寿命の仏〉とも記すうち、サンスクリット語amita（無量の）を出して略称したといわれる。阿弥陀仏はわが名号を称える者を浄土に往生せしめると本願に誓い、衆生の積むべき往生行の功徳のすべてを代って完成して、これを名号に収めて衆生に廻施している、この意味を善導は、〈帰命〉の二字と〈阿弥陀仏〉の四字、合わせて六字に関する釈義で明らかにしている。親鸞はこれをうけ、〈南無阿弥陀仏〉は衆生が浄土に往生する因であるから、名号のいわれであるまかせよ、必ず救うの仏の呼び声を聞信すべきであるという。親鸞は名号を本尊とし、六字のほかに九字、十字の名号を書いている。ちなみに、かれは〈南無〉を〈なも〉と発音している。〔岩波仏教辞典〕

*ナユタ　*那由他（nayuta）数の単位名。1000億のこと。〔岩波仏教辞典〕

*ナラビニ　*並に　1. ならぶ。ならべる。2. たぐいする。3. ならび 4. ならびに。ともに、みな、あまるく、あわせて、〔新字源〕745b

*ナラビニ　*並に　《常用音訓》ヘイ／な…み／なら…びに／なら…ぶ／なら…べる《音読み》ヘイ／ビョウ（ビャウ）《訓読み》ならべる／ならぶ／ならびに／なみ《名付け》なみ・なめ・ならぶ・み・みつ《意味》ヘイス　｛動・形｝ならぶ。ならんでいる。また、そのさま。「並立」｛接続｝　ならびに。「A並B」とは、「AおよびB」の意。また文章の前後二節の間に用い、それと同様に、それと同時に、の意をあらわすことば。｛副｝　ならびに。みな一様に。〔漢字源〕

*ナヲ　*猶を　1. 猿の一種で疑り深い。2. ためらう。疑ってぐずぐずする。3. ゆったりしたさま。4. ア. すら。さえ。それでも。イ. まだ。やはり。ウ. さらに。そのうえに。5. ちょうど…のようだ。再読文字 6. より。から。7. みち 8. はかる。はかりごと。〔新字源〕646

*ナン　*難《常用音訓》ナン／かた…い／むずか…しい《音読み》ナン／ダン／ナ／ダ《訓読み》むずかしい／わざわい（わざはひ）／うれい（うれひ）／なじる／かたい（かたし）／かたき／かたしとする（かたしとす）／かたんず／なん《意味》｛名｝　わざわい（ワザハヒ）。うれい（ウレヒ）。日照り・水ぜめ・火あぶりなどのつらいめ。うまく進まない事態。〈類義語〉→艱カン。「艱難カンナン」「遭難」「忿思難＝忿ニハ難ヲ思フ」〔→論語〕｛名｝　つらい戦争。「請

作難＝難ヲ作サンコトヲ請フ」〔→公羊〕ナンズ ｛動｝ なじる。人の非を責める。そしる。「非難」「難詰」「於禽獣又何難焉＝禽獣ニオイテマタ何ヲカ難ラン」〔→孟子〕 ｛形｝ かたい（カタシ）。むずかしい。やりづらいさま。手におえない。うまく物事が進まない。▽平声に読む。〈対語〉→易。「困難」「難問」「為君難＝君タルコト難シ」〔→論語〕 ｛名｝ かたき。簡単に処理できない事がら。むずかしい事がら。▽平声に読む。「責難於君謂之恭＝難キヲ君ニ責ムルコレヲ恭ト謂フ」〔→孟子〕 ｛動｝ かたしとする（カタシトス）。かたんず。むずかしいと考える。▽平声に読む。「惟帝其難之＝コレ帝モソレコレヲ難ンズ」〔→書経〕ダタリ ｛形｝ 数多く柔らかいさま。〈同義語〉→那・→娜。「其葉有難＝ソノ葉難タル有リ」〔→詩経〕 ｛名｝ 疫病神を追いはらう儀式。おにやらい。〈同義語〉→儺。〔国〕なん。欠点。「難点」「無難」「難のない人」やっかいなめぐりあわせ。「女難」「剣難」〔漢字源〕

*ナン　*難　1. 論難。非難。難詰。異議。異論。2. 討論すること。論議すること。3. 誤った非難。4. 難点。5. 困難であること。なし難いこと。6.「なんず」とよむ。難解だとしている。7. 難処。8. 雑染に同じ。9. 遅鈍。ぐずぐず。10. はばかる。〔広説佛教語大辞典〕1279b-c

*ナンイ　*煖位　あたたまりが火の前ぶれであるように、煩悩を焼き滅ぼす見道の無漏慧の火に近づいて、その前ぶれとして有漏の善根を生ずる位。1. 四善根の第一。四諦を観じて苦空などの十六行相を修する位。2. 四加行位の一つ。〔広説佛教語大辞典〕1279c

*ナンエンブダイ　*南閻浮提　また南閻浮・南閻浮洲・南閻浮提婆ともいう。閻浮提はS:Jambu-dvīpaの音写。閻浮はジャンブ（S:Jambu）という樹の名の音写。須彌山のまわりの四洲の一つ。人間の住む四大陸（四洲）の中で、南方にある大陸をさす。これは世界の中央の須彌山の南に位する三角形の大陸（洲）とされ、われわれ普通の人類が生存するところとされた。そしてここにはジヤンブ樹が多いと考えられた。転じてわれわれ人間の住む世界を南閻浮という。〔広説佛教語大辞典〕1279d

*ナンゲ　*難解　理解しがたいこと。〔広説佛教語大辞典〕1280b

*ナンシン　*難信　1. 凡夫の智慧では信じ難いこと。佛の教えは世間の常識的理解では信じ難く、深く微妙であるということ。S:vipratyayanīya 2. 特に、

凡夫が信心により直ちに成仏すると説く、他力念佛の法門をさしていう。〔広説佛教語大辞典〕1282a-b

*ナンスレゾ　*何爲すれぞ－や　どうして－なのか？『やさしい漢文』189

*ナンスレゾ　*何為　疑問や反問の慣用句を組みたてることば。「何為ナンスレゾ（どうして）」「何以ナニヲモッテ（どうして）」「何謂也ナンノイイゾヤ（どういうわけか）」「何必ナンゾカナラズシモ（どうして必要があろう）」「何須ナンゾ…スルヲモチイン（どうして必要があろう）」「何為不去也＝何為レゾ去ラザルヤ」〔→礼記〕「何為為我禽＝何為レゾ我ガ禽ト為レル」〔→史記〕「何必曰利＝何ゾ必ズシモ利ヲ曰ハン」〔→孟子〕「紛紛軽薄、何須数＝紛紛タル軽薄、何ゾ数フルヲ須ン」〔→杜甫〕［漢字源］

*ナンナントス　*垂とす 今にもそうなろうとする。ほとんどそうである。〔新字源〕214c

*ニクウ　*二空　二種の空。1. 人法二空の略。我・法二空。生空と法空。人我の空と法我の空。我空（また人空・生空）とは、我が存在は五蘊が仮に和合したものでであって、常一主宰の我なるものはないと理解すること。実体的自我の観念を否定すること。法空とは個体を構成する諸々のダルマ（諸法）そのものも自性（自体）がないと説くこと。物質的・精神的な一切の実体観念を否定すること。個人存在とそれの構成要素との究極的非実在性を言う。2. 知るものと知られるものとがないこと。〔広説佛教語大辞典〕1287b

*ニクケイ　*肉髻　肉の髻（もとどり）の意。三十二相の一つで、仏像の頂上の肉が髻の形に隆起している部分。頭の頂の上の肉の隆起。P.uṇhīsa はもとはターバンを意味したが、仏のすがたとしては多く「肉の髻」を意味した。当時、国王はターバンを巻いていたから、ブッダもそのようなものがなければならぬと考えたのであろう。仏像では仏部の特色で、頭頂が二重になっている高い部分。尊貴の相とする。→三十二相〔広説佛教語大辞典〕1287c-d

*ニシュウ　*二執（grāha-dvaya）二種類の誤った考え。1. 常一主宰のアートマンが存在すると執着する我執（人執）と、もろもろのダルマ（Dharma 事物）に実態があると執着する法執。2. 増執と減執。実際に存在しないもの

を有りとみなす執着を増執、実際に存在するものを無しとみなす執着を減執という。3. 煩悩障と所知障。〔佛教語大辞典〕1045c-d

*ニシュシュウジ　*二種生死　分段生死と變易生死とをいう。〔広説佛教語大辞典〕1293c

*ニショウ　*二障　煩悩障と所知障。〔広説佛教語大辞典〕1294c

*ニジョウ　*二乗　聲聞乘、縁覚乘の二つ。乘は乗り物の意味で、聲聞や縁覚の人々、あるいは彼等の立場を意味する。二乘は、現世に対する執著を断った聖者（阿羅漢）で、はあるが現実逃避的、自己中心的であり、利他の行を忘れたものとして大乘佛教から小乘と称された。大乘から直接〈小乘〉と名指しで非難されたのは、西北インドに勢力を有した有部（うぶ）や犢子部（とくしぶ）などのいくつかの部派であったようであるが、大智度論では、小乘と呼ばれたかれらは大願も大慈大悲もなく、一切の功徳も求めようとせず、ただ老病死の苦から脱することのみを求めるとされている。そのため、二乘は仏になれないと非難されることもあった。ただし法華経では、二乘の人々も本来菩薩であるという開会（かいえ）の立場をとり、二乘の成仏（二乘作仏（さぶつ））を説く、また同経（方便品）では、一乘以外の〈第二の乘物〉の意で二乘の語を用いる。或いは大乘と小乘とを二乘と呼ぶこともある。〔岩波仏教辞典〕

*ニタイ　*二諦　二つの真理。真諦（第一義諦。真実の見方）と俗諦（世俗諦。世俗一般の見方）。真実としての真理と、世俗の生活の上での真理。前者は聖人の見るところであり、後者は凡夫の見るところである。〔広説佛教語大辞典〕1296a-b

*ニチガツリン　*日月輪　太陽と月のこと。〔佛教語大辞典〕1053c 日輪 - 太陽のこと、*ガツリン　*月輪 - 月のこと、月は形が円くて輪のように見えるので「輪」の字を付する。〔佛教語大辞典〕183c

*ニチリン　*日輪　1. 太陽のこと。2. 経論の明証。〔佛教語大辞典〕1054a

*ニッソウカン　*日想観　阿弥陀佛の淨土に生まれるための十六の観法の第一。日の没入するすがたを観じて西方の極楽浄土を想うのを日想観という。〔佛教語大辞典〕1054d

*ニャクソウ　*溺《にやく》*罾《そう》　中道の理を見失っている人。〔広説佛教語大辞典〕1301a

*ニュウ　*入　1. こころやこころのはたらきのよりどころ。入り口のことで、対象認識の手がかりの意。P:āyantana　2. 真理をさとること。3.（ある境地に）入ること。S:avakramaṇā　P:avakrānti　4. 根と境とが互いに渉入して識を生ずること。S:praveśa　5. 含められる。〔佛教語大辞典〕1055c-d

*ニュウシン　*入神　事物の本質をしっかりと把握し、理想の境地にいきつくこと。転じて、技芸が神わざと思えるほど上達すること。また技芸が非常にすぐれていること。忘我の境地。［漢字源］

*ニュウナン　*柔輭やわらか。1. 柔はものやわらかなこと。軟はひわひわとすること。2. 身体のきゃしゃなこと。3. 高ぶることも沈むこともない様。〔佛教語大辞典〕1058a

*ニョ　*如（tathatā）原義はそのようであること。眞如、如如とも漢訳された。小乗経典では、佛の説かれた理法が真実にして永遠にそのまま変わらぬものである点から眞如、如如といった。大乗経典に至って、相対的な差別相に対する分別やとらわれを超えた究極の智慧の完成（般若波羅蜜）において体得されるところの一切の事象（諸法）の真実の姿（實相）は無差別にして絶対の一であり、いかなる思慮や言語によっても及びえぬものであるが故に事象の真実の姿を仮に名づけて如という。〔岩波仏教辞典〕

*ニョ　*如　《常用音訓》ジョ／ニョ《音読み》　ジョ／ニョ《訓読み》　ごとし／しく／ごとくする（ごとくす）／ゆく／もし／もしくは／ごときは／いかん／いかんせん《名付け》　いく・すけ・なお・もと・ゆき・よし《意味》{指・動} ごとし。…のようだ。「人生如朝露＝人生ハ朝露ノゴトシ」〔→漢書〕 {動} しく。…と同じぐらいだ。…に匹敵する。▽「しく」とは奈良時代の日本語で「及ぶ、届く」の意。「不如《シカズ》（…に及ばない）」「莫如《シクナシ・シクハナシ》（それに及ぶものはない）」「不如学也＝学ブニ如カズ」〔→論語〕 {動} ごとくする（ゴトクス）。…のようにする。「如約＝約ノ如クセン」〔→史記〕 {動} ゆく。いく。〈類義語〉→之《ユク》。「公、将如棠、観魚者＝公、マサニ棠ニ如キ、魚スル者ヲ観ントス」〔→左伝〕 {接続} もし。仮定をあらわすことば。〈同義語〉→若《モシ》。「如有復我者＝モシ我ヲ復ス者有ラバ」〔→論語〕 {接続} もしくは。二者を並べてどちらか一方を選ぶ意を示すことば。Ａ如Ｂ（ＡもしくはＢ）のかたちで用いる。〈類義語〉→或《アルイハ》。「方六七

十、如五六十＝方六七十、モシクハ五六十」〔→論語〕｛接続｝ ごときは。文のはじめにつけて、…などは、…に至ってはの意を示す。程度を進めた話題を提出する際に用いる。「如其礼楽、以俟君子＝ソノ礼楽ノゴトキハ、モッテ君子ヲ俟タン」〔→論語〕｛動｝ いかん。いかんせん。どうしようか、どうしたらよかろうか、の意。▽如だけを用いることは少なく、多くは「如何」の形で用いる。「如之何＝コレヲイカンセン」「如其仁＝ソノ仁ヲイカンセン」〔→論語〕｛助｝ 状態をあらわす形容詞につくことば。〈類義語〉…然《ゼン》。「申申如タリ」〔→論語〕《解字》会意兼形声。「口＋音符女」。もと、しなやかにいう、柔和に従うの意。ただし、一般には、若とともに、近くもなく遠くもない物をさす指示詞に当てる。「Ａ是Ｂ」とは、ＡはとりもなおさずＢだの意で、近称の是を用い、「Ａ如Ｂ（ＡはほぼＢに同じ、似ている）」という不則不離の意を示すには中称の如を用いる。仮定の条件を指示する「如《モシ》」も、現場にないものをさす働きの一用法である。［漢字源］

*ニョウ　*繞　《音読み》ジョウ（ゼウ）／ニョウ（ネウ）《訓読み》まとう（まとふ）／まつわる（まつはる）／めぐる《意味》｛動｝ まとう（マトフ）。まつわる（マツハル）。まつわりつく。「繞繞《ジョウジョウ》」｛動｝ めぐる。まわりを回る。とりまく。〈類義語〉→遶《ジョウ》。「黄蘆苦竹繞宅生＝黄蘆苦竹宅ヲ繞リテ生ズ」〔→白居易〕［漢字源］

*ニョウ　*寧　1. 古来「なんぞ」とよむ。甲か乙かという二者択一の疑問を示すために、最初におかれる字として用いられる。…であるか、あるいは…であるか。2.…のほうがよい。3.（１）願望を表す。…するほうがよい。（２）何または豈（いかに、なぜ）（３）将（未来を表す)。（４）乃（そのとき)。（５）「無寧」は「無乃」（たしかに）の意。（６）意味のない助詞として用いる。〔佛教語大辞典〕1067c-d

*ニョウ　*寧《常用音訓》ネイ《音読み》ネイ／ニョウ《訓読み》やすらか（やすらかなり）／やすい（やすし）／やすんずる（やすんず）／むしろ／なんぞ／いずくんぞ（いづくんぞ）《名付け》 さだ・しず・やす・やすし《意味》｛形｝ やすらか（ヤスラカナリ）。やすい（ヤスシ）。じっと落ち着いている。がさつかない。じっくりしてていねいな。〈対語〉→危。「安寧」「丁寧」「百

姓寧＝百姓寧シ」〔→孟子〕｛動｝ やすんずる（ヤスンズ）。落ち着けて静かにさせる。安心させる。また、転じて、両親を見舞って安心させること。「寧国＝国ヲ寧ンズ」「帰寧キネイ（とついだ娘が里の親を見舞うこと。里帰り）」｛接続｝ むしろ。こちらのほうが願わしい、どちらかといえばやはりこちらに落ち着く、の意をあらわすことば。▽「与其Ａ寧Ｂ」という形は「そのＡならんよりは、寧ろＢなれ」と訓読する。また、「むしろ」という訓は「もし＋接尾語ろ」に由来し、もしどちらかといえば、の意。「寧為鶏口、無為牛後＝寧ロ鶏口ト為ルトモ、牛後ト為ルナカレ」〔→史記〕「礼与其奢也寧倹＝礼ハソノ奢ナランヨリハ寧ロ倹ナレ」〔→論語〕「無寧～乎」とは、やはりこれが願わしいではないかの意。「無寧死於二三子之手乎＝ムシロ二三子ノ手ニ死ナンカ」〔→論語〕｛副｝ なんぞ。いずくんぞ（イヅクンゾ）。反問をあらわすことば。どうして……しようか。「我寧不能殺之邪＝我ナンゾコレヲ殺スコトアタハザランヤ」〔→史記〕〔漢字源〕

*ニョイ　*如意　1. 思いどおりになること。物事が自己の意のままになること。2. 喜びのために心を奪われていること。我を忘れていること。3. 超自然的な不思議な力。すぐれた超自然的な力。4. 如意珠のこと。5. 僧の持つ道具の一つ。長さは三十～四十センチほどで、説法や講経・法会の時、講師が持つ手状の道具。〔広説佛教語大辞典〕1305c-d

*ニョイゴ　*如意語　あらゆる生きとし生けるものをして放逸させないために用いる言葉。『探要記』七巻十一帖

*ニョイシュ　*如意珠　如意宝珠に同じ。思うとおりに珍寶をだすといわれる珠。→如意宝珠〔佛教語大辞典〕1060a

*ニョジツ　*如實［s：yathābhūta、yathātathā］〈あるがまま〉〈その如く〉という意。仏教では bhuta や satya、あるいは tathata という語が真実・真如を意味する。すなわち〈あること〉〈存在すること〉、あるいは〈それ〉とか〈これ〉と指し示しうるものがそのまま真実・真如である。したがって〈あるがまま〉〈その如く〉ということは、真実のとおりに、真如のままにという意味になる。〈如実知見〉はその真実・真如を真実・真如のままに知見すること、すなわち本当の智慧（般若）を表す。なお、漢語〈如実〉（実の如く）は事実のとおりにという意味で、論衡（卜筮）に用例が

見える。戒と智とまことに宝なるべし。多聞の益すくなし。ただ如実の智を得る方便なるべし〔貞享版沙石集（9－9）〕〔岩波仏教辞典〕1.真実の道理にかなうこと。あるがままに。2.真実。【解釈例】實の如くということ。法の実体にかなうことなり。〔佛教語大辞典〕1061

*ニョセツシュギョウ　*如説修行　また如實修行ともいう。佛の教えにあるとおりに、法にかなった修行をすること。〔佛教語大辞典〕1062d

*ニョライ　*如來 S:tathāgata 修行を完成した者の称。諸宗教を通じて用いられた。後にもっぱら釈尊の呼称となり、さらに大乗佛教においては諸佛の呼称ともなった。サンスクリット原語 tathāgata の語源・語義に関しては諸論があり確定していない。〈あのような（tathā）境涯（gati）に赴いた人〉の意ととる説もある。ジャイナ教聖典にも見え、おそらく佛教者の案出した語ではなく、当時一般に周知の語だったらしく、初期の仏典では語義説明がされていない。教理的な解釈が現われるのは部派佛教になってからである。tathā は〈そのように〉〈如実に〉の意である。gata は〈去った〉、āgata は〈来た〉の意、そこで教理的解釈では、tathā + āgata と見て〈〈過去の佛と〉同じように来た〉〈真実から来た〉と解釈したり、tathā + gata と見て、〈同じように行った〉〈真実へ赴いた〉などと解釈している。漢訳仏典では、前者のようにとり、〈如来〉と訳す。後者に従い〈如去〉と訳した例は、この語の教理的解釈の分を除けばほとんどない。漢語〈如来〉は、後漢の安世高から始まる。中国佛教では、概して〈真実より衆生の世界へ来たもの〉と解釈している。〈如来〉などの仏の称号を〈如来十号〉という。すなわち如来・応供・等正覚(正遍知)・明行足・善逝・世間解・無上士・調御丈夫・天人師・佛・世尊である。各称号は初期佛教以来あるが、これを〈十号〉として数えることは、後のもので分け方も一定していない。概して南伝〈南方佛教〉では如来を除いて応供以下を一まとめに考えていたようであるが、北伝〈北方佛教〉では、上記十一の称号を〈十号〉とするために、世尊を除いたり、無上士と調御丈夫を一つに数えたりしている。〔岩波仏教辞典〕

*ニワカニ　*俄　《音読み》ガ《訓読み》にわかに（にはかに）／にわか（にはか）《意味》{副}　にわかに（ニハカニ）。急に。平らに進んできた事がらが、急に

がくんとかわる場合に用いることば。「俄然《ガゼン》」「俄而匱焉＝俄カニシテトボシ」〔→列子〕{名} ロシアのこと。▽「俄羅斯《オロス》」の略。「オ」は､「俄」の近世漢語の音。「俄国」〔国〕にわか（ニハカ）。「俄狂言《ニワカキョウゲン》」の略。滑稽《コッケイ》を主とした即興の狂言や茶番劇のこと。《解字》会意兼形声。我《ガ》は、厂型に折れ曲がり、ぎざぎざの刃のついたくまでのような武器を描いた象形文字で、われの意に用いるのは当て字。俄は「人＋音符我」で、何事もなく平らに進んだ事態が、急に厂型にがくんと折れ曲がるの意を含む。→我［漢字源］

*ニワカニ　*遽　《音読み》キョ／ゴ《訓読み》にわか（にはかなり）／あわただしい（あわただし）／おそれる（おそる）《意味》{名} 馬を使った駅伝。はや馬の使い。▽車によるものを伝《デン》という。{形} にわか（ニハカナリ）。あわただしい（アワタダシ）。はげしく急に。ぎくっとしてあわてるさま。「遽契其舟曰＝遽ニソノ舟ヲ契ミテ曰ハク」〔→呂覧〕「心遽脚忙＝心遽シク脚忙シ」〔柴野邦彦〕{動} おそれる（オソル）。うろたえる。「骸遽《ガイキョ》」「何遽《ナンゾ・ナンゾニワカニ》」とは、「どうして」「なんで」と反問する気持ちをあらわすことば。〈同義語〉何渠《ナンゾ》。「此何遽不為福乎＝コレ何遽福ト為ラザランヤ」〔→淮南子〕《解字》会意兼形声。右側の字（音キョ）は、はげしく争う、きつくてはやいとの意を含む。遽はそれを音符とし､辶を加えたもの。［漢字源］

*ニワク　*二惑　普通は見惑と修惑とをいう。〔広説佛教語大辞典〕1317d

*ニンウン　*任運　→ニンヌン

*ニンガケン　*人我見　1. 自己に対する執着。常一主宰の我ありと固執する誤った見解。法我見の対。2. 通常いう、五陰仮和合に人我を認める我見とは異なって、主として法身如来藏に実体を認める謬見。我は主宰の意。〔佛教語大辞典〕1068d

*ニンキ　*人鬼　人間と鬼類。〔佛教語大辞典〕1096a

*ニンキ　*任氣　任俠の気。又､勇気に任せて振る舞うこと。〔諸橋大漢和辞典〕1-637a

*ニンギ　*仁と義。仁はあわれみの心、義は物事のすじみちを通すこと。いつくしみと道理にかなうこと。人としての道。儒教の最も重要な徳目。人倫

の道。十六大国でのみたもたれていたと解せられた。『観無量壽經』『大正藏経』12巻345c 〔佛教語大辭典〕792c

*ニンキョウ　*任侠　ニンキョウ・ジンキョウ ＝仁俠。強い者をくじき弱い者を助ける気性が強いこと。［漢字源］

*ニンシュウ　*人執　二執の一つ。また、我執ともいう。→人我見〔佛教語大辭典〕1070a

*ニンソウ　*人相 1.偉人の相 2.個人というおもい。個我という観念。個人は霊魂または人格主体を意味するものとして佛教内外で考えられていた。3.人のすがた。〔佛教語大辭典〕1070B

*ニンニク　*忍辱　1.堪え忍ぶこと。忍耐。苦しみに耐えしのぶこと。苦難に耐えること。よく耐えしのびへこたれないこと。忍びこらえること。侮辱や迫害に対して忍び耐えて、心安らかに落ち着け瞋恚の念を起こさないこと。六度の一つ。**【解釈例】**しのぶこころ。がんばりぬく。がまん。辛抱すること。2.雪山にある草の名。〔広説佛教語大辭典〕1322d-1323a

*ニンヌン　*任運　そのまま。自然に。自然のままに。自然に起こる。法爾・無功用に同じ。努力せずに。意志的努力をしないで。運に任せきること。自己のはからいをもたないこと。人の造作を加えないこと。自在な隨縁の境地のこと。なりゆきに任せること。→法爾〔広説佛教語大辭典〕1323b-c

*ネハン　*涅槃　1.おそらく俗語のnibbānの音写。迷いの火を吹き消した状態。ニルヴァーナ（S.nirvāṇa）さとり。最高の理想の境地であり、仏道修行の最後の目的である。人間の煩惱や穢れがすべて消滅している境地。心の平和によって得られる楽しい境地。後に涅槃には、有余依涅槃と無余依涅槃の二種類があると唱えられた。さらに四種の涅槃も説かれている。『金光明最勝王経』にはそれに十の意義があるとする。『理趣経』を読誦するときは「でっぱん」と読む。2.ニルヴァーナに入る。（動詞）3.無為に同じ。〔広説佛教語大辭典〕1328a-c

*ネン　*念　心に思うこと、いつも心に思うこと。説文に念、常思也とある。仏教では、サンスクリット語smṛti、パーリ語satiの訳語として用いることが多い。これは記憶して忘れないことで、五位七十五法では心所有法の大地法の一、五位百法では心所有法の別境の一。また、重要な〈念〉の用

法として〈念仏〉の〈念〉があるが、これももともとは思念する意であったのが、後に仏の名を口に唱える意に転じた。念の心所は、経（へ）て過ぎにし事を心のうちに明らかに記して忘れざる心なり〔法相二巻抄（上)〕念々の称名は念仏が念仏を申すなり〔一遍語録〕〔岩波仏教辞典〕

*ネン　*念　《常用音訓》ネン《音読み》ネン（ネム）／デン（デム）《訓読み》おもう（おもふ）／よむ《名付け》むね《意味》ネンズ ｛動｝ おもう（オモフ）。心中深くかみしめる。いつまでも心中に含んで考える。「思念」「牽念《ケンネン》（気にかけて心配する）」「伯夷叔斉不念旧悪＝伯夷叔斉ハ、旧悪ヲ念ハズ」〔→論語〕｛名｝ 心中におもいつめた気持ちや考え。「心念」「三載一意其念不衰＝三載一意、ソノ念衰ヘズ」〔陳鴻〕ネンズ ｛動｝ よむ。口を大きく動かさずに低い声を出してよむ。〈同義語〉→唸《ネン》。「念経（読経）」「念仏」｛数｝ 二十。▽ニジフがつづまって、最後のpがmとなった。〈類義語〉→廿。「念九日（二十九日）」［漢字源］

*ネン　*然　しか‐も【然も・而も】　副　そのように。さように。万一「三輪山を―隠すか雲だにも」　接続　なおその上に。著聞一六「僅かなるこまらの、―きぬかづきしたるを」。「聡明で―美人」＿それでも。けれども。史記殷本紀建暦点「湯（とう）を奸（おか）さむと欲（す）るに、而《シカモ》、由（よし）無し」。方丈記「行く川の流れは絶えずして―もとの水にあらず」。「注意され、―改めない」〔広辞苑〕

*ネン　*然　《常用音訓》ゼン／ネン《音読み》　ゼン／ネン《訓読み》しかり／しかれども／しかし／しかるに／もえる（もゆ）《名付け》しか・なり・のり《意味》｛指｝ しかり。肯定・同意するときのことば。転じて、「そう、よろしい」と引き受けるのを「然諾」といい、イエスかノーかを「然否」という。「対曰然＝対ヘテ曰ハク然リト」〔→論語〕｛指｝ しかり。肯定・同意・承認をあらわすことば。そのとおり。そうだ。「信然＝マコトニ然リ」「果然＝果タシテ然リ」「以為然＝モッテ然リトナス」「其道然也＝ソノ道然ルナリ」〔→荀子〕「若…然」「如…然」とは、「…のごとくしかり」と訓読して、…のようである、そのようであるの意をあらわすことば。「如不得其意然＝ソノ意ヲ得ザルガゴトク然リ」｛接続｝ しかれども。しかし。しかるに。けれども。〈類義語〉→而《シカモ》。「然今卒困於此＝然レドモイマ

卒ニココニ困シム」〔→史記〕「然而《シカリシコウシテ》」とは、それだのにの意をあらわす接続詞。「黎民不飢不寒、然而不王者未之有也＝黎民ハ飢#ズ寒エズ、然リ而ウシテ王タラザル者ハイマダコレ有ラザルナリ」〔→孟子〕「然則《シカラバスナワチ》」とは、そうだとしたら、そうならばの意をあらわす接続詞。「然則人之性悪、明矣＝シカラバ則チ人ノ性悪ナルコト、明ラカナリ」〔→荀子〕「然後《シカルノチ》」とは、そののち、それからの意で、事がらや時間の前後関係をあらわす接続詞。「待師法然後正＝師法ヲ待チテ然ル後正シ」〔→荀子〕「雖然《シカリトイエドモ》」とは、そうとはいってもの意の接続詞。{助} 形容詞や副詞につく助詞。〈類義語〉→焉《エン》・→爾《ジ》。「忽然《コツゼン》」「泰然」「填然鼓之＝填然トシテコレニ鼓ス」〔→孟子〕{助} 文末について推量や判定の気持ちをあらわす助詞。▽訓読では読まない。「若由也、不得其死然＝由ノゴトキヤ、ソノ死ヲ得ザラン」〔→論語〕{動} もえる（モユ）。熱を出してもえる。〈同義語〉→燃。「若火之始然＝火ノ始メテ然ユルガゴトシ」〔→孟子〕〔漢字源〕

*ネンカン　*念観＝観想　〔広説佛教語大辞典〕1331a-b

*ネンジョ　*年序　経過した年代。年数。日葡「ネンジョヲフ（経）ル」‐ほう【年序法】・・ハフ〔広辞苑〕

*ネンソウ　*念僧　教団の功徳を憶念すること。〔佛教語大辞典〕1080b

*ネンネン　*念念　念は外界の刺激に応じて記憶をとどめる心のはたらき。きわめて短い時間。すなわち刹那をいう。故に時間的には一瞬一瞬ということ。時々刻々。一刹那一刹那ごとに。〔すべてのものが無常であるということは、念々（刻々）に一つの状態が死滅して次の状態が現れているということ。〕【解釈例】深く信じてねてもさめても南無阿彌陀佛と申すこと。〔佛教語大辞典〕1080c-d

*ネンブツ　*念佛 S:buddha-anusmṛti,buddha-manasikāra 今日「南無阿彌陀佛」と阿弥陀佛の名前を称える称名と同義に考えられているが、佛教思想の展開史上、念佛の意味、種類、用法はきわめて多岐にわたっている。初期佛教では六随念や十随念の第一佛随念のことを念佛という。佛随念とは佛徳を繰り返し憶念する意で、佛身を憶念の対象とするから、夢中に佛身を見たてまつる見佛、あるいは禅定三昧の中で観察する観想・観佛をも念佛と

解するようになった。大乗佛教では讃佛乗といって諸佛の徳を讃え供養することを主旨としたから、三昧に入って念佛する念佛三昧が広く説かれた。とりわけ阿弥陀佛の浄土に往生する浄土信仰が盛んになると、阿弥陀佛の名前を聞き、称えることが念佛とされた。中国浄土教の中で観想念佛を主とする白蓮社の慧遠流、禪観念佛を主とする慈愍流に対して、善導は念聲是一（憶念と口称は同一である）を主張して称名念佛を唱えた。この善導流の念佛が法然およびその門下にうけつがれた。わが国浄土教の諸宗は善導流の念佛を伝え、念佛門または念佛宗という。なお、叡山には古く中国から伝えられた称名音楽として、五会念佛や引声念佛があり、民間に踊り念佛や歌念佛が行なわれてきた。〔岩波仏教辞典〕650-651

*ﾈﾝﾌﾞﾂ　念佛　1. 佛を憶念すること。佛の功徳や相を心に思い浮かべること。観念の念佛。2. 六念の一つとして立てる場合がある。→六念。3.「南無阿彌陀佛」の六字の名号を口に称えること。〔佛教語大辞典〕1081a-b

*ﾈﾝﾌﾞﾂｽﾍﾝ　*念佛數遍　念佛の数の多少をいう。浄土宗の正意は、念佛の数の多少によって往生の得不得が定まるのではないとすること。それは『無量壽經』の第十八願に乃至十念」とあり、願成就文には「乃至一念」とあり、流通分には「一念大利無上功徳」とある。法然上人の『一百四十五箇条問答』に「毎日の所作に六万十万の數遍を念珠をくりて申候はんと、二万三万を念珠を確かに一つづつ申候はんといづれがよく候べき。答。凡夫の習。二万三万を当つとも如法には叶い難からむ。唯數遍の多からむには過ぐべからず。名号を相続せん為なり。必ずしも、数を要とするには非ず。唯常に念仏せんが為なり。」と説くことで明らかである。『浄土宗大辞典』164a-b

*ﾈﾝﾌﾞﾂｻﾞﾝﾏｲ　*念佛三昧　佛を念ずることによる心の安らぎ。心静かに念佛に専心すること。佛を憶念して心の統一・安定が実現された状態。また、一心に南無阿彌陀佛を唱えつづけること。『大集經日藏分』「諸佛を見るを以ての故に、念佛三昧と名づく」〔佛教語大辞典〕1081c

*ﾈﾝﾎﾟｳ　*念法　佛法のすぐれているゆえんを念ずること。〔佛教語大辞典〕1082b

*ﾉｳ　*能　《常用音訓》ノウ《音読み》ノウ／ノ／ドウ〉／ダイ／ナイ／タ

イ《訓読み》あたう（あたふ）／よくする（よくす）／よく／ゆるす／たえる（たふ）／のう《名付け》たか・ちから・とう・のり・ひさ・みち・むね・やす・よき・よし《意味》{動・助動} あたう（アタフ）。よくする（ヨクス）。よく。物事をなしうる力や体力があってできる。たえうる。りっぱにたえて。しっかりと。「非不能也＝能ハザルニアラザルナリ」〔→孟子〕「能近取譬＝能ク近ク譬ヲ取ル」〔→論語〕{名} 事をやりうる力。はたらき。「有能」「技能」「才能」{形} やりての。仕事たっしゃな。「能弁」「能者」{動} ゆるす。やんわりとたえる。柔らかに接する。「柔遠能邇＝遠キヲ柔ラゲ邇キヲ能ス」〔→詩経〕{動} たえる（タフ）。物事をなしうるだけの力がある。また、仕事をなしうる力があって任にたえる。〈同義語〉→耐タイ。「鳥獣毳毛其性能寒＝鳥獣ノ毳毛ハソノ性、寒キニ能フ」〔→漢書〕{名} ねばり強いかめ。▽平声に読む。〔国〕のう。能楽のこと。〔漢字源〕

*ノウエ　*能依　よるもの。依存するもの。所依に対していう。〔広説佛教語大辞典〕1337d

*ノウカン　*能観　1. 主観。考察主体。考察者。S:parikṣaka　2. 止観する自己。〔佛教語大辞典〕1084d

*ノウカンショカン　*能観所観　見るものと見られるもの。認識作用の主体（主観）と客体（客観）。〔佛教語大辞典〕1084d

*ノウジ　*能持　1. 戒をたもつこと。受戒者が戒を受持すること。2. たもつよりどころ。3. 陀羅尼に同じ。〔広説佛教語大辞典〕1339c

*ノウショウ　*能生　1. 生ずる性質のあること。結果を生ぜしめる。S.prasava-dharmin　2. 能産者。生む主体。これに対して、生み出されたものが、所生である。S, utpādaka　janaka〔広説佛教語大辞典〕1340b-c

*ノウリョウ　*能量　量は量度の意。対象を推量思考する心をいう。〔広説佛教語大辞典〕1342c

*ノガルル　*迯れる＝逃　にげる。にげさる。のがれる。たちさる。さける。責任などをまぬがれる。かくれる。にがす。のがす。まじろぐ。目玉を動かす。〔新字源〕998b

*ハ　*破《常用音訓》ハ／やぶ…る／やぶ…れる《音読み》ハ《訓読み》やぶる／やぶれる（やぶる）／わる／は《意味》{動} やぶる。やぶれる（ヤ

ブル)。たたいて表面をやぶる。表面がやぶれる。物をうちわる。こわす。物がこわれる。また、敵をうちやぶる。敵にまける。「破壊」「打破」「破陣＝陣ヲ破ル」｛動｝ やぶる。わる。表面をわる。さいてわける。「破瓜ハカ(十六歳の女性)」「破浪＝浪ヲ破ル」｛動｝ やぶる。表面をやぶって中までつっこむ。物事を徹底してやりぬく。「破題(題目から内容を解説する)」「看破」「読破」｛動｝ やぶる。わる。おおいかくしているものをやぶって、物事の秘密をあらわにする。「破案＝案ヲ破ル」「天下莫能破焉＝天下ニヨク破ルモノナシ」〔→中庸〕｛動｝〔俗〕金をつかいはたす。「破財ポオツアイ」「破費ポオフエイ」｛名｝ 急調子の曲。〔国〕は。雅楽で、曲の中間の部分。〔漢字源〕

*ハイ　*廃【廢】《常用音訓》ハイ／すた…る／すた…れる《音読み》ハイ／ホ《訓読み》すたる／すたれる（すたる）／やめる（やむ）《意味》ハイス ｛動｝ すたれる（スタル)。くずれてだめになる。「廃絶」「力不足者、中道而廃＝力足ラザル者ハ、中道ニシテ廃ス」〔→論語〕ハイス ｛動｝ やめる（ヤム)。やめる。だめだとして捨て去りやめる。〈対語〉→存・→置。「廃止」「廃寝食＝寝食ヲ廃ス」「子之廃学、若吾断斯織也＝子ノ学ヲ廃ムルハ、吾ノコノ織ヲ断ツガゴトキナリ」〔→列女〕ハイス ｛動｝ やめる（ヤム)。役目や仕事をやめる。「邦有道不廃＝邦ニ道アラバ、廃セラレズ」〔→論語〕ハイス ｛動｝ からだがだめになる。〈同義語〉→癈。「廃残」「荊軻廃＝荊軻廃ス」〔→史記〕ハイス ｛動｝ くずす。〈類義語〉→毀キ。「廃毀ハイキ」｛形｝ 機能がだめになったものをあらわすことば。働かなくなったさま。くずれたさま。「廃紙」「廃屋」〔漢字源〕

*ハイコン　*敗根　敗種ともいう。聲聞・縁覚が成仏し得ないことを、草木の根や種子の腐敗したものにたとえた語。くさったたね。〔広説佛教語大辞典〕1345b

*ハイシュ　*敗種　腐った種→敗根〔広説佛教語大辞典〕1345d

*バイヨウ　*貝葉　貝多羅葉の略。1. 書のこと。インドでは、昔から書物を作るには、棕櫚の葉を削って長方形に切り、表面を平にして、それに文字を刻みつれ、油を流し込んで刻んだ文字の跡を黒くした。その各片の中央に穴を開けて紐を通してたばねて結んでおく。その各片をサンスクリットでpattraという。それは葉のことで、その音を貝（ばい）という文字で写し

て両字を合して貝葉という。2. 日本の古典では仏教の経典をいう。〔広説佛教語大辞典〕1346d-1347a

*ﾊｴ　*破壊　こぼつこと。やぶり、うちこわすこと。重圧に押しつぶされること。〔広説佛教語大辞典〕1347b

*ﾊｶｲ　*破戒　戒を破ること。犯戒。いったん受戒した者が戒法に背く行動をすること。または破戒した人。持戒の対。【解釈例】受けた戒法を破ること。〔広説佛教語大辞典〕1347c-d

*ﾊｸ　*帛 1. きぬ。白ぎぬ。絹織物。2. ぬさ。贈り物の絹。〔新字源〕315C

*ﾊﾞｸ　*縛　束縛するもの。束縛。煩悩の異名。心を縛して真実の認識ないし活動をなさしめず、苦しみの生死の世界に沈淪せしめる煩悩。三縛、三毒、三不善根と称する。貪瞋癡をいう。〔佛教語大辞典〕1101d

*ﾊｸﾕｳ　*薄童　天のたすけが薄い。不幸。〔諸橋〕9 巻 937 頁 a

*ﾊﾞｽﾊﾞﾝｽﾞ　*婆藪般豆　S:Vasubandhu ｾｼﾝ世親　ｳﾞｧｽﾊﾞﾝﾄﾞｩ 4-5 世紀頃、現在のパキスタンの Peshawar の人。弥勒→無著→世親とつづく唯識派三大論師のひとり。無著の弟、無著と同じく初め小乗仏教（説一切有部）を学び、その優れた学才によって名声を得たが、後に無著に感化されて大乗に転向し、唯識思想を組織大成した。著書としては、小乗時代に著した『阿毘達磨倶舎論』、大乗転向後の『唯識二十論』『大乗成業論』『大乗五蘊論』『大乗百法明門論』『佛性論』など、さらには『中辺分別論』『大乗莊厳經論』などに対する註釋書がある。とくにその主著『唯識三十頌』はその後多くの論師によって註釋され、それら諸註釋を盛り込んで、玄奘が『成唯識論』にまとめあげるにおよび法相宗の所依の論書となるに至った。

*ﾊｽﾞﾏｹ　*鉢頭摩花（波頭摩花）　波頭摩は P.S.padma の音写。紅蓮華。〔広説佛教語大辞典〕1352c

*ﾊﾁｹﾞﾀﾞﾂ　*八解脱　八背捨ともいう。滅尽定にいたる八種の解脱。心静かな八種の内観によって貪りを捨てた境地。三界の煩悩を捨てて、その繋縛から解脱する八種の禅定。この観法を修めて迷いを離れ、阿羅漢のさとりを得る故に解脱という。八種の定（初禅・第二禅・第四禅・四無色定・滅尽定）の力によって貪著を捨てること。また他の説明によると、（1）まずある対象をもっぱら念想して欲情を除き（2）すすんで、念想中の心を一

点に集中して精神統一する。（3）（4）その上で、外境から心を分離して冷静にたもち、身も心も清浄な境界に至り、この段階で、（5）もっぱら無限の空間を念じて外界の差別相を（6）その心の作用、身体も限りのない境界に達して（7）その空間や心の境界を超越した根源に達し（8）その根源になる場が常に現実に示される境界に達する。時には、（9）完全な無となる境界（滅尽地）を加える場合もある。（1）内有色想外観色、（2）内無色想外観色不浄思惟、（3）浄解脱、（4）空処解脱、（5）識処解脱、（6）無所有処解脱、（7）非想非非想処解脱、（8）滅尽定解脱。『大般涅槃經』『大正蔵経』1巻192a〔佛教語大辞典〕1102c-d

*ﾊﾁｼﾞｭｳｵｸｺｳｼｮｳｼﾞ　*八十億劫生死　「八十億劫の生死」とよむ。久しくさまよった輪廻転生〔広説佛教語大辞典〕1355b

*ﾊﾁｼﾞｭｳｽﾞｲｷﾞｮｳｺｳ　*八十隨形好　八十とおりのすぐれたすがた。仏の三十二相が顕著で見やすいのに対して、微細でみにくい身体的特徴をいう。八十の小さな特徴。仏身に具わった八十種のこまやかな特徴。→八十種好。『観無量壽經』『大正蔵経』一二巻三四三a〔広説佛教語大辞典〕1355b

*ﾊﾁﾁｽｲ　*八池水　極楽浄土にある八つの池の水。『觀無量壽經』『大正蔵経』十二巻三四二中〔佛教語大辞典〕1104d

*ﾊﾁﾅﾝ　*八難　1. 佛を見ず、佛法を聞くことができない境界が八種あるのをいう。⑴ 地獄 ⑵ 餓鬼 ⑶ 畜生（以上三悪道は苦痛が激しいため）⑷ 長寿天（長寿を楽しんで求道心が起こらない。）⑸ 辺地 S:Uttarakuru ここは楽しみが多過ぎる。）⑹ 盲聾ｵﾝｱ（感覚器官に欠陥があるため）⑺ 世智弁聡（世俗智にたけて正理に従わない。⑻ 佛前佛後（佛が世にましまさぬ時）である。佛と法と無縁な八種の所。その原語は普通 S:aṣṭa aksanāḥ または aṣṭa akṣaṇāni である。2. 八種の苦難。病、王、財、水、火、衣鉢、命、荒行。3. 恐るべき八つの出来事。国にとって八つの災難。〔佛教語大辞典〕1356c-d

*ﾊﾁﾈﾂｼﾞｺﾞｸ　*八熱地獄＝　*ﾊﾁﾀﾞｲｼﾞｺﾞｸ　*八大地獄　‥ﾁﾞ‥焔熱によって苦を受ける八種の地獄、すなわち等活・黒縄（こくじよう）・衆合（しゆごう）・叫喚・大叫喚・焦熱・大焦熱・無間（むけん）。この各に十六小地獄が付属している。鉄囲山（てつちせん）と大鉄囲山の間、または閻浮（えんぶ）

洲の地下にあるという。八熱地獄。八大奈落。

*ハチリョウ　*八楞　楞は角の意で、八角をいう。〔佛教語大辞典〕1107b

*バツ　*伐《常用音訓》バツ《音読み》バツ／ボチ／ハツ《訓読み》きる／うつ／ほこる《名付け》のり《意味》｛動｝きる。刃物で二つにきる。「伐採」「伐木丁丁＝木ヲ伐ルコト丁丁タリ」〔→詩経〕｛動｝うつ。武器で敵をうちやぶる。また、棒でたたく。「征伐」「武王、伐紂＝武王、紂ヲ伐ツ」〔→孟子〕｛動｝ほこる。大げさにてがらをひけらかす。▽きり開き開放して見せることから。「願無伐善＝願ハクハ善ニ伐ルコト無カラン」〔→論語〕《解字》会意。「人＋戈（ほこ）」で、人が刃物で物をきり開くことを示す。二つにきる、きり開くの意を含む。［漢字源］

*ハッカイ　*八戒　八戒斎の略。在家信者が一日一夜守るべき八つの戒め。〔広説佛教語大辞典〕1359c-d

*ハッカイサイ　*八戒斎　八斎戒に同じ。　一日一夜を限って男女の在家信者が守る八つのいましめ。戒としては出家生活を一日だけ守るという形をとったもの。五戒と、衣の贅沢、住の贅沢と食の贅沢についての戒め。(1) 生物を殺さない。(2)盗みをしない。(3)性交しない。(4)うそを言わない。(5)酒を飲まない。(6) 装身化粧をやめ（きらびやかに飾らぬ）歌舞を聴視しない。(7) 高くゆったりしたベッドに寝ない。(8) 昼以後何も食べない。以上八つを守るもので、八戒ともいう。これをウポーサタの日、すなわち毎月陰暦の八日・十四日・十五日・二十三日・二十九日・三十日に守って行う。最初期の仏典においては、八つの戒めの内容は必ずしも一定していなかったが、それらの戒めの立て方から、非常に厳粛な道徳的実践を目指していたことが容易に看取できる。『観無量壽經』『大正蔵経』12巻345b〔広説佛教語大辞典〕1359d

*ハック　*八苦　生苦・老苦・病苦・死苦・愛別離苦（愛する者と別離する苦しみ）・怨憎会苦（恨み憎む者に会う苦しみ）・求不得苦（求めるものが得られない苦しみ）・五陰盛苦（五蘊から生ずる苦しみ）をいう。すなわち、生・老・病・死の四苦に、愛別離苦・怨憎会苦・求不得苦・五陰盛苦を加えて八苦という。そこで四苦八苦ともいう。〔広説佛教語大辞典〕1360b-c

*ハックドクスイ　*八功徳水　八種のすぐれた特質・効き目のある水。極楽浄土の

池や須弥山を取り巻く七内海に満たされているといわれる。八種の功徳とは、甘く（甘）・冷たく（冷）・やわらかく（輭）・軽く（軽）・清らか（清淨）・無臭（不臭または潤沢安和）・飲む時の土を損せず（飲時不損喉）・飲み終わって腹を痛めず（飲已不傷腹）、などの性質をいう。『称讃淨土経』では、八種の特質を澄浄・清冷・甘美・軽輭・潤沢・安和・除患・養根とする。〔佛教語大辞典〕1108a

*ﾊｯｸﾄﾞｸｽｲｿｳ　*八功徳水想　『觀無量壽經』に説く十六観の一つ極楽の八功徳水の相を観ずる修行法。→十六観〔佛教語大辞典〕1108a

*ﾊｯｹﾝ　*發遣　人を勧めて他の所に遣わすこと。浄土教において佛が衆生に浄土往生の心を発させることをいう。佛がこの世で迷っている衆生を阿弥陀仏の浄土に往生させること。釈尊が人々に浄土に往生せよと勧めること。召喚に対する。『黒谷上人語灯録』〔広説佛教語大辞典〕1360d-1361a

*ﾊｯｻﾝ　*発散　光・熱・声などが外へ飛び散る。［漢字源］

*ﾊｯｼｮｳﾄﾞｳ　*八正道　八聖道とも書く。理想の境地に達するための八つの道。八種の実践徳目。八種の正しい生活態度。邪を離れるので正といい、また聖者の道であるから聖という。（１）正見。正しく四諦の道理を見る。（２）正思惟。正しく四諦の道理を思惟する。（３）正語。正しい語をいう。（４）正業。正しい行動をする。（５）正命。身・口・意の三業を清淨にして正しい理法にしたがって生活する。（６）正精進。道に努め励む。（７）正念。正道を憶念し、邪念のないこと。（８）正定。迷いのない清浄なるさとりの境地に入る、の八つをいう。正しい見解。正しい思い。正しいことば。正しい行為。正しい生活。正しい努力。正しい気づかい。正しい精神統一のこと。〔広説佛教語大辞典〕1362c-d

*ﾊｯｼｮｳﾄﾞｳﾌﾞﾝ　*八聖道分　八正道を構成する八つの実践徳目。〔広説佛教語大辞典〕1362d

*ﾊﾖｳ　*播揚　広く知れわたるようにする。事を起こす。［漢字源］

*ﾊﾗｲ　*波羅夷　戒律のうちで罪の最も重いもの。教団の罰則のうち、最も厳しいもので、教団追放の刑罰のこと。重罪とも漢訳される。修行僧には四つのパーラジカがある。（１）婦女と淫事を行うこと。（２）盗みをすること。（３）人を殺すこと。（４）修行を完成していないのに、「自分は偉

い人だ」と言い触らすこと。（大妄語）。修行にはさらに四つを加えて八つのパーラジカとする。これらのいずれかを犯すと教団から追放される。パーリ律によると、頭を断たれた人が体幹のみでは生きがたいように、不淨法を行ずれば非沙門・非釈種なり、という。『四分律』『五分律』は、断頭という語をもって訳す。〔佛教語大辞典〕1092a-b

*ハラミツ　*波羅蜜（pāramitā）菩薩の基本的な実践徳目。彼岸に至る行と解する。*六波羅蜜大乗佛教において、菩薩に課せられた6種の実践徳目で六度ともいわれる。1. 布施、財施、法施（真理を教えること）無畏施（恐怖を除き安心を与えること）2. 持戒　戒を守ること　3. 忍辱　苦難に堪え忍ぶこと　4. 精進　たゆまず佛道を実践すること　6. 禅定　瞑想により精神を統一させること　6. 真理を見極め悟りを完成させる智慧　六波羅蜜の中では、この智慧波羅蜜が肝要とされ、前の五波羅蜜はこれを得るための準備手段として要請される。波羅蜜とはこれら6種の徳目の完成態を言う。

*ハリ　*頗梨　sphaṭika の音写。水晶のこと。あるいはガラスか。〔佛教語大辞典〕1096b

*ハリキョウ　*頗梨鏡　水晶の鏡。ガラスでつくった鏡のようなもの。〔広説佛教語大辞典〕1370b

*ハルカニ　*懸　《常用音訓》ケ／ケン／か…かる／か…ける《音読み》ケン／ケ／ゲン《訓読み》かける（かく）／かかる《名付け》とお・はる《意味》｛動｝ かける（カク）。かかる。物をひっかける。また、物がぶらさがる。「懸垂」「抉吾眼縣（＝懸）呉東門之上＝ワガ眼ヲ抉リテ、呉ノ東門ノ上ニ懸ケヨ」〔→史記〕ケンス ｛動・形｝ 物事が宙づりになったまま決着しないさま。〈対語〉→決・→定。「懸而不決＝懸シテ決セズ」ケンス｛動｝かけはなれる。「懸軍」〔国〕「一所懸命イッショケンメイ」とは、封建時代、領主から賜った一か所の領地だけに命をかけて生活することから転じて、力を尽くして非常に熱心に行うさま。《解字》会意兼形声。県は、首という字の逆形で、首を切って宙づりにぶらさげたさま。縣ケンは「県＋糸（ひも）」の会意文字で、ぶらさげる意を含み、中央政府にぶらさがるひもつきの地方区のこと。懸は「心＋音符縣」で、心が宙づりになって決まらず気がかりなこと。また縣（宙づり）の原義をあらわすことも多い。［漢字源］

*ハン　*噌　　溶ける　氷が溶ける。

*バン　*萬　《常用音訓》バン／マン《音読み》マン／バン／モン《訓読み》よろず（よろづ）《名付け》かず・かつ・すすむ・たか・つむ・つもる・よろず《意味》{数}　数で、千の十倍。「十万円」{副}　よろず（ヨロヅ）。非常に数が多いことを示すことば。▽千とともに用いる。「千万」「千変万化」{形}　よろず（ヨロヅ）。非常に多いさま。「万言」{副}　ぜったいに。どんなことがあっても。「万万不可＝万万不可ナリ」〔漢字源〕

*バンキョウ　*萬境　数多くの客体。客観のすべて。あらゆる境界。すべての対象。すべてのもの。→まんきょう〔広説佛教語大辞典〕1372c

*バンジョウ　*萬乗　1. 一万の兵車。2. 兵車一万を出し得る広さの土地。3. 萬乗の土地を有する君主。天子。4. 年号〔諸橋大漢和辞典〕9 巻 747b

*ハンタ　*繁多　1. 用事が多くて忙しい。2. 物事が多い。

*ハンニャキョウ　*般若経　はんにゃきょう　[s：Mahā-prajñā-pāramitā-sūtra]　正しくは、〈摩訶般若波羅蜜経（まかはんにゃはらみつきょう）〉。〈大乗〉（mahāyāna）を最初に宣言した経典であり、名実ともに大乗仏教の先駆を果たした。その原型はおよそ紀元前後ごろの成立と考えられるが、この名称の経典は実に多数にのぼり、漢訳された般若経だけでも 42 種を数え、種々のサンスクリット本やチベット訳本がこれに加わる。おおむね 10 種以上の系統を異にする般若経典群が現存し、それぞれ長い年月（最低 600 年あまり）にわたってつぎつぎと増広（ぞうこう）され、それらの各本が漢訳された。それらのうち重要なものとして、１）小品（しょうぼん）系（道行（どうぎよう）般若経、小品般若経、八千頌（はっせんじゅ）般若など）、２）大品（だいぼん）系（放光（ほうこう）般若経、光讃（こうさん）般若経、大品般若経、二万五千頌般若）、３）十万頌般若、４）金剛（こんごう）般若経、５）理趣経（りしゅきょう）（百五十頌般若）、６）大般若経、７）般若心経などがあり、６）は７）以外の諸経典のすべてを含むほか、それ以外のものをも加えた完成態を示す。〔岩波仏教辞典〕

*ハンニャキョウ　*般若経（成立の新古）　はんにゃきょう　成立の新古に関して、種々の議論が１）と２）との初訳（紀元２、３世紀）以来続けられ、ようやく最近にいたって、１）に属する道行般若経の最初の部分が最も古いと

ほぼ決着をみた。そしてその個所に摩訶衍（まかえん）（＝大乗）の語が登場する。般若経の成立以前に、布施（ふせ）・持戒（じかい）・忍辱（にんにく）・精進（しょうじん）・禅定（ぜんじょう）・般若の六波羅蜜（ろくはらみつ）が同列に説かれており、その第六の般若波羅蜜が全体を統括した般若経の出現によって、革新的な大乗の宣言に結晶した。〔岩波仏教辞典〕

*ハンニャキョウ　*般若経（般若波羅密）　はんにゃきょう　般若波羅蜜とは、一言で表すならば智慧（ちえ）の完成であり、その内実を空（くう）の思想が支える。それは部派とくに説一切有部（せついっさいうぶ）の構築した実体的思考を強く批判し、その固定的なありかたに対して厳しい否定を浴びせる。またその実践を、まったく新しい自由な視点から、現実の日常世界に他者と共に活躍する大乗の菩薩（ぼさつ）が果たす。この菩薩は必ず仏の悟りを目ざし、かつ衆生（しゅじょう）全般の教化（きょうけ）に努めようとの決意から出発し、これを発菩提心（ほつぼだいしん）（略して初発心（しょほっしん）、発心）といい、しかもあくまで動揺しないために偉大な鎧（よろい）に身を固めて、これを〈弘誓（ぐぜい）の鎧を着る〉〈大誓荘厳（だいせいしょうごん）〉と称し、以後ついに挫けることなく、終わりのない実践に精進する。それをまた空の思想が支えて、菩薩としてとらわれることはありえない。〔岩波仏教辞典〕

*ハンニャキョウ　*般若経（経典群と諸宗）　はんにゃきょう　般若経典群の多くがみずから南方起源説に触れる。またほとんどの般若経典群は一様にかなり類似した表現をあくことなく反復する。ただ上述の５）の理趣経は密教色がきわめて濃く、この経の玄奘（げんじょう）訳と不空（ふくう）訳とは原本が相異し、真言宗（しんごんしゅう）の諸寺院は不空訳を読誦（どくじゅ）する。さらに４）の金剛般若経は特に禅と関係が深く、７）の般若心経は浄土真宗と日蓮（にちれん）系とを除く仏教の諸宗でつねに読誦され、日本人の大多数にことに愛好されて今日にいたる。〔岩波仏教辞典〕

*ハンニャハラミッタ　*般若波羅蜜多　1. 智慧の完成の意。完全な智慧。最高の智慧の完成。智慧を完全なものにすること。卓越した知性の至高の境地。智慧行。人間が真実の生命に目覚めた時に現れる根源的に叡智。六波羅蜜の一

つ。S:prajñā-pāramitā2. 十波羅蜜の一つ。般若によって人びとに正しい教えを授け、人びとを解脱せしめる。3. 初期大乗佛教の時代に成立した経典の名。〔佛教語大辞典〕1116a

*ヒ　*火　《常用音訓》カ／ひ／ほ《音読み》カ《訓読み》ほ／ひ／か（くゎ）《名付け》ひ・ほ《意味》{名} ひ。物を燃やして光や熱を発するひ。「灯火」「火正（火の守り本尊、祝融《シュクユウ》のこと）」「民非水火、不生活＝民ハ水火ニアラズンバ、生活セズ」〔→孟子〕{名} ひ。火事。「失火」「大火」「火三月不滅＝火三月滅セズ」〔→史記〕{名} 五行の一つ。色では赤、方角では南、季節では夏、十干《ジッカン》では丙《ヘイ》（ひのえ）と丁《テイ》（ひのと）、五音では徴《チ》に当てる。{名} 火星。{名} 星の名。大火（商星・心宿）ともいい、さそり座のアルファ星のこと。夏空の代表である。「七月流火＝七月ニ火流ル」〔→詩経〕{名} 火のような怒り。かんしゃく。「怒火」「動火」{形} 火で焼いたり煮たりすることをあらわすことば。「火食」{形} 火がついたようにさしせまったさま。「火急」「火速」{名} 昔の軍隊で、十人一組の呼び名。また、同じ釜《カマ》で煮たきして食事したので、仲間のこと。「火伴《カハン》（＝夥伴。仲間）」〔国〕か。七曜の一つ。火曜日。［漢字源］

*ヒ　*譬　《訓読み》 たとえる（たとふ）／たとえ（たとへ）《意味》{動・名} たとえる（タトフ）。たとえ（タトヘ）。本筋で押さず、いったん横にそれて、他の事物をもってきて話す。わからせるために、他の事物をひきあいに出して話す。また、わからせるために横からもちこんだ例。比喩《ヒユ》。「譬如泰山＝譬ヘバ泰山ノ如シ」「能近取譬＝ヨク近ク譬ヲ取ル」〔→論語〕〔漢字源〕

*ヒ　*臂　《音読み》ヒ《訓読み》ひじ（ひぢ）《意味》{名} ひじ（ヒヂ）。肩から手首に至る腕全体の部分。人体の外側の壁に当たる部分。▽肘と区別する場合は、腕の上半部をいう。〈類義語〉→肘《チュウ》。「臂折来来六十年、一肢雖廃一身全＝臂折リテヨリ来来六十年、一肢廃ストイヘドモ一身全シ」〔→白居易〕{名} 動物の前足。「猿臂《エンピ》」《解字》会意兼形声。「肉＋音符辟《ヘキ》（平らにひらく）」で、腕の外側の平らな部分。足の外ももを髀《ヒ》という。ともに胴体の外壁に当たり、うすく平らに肉が付着しているからこのようにいう。〔漢字源〕

*ヒウ　*非有　1. 存在しないこと。2. 無くなること。消滅すること。3. 天台で

は空に同じ。〔広説佛教語大辞典〕1379b

*ヒガン　*悲願　1. 仏・菩薩が大慈悲心によって起こす誓願。大悲願力の略。慈悲の本願。慈悲に基づく誓願。慈悲の願い。救いの願い。いつくしみの願い。【解釈例】本願と金剛心。2. 転じて一般に物事を成就したいと悲壮な願いを立てる場合に用いる。現代一般の用例では、是非とも達成しようとする悲壮な願いをいう。〔佛教語大辞典〕1130b

*ヒキイテ　*將いて　ひきいる。統率する。〔新字源〕288

*ヒキュウ　*悲泣　悲しんで涙を流して泣く。〔漢字源〕

*ヒギョウ　*飛行　空中を自由自在に飛んでかけめぐること。六通のうちでは如意通におさめる。〔佛教語大辞典〕1127c

*ビク　*比丘　P.bhikkhu　S.bhikṣu　の音写。食を乞うもの。乞食者の意。乞士と漢訳することがある。もとバラモン教で人生の第四の時期にある遍歴修行者をビクシュとよぶことがあったが、佛教興起時代には、諸宗教を通じて、托鉢する修行者を比丘とよんでいた。佛教はこの呼称を取り入れたのである。修行者。修行僧。仏教僧。行ないびと。佛弟子たる修行僧。男子の出家。特に佛教で戒律の体系の確定した時代になると、出家得度して具足戒を受けた男子を比丘とよぶようになった。比丘の受ける具足戒は、普通二百五十戒といわれているが、所伝によって必ずしも一定していない。【解釈例】一切戒を具足するを比丘といふ。〔佛教語大辞典〕1132b-c

*ビクニ　*比丘尼　サンスクリット語 bhikṣuṇī に相当する音写語で、原義は〈乞食（こつじき）する女〉の意。〈比丘（びく）〉すなわち男子の出家修行者に対し、女性の出家修行者をいう。伝承では、最初に比丘尼になったのは釈尊の養母の摩訶波闍波提（まかはじゃはだい）（Mahāprajāpatī）で、釈尊ははじめ女性の出家を許さなかったが、養母の熱意と阿難陀のとりなしによって、比丘を敬（うやま）い、罵謗（ばぼう）したりしないなど八つの事項（八敬法（はちきょうほう））を守ることを条件に、女性の出家を認めたという。天竺に一人の羅漢の比丘尼あり。名をば微妙（みめう）といふ〔今昔（２-31）〕。〔岩波仏教辞典〕

*ヒジン　*披尋　非常な畏敬をもって教説を問い求めること。

*ビダロンキョウ　*毘陀論經　吠陀（ベイダ）Vede の聖典の意。バラモン教の根本聖典。

大乗仏典 6-172

*ヒチャクメツ　*非択著滅　1. 思択（正しい観察力）によらない（ある種の存在の生起の）絶滅の意。択力（智慧）によらずして得る滅。ダルマを生ずべき縁がない故、煩悩などの生じないこと、生ぜしめるべき縁が欠けたためダルマが生ぜず、すなわち自然に滅している状態にあること。2. 智慧の力（択力）によって障害を断じてはじめて現されるのではなくて、本来清浄なる眞如のこと。また、有為法が生ずべき可能性が縁を欠いて永久に生じなくなったところに現される真理のこと。〔佛教語大辞典〕1125-1256

*ヒツ　*逼　《音読み》ヒツ／ヒョク／ヒキ《訓読み》せまる《意味》｛動｝せまる。すぐそばまで近づく。ひしひしとおしよせる。〈類義語〉→迫。「燕後漸寇河内、逼近京師＝燕ノチ漸ク河内ニ寇シ、京師ニ逼リ近ヅク」〔→後漢書〕｛動｝せまる。いうことをきくようにしいる。むりじいする。「自誓不嫁、其家逼之、乃投水而死＝ミヅカラ誓ヒテ嫁セズ、ソノ家コレニ逼ル、スナハチ水ニ投ジテ死ス」〔古楽府〕〔漢字源〕

*ヒッキョウ　*畢竟　1. 絶対的な。2. 究極の。とどのつまり。3. 断じて、絶対。絶対的に。4.「ひっきょうじて」と読む。再び。結局の所。5. 要するに。つまり。結局。6. さとり。果ての果てまで窮め尽くすこと。〔佛教語大辞典〕1138b

*ヒドク　*披讀　披＝開くの意本や書類を開いてよく目を通す。〔新字源〕409

*ビニ　*毘尼　律　梵語　毗奈耶 vinaya の訳。又毗奈耶、毗奈尼耶、鼻奈耶、鼻奈夜、鞞泥迦、或は毗尼、毘尼、毘泥、比尼に作り、調伏、滅、離行、化度、善治、志眞とも訳す。三藏の一。毘奈耶藏　vinaya-piṭaka と称し、又律蔵、調伏蔵、或は毘尼蔵と名づく。即ち比丘比丘尼に関する、仏所制の禁戒をいう。五分律第三十五百集法の條に「迦葉即ち優波離に問ふ、佛は何の處に於て初戒を制するや。優波離言わく、毘舎離に在りと。（中略）迦葉は是の如き等の問を作し、一切の比尼已るや、僧中に於て唱へて言はく。此は是れ比丘の比尼、此は是れ比丘尼の比尼なり。合して名づけて比尼蔵と為す。」と云ひ、善見律毘婆沙第一に「何をか比尼蔵と謂ふや、二波羅提木叉、二十三蹇陀、波利婆羅、是れを毘尼蔵と名づく」と云ひ、又分別功徳論第一に「毘尼とは禁律なり。二部の僧の為に検悪殺非を説く。

或は二百五十、或は五百事あり」と云へる是れなり。〔望月佛教大辞典〕4966a

*ビハカ　*毘播迦　S:vipāka の音写。異熟と漢訳する。1. 異熟 2. 唯識説では第八識の異名。〔広説佛教語大辞典〕1395d-1396a

*ビバシャナ　*毘鉢舎那　毘婆舎那　s:vipaśyanā　p:vipassanā の音写。観と漢訳する。見ること。觀察。静まった心に対象の映像をありありと映し出すこと。禅定によって得られる静かな心により自在に観ずること。法を観想すること。止（śamatha）の対。〔佛教語大辞典〕1135a-b

*ヒホウ　*誹謗　近世以後《ひぼう》とよむ。けなしそしること。仏教語としては、仏教に対してそしること、悪口を言うこと。仏教をそしることを誹謗正法（ひほうしょうぼう）（謗法（ほうぼう））という。一般には、いかなる教えであれ、仏教に対して悪口を言ってはならないと戒めることをいうが、日蓮は仏教を信奉していながら地獄に堕（お）ちることのあることを指摘し、仏教を信奉するからには教主釈尊の真意に基づかないことが大罪であるという。たとえ小罪を恐れて消極的に悪口を控えても、釈尊の示す久遠の救済を障（さえ）ぎれば最大の重罪となるという。或る人は（嵯峨天皇を）聖君にあらずと誹謗す〔霊異記（下 39)〕何ぞ妄言を吐いて、強（あなが）ちに誹謗を成す〔立正安国論〕〔岩波仏教辞典〕

*ヒホウ　*誹謗　1. そしること。悪口。2.『法華經』が最もすぐれたものであることを信じないこと。〔広説佛教語大辞典〕1397c

*ヒホウベン　*非方便　『釋淨土群疑論探要記』七巻では「諸外道等加行非方便降伏安立於佛正教」として異教徒が誤った手段を用いて導くのを打ち負かし佛の正しい教えを文字言語によって説き表わす、と説かれる。

*ビャクゴウソウ　*白毫相　佛の三十二相の一つ。白毛の右巻きのかたまり。眉間にある白色の旋毛。（巻き毛）で右に回っていて、光明を放つともいう。ヒンドゥー教の神像で神名の銘刻のある最も古いものは、デリー博物館に所蔵されている軍神カールッティケーヤの像であるが、それは眉間に白毫相がある。あるいは敬虔なヒンドゥー教徒は額に赤いクンクムの印をつける慣例がある。これがもしも古い時代からあった習慣であるならば、それが彫刻に表現されたということも考えられる。佛像では佛部に限らず菩薩

形にも水晶がはめこんである。タイの佛像には白毫相の転化であろうが、額のかなり上方、宝冠の下部に宝玉がはめこんであるものがある。それはシヴァ神の三眼を連想させる。〔広説佛教語大辞典〕1400d

*ビャクシブツ　*辟支佛 S:pratyekabuddha の音写､原義は「孤独なるブッダ」の意。1. 獨覺・縁覚と漢訳する。ひとり修行する人。無常を觀ずる。もと世俗のわずらいを離れ、山林にあってひとり修行していた修行者を佛教興起時代に paccekabuddha と呼んでいた。伝統的な解釈によると、辟支佛とは、無佛の世に出て、性寂静を好み、師友無く、飛華落葉を感じて覚りを得るものをいう。師から教えを受ける事無く自分一人で真理を悟り、その体験を人に説こうとしない聖者。ひとりで悟った人。独善的にさとるひと。覚りの内容をひとり楽しむ佛。自ら悟るもの。自ら覚りを開きながら教えを垂れようとしない佛。獨覚ともいう。師匠が無くて自分ひとりで修行し覚りを得たもの。大乗佛教が興起した時代になると聲聞縁覚とともに三乗の一つになる。2. シナ・日本の仏教の一般の解釈によると、自ら悟って生死の苦海を解脱して修行者の究極の境地（阿羅漢果）を証し、しかも説法せず、教団を組織せず、ただ信者のために神通を示現するだけの聖者。〔佛教語大辞典〕1144a-b

*ビャクホウ　*白法　法の性質を色にたとえたもので、外道の教えや煩悩が黒色で象徴されるのに対し、清らかで善なる法を意味する。1. 諸の有徳なる事がら。正法。【解釈例】よろづの善根。すべて善法のことをいふ。2. 特に、佛の説いた教えのこと。3. 諸の善法と無覆無記とをいう。4. 煩悩が永久に断じ尽くされた無漏の法のこと。〔広説佛教語大辞典〕1404c

*ビャクホウオンタイ　*白法隱滞　正法が隠れとどこおる。→白法隱没（ビャクホウオンモツ）佛の正しい教えが消え失すること。〔広説佛教語大辞典〕1404c

*ヒャッピ　*百非　1. 多くの否定。四句を根本として立てられる。「非」の範疇。四句×四非×三世×二起（已起と未起）＋四句の非と解されることがある。2. 固定した見解を打ち破るために、否定をどこまでも重ねていくこと。永遠の否定。〔佛教語大辞典〕1144c

*ヒャッポウミョウモン　*百法明門　百の真理に通ずる智慧。百法において明瞭に知り得る智慧門。菩薩の初地に得るところという。百を実数と解しない学者は、

あらゆる法門に通達した智慧と解する。あらゆる法門。あらゆる明らかな法門。誤りのないすべての道理。『観無量壽經』『大正蔵経』12巻345B〔佛教語大辞典〕1145A

*ヒョウ　*飄　飃　異体字《音読み》ヒョウ（ヘウ）／ビョウ（ベウ）／ヒョウ（ヘウ）《訓読み》つむじかぜ／ひるがえる（ひるがへる）／ひるがえす（ひるがへす）《意味》{名} つむじかぜ。舞いあがる旋風。〈同義語〉→飆。{動} ひるがえる（ヒルガヘル）。ひるがえす（ヒルガヘス）。風が舞いあがって吹く。風に吹かれてものがひらひらと舞いあがる。「浮香、飄舞衣＝浮香、舞衣ヲ飄ス」〔隋煬帝〕ヒョウタリ {形} ふらふらとさまようさま。あてどなく移り動くさま。〈同義語〉→漂。「飄蕩ヒョウトウ」〔漢字源〕

*ビョウ　*ヘイ　*並　《常用音訓》ヘイ／な…み／なら…びに／なら…ぶ／なら…べる《音読み》ヘイ／ビョウ（ビャウ）《訓読み》ならべる／ならぶ／ならびに／なみ《名付け》なみ・なめ・ならぶ・み・みつ《意味》ヘイス {動・形} ならぶ。ならんでいる。また、そのさま。「並立」{接続} ならびに。「A並B」とは、「AおよびB」の意。また文章の前後二節の間に用い、それと同様に、それと同時に、の意をあらわすことば。{副} ならびに。みな一様に。「並受其福＝並ビニ其ノ福ヲ受ク」〔→詩経〕〔国〕なみ。程度が普通であること。なみ。そのものと同類であること。「世間並み」〔漢字源〕

*ビョウ　*病　《常用音訓》ビョウ・ヘイ／やむ・やまい《音読み》ビョウ（ビャウ）・ヘイ《訓読み》やむ，やまい／うれい，くるしむ，やましめる，やませる，くるしめる《意味》{動・名} やむ。やまい（やまひ）。からだが弾力を失って動けなくなる。転じて広く、病気になる。また、病気のこと。〈類義語〉疾。「疾病」「病間」ヘイなり {形} からだが硬直して動けないさま。「子疾病子の疾やまひ、病なり」〔論語・子罕〕{名} うれい（うれひ）。つらいこと。くるしみ。心配。また、欠点。「語病」{動} やむ。くるしむ。つらく思う。困って悩む。「尭舜其猶病諸尭舜すら其それ猶なほ諸これを病やめり」〔論語・憲問〕{動} やましめる（やましむ）。やませる（やます）。くるしめる（くるしむ）。害を与える。困らせる。「苛擾病民苛擾カゼウ（ひどい政治）、民を病ましむ」［漢字源　改訂第四版　株式会社学習研究社］

*ヒョウジ　*秉持→秉《音読み》ヘイ／ヒョウ（ヒヤウ）／ヒン《訓読み》とる《意味》{動} とる。手に持つ。しっかり持って守る。「古人秉燭夜遊＝古人燭ヲ秉リテ夜遊ブ」〔→李白〕{名} 手ににぎった権力。〈同義語〉→柄。「権秉《ケンヘイ》」「治国不失秉＝国ヲ治ムルニ秉ヲ失ハズ」〔→管子〕{単位} 穀物の量をはかる単位。一秉は十六斛《コク》。「粟《ゾク》五秉《ヘイ》」〔→論語〕［漢字源］

*ヒョウショウ　*表象　普通には、知覚に基づいて意識に現われる外界対象の像。対象が現前している場合（知覚表象）、記憶によって再生される場合（記憶表象）、想像による場合（想像表象）がある。

*ヒョウシン　*平身 ひざまずいて礼をするのを拝、拝から立ち上がるのを興、立ち上がって体を真っ直ぐにするのを平身という。〔新字源〕322b

*ヒョウソウ　*冰想　堅氷の観想。極楽浄土に氷が張ってすきとおっていると観ずること。『觀無量壽經』に説く十三觀のうちの第二。〔広説佛教語大辞典〕1408b

*ビョウドウ　*平等 1. 共通であること。2. 共通に用いること。共通に用いられること。3. 同等の人。ほぼ同じくらいの人。4. 増愛好悪を超えて超然としていること。5. 一様に。だれに対しても同様に。あまねく。6. 尊卑の間の平等。7. 調和。身体の構成要素である風と熱と痰（粘液）との調和がとれていること。8. 無差別の世界。諸現象をつらぬく絶対の真理。真理そのもの。S:samata 9. 真言密教でいう三十二種の脈官の一つ。10. 推論（比量）の一種。現在の一つの事実から現在の他の事実を推知すること。たとえば、パラタ国でマンゴーの樹の花が咲いたのをみて、コーサラ国でも同様であろうと推知する。平等比量に同じ。〔佛教語大辞典〕1146d-1147a

*ビョウドウ　*平等　共通、同等、無区別、すべてに及ぶなどの意。しかし、特に重要なのは〈差別（しゃべつ）〉に対するものとしての用法である。すなわち万物が区々別々のもの（差別）としてある現象世界の実態と、それを真実（法）からみたときの在り方に関して、たとえば「差別即平等」などと用いる。〔岩波仏教辞典〕

*ビョウドウ　*平等（法の立場）　通常、物を「みる」時には、みる者とみられる物の主客が分離している。「みる」視座は無数にありうるから、いかなる判断も相対的である。しかし釈尊の成道以来、仏教の悟りの伝承は万物存

在を法の立場からみようとする。自我的なはからいの上に判断する「人間の視座」ではなく「法の立場」である。したがってそれはひとたびは自己（自我的自己）を否定した立場でもある。そしてこの*縁起、*無常、*空といった術語によって示されている法からみると、万物それぞれの差別は差別としてありながら、同じ法に包まれていることにおいて平等である、ととらえる。その上で宗教実践の道が説かれる。したがって、差別即平等、平等即差別というときの〈即〉はけっしてイコールではなく、宗教実存の地平における表現と見なければならない。〔岩波仏教辞典〕

*ビョウドウショウチ　*平等性智　平等のさまを知る智。（自己と他者との）平等性を理解する智。自他の平等を体現する智。有漏の第七末那識を転じてこの智恵を得る。この智慧によって、一切の諸事象および自己と他人とは平等であると知り、大なる慈悲心を起こす。五智の一つ。〔広説佛教語大辞典〕1409c-d

*ビョウドウチ　*平等智　平等性智に同じ。〔広説佛教語大辞典〕1409d

*ビョウボウ　*渺茫　広くはてしないさま。遠くかすかなさま。『渺漫《ビョウマン》・渺瀰《ビョウビ》』「一別、音容両渺茫＝一別、音容ハ両ツナガラ渺茫タリ」〔→白居易〕［漢字源］

*ヒリョウ　*非量　「ひいりょう」とも読む。また似量ともいう。真正なる現量・比量に似て、しかも非なる似現量と似比量とをいう。すなわち誤った知覚と推論とをさしていう。〔広説佛教語大辞典〕1412a

*ビリョウガホウ　*毘楞伽寶　天上にあって諸法を照らす宝珠の名。釈迦毘楞伽寶ともいう。S.śakrābhilagna-maṇi-ratna　の音写に由来する。帝釈天が持つとされ、帝釈摩尼宝とも漢訳する。〔広説佛教語大辞典〕1412a-b

*ビルシャナ　*毘盧遮那　サンスクリット語 Vairocana の音写。華厳経（けごんぎょう）および大日経（だいにちきょう）・金剛頂経（こんごうちょうぎょう）その他の密教の教主としての仏の名前で、輝きわたるもの、の意味。もとインドでは Vairocana とは、輝く太陽に由来するものを意味した。日本密教では〈光明遍照〉と訳し、あるいは〈大日（如来）〉という。ただし、その大日（如来）を金剛頂経（初会金剛頂経）に適用するとき、曼荼羅（まんだら）の中尊すなわち報身（ほうじん）としての大日の原語は依然

Vairocanaであるものの、それが曼荼羅の全体、法身（ほっしん）としての大日をいうとき、その原語はMahāvairocanaであると考えられる。→毘盧遮那（盧舎那・毘盧遮那）→毘盧遮那（造像例）毘盧遮那（盧舎那・毘盧遮那）　びるしゃな　華厳経の仏を〈盧舎那仏（るしゃなぶつ）〉といい、さらに〈毘盧舎那如来〉〈盧舎那如来〉〈釈迦（しやか）如来〉を区別して法身・報身・応身の三身に配当する考えがあるが、華厳経の教主は一貫してVairocanaであり、それを仏駄跋陀羅（ぶっだばつだら）（Buddhabhadra）訳の〈六十華厳〉（旧訳・晋訳）では盧舎那と音写し、実叉難陀（じっしゃなんだ）（śikṣānanda）訳の〈八十華厳〉（新訳・唐訳）では毘盧遮那と音写したものに基づいているのである。また歴史上の仏としての釈迦仏と毘盧遮那（盧舎那）とは一面では全同であり、そのことは今の世尊毘盧遮那と今の世尊釈迦牟尼仏という二つの用語が全く同一の歴史上のブッダ（仏陀）を指すことからも知られるが、他面、歴史上のブッダのみならず、過去および未来の一切の仏は皆同じく毘盧遮那（盧舎那）であり、この面は所有（あらゆ）る一切の毘盧遮那如来という用例から知られる。なお、わが国東大寺の大仏（奈良大仏）を〈盧舎那仏〉というが、それは東大寺の華厳教学および大仏建立の理念を支えたものが〈六十華厳〉であったことによるものである。毘盧遮那（造像例）　びるしゃな　造像例は多くはないが、中国竜門石窟奉先寺洞の像高17メートル余の大盧舎那仏（675）は名高い。東大寺大仏は江戸時代に大修造がなされたが、台座蓮弁は当初のものを残し、蓮華蔵世界が雄大な線刻で描出されている。また唐招提寺金堂本尊は天平時代の作で光背が千体の化仏で覆われている。〔岩波仏教辞典〕

*ヒロシ　*カン　*寛　【寛】異体字《常用音訓》カン《音読み》カン（クワン）《訓読み》ひろい、ゆるやか、ゆるす、ゆるくする《意味》｛形｝ひろい（ひろし）。スペースがひろい。気持ちにゆったりとゆとりがあるさま。〈対語〉狭。「寛容」「居上不寛上に居をりて寛ならず」〔論語・八佾〕カンなり（クワンなり）｛形｝ゆるやか（ゆるやかなり）。おおまかであるさま。差し迫った用がなくて、のんびりしているさま。〈対語〉急・厳。「急則人習騎射、寛則人楽無事急なれば則すなはち人騎射を習ひ、寛なれば則ち人無事を楽

たのしむ」〔史記・匈奴〕{動} くつろぐ。ゆったりする。ゆとりをもつ。{名} はば。「寛三尺」{動} ゆるす。ゆるくする（ゆるくす）。大目に見て、きびしく責めない。ゆるめる。「寛赦」姓の一つ。《和訓》くつろぎ・くつろぐ・くつろげる・ゆたか［漢字源　改訂第四版　株式会社学習研究社］
家が広い。ゆとりがある。心が広い。気持ちが大きい。

*ﾋﾝ　*擯　《音読み》ヒン《訓読み》しりぞける（しりぞく）《意味》{動} しりぞける（ｼﾘｿﾞｸ）。押し合って押し出す。ひしひしともみあって外に押し出す。〈類義語〉→擠ｾｲ（押し合う）。「擯斥ﾋﾝｾｷ」「為郷党所擯＝郷党ニ擯ケラル所ト為ル」〔→後漢書〕{名} 主人に接する客人。または、客を接待する役。▽賓に当てた用法。ﾋﾝｽ　{動} 客を接待する。「君召使擯＝君、召シテ擯セシム」〔→論語〕〔漢字源〕

*ﾋﾝｷ　*擯棄　おしのける。のけものにする。排斥。『擯斥ﾋﾝｾｷ・擯却ﾋﾝｷｬｸ』［漢字源］

*ﾋﾞﾝｼｬｵｳｺｸ　*洴沙王国　ﾋﾞﾝﾊﾞｼｬﾗｵｳ頻婆娑羅王　ｼｬｰｲｼｭﾅｰｶﾞ王朝第五世にして、姓を洗尼と称し、佛在世中に中インド摩掲陀国に君臨せし王なり。〔望月佛教大辞典〕4335

*ﾋﾝｼｮ　*品庶　人民。「品庶馮生＝品庶ハ生ヲ馮ル」〔→史記〕［漢字源］

*ﾋﾞﾝﾊﾞｼｬﾗ　*頻婆娑羅　マガダ国の国王ビンビサーラ（ビンバサーラともいう、頻婆娑羅）は仏教に帰依し、王舎城から霊鷲山に至る山道を整備し、また王舎城内に竹林精舎（ヴェーヌヴァナ・ヴィハーラ）を仏教教団に寄進しています。

*ﾌ　*布　《常用音訓》フ／ぬの《音読み》フ／ホ《訓読み》ぬの／しく《名付け》しき・しく・たえ・ぬの・のぶ・よし《意味》{名} ぬの。平らに伸びて膚につくぬの。▽綿・麻・絹などで織るが、単に布といえば、本来は、麻や葛ｶﾂ（くず）で織ったもの。後世は、綿布のこと。これに対して、絹布を帛ﾊｸ（しろぎぬ）という。「許子必織布而後衣乎＝許子、必ズ布ヲ織リテ、シカル後衣ルカ」〔→孟子〕{動} しく。平らに伸べる。また、広く行き渡らせる。〈同義語〉→敷。「布陣＝陣ヲ布ク」「公布」「陽春布徳沢＝陽春、徳沢ヲ布ク」〔→古詩〕「布施ﾌｼ」とは、広く金品をほどこすこと。「生不布施、死何含珠為＝生キテ布施セズ、死シテナンゾ珠ヲ含ムコトヲ

為サン」〔→莊子〕{名} 古代の貨幣の一種。平らな形をしている。「泉布」〔漢字源〕

*フ　*敷　（植物などが）繁茂すること。「花敷」（花がひらく。）〔佛教語大辞典〕1182B

*フ　*鳧　*凫　《音読み》フ／ブ《訓読み》のがも／けり《意味》{名} のがも。水鳥の名。まがも。互いにくっついて群れをなし、雄は灰色で頭から首にかけて緑色。あひるの原種で、形は、あひるによく似ている。「舒鳧《ジョフ》」とは、あひる。〔国〕けり。水鳥の名。形はしぎに似ていて、湖沼などの水辺にすむ。けり。▽物事の結着。きまり。過去の助動詞「けり」にあてて用いられる。「鳧《ケリ》をつける」〔漢字源〕

*フイツフイ　*不一不異　二つの事象・概念の関係が同一ではないが、しかし背反もしないこと。矛盾しつつしかもそれら自体において差別が無く、もしくは互いに融合して区別されないこと。

*フウフムク　*不有不無句　有無などの相対的な対立を超越した絶対の一句。何ものにもとらわれない心。〔佛教語大辞典〕1153a

*フオウセツゴ　*不應説語　當に説くべ可らざる語。当然説いてはならぬべきことば。『探要記』七巻十一帖

*フカシギ　*不可思議　1. また不思議ともいう。言葉で言い表わしたり、心でおしはかることができないこと。佛のさとりの境地や智慧・神通力などの形容に用いる。2. 不可思議の境界〔佛教語大辞典〕1154c

*フカンソウ　*普觀想　『觀無量壽經』に説く十六観のうちの第十二。あまねく極楽世界の国土と仏の荘厳を見る観法。『觀無量壽經』『大正蔵経』12-344b

*フキョウ　*普教　*フホウ　*普法　あらゆる教法に価値評価を加えることなくあまねく実践すること。西村照真『三階教の研究』139

*フギョウ　*不輕　＝*ジョウフギョウボサツ　*常不輕菩薩　過去無量阿僧祇劫に佛あり、威音王如来と曰ふ。其の佛の像法の時に当りて、増上慢の比丘大勢あり。爾の時一の菩薩比丘あり常不軽と名く。其の菩薩凡そ見る所あれば四衆を問わず、皆悉く礼拝恭敬して、我れ深く汝等を敬ひ敢て軽賤せず。何んとなれば汝等皆菩薩の道を行じて常に作佛を得べきが故にと言ふ。而して此の比丘専ら経典を読誦せず、但礼拝を行ず。乃至遠く四衆を見れば亦故に

往きて礼拝讃歎して前の如く言ふ。四衆の中に瞋恚を生じて心不浄なる者あり。悪口罵詈して言く、是の無智の比丘、何の所より来て自ら我れ汝を軽しめずと言ひ、我等が為に當に作佛を得べしと授記するや、我等是の如き虚妄の授記を用ひずと。是の如く多年を経歴して常に罵詈を被るも瞋恚を生ぜず、常に前の如く授記の言を作す。此の語を作す時、衆人或は杖木瓦石を以て之を打擲すれば、避走して遠く住し、猶高聲に唱へて言く、我れ敢て汝等を軽しめず、汝等皆作佛すべしと。其の常に此の言を作すを以ての故に増上慢の比丘比丘尼等之を号して常不軽と為す。其の比丘命終の時に臨んで虚空の中に於て威音王佛の法華経を説くを聞き六根清浄を得て広く四衆のために之を説く。前に罵詈打擲せしもの皆悉く帰依す。其より無数の佛に遇いて法華経を受持読誦して四衆の為に之を解説し遂に作佛せり。佛曰く即ち今の我が身是なりと。『法華經常不軽品』『大正蔵経』九巻五〇頁c～五一a〔織田佛教大辞典〕973a-b

*フク　*復　《常用音訓》フク《音読み》フク／ブク／ブ／フウ／フク《訓読み》かえる（かへる）／また／ふたたびする（ふたたびす）《名付け》あきら・あつし・さかえ・しげる・なお・ふ・また・もち《意味》{動} かえる（カヘル）。同じ道を引きかえす。〈対語〉→往。〈類義語〉→帰。「復原（もとにもどす）」「復帰」フクス {動} もとの状態にもどる。もとの状態にもどす。また、仕返しをする。〈類義語〉→報。「回復」「復仇＝仇ヲ復ス」「復其位＝ソノ位ヲ復ス」〔→論語〕フクス {動} 結果を報告する。こたえる。〈類義語〉→報。「有復於王者＝王ニ復スル者アリ」〔→孟子〕{副} また。もういちど。「復引兵而東＝マタ兵ヲ引キテ東ス」〔→史記〕{副} また。「いったい」という語気を示す副詞。「汝復為誰＝ナンヂハマタ誰ゾヤ」〔→捜神記〕「不復…マタ…セズ」とは、もう二度とは…しない意。「壮士一去兮不復還＝壮士一タビ去ツテマタ還ラズ」〔→史記〕「復不…」とは、こんどもまた…しない意。「復不能捨之＝マタマタコレヲ捨ツルアタハズ」〔三夢記〕{名} 周易の六十四卦《カ》の一つ。震下坤上《シンカコンショウ》の形で、陰が去りわずかに陽がもどって来たさまを示す。{動} ふたたびする（フタタビス）。もう一度くり返す。▽俗にはフクと読む。「不可復＝復ビスベカラズ」〔漢字源〕

*フグ　*不具　1. 欠けていること。具有しないこと。S:vaikalya　S:ayoga

2. 書簡の最後の句で、「とりあえず以上のことを申し上げます。」の意。〔広説佛教語大辞典〕1425c-d

*フクエ　*福慧　1. 福徳と智慧。この二つを二資糧という。2. 六波羅蜜。布施・持戒・忍辱・精進・禅定を福。智慧を慧とする。〔広説佛教語大辞典〕1426d

*フクショク　*服飾　衣服のかざり。衣服と、かざり。［漢字源］

*フクス　*伏す　《常用音訓》フク／ふ…す／ふ…せる《音読み》フク／ブク《訓読み》ふす／ふせる（ふす）／ふして《名付け》ふし・やす《意味》フクス ｛動｝ ふせる（フス）。からだをぴったりと地につける。ひれふす。▽「匐《フク》」とも書く。〈同義語〉→覆。「伏地＝地ニ伏ス」「卑身而伏＝身ヲ卑クシテ伏ス」〔→荘子〕フクス ｛動｝ ふせる（フス）。顔を下に向ける。また、顔をもたげないで隠れる。〈類義語〉→俯《フ》。「伏兵＝兵ヲ伏ス」「福兮禍之所伏＝福ハ禍ヒノ伏スル所」〔→老子〕フクス ｛動｝ ぴったりとつき従って反抗しない。▽降服の服と同じ。〈類義語〉→付。「伏従」「罪白者伏其誅＝罪白ラカナル者ハ其ノ誅ニ伏ス」〔→漢書〕フクス ｛動｝ これはまいったと頭をふせて感心する。「感伏」「騎皆伏曰、如大王言＝騎皆伏シテ曰ハク、大王ノ言ノ如シト」〔→史記〕｛動｝ふして。目上の人に向かって申し述べるときの敬語。「伏惟＝伏シテ惟ルニ」「初伏」とは、夏至《ゲシ》のあとの三度めの庚《コウ・カノエ》の日。▽四度めを中伏、立秋のあとの最初の庚の日を末伏といい、あわせて「三伏《サンプク》」という。〔漢字源〕

*フクトク　*福徳［s：puṇya］　原義は、善いこと。〈功徳（くどく）〉とも漢訳される。善い行い、もしくは、それがもたらす善い報いのこと〔増一阿含経（清信士品）〕。また、他者に恵みをもたらす善行・功徳を意味することもある〔須真天子経（１）〕。『大智度論』（巻 15）は、仏の法門を〈福徳門〉と〈智慧（ちえ）門〉に、また『大宝積経』（だいほうしゃくきょう）（巻 49）は〈福徳資糧（しりょう）〉と〈智慧資糧〉にそれぞれ大別しているが、この福徳門・福徳資糧は布施（ふせ）・持戒（じかい）・忍辱（にんにく）の三波羅蜜（はらみつ）をさす。華厳経（けごんぎょう）（巻 26）では、八地以上の菩薩（ぼさつ）が現ずる福徳成就の身体を〈福徳身〉と呼称している。なお漢語としての〈福徳〉は、鬼神や統治者などがもたらす幸い

や恵み。用例は漢書（孔安国伝）などに見える。五戒を持（たも）たむ人の福徳限りなし〔今昔（2－26)〕〔岩波仏教辞典〕1. 功徳。一切の善行、及び善行によって得る福利。2. 善法に同じ。3. 六度の内前の五つを言う。智慧に対する。また、六度の内前の三つは福徳におさめられ、後の二つはあるいは福徳、あるいは智慧におさめられる。〔佛教語大辞典〕1187d-1188a

*フクム　*含む　1. ふくむ。口に入れておく。たべる。つつみこむ。いれる。いだく。おさめておく。内面にたたえる。おびる。2. しのぶ（忍）。こらえる。3. 古代の礼で死者の口に入れる含み玉。〔新字源〕170a

*フゲン　*普現　1.（たとえば観音菩薩が）種々のすがたを現すこと。2. 普現色身三昧のこと。3. 普賢の転。〔広説佛教語大辞典〕1431a

*ブコンジン　*扶根塵＝扶塵根＝扶根　眼球、耳孔などのように目に見える身体的な器官。勝義根の対。*勝義根器官の能力それ自体。〔広説佛教語大辞典〕1444a-b

*フサツ　*布薩　P:uposaṭha の音写。S:upavāsa　の訛《なま》った名称である。最初は、posaṭha の音写から来たと考えられる。1. ウパヴァサタは、ヴェーダの祭りにおいては、ソーマ祭の準備の日である。これを受けて仏教興起の時代には、主要な行動のために準備することをウポーサタとよんでいた。牧牛者のウポーサタとは、明日牛を放牧する仕方を熟考し準備することである。ジャイナ教徒は、非暴力の実践をウポーサタと考えていた。仏教はこれを採用したのである。2. 仏教教団の定期集会。月に二回、半月ごとに同一地域の僧が集まって自己反省し、罪を告白懺悔する集まりで、月の十五日、三十日（すなわち満月と新月の日）に行う。出家の僧は一堂に会して戒律の箇条を読み上げて罪を懺悔し、在家の信者は八戒を守り、説法を聞き、僧に飲食の供養をする。現在南アジアでは、毎半月（十五日）ごとに、すなわち、新月の日と満月の日には必ず一箇所に集合して戒本（パーティモーッカ）を読み上げることをいう。日本では大乗布薩・小乗布薩が十四・十五・二十九・三十日と、相前後して行われた。在家では六齋日（上の四日に八・二十三日の二日を加える）などに八齋戒を守ることをいう。年に一度行われるのを大布薩という。〔広説佛教語大辞典〕1434a-b

*ﾌｻﾝ　*布散　散って広く行き渡る。

*ﾌﾞｼ　*蕪旨　乱雑な趣旨。

*ﾌﾞｼﾞ　*奉事　1. 仕えること。敬って仕えること。仕え大切にすること。命を奉じて給侍すること。奉仕。【解釈例】敬ひ事へること。2. いましめを奉じ、たもち、実践すること。〔広説佛教語大辞典〕1434d

*ﾌｼｷﾞ　*不思議　1. 不可思議の略。思慮を超越していること。我々の思惟以上の。思惟を超えた。我々の言い表わし以上。それを超越している。玄妙な境地。さとりの形容。2. 無心。能取の心のないこと。心の及ばぬこと。3. 二乗（小乗の徒）の思議しえないこと。4. 思いもよらない驚くべきこと。考えも及ばないようなこと。5. 阿弥陀佛の誓願も名号も凡夫の思慮を絶していること。心で思いはかることができないこと。【解釈例】心も言葉も及ばず。不可思議と同じ事なり。6. 数の単位。インドの数学では、もっとも大きい数字をアチントヤという。つまり「考えられない」という数字のこと。〔広説佛教語大辞典〕1435b

*ﾌｼｭ　*不須　「…を須（もち）いず」と読む。当然…してはならない。…する必要はない。の意。〔広説佛教語大辞典〕1438b

*ﾌﾞｼｭｳ　*部執　諸派の教義。学派の偏見。小乗二十部における各部の執見をいう。〔広説佛教語大辞典〕1438d

*ﾌｼｮ　*補處　佛の処を補う意で、前の佛がすでに亡くなった後に、佛となってその処を補うこと。釈尊についで成仏する菩薩。菩薩の最高位。一生補處の略。〔広説佛教語大辞典〕1439d

*ﾌｼｮｳ　*普照　1. 一切の方角を照らすこと。2. いたるところに浸透し、充満している状態。→遍照〔広説佛教語大辞典〕1440b

*ﾌｼﾞｮｳ　*不定　1. 定まっていない。2.（受報の時が）定まっていないこと。3. 修行僧が実際に罪を犯しているかどうか、またどのような罪に当たるのか確定できないような罪。律蔵の用語。4. どちらでもよい。5. 不定聚に同じ。→不定聚 6. 時と場合に応じて、よろしきにしたがって起こり、一定した作用のない心所。→五位七十五法。7. おのおのが違って利益を得る。8. 理解のしかたが異なること。9. 実在しない。10. 禅定に入っていない。11. 因明において、ある概念が、甲と非甲と両方にまたがっていること。

不定因の略。因（理由概念）の適用範囲が広すぎて不確定となること。12. 不定種性の略。さとりの仏位にも達すれば、退いては二乗（聲聞・縁覚）にも堕落する可能性を持った衆生。五性の一つ。→五性各別。13. 不確定。定かでない。たのみにならない。14. 期間が定まっていないこと。〔広説佛教語大辞典〕1440b-d

*ﾌｼﾞｮｳ　*不浄　1. 泥まみれのこと。2.（一般的に）けがれていること。3.（精神的に）けがれていること。4. ゆるされない。5. 精液 6. 身体の五種の不浄。①種子不浄②住処不浄③自体不浄④自相不浄⑤究境不浄。不浄観を修する際の対象とするもの。〔広説佛教語大辞典〕1440d-1441a

*ﾌｼﾞｮｳｺﾞｳ　*不定業　不定受業の略。報いを受ける時期が定まっていない業。〔佛教語大辞典〕1164c

*ﾌｼﾞｮｳｼﾞｭ　*不定聚　1. 正とも邪とも決定されていない人々。さとりの世界に安住することなく、縁次第で迷悟いずれにでも向かうともがら。2. 五無間業を除くその他の有漏法と無為法をいう。五無間業以外の有漏諸法は、まだ未来に決定していかなる趣に至るか定まっていないし、また無為法は、このような趣とは関係ないという意味で不定としたのであろう。3. 浄土真宗では、自力の念佛によって往生を願う人々。第二十願の機。第二十願にもとづき、自己の力によって唱えた念佛の徳で浄土に生まれようとする人々。往生のまだ定まらぬ者。〔佛教語大辞典〕1164d ～ 1165a

*ﾌｼﾞｮｳｼﾞｭｺﾞｳ　*不定受業　果報を受ける時節の定まらない業。順不定受業ともいう。四業の一つ。〔佛教語大辞典〕1164d

*ﾌｼﾞｮｳｾｯﾎﾟｳ　*不浄説法　自己の名声や利益のために教えを説くこと。また、邪悪な教えを説くこと。『觀無量壽經』『大正蔵経』12 巻 345c〔佛教語大辞典〕1165c

*ﾌｼｮｳﾌﾒﾂ　*不生不滅 無生無死とも言い、生と死との両方の超越を意味する。佛教は生に対する執著を断ち、超越することを説きすすめ、それを生の滅盡とか不生と表現した。このような生の超越を通して、初めて死が超克され、不死不滅が獲得される。こうして不生と不死不滅が結びつけられる。〔岩波仏教辞典〕691 生ずることも滅することもないこと。常住であること。さとりの境地を形容していう。解脱の境地。永遠。〔佛教語大辞典〕1163c

*ﾌｼﾝﾌｼｮｳﾎｳﾓﾝ　*普眞普正法門　普法即ち普眞普正佛法は「純益無損佛法」或は「生盲衆生佛法」或は「有大智恵常行正法」又或は「行法行王」等と名けらる。従って第三階内に在りては、此の如き佛法を學するものにして始めて多聞持戒五徳具足比丘と称すべく、眞善刹利、眞善輔相大臣、眞善沙門、眞善居士等と称すべし。何となれば、普法に非ずむば能く誹謗正法毀呰賢聖を免るるを得ざるを以てなり。換言せば、第三階空有差別の偏見者にして、若し別佛別法に依らんか、反って謗佛謗法の逆罪を免れず。唯だ普法普佛によりてのみ始めて眞正の道俗たるを得べしとの意なり。『三階教之研究』矢吹慶輝 376 頁

*ﾌｼﾝﾌｼｮｳﾎｳﾓﾝ　*普眞普正法門　三階佛法巻二、二十四段佛法を明かす前に主として十輪經（玄七の五八、五九等参照）に依りて、第三階佛法（普眞普正）と相当せざる七過を列挙し（一）皆闇鈍无智恵常行邪法沙門となり、（二）行法行王皆旃陀羅となり、（三）多聞持戒五徳比丘が愚癡破戒となり、（四）眞善の刹利、輔相、沙門等皆旃陀羅となり、（五）少善不信にして自ら多知といひ、躁慢の為に阿鼻地獄に生じ、（六）愚癡破戒のものを盡心供養し、（七）破戒を信じ好説し供養し保護して、反って持戒を信ぜず乃至保護せず､「先修善根｣皆悉く消滅して乃至阿鼻地獄に墮す等と云ふ。『三階教之研究』矢吹慶輝 392 頁

*ﾌｾ　*布施　与えること。他に与えること。ほどこし。喜捨。恵むこと。金や品物を与えることばかりでなく、親切な行いも布施である。信者が僧に財物を施すことを財施、僧が信者のために法を説くことを法施という。通俗的にはいつくしみ。〔広説佛教語大辞典〕1444c-d

*ﾌｾﾞﾝ　*不善　1. 善からざること。悪。悪の。不正なこと。2. 悪業のこと。3. 巧みでないこと。〔広説佛教語大辞典〕1445d-1446a

*ﾌｿﾞｸ　*付囑　1. 他人に告げ依頼すること。2. 付託すること。委嘱。与え託することの意。多くの佛が教え伝えることを託する意味に用いられる。世に伝えるべき使命の付与。〔広説佛教語大辞典〕1447c

*ﾌﾀﾞﾝ　*不断　1. 断たれない。絶え間のないこと。絶えず続けること。2. 断たれるというはたらきがない。〔広説佛教語大辞典〕1449a

*ﾌﾀｲﾃﾝ　*不退轉　1. 退くことのない位。仏道修行の過程で、すでに得た功

徳を決して失うことのないこと。またその境地。いったん達した位からあともどりしないこと。退かぬ位。あとずさりしないこと。不退ともいう。また十信の菩薩が障難にあわず、初住不退に進むこと。2. 信を得て往生すべき身と定まった位。【解釈例】仏になるべき身となること。退して二乗に堕せむること。心のたじろがぬこと。3. 再び還ってくることが決してないこと。〔佛教語大辞典〕1168c-d

*フダンネンブツ　*不断念仏　特定の日時を決めて昼夜不断に念仏すること。常念仏ともいう。〔広説佛教語大辞典〕1449b

*フチ　*布置 配りあはせ。又、くばりならべる配置。〔諸橋大漢和辞典〕4-409〔新字源〕314

*ブツエ　*佛慧　「ぶって」とも読む。仏の智慧。さとりの智慧。【解釈例】大慈大悲と功徳。〔佛教語大辞典〕1190c

*ブッカ　*佛果　仏因の対。仏道修行の結果。達せられた仏のくらいのこと。仏という究極の結果。結果として仏となった状態。さとり。〔広説佛教語大辞典〕1452a-b

*ブッケ　*ブツケ　*佛家　1. 仏教。または仏教の教団。2. 仏の住むところ、すなわちさとりの世界。仏の浄土。3. 仏者。仏教者。仏教徒。また僧侶のことをいう。4. 仏道修行の道場。〔広説佛教語大辞典〕1452b

*ブッコク　*佛國　1. 仏の国。仏のまします国。仏に導かれる国。2. 仏教の行われている国。魏時代のシナのことをいう。たとえば、『高僧法顕伝』を『仏国記』という。〔広説佛教語大辞典〕1453a

*ブッコクド　*佛國土　仏の国。佛国 1 に同じ。〔広説佛教語大辞典〕1453a-b

*ブツジ　*佛事　1. 佛のなすべき仕事。佛の教化をさす。衆生を救う事業活動。佛の所作。【解釈例】利益衆生。佛の所作のこと。衆生済度のこと。衆生を利益し済度する。2. 佛の教化を助ける飾りの役。3. 佛になったさとりの上での仕事。4. すべて仏教に関係のある行事をいう。特に死者の年忌に追善供養や法会などを行うこと。〔佛教語大辞典〕1192d–1193a

*ブッショ　*佛所　1. 仏のいます所。2. 仏像を造る仏師たちの居住地。また、そこにある工房。〔広説佛教語大辞典〕1454d

*ブッシン　*佛心　1. 仏の心。仏の大慈悲の心。さらに人間の心の中に本来具わ

っている清浄の真如にかなう心（佛性）をいう。佛性。2. 仏心宗の略。禅宗をさす。〔広説佛教語大辞典〕1456a

*ブッシン　*佛身　仏の肉身のこと。仏の身体。〔佛教語大辞典〕1194d–1195a

*ブッセツ　*佛説　仏のことば。S:buddha-vacana　ただし「道をさとりしものの説」とも解するように、必ずしも歴史的人物としての釈尊の説でなくてもよい。〔広説佛教語大辞典〕1456d–1457a

*ブッチョウ　*佛頂　仏の頭上。〔広説佛教語大辞典〕1458b

*ブツド　*佛土（法相の場合）法相宗では、法性土、受用土、變化土の三土、またそのうちの受用土を自受用土、他受用土に分けて四土をたて、自性身、受用身、變化身の所在する土とする。このうち法性土は法性の理を土といったもので身と別のものではない。自受用土は、佛の無漏の第八識の上に現われた無限の境地で、佛以外のものには測り知ることができない。他受用土は、十地の菩薩を教化するために、變化土は地前の菩薩・二乗・凡夫を教化するために変じ現わされた土であって、衆生は佛によって変じ現わされた土を増上縁として自心変の佛土を見るわけで、佛によって変じ現わされた土自体は無漏であるが、衆生が見ると心の在り方によって有漏とも無漏ともなる。

*ブツニチ　*佛日　仏の光。仏の徳が無明の闇を破ることを日にたとえた語。太陽にたとえられる佛。〔広説佛教語大辞典〕1459c-d

*ブッポウ　*佛法　〈仏〉とは仏陀（ぶつだ）のことで、〈法〉とは真理・教えのことである。合わせて、仏陀が発見した真理、仏陀が説いた教えという意味になる。仏教と同じ意味で、仏陀の教え、あるいは仏陀になる教えをも意味する。たとえば四諦（したい）、八正道（はっしょうどう）や三法印（さんぼういん）（四法印）、六波羅蜜（ろくはらみつ）など、場合によっては仏陀の特性・美徳、仏陀の瑞相（ずいそう）。聖徳の王（おほきみ）、嶋の大臣（おほおみ）、共に謀りて仏法（ほとけのみのり）を建立（た）て、さらに三宝を興す〔上宮聖徳法王帝説〕深く仏法に帰し、日に法花経を読み、弥陀仏を念じたり〔往生極楽記（33）〕〔岩波仏教辞典〕

*ブッポウソウ　*佛法僧　仏と法と僧とを三宝という。**【解釈例】** ほとけ、のり、ほうし。〔佛教語大辞典〕1198b

*ﾌﾞﾂﾘｷ　*佛力　1. 佛の能力。威力 2. 佛・菩薩などが行者を守護する力。〔広説佛教語大辞典〕1461a

*ﾌﾄﾞｳ　*不動　1. 動揺しない。たじろがないこと。2. 動かないこと。精神が乱れないこと。菩薩の禅定の名。3. 自己の身体の中に災患のないこと。4. 上二界の善。5. 不動性ともいう。小乗の種性の一つ。6. 色界第四禅の不動なる捨受の定に入る時、一切の可動なる苦楽受を滅したところに現れる真如。7.（福でも非福でもない）静止した状態。8. 行為が善でも悪でもないもの。9. 菩薩の階位の一つ。不動地に同じ。10. 真言密教で、脈管のことをいう。11. 真理に背かないこと。動は、乖を意味する。12. 文殊を形容する語。13. 不動明王。〔広説佛教語大辞典〕1461d-1462a

*ﾌﾄﾞｳ　*不同　共通でないこと。〔広説佛教語大辞典〕1461d

*ﾌﾆﾌｲ　*不二不異　二つの事象・概念の関係が二つではないし異なっていないこと。

*ﾌﾉｳ　*浮袋・浮嚢　水泳または海難で溺れぬために身につける具。環状や袋状をなし、中に空気を満たして使う。（「鰾」とも書く）魚類の消化管背方にある膜嚢。中にガスを満たし、ガスの分泌・吸収によって水中での浮沈を調節する。脊椎動物の肺と相同の器官。ふえ。うおのふえ。〔広辞苑〕

*ﾌﾌﾝﾍﾞﾂ　*不分別　分別しないこと。S:avikalpa〔佛教語大辞典〕1172c

*ﾌﾎｳ　*普法＝普眞普正法門　普法即ち普眞普正佛法は「純益無損佛法」或は「生盲衆生佛法」或は「有大智恵常行正法」又或は「行法行王」等と名けらる。従って第三階内に在りては、此の如き佛法を學するものにして始めて多聞持戒五徳具足比丘と称すべく、眞善刹利、眞善輔相大臣、眞善沙門、眞善居士等と称すべし。何となれば、普法に非ずむば能く誹謗正法毀呰賢聖を免るるを得ざるを以てなり。換言せば、第三階空有差別の偏見者にして、若し別佛別法に依らんか、反って謗佛謗法の逆罪を免れず。唯だ普法普佛によりてのみ始めて眞正の道俗たるを得べしとの意なり。『三階教之研究』矢吹慶輝 376 頁

*ﾌﾎｳ　*普法＝普眞普正法門　三階佛法巻二、二十四段佛法を明かす前に主として十輪經（玄七の五八、五九等参照）に依りて、第三階佛法（普眞普正）と相当せざる七過を列挙し(一)皆闇鈍无智恵常行邪法沙門となり、(二)

行法行王皆旃陀羅となり、(三) 多聞持戒五徳比丘が愚癡破戒となり、(四) 眞善の刹利、輔相、沙門等皆旃陀羅となり、(五) 少善不信にして自ら多知といひ、躁慢の為に阿鼻地獄に生じ、(六) 愚癡破戒のものを盡心供養し、(七) 破戒を信じ好説し供養し保護して、反って持戒を信ぜず乃至保護せず、「先修善根」皆悉く消滅して乃至阿鼻地獄に墮す等と云ふ。『三階教之研究』矢吹慶輝 392 頁

*ﾌﾘｮｳ　*不了　1. 了解しないこと。2. はっきり現れていないもの。はっきりと説かれたのではないこと。3. わけのわからぬこと。4. 愚者。〔広説佛教語大辞典〕1470c

*ﾌﾘｮｳｷﾞ　*不了義　不完全な意（の教義)。まだ意義が十分に説き示されていないもの。〔広説佛教語大辞典〕1470c

*ﾌﾙﾅ　*富樓那（ふるな）(Pu-rn.a（プールナ))「説法第一の富樓那」といわれる。釈迦国迦毘羅城主浄飯王の国師（バラモンの長者）の子、釈迦（釈尊)と生年月日を同じくする。修学の後に外道で出家した。釈迦の成道(じょうどう）を知って鹿野苑（ろくやおん）で釈迦の弟子となる。弁舌が巧みで、釈迦弟子の中では説法第一と仰がれ、外国への伝道を志し、決死の覚悟で赴いた。

*ﾌﾝｷｭｳ　*紛糺＝紛糾　複雑にみだれもつれる。物事などの解決の糸口が見いだせず混乱におちいること。『紛淆ﾌﾝｺｳ』「夫解雑乱紛糾者不控捲＝ソレ雑乱紛糾ヲ解ク者ハ控捲セズ」〔→史記〕[漢字源]

*ﾌﾞﾝｹﾞﾝ　*分限　身分にふさわしい限度。身のほど。〔国〕法律上の地位・資格。〔国〕金持ち。ﾌﾞｹﾞﾝ〔国〕「分際ﾌﾞﾝｻﾞｲ」と同じ。金持ち。「分限者」〔漢字源〕

*ﾌﾞﾝｻｲ　*分齊　1. 差別のこと。2. 範囲。程度。くぎり。3. ぐあい。ありさま。4. 村と村との境界。5. 分際の宛字で、分限の意。〔佛教語大辞典〕1202a-b

*ﾌﾞﾝｻﾝ　*分散　1. 離れること。2. 禅林で大衆一同が立ち去ること。〔広説佛教語大辞典〕1472a

*ﾌﾝｼﾞｮｳ　*紛擾　紛騒　みだれる。事がらなどがごたつく。[漢字源]

*ﾌﾝｼﾞﾝ　*ﾌﾞﾝｼﾝ　*分身　1. 化身。衆生を導くために化作され、分かれた仏の身の意。仏や菩薩が衆生教化のために、その身を分かって諸所に現れること。日蓮宗では「ふんじん」浄土宗では「ぶんしん」と読む。2. ヨーガの

修行を完成した人が、別の身体を示すこと。3. 仏像の部分ごとに別々に鋳造して、後で合すること。〔広説佛教語大辞典〕1472b-c

*ﾌﾝﾀﾞﾘ　*分陀利　P.S.puṇḍarīka の音写。白蓮華のこと。〔広説佛教語大辞典〕1473a

*ﾌﾝﾀﾞﾘｹ　*分陀利華　1. 分陀利に同じ。→分陀利 P.S.puṇḍarīka【表現例】たえなる花。2. 白蓮華にたとえられるすぐれた人。〔広説佛教語大辞典〕1473a

*ﾌﾞﾝﾀﾞﾝｼｮｳｼﾞ　*分段生死　迷いの世界にさまよう凡夫が受ける生死。限定された壽命・身体を与えられて輪廻すること。壽命の長短や肉体の大小など一定の限界を持っている分段身を受けて輪廻すること。有為生死ともいう。身体ある我々の生死。三界の中の生死、六道の中の生死をいう。見惑・思惑を具えた凡夫の生死のこと。壽命に分限あり、形に段別があるゆえ、分段とも解せられる。〔佛教語大辞典〕1202d

*ﾌﾝﾍﾞﾂ　*分別　1.（外的な事物にとらわれた）断定。2. 争う。3. 授記に同じ。4. 論議。九分教の一つ。5. 配分すること。分かち配分すること。6. はからい 7. いちいち分解する。8. 区別。9. 区別すること。開き示す。ことわけ。見分けること。10. 区別して考える。わきまえ。11.（二つ以上の）場合を分けて区別して説くこと。12. 概念をもって表示しえないものを表示すること。13. 概念作用。考え 14. 妄分別をなすこと。妄想。15. 主観的構想。構想作用。アーラヤ識が開展して差別相を現し出すときの主観的側面。16. アーラヤ識が開展して差別相を現し出すこと。またそのときの主観的側面。17. 妄分別。誤った認識。妄想のこと。18. 物事を分析し区別すること。19. 特殊。ヴァイシェーシカ哲学でいう。20. 思惟のこと。21. 区別。22. 分別起の略。考えることから起こる。23. 人々に理解させるように分けて説く。24. 考えること。25. 受心をいう。26. 知識をもってする理解。対象を思慮すること。〔佛教語大辞典〕1199b-1200b

*ﾌﾝﾍﾞﾂ　*分別　［s：vikalpa］　対象を思惟（しゆい）し、識別する心のはたらき。すなわち普通の認識判断作用をいう。凡夫（ぼんぶ）のそれは、個人の経験などによって色づけられた主観と対象としての事物との主客相対の上に成り立ち、対象を区別し分析する認識判断であるから、事物の正し

いありのままの姿の認識ではなく、主観によって組み立てられた差別相対の虚構の認識にすぎない。それゆえ凡夫の分別は〈妄分別(もうふんべつ)〉であり、それによって得られる智慧（ちえ）の〈分別智〉も事物に対する一面的な智慧でしかない。それに対し、主客の対立を超えた真理を見る智慧を〈無分別智〉という。またサンスクリット語 viśeṣā（特殊）、pariccheda（判別）、nirdeśana（開示）、vibhāga（分析）なども〈分別〉と訳される。俗には、物事をわきまえることの意に用いられ、〈無分別〉といえば思慮の足りないの意義で使われるから、〈無学〉(→有学(うがく)・無学（むがく））の例と同様、本来の意義とは反対の用法である。〔岩波仏教辞典〕

*ﾌﾞﾝﾐｮｳ　*分明　1. はっきりと（見る）。まのあたりはっきりと見える。2. 明らか。はっきりしている。明らかに。【解釈例】それぞれの利益が明らかなる（こと）。3. 意義の明白なること。〔広説佛教語大辞典〕1476a-b

*ﾌﾝﾘﾝ　*紛綸　物が多く、入りみだれているさま。「鸞刀縷切空紛綸＝鸞刀ハ縷切スレド空シク紛綸タリ」〔→杜甫〕あれもこれもと、広く知っているさま。〔漢字源〕

*ﾍｲ　*幣　1. ぬさ。にぎて。みてぐら。神に捧げる絹。貢ぎ物。天子に奉る礼物。2. ひきでもの。客への贈り物。進物。3. たから。財宝。4. 銭。貨幣。〔新字源〕320A ～ B

*ﾍｲｼﾝ　*平身　ひざまずいて礼をするのを拝、拝から立ち上がるのを興、立ち上がって体を真っ直ぐにするのを平身という。〔新字源〕322b

*ﾍﾞﾂｴﾝ　*別縁　特別な因縁　ほかの原因。〔広説佛教語大辞典〕1480c

*ﾍﾞﾂｶﾞﾝ　*別願　特別の願。すなわち佛菩薩がそれぞれ独自の立場から立てた誓願のこと。四弘誓願を総願と言うのに対する。総願とは、すべての佛菩薩に共通してみられる誓願のこと。別願として例えば、阿弥陀佛の四十八願、釈迦佛の五百誓願、薬師佛の十二願、普賢菩薩の十大願などがある。中でも阿弥陀佛の四十八願がよく知られる。これは、あらゆる衆生を救う願いをおこした法蔵菩薩が世自在王佛の前で立てたものである。〔岩波仏教辞典〕

*ﾍﾞｯｷｮｳ　*別教　*ﾍﾞｯﾎﾟｳ　*別法　教法に価値基準を加え特定の教法に優位を

与え、それを中心に実践すること。ここでいう別教は天台宗の始教の第三別教の意味ではない。西村照真『三階教の研究』139

*ベツギ　*別義 1. 特殊性。または特殊性あるもの。固有の性質。おそらくS:viśeṣā の漢訳であろう。2. 別教の意趣。3. 観念や学問的理解。〔佛教語大辞典〕1207　異なる意味。

*ベツジイシュ　*別時意趣 別時意ともいう。即時に利益が得られないで、後に（別時に）利益が得られる場合、即時に利益が得られるかのように説くこと。四意趣の一つ。〔佛教語大辞典〕1208 梁訳攝大乗論釈第六に「若し衆生有り。懶墮の障に由りて修行に樂勤せず。如来は方便を以て説く。この道理に由りて如来正法の中に於いて能く勤めて修行す。（中略）是れ善根に懶墮なるものは多寶佛の名を誦持するを以て上品の功徳に進と為す。佛の心は上品の功徳を顯わし、淺行の中に於いて懶墮を捨てて、勤めて道を修せしめんと欲するが為なり。唯佛名を誦するに由りてすなわち懶墮せず。決定して無常菩提を得るにはあらず。喩えば、一の金錢に由りて營覓（ヨウベキ）して千の金錢を得るは、一日にして千を得るに非ず。別時によりて千を得るが如し。如来の意も亦爾り、この一の金錢は千の金錢の因となる。佛名を誦持する亦爾り、菩提を退墮せざる因となる。」〔望月佛教大辞典〕1715

*ヘン　*偏《常用音訓》ヘン／かたよ…る《音読み》ヘン《訓読み》かたよる／ひとえに（ひとへに）《名付け》つら・とも・ゆき《意味》ヘンス ｛動｝ かたよる。中心をそれて一方にかたよる。〈対語〉→正。「偏向」「雲髻半偏新睡覚＝雲髻半バ偏シテ新睡覚ム」〔→白居易〕ヘンナリ ｛形｝ 中央からそれて片すみに寄っているさま。片いなかであるさま。「偏僻《ヘンペキ》」「心遠地自偏＝心遠クシテ地自ラ偏ナリ」〔→陶潜〕｛副｝ ひとえに（ヒトヘニ）。水準を越えて一方にかたよるさま。いやが上にも。そればかり。〈類義語〉→頗《ハ》（すこぶる）。「台上偏宜酩酊帰＝台上偏ニ酩酊シテ帰ルニ宜シ」〔→高適〕｛名｝ 漢字の字形の構成要素で、左右にわけられる左側の部分。さんずい・にんべんなど。多くは、その字の意味する物事の種別をあらわす。▽右側の部分を傍という。〈同義語〉→扁。「偏傍（＝扁旁）」｛副｝〔俗〕あいにく。［漢字源］

*ヘン　*遍 《常用音訓》ヘン《音読み》ヘン《訓読み》あまねし《名付け》

とお・ひろ・ひろし《意味》{動・形} あまねし。まんべんなく広がる。全体にいきわたったさま。「普遍」「枕骸遍野＝枕骸野ニ遍シ」〔→李華〕{単位} はじめから終わりまで、ひとわたりする回数を数えることば。「読書百遍」［漢字源］

*ヘン　*辺　【邊】【邉】《常用音訓》ヘン／あた…り／べ《音読み》ヘン《訓読み》あたり／べ／はし／はて／へり／ふち／へ／ほとり《名付け》へ・ほとり《意味》{名・形} はし。はて。いきついた所。また、物の中央に対して、物のはじ。はし近い。「辺際」「無辺＝辺無シ」{名} へり。ふち。へ。「花辺（衣服のふち飾り）」「縁辺（へり）」「江辺（川のきし）」「海辺」「辺幅」{名} 国のはて。国境に近い地。「辺境」{名} 数学で、多角形の外側の線。ヘンス {動} はしを接する。境と境とが接する。「辺乎斉也＝斉ニ辺スルナリ」〔→穀梁〕{名} ほとり。近くの所。そば。あたり。「身辺」{名}〔俗〕…のほう。「前辺チェンペイエン」「后辺ホウペイエン」〔漢字源〕

*ベン　*辨　1. 成辨。成立させる。2. 区別する。3. ことばで区別すること。4. わきまえること。5. 成弁の意。ととのえる。〔佛教語大辞典〕1216d

*ヘンカンイッサイシキシンソウ　*遍觀一切色身想　『觀無量壽經』に説く十六観のうちの第九。阿弥陀仏の身相光明を観想すること。この観を成就すれば、十方の諸佛の身相を見ることを得るという。第八観に対して、これを真身観と名づける。『觀無量壽經』『大正蔵経』12 巻 343c〔広説佛教語大辞典〕1485d

*ヘンゲ　*變化（nirmāṇa）種々に形を変えてすがたを現わすこと。変現、化作、化現、化ともいう。例えば、佛が凡夫などのために佛形或いは鬼、畜生などの身を現わすのを變化身、化身といい、また凡夫などのためにそのものに応じて適宜に国土を変現するのを變化土、化土という。万物の相が、種々に変じること。佛教では、種々に形を変えて現われること。神通力によって様々な姿に変わることをいう。また、変じたその身体を變化身、化身などと言う。

*ヘンゲショシュウショウ　*偏計所執性　偏計は誤った見解。それによって執せられているもの（自性）の意。妄想されたもの。妄想された自体。あまねく計らい思う、迷いの心の執着するところのもの。三性の一つ。主観的に構想されたあり方。妄想されたあり方。このあり方は本来的には有りえぬものと

規定されている。→三性〔広説佛教語大辞典〕1487b

*ヘンゲショシュウソウ　*偏計所執相　実在として存在しないのに、人が対象物に似た影像を心に描き、それに執着してそれを実在物とみなした相をいう。主観的に校正されたものの特質。〔広説佛教語大辞典〕1487b

*ヘンゲシン　*變化身＝応身 様々な衆生の救済のためにそれらに応じて現われる身体で、応佛、応身佛、応化身などとも呼ばれる。〔岩波仏教辞典〕

*ヘンゲシン　*變化身 1. 化身。佛の三身、四身の一つ。応身に同じ。2. 変易身の異称。〔広説佛教語大辞典〕1487b-c

*ヘンゲン　*變現（prātihārya）1. すがたを変じあらわすこと。2. すがたが移り変わる。〔佛教語大辞典〕1215c

*ヘンザイ　*邊際 はて、限り。

*ヘンジ　*變似　似て現れること。顕現に同じ。S.pratibāhsa〔広説佛教語大辞典〕1489a

*ヘンジ　*篇次　ヘンジ ＝編次。順序をととのえてならべること。また､その順序。書物の部わけの順序。［漢字源］

*ヘンジ　*片時　【片刻】ヘンコク 少しの間。『片時ヘンジ』〔漢字源〕

*ヘンニャクショウジ　*變易生死 変易は変化の意。1. 迷いの世界を離れ、輪廻を超えた聖者が受ける生死。欲・色・無色の三界を超えた諸聖人の生死。阿羅漢は変易生死の中にある。それは一種特別の生死であるが、なぜこのようによばれるか不明である。一説によると、それは微細な変化をするものだという。すなわち、体形・状態を自在に変易しうるのでこういう。2. 変易身を受ける生死（輪廻)､変易身を受ける生存状態の意。二種生死のひとつで、菩薩の生死のこと。菩薩の身は願力によって変化、改易することができて限りがないから変易の身といい、かかる変易身を受ける生存を変易の生死という。分段生死の対。3. 現実の生死変易する事象。〔佛教語大辞典〕1216a

*ヘンマン　*遍滿 1. ゆきわたらせる。2. ゆきわたる。満ちみつ。〔広説佛教語大辞典〕1493a

*ホウ　*報 1. 果報に同じ。普通報は縁に対し、果 ññ は因に対していうが、報と果とを区別しないでただ報ということがある。むくい。2. 答える。返答

する。〔佛教語大辞典〕1241a-b

*ホウ　*報　《常用音訓》ホウ／むく…いる《音読み》ホウ／ホ／ホウ《訓読み》むくいる（むくゆ）／むくい／しらせ《名付け》お・つぐ《意味》1. ホウズ ｛動｝ むくいる（ムクユ）。仕返し・お返しをする。罪に対して罰を与え、うらみに対して相手を懲らしめる。また逆に恩返しをする。「報恩」「以徳報徳＝徳ヲモツテ徳ニ報ユ」〔→論語〕2. ｛名｝ むくい。お返し。罪に対するさばき、恩に対する礼など。「因果応報」「豈望報乎＝アニ報イヲ望マンヤ」〔→史記〕3. ホウズ ｛動｝ 告げ知らせる。▽もと、受けた命令に対して返答する。「報告」「使者還報＝使者還リ報ズ」〔→史記〕4. ｛名｝ しらせ。「吉報」「情報」5. ｛名｝〔俗〕新聞。［漢字源］

*ホウ　*法 dharma 1 色法　心法　一切諸法万法などという法は、すべて存在を意味する。また、諸法を有為、無為、色、心、染、浄などの二法に分ける場合の法の語も存在を意味する。2 佛の教えを佛法、教法、正法といい、外道の教えを邪法と称するなど、法の語はすべての行為の規範、教説を意味する。3 性質、属性の意味。〔佛教語大辞典〕1227b-1228a

*ホウ　*法　ほう　［s：dharma］　dharma は〈保つ〉（√ dhṛ）という語根から成立した言葉で、〈同じ性格を保つもの〉〈法則〉〈行為の規範〉などの意味がある。この語が仏教に採用されて重用され、種々の意味に用いられた。それらを整理すると、1）法則、正義、規範、2）仏陀の教法、3）徳、属性、4）因、5）事物、の５種となる。このうち、仏陀の教法と、事物とを〈法〉ということは、仏教独自の用法であり、ここに仏教の特色が示される。ちなみに、中国古典では〈法〉は刑罰・制度・法律などを意味し、これを最も重んじたのは韓非子（かんぴし）らの法家思想家であった。〔岩波仏教辞典〕

*ホウ　*法（法のあり方）　ほう　事物の世界は諸行無常であり、絶えず変化している。この変化の中で法をいかに定立するかが問題であるが、諸行無常に対応するものは諸法無我であり、法の本性は無我である、実体がない。無我であるから無常の世界で法が成立しうる。説一切有部（せついっさいうぶ）は、法は一刹那の存在であると規定して、無常の世界における法の存在性を主張し、法は有（う）であると説いた。しかし一刹那の中にも変

化はあるとして、有部の法の有を批判した経量部は、法は仮（け）であると見た。さらに大乗の中観派は、法は空（くう）であると説いて、実体はないが作用として成立する法の存在性を主張した。ともかく現象界を構成するものは雑多なる法であり、実体としては把握されないが、作用として存在する。〔岩波仏教辞典〕

*ホウ　*法（法の種々相）　ほう　法句経（5）の実に怨（うら）みは怨みによって止むことはない。怨（うら）みを捨ててこそ止む。これは万古不易の法であるという時の〈万古不易の法〉（p：sanantanadhamma）は、変らない真理の意味の法である。つぎに、仏陀の説いた教えを九部経にまとめるが、これが〈法〉と呼ばれている。仏陀の教えは万人の模範とすべきものであり、教えに従って修行すれば悟りに達しうる。教えに真理が含まれている。ゆえに教えは法である。教法は三宝の一つの法宝の内容であるが、法宝の内容は教法よりも広く、仏陀の悟りの智慧や煩悩を断ずる力なども法宝にふくめて尊敬されている。悟りの智慧や禅定などは仏陀のそなえる〈徳〉（guṇa）としての法でもあるが、徳にはなおこのほかに、仏陀のそなえる十八不共法や三十二相などもふくまれる。さらに法に〈因〉（hetu）の意味が認められているが、例えば智慧や禅定は煩悩を断ずる因となる。この因の力が法と見られるのである。その意味では煩悩も、人を迷わす力があるから法と言ってよいのであり、作用のあるものはすべて法であるということになり、事物を法と見る仏教独自の法観が成立する。倶舎論（1）には自相を持するが故に法であると法を定義しているが、これは法の持つ性質を〈自相〉と呼んでいるのである。〔岩波仏教辞典〕

*ホウ　*法（有為法・無為法）　ほう　法は大別すれば、物質界を構成する諸法、心理的世界を構成する諸法、ならびに物質でも精神でもない諸法の３種であるが、この３種は〈有為法（ういほう）〉と言って、無常の世界を構成する諸法である。これは縁起の道理によって、諸行無常の世界が変化する諸法の世界として顕現するのである。これは、法は無常であるが力としての存在であることを示す。有為法のほかに、涅槃や虚空（法を法として成立させるのに礙（さまた）げのないこと）などのような永遠の実在としての〈無為法〉が立てられ、有為・無為の両者で〈一切法〉が摂せられる。

法の論議はインド仏教では盛んであったが、中国・日本の仏教ではほとんど忘れられ、関心が別の方面に移った。〔岩波仏教辞典〕

*ホウ　*報　1. 果報に同じ。普通、報は縁に対し、果は因に対していうが、果と報とを区別しないで、ただ報ということがある。むくい。2. 答える。返答する。〔佛教語大辞典〕1241A-B

*ホウ　*方　「まさに」と読み、「ちょうどする最中だ」「まさしく今」と訳す。「如今人方為刀俎、我為魚肉如今、人は方まさに刀俎たり、我われは魚肉たり」〈今や、相手は包丁とまな板、我らはその上にのせられた魚や肉のようなもの〉〔史記・項羽〕「にあたりて」と読み、「ちょうどそのとき」と訳す。「方吾在縲紲中、彼不知我也吾われの縲紲ルイセツの中に在あるに方たりて、彼かれ我われを知らざるなり」〈私が囚われの身となっていたとき、あの（私を罪に陥れた）者どもは私（の真価）を認めてはいませんでした〉〔史記・晏嬰〕「はじめて」と読み、「そのときになってようやく」と訳す。「朱子語類」に「方可方めて可なり（それでやっとよろしい）」と多く登場。唐・韓愈の詩でも使用される。「今国家務在戢兵、待其寇辺、方可討撃今いま、国家の務つとめは兵ヘイを戢やむに在あり、其その辺ヘンを寇コウするを待まちて、方めて討撃タウゲキすべし」〈今、国家のすべきことは、武器をしまいこむことである。突厥の軍が北辺を侵攻したときにはじめて攻撃すべきである〉〔旧唐書・長孫無忌〕［漢字源　改訂第四版　株式会社学習研究社］

*ボウ　*妨　《常用音訓》ボウ／さまた…げる《音読み》ボウ（バウ）／ホウ（ハウ）《訓読み》さまたげる（さまたぐ）《意味》｛動｝　さまたげる（サマタグ）。たちはだかる。じゃまをする。「妨害」「不妨＝妨ゲズ」とは、さしつかえないの意。「不妨探問＝探問スルヲ妨ゲズ」〔漢字源〕

*ボウ　*望　《常用音訓》ボウ／モウ／のぞ…む《音読み》ボウ（バウ）／モウ（マウ）《訓読み》のぞむ／のぞみ／もち《名付け》のぞみ・のぞむ・み・もち《意味》｛動｝　のぞむ。見えにくい遠方を見ようとする。また、遠くからながめる。「眺望」｛動｝　のぞむ。まだかまだかと待ちわびる。得がたい物を得たがる。ほしがる。「希望」「既平隴復望蜀＝スデニ隴ヲ平シテマタ蜀ヲ望ム」〔→後漢書〕｛動｝　のぞむ。現状を不満に思い、こうあってほしいと

思う。「責望」｛名｝のぞみ。「失望＝望ヲ失フ」｛名・形｝よい評判によって得た信用。人々にしたわれている。「人望」「信望」「望族（人々の信望を得ている一族）」｛名｝もち。満月。また、陰暦の十五日。「望月《ボウゲツ》（満月）」「既望（満月の次の夜。十六夜）」ボウス ｛動・名｝遠くの山川をのぞんで、柴《シバ》をたき煙をあげて山川の神をまつる。また、その祭り。「望祭」「望于山川＝山川ヲ望ス」〔→書経〕「望望《ボウボウ》」とは、恥じいったさま。また、どうしてよいかわからなくなって困るさま。「望望然去之＝望望然トシテコレヲ去ル」〔→孟子〕〔漢字源〕

*ボウ　*謗　1. そしる。2. あるものをないと執着すること。3. 軽蔑をなす。軽視をなす。〔佛教語大辞典〕1243b

*ホウオウ　*法王　1. 法門の王の意味で、佛のことをたたえていう名称。2. 正しい法に従って統治する国王。3. 天平神護二年、称徳天皇から道鏡に授けられた位。〔佛教語大辞典〕1229b

*ホウオウ　*寶王　佛の尊称。〔佛教語大辞典〕1243d

*ホウオン　*報恩　1. 恩に報いること。【解釈例】ありがとうという心。2.（恩に感じて）恩を施すこと。〔広説佛教語大辞典〕1498c-d

*ホウオン　*法音　説教読経の声。〔佛教語大辞典〕1229c

*ホウガイ　*寶蓋　宝玉の蓋。傘の美称。天蓋に同じ。もとインドで日光の直射を防ぐために用いたきぬがさ。転じて、佛・菩薩の像の上にかけるもの。立派な天蓋。〔昔はほうかいとよんだか。〕〔広説佛教語大辞典〕1499c

*ホウガイ　*寶蓋　宝玉の蓋。傘の美称。天蓋に同じ。もとインドで日光の直射を防ぐために用いたきぬがさ。転じて仏・菩薩の上にかけるもの。（昔は「ほうかい」と読んだか。蓋の清音は『字類抄』による。）〔佛教語大辞典〕1244a

*ホウケ　*寶華　宝の花。

*ホウケニド　*報化二土　受用土、變化土の二土の意味。

*ホウケノシン　*報化の身　受用身、變化身の二身の意味。

*ホウコク　*寶國　極楽浄土の異名〔広説佛教語大辞典〕1504b

*ホウゴウ　*報業　果報を導いた行為の意味。

*ホウシ　*法子　「ほっし」ともよむ。1. 法王子に同じ。→法王子。2. 法の子。

仏法を聞いて信じ、実践して智慧を得た子の意。仏の法（みのり）の力で生まれた子ということ。仏弟子を仏子と名づけるのと同じく、法の導きから生ずるがゆえに法子という。仏の法によって智慧を生じた子という意。『観無量壽經』『大正蔵経』12巻345a〔佛教語大辞典〕1232a

*ﾎｳｼ　*奉仕　つつしんでつかえること。奉事。今昔三「師に―する事、片時(へんし)も怠る事なし」　献身的に国家・社会のためにつくすこと。「勤労―」「社会―」　商人が客のために特に安価に売ること。サービス。「―品」(広辞苑)

*ﾎｳｼﾞ　*法事　1.真理というもの。2.教団のなすべき事がら。3.仏法を宣揚することや、その修行。4.仏事。仏法と関連する儀式。シナなどでは法要などの仏教行事をいう。5.死者の冥福を祈り、善根を積むために、仏の供養し、僧に施したりすること。日本では平安時代以後に行われた。江戸時代以後はもっぱら死者追福の忌日法要を称するようになった。〔広説佛教語大辞典〕1505b

*ﾎｳｼﾞｭ　*寶樹　珍しい宝からなる樹で、浄土の草木をいう。〔佛教語大辞典〕1245a

*ﾎｳｼﾞｭ　*寶珠　1.宝玉。2.真珠。3.如意宝珠。4.相輪の一部で、水煙の上に置く飾り。〔佛教語大辞典〕1245a

*ﾎｳｼﾞｭｶﾝ　*寶樹観　『觀無量壽經』に説く十六観の第四。浄土の宝樹の相を観ずること。〔佛教語大辞典〕1245a

*ﾎｳｼｮ　*方處　「ほうじょ」とも読む。1.方向や場所。ところ。空間の一部を占める場所。2.一定の空間位置のこと。〔広説佛教語大辞典〕1507c-d

*ﾎｳｼｮｳ　*寶昌　宝を明らかにあらわした。明らかにあられた宝。

*ﾎﾞｳｼｮｳ　*傍生　禽獣、畜生のこと。傍行の生類のこと。〔佛教語大辞典〕1247d

*ﾎｳｼｮｳｸﾄﾞｸｿｳ　*寶性功徳艸　極楽を飾る七宝が、柔軟であって草のようであるということ。〈世親『淨土論』〉〔佛教語大辞典〕1245b

*ﾎｳｼﾝ　*報身　1.楽しむ身体。過去の修行により功徳を積んだ報いを楽しんでいるブッダの完全なすがた。それはあらゆる美徳を具えた理想的な完成した人格としてのブッダでもある。修行を完成してすべての理想的な徳を

具えた佛。過去世における万行の善根功徳の「報い」として出現した佛の身体。さとりを得て、その楽しみを味わいつつ、他者の救済に心を配る佛。阿弥陀佛も法藏菩薩の後身という意味で報身である。三身（法身・報身・応身）の一つ。報身は佛になるための因としての行を積み、その報いとしての功徳を具えた佛身をいう。法身は佛の本身たる法をさし、応身は歴史世界に応現した佛の現身をさすが、前者は永遠不滅であっても人格性に欠け、後者は人格性に富むけれども一時的な無上なもので、そこで両者を統合した佛身が考え出された。それが報身である。願いと実践を重ねることによって報われて現れる佛。佛の飾りのある身。浄土宗では「ほうしん」と読み、浄土真宗・禅宗では「ほうじん」と読む。2. 業識によって感受される佛身。大乗の教えにしたがって修行の決意を発した位から、さとりの完成に至るさまざまの段階において、菩薩の心に応現し、感受される佛身である。佛の報身には、数限りないすぐれたすがたかたち、色彩が具わっており、また一つ一つのすがたかたちには、さらに数限りないすぐれた性質が具わっている。しかも報身そのものは、衆生の種々の機類にしたがって応現しつつも、永久に破壊されることがなく、損失することがない。地前と地上とを分かつ。3. 唯識説でいう受用身。功徳を受用する立場で佛を見ていう。4. 天台宗では、報身に当たるのは他受用身である。修行を完成した身。〔広説佛教語大辞典〕1509c-d

*ホウゾウ　*寶像　さまざまな宝でつくった仏像。立派な仏像。〔広説佛教語大辞典〕1511c

*ホウゾウ　*法藏　1. 教えの蔵の意。これは佛の教説、又は教説を含蔵する経典を指示する。聖典のこと。佛の説いた教法。2. 宇宙の真理。佛法の奥義。真理の妙理。みのりの蔵。真理。真理の蔵。3. 種性に同じ。4. 法は功徳、蔵はおさめるの意。佛の具えるあらゆる功徳のこと。【解釈例】よろずの佛の功徳。5. 功徳法をおさめている名号のこと。6. 経蔵。経典の集まり。経のこと。7. 法の集まり。蔵は集まりの意。犢子部では五法藏を立てる。8. 浄土真宗では「南無阿彌陀佛」の名号をいう。9. 宝蔵に同じ。経典を収める庫。〔広説佛教語大辞典〕1511b-c

*ホウゾウビク　*法藏比丘　また法藏菩薩ともいう。阿弥陀佛が過去世に世自在王

佛に侍して修行していた時の名。〔佛教語大辞典〕1234d

*ﾎｳｿﾞｳﾎﾞｻﾂ　*法蔵菩薩　[s：Dharmākara]　阿弥陀仏の修行時の名。無量寿経によると、むかし世自在王（せじざいおう）仏が出現したとき、一人の国王が説法を聞いて菩提心をおこし、王位を捨てて沙門（しゃもん）となった。これが法蔵菩薩（法蔵比丘）で、菩薩はその後も修行に努め、限りなく長い間思索にふけって（五劫思惟（ごこうしゆい））、四十八願を立て、願成って無量寿仏（すなわち阿弥陀仏）になったという。なおこの経説と内容は全く異なるが、室町時代にも法蔵比丘と題した阿弥陀仏の本地物語（阿弥陀の本地とも）があり、人気を博して説経浄瑠璃や古浄瑠璃にも取り入れられた。〔岩波仏教辞典〕

*ﾎｳﾀｲ　*胞胎　1. 母胎。母の胎内にあるときかぶっている膜（えな）をいう。2. 胎生。母の胎内に宿ること。出胎の意で、人間に生まれること。人間の胎（はら）から生まれ出る迷いの相。『觀無量壽經』『大正蔵経』12-344b　3. 生存。十二因縁の第十、有。生存一般。輪廻の世界に生まれること。P.bhava〔表現例〕とらわれ　〔広説佛教語大辞典〕1512b

*ﾎｳﾀﾞｲ　*寶臺　宝からなる台閣。インドでは広大な建物の屋根が平らで広いものがあり、人びとがそこに集まるが、それをいうのであろうか。〔広説佛教語大辞典〕1512b

*ﾎｳﾁ　*寶地（解釈例）伽藍のこと。〔佛教語大辞典〕1245d

*ﾎｳﾁ　*寶池　1. 浄土にある八功徳水をたたえた池。2. 寶池観の略称。〔佛教語大辞典〕1245d

*ﾎｳﾄﾞ　*寶土　極楽浄土のこと。宝で造られた国土の意味。觀經に宝地観、宝池観、宝楼観など浄土の様々な詳細は宝で造られていることが説かれている。

*ﾎｳﾄﾞｳ　*寶幢　1. 法憧に同じ。宝珠で飾った憧竿。【解釈例】宝のはたほこ。2. 音楽を司る天神の名。〔広説佛教語大辞典〕1245d-1246a

*ﾎｳﾄﾞｳｷｮｳ　*方等經　(s:vaipulya）大乗経典の総称。広大な教義をもつことからいう。「何等をか名づけて毘佛略（ﾋﾞﾌﾞﾂﾘｬｸ）と為す。所謂大乗方等経典は其の義広大にして猶お虚空の如し。是を毘佛略と名づく」［大般涅槃経15］また、原始仏教の分類である九部経・十二部経の方等（方広）と区別

するために〈大方等〉〈大方広〉という語を用いることもある。(大方等陀羅尼経・大方広佛華厳経)〔岩波仏教辞典〕727

*ボウナン　*妨難　1.他人の説を非難すること。2.さまたげ。〔南都では「ぼうなん」と読み、北嶺では「ほうなん」と読む。〕3.付随して起こる理論的な欠点。〔広説佛教語大辞典〕1515b

*ホウビョウ　*寶瓶　1.貴重な水瓶。2.仏具・法具の瓶器の尊称。華瓶・水瓶などがある。3.迦羅奢。密教で灌頂の誓水を入れる器をいう。〔広説佛教語大辞典〕1516c

*ホウベン　*方便（s:upāya）接近する。到達する、という意味の動詞から派生したウパーヤが対応のサンスクリットであり、衆生を導くためのすぐれた教化方法、巧みな手段を意味する。方便は、真実と対になる概念で、衆生に真実を明かすまでの暫定的な手段を意味する。この方便の思想は法華経において特に重要視される。つまり三乗（聲聞乗・縁覚乗・菩薩乗）の教えは、仮の教え・方便であって真実には三乗の人が統べて佛になることができる唯一の教え一佛乗(一乗)があるだけのことであると説かれる。〔岩波仏教辞典〕729

*ホウベン　*方便　1.方法。てだて。巧みなてだて。便宜な手段。工夫。巧みなはかりごとを設けること。巧みになされたはかりごと。すぐれた教化方法としても用いられる。真実に裏付けられ、また真実の世界へ導くてだて。衆生利益のための手段。差別の事象を知って衆生を済度する智慧。はぐくみ。真実の教えに導くために仮に設けた法門のこと。すぐれた教化方法。仮のてだて。衆生を救済し、さとりへ導くための一時のてだてとして説かれた教え。他をしてさとらしめるための手段。2.十波羅蜜の第七。3.真実を証するために修行すること。加行。4.くわだて。事業。発起して努めること。5.しかた。譬喩の立て方。6.努力のこと。→正方便 7.柔軟な心がまえ。8.行く道の手段。たとえば七方便位。〔広説佛教語大辞典〕1517a-d

*ホウベンホッシン　*方便法身　二種法身の一つ。法性真如（法性法身）から形を現して衆生を利益する仏の身。→法性法身。【解釈例】智法身なり。能証の智なり。修徳顕現して形に顕れた事なり。(大）1227a

*ホウモン　*法門　真理の教え。説教。仏の教え。真理へいたる門。開悟した状

態。〔広説佛教語大辞典〕1521a-b

*ホウマン　*寶幔　宝の幔幕。宝のとばり。〔広説佛教語大辞典〕1520a

*ホウラク　*法樂　1.釋尊が悟った後一週間自分の悟った法を回想して楽しんだこと。2.佛の説いた教えの生ずる楽しみ。法の喜び。法を受ける楽しみ。佛法を喜ぶ楽しみ。教えを信受する喜び。3.捨（無関心・平静）という法を楽しむこと。4.日本では法会に音楽を奏し、伎楽などを行い、本尊を供養したことから、神仏の前で経典を読誦して神仏を供養することをいう。神仏を楽しませるためである。神宮寺で神前に読経することを「法を供する」「法楽をささげる」という。神前に舞をすることもいう。5.真言宗では正式の儀式（特に祈願の場合、めでたい場合）をいう。死者の追善の場合にはそうは言わないで、回向という。〔広説佛教語大辞典〕1522b-c

*ホウリン　*寶林　極楽浄土の七宝からなる樹林。〔広説佛教語大辞典〕1523b

*ホウレンゲ　*寶蓮華　宇宙の生起する根源をたとえていう。『華嚴經』三四巻『大正蔵経』九巻六一五Ｃ『八十華厳』三十九巻『大正蔵経』十巻二〇五Ｂ〔広説佛教語大辞典〕1523c

*ホウレンダイ　*寶蓮臺　宝玉作りの蓮華の台。〔佛教語大辞典〕1246B

*ホウロウカク　*寶楼閣　宝で飾った宮殿。〔佛教語大辞典〕1246b

*ホク　*北　《常用音訓》ホク／きた《音読み》ホク《訓読み》きた／きたする（きたす）／きたのかた／にげる（にぐ）／そむく／そむける（そむく）《名付け》きた・た《意味》{名} きた。寒くていつも背を向ける方角。〈対語〉→南。「南面而征北狄怨＝南面シテ征スレバ北狄怨ム」〔→孟子〕{動} きたする（キタス）。北のほうへ行く。「候鴈北＝候鴈北ス」〔→呂覧〕{副} きたのかた。北の方角では。北に進んで。「北面」「北定中原＝北ノカタ中原ヲ定ム」〔→諸葛亮〕{動} にげる（ニグ）。敵に背を向けてにげる。「敗北」「三戦三北、而亡地五百里＝三タビ戦ヒ三タビ北ゲテ、地ヲ亡フコト五百里」〔→史記〕{動} そむく。そむける（ソムク）。相手に背を向ける。〈類義語〉→背・→倍。［漢字源］

*ホクウッタンオツ　*北鬱單越　*ウッタンオツ鬱單越　S:Uttra-kuru の音写。須彌山を中心として四方の海中に各一州が在り四洲という。鬱單越はそのうち北方の一洲であり、最大の洲である。いわゆる北倶盧洲というのも同じ。勝れた所。

そこに住むものは一千歳の長寿を保つといわれる。〔佛教語大辞典〕94b

*ホツイ　*發意　「ほっち」ともよむ。道を求める心をおこすこと。→發菩提心
【解釈例】発心というに同じ。無上道心をおこす事也。今家の心では横超他力の菩提心。〔広説佛教語大辞典〕1529d

*ホッカイ　*法界（dharma-dhātu）意識の対象、考えられるものの意。十八界の一つ。また、存在するものの意で、有為法、無為法の全てを指す。さらに事物の根源、存在の基体の意を表し、しばしば真理そのもの眞如と同義とされる。〔岩波仏教辞典〕

*ホッカイシン　*法界身　1.仏が究極の真理を身体としていること。存在するものすべてを身体とするもの。全宇宙にあまねく内在する理としての仏のこと。浄土教では、法界（全宇宙）の衆生を導き益する仏身と解する。世の中の人々を教化する身。『観無量壽經』『大正蔵経』一二巻三四三A 2.法界は法性、真如の意。仏の法身。『華嚴經』を説く仏。3.全宇宙に遍満するもの。4.宇宙万有を真理それ自身とみて、それを人格化したもの。衆生心身の本体。五種法身の一つ。【解釈例】法性真如のことなり。〔広説佛教語大辞典〕1531b

*ホツガン　*發願 S:praṇidhāna 身の内から願いが沸き起こること、誓いを立て、表明すること。単に願い願望を起こすという場合と、誓い・誓願を立てるという場合とがある。悟りを得ようという誓願や浄土を完成し衆生を救済しようという誓願、そのほかさまざまな善行や福徳を積もうという誓いなどは後者の例。これら発願の旨を述べた文を發願文・願文という。浄土教では極楽往生を願う心を回向発願心という。〔岩波仏教辞典〕737

*ホックギョウ　*法句経　［p：Dhammapada、s：Dharmapada］　パーリ語で書かれた上座部（じようざぶ）に属する三蔵の経蔵の小部に含まれる経典の漢訳名。〈ダンマパダ〉とも呼ばれる。小部に属するスッタニパータとともに現存経典のうち最古の経典といわれている。ダンマは〈法〉すなわち〈真理〉という意味、パダは〈ことば〉という意味である。423の詩から成り、テーマ毎に26章に分けられている。仏教教理を示すのに重要なことばがこの中には多くみられる。漢訳には、支謙（しけん）・竺将焔（じくしようえん）訳の〈法句経〉（２巻）と法炬（ほうこ）訳の〈法句譬喩経〉（４

巻)がある。他の部派にも法句経が現存していることが知られている。〔岩波仏教辞典〕

*ﾎｯｼ　*法子　「ほうし」ともよむ。1. 法王子に同じ。→法王子。2. 法の子。仏法を聞いて信じ、実践して智慧を得た子の意。仏の法（みのり）の力で生まれた子ということ。仏弟子を仏子と名づけるのと同じく、法の導きから生ずるがゆえに法子という。仏の法によって智慧を生じた子という意。『観無量壽經』『大正蔵経』12 巻 345a〔佛教語大辞典〕1232a

*ﾎｯｼｮｳ　*法性　諸法（諸存在・諸現象）の真実なる本性、万有の本体をいい、仏教の真理を示す語の一つで、真如・実相・法界などの異名として用いられる。ことわり。定め。1. 法たること。法が法として成立しているゆえん。S:dharmatā　2. 縁起の理法の定まっていること。3. 法の自性（本体）。4. 存在の真実にして不変なる本性。存在をして存在たらしめるもの。S:dharmatā　5. 事物の本性。真理の本質。ものの真実の本性。真実ありのままのもののすがた。すべてのものの真実のすがた。ありのままのさとりの本性。真如に同じ。6. 存在の普遍的なあり方。7. 完全な本来的性質。法界に同じ。8. 空に同じ。空である本性。9. 法そのもの。真実そのもの。10. 一切の現象（存在）を貫いている絶対の真理。11. あらゆる存在の現象的差別の相を超えた真実不変で絶対平等な本性。一切のものの真実常住なる本性。常住不変なる理性そのもの。万有の本体。本来の真実のすがた。【解釈例】空無所得の真諦。〔参考〕原語 S:dharmatā は、インドの日常の用法では、単に「日常のきまり」「世のならわし」というほどの意味であった。〔広説佛教語大辞典〕1534d-1535b

*ﾎｯｼｮｳｼﾝ　*法性身　1. 法身をさす。法そのものたる仏。2. 法性法身の略。生死身の対。すがたの美しいみごとな（色相荘厳）阿弥陀仏をさす。「無為法身とは法性身なり」『往生論註』下【解釈例】淨心地より乃至菩薩の苦境地。〔佛教語大辞典〕1253b-c

*ﾎｯｼｮｳﾎｯｼﾝ　*法性法身　一如を体とする無色無形の法身を法性法身という。絶対の真理である真如そのもの。または、無為法身・無為法性身。法性・無為は因縁によってつくられないもので、不生不滅の永遠のことわりをさしている。【解釈例】法性を体とするが故に法性法身と名く。理法身なり、

所証の境なり。果法身で諸佛菩薩の証りの法身なり。本有不改の義の方なり。〔佛教語大辞典〕1253c-d

*ホッシン　*発心　〈発意（ほつい・ほっち）〉ともいう。また詳しくは〈発菩提心（ほつぼだいしん)〉〈発道心〉あるいは〈発阿耨多羅三藐三菩提心（ほつあのくたらさんみゃくさんぼだいしん)〉（この上なき正しい目覚めに向かう心をおこす）ともいう。しかし、サンスクリット原典の表現では、その多くは、正しい目覚めに対して心をおこすとあり、漢訳語では本来の意味が伝わらない。なお日本語独自の用法として、出家し仏道に入ること、またその達成のために遁世（とんせ）隠棲（いんせい）すること、転じて、目的意識を持って何かを思い立つことをも意味するようになった。たまたま発心して修行する者ありといへども、また成就すること難（かた）し〔往生要集（大文第２)〕〔岩波仏教辞典〕

*ホッシン　*法身　法仏・法身仏・自性身・法性身・宝仏などとも言う。説一切有部では、仏の説いた正法、あるいは十力などの功徳法に名づける。法の集まり。大乗では究極・絶対の存在に名づけ、一切の存在はそれのあらわれであると説く。真理を身体としているものの意。真理そのもの。永遠の理法としての仏。本体としての身体。それは純粋で差別相のないものである。それは空と同じものである。1. 聖者が身に具えている功徳。2. 仏の三身の一つ。仏の宇宙身。色も形もない真実そのものの体。あらゆるものの根本。3. 永遠不変の真実のすがたそのもの。生死を超えた真理そのもの。4. 法としての身体。法を身体とすること。真理そのものを本体とするもの。仏の色身に対していう。5. 絶対完全な身体。6. 如来蔵に同じ。7. 仏道を成ずる可能性をもつ主体。8. 仏そのもの。9. 法そのもの。10. 如来蔵が煩悩を離れてそれ自体を現したもの。11. 四種法身のことをいう。12. 仏の真実の本体。しかし活動を現ずる。時間・空間にわたって宇宙の総合統一体としての仏。13. 本来真実の姿。14. 諸の仏のさとる真なる理。15. 白隠が古則公案の内容にしたがって分類したものの一つで、宇宙の存在の一切を貫いている絶対の理法(仏心)を明らかにする公案。16. 絶対真理の人格化。〔広説佛教語大辞典〕1536a-c

*ホッソウ　*法相　1.（七十五法などという）諸のダルマの特質。2. 事柄という

思い。ものという観念。3. 清浄な教えの特質。4. 一切のものの真実のすがた。ありのままのすがた。一切諸法の本性。真理の特質。5. 諸法の差別のすがた。6. 現象的存在のありのままのすがた。7. ものの存在のすがた。現象界の事物。8. 教義の綱目。9. 法相宗の略。〔広説佛教語大辞典〕1538a-b

*ﾎｯﾀｲ　*法體　法の本体の意。法そのもの、法の本質をいう。法は普通現象界の存在の構成要素を指す。〔岩波仏教辞典〕742　1. 法そのもの。有為や無爲の法の本体。法自体。（S:svabhāva,dharma,dharmasthiti,bhābatā,vastutva）2. 一切万有の本体、実体。3. もの。4. 浄土宗では、阿弥陀佛の名号や念佛をいう。5. 法衣を着た出家のすがたをいう。〔佛教語大辞典〕1255

*ﾎﾂﾎﾞﾀﾞｲｼﾝ　*發菩提心　無上のさとりに向かおうという心を起こすこと。さとりを求める心を起こすこと。發心に同じ。浄土真宗本願寺派では読誦の時は「ほちぼだいしん」とよむ。〔広説佛教語大辞典〕1539a-b

*ﾎﾆｬｸ　*怯弱　ｷｮｳｼﾞｬｸ　おくびょうで、いくじがない。『怯懦　ｷｮｳﾀﾞ』［漢字源］

*ﾎﾝ　*奔　《常用音訓》ホン《音読み》ホン《訓読み》はしる《意味》1. ｛動｝はしる。ぱっと勢いよく駆ける。また、向こう見ずにどんどん駆ける。〈同義語〉→犇。「狂奔」「自由奔放」2. ｛動｝　はしる。はしって逃げる。「奔而殿＝奔リテ殿ス」〔→論語〕3. ｛動・名｝　はしる。礼儀どおりにしないでかってに夫婦になる。かけおち。［漢字源］

*ﾎﾝ　*本　1. 縁となっているもの。2. もとづくもの。3. 界。4. むかし。さきに。5. 輪廻の最初の始まり。6. 根本。7. 真如不変。8. 本覚。9. 本体。法身の仏。10. 原因。11. サーンキャ学派の用語で。主なるもの。根本原質。質料因。〔広説佛教語大辞典〕1540b-c

*ﾎﾝｶﾞﾝ　*本願（pūrva-praṇidhāna）過去または以前に立てられた誓願。宿願とも意う。仏になる以前すなわち菩薩として修行中の時に立てられた仏の誓願を意う。例えば阿弥陀佛の誓願とは、法蔵菩薩として修行中に立てられたものである。阿弥陀佛のほか広く諸佛諸菩薩についても説かれ、むしろ大乗佛教では大乗の修行者として菩薩の誓願が、修行と廻向とともにその特質を示すものとして強調されている。〔岩波仏教辞典〕

*ﾎﾝｶﾞﾝﾘｷ　*本願力　佛になるため修行している期間（因位）に立てた誓願による力。修行の結果（果位）得た功徳はすべて本願力によるという。特に

阿彌陀佛が悪人を救うのもこの力による。〔広説佛教語大辞典〕1544a

*ﾎﾝｺﾞ *本期 根本の目的。本来期していたところ。【解釈例】もとよりあててはづれざるをいふ、本分といはんがごとし。〔佛教語大辞典〕1260d

*ﾎﾝｺﾞｸ *本國 1. 自分の生まれた国。故郷。もともと前から住んでいた土地。2. 国籍のあるところ。3. 本来の国土。仏土。仏国土。4. 浄土のこと。「送佛偈」では「ぼんごく」と読む。阿弥陀仏にとっては極楽浄土のこと。【解釈例】仏国。浄土。極楽。極楽のこと。〔広説佛教語大辞典〕1546a

*ﾎﾝｼﾞｷ *本識 根本的な識阿梨耶識に同じ。真諦の伝える唯識説の術語。〔vijňāna が直接にこの意味を有するのではないが、この語が根本的な識であるアーラヤ識を指すと解釈した真諦の訳語である。〕〔広説佛教語大辞典〕1547c

*ﾎﾝｼｮｳ *本性 1. 常住不変な絶対の真実性。生まれついたままのもの。本来固有の性。本来のすがた。本体。2. サーンキャ哲学における根元的根本原質 3. ゴーサーラの説において万有の本性をいう。4.（たとえば欠陥について）生まれつき。〔佛教語大辞典〕1263

*ﾎﾝﾏﾂ *本末 根本にあって変化しないものと、周辺にあって変化するもの。

*ﾎﾝﾑ *本無 1. 本来無であること。本来空無であること。これにもとづいて東晋初期には本無義ということが論じられた。2. 以前には存在しないこと。「本無今有」『阿毘達磨倶舎論』5 巻 14〔広説佛教語大辞典〕1557d

*ﾎﾝﾙｲ *品類 1. 種類 2.（たとえば瓶と）同じ性質を有するもの。〔佛教語大辞典〕1267c

*ﾎﾞｳ *謗 1. そしる。2. あるものをないと執着すること。3. 軽蔑をなす。軽視をなす。〔佛教語大辞典〕1243

*ﾎﾞｻﾂ *菩薩（bodhisattva）原語は bodhi と sattva とが結合したもの。bodhi（菩提）は悟りを意味するところから覚と意訳され、sattva は生けるものを意味するところから衆生とか有情とか意訳されたが、両者が結合すると、悟りを求める人々と、悟りをそなえた人々という二つの意味が考えられる。特に大乗佛教の場合は後者、すなわち自己ひとりの悟りを求めて修行するのではなく悟りの真理を携えて現実の中におりたち、、世のため人のために実践（慈悲利他行）し、すすんでは悟りの真理によって現実

社会を浄土化（浄佛国土）に努める者のことをいう。

*ボサツ　*菩薩　P:bodhisatta　S:bodhisattva の音写。覚有情・大心衆生・大士・高士・開士などと漢訳する。菩薩は菩提薩埵（菩提薩多とも書く）の略であるとシナでは解するが、おそらくシナに伝わる際、俗語で pr:bot-sat といったのを菩薩と音写したらしい。1. さとりの成就を欲する人。さとりの完成に努力する人。さとりを求めて修行する者。仏になろうと志す者。ブッダとなるべく道心を起こして修行する求道者。仏の智慧を得るために修行している人。さとりを求める人。未来の仏。求道者。すぐれた修行者。後に大乗仏教の解釈によると、聲聞と対比されて、そこに利他的意味を含め、大乗の修行者をいう。自ら仏道を求め、他人を救済し、さとらせる者。上に向かっては菩提を求め、下に向かっては衆生を教化しようとする人。向上的には自利の行としてさとり（菩提、道）を体得し、向下的には、利他の行として衆生を利益する者。大乗では、在家出家に通じ、発心して仏道を行ずる者をいう。また、さとりを得てすでに仏となりうるのに、あえて迷いの境にとどまり、人びとの救済のために活動する者。2. さとりを開く以前の釈尊。さとりを得る前の仏。修業時代の釈尊。シッダールタ王子。3. 過去世における釈尊。仏の前身。釈尊の前生。4. 仏の子。S:sugatasya putaḥ（善逝のとの子ら）5. 有徳僧に朝廷から賜わる称号。6. 世人が高僧を尊称する名。たとえば、行基菩薩、日蓮大菩薩。7. シナの「君子」に相当すると考えられた。〔広説佛教語大辞典〕1525a-c

*ボサツギョウ　*菩薩行　菩薩の行う修行。菩薩として行うべき行為。菩薩の実践行。【解釈例】わが身を捨てて一切衆生の抜苦与楽せんと云うが菩薩の行なり。〔広説佛教語大辞典〕1525d

*ボダイ　*菩提　bodhi の音写。智・道・覚と漢訳する。1. 仏の正覚の智。さとり。正智のはたらき。さとりの智慧。迷いから目覚めること。智慧のはたらきによって無明が無くなった状態。2. 法性を覚する智のこと。3. 崇高な開悟。智慧のあらわれ。4. 菩提道場の略。さとりを開いた場所。5. 煩悩を断じて得たニルヴァーナをいう。さとりの境地。人間の完成。【解釈例】云何んが菩提なるや。謂はく如実に自心を知るなり。6. ニルヴァーナに至る因としての道をいう。俗に佛道の意に用いる。7. 俗に冥福の意に用いる。

〔広説佛教語大辞典〕1528a-b

*ボダイシン　*菩提心［s：bodhi-citta］〈道心〉〈道意〉〈道念〉〈覚意〉ともいう。〈無上道心〉〈無上道意〉の訳語もある。悟り（菩提）を求める心、悟りを得たいと願う心などの意味。一般に阿耨多羅三藐三菩提心（あのくたらさんみやくさんぼだいしん）の略語というが、それに相当するサンスクリット語の単語はなく、阿耨多羅三藐三菩提（完全な悟り）へ向けて心を発すという形で用いられるのが普通。〈菩提心〉（ボーディチッタ）は大乗仏教特有の用語。特に利他を強調した求道心をいう。菩提心は大乗仏教の菩薩（ぼさつ）の唯一の心で、一切の誓願を達成させる威神力（いじんりき）を持つと考えられた。密教ではすべての美徳の成立する根本心とした。「仏在世の時、菩提心を起こす者千万ありしかど」〔栄花（もとのしづく）〕〔岩波仏教辞典〕

*ボダイルシ　*菩提流支 ?-527 の音写。ボーディルチ〈菩提留支〉とも書く。あるいは義訳して道希ともいう。北インド出身の僧。北魏の都洛陽で訳経に従事し、大乗の経論 30 部あまりを翻訳した。これらはインドにおける新しい大乗仏教（唯識系の仏教）の動向を中国に紹介することになり、後世の教学に大きな影響を与えた。彼が訳した『十地經論』の研究にもとづいて、地論学派（地論宗）が形成され、同じく彼の訳になる『無量壽經論』はやがて中国浄土教の祖曇鸞の『無量壽經論註』を生み出すことになる。〔岩波仏教辞典〕

*ボン　*凡　1. 愚かな 2. 迷い。世俗。3. 凡夫。凡人。聖人の対。4. 全部で。〔広説佛教語大辞典〕1540d-1541a

*ボンオウ　*梵王　「ぼんのう」ともよむ。梵天の王。大梵天のこと。〔広説佛教語大辞典〕1542a

*ボンオウグウ　*梵王宮　梵天王の住む宮殿。〔広説佛教語大辞典〕1542a

*ボンキョウ　*梵響　仏の説法の音声をいう。〔佛教語大辞典〕1270c

*ボング　*凡愚　凡夫で愚かなもの。S:bāla【解釈例】觀經の下三品に如此愚人と説いてある愚悪の凡夫。〔佛教語大辞典〕1268b

*ボンゴン　*凡言 愚かなことば。

*ボンショウ　*梵聲　清らかな声。仏の声が梵天の声のように五種の音声を出す

ので、それにたとえていう。仏の声。【解釈例】仏の音声を梵王の声如くいう。〔佛教語大辞典〕1271d-1272a

*ボンジョウ　*凡情　凡人の心情。凡夫の迷情。凡夫のはからい。わがはからい。〔広説佛教語大辞典〕1550b

*ボンテン　*梵天　1. インド思想で万有の根源ブラフマンを神格化したもので、仏教に入って色界の初禅天をいう。これに梵衆天、梵輔天、大梵天の三天があり、その総称。また、普通には大梵天を指す。帝釈天と並んで、護法神とみなされた。2. 梵天の世界。〔佛教語大辞典〕1272a-b

*ボンブ　*凡夫（pṛthag-jana）異生と直訳する。聖者に対して、愚かで凡庸な士夫の意。異生の語は、種々の見解や煩悩によって種々の業を起こし、種々の果を受けて種々の世界に生まれるものの意。修行の階位の上で言えば見道に至る以前が凡夫であって倶舎論では、四善根位を内凡、三賢位を外凡と言い、大乗では、初地以前を凡夫として、十住、十行、十廻向（三賢）を内凡、十信を外凡と意う。内凡外凡合わせて二凡と言う。外凡以下は低下の凡夫と言われる。〔浄土宗大辞典〕

*ボンブ　*凡夫　1. 愚かな人。凡庸な人。愚か者。愚かな一般の人たち。無知なありふれた人たち。仏教の教えを知らぬ人。平凡な人間。いまだ仏道に入っていない人びと。迷えるもの。聖者に対していう。→愚癡凡夫 P puthujjana .P bāla .S bāla-pṛthag-jana. S pṛthag-jana. S bāliśa 2.pṛthag-jana を玄奘などは異生と翻訳した。凡庸な士夫という意でいまだ四諦の道理を理解していない凡庸浅識の者をいう。また、四向四果の聖者に対して見道以前の人の総称。あるいは愚か者の意にも用いられ、低下の凡夫などという。六道に輪廻する者を四聖に対して六凡という。→凡聖 3. 無明によって業にしたがって報いを受け、種々の世界に生まれて、おのおの異なっている者（一行の釈）。世間の三昧耶を知るものと知らない者。（ブッダグヒヤの釈）インドでは世間一般の人びとのことを pṛthag-jana という。【解釈例】ひろい言で内凡外凡の菩薩までに通ずる言なり。〔佛教語大辞典〕1269a-b

*ボンノウ　*煩悩　悪い心のはたらき。煩憂悩乱の意。わずらいなやみ。心身をわずらわし悩ます精神作用。心身をわずらわすはたらき。心身を悩ますも

の。心のけがれ、よごれ。妄念。要するに、心身を苦しめ、わずらわす精神作用の総称。或ともいう。潜在的なものを含める。様々な分類があるが、根元的煩悩として三毒（三垢）、すなわちむさぼり（貪）・いかり（瞋）・おろかさ（癡）をあげるのが代表的である。【解釈例】煩悩とは取のことである。有情の心身を煩わし悩ますが故に煩悩と名づく。人の心神を喧しく煩わし責め乱す意。心の三毒。心におこる三毒。「煩とは身を悩ます。悩とは心を悩ますなり。」〔佛教語大辞典〕1273c-d

*ボンノウショウ　*煩悩障　煩悩という解脱を得る上での障害物。煩悩というさまたげ。悟りへの障害となる煩悩のさわりをいう。唯識では所知障に対し、また倶舎では解脱障に対していう。（煩悩障と所知障。大まかにいうと道徳的障害と認識的障害。）〔広説佛教語大辞典〕1554c-d

*ボンマニ　*梵摩尼　摩尼はS　maṇi（宝石）の音写。1. 浄珠の意。宝珠をいう。2. 大梵天王の如意宝珠。〔佛教語大辞典〕1273b

*マサニ　*方に 1. 今。ただいま。2. ちょうどそのとき。3. さかんに

*マサニ　*合　｛助動｝ まさに…すべし。道理にあっている意から転じて、当然をあらわすことば。当然そうであるはずである。〈類義語〉→当・→応。「今合醒矣＝今マサニ醒ムベシ」〔→捜神記〕［漢字源］

*マッセ　*末世　末の世。後の時代。末代。末法の時代。仏法の衰えた世。つまり現代。その当時をいう。→末法。〔広説佛教語大辞典〕1567a-b

*マニ　*摩尼　1. 珠、宝、離垢、如意と漢訳する。珠玉の総称。通俗表現として、たま、たからという。2. 如意珠。3. 月長石。〔広説佛教語大辞典〕1569a-b

*マニシュ　*摩尼珠　S.maṇi　の音写。1. 珠玉の総称。宝珠。またはマニという珠。珠玉は悪を去り、濁水を清らかにし、災難をさける徳があるとされる。2. 振多摩尼（S.cintā-maṇi）の略。如意珠をさす。たからのたま。〔佛教語大辞典〕1280a

*マニシュオウ　*摩尼珠王　仏の名。すぐれたるたまの仏。〔佛教語大辞典〕1280a

*マニスイ　*摩尼水　摩尼珠のごとき清浄な水。

*マニテンコ　*摩尼天鼓　無分別智が仏智の本質であることが主張されるが、無分別であるならば仏と衆 生との分別も仏には無いことになり、それでは

如何にして仏の衆生救済が為されるのかとの疑問が出てくる。これに対する答えが上記であり、それは「自然法爾」にということである。その喩えとしてマニ（摩尼宝珠）と天楽（天鼓）が出される。マニは分別・努力無しに願いをかなえる宝珠。天鼓は天にある鼓で、それを打つ者無くして自然に音楽を奏でる。仏には「自分は仏であり、迷っている衆生を救おう」との自我意識も、差別もはからいの心も全く無くして自然法爾に衆生を救済する。

*マンゾク　*満足 1.完成すること。達成すること。〈願いを〉満たす。成就すること。S:paripūrṇa paripūri prapūrṇatva saṃbharaṇa prāpaka 2.完全な教え。浄土教のこと。【解釈例】みちたりぬと云ふこと。〔広説佛教語大辞典〕1574b

*マンドク　*萬徳　仏のあらゆる美徳。数え切れない多くの功徳。〔広説佛教語大辞典〕1575c

*マンポウ　*萬法　1.一法の対。あらゆる事物。一切の存在。諸法。万有一切。曹洞宗では「ばんぽう」とよむ。2.現象となって現れた真理。〔広説佛教語大辞典〕1576a

*ミ　*味　1.あじ。味覚。舌の感覚器官がはたらく領域。甘さ・酸さ・鹹さ・辛さ・苦さ・渋さの六種があり、六味という。六境の一つ。→六境 2.転じて感覚的な味。感覚的な喜び。この世のものの味。3.愛着のこと。七味を数える。4.食べること。味わうこと。転じて耽溺すること。渇愛を意味する。5.禅院において、六味と称して、食事の「味」をいう。6.ヴァイシェーシカ学派の用語で、徳の第二。味覚の対象。7.文字、シラブルの誤訳。〔広説佛教語大辞典〕1577a-b

*ミ　*微　1.七つの極微の量。2.かすか。微妙。極微のこと。3.感覚でとらえられない微妙なことをいう。〔広説佛教語大辞典〕1577b

*ミケンコウ　*眉間光　眉間の白毫相から放つ光明。〔広説佛教語大辞典〕1578c

*ミケンビャクゴウソウ　*眉間白毫相　眉間に白毫があるすがた。仏の眉間にある白毛の右巻きの渦巻。三十二相の一つ。→三十二相〔広説佛教語大辞典〕1578c-d

*ミゴン　*微言　1.深遠な仏法の旨を述べた言句。経文のかくされた意味。

2. 仏の微妙な言葉。〔広説佛教語大辞典〕1578c

*ミズ　*水　生物の生存にとって不可欠な水は宗教においても重要な役割を演じている。水の宗教的意味には浄化と生成の二つがある。エリアーデは水の非定型性のゆえにすべてのものを溶解し、無形のものにするという性質からあらゆるけがれや罪を清める作用をするとしている。佛教の灌頂はこれを頭上に注いで一定の資格の具わったことをあらわす儀式で、佛子として再生することを意味し、結縁・学法・伝法の三つがある。浄土宗大辞典861A

*ミシュウ　*美醜　うるはしいこととみにくいこと。

*ミダリニ　*浪りに　《常用音訓》ロウ《音読み》ロウ（ラウ）ラン《訓読み》なみ《名付け》なみ《意味》{名} なみ。清らかななみ。〈類義語〉→波。「波浪」「滄浪ソウロウ（清らかになみだつ流れ。また、川の名）」{形} なみのようにとりとめもないさま。型にはまらずかってなさま。でたらめなさま。「謔浪ギャクロウ（かって気ままにしゃべりまくる）」「放浪（かってほうだいである、さすらう）」「浪子（無頼ブライの徒）」「孟浪モウロウ」とは、でたらめなこと。▽マンランとも読む。「夫子以為孟浪之言＝夫子モッテ孟浪ノ言ヲ為ス」〔→荘子〕［漢字源］

*ミチル　*盈　《音読み》エイ／ヨウ（ヤウ）《訓読み》みちる（みつ）／みたす《意味》{動・形} みちる（ミツ）。いっぱいになる。たっぷりとあるさま。〈類義語〉→満・→溢イツ。「虚而為盈＝虚シクシテ盈テリト為ス」〔→論語〕「有酒盈樽＝酒有リテ樽ニ盈テリ」〔→陶潜〕{動} みたす。いっぱいにする。「持而盈之＝持シテコレヲ盈ス」〔→老子〕〔漢字源〕

*ミフ　*彌覆　すべてを多い隠すこと。*ミ　*彌＝形容詞・全部の・すべての。〔広説佛教語大辞典〕1577b　*フク　*覆おおいかくすこと。〔広説佛教語大辞典〕1425b-c

*ミフウ　*微風　そよかぜ S:manda-anila〔佛教語大辞典〕1294c

*ミマン　*彌満　みなぎる。みちあふれる。『無量壽經』下巻『大正蔵経』12巻278a〔広説佛教語大辞典〕1585d

*ミミョウ　*微妙　佛教の真理・教えやそれを悟る智慧の深遠ですぐれた様を形容する語。法華経方便品「甚だ深く微妙にして、解し難きの法なり。」〔岩

波仏教辞典〕

*ﾐﾐｮｳ　*微妙　1. 巧妙の。聡敏の。量り知れぬほど深くてみごとな。勝れて見事なこと。言うに言われぬ不思議さ。2. 奥が深くて知りがたいこと。難見に同じ。3. 善に同じ。4.【解釈例】くはし。〔広説佛教語大辞典〕1585d-1586a

*ﾐｭｳ　*謬《音読み》ビュウ（ﾋﾞｳ）／ミュウ（ﾐｳ）《訓読み》あやまる／あやまり／あざむく《意味》{動・名・形} あやまる。あやまり。いいまちがう。たがう。まちがい。もつれて筋道をあやまったさま。〈同義語〉→繆。〈類義語〉→誤。「謬説ﾋﾞｭｳｾﾂ」「誤謬ｺﾞﾋﾞｭｳ」{動} あざむく。だます。いつわる。《解字》会意兼形声。右側の字（音ビュウ・リュウ）は、高く飛んだ鳥の羽が、ちらちらともつれてみえるさまをあらわす。謬はそれを音符とし、言を加えた字で、ことばがもつれてくいちがうこと。［漢字源］

*ﾐｭｳｹﾞ　*謬解　誤った理解

*ﾐｭｳｼﾞｭﾂ　*謬述　誤った論述。誤った説。

*ﾐｮｳ　*冥《音読み》メイ／ミョウ（ﾐｬｳ）《訓読み》くらい（くらし）《意味》{形} くらい（ｸﾗｼ）。おおわれて光がないさま。〈類義語〉→暗。「暗冥ｱﾝﾒｲ」{形} くらい（ｸﾗｼ）。道理にくらく何もわからないさま。愚か。「冥愚ﾒｲｸﾞ」{形} 奥深くて外からはっきりわからないさま。「冥冥ﾒｲﾒｲ」「冥想ﾒｲｿｳ」{名・形} 死者の世界。あの世の。〈対語〉→明。「冥福ﾒｲﾌｸ」「冥途ﾒｲﾄﾞ」〔漢字源〕

*ﾐｮｳ　*冥　1. 闇黒。くらやみ。無智にたとえることから、無智と同義語として用いられる。仏はこの闇黒なる無智を滅したものとされる。2. 冥合。ぴったり合う。一致する。3. 冥々のうちにましますす神仏。〔佛教語大辞典〕1309a

*ﾐｮｳ　*妙　すぐれた、不可思議などの意。しばしば奥深いという意味の〈玄〉と合わせて〈妙玄〉と用いられる。中国では『老子』1に「常に無欲にして以てその妙を観る。」「玄の又た玄、衆妙の門」とあるように〈道〉の深遠幽微なことをいうのに〈妙〉が用いられた。鳩摩羅什の『妙法蓮華經』では saddharma が〈妙法〉と訳されているが、智ぎは『法華玄義』2において妙法の妙を釈して「妙とは不可思議に名づく」といい、また「妙を

喚んで絶となす。」として妙を絶対の意味に解した。〔岩波仏教辞典〕【妙】《常用音訓》ミョウ《音読み》ミョウ（メウ）／ビョウ（ベウ）《訓読み》たえ（たへ）／みょう（めう）《名付け》たう・たえ・ただ・たふ・たゆ《意味》{形・名} きめ細かい。細かくて見わけられぬ不思議な働き。「常無欲以観其妙＝常ニ無欲ニシテモッテソノ妙ヲ観ル」〔→老子〕{形} たえ（タヘ）。きめ細かくて美しい。「妙音」「美妙」ミョウナリ {形} わざが非常にじょうずである。巧みな。「巧妙」「妙草隷＝草隷ニ妙ナリ」〔→皇朝史略〕{形} 若い、また、なんとなくか細い。「妙齢」〔国〕みょう（メウ）。不思議なさま。「妙な事件」〔漢字源〕

*ミョウウ　*妙有　絶対の有。シナ佛教特に三論宗では、、有に対する無（あるいは空）という相対的な有と無の関係を超えて、空（非存立）であるからこそ、有（存在）が成立するという、絶対の有と無を説く。これを真空妙有とよぶ。→真空妙有〔佛教語大辞典〕1301d

*ミョウカ　*猛火　モウカ はげしく燃えたつ火。〔漢字源〕

*ミョウガク　*妙覚　1. 佛の不可思議絶妙なる無上のさとり。たえなるさとり。さとりそのもの。究極の佛の位。【解釈例】まことの佛なり。無覚なり。無作なり。2. 菩薩五十二位・四十二地の一つ。菩薩修行の最後の位で、煩悩を断ち切って知恵がまどかに具わった位をいう。等覚の上の位。天台宗で立てる位のうちの一つ。〔広説佛教語大辞典〕1589a

*ミョウキ　*妙喜 妙喜世界・維摩居士の住んでいる世界の名。東方にある阿シュク如來の浄土。〔佛教語大辞典〕1302c

*ミョウギ *名義 1. 表現するもの。説。言説。名。2. 名称と意味。名からいうも意味からいうも…3. 真宗では名號の意味に用いる。たとえば無礙光の名には、その光が無礙であるという意義を備えている。【解釈例】稱彼如來名は名なり。光明智相は義なり。〔佛教語大辞典〕1299a

*ミョウキョウ　*妙境　見事な美しい対象。不思議な境界。〔佛教語大辞典〕1302d

*ミョウケ　*妙華　きれいな花。たえなる蓮華。〔広説佛教語大辞典〕1591a-b

*ミョウコウ　*妙香　たえなるかおり。〔広説佛教語大辞典〕1591d

*ミョウゴウ　*名號 名前、名称、尊称などの意で古くから用いる。例えば『韓非子』詭使に「夫れ、名号を立つるは、尊と為す所以なり」とある。佛教で

は、主に佛・菩薩の名前を意味するが、尊称としての用法によるものであろう。佛・菩薩の名号は特別な力を有し、それを聞いたり唱えたりすると功徳があると信じられた。特に浄土教では阿弥陀佛の名号を唱えて浄土に往生することができるとされ、「南無阿彌陀佛」は六字の名号と言われる。「阿弥陀をたのみ奉りて、ひまなく名号を唱へ、極楽を願ふ」発心集〔岩波仏教辞典〕771

*ﾐｮｳｺﾝ　*命根 1. 生命。いのち。生命持続の力。個体がそなえている生命機能。2. アーラヤ識が業の力にしたがって、いくらかの年月の間住している功能。第八アーラヤ識の名言種子の上に業種子に助けられて五十年ないし百年一期の間、アーラヤ識を世に住在せしめる作用あるものを名付けて生命と解する。〔佛教語大辞典〕1305c-d

*ﾐｮｳｼ　*妙旨 すぐれた趣旨。〔佛教語大辞典〕1303c

*ﾐｮｳｼﾞ　*名字　［s：nāman、nāma-dheya、saṃjñā］ nāman は事物を指示し指標する名称、言語表現。nāma-dheya、saṃjñā は、名前、呼び名を意味する。漢語〈名字（めいじ）〉は名と字（あざな）、もしくは名前（をつける）の意。浄土教では、阿弥陀仏の名を〈名字〉〈名号（みようごう）〉という。〈名字比丘〉〈名字羅漢〉とは、実（じつ）を伴わない名前ばかりの比丘・阿羅漢をさす。また、十信（じっしん）（→五十二位）の位にある名ばかりの菩薩を〈名字菩薩〉という。なお、仏典では〈名字〉に拘泥（こうでい）することを戒めるが、この場合の〈名字〉は akṣara（文字）などの訳語。ゆめゆめ仏法の名字をとなふることなかれ〔法華百座（2. 28)〕〔岩波仏教辞典〕

*ﾐｮｳｼﾞｭｳ　*命終 命の終わること。死ぬこと。亡くなること。〔佛教語大辞典〕1305d-1306a

*ﾐｮｳｼﾞｭﾂ　*妙術　佛法を身につけて究極の境地に安住する行い。【解釈例】たえなる方法。妙とは不可思議なることをあらわす。術とは道なり。〔広説佛教語大辞典〕1594d

*ﾐｮｳｼﾞｮｳ　*明浄　1. 清浄にすること。2. 最もすぐれていること。〔佛教語大辞典〕1307d

*ﾐｮｳｼﾝｼﾞｭﾓｳ　*妙真珠網　真珠でつくられたたえなる網。『観無量壽經』〔佛

教語大辞典〕1304a

*ミョウタイ　*妙體　1. 物の真の実体。2.　妙有なる体。〔広説佛教語大辞典〕1596d

*ミョウホウ　*妙法　1. 深遠微妙なことわり。理法。こよなき真理。2. 正しい理法。3. 勝れた教え。佛の教え。尊い教え。4. 神聖な。【解釈例】不思議なる法なり。たへなるのり。〔広説佛教語大辞典〕1598c-d

*ミョウリ　*妙理　深妙不可思議な理法。こよなき真理。〔佛教語大辞典〕1305b

*ミョウリョウ　*明了　明らかにすること。明らかに理解すること。【解釈例】あきらかにさとる。〔広説佛教語大辞典〕1600b

*ミサイ　*微細　極めて細かい。きめ細やかなこと。粗劣の反

*ミライサイ　*未來際　未来世の限り。未来の果て。遠い未来の果て。未来に果てはないから、永遠に同じこと。際は限り。〔広説佛教語大辞典〕1600d

*ミルセン　*弥樓山　弥樓は（Meru）の音写。須弥山のこと。メール山。*須弥山　佛教の宇宙観で、宇宙の中心をなす巨大な山。サンスクリット語でSumeru または Meru といい、音写して須弥山、弥樓山、意訳して、妙高山という。金輪の上の中心部に 16 万由旬の高さでそびえその半分は水中にある。頂上には帝釈天の宮殿があり、山腹には四大王（四天王）の宮殿がある。

*ム　*無　1. 存在しないこと。存在しない。S:abhāva2. なくされた。3. 成立しえないこと。ありえない。4. 理由がない。5. 経験以前、知識以前の純粋な人間の意識。特に禅でいう。6. 老子の説く無。老子は「談レ無曰レ道」であるから、仏教の空とは区別せねばならないという。7. 文章の最後につくと、疑問の助詞となる。8. 漢文における無の用例。（1）文頭で意味のない助詞。（2）「無亦」は亦（それほどに）。（3）文中における虚字として用いる。（4）毋（意味のない文頭辞）。（5）「無乃・無寧」は、…おそらく…だろう…、の意。（6）不（…することなし）。（7）亡・否（だめである）。（8）非（否定を示す）。（9）未（まだ…ない）。（10）否定辞。（11）禁止辞。（12）「無乃」は、おそらく…の意。（13）「無乃—乎」は、…でないのか、の意。（14）「無何」は、未多時（ながくない）と同義語。（15）「無寧」は、寧（…のほうがよい）と同義語。（16）「無庸」は、無傷（不都合でない）、もしく

は不妨（じゃまのない）と同義語。(17)「無所」は、無一件（一つもないこと）と同義語。(18)「無所」は無所帰（…をもたない）と同義語。(19)「無所」は、不能（できない）に同じ。(20)「無所」は、不可以・不能に同じ。(21)「無日」は、一日たらずで、の意。(22)「無若—何」の構文では、一つから多くの字が挿入される。(23)「無莫」は、こばまない、の意。「無適」は、固執しない、の意。〔佛教語大辞典〕1311c-d

*ﾑｲ　*無為　1.つくられたものでないもの。種々の原因・条件（因縁）によって生成されたものではない存在。因果を離れている存在。成立・破壊を超えた超時間的な存在。生滅変化を超えた常住絶対の真実。現象を離れた絶対的なもの、無限定なものをさす語。ニルヴァーナの異名。解脱に同じで、仏教外についてもいう。小乗のアビダルマ教学では、これに三種を数える。すなわち虚空無為・択滅無為・非択滅無為の三種である。大乗仏教では、真如そのものと同一視される。唯識説では空に同じ。2.何もしない。何もなさないこと。3.無所有。何も所有していないこと。無一物。4.自然のままで､作為しないこと。老荘が説く。5.asaṃskṛtaの訳語としての意味、さらに在来の漢語のニュアンスを含めて、シナ仏教、特に禅宗などで使用される。一切のものに対して､とらわれたり求めたりする心を捨てて､淡々として仏道に徹していくこと。なにもなく、ひっそりとしていて、すべての現象を超えているという意。【解釈例】真如常住の妙理は、是の如きの四縁に作り出されたるに非ず、故に無為となづく。涅槃の異名。涅槃の体の作為を離れたところを無為という。涅槃の異名で、自然に動作を離れたる事。（広）1603d-1604b

*ﾑｲﾎｯｼﾝ　*無為法身　無為なる仏の本体。法身とは、色も形もなく、宇宙にあまねく満ちる絶対の真理そのものである仏の身。それは因縁によってつくられたものではなく、生滅を離れているから、無為という。ニルヴァーナに同じ。【解釈例】無常涅槃にさとりをひらく能証の身。〔佛教語大辞典〕1313d

*ﾑｴﾝ　*無縁　1.原因条件のないこと。2.対象がないこと。認識の対象のないこと。有縁に対する。3.対象の区別がないこと。理想としては、ありとあらゆるものを平等と観じ、空を認めるがゆえに、絶対の慈悲は対象をも

たない。→無縁の慈 4. 存在しないこと。非存在。5. 縁のないもの。繋属のないこと。6. 救われる機縁のない者。7. 世間のよるべのないこと。〔広説佛教語大辞典〕1607c-d

*ムガ　*無我　我ならざること。我を有しないこと。我というとらわれを離れること。我でないものを我（アートマン S:ātman）とみなしてはならないという主張。われという観念、わがものという観念を排除する考え方。アートマンは存在しないこと。霊魂は存在しないこと。事物に固定的実体がないこと。唯一絶対なる原理、中心主体などが存在しないこと。【解説】パーリ語聖典において、無我の言語は、P:anattan（主格では P:anattā）である。この語には「我ならざる（こと）」という意味と、「我を有せざる（こと）」という二義が存する。初期の仏教では決して「アートマンが存在しない」とは説いていない。もとは「我執を離れる」の意であり、ウパニシャッドの哲学がアートマンを実体視しているのに対して仏教はこのような見解を拒否したのである。これは、我（アートマン）が存在しないと主張したのではなく、客体的な機能的なアートマンを考える考え方に反対したのであり、アートマンが存在するかしないかという形而上学的な問題に関しては釈尊は返答を与えなかったといわれている。すなわち「わがもの」という観念を捨てることを教えたのである。原始仏教においては、「五蘊の一つ一つが苦であるがゆえに非我である」という教説、また「無常であるがゆえに無我である」という教説が述べられている。これは我でないものを、我、すなわちアートマンとみなしてはならないという考え方であって、特に身体をわがもの、アートマンとみなしてはならぬと主張された。そして「われという観念」「わがものという観念」を排除しようとした。説一切有部では人無我を説き、アートマンを否定したが諸法を実有とし、法無我を説かなかった。後になると次第に「アートマンは存在しない」という意味の無我説が確立するにいたった。この立場は、説一切有部、初期大乗佛教にも継承された。大乗佛教では、無我説は空観と関連して、無我とは、ものに我（永遠不滅の本体・固定的実体）のないこと、無自性の意味であるとして論ぜられ、二無我（人無我と法無我、人法二空）が説かれた。また、アーラヤ識と関連させて無我を考察し、アーラヤ識の本性は空

であり、諸法はアーラヤ識の中の種子の顕現にほかならないがゆえに無我であると論じている。〔広説佛教語大辞典〕1608c-1609a

*ムガ　*無我　[s：anātman, nirātman]〈我〉(ātman) に対する否定を表し、〈我が無い〉と〈我ではない〉(非我) との両方の解釈がなされる。最初期の韻文経典 (特にスッタニパータなど) に、無我はさかんに説かれ、その大多数の資料によれば、〈無我〉は執着 (しゅうじゃく) ことに我執 (がしゅう) の否定ないし超越を意味し、そのような無我を実践し続けてはじめて、清浄 (しょうじょう) で平安なニルヴァーナ (nirvāṇa　涅槃 (ねはん)) の理想が達せられるという。初期の散文経典では、我 (自我) を〈私のもの〉(p：mama)、〈私〉(p：ahaṃ)、〈私の自我〉(p：me attā) の3種に分かち、いっさいの具体的なもの・ことのひとつひとつについて、「これは私のものではない」「これは私ではない」「これは私の自我ではない」と反復して説く。これらを統括して、〈諸法無我〉(p：sabbe　dhammā　anattā) の著名な術語が普遍化する。部派仏教に入ると、上述の定型が形式化し、とりわけ最大の説一切有部 (せついっさいうぶ) において、要素ともいうべき法 (ほう) (s：dharma) への分析と総合が進展するにともない、その法の有 (う) が立てられるようになる。もとより初期仏教以来の無我説はなお底流として継承されており、ここに〈人無我 (にんむが)・法有我 (ほううが)〉という一種の折衷説が生まれた。このなかの〈法有我〉は、法がそれ自身で独立に存在する実体であることを示し、それを自性 (じしょう) (s：svabhāva) と呼ぶ。こうして有部を中心とする部派仏教には法の体系が確立され、それは一種の仏教哲学として、現在にいたるまで熱心に学習されている。無我 (大乗仏教の無我観)　このような法有我ないし自性に対して、これを根底から否定し破壊していったのが大乗仏教とく竜樹 (りゅうじゅ) であり、自性に反対の無自性を鮮明にし、空 (くう) であることを徹底させた。その論究の根拠は、竜樹によって開拓された従来の縁起 (えんぎ) 説の根本的転換であり、それまでのいわば一方的に進行した関係性を、相互依存性へと縦横に広く深く展開させ、自在な互換と複雑で多元的な (なかに相互否定や矛盾をも含む) 関係とを導入した。それはまた縁起関係にある各項をどこまでも相対化し、実体的な〈我〉もし

くは自性の成立する余地をことごとく奪い去る。このような縁起—無自性—空の理論は、存在や対象や機能などのいっさい、またことばそのものにも浸透して、あらゆるとらわれから解放された無我説が完成した。竜樹以降の大乗仏教は、インド、チベット、中国、日本その他のいたるところで、すべてこの影響下にあり、空の思想によって完結した無我説をその中心に据えている。〔岩波仏教辞典〕

*ムカイ　*无戒　なんの戒も受けていないこと。〔広説佛教語大辞典〕1609A

*ムキュウ　*無窮　ムキュウ・キワマリナシ 無限・永遠であること。『無疆ムキョウ・カギリナシ』「其身与竹化、無窮出清新＝ソノ身竹ト化シテ、無窮ニ清新ヲ出ダセリ」〔→蘇軾〕〔漢字源〕

*ムク　*無垢〈垢〉は煩悩の意、煩悩・けがれがなく、清浄なこと。無漏。またけがれがないもの、如来を特に指すこともある。「女人五つの障りあり。無垢の浄土はうとけれど蓮花し濁りに開くれば、龍女も佛に成りにけり」〔岩波仏教辞典〕781

*ムクリン　*無垢輪　煩悩のけがれのない法輪。清浄なる法輪。仏の説法。仏の教えが、衆生の煩悩を打ち砕き、一人一所にとどまらず、つぎつぎと教化するのを轉法聖王の輪宝にたとえて輪という。〔広説佛教語大辞典〕1613b

*ムゲ　*無礙 物質的に空間を占めて他のものの妨げとなることがないことであるが、自由自在に融通して障りのないこと。無所得をも表わす。光映えていること。もしくは佛の光明を〈無礙光〉といい親鸞の『歎異抄』で称する無礙の一道とはいかなるものにも妨げられない一本の道を意味する。〔岩波仏教辞典〕

*ムケン　*无間　→无間業のこと。

*ムケンゴウ　*无間業　五逆罪のこと。1）殺母（せつも）（母を殺す）、2）殺父（せっぷ）（父を殺す）、3）殺阿羅漢（せつあらかん）（聖者を殺す）、4）出仏身血（しゅつぶっしんけつ）（仏身を傷つけ出血させる）、5）破和合僧（はわごうそう）（教団を破壊させる）というきわめて重い罪。〔佛教語大辞典〕1322a-b

*ムゲン　*无限 きわまりが無い。無窮。〔新字源〕621

*ムケンチョウソウ　*無見頂相　頂成肉髻相ともいう。仏の三十二相の一つ。頂髻相

といい、頂上の肉が髻の形に隆起していること。だれも見ることのできない相であるから、こういう。頭部の盛り上がりの上にある不可見の頂相。→三十二相『觀無量壽經』『大正蔵経』12 巻 344a

*ムコムライ　*无去无來　無去無來　去ることもなく来ることもない。仏の法身が常住なることをいう。〔佛教語大辞典〕1323a

*ムサ　*无作　1. はたらきのないこと。2. 人為的につくられないこと。3. 作爲のないこと。無為。4. 無効。5. 特質を異にすること。不一致。6. 願い求める思いもない。7. 作り出すことがない。8. 自然のままにあるもの。〔佛教語大辞典〕1324a-b

*ムサイ　*無際　際限のないこと。〔広説佛教語大辞典〕1618a

*ムシ　*無始　始めがない。いくらさかのぼってもその始点を知り得ない状態を示す語。遠い昔からある。〔佛教語大辞典〕1325b-c

*ムシ　*無始　［s：anādi、anādika］　原語は、始まりなき、無限の過去より永久に存するの意で、その漢訳語。また anādi-kālika（無始時来（むしじらい））の訳語でもあり、意味は同じ。いずれも、いくらさかのぼってもその始点を知りえない限りなき過去。〈無始曠劫（こうごう）〉ともいう。また〈無始古仏〉は、久遠の過去に悟りを開き、永遠常住の仏。なお、漢語としては荘子（列禦寇）彼の至人は、精神を無始に帰すのように、始めも終わりもなき真実在の世界を表す言葉。大夫阿闍梨実印といふ僧の無始の罪障、悉（ことごと）く滅するなり〔発心集（７）〕〔岩波仏教辞典〕

*ムシキカイ　*无色界　三界の一つ。物質の存在しない世界。非物質性の世界。物質を超えた世界。純粋に精神的な領域。肉体をもたず、精神的要素のみからなる世界。身体宮殿などのような質的なものがなく、受・想・行・識という四つの構成要素（蘊）のみからなる世界。無色界には四つの領域が有る。低い方からいうと、(1) 空無辺処（虚空のように無辺であると觀ずる境地）(2) 識無辺処（識が無辺であると觀ずる境地）(3) 無所有処（何もないことを觀ずる境地）(4) 非想非非想処（想いが有るのでもなく、無いのでもない境地）〔佛教語大辞典〕1326

*ムジツ　*无實＝ジツム　實無　実際に存在しないこと。〔佛教語大辞典〕599-c

*ムジャク　*无著 Asaṅga インド大乗仏教の代表的論師。在世は 4 世紀のほぼ始

終にわたるか、5世紀初頭にかけてであったと見られる。北インドのガンダーラ國プルシャプラ城出身で、父は同国の国師でバラモンのカウシカ、同じく仏教の大論師である世親は実弟である。始め小乗仏教の化地部で出家したが、「空」の教えを聞いてから、大乗佛教に転じ、多くの經論を研究して空観に基づきつつ現実世界の認識を行なう佛教観念論すなわち、瑜伽行唯識説を大成した。これによってナーガルジュナ以来大乗仏教の根本思想たる中観・空観は具体的な認識論と実戦論を生む

*ムジャク　*無著　1. 執着のないこと。2. 阿羅漢の古訳。阿羅漢果のこと。3. 禅宗用語→無求無著。4. サーンキャ学派で、縛せなれないことの意。〔広説佛教語大辞典〕1621c-d

*ムシュ　*無數　1. 数限りのないこと。数えられないこと。量が無限に大きいこと。数えきれぬほど多い。2. きわめて長い時間の単位。→無數阿僧祇劫〔広説佛教語大辞典〕1622b-c

*ムシュアソウギコウ　*無數阿僧祇劫　数えようのない、非常に長い時間。数限りのない長い間。阿僧祇はS.asaṃkhyaの音写で数えられないという意。劫(S.kalpa)は非常に長い時間。〔佛教語大辞典〕1328b

*ムシュコウ　*無數劫　無数・阿僧祇劫に同じ。〔佛教語大辞典〕1328b

*ムジュン　*鉾楯＝矛盾 1. ほこと、たて。2. 前後のつじつまが合わぬこと。昔、楯と矛を売っていた男が、この楯はどんな武器も通せない。この矛はどんな楯でも突き通すといい、それならその矛でその楯を突いたらどうなるかといわれて答えにつまったという故事。〔新字源〕705

*ムショウ　*无生 1. 生ずることがないこと。物事の本質が空であるから消滅変化することがないのをいう。空に同じ。2. 迷いの世界を超えていること。空のこと。消滅を離れた絶対の真理。永遠。3. 阿羅漢またはニルヴァーナの訳語。煩惱を滅した境地をいう。4. 往生、阿毘跋致と同義。〔佛教語大辞典〕1330b

*ムジョウ　*無常　1. ありとあらゆるものが移り変わって、少しもとどまらないこと。何ものも静止しないこと。固定していないこと。いつかはなくなること。移り変わり。移りゆく。変化変遷する。むなし。あだなり。この身がはかないこと。つねならず。転変きわまりなき人生。永遠に存続するの

ではないこと。永遠性のないこと。2. 十六行相の一つ。玄奘は「非常」と訳している。3. 死ぬ。人が死ぬこと。また、動詞として病没すること。〔広説佛教語大辞典〕1624d-1625a

*ムジョウ　*無常　[s：anitya]〈常住〉の対語。諸行すなわち世間一切のもの、万象ことごとくは生滅してとどまることなく移り変ること。その理由は、諸行は因縁によって生じ、刹那に生滅して増積しないことに求められる（大智度論（23））。無常には〈刹那無常〉（念念無常）と〈相続無常〉の２種があり、前者は諸行は一瞬一瞬念々に生滅するという相を指し、後者は人命が尽き、草木が枯死・燃焼し、水が蒸発・霧散するような生滅の過程に生・住・異・滅の四相を見る場合を指していう（大智度論（43））。〔岩波仏教辞典〕

*ムジョウ　*無上　1. 解脱のこと。2. 仏の智慧。3. はるか。4. 仏が七つの点で最もすぐれていること。→七無上 5. 見・聞・得・戒・供・念のこの上なきこと。→六無上 6. より以上のもののない。最高の。至高。最高。〔広説佛教語大辞典〕1624c

*ムジョウドウシン　*無上道心　最高至上のさとりを求める心。この上ないさとりを求める心。菩提心のこと。特に大乗仏教では、さらに衆生を導こうと願う心まで含めて解する。『観無量壽經』『大正蔵経』12 巻 345A〔佛教語大辞典〕1333d

*ムショウニン　*無生忍　1. 無生法忍の略。不生なる真理をさとって、しかと知り、心を安ずること。絶対普遍の真理にかなって安心すること。2. 真理をさとった安らぎ。真如のさとり。諸法は空であって生ずることがないと真理を認める慧。3. 大乗のさとり。4. 何ものも生じないと認めるさとり。5. 不生不滅の確認を得て、再び迷える世界に堕落しない位のこと。浄土に生ずること。不退の位。6. 善導は『観無量壽經』に「得無生法忍」とあるのは十信位にある者のことだと解した。7. 親鸞によると、信心が定まった境地。不退の位。8. 浄土に生まれて悟る境地。〔広説佛教語大辞典〕1628d

*ムショウボウニン　*無生法忍　無生の理法の認証の意。空であり、実相であるという真理を認め、安住すること。一切のものが不生不滅であるということを認めること。不生不滅の真如の理を智慧をもってさとること。ものはすべ

て不生であるという確信。忍は、忍可・認知の意で、確かにそうだと認めること。真実の理をさとった心の安らぎ。不生不滅の理に徹底したさとり。無生忍ともいう。三法忍の一つ。【解釈例】菩薩無分別智を以て真如の理に契当して、一切諸法の不生不滅をさとらせらるるところを無生法忍と名づけて、菩薩の行のことなり。無生というは生ずることなし。不生不滅の諸法の真如なり。忍は忍可決定ゆりすはること。不生不滅の法にゆりすはりて証る事を無生法忍と云ふ。〔広説佛教語大辞典〕1629c-d

*ムショカン *無所観 万有一切が空であるという道理を観ずること。〔佛教語大辞典〕1329c

*ムショトク *无所得 1.何ものにもとらわれぬ自由の境地。心の中で執着、分別をしないこと。ものにこだわることのないこと。自性（本性）として認められたものがないこと。2.主観と客観の区別のないこと。対象を認識しないこと。認識の対象を実在するものとして表象しないこと。3.禅では、何も求めないこと。効果を求めないこと。執着し分別すべきものがないこと。無一物に同じ。〔広説佛教語大辞典〕1630d-1631a

*ムゼツ *无質 无質礙に同じ。〔広説佛教語大辞典〕1633b

*ムゼツゲ *无質礙 色法の有する性質がないこと。→无質〔広説佛教語大辞典〕1633b

*ムゼツゲショウ *无質礙性 形体のないこと。物質の空間占有性のないこと。S amūrtatva〔広説佛教語大辞典〕1633b

*ムゼン・*ゼンナシ *無前 前にたちふさがるものがない。敵するものがいない。無敵。「此剣直之無前＝コノ剣ハコレヲ直クスレバ前無シ」〔→荘子〕すぐれていて前例がない。[漢字源]

*ムソウ *无相 1.形や姿のないこと。特別の相（形相）を持たないこと。物事には固定的、実体的な姿という物はないの意、それゆえ実相は無相であり、無相が実相である、などといわれる。（解釈例）定まれる相無きことなり。定相無きを無相というなり。2.特質が無い。3.無（存在しないもの）の特質。無であるという本性。4.差別の相を離れていること。差別対立の姿を超えていること。無差別の状態。5.存在しないこと。6.寂滅涅槃のことをいう。7.佛教修行者の最高の境地である空・無相・無願の一つ。直訳では、

「特徴づけることがなにもない。」ということで一切の執著を離れた境地を言う。三解脱門の一つ。〔佛教語大辞典〕1338a-b

*ﾑﾄｳﾄｳ　*无等等　1. くらべるべきものがない。等しい者がないほどすぐれている。佛の尊称。無等は無比の意で、最後に「等」は平等の意であるという解釈もある。2. 佛乗をあらわす語。〔広説佛教語大辞典〕1638c

*ﾑﾄﾞｳﾌﾞﾂ　*无動　无動佛　阿閦佛に同じ。〔佛教語大辞典〕1342a

*ﾑﾍﾝ　*無邊　1. かぎりなし。はてしなし。空間的に限られていないこと。限りないこと。【解釈例】かぎりなき。はてしなからん。2. 無限に多い。無数の。〔広説佛教語大辞典〕1642d-1643a

*ﾑﾍﾝｺｳ　*無邊光　1. 限りない光明。十二光の一つ。阿弥陀仏の光明。2. 大勢至菩薩の異名。〔広説佛教語大辞典〕1643a

*ﾑﾎｳ　*無法　1. ものが存在しないこと。存在しないもの。S:abhāva「(心)無法」S:citta-māttra（心のみ存在すること。）2. あわれでないこと。S:adīnatva3. 法のないこと。でたらめな行為。たとえば無法者。4. 無というもの。無という存在。〔広説佛教語大辞典〕1643b

*ﾑﾖｴ　*無餘依　1. 煩悩（依）をのこりなく滅する意。後には、一切の有と名づくべき限りのものはことごとく滅する、の意となる。2. 無余涅槃のこと。完全となって残された残余がないこと。煩悩も肉体も完全に滅し尽くした状態を指す。無余依ともいう。〔佛教語大辞典〕1348d

*ﾑﾘｮｳｺｳ　*無量劫　はかりえない時間。無限に長い時間。永遠にわたる長い時間。劫は宇宙的時間の単位を示す語。永劫に同じ。→永劫〔広説佛教語大辞典〕1648b-c

*ﾑﾘｮｳｼﾞｭｺｸ　*無量壽國　無量寿仏、すなわち阿弥陀仏の淨土。極楽浄土。【解釈例】無量寿仏の国。〔佛教語大辞典〕1350d

*ﾑﾘｮｳｼﾞｭﾌﾞﾂ　*無量壽佛　S.amitāyus の漢訳。寿命がはかりしれない仏の意。阿弥陀仏のこと。密教では、胎蔵界の仏としては無量壽、金剛界の仏としては阿弥陀仏というように区別する。今日では、シナ一般に阿弥陀仏は仏教の神であり、無量壽佛は道教の神であると説明されている。〔佛教語大辞典〕1350d-1351a

*ﾑﾘｮｳﾑﾍﾝ　*无量无邊　1. 四無量に同じ。2.（数の上で）はかることのできない。

はかりしれない。無限の。はてしない。〔佛教語大辞典〕1351c

*ムロ　*無漏　有漏の対。漏れ出る不浄なもののないこと。けがれのないこと。煩悩のないこと。よごれのないこと。煩悩のなくなった境地。アビダルマ教学では、無漏は道諦と三種の無為とである。と定義される。【解釈例】煩悩のなきをいう。極楽の荘厳なり。煩悩にそまらぬ義。〔広説佛教語大辞典〕1650b-c

*メイシュウ　*迷執　迷える偏執〔佛教語大辞典〕1355

*メイトウ　*迷倒　道理に迷って転倒した思いをなすこと。【解釈例】迷妄顛倒という事なり。〔広説佛教語大辞典〕1653c-d

*メイドウ　*冥道　地獄・餓鬼・畜生などの冥界、特に閻魔（えんま）王の住んでいる地獄をいう。転じて、冥界をつかさどる仏神や官人の総称ともする。わが国では、中世になって冥道供という法会が盛んに行われるようになった。これは閻魔王を本尊とし、冥界に堕（お）ちた亡者や鬼霊を祀（まつ）ってその救済をはかる密教修法で、閻魔天供ともいった。「我冥道に向ふに、悪鬼駈り追ひて将（ゐ）て去りぬ」〔法華験記（下97）〕「今日この御堂に影向し給ふらん神明・冥道達もきこしめせ」〔大鏡（昔物語）〕「さまざまの御祈りかずを尽くされしかどもそのしるしなかりしかば、成源僧正をめされて冥道供行はれしに」〔野守鏡〕〔岩波仏教辞典〕

*メグレリ　*旋れり　ぐるぐる回ること。〔新字源〕676

*メシヒ　*め - しい【盲】（「目瘻（めしい）」の意）視力を失っていること。また、その人。〈和名抄三〉目が見えない。盲目の。

*メツザイ　*滅罪　1. 懺悔、念仏、陀羅尼などによって罪を滅すること。こうした滅罪を目的に儀式化されたものが悔過、懺法（せんぽう）などである。2. 罪垢を滅したもの。如來の同義語。〔佛教語大辞典〕1357c

*メツド　*滅度　1. ニルヴァーナすなわち涅槃のこと。さとりの境界。度は（彼岸に）わたる、の意。→ニルヴァーナ→涅槃 2. 煩悩からのがれ、苦しみのない穏やかな境地。3. 無余涅槃のこと。生・老・病・死などの肉体的な大きなわずらいが永久になくなって、欲・有・見・無明の四つの流れを渡り越えることをいう。→無餘涅槃 4. 亡くなること。釈尊が亡くなること。佛滅。入滅。5. 否定すること。滅除に同じ。〔広説佛教語大辞典〕1657b-c

*ﾒｯﾄﾞｳﾀｲ　*滅道諦 滅諦と道諦のこと。（煩悩の）絶滅（すなわちニルヴァーナ）という真理と、（ニルヴァーナを得るための）道という真理の意。〔佛教語大辞典〕1358d-1359a

*ﾒﾉｳ　*碼碯　七宝の一つ。碼瑙・瑪瑙・馬瑙・馬碯とも書く。〔佛教語大辞典〕1354b

*ﾒﾐｮｳ　*馬鳴 古典サンスクリット文学の先駆的代表者で、讃佛乗に立つ学僧。インド文学の代表者でもある。浄土教では『付法蔵傳』二四祖中一二祖を認めている。S:Aśvaghoṣa 正規 100 年頃。大乗仏教興起の時代に当たり、彼の思想もその思想界の動きを反映してか、必ずしもその所属部派は決定し得ない。生涯についてもあまり明らかではないが、アヨーディヤーにバラモンとして生まれ、佛教に転じ、カニシカ王の信を得たとされる。その著作とされるものは、サンスクリット・漢訳・チベット訳に多く存するが、馬鳴作の真偽が論議されるものも多い。

*ﾒﾝ　*面　《常用音訓》メン／おも／おもて／つら《音読み》メン／ベン《訓読み》つら／おも／おもて／そむく／めん《名付け》おも・つら・も《意味》{名} おも。おもて。まわりを線でぐるりととりまいた顔。また、顔に似せたもの。「顔面」「仮面」「面如生＝面生クルガゴトシ」〔→左伝〕{名} おもて。まわりを線でかぎった平らな広さ。物体の外側。数学では、厚さのない広がり。「表面」「側面」「書面」ﾒﾝｽ {動} かおを向ける。ある方角を向く。〈類義語〉→向。「南面」「北面」「面朝後市＝朝ニ面シ市ヲ後ロニス」〔→周礼〕ﾒﾝｽ {動} そむく。うしろを向く。かおをそむける。「馬童面之＝馬童コレニ面ク」〔→史記〕{名} がわ。むき。方向。「方面」「前面」{単位} 平面をなす物を数える単位。「銅鏡一面」「扇子ｾﾝｽ二面」{名}〔俗〕小麦粉を練って細く長く切ったもの。うどんやそば。▽麺に当てた用法。〔国〕めん。（イ）仮面。「能面」「お面」（ロ）剣道で用いる、顔をおおう道具。またその道具の上部を打ちすえること。「面とこて」〔漢字源〕

*ﾓｳｸ　*毛孔　身体表面の毛穴。〔広説佛教語大辞典〕1661b

*ﾓｳｼﾂ　*忘失　忘却すること。忘れてしまう。〔広説佛教語大辞典〕1662a

*ﾓｳｿﾞｳ　*妄想　1. くわだてる。くよくよ考える。2. 誤った思い。誤った想念。分別。仮想。分別されたもの。仮構されたもの。真実でないものを真実で

あると誤って考えること。迷妄の心。3. 誤っていること。4. ないものをあるとする想。5. 誤った見解。真理に背いた虚妄不実の想念。迷い。正しくない考え。〔広説佛教語大辞典〕1663a-b

*ﾓｳﾛｳ　*朦朧　1. 月影のおぼろげなさま。2. おぼろに見えるさま。ぼんやりしたさま。3. 物事

*ﾓｼ　*爲　假説の詞　如に同じ　（諸橋大漢和）7-571c

*ﾓﾂ　*沒　1. 滅に同じ。2. サーンキャ哲学で、根本の原理に没入すること、還没。3. 否定を表す語。4. かくれる。〔佛教語大辞典〕1367b-c

*ﾓｯｹﾝﾚﾝ　*目乾連　仏弟子・目乾連の最期がアングリマーラと対照的です。目乾連は、神通第一と言われる仏弟子ですが、その神通力で殺されることがわかっているにもかかわらず、それまでの業の報いを受けるために、敢えて殺されてしまうのです。

*ﾓｯｹﾝﾚﾝ　*目乾連　盂蘭盆会（施餓鬼会）の起源で紹介したように、「神通力の目連」といわれる。修行中に外道に殺されたと伝えられる。一説によれば、「勢至菩薩」（十三仏の一つ）は、目連の伝説を神話化した仏像だと伝えられている。目連は舎利弗と共に釈迦から特に信頼されていた弟子であったため、異教徒は、釈迦の威光を消滅させることをたくらんだ。そして目連が修行中に、浮浪児を金で唆し、石を投げさせ目連を血だらけの肉の塊にしてしまったという。このことを知った釈迦は、「生死は覚れる者にとってはたいした問題でない。目連の死は限りなく美しい。」と称賛したという。このことから後に勢至菩薩は目連の変化身（へんげしん）であると伝えられている。

*ﾓｯｼｮｳ　*沒生 沒　滅に同じ。〔佛教語大辞典〕1367b 沒生＝生滅

*ﾓｯﾃ　*將って 以て　もちいて〔新字源〕288

*ﾓｯﾃ　*以て　1. ひきいる。2. もちいる。つかう。なす。3. おもう。おもうに。4. ゆえに。ゆえ。よる。5. もって。用いて。～を。～で。～して。～のときに。～よって。～だから。～でありながら。～と。6. ともに。ともにする。7. より。8. はなはだ。9. すでに。10. やむ。11. つぐ。12. 雇い人。耕作者。〔新字源〕44c

*ﾓｯﾃ　*式 《常用音訓》シキ《音読み》シキ／ショク《訓読み》のり／もち

いる（もちゐる・もちふ）／もって《名付け》つね・のり・もち《意味》{名}のり。決まり。また、一定のやり方。〈類義語〉→則。「法式」「抱一為天下式＝一ヲ抱イテ天下ノ式トナル」〔→老子〕{名}決まった型。「様式」{名}型通り行う作法や行事。「閲兵式」{名}計算のしかたを示す型。「算式」{名}乗った人が寄りかかるための車の手すり。〈同義語〉→軾ｼｮｸ。ｼｮｸｽ {動}車の手すりに寄りかかる。また手すりに寄りかかって頭を下げあいさつする。〈同義語〉→軾ｼｮｸ。「夫子式而聴之＝夫子式シテコレヲ聴ク」〔→礼記〕{動} もちいる（ﾓﾁﾌ）。何かでもって仕事をする。〈類義語〉→以。「式穀似之＝穀キヲ式#テコレニ似セシメン」〔→詩経〕{助} もって。語調をととのえる助辞。「詩経」で用い、特に訓読しないことが多い。「式微＝式テ微フ」「式歌且舞＝式テ歌ヒ且ツ舞フ」〔→詩経〕［漢字源］

*ﾓﾁﾌ　*須ﾌもちいる。〔新字源〕1101

*ﾓﾂｷ　*物機 衆生の機根。衆生。〔佛教語大辞典〕1368b

*ﾓﾝ　*門 1.戸口。出入りするところ。2.道理。見方。見地。方法。立場。3.教えのしかた。方法。4.あり方。差別。5.しかた。6.教え。7.方面。部門。8.サーンキャ哲学で、十種の外官をさす。9.口。顔。表面。〔佛教語大辞典〕1369

*ﾓﾝ　*門 《常用音訓》モン／かど《音読み》モン／ボン《訓読み》かど《名付け》かど・かな・と・ひろ・ゆき《意味》{名} かど。やっと出入りできる程度に、通路をおさえてつくったもん。〈類義語〉→戸。「門戸」「城門」「掖門ｴｷﾓﾝ（わきの小門）」{名} やっと通れる程度のせまい入り口。転じて、最初の手引き。「衆妙之門ｼｭｳﾐｮｳﾉﾓﾝ」〔→老子〕{名} みうち。家がら。「一門」「権門（権勢のある家がら）」{名} 学派や宗派のなかま。「仏門」「沙門ｼｬﾓﾝ（僧）」「入門」「門人惑＝門人惑ヘリ」〔→論語〕{名} 事物の分類上の大きなわく。また、生物の分類上の大わく。「部門」「専門」「節足動物門」ﾓﾝｾﾑ {動} もんを攻める。「門于東門＝東門ニテ門セム」〔→左伝〕{単位} 大砲を数えることば。「砲一門」［漢字源］

*ﾓﾝｴ　*聞慧 1.教えを聞いて了解する智慧。2.聞と慧。教えを聞いて信ずることと、法を思惟することをいう。3.聞いて学ぶこと。聞法。〔佛教語大辞典〕1371b-c

*モンギ　*文義　文と義。すなわち表現と内容。〔佛教語大辞典〕1368d

*モンジ　*文字　1. 字。語。シラブル。P:akkhara　s:akṣara　2. 表記するためのもの。【解釈例】いはんや広大の文字は、万象にあまりてなほゆたかなり。（無限絶対の真実の顕現したものが文字だとする。）3. 経典や論書をさす。〔広説佛教語大辞典〕1671a-b

*モンジュシリ　*文殊師利　Mañjuśrī　の音写。菩薩の名。文殊尸利、曼殊尸利とも書く。Mañju は愛すべき、うるわしいという意味で、「妙」śrī は光輝、幸運を意味するから「吉祥」「徳」で妙吉祥・妙徳と訳される。佛滅後のインドに生まれ、般若の空思想を鼓吹した実在の人物で、舍衛国のバラモンの子であったらしい。中国では五台山が文殊が説法している清涼山とみなされ文殊信仰の中心地となった。〔広説佛教語大辞典〕1672a-b

*モンボウ　*聞法　「もんぼう」とも読む。（師から）仏の教えを聞くこと。【解釈例】仏の名號を聞くこと。すなおにきく。〔広説佛教語大辞典〕1674b

*ヤク　*亦　《音読み》エキ／ヤク《訓読み》また《名付け》また《意味》{副}また。同じ物事がもう一つあったり、おこったりすることをあらわすことば。▽「…もまた」と訓読する。「治亦進、乱亦進＝治マルモ亦タ進ミ、乱ルルモ亦タ進ム」〔→孟子〕{助}　また。「不亦Ａ乎＝亦タＡナラズヤ」の形で、なんとＡではないかとの強調の意を示すことば。「不亦楽乎＝亦タ楽シカラズヤ」〔→論語〕《解字》指事。人間が大の字にたった全形を描き、その両わきの下を、丶印で示したもの。わきの下は左に一つ、右にもう一つある。同じ物事がもう一つあるの意を含む。腋《エキ》（わきの下）や掖《エキ》（わきの下に手をいれてささえる）の原字。《類義》又は、重ねて、その上に輪をかけての意。［漢字源］

*ヤク　*約　1.…について。…についていうと。…の立場から見ていうと。2.…の方面からみて。…のほうからみて。…の結びつけて。3. ちぢめる。まとめる。4. 簡約。要約。〔佛教語大辞典〕1375b

*ヤク　*約　つづめること。つづめ。省略。「要—」「集—」　ひかえめにすること。「節—」「倹—」　とりきめをすること。ちかうこと。ちぎり。今昔九「実に—を違へずして」。「—が成る」「—束」「契—」「予—」　ある数で割ること。「—分」「—数」__約音の略。　あらまし。およそ。ほぼ。「—

一里」〔広辞苑〕

*ヤクス　*約す 糸でしばる意を表す。転じて、まとめる。簡単にする。意味に用いる。1. しばる。たばねる。つかねる。また、そのなわ。2. ひきしめる。しめくくる。3. しめくくり。4. かなめ。要点。5. ちかう。むすぶ。ちぎる。ちかい。6. つづめる。簡単にする。はぶく。7. つづまやかにする。ひかえめにする。倹約する。つづまやか。8. くるしみ。貧窮。9. おおむね。ほぼ。10. はっきりしないさま。11. しなやかなさま。12. 多くの数を共通に割ること。「公約数」〔新字源〕768b

*ヤマテン　*夜摩天　1. 六欲天の第三。時分を知り、五欲の楽を受ける。その一昼夜は人間界の二百年に相当し、二千歳の寿を保つという。『觀無量壽經』に「如夜摩天宮。復有五百億微妙寶珠。以爲映飾。」とあって、ヤマ天だけを取りだしているのは、『リグ・ベーダ』以来の神話が生きているのであると考えられる。→六欲天 2. 夜摩天の住処。六欲天の第三の領域。3.Suyama の音写。須夜摩、蘇夜摩の略で、時分・善分と漢訳する、と解する解釈もある。しかしスヤーマは夜摩天の子と解することもある。〔佛教語大辞典〕1374a-b

*ユ　*遊　1. 存在する。いる。「倶遊」(ともにいる。) 2.…している。住に同じ。P.viharati〔サンスクリット語やパーリ語には、英語の…ing に相当する現在進行形がないから、P.S.carati　P.S.viharati などをもって現在進行形を示す。したがって、漢訳の「遊」はほぼ現在進行形を意味する。〕3. へめぐること。旅をして進んでいくこと。S.vicarati　S.prayāṇa　4. 一時、くつろいでとどまること。P.S.viharati〔現代のサンスクリット語及びヒンディー語では、子ども達が遊ぶ遊園地やレジャー・センターのことを vihāra-kendra という。〕

〔広説佛教語大辞典〕1684b-c

*ユ　*踰《音読み》ユ《訓読み》こえる（こゆ）／いよいよ《意味》{動} こえる（コユ）。間にある物や境界をのりこえる。〈同義語〉→逾。〈類義語〉→越。「踰牆＝牆ヲ踰ユ」「無踰我牆＝我ガ牆ヲ踰ユルナカレ」〔→詩経〕{動} こえる（コユ）。間にある時間や期限をのりこえる。「踰月＝月ヲ踰ユ」{副} いよいよ。一つ一つと段階をこえて、程度がひどくなるさま。▽兪ユ・愈ユ

に当てた用法。《解字》会意兼形声。兪《ユ》は、丸木舟の中をくりぬくことを示す会意文字。踰は「足＋音符兪（くりぬく、とりさる）」で、中間にあるじゃま物や期限をものともせず、とりさる足の動作を示す。のりこえること。《類義》越は、ひと息に何かに足をかけてふんばり、えいとばかりこえること。〔漢字源〕

*ユイマ　*維摩　サンスクリット語 Vimalakīrti の音写〈維摩詰（ゆいまきつ）〉の略。ヴィマラキールティ。垢（く）を離れた誉れある者の意で、〈無垢称（むくしょう）〉〈浄名（じょうみょう）〉などと訳される。大乗仏教の代表的な経典〈維摩経〉の主人公の名称。維摩は、当時の先進的な都市ヴァイシャーリーに住む大資産家の設定で、維摩経ではこの在家（ざいけ）の維摩が、釈尊（しゃくそん）の高弟や菩薩（ぼさつ）らをはるかにしのぐ高度な教理を開演していく。維摩の居室は方丈（ほうじょう）であり、鴨長明(かものちょうめい)の方丈記の方丈はこれによったものである。〔岩波仏教辞典〕

*ユウ　*用　1. 受用に同じ。特に施者が僧衆に種々のものを施し、僧衆がこれを受け、費やすことをいう。2. 楽しむ。（与えられたものを）享受すること。3. はたらき。作用。活動。4. 実行。耽《フケ》ること。5. 必要とする。6. 学人の素質・力量に応じて示す師家の機用。7.…を。対格（accusative）を示す。8. 以に同じ。具格（instrumental）を示す。「何用」は何ゆえに、の意。9.（創造の）動機。〔佛教語大辞典〕1385b-c

*ユウ　*幽　《常用音訓》ユウ《音読み》ユウ（イウ）《訓読み》かすか（かすかなり）／くらい（くらし）《意味》｛形｝かすか（カスカナリ）。ほのかでよく見えないさま。〈類義語〉→玄《ゲン》・→幻《ゲン》。「幽幻」｛形｝くらい（クラシ）。ほのぐらい。〈対語〉→明。〈類義語〉→暗。｛名｝くらい夜。また、死後の世界。〈類義語〉→冥《メイ》。「幽界」「幽霊」｛形｝奥深くてくらい。人里はなれている。また、人知れぬ。「幽谷《ユウコク》」「幽幽南山＝幽幽タル南山」〔→詩経〕《解字》会意兼形声。幽の山を除いた部分（音ユウ）は、細い糸を二本並べたさま。幽はそれを音符とし、山を加えた字で、山中がほのぐらくかすかにしか見えないことをあらわす。〔漢字源〕

*ユウ　*攸　《音読み》ユウ（イウ）／ユ《訓読み》ところ《意味》｛助｝ところ。

動詞の前について、その所、そのものなどをさし示すことをあらわす古代のことば。〈類義語〉→所。「攸関＝関スルトコロ」「彝倫攸叙＝彝倫ノ叙スルトコロ」〔→書経〕{形} のびやかなさま。また、はるかなさま。▽悠《ユウ》に当てた用法。「攸然而逝＝攸然トシテ逝ケリ」〔→孟子〕{形} 細く長く伸びるさま。また、固定せずにゆらゆら揺れるさま。〈類義語〉→揺。「攸乎《ユウコ》」［漢字源］

*ユウ　*踊　【踴】異体字［図］：異体字《常用音訓》ヨウ／おど…り／おど…る《音読み》ヨウ／ユ／ユウ《訓読み》おどる（をどる）／あがる／おどり（をどり）《名付け》おどり《意味》{動} おどる（ヲドル）。とんとふんばって上にとびあがる。転じて、勇みたつ。「踊躍（＝勇躍・踴躍）」《ヨウス》 {動} 中国で、喪式のとき、悲しみをあらわすために、足ぶみしておどりあがるようすをする。「三踊於幕庭＝幕庭ニテ三タビ踊ス」〔→左伝〕{動} あがる。物の値段がずんと高くなる。「踊騰（物価がはねあがる）」「踊貴」{名} はきものの、すねをおおう部分。長ぐつの筒の部分。〈類義語〉筒。「靴踊《カヨウ》」〔国〕おどる（ヲドル）。おどり（ヲドリ）。歌や曲にあわせて、感情や場面をあらわすために一定のしぐさをする。また、その一定のしぐさ。▽神楽《カグラ》・念仏踊り、民間の行事、歌舞伎《カブキ》などに由来し、近年はバレエをも含む。〔漢字源〕

*ユウイン　*幽隠　俗世間から離れて人の目につかない所に隠れ住む。奥深く隠れた場所。「幽人」と同じ。〔漢字源〕

ユウゲン　*幽玄　奥深くて、はかり知れない。表面にあらわれていない深い趣があること。〔国〕詩歌などで、言外に余情余韻があること。「幽玄体」〔漢字源〕

*ユウズイ　*幽瑞　神鬼の世界からのみしるし。現実人間の思考を遥かに超えた現象。

*ユウズウ　*融通　異なった別々のものが融け合って障りのないこと。両方が相まって完全となる。相即相入に同じ。〔佛教語大辞典〕1388a

*ユウヘイ　*幽閉　監禁する。昔、女性に対して行った刑罰の一つ。［漢字源］

*ユウミョウ　*勇猛　「ゆみょう」ともよむ。1. 賢者。2. 意志的努力。堅固な意志。熱心に努力すること。勇み立つ。3. 勇者。英雄。如来の同義語。〔広説佛

教語大辞典〕1689c

*ユウミョウショウジン　*勇猛精進　たけくいさましく励む。いさましく、はげしく努力すること。〔広説佛教語大辞典〕1689c-d

*ユウヨ　*猶豫　1．疑い。ためらい。疑う。いずれとも決定しないで、ぐずぐずすること。もともと猶も予も、疑い深い獣のことをさすとされる。2．インドの大天の唱えた異議の五か条（五事）の一つ。阿羅漢でもなお疑問をいだくことがあるということ。3．因明では、疑わしくて明白でないこと。疑わしくていずれともはっきり決定されていないこと。〔広説佛教語大辞典〕1690a

*ヨウリャク　*遊歴　ユウレキ　＝游歴。各地を旅して回る。〔漢字源〕

*ユガシジロン　*瑜伽師地論　［s：Yogācāra-bhūmi］　略して『瑜伽論』ともいう。瑜伽行派の代表的典籍の一つ。相当部分のサンスクリット原典、チベット語訳、漢訳（玄奘（げんじよう）の完訳本と他に部分訳）が現存する。中国には弥勒（みろく）作と伝え、チベットには無着（むじゃく）作と伝えるが、漢訳で100巻より成る大部のものであり、成立事情は複雑と考えられる。漢訳では、本地分・摂決択分・摂釈分・摂異門分・摂事分の五分に分かれ、本地分には十七地の修道の道程が描かれている。そのうち、「菩薩地」は古くから独立して行われた。摂決択分は、本地分の要義を詳しく解説したり疑義を解明するもので、なかに解深密経（げじんみっきょう）相当分が含まれている。〔岩波仏教辞典〕

*ユク　*去　《常用音訓》キョ／コ／さ…る《音読み》キョ／コ《訓読み》さる／ゆく　《名付け》　さる・なる《意味》｛動｝さる。その場から離れる。たちさる。〈対語〉→来。「退去」「壮士一去兮不復還＝壮士ヒトタビ去ツテマタ還ラズ」〔→史記〕｛動｝さる。ゆく。その場から引き下がって他所へ行く。〈対語〉→留。「去留」「去任（職をやめる）」｛動｝さる。引っこめる。取り下げる。〈対語〉→留。「除去」「去関市之征＝関市ノ征ヲ去ル」〔→孟子〕｛動｝さる。距離がへだたる。間があく。〈類義語〉→距。「離去」「邯鄲之去魏也遠於市＝邯鄲ノ魏ヲ去ルコト市ヨリ遠シ」〔→韓非〕｛動｝さる。時間がへだたる。▽「過去」という場合は、呉音で、コと読む。「紂之去武丁末久也＝紂ノ武丁ヲ去ルコトイマダ久シカラズ」〔→孟子〕キョス｛動｝

引っこめる。かげに隠しておく。「掘野鼠去屮（＝草）実而食之＝野鼠ノ去セシトコロノ草実ヲ掘リテコレヲ食ラフ」〔→漢書〕「去声ｷｮｾｲ・ｷｮｼｮｳ」は、四声の一つ。《解字》［図］象形。ふたつきのくぼんだ容器を描いたもの。くぼむ・引っこむの意を含み、却と最も近い。転じて、現場から退却する、姿を隠す意となる。〔漢字源〕

*ﾕｺﾞ　*喩語　師子王・大象王・大龍王・波利質多樹などの語によって我が身を喩えるようなもの。『探要記』七巻十一帖

*ﾕｼﾞｭﾝ　*由旬（yojana）距離の単位で約７ｷﾛﾒｰﾀｰ。yojana はくびきにつけるの意で牛に車をつけて１日引かせる行程を意味する。〔岩波仏教辞典〕

*ﾕﾊﾂ　*油鉢　油鉢は傾いてこぼれやすいものであるから、正念（正しい気づかい）をたもつことを油鉢をたもつことにたとえる。〔広説佛教語大辞典〕1693a

*ﾕﾙｽ　*容　《常用音訓》ヨウ《音読み》ヨウ／ユウ《訓読み》いれる（いる）／かたち／すがた／ゆるす《名付け》いるる・おさ・かた・なり・ひろ・ひろし・まさ・もり・やす・よし《意味》{動}　いれる（ｲﾙ）。中に物をいれる。また、とりこむ。「収容」「瓠落無所容＝瓠落トシテ容ルルトコロ無シ」〔→荘子〕{名} 中身。中にはいっているもの。またその量。「内容」{名} かたち。すがた。わくの中におさまった全体のようす。かっこう。「容貌ﾖｳﾎﾞｳ」「斂容＝容ヲ斂ム」「女容甚麗＝女ノ容甚ダ麗シ」〔→枕中記〕{動} かたちづくる。すがたを整える。また、化粧する。「転側為君容＝転側シテ君ガ為ニ容ル」〔→蘇軾〕{動}　ゆるす。いれる（ｲﾙ）。ゆるす。また、ききいれる。受けいれる。「許容」「不容＝容サズ」{形}　ゆとりがあるさま。「容与」［漢字源］

*ﾖｳ　*要　《常用音訓》ヨウ／い…る《音読み》ヨウ（ｴｳ）《訓読み》いる／こし／かなめ／もとめる（もとむ）／まつ《名付け》かなめ・しの・とし・め・もとむ・もとめ・やす《意味》{名}　こし。細くしまったこし。〈同義語〉→腰。「細要（＝細腰）」{名・形}　かなめ。要点の要。こしは人体のしめくくりの箇所なので、かんじんかなめの意となる。たいせつな。「要点」「提要（要点だけをあげた概説）」「要領（こしと、くび→たいせつな要点）」「重要」ﾖｳｽ {動} 物事をしめくくる。つづめる。〈類義語〉→約。「要約」{接

続｝「要之＝コレヲ要スルニ」「要は」などの形で用い、前文をしめくくってまとめることば。「要之以仁義為本＝コレヲ要スルニ仁義ヲモッテ本ト為ス」〔→史記〕｛動｝ もとめる（モトム）。しめつけてしぼり出す。要求する。「強要」「以要人爵＝モッテ人爵ヲ要ム」〔→孟子〕ヨウス ｛動｝ まつ。しむける。そうなるようにしむけてまちうける。〈同義語〉→邀。「要撃（＝邀撃。まちぶせ）」「要我乎上宮＝我ヲ上宮ニ要ツ」〔→詩経〕ヨウス ｛動｝ 必要とする。いりようである。しなくてはならない。なくてはならない。「須要シュヨウ（＝需要）」〔俗〕「将要…」とは、これからの意志やなりゆきをあらわすことば。…しようとする。「将要行（行こうとする）」〔俗〕「要是」とは、仮定をあらわすことば。もし…ならば。如是。《解字》会意。「臼（りょう手）＋あたま、もしくはせぼねのかたち＋女」で、左右の手でボディーをしめつけて細くするさま。女印は、女性のこしを細くしめることから添えた。〔漢字源〕

*ヨウ　*映【暎】異体字《常用音訓》エイ／うつ…す／うつ…る／は…える《音読み》エイ／ヨウ（ヤウ）《訓読み》 うつす／うつる／はえる（はゆ）《名付け》あき・あきら・てる・みつ《意味》エイズ ｛動｝ うつる。光の照らす所と、暗いかげのけじめがはっきりする。色と色のけじめが浮き出る。色や輪郭が浮き彫りになる。もと、日光によって、明暗の境めや形が生じること。「千里鶯啼緑映紅＝千里、鶯啼イテ緑紅ニ映ズ」〔→杜牧〕エイズ ｛動｝はえる（ハユ）。照りはえる。反射する。「花柳映辺亭＝花柳、辺亭ニ映ズ」〔→王勃〕エイズ ｛動｝ 照らす。反射させる。「映雪読書＝雪ニ映ジテ書ヲ読ム」〔宋斉語〕｛名｝ 日かげ。うつった形。〈同義語〉→影。｛名｝ 未ヒツジの刻。今の午後二時、および、その前後二時間。〔漢字源〕

*ヨウ　*夭 わかじに。早死にする。〔新字源〕244

*ヨウ　*鍱　1. いたがね。のべがね。2. あらがね 3. わ。かねのわ。〔諸橋大漢和辞典〕1-597a

*ヨウガイ　*エイガイ　*嬰孩　【嬰児】エイジ うまれたばかりの赤ん坊。乳飲み子。『嬰孩エイガイ』▽「孩」は、赤ん坊の笑い声。「如嬰児之未孩＝嬰児ノイマダ孩ハザルガゴトシ」〔→老子〕［漢字源］

*ヨウゲン　*映現　うつし現れる。

*ヨウジキ　*映飾　美しく映えた飾り。

*ヨウジャク　*永寂　絶対の寂滅。〔広説佛教語大辞典〕1697a

*ヨウジュ　*容受　いれること。受け入れること。〔広説佛教語大辞典〕1697a

*ヨウジュン　*鷹隼　たかと、はやぶさ。ともに猛鳥。筆力の力強いことの形容。［漢字源］

*ヨウテツ　*映徹　映は光る。徹は透き通る。はえわたり、すきとおり、うつりあう。すみきる。うつりとおる。反映する。〔広説佛教語大辞典〕1698a

*ヨウドウ　*要道　人生の大切な教え。〔広説佛教語大辞典〕1698b

*ヨウマン　*盈満　みちる。いっぱいになる。〈類義語〉満盈マンエイ。富貴・権勢などがこの上なく盛大となること。〔漢字源〕

*ヨウライ　*遙礼＝遥拝　ヨウハイ はるかに離れた所から、神仏などを礼拝する。『遙礼ヨウレイ』［漢字源］

*ヨウラク　*瓔珞　インドの装身具。珠玉や貴金属を糸で編んで、頭、首、胸に飾る装身具。貴人が用いた。インダス文明の遺品から想像すると、もとは、宝石などを吊り下げた首飾りであった。仏教では仏や菩薩の身体を飾ることになった。又、仏殿内で、珠玉と花型の金属を組み合わせて垂らしたもの。尊像や天蓋の装飾や仏前の荘厳に用いる。浄土では樹上に垂れるとされる。飾り。珠玉の飾り。首飾り。頭、首、胸などにかける珠玉の飾り。仏像の首飾りや、堂、宮殿の飾りに用いるもの。宝を連ねたひも。〔広説佛教語大辞典〕1699b-c

*ヨクカイ　*欲界　*サンガイ三界　欲界、色界、無色界の総称。欲界（kāma-dhātu）は欲望にとらわれた生物が住む境界。色界（rūpa-dhātu）は欲望は超越したが、物質的条件（色）にとらわれた生物が住む境界。無色界（arūpya-dhātu）は、欲望も物質的条件も超越し、精神的条件のみ有する生物が住む境界。生物はこれらの境界を輪廻する。〔岩波仏教辞典〕

*ヨクカイ　*欲界　1. 欲望の支配する世界。本能的欲望が盛んで強力な世界。現象的な肉体の世界。三界の一つ。食欲、淫欲、睡眠欲の三欲のある世界。上は六欲天から、中間には人間界の四大洲、下は八大地獄に至る。2. 欲にとらわれた世の中、必ずしも三界の一つではない。〔佛教語大辞典〕1396d

*ヨクグ　*欲求　ヨッキュウ ほしがって願い求めること。「欲求不満」〔漢字源〕

*ヨシ　*可 よい。ゆるす。ききいれる。

*ヨダツ　*与奪・予奪　与えたり奪ったりすること。「生殺—の権」（中世語）（「奪」の字に意義なく）与えること。また、指図すること。著聞六「楽人元正以下、宗輔の—を聞きて」〔広辞苑〕

*ヨホウ　*餘方 1. 他の地方　2. 極楽浄土以外の場所『無量壽經』『大正蔵経』12-271c〔広説佛教語大辞典〕1705c

*ライ　*来 【來】旧字《常用音訓》ライ／きた…す／きた…る／く…る《音読み》ライ《訓読み》くる（く）／きたる／きたす／このかた《名付け》き・きたる・く・くる・こ・な・ゆき《意味》｛動｝ くる（ク）。きたる。こちらに近づく。▽漢文訓読では「きたる」と読む。〈対語〉→去・→往。「往来」「有朋自遠方来＝朋有リ遠方ヨリ来タル」〔→論語〕｛動｝ きたす。こさせる。▽去声に読む。「修文徳以来之＝文徳ヲ修メテモッテコレヲ来ス」〔→論語〕｛名｝ これから先のこと。未来。〈対語〉→往。「欲知来者察往＝来ヲ知ラント欲セバ往ヲ察セヨ」｛助｝ このかた。ある時点からのち、今まで。「以来」「年来」「自李唐来＝李唐ヨリコノカタ」「由孔子而来至於今、百有余歳＝孔子ヨリコノカタ今ニ至ルマデ、百有余歳ナリ」〔→孟子〕｛形｝ これからやってくる。将来の。「来日（これから先の日）」｛助｝ きたる。動詞のあとについて、…すると、の意をあらわすことば。「旧曲聞来似斂眉＝旧曲聞コエ来タレバ眉ヲ斂ムルニ似タリ」〔→曾鞏〕｛助｝ 文末について、…しよう、の意をあらわすことば。漢文訓読では、特定の読みくせのある場合のほかは読まない。「帰去来兮＝帰リナンイザ」〔→陶潜〕〔漢字源〕

*ライカ　*來果　来世の果報。〔広説佛教語大辞典〕1707c

*ライコウ　*來迎「らいごう」とも読む。1.（もろもろの国王が）迎えに来ること。2. 念佛行者の臨終の際に、阿彌陀三尊が二十五人の菩薩とともに白雲に乗り、その死者を迎えに来て、極樂に引き取ること。出かけて来てお迎えになること。それによって浄土におもむく。このことは阿弥陀佛四十八願の第十九願に示されている。（真宗は臨終来迎を必要としない。浄土宗西山派では、阿弥陀佛の救済のはたらきを来迎という。）3. 真宗では、来迎の「来」は「かえる」の意味で、「法性のみやこにかえる」という意趣に解する。4. 佛が現世に出現すること。〔佛教語大辞典〕1403c-d

*ライシ　*來至　来る。いたる。〔佛教語大辞典〕1404a

*ライショウ　*來生　1. 来世、後世。次の世の生涯。生まれかわった未来の世。2. 来たり生ずること。〔佛教語大辞典〕1404a

*ライゼン　*来善　これからやってくる善い行い。

*ライハイ　*禮拝　佛・菩薩や祖師、尊宿（年長・高徳の僧）など、人格的対象に対して低頭・合掌し敬礼すること。『大智度論』には口礼・屈膝頭不至地・頭至地の３種をあげ『大唐西域記』は 発言慰問・俯首示敬・挙手高揖・合掌平拱・屈膝・長跪・手膝踞地・五輪倶屈・五体投地の９種の礼拝の形を示している。禮拝は恭敬と身順の心の表現で信仰生活の基本であり、懺悔、祈祷、種々の行法の実習などとともに行なわれる。禮拝行為は本来は個人的なものであるが、集団の禮拝儀礼に組み込まれることも普通である。心のあるところおのずと禮拝行為があるが、逆に礼拝行為や儀礼という形によって帰依と信仰の念が増大するものとされ、これは礼は信なりといった表現に示されている。〔岩波仏教辞典〕

*ラク　*楽【樂】《常用音訓》ガク／ラク／たの…しい／たの…しむ《音読み》ガク／ラク《訓読み》たのしい／かなでる（かなづ）／たのしむ／らく《名付け》ささ・たのし・もと・よし《意味》｛名｝音楽。にぎやかな音を配合したしらべ。また、それをかなでる楽器。「奏楽」｛動｝かなでる（カナヅ）。楽器をならす。「楽人（音楽をかなでる人）」｛動｝たのしむ。心がうきうきする。〈対語〉→憂。「快楽」「歓楽」「楽以忘憂＝楽シミテハモッテ憂ヒヲ忘ル」〔→論語〕｛動｝たのしむ。心から好む。喜んでとけこむ。「楽天知命＝天ヲ楽シミ命ヲ知ル」〔→易経〕〔国〕らく。たやすい。安楽なこと。「仕事が楽だ」らく。「楽焼ラクヤキ」の略。らく。「千秋楽」の略。興行の最後の日。[漢字源]

*ラクジ　*楽事　たのしい事がら。1711b

*ラモウ　*羅網　1. 珠玉をつらねた網。たまの網。かざり網。鈴のついた網。S:kiṃkiṇī　jāla　2. 帝釈天宮の網。帝釈天が阿修羅と戦うときの武器であり、また、アルジャナの武器であったともいう。3. 切紙の羅網は真言宗の星祭りに用いる。〔広説佛教語大辞典〕1714c

*ラン　*欄　欄楯ランジュン S:vedika 石垣。垣根。手すり。玉がきのようなもの。

佛塔の外側に欄楯を巡らすことが律に記してある。〔佛教語大辞典〕1407-1408

*ランデン　*亂轉 みだれめぐる。

*リ　*理 1. 玉の筋目の整然たること。2. 条理。だれでも承認すべき事柄。3. 事実を事実たらしめる理由。事の対。理という語を哲学的意味に用いたのは支遁が最初であった。具体的な用例としては次の通りである。(1) ことわり。すじみち。(形式論理的合理性) (2) 理論。教の対。(3) 真理。根本の道理。理念的、不変的なもの。宇宙をつらぬく真理。(形式的論理からみるとむしろ非合理性である。) (4) 現象の背後にあって、現象を現象たらしめているものをいう。『華嚴經』自体にはこのことばはないが、華厳教学では重要な術語となっている。〔佛教語大辞典〕1412a-b

*リ　*理〈理〉は、語源的には玉をよく磨いてその筋模様を美しく表すこと。また物事の筋目を意味する。それより、道理・義理・条理を意味するようになり、治める、正す、などの意に用いられる。漢訳仏典では、思想的に重要な概念を表す意味で〈理〉という言葉は用いられない。しかし、中国の仏教者たちは、東晋の支遁（しとん）(314-366) をそのはじめとし、漢訳仏典を解釈し、さらに独自の教理体系を築いていく際に、この中国伝統思想の重要な概念語を重用した。その場合,〈理〉は普遍的・抽象的な真理を指すことが多く、特に〈事〉(個別的具体的な事象) と対になると、現象の背後にあって現象を現象たらしめている理法を意味する。〔岩波仏教辞典〕

*リコン　*利根　1. 明敏なること。素質・能力がすぐれていること。2. 眼などの五根に名づける。〔佛教語大辞典〕1410a

*リク　*離苦　苦難を離れること。S:duḥkha-vighata 〔広説佛教語大辞典〕1719d

*リジ　*理事　理と事。理は普遍的真理。事は差別的現象のこと。**【解釈例】**身体を理と名づけ、世諦を事と名づく。1721d

*リソウ　*離相　1. 佛の所説が一相一味であることを形相した三相の一つ。ニルヴァーナに相のないこと。2. ニルヴァーナの相をいう語。すべての差別的なすがた（有為の相）を超え離れていること。〔広説佛教語大辞典〕

1723c

*ﾘﾀ　*利他　1. 他者を利益すること。他人を導くこと。衆生を救うことをいう。自利に対していう。→利他行 2. 親鸞によると、「利他」は佛が他人を利することであり、これに対して「他利」は他人が利せられること。「もし佛よりしていはば、よろしく利他というべし。衆生よりしていはば他利といふべし」〔広説佛教語大辞典〕1723d–1724a

*ﾘﾂ　*律　比丘・比丘尼の場合は、比丘僧伽・比丘尼僧伽という集団生活において修行するため、集団の規則を守ることが要求される。その集団規則が〈律〉である。律は他布薩律的な規則であるが、比丘がそれを自律的な戒の精神で守るところに〈戒律〉の意味がある。律には比丘個人の修行規則と、僧伽の統制の規則との２種類がある。前者は比丘が入団のとき受ける具足戒であり、比丘に 250 戒、比丘尼に 350 戒ほどの条文があり、これを波羅提木叉（はらだいもくしゃ）という。比丘・比丘尼がこれらの条文を犯すと罪と認められる。後者は僧伽運営の規則であり、羯磨（こんま）という。これには僧伽入団の規則、布薩の規則、安居（あんご）の規則、犯罪比丘に罪を与える方法、僧伽に諍（いさか）いが起った時の裁判規則、その他多数の羯磨がある。比丘たちは和合の精神に基づいて、僧伽の羯磨を運営し、僧伽の和合を実現するために努力する。ここに戒と律との結合がある。〔岩波仏教辞典〕

*ﾘﾂ　*率　《常用音訓》ソツ／リツ／ひき…いる《音読み》リツ／リチ／ソツ／ソチ／シュチ／スイ《訓読み》ひきいる（ひきゐる）／したがう（したがふ）／おさ（をさ）《名付け》のり・より《意味》｛名｝全体のバランスからわり出した部分部分の割合。〈類義語〉→律。「比率」「確率」｛名｝一定の規準。きまり。｛動｝ひきいる（ﾋｷ＃ﾙ）。はみ出ないように、まとめて引き締める。「引率」「率先」「率天下之人而禍仁義者、必子之言夫＝天下ノ人ヲ率＃テ仁義ニ禍スル者ハ、必ズ子ノ言ナルカナ」〔→孟子〕｛動｝したがう（ｼﾀｶﾞﾌ）。はみ出ないよう一本にまとまる。ルートからそれないようにする。〈類義語〉→順・→循。「率循」「率由旧章＝旧章ニ率ヒ由ル」〔→詩経〕｛動・形｝そのままにまかせる。それだけで、まじりけがないさま。「率直」｛形｝はっと急に引き締まるさま。〈同義語〉→卒。「率然（＝

卒然。はっと急に）」「軽率（＝軽卒）」「子路率爾而対曰＝子路率爾トシテ対ヘテ曰ハク」〔→論語〕{名} おさ（ヲサ）。ひきいる人。〈同義語〉→帥。「将率《ショウスイ》（＝将帥）」〔漢字源〕

*リツギ　*律儀　1.抑制する、防止する、等を意味する動詞S　sam-√vrに由来する名詞の訳語。悪を抑制するものを意味し、善行のことをいう。身を制すること。元ジャイナ教などで使われていた語であるが、それを佛教が採用ししたのである。特に、誓いを立てて必ず善をなそうと決意する場合には、それが習慣となる（無表）が、これを律儀無表と呼ぶ。2.世俗の人々の戒め。とりわけ、在俗信者の戒律をいうこともある。〔広説佛教語大辞典〕1725b

*リチュウチ　*離中知　眼、耳、意の三つの感覚器官は直接対象と接触しないで遠くにある対象に対してはたらくことからこのように意う。合中知の対。〔広説佛教語大辞典〕1725a

*リヤク　*利益　1.利益。ためになること。2.すぐれた利点。功徳。勝利に同じ。3.他人を益すること。恵みを与えること。4.仏の教えに従うことによって得られる幸福、恩恵。〔広説佛教語大辞典〕1728b-c

*リヤク　*利益 S:artha hita 福利、また福利をはかること。物質的な意味でも宗教的な意味でも用いられる。佛や菩薩の慈悲、あるいは修行の結果として得られるが、この世で得られる利益を現世利益といい、来世で得られる利益を後世利益という。「方便品の一字をかきし硯の水をくはへたるだにも、佛、さこそ利益したまひけれ」〔岩波仏教辞典〕828

*リャクコウ　*歴劫　劫はkalpaの音写で、きわめて長い時間をいう。無限の時間（多くの劫）を経ること。幾多の長い生涯を経て修行すること。〔広説佛教語大辞典〕1728c

*リャクジ　*歴事　処々を経めぐって、諸佛・菩薩に事え、供養すること。『観無量壽經』『大正蔵経』12巻345a〔広説佛教語大辞典〕1729a

*リョ　*侶　《音読み》リョ／ロ《訓読み》ともづれ／ともとする（ともとす）《意味》{名} ともづれ。肩を並べる仲間。「伴侶《ハンリョ》」{動} ともとする（トモトス）。仲間にする。〈類義語〉→伴。「侶魚鰕＝魚鰕ヲ侶トス」〔→蘇軾〕［漢字源］

*ﾘｮ　*旅　《常用音訓》リョ／たび《音読み》リョ／ロ《訓読み》たびする（たびす）／たび／ならぶ／つらねる（つらぬ）《名付け》たか・たび・もろ《意味》｛動・名｝ たびする（ﾀﾋﾞｽ）。たび。数人が隊を組んで移動する。また、そのこと。▽昔は隊商が隊を組んでしたたびをいい、のち広く旅行の意となった。「行旅（旅行者）」「逆旅ｹﾞｷﾘｮ（旅人を迎え入れる宿）」｛名｝ 隊を組んだ軍隊。また、広く、軍隊。▽周代には五百人の一組を一旅といい、近代では師団に次ぐ大部隊を旅団という。「軍旅（軍隊）」｛動｝ ならぶ。つらねる（ﾂﾗﾇ）。多くの物が集まってならぶ。多くの物を集めてならべる。「旅陳ﾘｮﾁﾝ」ﾘｮｽ ｛動・名｝ 山川の神に対して、多くの供物をならべて大祭を行う。また、その大祭。「旅祭」「季氏旅於泰山＝季氏、泰山ニ旅ス」〔→論語〕｛名｝ 背骨のこと。▽膂ﾘｮに当てた用法。「旅力（＝膂力）」｛名｝ 周易の六十四卦ｶの一つ。艮下離上ｺﾞﾝｶﾘｼﾞｮｳの形で、定住せずに動くことを示す。[漢字源]

*ﾘｮｳ　*了　1. 認識すること。理解すること。2. 知ること。3. 見解 4. さとること。さとった。5. ついに〔佛教語大辞典〕1423

*ﾘｮｳ　*霊　神妙不思議で人智をもってしてははかり知ることのできぬこと。神々しく尊いこと。驚くべき不思議のしるし、ききめ。たましい。〔佛教語大辞典〕1429

*ﾘｮｳ　*怜　《音読み》レイ／リョウ（ﾘｬｳ）《訓読み》さとい（さとし）／あわれむ（あはれむ）《名付け》さと・さとし・とき《意味》｛形｝ さとい（ｻﾄｼ）。心が澄んでいて賢い。悟りがよい。〈類義語〉→賢。「怜悧ﾚｲﾘ（さとい）」｛動｝ あわれむ（ｱﾊﾚﾑ）。▽憐ﾚﾝの俗字として用いる。（平）先韻に読む。《解字》会意兼形声。令は、澄みきって清らかな神の命令。冷（つめたく澄んださま）霊（澄みきった神のお告げ）玲ﾚｲ（清らかに澄んだ玉）などと同系。怜は「心＋音符令」で、心が澄みきったさま。[漢字源]

*ﾘｮｳ　*量　1. はかる。考える。2. 分量。ほど。かぎり。ながさ。3. 敷地の広さ。4. 身体の大きさ。たけ。5. 認識方法。認識手段。認識根拠。知識の成立する根拠。6. 教えの典拠。7. 標準。証権。8. 論証。教証。9. 真言密教でいう三十二種の脈管の一つ。10. ただ…だけ。11. 有限。限られていること。12. ヴァイシェーシカ哲学において、性質の第六。13. 受け入れるより

どころ。〔広説佛教語大辞典〕1732c-d

*リョウ　*陵　《常用音訓》リョウ／みささぎ《音読み》リョウ《訓読み》おか（をか）／みささぎ／しのぐ《名付け》おか・たか《意味》｛名｝おか（ヲカ）。すじ状の山波の線。山の背すじ。〈類義語〉→丘・→岡。「山陵」｛名｝みささぎ。おかの形をした、天子の墓。「陵墓」「始皇陵（秦シンの始皇帝の墓）」｛動｝力をこめて高い所に登る。〈同義語〉→凌。「陵雲之志リョウウンノココロザシ（雲に登るほどの志）」〔→漢書〕｛動｝しのぐ。力をこめて痛めつける。うちひしぐ。むりに相手の上に出る。〈同義語〉→凌。「侵陵（＝侵凌）」「陵辱（＝凌辱）」「陵虐小国＝小国ヲ陵虐ス」〔→左伝〕〔漢字源〕

*リョウ　*淩　《意味》1. のる。2. 馳せる。3. しのぐ。わけ行く。4. をかす。5. おそれる。6. 凌に通ず。7. 川の名。8. 姓。〔諸橋大漢和辞典〕7-28c

*リョウ　*凌　《音読み》リョウ《訓読み》しのぐ／こえる（こゆ）《名付け》しのぐ《意味》｛動・形｝しのぐ。力をこめてむりに相手の上に出る。力ずくでおかす。激しい力のこもったさま。〈同義語〉→陵。「凌駕リョウガ」「凌辱リョウジョク」｛動｝こえる（コユ）。むりをして高山や危険をこえる。〈同義語〉→陵。「今陛下好凌岨険、射猛獣＝今陛下好ンデ岨険ヲ凌エ、猛獣ヲ射ル」〔→司馬相如〕｛名｝氷を透かして見える氷の中の筋目。転じて、美しい氷。「氷凌ヒョウリョウ」「凌陰リョウイン」とは、天然氷をしまっておくへや。〔→詩経〕《解字》会意兼形声。右側（音リョウ）は「陸（おか）の略体＋夂（あし）」の会意文字で、力をこめて丘の稜線リョウセンをこえること。力むの力と同系で、その語尾がのびた語。筋骨をすじばらせてがんばる意を含む。凌は、それを音符とし、冫（こおり）を加えた字。氷の筋目の意味。[漢字源]

*リョウ　*領　《常用音訓》リョウ《音読み》リョウ（リャウ）／レイ《訓読み》うなじ／くび／おさめる（をさむ）《名付け》おさ・むね《意味》｛名｝うなじ。くび。すっきりときわだったくびすじ。えりくび。着物のえり。転じて、大すじ、たいせつなところ。〈類義語〉→項コウ。「要領（腰とくびすじ、つまり人体のたいせつな部分。転じて、物事の重要な所の意）」「天下之民、皆引領而望之矣＝天下ノ民、ミナ領ヲ引イテコレヲ望マン」〔→孟子〕リョウス｛動｝くびをたてにふる。わかったという表示をする。うなずく。「領悟（さとる）」「領会」リョウス｛動｝おさめる（ヲサム）。えりくびを持って衣を

たたむことから、転じて、要点をおさえて処理すること。すべおさめる。「領有」「占領」「領父子君臣之節＝父子君臣ノ節ヲ領ム」〔→礼記〕ﾘｮｳｽ {動} えりくびのところを持って衣を受けとり、運ぶことから、転じて、受けとる。引き受ける。「領収」「独領残兵千騎帰＝独リ残兵千騎ヲ領シテ帰ル」〔→李白〕ﾘｮｳｽ {動} ひきつれる。ひきいる。先頭にたつ。「領導」「領出長安乗遞行＝領シテ長安ヲ出デ遞ニ乗ジテ行ク」〔→白居易〕{名} 受けとっておさめる土地や仕事。また引き受けて処理する人。「所領」「将領」{単位} えりを持って衣を数えることから、衣類を数える単位。「衣衾ｲｷﾝ三領」〔→荀子〕［漢字源］

*ﾘｮｳｶ　*量果　1. 認識作用の結果としての知識内容。2. 三量の一つ。唯識説において、主観の心が客観の境（対象）を認識して知った結果をいう。〔広説佛教語大辞典〕1733b

*ﾘｮｳｷﾞ　*了義　明瞭の義理。その意味が完全に解明されたもの。完全な教説をいう。不了義に対していう。【解釈例】大乗の道理の至極した。この上に道理がない義が了だという心。〔佛教語大辞典〕1424a

*ﾘｮｳｷﾞｷｮｳ　*了義教　完全な教え。了義に同じ。教義に関していえば、唯識思想の発展とともに、それ以前の有教（説一切有部の実在論）と空教（中観の空説）とをまだ意味の解明されていない説（不了義）とし唯識中道教を了義教というようになった。〔佛教語大辞典〕1424A

*ﾘｮｳｷｮｳ　*了教　1. 了義教に同じ。【解釈例】了は決了の義なり。決了の説。2. 菩薩などの教えに対して、佛の教えをいう。1424a-b

*ﾘｮｳｿｸｿﾝ　*兩足尊 人間の中で最も貴い人をいう。佛の尊称。両足とは両足で歩く者、人間のこと。後代の解釈によると、佛は智と悲とを土台にして立っていることから両足と呼ぶという。s:dvi-pada-uttama〔佛教語大辞典〕1426c-d

*ﾘｮｳﾌｳ　*涼風　すずしい風。西南から吹いてくる風。〔漢字源〕

*ﾘｮｳﾘｮｳ　*了了　了は明と同義。あきらか。はっきり見える。明らかに知る。〔広説佛教語大辞典〕1739d

*ﾘｮｳﾘｮｳﾌﾞﾝﾐｮｳ　*了了分明　明らかにはっきりと。はっきりと見える。はっきりと明らかに見る。〔広説佛教語大辞典〕1740a

*リラク　*利樂　利益安楽。衆生を利し、楽しませる。利益し安楽を与える。救い喜びを与える。【解釈例】利益安楽ということで、衆生を利益すること。【仏典でしばしば利益（hita）と安楽（sukha）とが並べて言及されている。後代の解釈によると、後世の益は利、現世の益を楽という。】*利楽有情　生きとし生けるものを利益し楽しませること。〔佛教語大辞典〕1411

*リン　*淪《音読み》リン《訓読み》さざなみ／つらなる／つらねる（つらぬ）／しずむ（しづむ）／ほろびる（ほろぶ）《意味》｛名｝　さざなみ。きちんと並ぶ波紋。きれいな波紋をみせるさざなみ。｛動｝つらなる。つらねる（ツラヌ）。さざなみの波及するように、あい並んでつらなる。「淪胥リンショ」｛動・形｝　しずむ（シヅム）。さざなみの下にしずむ。しだいに波に隠れて見えなくなる。また、そのさま。〈類義語〉→沈。「沈淪チンリン（下層にしずんで頭を出さない）」｛動｝　ほろびる（ホロブ）。落ちぶれる。「淪亡リンボウ」［漢字源］

*リンオウ　*輪王　転輪王の略。理想的帝王のこと。→転輪聖王〔広説佛教語大辞典〕1741b

*リンテン　*輪轉　輪のようにまわる。ただよいめぐる。生死を繰り返す。輪廻に同じ。【解釈例】輪は車輪。転はめぐるなり。三界六道を車輪の廻る如く迷ふを云ふ。〔佛教語大辞典〕1431b

*リンネ　*輪廻　流転ともいう。原意は流れること。インド古来の考え方で、生ある者が生死を繰り返すことをいう。衆生が迷いの世界に生まれかわり死にかわりして、車輪のめぐるようにとどまることのないこと。果てしなくめぐりさまようこと。仏教では迷いの世界のことで、三界（欲界・色界・無色界）・六道（地獄・餓鬼・畜生・修羅・人間・天上）に生死を繰り返すことをいう。〔しかしその原語 S.saṃsāra は、現代のサンスクリット及びヒンディー語では、「世の中」「世界」という意味に用いる。こういう用法は、かなり古い時代までたどられる。したがって漢訳仏典に「輪廻」とあるからといって、すべて「生まれかわる」という連想のみで解するのは誤りである。また、それが生存の形式であるという意味で、bhava（有・生存）と同義である。〕【解釈例】めぐりめぐる。六道に迷いめぐること。うまれかわる。めぐれめぐる。浮き世。〔広説佛教語大辞典〕1743b-c

*ルイ　*累　《常用音訓》ルイ《音読み》ルイ《訓読み》かさなる／かさねる（か

さぬ）／わずらわす（わづらはす）／つなぐ／つながる／かさねて／しきりに《名付け》たか《意味》1. {動}　かさなる。かさねる（カサヌ）。つながってかさなる。また、ほかの物事をかさね加える。▽上声に読む。〈類義語〉→積。「累代（なん世代もかさなって）」「積累」「家累千金＝家ニ千金ヲ累ヌ」2. {動}　わずらわす（ワヅラハス）。めんどうな事につながりをもたせる。まきぞえをくわす。▽去声に読む。「願以竟内累矣＝願ハクハ竟内ヲモッテ累ハサン」〔→荘子〕3. {名}　めんどうなかかわりあい。また、わずらわしい心配事。▽去声に読む。「家累（家庭内のごたごた）」「及累＝累ヲ及ボス」4. {動}　つなぐ。つながる。つぎつぎとつなぐ。また、つぎつぎと縁がつながる。▽平声に読む。「係累其子弟＝ソノ子弟ニ係累ス」〔→孟子〕5. {副}　かさねて。しきりに。なんども。▽上声に読む。〈類義語〉→屢ル／シバシバ。「累乞骸骨致仕＝累ニ骸骨致仕ヲ乞フ」〔→徳川光圀〕［漢字源］

*ルイ　*塁【壘】《常用音訓》ルイ《音読み》ルイ《訓読み》とりで／るい《名付け》かさ・たか《意味》{名}　とりで。石や土を積み重ねてつくった臨時の小城。「塁門」{動} 重ねる。▽累ルイに当てた用法。「鬱塁ウツルイ」とは、「神荼シント」とともに悪鬼を払う神の名。のちに門にこの二人の絵をかいて門神とする。［漢字源］

*ルイドウ　*類同　因明において、似因の一つ。因果プラカラナ（問題の起こるもの）と同じものであること。〔佛教語大辞典〕1435C　似かよったこと。おなじ。類似。〔諸橋大漢和辞典〕12 巻 299c

*ルイレツ　*羸劣　羸は弱の意。1. 力の弱いこと。虚弱性。弱く劣っていることを云う。2. やせ細っている。〔広説佛教語大辞典〕1746a

*ルゲン　*流現　流れいでて現れる。

*ルテン　*流轉　迷い続けること。迷妄のため六道四生の間を生まれ変わり迷いの生死を続けること。生まれ変わり死に変わって迷いの世界をさすらうこと。迷いの心にしたがうこと。輪廻の生存。生死のちまた。あるいは還滅の対。有為法が因縁相続して断絶しないはたらき。輪廻に同じ。〔佛教語大辞典〕1433

*ルリ　*琉璃　瑠璃　吠瑠璃の略。七宝の一つで、青色の宝珠。青玉。バイカ

ル湖の南岸地方などに産するという。俗にいうキャッツアイ。すなわち猫目石のこと。〔広説佛教語大辞典〕1747d-1748a

*ルロウ　*流浪　ながれ〔広説佛教語大辞典〕1748a

*ルロウサンガイノソウ　*流浪三界の相　迷いの生死を繰り返しているすがた〔広説佛教語大辞典〕1748a

*レキ　*歴《常用音訓》レキ《音読み》レキ／リャク《訓読み》へる（ふ）《名付け》つぐ・つね・ふる・ゆき《意味》{動}　へる（ﾌ）。並んだ点を次々と通る。〈類義語〉→経（へる）。「歴訪」「歴年＝年ヲ歴」「歴世弥光＝世ヲ歴テイヨイヨ光ル」〔→張衡〕{名}　人が次々と仕事をへてきた、その跡。「経歴」「閲歴」「歴史」{形}　次々と並んでいるさま。はっきりと区別されているさま。「歴然」{名}　日月や星が次々と所定の点をへて進むこと。▽暦に当てた用法。「歴象（＝暦象）」〔漢字源〕

*レツニャク　*劣弱　【劣】《常用音訓》レツ／おと…る《音読み》　レツ／レチ《訓読み》　おとる《意味》{形}　おとる。他とくらべて、力が弱いさま。〈対語〉→優・→強。「劣勢」「劣弱」{形}　おとる。他とくらべて、質が落ちるさま。卑しいさま。〈対語〉→優。「愚劣」「劣等」［漢字源］

*レンゲ　*蓮華［s：padma、utpala、nīlotpala、kumuda、puṇḍarīka］　蓮（はす）あるいは睡蓮（すいれん）の華。炎暑の国インドでは、涼しい水辺は生にとっての理想の場であり、その水面に咲く蓮華は苦しい現実の対極にあるその理想の境地を象徴するものとして古来親しまれ愛好された。〔岩波仏教辞典〕

*レンゲ　*蓮華（マハーバーラタに説かれる蓮華）　まず、蓮華は大叙事詩『マハーバーラタ』の天地創造の神話に説かれる。すなわちヴィシュヌ神は千頭を持つアナンタ竜王の上に臥して眠りつつ世界について瞑想するが、やがてその神秘的な眠りから覚めたヴィシュヌの臍（へそ）から金色の蓮華（この場合はpadma）が生ずる。その蓮華上に梵天（ぼんてん）（Brahmā）が坐しており、この梵天が万物としての世界を創造する。〔岩波仏教辞典〕

*レンゲ　蓮華（経典に説かれる蓮華）　仏教においては、泥中に生じてもそれ自体は泥に汚されず、清浄である蓮華は煩悩（ぼんのう）から解脱（げだつ）して涅槃（ねはん）の清浄の境地を目指すその趣旨に合致して、当初より

多様なシンボリズムにおいて用いられ、また蓮池の清涼とその水面に咲く蓮華の美は浄土経典をはじめとする大乗仏教の各経典で、浄土・理想の仏国の情景を叙述する場合の必須の要素となっている。たとえば無量寿経では、極楽世界には七宝の浴池があって八功徳水（はちくどくすい）が盈満（えいまん）し、天優鉢羅華、鉢曇摩華、拘物頭華、分陀利華、雑色光茂、弥覆水上（いろいろの色をした天妙の utpala や padma や kumuda や puṇḍarīka がその水面を覆っている）とある。大乗経典の一方の代表ともいうべき法華経の原名は Saddharma-puṇḍarīka であり、それは仏の妙法（正しい真理の教説）を大白蓮華に譬えたものである。華厳経の世界を〈蓮華蔵世界〉、正しくは〈蓮華蔵荘厳世界海〉（Kusumatalagarbha-vyūhālaṃkāra-lokadhātu-samudra）といい、文字通りには、大海の如くに広大な華の台蔵上の荘厳（しょうごん）の総体としての世界を意味する。〔岩波仏教辞典〕

*レンゲ　*蓮華（心蓮華）　この華厳経の蓮華と本来その中にある garbha（胎蔵（たいぞう））というイメージは密教に受け継がれて大日経の世界のイメージを形成する。現図胎蔵生曼荼羅の中央に八葉赤色の蓮華の図案が見られるが、これは人間の心臓（肉団心 hṛdaya）が開き、そこに潜在した仏の一切功徳が流出した様を示す。人間の心臓の形はそれ自体が未開敷（みかいふ）の蓮華にたとえられ心蓮華というが、この場合の蓮華は肉色のものとして当然 padma が対応すべきものであろう。〔岩波仏教辞典〕

*レンゲ　*蓮華（台座の荘厳）　仏教における蓮華の用例としてもう一つ顕著なものに、それが仏あるいは菩薩（ぼさつ）の台座（蓮華座）をなすことがある。これは上述のヴィシュヌの臍から生じた蓮華台上に坐する梵天のイメージに由来するものであろうが、この梵天のイメージを逆に仏教からのものとする説も存する。〔岩波仏教辞典〕

*レンゲケショウ　*蓮華化生　浄土に往生することを、極楽の蓮（はす）の台（うてな）の上に生ずることに譬（たと）えたもの。煩悩（ぼんのう）にとらわれた凡夫（ぼんぶ）の心が悟りを開いた仏の心に転化して生れ変ることを化生と表現する。無量寿経では、浄土往生に胎生（たいしよう）・化生の２種を挙げる。胎生とは、疑惑の心が残存する者は辺土の宮殿に生れ、

その中にとどまって仏を見ることが出来ないこと（疑城胎宮（ぎじょうたいぐ））を意味し、化生とは、仏智を信ずる者が浄土の蓮華の中に生れ、光明を放つこと、すなわち蓮華化生を意味する。〔岩波仏教辞典〕

*レンゲザ　*蓮華座　仏像の台座として最も一般的な形式で、蓮の花の開いた様をかたどる。略して〈蓮座〉、また〈蓮華台〉〈蓮台〉ともいい、訓読して〈は（ち）すのうてな〉ともいう。本来は古代インドにおける蓮華崇拝の観念が仏教のなかに取り入れられて成立したもので、無量の創造力の象徴としての蓮華が起点となっている。古代インド神話のなかのブラフマー（梵天（ぼんてん））は、根本神ヴィシュヌの臍（へそ）に生じた蓮華から生まれた創造神である。この神を仏像に置き替え、仏像もまた蓮華から生まれ出た聖なる神格として表現されるようになった。〔岩波仏教辞典〕

*レンゲゾウセカイ　*華蔵世界　華厳経に説かれる仏の世界。〈蓮華蔵荘厳世界海〉〈華蔵世界〉などともいう。蓮華の花の形から想像的に表現された広大な世界で、毘盧遮那（びるしゃな）仏が菩薩であったはるかな過去の世からの誓願と修行によって飾り浄められたものであるとされる。華厳経の構想を踏まえて作られた梵網経では、〈蓮花台蔵世界海〉〈蓮華台蔵世界〉といわれる。それによると、千葉（せんよう）の一つ一つが、それぞれ百億の世界を含む千の世界をなす大蓮華の世界で、毘盧遮那仏はその中央の台座に坐して千の化身の釈迦仏を現し、それらがまたそれぞれ百億の化身の釈迦仏を現し出すという。東大寺の大仏の蓮弁にはこの経説が描かれている。〔岩波仏教辞典〕

*レンヨウ・*スガタヲオサム　カタチヲオサム　*斂容　乱れた姿を引きしめて整える。態度を引きしめて、いずまいを正す。「整頓衣裳起斂容＝衣裳ヲ整頓シテ、起チテ、容ヲ斂ム」〔→白居易〕〔漢字源〕

*ロウカク　*楼閣　望楼。見晴らしの良い高殿。観望台。『佛説無量壽經』上『大正蔵経』12-268〔佛教語大辞典〕1448b

*ロウコ　*牢固　かたくまとまって、動きがとれない。堅固。『牢堅《ロウケン》』〔漢字源〕

*ロクシュシンドウ　*六種震動　大地が六とおりに震動すること。仏が説法する時の瑞相。1. 動（S.kampita）・起（S.calita）・涌（S.vedhita）・覚または撃

(S.garjita)・震（S.kṣubhita)・吼（S.raṇita）の六種。各 S.pra-（遍）または S.sampra-（等遍）という接頭辞を伴って、十八種あるという。動は一方的に動くこと、起は揺起のこと、涌は涌出のことで、これらの三つは地動の相をさす。また覚は、大声を、震は隠々たることを、吼は吼哮を意味し、これらの三つは地動に声をさす。また遍は四方に動くこと、等遍は八方に動くことである。2. 地動の方向によって六種に分ける。東西南北と上下に震動すること。すなわち、東涌西没・西涌東没・南涌北没・北涌南没・辺涌中没・中涌辺没。〔広説佛教語大辞典〕1767c-d

*ロクシュ　*六趣　六道に同じ。六つの帰趨。趣はおもむき住む所。衆生が業によって輪廻する六種の世界。地獄・餓鬼・畜生・修羅・人間・天上。生き物が輪廻する世界の六区分。五衆の説もあるが、特に犢子部は六種の説を主張した。〔広説佛教語大辞典〕1765b

*ロクジョウ　*六情　1. 六根に同じ。2. 喜・怒・哀・楽・愛・悪の六つの感情を指す。〔佛教語大辞典〕1455c

*ロクツウ　*六通　六神通ともいう。六種の超人的な力。六つの不思議なはたらき。超人的な六つの能力。（１）神足通（神境通)。自由に欲するところに現れる能力。（２）天眼通。自他の未来のあり方を知る能力。（３）天耳通。普通人の聞きえない音を聞く能力。（４）他心通。他人の考えを知る能力。（５）宿命通。自他の過去世のあり方を知る能力。漏尽通。煩悩を取り去る能力。〔広説佛教語大辞典〕1770c-d

*ロクニュウ　*六入［s：ṣaḍ-āyatana］〈六入処（しょ)〉ともいい、新訳では〈六処〉と訳す、〈入〉(āyatana）とは入って来るところ、あるいは入って来るものの意。前者の意味では、外界の認識の対象がそこから入って来るところとしての六根（ろっこん）を指し、後者の意味では、外界における認識の対象として入って来るものである六境（ろっきょう）を指す、六根を〈六内入（ろくないにゅう)〉(六内処)、六境を〈六外入（ろくげにゅう)〉(六外処）といい、合わせて〈十二入〉(十二処）とする、それに六識を加えたのが〈十八界〉である。六入は、十二因縁（いんねん）の第５番目として説かれている。〔岩波仏教辞典〕六内入－眼耳鼻舌身意　六外入－色聲香味触法

*ﾛｸﾈﾝ　*六念　1. また六随念・六念処ともいう。仏・法・僧・戒・施・天の六つをそれぞれ心静かに念ずること。すなわち念仏・念法・念僧・念戒・念施・念天をいう。最後の天を、善導は最後身の十地の菩薩とし、淨影の慧遠はニルヴァーナの果とする。〔佛教語大辞典〕1459a

*ﾛｯｺﾝ　*六根〈根〉（indriya）は能力を意味し、さらにその能力を有する器官をいう。たとえば、〈眼根〉とは視覚能力もしくは視覚器官のことであり、同様に〈耳根〉は聴覚、〈鼻根〉は嗅覚、〈舌根〉は味覚、〈身根〉は触覚についての能力ないし器官をいう。〈意根〉は前の五根が感覚能力であるのに対し、知覚能力または知覚器官である。この六つの器官には、それに対応する色（しき）・声（しょう）・香（こう）・味（み）・触（そく）・法（ほう）の6種の対象（六境（ろっきよう）、六外処（ろくげしょ））が入ってくるが、それによって6種の認識作用（六識）が生ずるとされる。したがって六根は六識の拠り所といわれる。六根がその対象に対する執着（しゅうじゃく）を断って浄らかな状態になることを〈六根清浄（ろっこんしょうじょう）〉または〈六根浄（ろっこんじょう）〉という。〔岩波仏教辞典〕

*ﾛﾝ　*論　1. インドの仏教哲学者たちが著した教義綱要書。論書。弟子への教誡。S:śāstra　2. 論藏の略。三藏のうちで教義を論述した文献。アビダル　マ。S:abhidharma　3. 註　釈。　註　解。S:vyākhyā S:vyākhyāna　4. S:upadeśa の漢訳。優婆提舎に同じ。5. 討論。問答。S:vāda S:pravāda 6. はかる。考える。S:loka-saṃvyavahāra〔佛教語大辞典〕1463d–1464a〔広説佛教語大辞典〕1779c-d

*ﾜｴ　*和會　1. 仲良く協力すること。2. 調和すること。3. 経論の略義を調和すること。〔佛教語大辞典〕1465c

*ﾜｶﾂ　*分かつ　１. 分かち配る。あちこちに割り当てる。２. 分けて派遣する。〔大辞泉〕

*ﾜｸ　*惑　1. 煩惱に同じ。けがれ。迷い。迷いのもとになるもの。教理的に限定される場合は、十二因縁の内、愛と取、あるいは愛が惑である。2.（特に知的障害に対して）情的もしくは、道理的面での障害。3.（修行によって）対治されるべきもの。すなわち煩惱をさす。意を取って「惑」と訳した。4. 欠点・過失。〔広説佛教語大辞典〕1781d

*ﾜｸ　*或　ある - い - は【×或いは】《動詞「あり」の連体形＋副助詞「い」＋係助詞「は」から。本来は、「ある人は」「ある場合は」などの意の主格表現となる連語》［副］1　同類の事柄を列挙していろいろな場合のあることを表す。一方では。「―歌をうたい、―笛を吹く」2　ある事態が起こる可能性があるさま。ひょっとしたら。「―私がまちがっていたかもしれない」「明日は―雨かもしれない」［接］同類の物事の中のどれか一つであることを表す。または。もしくは。「みりん、―酒を加える」〔ｇｏｏ国語辞典〕

*ﾜｸｼｮｳ　*惑障　煩悩障に同じ。知的障害に対して、情的もしくは道徳的障害。（kleśa-āvaraṇa）真諦は上述のような意味をとって、āvaraṇa（障害）kleśa（煩悩）saṃkleśa（けがれたもの）などの語を「惑障」と漢訳している。〔佛教語大辞典〕1468c

*ﾜｹﾞ　*和雅　奥ゆかしくみやびなこと。〔佛教語大辞典〕1465c

*ﾜｹﾞﾝｱｲｺﾞ　*和顔愛語　やわらかな顔色とやさしいことば。やわらいだ笑顔をし、親愛の情のこもったおだやかなことばをかわすこと。なごやかな顔、愛情ある言葉で人に接すること。〔広説佛教語大辞典〕1782c-d

*ﾜｺﾞｳ　*和合　1. 統一のとれた。協同セル。調和した。2. 調和。諸々の原因が協同し、調和してはたらくこと。むらがること。集まること。集合。3. 種々の要素が結合して一つのものを構成すること。4. 諸縁が合すること。結合すること。結びつけること。13. つながれた。結びつけられた。連関した。14. 法によって結ばれ、やわらぎしたしみ合うこと。教団が仲よくすること。15. 事柄がうまく運ぶこと。仲良く暮らすこと。人々が仲よくすること。〔広説佛教語大辞典〕1782d-1783b

*ﾜｽﾞｶﾆ　*纔　《音読み》サン（ｻﾑ）／セン（ｾﾑ）／サイ／ザイ《訓読み》わずかに（わづかに）《意味》｛名｝青色、または、赤みがかった布。｛副｝わずかに（ﾜﾂﾞｶﾆ）。やっとのことで。また、はじめて。〈同義語〉→才。「方纔ﾎｳｻｲ（はじめて、やっと）」「身死纔数月耳＝身死シテ纔ニ数月ノミ」〔→漢書〕［漢字源］

*ﾜﾐｮｳ　*和鳴　ﾜﾒｲ・ｶﾒｲ 鳴きかわす鳥の声。〔漢字源〕

『釋淨土群疑論』及び浄土教関係佛教辞典

著者略歴

村上真瑞

生年月日　昭和31年10月19日
昭和54年３月　佛教大学文学部仏教学科卒業
昭和56年３月　佛教大学大学院文学研究科博士前期課程仏教学専攻修了
昭和59年３月　佛教大学大学院文学研究科博士後期課程仏教学専攻修了
平成２年８月～27年３月　佛教大学非常勤講師
平成７年４月～　学校法人建中学園建中寺幼稚園園長
平成17年３月15日～　建中寺第三十六世住職
平成19年５月～23年５月　日本仏教保育協会副理事長
平成19年５月～23年５月　愛知県仏教保育協会会長
平成20年１月９日　佛教大学より学位論文「『釋淨土群疑論』の研究」に対して、博士（文学）乙43号を授与
平成26年４月～　社会福祉法人建中寺福祉会理事長
平成27年４月～　東海学園大学共生文化研究所研究員
平成28年６月～　浄土宗保育協会副理事長

この辞典は、逐次ホームページ上で更新しています。データを閲覧されたい方は、建中寺ホームページ上よりダウンロードして下さい。一太郎形式です。外字等が正しく表示できない事もありますのでご了承下さい。
ホームページのアドレス　http://www.kenchuji.com/

『釋淨土群疑論』巻第一和訳・辞典

平成29年２月25日　印刷
平成29年３月７日　発行

著　者　村　上　真　瑞
発行者　浅　地　康　平
印刷者　小　林　裕　生

発行所　株式会社　山喜房佛書林
〒113-0033　東京都文京区本郷5-28-5
電話（03）3811-5361　FAX（03）3815-5554

ISBN978-4-7963-0454-2　C3015